공감 그 이상을 추구하며

진정한 만남을 통한 상담

Richard G. Erskine · Janet P. Moursund · Rebecca L. Trautmann 공저
김병석 · 서은경 · 이연미 · 고은영 · 고경희 · 김수영 · 유순덕 · 조중신 공역

학지사

Beyond Empathy
by Richard Erskine, Janet Moursund, Rebecca Trautmann

역자 서문

상담자가 상담의 도구이기에 다른 어떤 일보다 상담자의 성장을 요하는 것이 상담 실무다. 그래서 상담이라는 공부가 어디가 시작인지도, 어디서 마침표를 찍어야 할지도 모르는, 아니 끝이 존재하지 않는 것 같다. 자신의 분야에서 상당한 시간 상담 수련을 하면서 성장에 대한 갈증을 지닌 사람들이 김병석을 중심으로 상담을 공부하는 모임을 갖고 있었다. 그 모임에서 수년간 여러 책을 공부하던 중 우리의 이런 갈증을 친절하고 명쾌하게 해갈시켜 주고, 인간을 건강하고 온전한 존재로 보는 시각이 우리와 같아 즐겁게 읽었던 책이 바로 『공감 그 이상을 추구하며』다. 상담의 연륜과 경험에 따라 이 책의 내용은 새롭게 이해된다는 저자들의 이야기처럼 여러 번 읽을 때마다 이전에는 보이지 않았던 새로운 면을 발견할 수 있었다. 또한 상담 실제를 아주 구체적으로 묘사하고, 상세하게 설명하여, 상담자가 상담에서 해야 할 일을 알 수 있도록 하였기에 초보상담자에서부터 숙련상담자에 이르기까지 각자의 자리에서 여러 가지 도움을 얻을 수 있었다.

『공감 그 이상을 추구하며』는 내담자 중심 상담, 교류분석, 게슈탈트, 자기심리학, 영국의 대상관계이론들이 제공하는 개념과 기법, 통찰 들을 논리적으로 일관성 있게 통합하여 진정한 만남을 강조하는 일종의 새로운 상담 패러다임을 제시하였다. 저자들은 자신의 이런 입장을 절충이라 하지 않고 통합이라고 주장한다. 이 이론에서는 건강한 삶의 특징을 자기 자신뿐 아니라 다른 사람의 마음과 만나는 일, 즉 접촉하는 능력이라고 본다. 그러므로 상담자는 무엇보다 내담자가 접촉을 유지하는 능력을 향상시킬 수 있도록 조력해야 한다. 이때 상담자는 내담자의 경험을 탐색(inquiry)하고, 현재 진행되고 있는 내담자의 경험에 조율(attunement)하면서, 상담과정에 적절하게 관여(involvement)하여 내담자가 다시 접촉 가능한 관계를 맺어, 온전한 존재로 살아갈 수 있도록, 원래 가지고 있던 그 능력을 다시 발견하도록 돕는 것이다.

이 책은 함께 공부했던 여덟 사람이 나누어 번역하였는데, 대개는 한 사람이 전반부에 있는 개념, 이론과 관련한 부분에서 한 장을 선택하였고 통합적 상담을 적용한 상담 사례를 다룬 후반부에서 한 장씩을 맡아 번역하였다. 서문과 1장은 김병석, 2장과 9장은 이연미, 3장과 10장은 고경희, 4장은 조중신, 5장과 11장은 고은영, 6장과 12장은 김수영, 7장은 유순덕, 8장과 13장은 서은경이 맡았다. 여러 사람이 나누어 한 번역이라 비슷한 문체와 한 목소리 톤을 내기 위해 전체를 조정하는 작업은 서은경, 이연미가 하였다. 크게 두 부분으로 나뉘어 있는 이 책의 첫 번째 부분(1~6장)은 통합적 상담 이론에 대한 설명과 이 이론을 적용하기 위한 여러 가지 방법, 그리고 상담회기에서 발췌한 다양한 예가 제시되어 있다. 두 번째 부분(7~13장)은 통합적 상담이 실제 상담에서 어떻게 전개되는지, 또한 상담의 전체 과정에서 이루어지는 세세한 과정을 볼 수 있도록 비교적 긴 축어록을 담고 있다.

번역을 하는 동안 이 책을 처음 만날 때 가졌던 감동과 울림은 점점 커지는데, 번역이 갖게 되는 제한, 특히 축어록에서 상담자와 내담자 간의 언어적 상호작용의 맛을 그대로 살려내는 데 어려움이 있어 우리가 받은 감동과 울림을 그대로 전할 수 있을까 하는 생각에 마음이 무거워졌다. 좋은 책을 발견하고 이 기쁨을 많은 사람들과 함께 하고자 긴 시간 마음 졸이고 고민하고, 적당한 표현을 찾아 흘린 땀들이 결실이 되었다.

마지막으로 이 책이 세상에 빛을 볼 수 있도록 허락하신 학지사 김진환 사장님과 이 책이 발간되기까지 지속적으로 소통하고 수고하며, 오랜 시간 기다려 주신 편집부 여러분께도 감사를 드린다.

역자 일동

저자 서문

사람들은 왜 이와 같은 책의 머리말을 수고스럽게도 굳이 읽으려고 할까? 그것은 아마 그 책이 읽을 만한 것인지를 약간이라도 알고 싶어서일 거다. 그래서 우리는 이 책이 다루고 있는 주제와 이 책을 통해 우리가 이루어 내고자 한 바를 먼저 이야기하려고 한다.

우리는 『공감 그 이상을 추구하며: 진정한 만남을 통한 상담』을 쓰면서 두 가지 목표를 세웠다. 하나는 우리의 상담 이론을 분명하게 이해가 되도록 기술하는 것이었고, 다른 하나는 상담자들이 그 이론을 실제 상담에서 실천할 수 있는 방법을 마찬가지로 분명하고 알기 쉽게 제안하는 것이었다. 물론, 우리는 책이 내담자와 상담하는 것, 슈퍼비전 받는 것, 혹은 숙련상담자의 상담면접을 관찰하는 것을 대신할 수 없다는 것을 잘 알고 있다. 이론이 '실제 상담장면에서' 내담자-상담자 간의 생생한 실제 상호 교류에 적용되고 있는 예들을 살펴보는 것이 중요하기 때문에, 우리가 실제로 수행한 상담회기의 축어록 중에서 뽑은 다양한 예시를 제시하였다.

이 책의 근간을 이루는 상담 방법인 통합적 상담은 '관계'에 집중한다. 우리는 심리적으로 건강하다는 것이 실제로 충분히 인간적이라는 것을 말하며, 그것은 다른 사람과 관계를 맺고 있다는 것이라고 믿는다. 우리는 인간관계를 필요로 한다. 즉, 우리를 존경하고 가치롭게 여기는 사람들과, 우리 자신이 독특한 개인이라고 표현하려는 우리의 노력을 지지하는 사람들과 우리가 보살핌을 필요로 할 때 우리를 보살펴 줄 사람들, 그리고 스스로를 돌보는 우리의 능력을 높이 평가하고 좋아해 줄 사람들과 함께 시간을 보낼 필요가 있다. 우리가 관계를 맺고 있는 사람들이 이런 종류의 관계 욕구를 인정하고, 이에 대해 적절하게 반응해 줄 때, 심리적으로 건강해지고 성장하게 된다. 반대로 인간관계의 실패, 즉 관계 욕구가 충족되지 않는 경험이 누적될 때, 심리적인 불편감(dis-ease)이 발생한다.

건강을 증진시키는 관계를 가지기 위해, 누구나 반드시 자신은 물론 다른 사람과 접촉을 시도하고 유지할 수 있어야 한다. 접촉은 관계의 시금석이다. 즉, 그것은 관계를 가능하게 만드는 것이다. 상담사가 처음과 마지막으로 해야 하는 가장 근본적인 일은 내담자가 접촉, 즉 내적 접촉(자신과의 접촉)과 외적 접촉(타인들과의 접촉)을 유지하는 능력을 기르도록 하는 일이다. 내적 접촉은 사고, 정서, 바람, 태도 그리고 감각을 포함하는 자신의 내적 경험을 충분히 알아차리는 것을 말한다. 외적 접촉도 유사한데 외부 환경에 있는 모든 것, 특히 그중에서도 타인들로 이루어진 환경을 알아차리는 것을 말한다. 심리적으로 건강한 사람이라면 내적 접촉과 외적 접촉은 상호작용한다. 즉, 하나는 다른 하나에 의존하며 따로 존재할 수 없다.

사람들은 불가피하게 크고 작은 삶의 풍파를 겪기 때문에, 고통으로부터 자신을 보호하는 방법을 개발한다. 이런 자기 보호 패턴은 처음 생길 때에는 유익하고 때론 필요하기도 하지만 새로운 삶의 단계로 나아감에 따라 파괴적인 것으로 변할 수도 있다. 어떤 외상적 상황에 대한 반응으로 학습된 것이 불행히도 일반화되어 습관처럼 어느 정도는 의식되지 않은 채로 세상에 반응하는 방식이 되는 수가 많다. 개인의 반응이 그런 패턴에 지배될수록 충분한 접촉을 이루는 개인의 능력은 그만큼 손상된다. 자동화된 각본이 자율적이고 창의적이며, 접촉 가능한 자신 및 타인과의 상호작용을 대체해 버린다. 상담자인 우리의 과제는, 내담자가 그러한 여러 가지 자동화된 각본에서 벗어나 의식하지 못하는 자신의 부분들을 재통합하여, 접촉 가능한 관계를 맺고, 나아가 온전한 사람으로서 다시 세상을 살아가는 능력을 재발견하도록 돕는 것이다.

이 책에서 여러분은 내담자의 자동화된 각본들을 진술하고 접촉가능한 관계로 변화시키려는 내담자를 돕는 방법에 대해 배울 것이다. 여러분은 우리가 이 과정을 더 촉진할 수 있다고 믿고 있는 세 가지 상담 요소, 즉 탐색(inquiry), 조율(attunement), 관여(involvement)에 대해 배울 것이다. 내담자가 경험하고 있는 것을 노련하게 탐색하고, 현재 진행 중의 경험에 대한 내담자의 관점에 자신을 조율하면서 주의를 기울이고, 상담과정에 적절하게 관여함으로써 통합적 상담을 실천하는 상담자는 한때는 생존을 위해 필요했지만 지금은 자신을 파괴하고 있는 자기 보호 패턴을 내담자가 인정하고 극복할 수 있도록 이끌 수 있다.

'통합적' 상담은 아주 인기 있는 말이 되고 있고, 그 인기와 더불어 수많은 정의가 나오고 있다. 이 책과 이전에 저술한 책, 『통합적 상담 실제(*Integrative Psychotherapy in Action*)』에서 '통합적'이란 말은 상담에서 일어나고 있는 것에 대한 두 가지 의미와 두 가지 시사점을 지니고 있다. 첫째, 앞에서 기술한 바와 같이 우리는 급성 혹은 만성의 심리적 외상의 결과로 분열되어 무의식으로 내몰려진 감각, 반응, 능력, 희망, 꿈, 두려움 그리고 환상을 다시 의식할 수 있게 하여, 내담자가 자신을 통합하는 일을 돕는다. 간단히 말하면 통합은 현재의 자신과 미래의 자신의 모든 것에 충분하게 접근함으로써 다시 온전한 전체가 되는 것을 의미한다.

둘째, '통합적'이란 다양한 접근방법으로부터 개념과 기법을 통합한 우리의 상담 방법에 대한 이론을 말한다. 우리는 내담자 중심 상담, 교류분석, 게슈탈트 상담 그리고 현대의 정신분석적 관점, 특히 상호주관적 접근과 영국의 대상관계이론들이 제공하는 통찰들을 감사하는 마음으로 인정하며 활용한다. 절충적 접근과는 달리, 우리는 논리적으로 일관성 있는 상담 이론을 정립하기 위해, 인간관계의 본질에 대한 기본적이고 분명하게 정의된 개념체계에 따른 이론의 요소와 기법을 개발하였다. 그리고 다른 이론과 접근을 포함시킬 때, 우리가 추구하는 일관되고 종합적인 이론 틀에 부합하고 상담 실제에서 유용함이 입증된 특징들만 받아들였다.

만약 여러분이 이 지점까지 읽었다면, 우리는 여러분이 '음, 그럴듯하군.

그러나 많은 책들이 나와 있고, 그들 중 많은 책들이 비슷한 주장을 하고 있는데, 이 책은 대체 뭐가 다르다는 거지?'라는 의문을 가지길 바란다. 그것은 정당한 질문이며, 우리는 그 질문에 답을 하기 위해 노력할 것이다.

좀 놀랍게도, 『공감 그 이상을 추구하며』가 갖는 독특함 중 하나는 우연히 나타났다. 경험이 많은 상담자들은 이 책이 유익하고 또 지적 자극을 준다는 것을 알게 되었다고 했다. 즉, 그들은 우리의 글이 어딘지 층을 이루고 있고, 매번 이 책을 읽을 때마다 이전에는 알아차리지 못했던 새로운 의미의 층을 발견한다고 말했다.

그러나 초보상담자들도 이 책이 가치가 있고, 이해할 수 있었으며, 그것을 내담자들과의 상담에 적용할 수 있었다. 우리는 그동안 상담에 대한 우리의 견해를 전문용어에 매이지 않고 쉽게 이해할 수 있는 설명을 제공하고자 노력한 결과, 다양한 범위의 상담기술과 배경을 가진 사람들이 읽고 사용할 수 있는 책이 되었다는 것을 알게 되었다.

이 책이 폭넓은 유용성을 가지게 된 이유 중 한 부분은 아마도 『공감 그 이상을 추구하며』가 주로 상담 유능성의 중도(middle ground)를 다루려 하기 때문이다. 이 책은 기본적인 경청기술에 관한 것도, 거의 모든 상담자가 훈련을 시작할 때 배우는 기본 기술들에 관한 것도 아니다. 그렇다고 고도의 숙련성을 요구하는 특정 기법을 위한 책도 아니고, 인간 상호작용을 한 가지 방식으로만 보도록 철저하게 구성된 책도 아니다. 정확히 말하면 이 책은 모든 사람이 배워야 하고 그 적용법을 알아야 하는 기본적인 기술, 그리고 상담과정에 대한 종합적이고 논리 정연한 관점을 연결시키는 일종의 다리로 성장해 왔다. 왜냐하면 우리 작업의 근간을 이루는 상담이론이 '통합적(두 번째 의미의)'이기 때문에, 이 책은 여러 가지 이론의 부분들을 함께 모아 연결시키고 있다. 우리는 이들 이론을 따르는 상담자들이 우리 생각이 유익하다는 것을 알게 되기를 바란다.

이 책에서 기술하고 있는 상담 방법들은 폭넓게 응용될 수 있다. 우리가 포함시킨 축어록의 대부분에서 볼 수 있듯이, 이 책에서 소개하는 상담 방법들은 전통적인 개인 상담을 위한 체계적인 안내 지침이 되고, 단기와 장기 상담에서 모두 이용될 수 있다. 우리와 우리 학생들은 수개월, 심지어는 수년간 지속된 상담 사례에서 이 접근을 적용해 보았고, 또한 계약에 의한 단회 상담에도 적용해 보았다. 12장에서 보겠지만, 우리가 관계에 초점을 둠으로써 통합적 상담은, 특히 커플 상담에 적합한 것이 된다. 그리고 그것은 정규적으로 만나는 상담 집단과 훈련 세미나와 워크숍을 통해 확인할 수 있었듯이, 집단 상담을 위해서도 상당히 효과적인 틀을 제공해 준다.

이 시점에서 『공감 그 이상을 추구하며』의 구주에 대한 언급이 필요할 것 같다. 우리는 이 책을 크게 두 부분으로 나누었다. 첫 번째 부분은 우리의 상담 이론을 설명하고 우리가 그 이론을 사용할 때 적용하는 여러 가지 방법에 대해 기술한다. 그리고 실제 상담회기에서 가져온 많은 예들을 제시하였다. 어떤 것들은 두세 번의 대화 정도로 아주 짧기도 하고, 또 어떤 것들은 한 페이지 정도의 길이에 이르는 것도 있다. 여러분이 이 첫 번째 부분에 해당하는 여섯 개 장을 다 읽을 즈음에는, 우리가 상담에서 내담자를 위해 시도하는 것과 그것을 시도하는 이유에 대한 이해가 상당히 분명해질 것이다.

이 책의 두 번째 부분에는 긴 축어록을 접하게 된다. 이를 통해 여러분은 통합적 상담이 내담자들과 실제 상담에서 어떻게 전개되는지를 이해할 수 있을 것이다. 이 축어록들은 어떤 한 상담회기의 대부분 혹은 전부에 해당한다. 이론이 아무리 분명하다고 해도, 실제 내담자들은 어떤 독특한 행동을 하기 마련이고, 상담 작업을 예측할 수 없는 방향으로 몰고 갈 수도 있다. 중간에 빈 곳이나 생략 없이, 상담의 처음부터 끝까지 이루어지는 세세한 작업 과정을 보여 주고자 한다. 축어록에는 상담에 대한 논평, 상담자가 선택한 개입방법과 그것이 상담 과정에 미친 효과에 대한 논의가 가감 없이 첨가되어 있다.

상담 관련 책들이 통상 그렇듯이, 이 책의 마지막 장도 정리와 회고의 내용을 담고 있다. 그리고 우리가 추구하는 상담의 틀을 구성하는 요소들을 다시 모아, 이들이 각각 서로 어떻게 관련되는지를 여러분이 이해할 수 있도록 도울 것이다.

자, 할 말을 거의 마무리하고 있는 것 같다(재미있는 일이다. 우리 저자들이 어째서 한 책의 가장 처음 부분을 맨 나중에 쓰게 되는지, 재미있지 않는가?). 남은 것은 우리의 과제를 가능하게 해 준 생각, 창의성 그리고 지지를 제공한 이들에 대해 감사를 표하는 일이다. 실은 이 책은 우리의 책이 아니다. 많은 다른 사람들의 작업 위에 세워진 것이다. 우리보다 먼저 일을 한 사람들 중 많은 사람들의 이름은 참고문헌에 나와 있고 우리는 그들의 어깨 위에 서 있다. 우리와 동시대인들, 그들의 생각과 논쟁을 통해 우리의 생각은 발전하였고, 우리가 아는 것 이상으로 그것들의 영향을 받았다. 그리고 지속적으로 우리를 가르쳐주는 우리의 내담자들, 그들과 일하는 동안 우리는 계속 배워나간다.

우리의 생각을 발전시키는 데 영향을 준 한 분, 한 분 그 모든 분들에게 감사를 드릴 수 있는 방법은 없다. 너무 너무 많다! 더욱이 우리가 다른 사람들의 생각을 흡수하고 그것들을 우리의 것으로 만들어, 이제는 어느 것이 그들의 것이고, 어느 것이 우리의 것이라고 말할 수 없는 지경에 이르렀다는 것을 분명히 알고 있다. 종종 우리는 그것이 둘 다의 것이 아닐까 하고 생각하기도 한다. 놀라운 일이 아니지만, 같은 현상을 보고 있는 몇몇 지적인 사람들은 비슷한 결론에 도달한다. 과학의 길이 그렇고, 아이디어 통합의 본질이 그렇고…… 그리고 그것이 보다 합당하고 넓은 기반을 가진 접근을 가능하게도 하지만, 한편 누구의 공인지를 정확하게 결정하는 일이 복잡해지기도 한다. 우리는 이 책의 첫 번째 부분에서 상당히 광범위한 참고문헌을 제공하려 했다. 이것은 관심 있는 독자들이 생각의 뿌리를 추적하여 다른 사람의 생각에 도달할 수 있게 하기 위함이다. 그들의 생각은 우리 자신의 사고를 미리 예측하고, 우리의 생각에 영향을 주고, 그리고 우리 자신의 생각에 확신을 주었다. 축어록을 수록한 장과 요약의 장에서는 이 광범위한 참고문헌을 생략하였다. 그렇게 하는 것은 불필요하다고 생각하였다.

특별히 감사를 표해야 할 두 부류의 사람들이 있다. 첫째는 통합적 상담 연구소에서 현재 진행 중인 전문가 발달 세미나와 훈련 프로그램에 참여하고 있는 회원들이다. 이들 프로그램에서 상담 축어록에 대한 주의 깊고 비판적인 분석을 위한 수많은 논의들이 이루어졌다(그것에 관한 많은 내용을 『통합적 상담 실제(*Integrative Psychotherapy in Action*)』에서 볼 수 있다.). 그리고 이 분석의 결과로 우리 상담 모형의 근본이라고 할 수 있는 탐색, 조율 그리고 관여의 개념이 개발되었다. 통합적 상담 연구소의 여러 가지 프로그램에 참여하고 있는 동료들은 우리가 아이디어를 힘들게 만들어 낼 때 도움을 주었고, 열정적으로 우리와 논쟁을 했으며, 우리의 아이디어를 더 분명하게 만들고, 다시 다듬고, 수정하도록 압력을 가했다. 그들의 영향은 『공감 그 이상을 추구하며』에 퍼져 있다. 그들의 공헌이 없었더라면 이 책은 그 모양새가 아주 다르고 훨씬 엉성한 것이 되었을 것이다. 우리가 우리의 작업을 자랑스럽게 여기듯이 그들도 틀림없이 그렇게 여길 것이다.

둘째는 책이 나오기까지 많은 도움을 주었던 Bruner/Mazel 사의 직원들에게 감사를 표하고 싶다. 그들은 우리가 최초의 미완성된 자료를 제출했을 때 보내 주었던 격려에서부터 이 책이 출판되어 실체가 될 때까지의 긴 시간을 거치는 동안 이루 말할 수 없을 정도의 도움을 주었다. 익명의 세 사람의 검토는 정말 만족스러웠다. 또한 편집자들과 생산부 매니저들인 Lansing Hayes, Toby Wahl, Catherine Van Sciver는 우리에게 최상의 지원을 해 주었다.

모두에게 감사 또 감사를 드린다. 그리고 이 긴 머리말 내내 우리와 함께 해 준 존경하는 독자들에게 감사드린다. 그러면 이제 탐색, 조율, 관여의 상담, 『공감 그 이상을 추구하며』로 나아가보자.

| 차 례 |

제1장 기본 개념

여러 세대에 걸쳐 상담자들은 적극적 경청 기술을 배우면서 훈련을 시작하였다. 또한 성장을 위한 로저스(Rogers)의 세 가지 '필요충분' 조건인 진실성, 무조건적 긍정적 존중, 정확한 공감을 공부하였다. 대부분의 상담자들은 어떤 접근을 사용하든 상관없이 이러한 기본 기술을 상담 실제에서 실천한다. 정직과 존중의 맥락에서 이루어지는 공감적 이해는 상담관계를 단단하게 유지하는 기본 원리다.

로저스가 새로운 접근인 '내담자 중심' 이론을 처음 저술했을 때, 상담분야는 오늘의 상담 풍경과는 아주 달랐다. 활용할 수 있는 상담 접근으로 정신분석과 행동주의 상담이 있을 뿐이었다. 정신분석은 비용이 많이 들고, 요구하는 것이 많았으며, 좀 난해하였다. 행동주의 접근은 냉정하고, 딱 정해진, 간단명료한 방법이었다. 로저스는 절실히 필요했던 대안, 즉 사람들이 자신의 고통과 문제를 구분해내고, 자신이 만들어 내고자 하는 변화를 책임질 수 있는 영역을 제공하여 상담의 새로운 방식을 제시하였다.

그러나 한 사람의 선구자이며 창안자는 오직 그만큼만 갈 수 있다. 상담 이론 발달 과정에는 일종의 시너지 효과가 있어서 우리는 앞선 시대의 이론가들이 작업해놓은 것에 근거하여 각자의 이론을 창조한다. 내담자 중심 상담의 저자 로저스는 지난 40년 동안 상담자와 정신과 의사가 이룩한 이론적, 실제적 공헌에 대해 알 수가 없었다. 그는 게슈탈트 상담자, 신 프로이트 추종자, 정신분석적 자기심리학자, 교류분석가, 영국의 대상관계이론가들이 정리해놓은 것과 자기 자신의 생각을 통합할 수 없었다. 다른 상담학파들도 마찬가지이지만 이들 학파에 속한 사람들은 21세기로 들어와서 상담자가 하고 있는 일에 대한 설명체계에 차곡차곡 아이디어를 제공하였다(Wheeler, 1991; Kohan, 1986; Greenberg & Mitchell, 1983). 많은 현대 심리학들은 몇몇 다른 접근들이 지닌 가장 좋고 유익한 측면들을 통합하려고 애쓰는 면에서 '통합적'이라고 불린다(Norcross & Goldfried, 1992; Erskine & Moursund, 1997).

이 책의 저자들은 수년 동안 통합적 상담을 실천하고 가르쳤다. 그것은 특히 관계에 초점을 두는 통합적 상담이다. 우리는 관계 실패, 즉 중요한 대상과의 관계에서 반복적으로 기본적인 관계 욕구를 만족시키지 못함으로써 심리적인 어려움이 발생한다고 믿고 있다. 마찬가지로 심리적 어려움의 회복은 관계 욕구에 적극적으로 반응하거나 그것을 적극적으로 만족시킴으로써 가능해진다고 믿는다.

이 책은 우리의 상담방법을 기술하기 위한 것이다. 그 속에서 우리는 회복을 가능케 하는 상담관계를 창조하고, 유지하고, 향상시키는 방법에 대하여 이야기한다. 이러한 상담관계에서는 인간과 인간의 문제에 대한 다양한 이해와 접근 방식이 활용된다. 그런 이해 방식은 우리 자신의 아이디어에서 성장한 것도 있고 수많은 다른 상담자들의 연구와 상담경험에서 나온 것도 있다. 이 모든 상담자들의 이론이 아무리 서로 다르다고 해도, 그들은 상담관계의 의미와 거의 동의어라고 할 수 있는 '공감'이란 단어를 만든 칼 로저스에게 공동의 빚을 지고 있다. 이들 모두는 각자 자기들의 방식으로 상담영역에 독특한 이바지를 하면서, 공감 그 이상의 것을 해 왔다. 우리 역시 공감을 넘어서는 우리의 여행을 시작하면서, 이들의 기여에 대해 감사함을 표한다.

상담 방법을 이해하기 위해서는 그것이 기반을 두고 있는 이론에 대해 좀 알아야 한다. 그것이 바로 첫째 장의 주제다. 말하자면 (첫째 장은) 개인이 어떻게 현재의 모습이 되었으며, 그 과정에서 문제가 어떻게 일어나게 되었는지, 그리고 회복을 가능하게 하는 상담관계가 어떤 식으로 자신의 문제를 다루는 데 도움을 줄 수 있는지에 대한 우리의 관점을 설명한다. 일단 우리가 동일한 이론적 입장에 서게 되면, 이 책이 쓰인 진정한 목적, 즉 효과적인 상담 방법을 기술하는 일로 나아갈 수 있을 것이다.

1. 접촉과 건강한 발달

발달해가는 인간의 모든 활동 중에서 가장 일관된 것 중 하나는 우리가 다른 사람들과 접촉하기 위해 노력한다는 것이다. 접촉을 향한 이런 움직임은 꽃이 태양을 향해 움직이는 것과 같이 자연스러운 일이다. 그것은 한 평생 동안 모든 인간의 특징으로서 관계 욕구가 최초로 나타난 관찰 가능한 모습이다. 관계에서 접촉하기 위한 유아는 양방통행로와 같은 방식으로 노력한다. 즉, 신생아는 적절한 접촉에 대해 즐거움과 편안함을 표시하는 행동으로 반응하고, 돌보는 성인들(돌보지 않는 성인도 마찬가지로)은 그러한 아기의 반응으로 보상을 받는다. 아기가 조그마한 손을 꼼지락거려 자신의 손가락을 감아쥘 때나 미소를 가득 머금고 있는 작은 아기 얼굴을 들여다볼 때 느낄 수 있는 만족감은 성인이라면 누구나 경험하는 거의 보편적인 감정이다. 그럴 때 신생아 자신은 성인이 경험하는 것에 상응하는 만족감을 느끼고 있음을 말로 표현하지는 못하지만, 우리는 신생아가 보이는 뭔가 탐색하고 추구하는 행동과 대인관계의 접촉을 성취했을 때 달라붙고, 미소 짓고, 안도하는 모습을 통해 정말 만족하고 있다는 것을 추측할 수 있다(Bowlby, 1969, 1973, 1980). 인간 행동에 있어서 다른 사람과 접촉하는 것은 일차적 동기에 의한 경험이다. 즉, 인간은 출생 직후부터 접촉하기 위해 고군분투하고, 접촉이 적절하게 이루어질 때 보상을 얻는다(Guntrip, 1971; Fairbairn, 1952).

그러한 대인관계 접촉은 보상이 되는 경험일 뿐 아니라, 그것은 필요한 것이기도 하다. 관계를 갖지 않고, 즉 다른 사람과 호혜적인 상호작용 없이 아기가 성인으로 성장할 수 없다. 정말 그들이 전혀 성장하지 않을 수도 있다는 설득력 있는 증거가 있다(Spitz, 1954). 옛날 용어로 '왜소증', 보다 현대 용어는 '발육 실패'는 모두 접촉이 결핍된 관계가 영아에게 미칠 수 있는 생리적 영향을 일컫는다. 접촉이 결핍된 관계가 초래하는 심리적 결과 또한 심각하다. 사람과의 적절한 접촉 없이 아동이 육체적으로 겨우 생존할 수 있었다고 해도, 사람들과 함께 사는 환경에서 정상적으로 기능하기는 어려울 것이다. 아동들이 대인관계의 접촉을 경험하지 못할 때, 즉 다른 사람들과 호혜적인 상호작용이 허용되지 않을 때 그들은 우리가 생각하는 '인간다운' 방식으로 행동하고 상호작용할 수 없다. 이런 경우 아동이 입는 자기감 손상과 타인들과 관계를 맺을 수 있는 능력의 손상은 어쩌면 회복 불가능한 것일 수 있다. 자기는 관계의 산물이며, 관계는 출생 이후부터 유아의 환경을 이루는 한 부분이다(Fraiberg, 1987; Stern, 1985, 1995). 부적절하게 반응하는 관계 그리고 접촉이 충분하지 않는 상태에서 성장한 아동은 적절한 자기감을 발달시킬 수 없다(Winnicott, 1965). 아동들은 살아가는 데 필요한 것들을 제공해 주는 양육자가 필요하다. 그리고 이들 양육자와의 일상적인 접촉은 음식이나 주거지만큼 필요한 것이다.

우리는 정상 발달 과정에서 눈 뜨고 생활하는 시간 중 몇 시간 몇 분 동안은 우리를 둘러싼 세상과 많은 종류의 상호작용을 하며 지낸다. 자라나는 유아들의 생애 초기 과업 중 하나는 이 새롭고 복잡한 세계를 분류해내는 일이다. 즉, 자기 부분과 환경 부분을, 살아 있는 것과 생명이 없는 것을, 사람과 사람이 아닌 것을 구별해내야 한다. 관련되어 있는 변인들의 복잡성을 생각하면, 아기들은 놀랄 만큼 그들 간의 차이를 파악하는 데 능하다. 생애의 첫 해가 다 지나갈 즈음에, 대부분의 아이들은 자신의 환경을 상당한 정도로 범주화한다. 그리고 자신의 남은 인생의 모습을 결정지을 개인의 독특한 대인 관계 태도가 눈에 띌 정도로 뚜렷해진다(Bowlby, 1969, 1973, 1980).

다른 사람과의 접촉이 도대체 무엇이길래, 인간발달에 있어 이토록 중요하게 작용한단 말인가? 질문을 바꿔, 그런 접촉 결여가 어떤 의미를 가지길래 그토록 심각한 심리적 외상을 일으키는 것인가? 아동의 신체적인 욕구가 충족된다고 해도(사람끼리의 접촉을 통한 적극적인 피부자극이 생리적으로 필요할 수 있다는 가능성은 일단 접어두고), 아동이 다른 사람과 관계를 맺고 있건 아니건 그 아동이 정상적인 모습으로 성장하고 발달할 수 없는 이유는 무엇인가? 그 답은 인간의 심리적 구조가 갖는 특성에서 찾을 수 있다. 인간은 틀림없는 사회적 동물이다. 인간성의 본질은 무엇보다도 우리가 다른 사람들과 관계를 맺는 방식과 결부되어 있다. 우리는 관계의 복잡한 망 속에서 태어난다. 그리고 우리는 전 생애를 외적으로뿐만 아니라 환상과 기대, 그리고 기억 속에서 내적으로도 반드시 그리고 끊임없이 다른 인간으로 채워진 세계 속에서 산다. 인간이라는 것은 다른 사람과의 관계 속에서 존재한다는 뜻이다. 이런 인간관계를 개발하는 것이 성장의 가장 근본적인 측면이다(Bergman, 1991; Jordan, 1989: Miller, 1986; Surrey, 1985). 우리는 관계를 맺지 않고 살 수 없다. 우리가 성장해 가는 동안 환경은 반드시 우리에게 관계를 개발하고 활용할 수 있는 기회를 제공해 주어야 한다. 아동을 방치하고, 신체적으로 학대하고, 혹은 정서적으로 공격을 하는 관계는 아동에게 심각한 심리적 외상을 입힌다. 그러나 관계가 전혀 없는 것은 훨씬 더 해롭다.

2. 내적 접촉

지금까지 다른 사람과의 관계에서의 접촉에 대해 이야기했다. 그러나 접촉의 또 다른 중요한 측면이 있다. 바로 자신과의 접촉이다. 기능이 좋은 사람들은 외부 세계와 그 안에 사는 사람을 알고 관계를 맺을 수 있는 것처럼,

그들은 자신의 내적 세계를 알고 관계를 맺을 수 있어야 한다. 이 내적 세계는 감각, 정서, 아이디어, 환상, 바람 그리고 욕구의 세계다. 그것은 중추신경계에 의해 전달되고 조직되는 것으로 우리 피부의 내면에서 진행되는 모든 것이다. 물론 신생아의 신경계와 뇌는 아직 충분히 발달하지 않았다. 즉, 이 모든 내적 물질의 조직은 어딘가 원시적이다. 그러나 흥미롭게도 어떤 면에서 보면 어린 아동이 많은 성인들보다 내적 현실을 더 많이 알고 있고, 그것과 더 많이 접촉하고 있다는 것이다. 어린 아동들은 일어나고 있는 모든 내적 사건들을 알고 그것들에 일일이 반응하는 것이 받아들일 수도 없고 유익하지도 않는 일이라는 사실을 아직 배우지 않았다. 유아는 위장이 수축하면 운다. 노폐물이 장으로 이동하게 되면, 밖으로 내보낸다. 어머니를 원하면 어머니를 찾는다. 건강한 아동, 즉 환경에 의해 아직 손상을 입지 않은 아동들은 성인들이 배운 방식대로 자신을 제어할 줄 모른다. 그들은 귀찮거나 원하지 않는 내적 사건들을 의식 밖으로 몰아내지 않는다. 오히려 욕구가 일어나면 유아는 즉각 그것에 주의를 기울인다. 그렇게 될 때 유아는 현재 일어나고 있는 내적 경험에 온전하게 접촉하게 된다.

물론, 유아든 어른이든 동시에 모든 것에 주의를 기울일 수 없다. 내적으로나 외적으로나 고려해야 할 것들이 얼마나 많은가! 우리는 이것에서 저것으로, 내적인 것에서 외적인 것으로, 이 욕구에서 순간 자각되는 또 다른 어떤 것으로, 다시 또 역으로 그렇게 관심의 방향을 이동시킨다. 접촉은 사실 명사가 아니라 동사다. 즉, 그것은 정지된 것이 아니라 역동적인 것이다. 그건 마치 깜깜한 방에서 무엇이 있는지 확인할 때 사용하는 손전등의 불빛처럼, 처음에는 이 물건을 다음에는 저 물건을 비추는 그런 식이다. 그러나 그것은 아무런 질서가 없는 움직임은 아니다. 충분하고 건강한 접촉은 내·외적인 사건들 사이를 오가되, 둘 모두에 관심을 기울임으로써, 균형감을 잃지 않는 것이다. 우리가 인식해가는 방향은 자기에서 시작하여 환경으로, 특히 환경 속에 사는 다른 사람들에게로 나아간다. 자기인식에서 타인인식으로, 그리고 다시 자기인식으로 다시 타인인식으로 그렇게 왕복한다(Perls, 1973;

Perls, Hefferline, & Goodman, 1951).

외적 및 내적 접촉 발달과 이 둘이 생애에 걸쳐 어떻게 변화하는지에 대해 할 말이 아주 많다. 그러나 이것은 상담에 대한 책이고 전반적인 인간발달에 대한 언급은 부수적인 것이다. 우리가 생각하는 상담은 이전에 경험 했던 관계 균열로 인해 발생한 누적된 심리적 외상을 회복시키는 일에 활용할 수 있는 관계다(Erskine, 1993/1997, 1997; Lourie, 1996; Khan, 1974). 우리는 이제 인간 발달에 있어 관계가 어떤 역할을 하는지에 초점을 두고자 한다. 특히 다른 사람과의 관계가 우리들이 세계를 이해하고 경험하는 방식에 어떤 영향을 미치는지를 살펴볼 것이다.

3. 관계와 인간의 형성

아동은 관계를 통해 점점 더 민감하고 포괄적인 방식으로 다른 사람들과 접촉하는 법을 배운다. 그리고 바로 이 아동은 경계를 설정하고 유지하는 방법 또한 관계를 통해 배운다. 즉, 아동은 나는과 나를이 너(당신)와 분리되고 구별된다는 것을 배운다. 아동이 내적 접촉의 모든 측면들을 받아들이고 적절하게 이용하는 법, 이를테면 욕구를 인식하고, 백일몽을 꾸는 것, 화내거나 슬퍼하거나 두려워하는 것도 관계를 통해 배운다. 내적 접촉을 외적 접촉과 연결시키는 것, 즉 우리를 온전한 인간으로 만들어주는 부탁하기나 대인관계 교류를 즐기는 것도 관계를 통해서 가능해진다. 그리고 마지막으로 아동은 이 지구상에서 한 종으로서 우리가 생존할 수 있게 해 주는 사회적 관심, 서로 연결되어 있다는 느낌, 공감 그리고 연민을 관계를 통해서 발달시킨다.

건강한 관계를 가질 수 없을 때, 아동들은 혼자서 자신을 돌봐야만 한다. 다른 모든 인간들과 마찬가지로 그들은 고통스런 외적 사건과 충족되지 않는 내적 욕구 때문에 생기는 불편감을 다루는 방법을 배워야 한다. 아동에게 접촉이 가능하고 그들의 욕구에 반응하는 관계가 제공되지 않으면, 아동은 진정 자신이 필요로 하는 도움을 줄 수 있는 사람이 지금이나 미래에 아무도 없을 거라는 기대를 만들기 쉽다. 볼비(Bowlby)와 그의 제자들은 이 기대를 '회피 애착'이라고 명명했다(Bowlby, 1998; Ainsworth, 1969; Ainsworth, Blehar, Waters, & Wall, 1978). 그리고 이 어구에서 우리는 그러한 기대를 발달시킨 사람이 지니고 살 수밖에 없는 일종의 양가감정과 긴장감을 느낀다. 얻을 희망이 없는 것을 원하는 것, 혹은 충족될 가능성이 없는 욕구를 지니는 것은 대단히 고통스럽다. 따라서 개인은 자신의 감정을 충분히 경험하지 않는 방법을 배우고(그런 감정을 혼자 경험한다는 것은 아동을 더욱 고통스럽게 만들기 때문에), 자신의 관계 욕구를 인식하지 않는 방법을 배운다(같은 이유로). 그리고 결국에는 다루기 힘든 자신의 생각, 느낌, 바람, 욕구를 분열시켜 자각할 수 없는 정신세계로 분리 차단해버린다(Tustin, 1986; Guntrip, 1968; Bettelheim, 1967).

관계는 마음의 양분을 제공하며, 성장을 자극하고, 마음의 상처를 회복시킨다. 다른 사람에게 반응하고, 다시 그들로부터 반응을 얻음으로써 우리는 자신이 어떤 사람인지, 무엇을 원하는지, 어떻게 느끼는지, 무엇을 생각하는지를 알게 된다. 이런 발견의 과정이 반응이 없는 관계 때문에 혹은 관계부재로 방해 받을 때, 이런 상황을 다루기 위해 우리가 만들어낸 대처기술들은 발동한다. 그 결과, 내적 접촉과 외적 접촉이 모두 불가능해지며, 자기의 중요한 측면들이 분열되고, 조각조각으로 파편화되며, 거부된다.

많은 책에서 심리적 외상과 외상적 사건이 일생 동안 개인이 기능하는 능력에 영향을 미치게 되는 마음의 상처를 만드는 방식에 대해 설명하고 있다. 그러나 보통 그런 상처를 만드는 것은 외상적 사건 그 자체가 아니다. 그것은 외상 사건 이후에 접촉이 가능한 관계가 제공되지 않아서 그 충격이 누그러지지 않은 채 남은 사건인 것이다(Erskine, 1993/1997, 1997). 한 번의 학대 받은 경험은 그저 한 번의 경험일 뿐이다. 보살펴주고 민감하게 반응하는 성인과 관계하고 있는 아동은 그 학대 경험을 직면해서 다룰 수 있게 된다. 이 아동에게 있어 학대 경험은 그저 많은 다른 경험 중의 한 가지로 남을 것이다.

진짜 상처가 되는 것은 그러한 외상 경험 이후에 건강한 관계를 경험하지 못하는 것이다. 우리가 다른 사람이나 삶의 어떤 상황에 의해 심각한 상처를 입게 될 때, 우리는 우리의 고통에 대해 진정 귀 기울여 주고 반응해 주는 의지할 만한 사람을 필요로 한다. 그런 외상적 사건이 지닌 압도적이고, 무기력하게 만드는 특성 때문에, 신체적인 안전뿐만 아니라 인지적, 정서적 안정도 위협받게 된다. 따라서 그런 사건이 일어나면, 도움을 구하려 애쓰는 것은 자연스럽고 본능적인 일이다. 부당한 벌, 매질 혹은 어떤 다른 종류의 학대 경험을 하고 난 뒤에는 우리와 함께 일어난 일에 대해 그리고 우리가 어떻게 대응했는지에 대해 이야기하고, 그 상황을 이해하는 현실적인 방법을 제시해 주며, 우리가 회복되는 동안 안전하게 지켜주고, 미래에 일어날 수 있는 외상으로부터 우리를 보호해 줄 수 있는 존재를 강렬하게 원하게 된다(Lourie, 1996).

적극적인 학대행위가 없다 해도, 다른 사람과의 관계를 갖지 못하면 그 자체가 학대가 될 수 있고 상처를 입힐 수 있다. 관계에서 방치되고 고립된 사람은 자신이 도움을 받고자 할 때 도움을 줄 수 있는 사람은 아무도 없을 것이며, 삶은 힘들고 고통스러운 것이라는 기대를 키우게 되고, 그것은 일종의 누적적인 외상을 초래한다. 많은 상담자들이 이런 누적 외상으로 고통 받고 있는 사람들과 일하고 있다(Khan, 1963). 이들은 자신의 고통스러움을 설명할 수 있는 단일 경험이나 반복된 경험을 발견하지 못하며, 자신이 도움을 필요로 하고 있다는 것에 대해 종종 죄책감과 수치심을 느낀다. 그들은 심지어 강간을 당했거나 굶주렸거나 혹은 매질당한 사람들이 자신들보다 더 낫다고 생각하기까지 한다. 그들은 적어도 자신의 고통을 이해하는 데 도움이 되는 어떤 것을 가지고 있는 것이다. 그것에 비해 접촉박탈이 누적되어 발생한 외상을 입은 개인은 갈망, 공허감 그리고 무엇인가 잘못 되었다는 느낌에 사로잡히게 되고, 도저히 그런 느낌을 이해할 방도를 찾지 못하게 된다.

믿을 만한 사람이 없을 때, 개인의 관계 욕구는 충족된다 하더라도 오직 간헐적으로 그리고 예측할 수 없는 방식으로 채워질 뿐이다. 만약 학대가 지속되고 있다면, 그 고통은 더 심각해진다. 관계 욕구의 강도는 강화되는데, 여전히 도와줄 사람은 아무도 없다. 그렇다면 어떻게 해야 하는가? 그것을 느끼지 말라, 억눌러 버려라, 분열시켜 버려라. 그리고 자신에게 말하라. 그것은 그렇게 나쁜 일이 아니고/아니었다고, 더욱 거세고/더 강하고/더욱 성장해야 한다고, 다른 사람들은 훨씬 더 상황이 좋지 않다고. 그것에 대해 잊어버리도록 노력해라. 이렇게 하여 경험을 고립시켜 차단하는 과정이 시작된다. 더욱 극단적인 상황에서는 자기에게 관련된 면들마저도 의식하지 못하게 만든다. 아주 외롭고, 두렵고, 화나고, 절망스러운 그런 자기의 '나쁜 것'으로 여겨지는 부분이, 성장하면서 자연스럽게 이루어지는 정상적인 통합과 개선작업이 미치지 못하는 먼 곳으로 숨겨진다. 그것은 외상이 일어났던 그 당시의 발달 수준에서 개인이 느끼고 이해한 내용으로 이루어진 소화되지 않은 덩어리로 존재한다(Federn, 1953; Weiss, 1950; Berne, 1961). 이런 식으로 분열된 신념과 기대는 의식적으로 자각할 수 없는 상태로 존재하기 때문에, 의문시 되거나, 도전 받지도 않는다. 욕구와 감정은 인식되지 않는 채로 따라서 해결되지 않은 채로 남는다. 이 분열된 상태는 자신과 타인과의 온전한 접촉이 회복될 때까지 개선되지 않는다.

분열시켜 숨기는 과정에 대해 다양한 이름이 붙여지는데(Guntrip, 1961, 1971; Fairbairn, 1952), 그중 하나가 '방어'다. 방어는 원래의 외상에 대한 반응과 그 이후에 따른 관계부재나 부적절한 관계에 대한 반응을 포함하여(Fraiberg, 1982, 1987), 충족되지 않은 욕구와 표현되지 않은 정서로 인한 고통에서 자신을 보호하기 위한 행위이다. 그것은 내가 소유하거나 인식하기에는 너무 불편한 어떤 것을 '내가 아닌 것'으로 만드는 일종의 해리 현상이다. 그것은 거부, 억압 혹은 더 복잡한 방어적 책략, 즉 부인, 해리, 둔감화, 비인격화(depersonalization)를 통해 이루어진다(Basch, 1988; Freud, 1937). 어떤 형태를 띠든 이런 방어를 통해 개인은 안정성을 유지하고, 불편감을 줄이고, 충족되지 않은 욕구로 인한 고통으로부터 벗어나, 그럭저럭 일상을 지속할 수 있게 된다. 고통을 다루기 위한 한 방법으로서 그런 방어기제들은 유익하고 아마도 꼭 필요한 과정인 것이다. 그러나 그것들에 대한 대가를 치르게 되는데, 매우 심각할 수가 있다.

4. 욕구

어떤 욕구가 일어나고, 그것이 충족되어 사라지면, 개인은 다음 경험으로 이동할 수 있다. 그러나 욕구가 충족되지 않으면, 그 욕구는 없어지지 않고 지속된다. 사라지기를 거부하는 일종의 정신적 접착제와 같이 주의와 에너지를 요구한다. 현재와 과거에 건강한 관계가 부재해서 발생하는 욕구도 이와 다르지 않다. 그것은 계속 다시 나타나고, 침투하며, 자기와 타인과 지속적인 접촉을 이루지 못하게 방해한다. 관계의 부재가 어떤 형태의 학대와 결합하면, 욕구는 회상, 환상, 악몽 혹은 강박적 반추의 형태로 반복적으로 재등장한다. 확인될 만한 학대 경험이 없는 사람은, 오히려 슬픔이나 화나 계속되는 공허감을 더 느끼기가 쉽고, 왜 그런 고통을 겪어야 하는지 이해하지 못한다. 사람들이 자신을 분열시키고 그런 고통을 의식 밖으로 밀어내는 것은 당연한 일 아닌가! 그러나 그런 시도가 완전히 성공하는 경우는 결코 없다. 그들이 '그것을 극복했다' 라고 생각하는 바로 그때, 환경은 그것을 상기시키는 어떤 것을 내놓는다. 오래된 감정들이 느닷없이 처음 경험했을 때처럼, 때로는 그때의 고통 그대로 생생하게 튀어나온다.

불쾌한 경험을 의식 밖에 두고 싶어 하는 소망 때문에 자기와 타인과 접촉하고 싶은 욕구는 갈등을 일으킨다. 그 누구라도 자신의 내적 사건의 일부를 의식 밖으로 몰아내면서 동시에 자신의 내적 감각, 감정, 욕구, 사고, 기억과 충분히 접촉할 수는 없다. 그리고 외부세계 및 다른 사람들과의 접촉 또한 손상된다. 다른 사람을 진정하게 만나기 위해서는 먼저 자기 자신을 온전히 인정할 수 있어야 한다. 대인관계는 접촉에 기반을 두고 있기 때문에, 외상으로 인해 일어나는 주요한 결과는 그것이 급성이건 누적적인 것이건 간에 개인이 관계를 형성하고 유지하는 능력을 손상시킨다는 것이다. 그 결과 더욱 더 개인은 조각조각으로 분열되고, 새로운 경험을 통합해가는 능력을 점점 상실하게 된다. 오래된 고통을 상기시킬 수 있는 욕구, 느낌, 자각 그리고 사람들 등 그 어떤 것도 의식되지 않도록 차단한다.

게슈탈트 상담은 전경-배경 관계라는 개념을 사용하여, 정상적인 삶에서 욕구가 어떻게 이동하고 변화하는지를 이해하는 데 유용한 방법을 제공해 준다. 아주 복잡한 욕구와 바람이 우리 경험의 배경에 놓여 있다. 어느 순간에 이들 욕구 중 하나가 두드러진다. 그것이 전경으로 떠오른다. 그래서 그것이 우리 의식 안으로 들어온다. 그 욕구가 적절하게 다루어지면 그것은 배경으로 후퇴하고, 다른 욕구가 전경이 된다(Perls et al., 1951; Perls, 1944/1947). 우리는 프로이트가 믿었던 것처럼 본능적 추동에 의해 힘을 받아서 움직이는 것이 아니라, 변화하는 패턴을 지닌 욕구를 만족시키려는 행동을 하면서 움직인다. 그런 욕구에는 우리를 신체적으로 생존할 수 있게 하는 것들이 포함된다. 그것들은 또한 자극을 필요로 하는 욕구, 자기와 타인을 접촉하려는 욕구, 구조와 예측가능성을 가지고자 하는 욕구, 그리고 관계 욕구와 같은 심리적 욕구를 포함한다(Berne, 1966). 정말, 어떤 욕구를 경험하고 만족시키는 역동적인 패턴은 접촉의 본질이다. 그러면 이 욕구들을 만족시켜 줄 사람은 아무도 없을 것이며, 그런 욕구를 의식하는 것은 더 심한 고통을 유발할 뿐이라고 학습해 온 아동에게는 어떤 일이 일어날까? 그 욕구를 자연스럽게 다룰 수도 없고 사라지게 할 수도 없다. 그러나 그것은 정신적 접착제처럼 그냥 사라지지 않기 때문에, 아동은 그것을 보살피기 위해 어떤 다른 인위적인 방법, 이를테면 더 많이 분열시키기, 더 적극적으로 배경으로 밀어넣기와 같은 방법을 찾아내야만 한다(Lewin, 1938). 그런 아동들은 성장해 가면서 충족하지 못한 욕구의 늪에서 자신을 구출하기 위해 일반적으로 무의식적인 전략들을 개발한다. 그들은 자기 경험을 부인하고, 회피하고, 거부한다. 대신에 어떤 다른 것을 느낀다. 그들은 금지시켜버린 생각이나 감정이 의식되지 않도록 하기 위해 필요한 것이라면 그 어떤 일이라도 한다. 점차 인위적인 전략은 습관이 되고, 삶의 각본이 되고, 내적인 행동 혹은 외적인 행동 혹은 두 가지 모두에 대한 잘 학습된 도식이 된다(Stolorow & Atwood, 1989; Andrews, 1988, 1989; Stern, 1985; Perls & Baumgardner, 1975; Berne, 1972; Arlow, 1969a, 1969b).

5. 고정된 게슈탈트

우리는 세상에서 살아가는 법을 배워가면서, 개별 행동들을 합하여 연속적인 행동으로 만든다. 그리고 이렇게 만들어진 일련의 행동을 거의 아무 생각 없이 자동적으로 수행한다. 혹시 여러분이 어떤 방에서 다른 방으로 가고 싶다고 가정해 보자. 다른 방으로 가기 위해 여러분은 팔을 들고, 손가락을 문손잡이에 걸치고, 팔목을 돌리고, 긴장을 유지하며, 여러분 쪽으로 손잡이를 끌어당기고, 부분적으로는 손가락을 이완시키며, 문이 돌아가 더 충분히 열릴 정도로 세게 옆쪽을 민다는, 이런 식의 생각은 하지 않는다. 여러분은 간단히 문을 열고 건너간다. 행동순서는 일종의 도식이 되는데, 이는 하나의 매끄럽게 통합된 행동을 의미한다. 우리가 도식을 별도로 떼어내어 적절하게 수정하게 되는 것은 문손잡이가 반대 방향으로 돌아가거나 문을 당기는 대신 밀어야 할 때와 같이 단일 행위가 제대로 이루어지지 않을 때다. 이와 마찬가지로 동시에 반복적으로 일어나는 지각과 경험의 패턴도 우리가 더 이상 개별적인 부분들을 구별할 수 없게 될 때까지 섞이고, 흐려진다. '엄마'는 엄마에 대한 모든 것이다. 즉, 엄마가 어떻게 생겼으며, 어떤 목소리인지, 우리가 엄마와 함께 있을 때 어떤 느낌이고, 무엇을 기대하는지 등 이 모든 것을 포함하고 있다. 독일어 '게슈탈트'는 부분들이 일체화되는 이러한 집합체를 가장 잘 기술한다. 하나의 게슈탈트는 하나의 전체이며 나눌 수 없는 패턴이다. 우리는 게슈탈트가 이전에 많은 개별적 부분들이었으며, 그 부분들을 가지고 전체를 구성했다는 사실을 놓친다. 이는 '정사각형'이 서로 직각으로 된 동일한 길이의 네 개의 선들이라는 개념과 질적으로 다른 것처럼, 전체는 그것의 부분들의 합과 질적으로 다른 것이다. 하나 이상의 게슈탈트란 의미의 게슈탈텐은 정의하기가 어렵다. 간단히 말해 게슈탈텐을 구성하는 요소들로 그것을 정의하게 되면 그것이 갖는 질적 차이를 파괴하는 결과가 초래되기 때문이다. 그러나 우리 모두는 게슈탈텐으로 가득 찬 세상에서 살고 있다. '내 방'이 그렇고, '내 파트너'가 그렇고, '달리기'가 그렇고, '생일'이 그렇다(Kohler, 1938).

게슈탈텐은 상담자인 우리에게도 중요하다. 왜냐하면 그것들은 개인이 자신의 행동 도식을 조직하는 데 사용하는 패턴들이기 때문이다. 사람들은 자신의 경험과 기대에 근거하여 습관, 즉 반응들의 군집을 형성한다. 그러한 반응군집이 기반을 두고 있는 게슈탈텐이 아주 매끈하게 한 덩어리로 성장하게 될수록, 우리 내부와 외부에서 일어나는 변화를 다루기 위해 그 군집의 구성요소들은 수정하거나 조정하기가 더 어려워진다.

경험을 통해 이루어진 게슈탈텐에 근거하고 있는 습관적 반응들은 좋은 것도 나쁜 것도 아니다. 그것들은 모든 유기체가 환경과 협상하는 방식의 한 부분일 뿐이다. 그런 반응군집 없이 기능한다는 것은 거의 불가능하다. 여러분이 여기에서 저기로 걸어가려 할 때마다 한 걸음 옮기는 데 필요한 각각의 작은 근육들을 파악하려고 노력한다거나 혹은 어떤 친구와 대화하려 할 때 정확하게 무엇을 말하고 어떻게 말할지 숙고해야 한다고 상상해 보라. 발달이 건강한 방향으로 이루어지고 있다면, 게슈탈텐과 그것으로 만들어낸 더 큰 패턴들은 우리에게 유용하고 적절한 방식으로 기능한다. 그것들은 아동(그리고 성인!)이 두드러지고 있는 욕구를 인식할 수 있게 하고, 그것을 다룰 수 있는 자원을 찾을 수 있게 하고, 그것에서 벗어나 다른 것으로 나아갈 수 있게 한다. 그러나 급성 혹은 누적 외상이 발생할 때, 이를테면 아동이 학대받고 방치되고, 신뢰할 만하고 보살펴주는 관계를 가지지 못할 때, 게슈탈텐과 그것과 관련된 행동 패턴은 어떤 다른 목적을 위해 사용된다. 즉, 그것들은 개인이 그들의 욕구를 충족시키려는 것을 돕기보다는, 충족될 수 없는 욕구를 부인하거나 왜곡시키는 역할을 한다.

보살펴주는 어른과 신체적으로 접촉해 보고 싶어 하는 아동을 생각해 보라. 두드러진 욕구는 '나는 접촉하고 싶어요.'다. 아동에게 이 욕구를 만족시켜줄 사람이 아무도 없다면, 아동은 금세 '여기에는 아무도 없다'라는 사실을 알아차린다. 인접해서 일어나는 이 두 가지 자각은 곧 합쳐진다. 즉, "내가 접촉을 원할 때, 여기에는 아무도 없다."는 결론이 내려진다. 이것은 전형적인 삶의 각본, 즉 정형화된 개인의 신념이다. 이것은 경험으로부터 도출된 혹은 중요한 타인으로부터 배우게 된 결론이다. 이 결론은 개인이 세상을 경험하는 방식 중에 의심하지 않는, 자각하지 못하는 부분이 된다(Erskine & Moursund, 1988/1997; Erskine & Zalcman, 1979; Berne, 1972). '내가 접촉을 원할 때, 여기에는 아무도 없다.'는 삶의 각본은 신체 접촉에 대한 욕구가 만족될 수 없다는, 만족시킬 방도가 없다는 것을 시사한다. 그러나 욕구는 일단 경험되면, 요구하는 성질이 있다. 그것은 어떻게든 다루어질 수밖에 없다. 만약 욕구가 충족되는 쪽으로 자연스럽게 돌봐지지 않으면, 사람들은 그것을 인위적으로 차단시키는 방법을 찾는다. "나는 진정으로 접촉을 원하지 않는다. 내가 내 자신을 즐겁게 할 것이다." 이렇게 하여 '접촉-욕구' 경험은 끊임없이 요구적인 욕구를 배경으로 밀어넣어 버리는 방법인 인위적인 차단과 합쳐진다. 단기적으로는 인위적인 차단은 효과적이다. 욕구는 멀리 사라지는 것처럼 보이고 요구는 줄어든다. 이 욕구가 다음번에 일어나게 되면, 이 패턴은 반복된다. 반복, 강화, 반복, 강화. 이 모든 게 점차 고정되고 끊어짐 없이 매끈하고 나눌 수 없는 그런 것이 된다. 한때 '접촉 욕구'에 대한 경험이 이제는 자신을 즐겁게 하려는 욕구로 경험된다. 이로써 '고정된 게슈탈트'가 탄생하게 된다. 원래의 욕구는 왜곡되고 전체의 패턴은 다 같이 합쳐졌기 때문에, 그것을 원상태로 돌리거나 변화하는 환경에 맞도록 조정할 수 있는 방법이 없다. 신체접촉에 대한 욕구는 더 이상 의식될 수 없기 때문에 만족되지도 않을 것이다. 또한 만족되지 않았기 때문에, 결코 진정되지도 않을 것이다(Perls et al., 1951).

고정된 게슈탈텐은 몇 가지 이유로 변화되기 아주 어렵다. 첫째, 그것들은 의식되지 않는다. 자신이 하고 있는 줄도 모르는 어떤 것을 어떻게 변화시킬 수 있겠는가? 더욱이 그것들은 왜곡된 세계관에 근거하고 있다(기억하라. 만족될 수 없는 원래의 욕구에 접근하는 것을 차단하기 위해, 내적 및 외적 경험들은 끊임없이 검열되고 있다.). 그래서 현재의 반응이 유일한 혹은 선택할 수 있는 반응같이 여겨진다. 만약 여러분의 불편감이 가려움 때문이라는 사실을 모른다면, 긁지 않을 것이다. 가려움을 유발하는 담쟁이덩굴을 피해 멀리 떨어져 있지도 않을 것이다. 그리고 최종적으로 고정된 게슈탈트는 강화된다. 그것은 유용하다. 즉, 그것은 욕구가 충족되지 않는 경험을 분열시키거나 의식에서 멀리 밀어내버리는 것을 돕는다.

우리가 삶의 각본에 근거한 반응 패턴을 만들어냈다면, 자각의 고통으로부터 우리를 보호해 주는 반응 패턴들은 위협적인 자각이 일어나려 할 때마다 반드시 사용되어야 한다. 그것들은 관찰자가 보기에 어떤 다른 행동이 훨씬 더 논리적이고, 도움이 되며, 적절하게 보일 때조차 사용된다. 간단히 말해 우리에게 그것들은, 우리가 할 수 있는 유일한 것이기 때문이다. 우리는 그것에 대해 생각조차 하지 않는다. 정말 '그것에 대해 생각하지 않기'는 고정된 게슈탈트의 기본적 특징 중 하나다. "왜 당신은 밖으로 나가고, 집 주위를 돌고, 부엌으로 가기 위해 뒷문으로 들어오나요?" "부엌에 가고 싶기 때문이에요." "슬퍼 보여요. 무엇이 슬프게 느껴지나요?" "전 슬프지 않아요. 화가 나요." "지금 당신은 무엇을 경험하고 있나요?" "아무것도요."

만약 고정된 게슈탈트가 개인행동을 단지 조금만 제한한다면, 비교적 해롭지 않다. 그러나 관계부재 상황을 다루기 위해 생겨난 고정된 게슈탈텐은 대개 그 영향력이 더 광범위하다. 많은 감각들은 혼자서 힘들어 했던 고통스런 경험에 대한 기억을 일깨울 수 있다. 이것은 느끼지 못하게 차단됐던 것이다. 많은 욕구들은 충족되지 않은 오래된 욕구를 떠올리게 한다. 이것들은 경험하지 못하도록 차단됐던 것들이다. 현재 관계의 특징은 위협적인 바람과 기억을 상기시킬 수 있다. 그것들은 멀리 떨어뜨려 놓았던 것들이다. 결과적으로 정형화된 삶의 각본은 내·외적인 접촉 방해를 더욱 심화시키는 기반을 형성하고, 자기 경험에 대한 충분한 자각 능력과 온전하고 진정한 관계를 형성하는 능력을 상실하게 만든다.

6. 심리적 외상과 증상

관계에 대한 욕구가 충족되지 않는 경험의 시점이 생애 초기일수록, 그러한 경험이 지속적이었을수록, 그것이 미치는 파괴적인 효과는 더욱 커지게 된다. 어린 아동들에게는 어른들에게 있는 다양한 자원이 없다. 내적인 방어기제만이 그들이 선택할 수 있는 유일한 자기 보호 방법일 수 있다. 만약 관계 박탈에다 학대마저 있다면, 내적인 방어 반응이 자동할 가능성은 더욱 커진다. 아동이 자신을 도와 줄 사람은 아무도 없고, 생존한다는 것이 위협적으로 느껴진다면, 아동은 얼어붙고, 철수하고(Fraiberg, 1982, 1987), 부인하고, 고통스런 정서를 보다 견디기 쉬운 어떤 것으로 변형시키는 법을 배우게 된다(Tustin, 1986; Bettelheim, 1967). 학대나 방치된 경험의 일부나 전부는 반드시 분열되어야 하고 의식에서 밀어내야 한다. 통합되지 못한 채로 남은 것들은 결국에는 지각을 왜곡하고, 자발성을 억제하며, 융통성과 다른 사람과의 관계를 제한하는 패턴 발달의 이유가 되고, 계속해서 그러한 패턴을 확장시킨다(Erskine, 1980/1997). 그래서 '병리' '증상'이 발생하고, 궁극에 가서는 정신과적 진단 및 통계 편람(DSM)에서 볼 수 있는 모든 문제를 유발한다.

우리의 내담자들이 보여 주는 증상은 대처 전략 차원에서 시작된 것이다. 증상은 내담자가 고통스런 자각을 하지 않도록 보호하기 위해 고정된 게슈탈텐이 외부로 표현된 것이고, 현실을 왜곡한 결과이고, 접촉하지 않도록 내적으로 방해한 결과에 해당한다. 그런 고정된 게슈탈텐의 내·외적인 측면들은 서로 상보적이다. 내적인 자각 회피를 지지하기 위해 현재 관계의 측면을 차단시킬 필요가 있다. 즉, 대인관계의 접촉 왜곡을 유지하고 외부 세계와의 관계를 제한하기 위해서는 내적 분열과 방어가 필요하다.

지금쯤 여러분은 이 논의가 어디로 가고 있는지 쉽게 알 수 있을 것이다. 만약 증상이 고정된 게슈탈텐 패턴의 결과라면, 문제의 해결은 바로 그 고정된 게슈탈텐을 녹이는 것이다. 만약 심리적 단절과 정서적 고통이 온전한 내·외적 접촉의 결핍에서 비롯된 것이라면, 접촉 회복은 단절을 복구시키고 고통을 완화시켜야 한다. 상담자가 할 일은 내담자가 오래된 심리적 외상을 직면하여 다루고 통합하도록 돕고, 분열된 자기의 모습들을 의식할 수 있게 하고, 충분한 내·외적인 접촉을 다시 가능하게 하는 일이다. 진짜 이것이 상담자가 해야 할 일의 '전부'다. 이 과업을 달성한다는 것은 어려운 일이다. 내담자 혼자서 그것을 할 수 없다. 왜냐하면 그것은 관계를 통해 의식의 장이 열려야 가능해지는 일이기 때문이다. 상담자는 내담자와의 관계를 돌보고, 그 관계 안으로 충분히 들어간다. 그리고 그런 관계는 성장과 변화의 매개체가 된다.

7. 상담관계의 기능

상담의 첫 번째 단계에는 내담자가 이미 알고 있는 것을 탐색하는 것이 포함된다. 상담관계 맥락 내에서, 내담자는 자신의 감정, 욕구, 기억, 사고, 지각내용을 발견할 수 있도록 격려받는다. 내담자가 이런 경험들에 대해 설명할 때, 상담자는 내담자에게 관심을 기울이고 있고, 관여하고 있음을 전달한다. 내담자가 자신의 세계에 대해 이해하고 경험할 때, 상담자는 그와 대인관계적으로 충분히 접촉이 가능하고, 내담자가 필요로 하는 존재로 있으면서, 내담자 세계를 이해하기 위해 최선을 다한다. 내담자가 상담자와의 이런 관계를 경험할 수 있는 능력이 성장할수록, 자각의 범위가 확장되고, 오래된 기억과 욕구, 그리고 자기의 어떤 측면이 떠오르기 시작한다.

그다음에는 접촉이 핵심이다. 접촉, 접촉, 또 더 많은 접촉. 접촉은 방어

해제를 촉진시켜서, 위협적이라 분열시켜 버린 경험의 부분들이 점점 더 많이 의식의 장으로 들어오게 한다. 그것들이 의식되고 기술되고 행동으로 표현될 때, 상담자는 관심, 민감성 그리고 격려로 그것들에 주의를 기울인다. 이렇게 접촉이 이루어지는 관계 안에서 새롭게 발견된 각각의 조각들은 자기 안으로 통합될 수 있고, 분열된 부분들은 다시 자기 것으로 회복되고 소유될 수 있다. 상담관계는 과거의 관계(그리고 무의미한 관계)와는 다르다. 여기에는 오래된 방어 기제들이 더 이상 필요하지 않다. 접촉을 지향하는 관계 상담은 내담자의 고정된 게슈탈텐—사고, 감정, 행동이 한데 섞어 뭉뚱그려진 패턴들—을 녹이기 위한 것이다. 그렇게 되면 뭉뚱그려지기 전의 처음의 구성요소들은 자각될 수 있고, 자각을 통해 자기와 타인(상담자를 포함하여)과의 접촉이 다시 가능해지며, 오래된 자동화된 신념과 행동, 그리고 부인과 왜곡이 대체될 수 있고, 현재의 경험을 자발적이고 융통성 있게 다룰 수 있게 된다.

그 과정은 점점 더 확장된다. 고정된 신념이나 태도가 자기 보호의 순환 고리를 형성하는 경향이 있어서 자신의 경험을 점점 더 많이 의식하지 못하게 방어하는 것처럼, 고정된 게슈탈텐을 녹여 풀어버리게 되면 그 순환 고리의 방향을 역으로 돌리게 된다. 방치되는 경험과 심리적 외상에서 기인된, 그래서 무의식의 구렁텅이 속으로 내던져질 수밖에 없었던, 거부되고, 부인되고, 해결되지 못한 경험들이 빛의 세계로 나오고, 응집력 있는 자기의 부분이 된다. 이와 동시에 내담자는 지금까지 경험했던 관계와는 질적으로 다른 현재 관계가 지닌 측면들을 이제 받아들이게 되고 주의를 기울일 수 있게 된다. 스스로 새롭게 깨닫게 된 하나하나는 다음 단계로 나아가게 해 주는 발판이 되고, 상담관계를 통해 발견하고 나누게 된 새로운 그리고 기억해 낸 자료들이 계속적으로 통합되어 간다.

이것이 단순한 소리처럼 들리나? 아마도 지나치게 단순화한 것일지도 모른다. 다른 관계에서처럼, 상담에서도 수많은 일들이 일어난다. 서로 다른 이론을 받아들이고 있는 여러 상담자들은 내담자의 내·외적인 행동에서 서로 다른 측면에 주의를 기울인다. 우리가 앞서 접촉을 깜깜한 방의 어떤 한 곳을 먼저 비추고 그다음 다른 부분을 비추는 손전등의 불빛에 빗대어 설명했던 것을 기억하는가? 바로 그런 방식으로 상담에서 이루어지는 대화는 상담자의 관심과 신념에 따라 그리고 내담자의 세계관, 문제 이해 방식, 위험 감수 의지, 정서의 강도에 따라 여러 가지 다른 방향으로, 다른 패턴으로 움직인다. 이 모든 것들이 상담 과정의 모양새를 결정한다.

그러나 우리가 주장하고자 하는 것은, 내담자가 경험하고 있는 문제와 고통이 어떤 것이든, 상담자가 어떤 이론적 배경을 가지고 상담 개입 계획을 세우고 있든지 간에, 성공적 상담의 근본이 되는 본질적 요소는 접촉이 이루어질 수 있는 관계라는 것이다. 상담에서의 접촉은 건물의 하부 구조와 같다. 그것은 좀체 보이지 않는다. 그러나 지상에 있는 모든 것을 단단히 뒷받침하고 지지한다. 상담에서의 이러한 접촉을 통해 내담자는 안전감을 경험하게 되고, 이를 바탕으로 방어를 포기하고, 느끼고, 기억하고, 새로운 행동을 시도해 보며, 자신이 진정 어떤 사람이고, 어떤 사람이 될 수 있는지를 경험하고 통합해 나간다.

욕구가 지속적으로 충족되지 않아 손상을 입은 사람은 새로운 학습과 성장을 차단시키는 일종의 정신적 정체 현상을 닮은 고정된 게슈탈텐의 패턴을 만든다. 그것은 강으로 떠내려가 한 곳에 몰려 오도 가도 못하고 있는 통나무들처럼, 참으로 보기 딱하고 다루기 힘든 것이다. 통나무는 자유롭게 이동하지 못한 체 물위에 그냥 떠 있다. 통나무 정체를 해결하기 위해 길을 트기란 어렵고, 그 과정은 위험하고 무섭기까지 하다. 엉켜 있는 통나무들의 어떤 한 부분을 떼어내면, 그 밑에 더 심한 엉킴과 장애물이 드러날 수 있다. 예컨대, 정체상황을 해결하려는 벌목꾼이 막힘을 뚫기 위해 작은 틈을 만들 때, 어쩌면 그를 압도할 정도로 위협적인 예측불허의 상황이 일어날 수도 있다. 상담자도 벌목꾼처럼 문제의 어떤 부분이든지 변화가 가장 가능해 보이는 부분을 해결하려고 노력할 것이다. 그것은 어떤 생각이나 간신히 억제한 기억일 수 있고, 행동의 작은 일부분일 수도 있다. 그것은 의식 표면 바로 아래에 있는 정서 경험일 수도 있다. 이것들 중에 어떤 것을 변화시키게 되면, 통나무들을 이동시켜 정체 현상을 해결하게 될 수도 있다. 만약 이런 과정이 지속되고, 훨씬 더 다루기 어려운 정도의 정체 현상이 다시 일어나지 않고 있다고 한다면, 보살펴주고, 지지적이고, 욕구에 반응적인 상담자와의 관계 접촉을 통해 그 모든 변화가 일어날 수 있는 충분한 지원을 받고 있다는 것이다.

8. 외상의 재경험

엉키고 몰리는 통나무 정체 현상이 다시 일어나고 있다는 인상을 받는다면, 내담자가 외상을 재경험하고 있을 가능성이 있다. 방치당하거나 심리적 외상을 경험한 사람들을 상담할 때 겪는 가장 큰 문제점 중 하나는 상담자가 너무 빨리 혹은 너무 많은 내용에 대해 작업하려 해서 내담자에게 원래의 외상과 연결된 고통, 두려움, 기억, 그리고 방어를 촉발시킨다는 것이다. 때때로 우리는 조급해져서 너무 빨리 나아가려고 서두르거나 오래된 패턴이 지닌 중요한 보호 기능을 충실하게 탐구하지 않은 채로 행동 변화를 추구한다. 그 결과 내담자가 어린 시절에 방치나 학대를 경험했던 때의 관계와 심리적으로 유사한 관계가 상담에서 초래된다. 접촉이 일어나지 않는 관계 속에 있는 아동은 고통스러운 사건에 대한 자신의 감정과 생각, 그리고 그것에 대한 반응을 충실하게 탐색하는 것이 허락되지도 격려되지도 않는다. 그래서 방어적인 반응의 순환 고리를 작동시키게 된다. 탐색되지 못하거나 지지받지 못한 내적인 경험은 의식 밖으로 내몰아버려야 한다. 이것은 개인에게 일어난 일이 어쨌든 자기 자신의 결점이 되어, 자기 존재의 가장 핵심적인 부분에 수치스럽고 옳지 못한 것이 되어 버린다(Erskine, 1994/1997b, 1995). 상담자가 탐색을 도우려 하지 않거나 혹은 성급하거나 내담자의 감정, 신념, 두려움, 환상 전부를 지탱할 수 없다면, 내담자가 다시 수치심을 느끼게 되어, 오래된 방어기제가 작동하기 시작한다. 이번에는 자기 자신뿐만 아니라 상담자와의 접촉을 제한하고, 내적인 분열과 부인을 유지하는 것이 훨씬 더 중요해진다. "만약 내 '문제들'이 상담자조차 견딜 수 없는 것이라면 혹은 견디지 않으려 한다면, 그것은 정말 위험하고 두려운 것임에 틀림없다. 그리고 내 '문제들'은 나의 일부이기 때문에, 그것들은 나를 미치게 하거나, 위험에 빠뜨리게 하거나 혹은 두렵게 한다." 이것이 상담과정에서 일어나는 외상 재경험의 핵심이다.

방치당한 경험이 있는 사람들은 현재 진행 중에 있는 많은 관계 맥락에서 외상을 재경험할 수도 있다. 위에서 기술한 것과 본질적으로 동일한 패턴을 따를 것이다. 진행 중에 있는 관계가 친밀하고 중요할수록 외상 재경험의 효과는 더욱더 심각해진다. 아마 다른 어떤 관계에서보다 상담관계에서 더 심각해질 수 있다. 상담에서 내담자는 오랫동안 묻어두고 분열시켜 왔던 내용을 더욱더 의식해감에 따라, 점점 더 연약한 면이 드러나도록 격려 받는다. 그렇기 때문에 내담자가 간신히 주저주저 하면서 꺼내놓은 것을 상담자가 거절하고, 인정하지 않거나 혹은 두려워한다는 것은 내담자에게 절망적일 수 있다.

외상 재경험이 어떤 식으로 빠르게 저절로 계속 돌아가는 과정이 될 수 있는지에 대해 다시 주목하라. 일단 위험이 감지되면(내담자들은 부정적 반응의 기미들을 어쩌나 민감하게 알아차리는지!), 상담자의 반응을 더 크게 왜곡하고 잘못 해석하게 되는 통로가 활짝 열리게 된다. 내담자는 상담자의 다양하고 광범위한 반응들에서, 다른 사람들과의 관계에서 실제이든 상상이든 간에 자신이 경험했던 불인정, 철수, 위협과 가장 닮은 것들에 선택적으로 주의를 기울일 것이다. 상담자의 모든 말과 행동은 내담자의 기대 그물망을 통과하면서 걸러진다. 과거에 일어났던 일이나 상상했던 것과 맞아떨어지는 것들은 보호 패턴을 유지해야 하는 또 다른 이유로 받아들여진다. 반면 맞아 떨어지지 않는 것들은 종종 무시되고, 왜곡되고, 혹은 기억조차 되지 않는다. 이렇게 되면 상담자 반응도 내담자의 선택적 반작용에 따라 만들어진다. 전체 상호작용은 내담자의 과거 관계 패턴과 점점 더 근접하게 된다. 상담자의 모든 말과 행동은 내담자의 자기 보호적 생각의 틀에 따라 지각되고 해석된다. 이런 지각과 해석으로 인해, 내담자는 상담자에게 강력하나 뚜렷이 감지하기는 어려운 압력을 행사해서 내담자가 더욱더 잘못 해석할 수 있는 반응을 상담자가 하도록 만든다. 여기에 통제할 수 없는 비대한 힘이 존재한다. 그 패턴은 스스로 생명력을 지니고 있는 것처럼 보인다. 상담자와 내담자를 모두 반복되는 패턴 속으로 빨아들이고 거침없이 다시 해묵은 고정된 게슈탈텐을 촉발시키는 방향으로 행동하게 한다. 관계 실패에 반드시 따르는 이런 패턴에 주의를 기울여 알아차리고, 필요한 교정 절차를 밟는 것은 바로 상담자의 책임이다(Safran, McMain, Crocker, & Murry, 1990).

교정절차가 순조롭게 이루어지기 위해서는 상담자와 내담자의 관계 안에 접촉이 있어야 한다. 자기 자신과 내담자 둘 다 온전한 접촉을 유지할 수 있는 능력이 상담자에게 있어야만 외상 재경험을 막을 수 있다. 어떤 사건이 일어날 것이고, 그에 대한 어떤 대화, 즉 상담자가 알아차리기에 충분한 주요하고 분명한 교류가 있을 것이다. “여기 이런 게 있다. 내담자는 이런 행동을 했고, 나는 또 그렇게 반응을 했다. 이것이 일어난 방식이다.” 이 시점에서 상담자는 뒤로 물러나 그 패턴이 의미하는 바를 풀어내고, 그것이 일어나지 않도록 막는다. 상담자는 패턴을 밝히는 과정에 내담자를 초대할 수도 있고, 그것을 비언어적으로 다룰 수도 있다. 중요한 것은 무언가 다른 어떤 것이 반드시 일어나야 한다는 것이다. 즉, 관계단절로 가는 오래되고 너무나 낯익은 길은 반드시 차단되어야만 한다.

물론 상담관계 발달 과정 초반에 이러한 차단이 일어나는 게 더 좋다. 관계 실패에서 발생한 오래된 외상 패턴은 강화될 때마다, 더욱 강력해지기 때문에 변화시키기도 더욱 어려워진다. 상담자가 내담자의 속도, 정서 그리고 내담자가 나타내는 것 전부에 적절하게 조율하기 위해 가장 필요한 것은 내담자에게 도움이 되는 방식으로 주의를 기울이고 반응하는 것이다. 상담자가 내담자의 경험에 자신을 조율할 수 있을 때만이, 내담자가 원하는 보호와 허용, 수용의 경험을 제공할 수 있다. 이것들은 내담자가 외상 패턴을 일으키지 않고 이전과는 질적으로 다른 보호적이고 허용적인 관계를 경험하기 위해 필요한 것이다. 그와 같은 관계 속에서 내담자는 자신을 안전하게 지키기 위해 오랜 세월 동안 익혀 온 모든 방식과는 어딘지 모순되는 것을 느끼게 하는 탐색 과정을 지속할 수 있다. 내담자가 어쩔 수 없는 좌절을 맛보고 예전 지각 방식과 반응 방식으로 되돌아 갈 때에도, 무엇이 일어났는지 파악하는 방법을 배울 수 있다. 그리고 오랫동안 보유해 온 보호 기제와 세상에서 새롭게 존재하는 방식 간의 차이를 경험하는 방법도 배울 수 있다. 적절하고 때를 맞춘 지지, 이해, 격려 반응과 함께, 이전 것과 새로운 것 사이의 내적 갈등에 대한 상담자의 민감성이야말로 성공적인 상담의 가장 중요한 단일 요인일 것이다.

9. 탐색, 조율, 관여

탐색은 내담자가 경험하고 있는 것을 스스로 살펴보도록 초대하는 과정이다. 상담자가 내담자에게 물어보는 과정이지만 단순히 질문만 하는 것은 아니다. 상담자의 진술, 목소리의 톤, 제스처, 눈썹을 들어 올리는 것 등 이 모든 것이 상담 탐색의 일부분일 수 있다. 상담자는 내담자가 점진적으로 깨달아가고 있는 모든 것들에 대해 탐색한다. 그렇게 함으로써 상담자는 내담자에게 말하고 탐색하는 것이 유익하고 좋은 일임을 알려줄 수 있다. 그리고 내담자가 경험하는 것 중에 금지되어야 하거나, 수용될 수 없거나, 너무나 위협적이라 견디기 어려운 그런 부분은 없다는 것을 전할 수 있다. 이런 탐색 과정에서 조차도 상담자는 탐색 과정을 추적 관찰하고 조절하기 위해 반드시 내담자가 지금-여기에서 경험하고 있는 것에 자신을 맞추고 있어야 한다(실제로는 과거와 현재가 함께 흐르고, 종종 경험의 어떤 순간에는 그 둘을 구별할 수 없을 때가 있다.). 상담자가 정확한 조율을 하기 위해서는 내담자에게 무엇이 진행되고 있는지 알아차릴 수 있는 민감성과 그에 대한 반응성이 필요하다.

3장에서 이에 대해 더 많이 이야기하게 될 것이다. 다음으로 조율이 유지될 수 있으려면, 상담자가 온전히 현재에 머무르면서, 내담자의 내적인 과정뿐 아니라 자신의 내적인 과정에 대해 깨어 있어야 하고, 관계에 충분히 관여하고 있으면서, 그 관계로부터 영향을 받는 것에 개방적이어야 한다. 상담자 행동의 이 세 가지 측면—탐색, 조율, 관여—은 성공적인 상담관계의 핵심을 이룬다. 주의 깊은 탐색, 민감한 조율, 진정한 관여의 자세를 취할 때, 상담자는 내담자에게 의지할 만하고, 일관성이 있으며, 믿을 수 있는 사람으로 경험될 것이다. 내담자가 그런 관계를 경험하게 되면, 외상과 방치되는 경험에 대한 반응으로 분열시켰던 자기 부분들을 재통합할 수 있게 된다. 또한 자기 그리고 타인과 충분히 접촉할 수 있고, 진정한 관계를 형성할 수 있으며, 온전한 한 사람으로 세상에 다시 존재할 수 있을 때 재통합이 가능해진다 (Hycner & Jacobs, 1995; Yontef, 1993).

충분한 접촉이란 '온전한 한 사람으로 세상에 존재하는 것'이며, 이는 내·외적인 사건들에 대해 충분히 알고 있다는 것을 의미한다. 이 사실을 마음 깊이 새겨두는 것이 중요하다. 개인이 관계 속에 있으려면, 자기 자신과 타인에 대해 깨어 있어야 한다. 상담의 전 과정 내내 자기와 타인이라는 관계의 두 가지 측면이 동등한 균형을 이루지는 않을 것이다. 상담 초반부에는 초점을 내담자의 현상적 경험에 훨씬 더 많이 둔다. 즉, 의식될 수 있는 모든 내적 경험에 해당되는 개인 생활사, 관계, 감정, 신념 등에 초점을 둔다. 이를 통해 내담자가 의식할 수 있는 범위를 확장시켜, 그동안 숨겨져 있던 것들을 점진적으로 표면 위로 떠오르게 할 수 있다. 이후에 상담자와 내담자의 상호작용 과정에서 어떠한 이유로 내담자의 오래된 패턴이 다시 드러나게 된다면, 때로는 상담의 초점을 상담관계 그 자체, 즉 '우리 사이에서 일어나고 있는 것'으로 옮기기도 한다. 상담자는 자기 자신의 개인적인 경험과 반응을 내담자와 나누고, 이 과정을 통해 내담자는 타인과 충분히 접촉하는 능력에 대해 도전을 하게 되고, 비교적 안전한 상담 회기 내에서 성장하기 시작한다. 상담 후반부로 오면서 초점을 알아차림과 접촉의 자유로운 왕래에 둔다. 이는 자기에서 타인으로, 타인에서 다시 자기로 자유롭게 이동하면서 무엇이 일어나는지 알아차리고 자기 자신과 타인 모두와의 관계에 접촉하는 것을 의미한다. 내담자와 상담자 모두가 자유로이 오고 가는 이 과정에 충분히 참여하고 있을 때, 각자가 자기 자신과 상대방에게 관심을 기울이는 정교한 춤이 된다. 즉, 진정한 관계를 이루는 춤이 되는 것이다. 그리고 일단 상담실에서 상대적으로 안전한 경험을 하게 되면, 내담자는 일상생활에서도 타인들에게 그 춤을 가르칠 수 있거나 혹은 그들과 함께 춤을 출 수 있게 된다.

다음에 계속되는 장들에서 우리는 내담자를 접촉, 진정성 그리고 관계로 초대하는 상담자의 활동들에 대해 살펴볼 것이다. 그리고 탐색, 조율, 관여의 개념에 대해 자세히 검토할 것이며, 이들 세 가지 상담자의 기본적 자질이 내담자의 성장을 강화하고 지지하기 위해 어떤 식으로 함께 협력하는지를 알아볼 것이다. 논의가 진행되는 과정에서, 우리는 생각과 개념들을 상담 축어록에서 얻은 짧은 발췌문을 이용하여 설명할 것이다. 이 책의 두 번째 부분에서는 상담의 실제 상호작용 과정을 훨씬 더 강조할 것이다. 각 장은 완전한 한 회기의 상담 축어록으로 구성될 것이며, 여기에 상담자 개입과 내담자 반응에 대한 집중적인 논의가 포함될 것이다.

우리가 지금까지 살펴본 내용은, 좋은 상담자들은 이론적 경향성에 상관없이 주의 깊게 탐색하고, 조율을 중요하게 생각하며, 자신이 진실하고 적절하게 관여하고 있는지에 관심을 기울인다는 것이다. 상담자와 내담자 모두 이 과정에 대해 구체적으로 의식하지 못할 때조차도, 탐색, 조율, 관여의 존재여부는 상담 과정에 상당한 영향을 미친다. 상담자가 의도적으로 탐색기술과 자신을 내담자에게 맞추는 기술을 기르고, 진실한 관여의 자세를 일정하게 유지하려 노력한다면, 어떤 특성이나 이론적 배경을 가진 상담자라도 내담자와 함께 효과적으로 작업하는 자신의 능력을 향상시킬 수 있다.

제2장
탐색

탐색은 다양한 모든 상담의 바탕이 되는 것이다. 정신역동, 행동주의, 실존주의 등 모든 형태의 상담에서 직접적이든 혹은 우회적이든 질문을 사용한다. 질문을 통해 내담자가 자기 발견과 치유를 향해 떠나는 여행을 시작하도록 돕는다. 가장 보수적이라는 인간중심 상담자들조차도 그들이 사용하는 선택적인 반응 중에 다음의 질문을 포함시켜 내담자가 숙고해 보도록 지속적으로 초대한다. 나는 무엇을 경험하고 있는가? 나는 어떻게 느끼고 있는가? 내가 원하고 필요로 하는 것은 무엇인가?

탐색 과정 또한 어떠한 진단 범주에 속하건, 어떤 유형의 내담자이건 상관없이 모두 공통적으로 적용되는 특성이 있다. 증상이 우울, 불안, 분노, 위축이건, 대상이 노인, 젊은이건, 남자, 여자이건, 내담자가 말을 통한 상담에 적당한 후보라면, 그 상담은 탐색 과정을 포함할 것이다. 만약 상담자가 노련하다면, 탐색 작업을 통해 내담자가 매우 고통스러웠거나 현재 고통스럽게 다가오는 기억, 결정, 방어, 취약점을 돌아보게 하여 내담자 자신 그리고 타인과 온전하게 접촉할 수 있도록 돕는다. 그 결과 내담자가 새로운 방식으로 세상 속에 존재하는 방법을 발견하게 된다. 상담에서의 탐색은 어떤 것에 대해 말하는 것이 중요하고 유익할 것인지를 결정하는 내담자의 지혜를 존중하면서, 내담자가 자신의 탐색 과정에 계속 주의집중하도록 돕는다. 그리고 이 모든 과정은 외상의 재경험이 일어나지 않고, 불필요하게 예전 상처를 재개방하지 않으면서, 내담자가 놀라 물러서거나 흥분하지 않는 방식으로 실행된다. 상담 개입에서 그리고 보다 중요하게는 내담자 반응에 대한 더 깊은 탐색을 위해 상담자의 유능성과 민감성은 상담 효과에 영향을 주는 결정적인 요인이다(Safran et al., 1990).

통합적 접근 상담에서 사용하는 탐색은, 상담자는 내담자의 주관적인 경험에 대해 아무것도 아는 것이 없다는 가정에서 시작한다. 상담자로서 우리는 내담자에게 자신의 주관적 경험에 대해 가르쳐 달라고 요청하고, 그것에 대해 함께 탐구한다. 탐색의 궁극적인 목적은 내담자가 자신과의 내적 접촉과 타인과의 외적 접촉을 차단시켜 온 방식을 발견하도록 돕는 것이다. 내담자가 어떤 식으로 접촉이 차단되는지 그 패턴을 깨닫게 되면, 자기 자신과 또 다른 사람과의 새롭고 진정한 관계방식을 개발할 수 있다. 그리고 이 새로운 진정성은 자발성, 유연성, 만족감을 가져온다. 참 간단한 것처럼 여겨진다. 그렇지 않은가? 간단하지만 명확하지가 않다. 단순하지만 쉽지가 않다.

초심 상담자가 유용한 탐색 작업을 하는 데 어려움을 겪게 되는 것은 상담자의 탐색은 우리가 일상에서 해오던 질문과는 다른 일련의 규칙을 따르기 때문이다. 우리는 말을 하기 시작하면서부터 정보를 얻기 위해 질문을 사용하도록 배웠다. "아기의 코는 어디 있지?" 아기의 코를 가리킨 아이는 포옹과 칭찬이라는 보상을 받는다. "개를 밖에 내놓는 것 잊지 않았죠?" "오늘 학교에서 뭘 했니?" "결혼해 주겠어요?" "내 지팡이 봤어?" 등의 질문은 보편적으로 답을 얻기 위해 사용된다. 그리고 답을 얻게 되면 그 질문은 끝이 난다.

그러나 상담에서의 탐색은 답 그 자체에는 별 관심이 없고, 답을 얻어 가는 과정에 더 많은 관심을 둔다. 상담에서는 너무 분명한 대답을 할 수 있는 질문이 언제나 유용한 것은 아니다. 상담에서 효력이 있는 질문은 내담자가 면밀히 답을 찾아보도록 하는, 새로운 방법을 생각해 보도록 하는, 그리고 몰랐던 것을 새롭게 자각하도록 하는 것이다. 답의 실제적인 내용보다는 상담자의 탐색을 통해 이전에는 자각하지 못했던 것을 알게 되는 것이 훨씬 더 중요하다. 내담자가 자신의 방어를 유지해 온 기술과 용기를 여전히 존중하면서, 자기 탐색을 격려하고, 지지하는 질문을 구사하고, 의견을 제공하는 것은 상담에서 이루어지는 탐색의 정수다.

물론 답을 찾는 것도 필요하다. 왜냐하면 심리적으로 우리 자신을 보호하기 위해 사용하는 기제는 자각할 수 없는 영역에서 작동하는 것이기 때문이다(Guntrip, 1971). 답이 필요치 않다면 우리 자신에 대한 답을 찾기 위해 상담자의 도움을 구할 필요도 없을 것이다. 본질적으로 심리적 방어가 자각할 수 없는 것이라 해도, 우리는 자신이 무엇을 하고 있는지, 어떻게 느끼고 있는지, 무엇을 생각하고 있는지 관찰할 수 있으며, 자신을 변화시킬 수 있다(Freud, 1937). 우리는 차단시키고, 닫아 버리고, 도망쳐 버리는 방식으로 우리 자신을 보호하려고 한다. 마치 바로 기억이 날 듯 입가에 맴돌긴 하는데 뭐라 정확히 기억하기 어려운 이름처럼, 우리가 답을 찾으려 안간힘을 쓰면 쓸수록 그 답은 점점 멀리 물러나 버린다. 노련한 탐색은 개인이 스스로는 한 번도 생각해 보지 못했던(혹은 감히 시도하지 못했던) 장소와 방법에 대해 살펴보도록 초대하여 그들 자신만의 고유한 답을 찾도록 돕는다.

상담에서의 탐색과 일상의 질문-답변 과정의 또 다른 차이점은 답이 누구를 위해 의도된 것인가와 관련이 있다. 일반적으로 만약 내가 여러분에게 질문한다면, 그것은 바로 내가 답을 원하기 때문이다. 그러나 상담에서 이루어지는 탐색에서 상담자가 질문을 하는 것은 주로 내담자가 답을 찾도록 하기 위함이다. 보다 건설적인 것으로 여겨지는 것은 내담자는 답을 찾지 못할 수도 있고 혹은 그저 또 다른 질문을 이끌어 내는 답을 찾을 수도 있다. 이렇게 계속 진행되는 과정에서 어떤 일이 일어나는지 탐색할 수 있을 것이다. 핵심은 어떠한 질문에 대한 반응도 상담자를 위한 것이기보다는 내담자를 위한 것이다. 그렇다고 상담자가 탐색을 통해 알게 되는 것이 없다는 말은 아니다.—상담자가 알게 되는 것이 부차적인 것이라 할지라도 당연히 상담자는 이를 통해 배우게 된다. 내담자는 자각을 촉진시키는 질문에 답을 찾으려 고심하는 과정을 통해 오랫동안 상실해 왔던 자기감을 되찾기 시작하는데, 이것이 내담자에게 돌아가는 주요한 이득이다.

탐색이 진행되면서 상담자는 내담자의 과정에 점진적으로 조율하게 된다. 상담자가 내담자에 대한 이해가 깊어짐에 따라, 내담자가 지금 머물고 있는 단계에서 그저 아주 조금 앞으로 더 나아가기 위해 어느 방향으로 가야 하고, 내담자가 자각할 수 있도록 어떻게 도와야 하는지 보다 분명한 감각이 생긴다. 상담자는 궁극적으로 오직 내담자를 안내하는 데 도움이 되는 범위 내에서만 내담자를 파악하고자 한다. 때때로 이런 탐색의 특성을 쉽게 잊어버리고, 내담자의 역동에 너무 매료되어 상담자 자신의 알고 싶은 욕구에 초점을 맞추게 된다. 이런 일이 일어나면 일단 물러나 재조정하고 우리의 욕구를 흘려 보내는 것이 지혜롭고 현명한 일이다. 상담은 내담자의 쇼, 내담자의 드라마다. 내담자가 핵심 인물인 주인공이다. 상담자는 그저 조연 중의 한 사람일 뿐이다.

탐색 과정이 적절히 이루어진다면, 우리는 탐색 과정 안에서 치유되고, 탐색 그 자체가 치유적이라는 것이 명확해지기를 기대한다(Mendelson, 1972). 탐색은 그저 우리가 거쳐 가게 되는 어딘가가 아니라, 우리가 꼭 거쳐 가야 할 그런 곳이다. 상담에서의 탐색이 내담자의 회복 과정에서 그토록 강력한 도구가 되는 이유 중 하나는 내담자와 상담자 간의 진정한 관계 맥락 안에서 이루어지기 때문이다. 다음에 이어지는 장에서 내담자와 상담자 간의 관계 본질에 대해 훨씬 더 많은 이야기를 할 것이다. 여기에서는 내담자-상담자 관계가 내담자가 자기 자신을 새로운 방식으로 안전하게 경험할 수 있는 맥락일 뿐 아니라, 내담자는 새로운 방식으로 다른 사람과 함께 존재하는 것을 경험할 수 있게 된다는 정도로 말해 두는 것이 적절할 것이다.

상담자와 내담자의 관계 역시 탐색할 주제 중 하나다. 사실상 상담자-내담자 관계는 그 무엇보다 가장 중요한 주제일 수 있는데, 그 이유는 이전의 타인과의 관계와는 구별되는 상담자와의 새로운 관계 경험을 통해 내담자는 새로운 수준에서 자각할 수 있게 되기 때문이다. 오래되고 낡은 생각과 신념, 상호작용 패턴으로 역행하는 대신 지금은 어떤지에 관해, 예상했던 대로 행동하지도, 오래된 패턴을 반복하지도 않는 사람에게 내담자가 어떻게 반응하고 있는지에 대해 이야기할 수 있다. 상담자는 상담관계가 다른 관계들과 비교하여 어떻게 다르고 어떻게 유사한지에 주목하도록 반복적으로 내담자를 일깨운다. 그런 다음 상담자는 그렇게 비교된 것과, 상담관계가 실제로 경험되었을 때 어떤 일이 일어났는지에 대해 탐색할 수 있다(Stolorow, Brandchaft, & Atwood, 1987).

신뢰 관계가 형성되어 감에 따라 상담자는 내담자 자신의 구체적인 현상학적 측면들인 주관적인 경험에 집중하도록 초대한다(Yontef, 1993). 상담자는 종종 생리학적으로 무엇이 경험되는지, 즉 내담자가 좀처럼 주목하지 않던 운동감각 자극의 흐름에 대한 질문부터 시작한다(Kepner, 1987). 여기에는 어떠한 감춰진 의도도, 내담자가 어떤 예정된 특별한 통찰을 하게 될 것이라는 기대도 없다. 그것은 그저 내담자가 신체적으로 무엇을 경험하고 있는가에 대한 상담자의 진솔한 관심인 것이다. 이는 우리가 경험하는 것과 그 경험을 어떻게 처리하고 있는지를 보다 면밀하게 들여다볼 때 가장 많이 배울 수 있다는 깨달음과 연결된다. 셰릴과 상담작업을 한 대목을 경청하라. 셰릴은 놀랍고 슬프다고 하면서, 자신이 그동안 어떻게 그런 감정들을 온전히 소유하고 이해하지 못하도록 막아 왔는지에 대해 말하기 시작했다. 그녀가 이야기할 때 그녀의 얼굴에는 슬픔과 두려움이 나타나지 않지만, 그녀의 몸은 긴장되고 부자연스러워 보인다. 상담자는 그녀에게 자신의 몸이 어떤지에 주의를 기울여 보라고 요청한다.

상담자: 지금 당신의 몸에 머물러 보세요, 셰릴.
셰릴: 부분적으로 그러고 있어요.
상담자: 그것에 대해 제게 알려 줄래요? '부분적으로' 라는 게 무슨 뜻이죠?
셰릴: 그러니까. 저는 여기에 있어요(몸의 왼편을 가리키며).
상담자: 그쪽 몸이란 말이군요.
셰릴: 네.
상담자: 그럼 다른 쪽 몸은요?
셰릴: 어, 그건 저기 있어요.
상담자: "그건 저기 있어요."
셰릴: 그것을 느낄 수 있어요. 바깥에서부터요.
상담자: 당신이 그 안에 있지 않다는 거군요……. 그리고 당신은 전적으로 그 오른편으로 옮겨 가버렸네요.
셰릴: 네. 제 팔 쪽으로, 이만큼 정도.
상담자: 그럼 당신이 거기 오른편에서만 살고 있는 정말 중요한 이유가 있을 거예요. 그래서 그 쪽은 바깥쪽에서만 느낄 수 있는 거죠.
셰릴: 네.
상담자: 이런 자세로 있을 때, 뭔가 떠오르는 게 있나요?
셰릴: 네……만약……만약 누군가가 여길 만지면, 혹은 내가 없는 그 부분을 만지면, 음, 그러면 전 반응하지 않아요.
상담자: 반응하지 않는다. 멋지네요!
셰릴: 네. 전 계속 무감각하게 있을 수 있어요.

1. 탐색의 특징

앞서 살펴본 셰릴과의 상담작업 부분은 탐색 과정의 몇 가지 중요한 면들을 보여 준다. 상담에서의 탐색이 갖는 주요한 특징들을 설명할 때 이 발췌문으로 다시 돌아갈 것이다.

존중

내담자에 대한 존중은 탐색의 기본이다. 자신의 내담자를 존중하지 않거나 탐색 과정에서 존중을 명확하게 보여 주지 못하는 상담자는 내담자가 안전감을 느끼기 위해 요구하는 접촉 경험을 제공할 수 없다. 존중 없는 탐색은 가짜이고, 기술적 혹은 기계적인 것에 지나지 않는다. 혹은 괴롭힘, 잔인한 행위, 심문, 취조가 될 수 있다. 내담자에 대한 존중과 노련한 상담기술은 성공적인 상담효과를 지속시키기 위한 기본적인 두 가지 요소다. 노련한 상담기술은 시간이 지나면 얻어질 수 있으며, 상담자마다 구사할 수 있는 기술의 정도는 다양하다. 하지만 내담자에 대한 존중은 불변의 필요조건이며 지속적으로 보여야만 한다.

물론 존중의 의미가 상담자는 내담자에게 언제나 동의해야 하고 내담자가 하는 것을 항상 인정하고 지지해야 한다는 것은 아니다. 존중은 인간 본질에 대한 존중이고, 가치 있고 사랑스럽게 태어난 인간 존재에 대한 존중이며, 자신이 할 수 있는 최선을 다해 살아가고 있는 인간에 대한 존중을 의미한다. 생존을 위해 고군분투하고 용기내고 헌신하는 것에 대한 존중이다. 존중은 상호접촉할 수 있도록 상담자가 지속적으로 초대하는 것이고, 내담자의 자각을 증진시킬 수 있도록 지지하는 것으로, 내담자의 성장을 인정해 주고 이에 관여하는 것으로 표현된다.

셰릴과의 상담작업 발췌 부분에서 보여지는 이러한 존중이 어떤 역할을 하는지 주목하라. 상담자가 하는 모든 말은 셰릴이 자기 자신 및 자신의 내적 과정에 모든 주의를 기울이도록 안내한다. 셰릴은 자신의 존재에 대해 그리고 그녀가 하고 있는 것들에 대해 존중받는다. 존중은 상담자의 말을 통해 밖으로 표현된다. "당신이 거기 오른편에서만 살고 있는 정말 중요한 이유가 있을 거예요." 이 반응은 셰릴이 행여 느낄지도 모르는 어떤 수치심이나 당혹감에 대한 해독제 역할을 한다. 그리고 마지막 부분에서 상담자는 훨씬 더 공개적으로 표현했다. "멋지네요!" 라는 감탄사는 셰릴이 고통으로부터 자신을 보호하기 위해 개발해 온 기술에 대한 진심 어린 존중을 의미한다.

진솔한 관심

상담의 탐색 과정 중에서 상담자의 진솔한 관심을 보여 주는 어떤 특정한 대목을 지목하기는 어려운 일이다. 진솔한 관심은 말을 통해 전해지기보다는 어조, 얼굴표정 그리고 교환되는 모든 비언어적인 면면들을 통해 전달된다. 그리고 진솔한 관심을 보여 주는 일관적인 태도로 증명된다. 상담자의 주의를 이따금씩 사로잡는 어떤 부분이 아닌, 모든 것에 대한 관심을 의미한다. 셰릴과의 작업에서 상담자가 던진 질문들은 상담 기술 차원에서뿐만 아니라 상담자의 관심에 의해 이루어진 것이다. 셰릴은 어떻게 자각의 범위를 자기 몸의 작은 한 부분으로 제한할 수 있었을까? 그렇게 함으로써 그녀에게 어떤 유용함이 있을까? 그녀 스스로 무엇을 준비하는 것인가? 노련한 상담자에게 한 개인의 접촉과 단절 패턴, 그리고 이러한 패턴의 효용성은 끝없는 호기심의 대상이다.

한편으로 생각하면 이러한 관심의 특성에 대해 구체적인 언급을 할 필요가 거의 없다. 이는 대체로 내담자를 존중하면 당연히 따르게 되는 결과다. 다른 사람을 진정으로 존중한다면 그 사람의 경험에 대해 어떻게 진솔한 관심을 가지지 않을 수 있겠는가? 그러나 관심은 그 자체만으로도 어떤 중요한 결과를 가져오기에 우리의 목록에 포함될 가치가 있다. 관심 자체만으로 가져올 수 있는 결과 중 하나는 그것이 상담자의 일을 보다 쉽게 만든다는 것이다. 관심은 상담자가 자신의 과업을 파악해야 하는 부담을 경감시키는 경향이 있다. 진솔한 관심을 가지고 있는 상담자는 내담자의 생각, 경험, 알고 있는 것에 관해 더 많이 물어봄으로써 지속적인 주의를 기울이게 된다. "직장에서 그토록 많은 중요한 결정을 내리는 책임을 지는 경험은 어떤 거죠?" 부터, “아버지가 술에 취해 집에 돌아오곤 했을 때 어떻게 대처했나요?” 에 이르기까지, 진솔한 관심에서 우러난 대화는 내담자가 자신의 삶을 직면하여 책임지도록 한다. 각각의 질문은 앞서 이루어진 대답 내용을 통해 만들어진다. 때때로 새로운 질문 내용들이 너무 빨리 떠올라서, 거의 줄지어 기다려야 할 때도 있다.

훌륭한 교사는 진솔한 관심이 학생과 교사 사이의 대화를 어떻게 촉진시키는지에 대한 모든 것을 알고 있다. 당신이 나에게 계산하는 방법을 배울 수 있도록 고안된 질문을 하고 있고, 내가 그 학습에 진정으로 몰두하고 있는 장면을 상상해 보라. 우리는 분명히 논의할 내용들을 한꺼번에 다 해버리지는 않을 것이다. 당신이 던지는 질문 하나 하나는 내가 가진 지식을 아주 조금 더 확장하도록 초대할 것이다. 내가 학습해 가는 과정에 대한 나와 당신 둘 모두의 상호적 관심과 즐거움은 내가 계산법을 숙지할 때까지 계속해서 그 일에 집중할 수 있도록 할 것이다.

다행스럽게도 내담자의 진솔한 관심은 좀처럼 문제가 되지 않는다. 내가 내 자신에 관해 이야기하는 것만큼 매력적인 것은 없다. 대체로 내담자들이 그들 자신의 상담에 대해 관심을 가지고 있을 것이라는 것은 예상할 수 있다. 때때로 길을 잃고 헤매어 관심을 잃어버리는 것은 상담자 쪽이다. 그리고 그런 일이 일어나면 반드시 탐색 과정은 방해받기 마련이다. 관심을 잃었을 때 따르는 첫 번째 결과 중 하나는 다음에 무엇을 물어야 할지 모르는 것이다. 내담자는 당신의 질문에 이미 대답했고, 거기 앉아 기다리고 있다. 도대체 그다음엔 무엇을 물어야 하는가? 지금 어디로 탐색해 가야 하는가? 상담자가 내담자에 대한 진솔한 관심이 없으면 상담자는 기술적인 면에 의지할 수밖에 없게 되고, 그것으로는 종종 충분치가 않다.

상담자의 무관심으로 초래되는 보다 심각한 결과는 접촉에 미치는 영향이다. 만약 우리가 무관심하게 되면, 우리의 주의는 어딘가 다른 곳으로 옮겨갈 수밖에 없고, 결국 접촉을 상실하게 된다. 무엇이 일어나고 있는지 알아차리고 그것을 회복해 보려 애쓴다고 해도 여전히 접촉 방해는 존재하게 된다. 관심을 잃어버렸다는 것을 발견하게 되면 우리의 내적 반응은 일종의 죄책감 혹은 수치심을 느끼기 쉽다. 덮어버려, 이 모든 것에 대해 정말로 마음을 쓰고 있지 않다는 것을 내담자가 모르게 해! 결국 우리는 관심이 없으면서 관심 있는 척한다. 척하는 겉치레는 언제나 접촉의 질과 만남의 진정성을 왜곡시킨다. 진솔성이 떨어진다는 것은 상담의 힘을 발휘시키는 핵심이 파괴됨을 의미한다.

진솔한 관심은 탐색의 본질적인 면이자 중요한 특성이다. 내담자에게 진솔한 관심을 보여 주는 과정에 대한 설명에서 벗어나서(이 장의 다음 부분에서 설명하고 있다.), 진솔한 관심을 성취하는 방법에 대한 설명을 하기 위해 여러분이 던질 수 있는 질문에 대해 생각해 보고자 한다. "내가 만일 정신적으로 헤매고 있다면, 정말로(적어도 지금 이 순간에) 이 내담자에게 관심이 없다면, 나는 어떻게 해야 하는가?" 첫째, 당신이 관심을 잃었다는 사실에서 얻을 수 있는 모든 정보를 이용하라. 당신의 정신적 탈선은 진공 상태에서 일어난 일이 아니다. 그것은 당신과 내담자 사이에서 바로 지금 무언가 진행 중인 맥락 안에서 일어났다. 어쩌면 내담자가 당신이 알아듣기 힘든 어떤 것에 대해 이야기하고, 그것이 당신의 미해결된 문제를 건드리고 있을지도 모른다. 혹은 당신이 과거 혹은 현재 삶에서 중요한 타인과의 관계에서 경험한 것과 똑같은 종류의 무관심을 내담자에게서 경험하게 하고 있을 수도 있다. 아니면 당신의 관심 부족(혹은 당신의 회피)이 내담자 쪽의 관심 부족(혹은 회피)을 반영하고 있을 수도 있다. 이 모든 가설의 요점은 내담자 이야기에 대한 관심을 잃어버리는 것은 바람직한 것은 아니지만 일어나는 일이고, 만약 우리가 무엇이 일어나고 있는지 자각하고 그것이 지니는 정보에 민감하다면 여전히 유용할 수 있다는 것이다(Bollas, 1987; Racker, 1968).

당신이 의식적으로 당신의 내적 과정을 자각하고 있다면 그것을 한쪽에 놓아두었다가 나중에 다시 다루는 방법을 선택할 수도 있고, 아니면 내담자와의 상호작용에서 그것을 직접적으로 다룰 수도 있다. 만일 내담자가 말한 것에 의해 건드려진 것이 당신의 개인적인 문제라면 그것을 해결하기 위해 도움을 받을 수 있는 제삼자를 찾는 것이 현명할지도 모른다. 만일 당신과 내담자 사이의 상호작용과 더 관련된 것이라면, 그것에 대해 내담자와 이야기하거나, 그 일이 다시 일어나는지 좀 더 지켜보거나 혹은 다음에 사용하기 위해 한쪽에 챙겨 놓을 수도 있다. 그저 알아차리고 어떻게 할 것인지 결정하면서 다시 한 번 당신 스스로 상담 회기에서 일어나는 것에 대해 관심을 가지게 된다. 만약 자각과 결정을 못하고 점점 주의가 산만해지고 관심이 저하되어 괴로워하는 당신을 발견한다면, 그때는 자문을 구해야 할 때다. 뭔가 잘못되어 가고 있고, 그것이 무엇인지 당신은 찾아야만 한다. 진솔한 관심은 존중하면 당연히 따르게 되는 결과임을 기억하라. 만일 당신이 진솔한 관심과 존중감 중 어느 것도 느끼지 않고 있다면, 거기에는 가로막고 있는 무언가가 있다는 것을 의미한다.

개방형 질문

셰릴과의 상담작업 발췌문을 보면 단순히 '예' 혹은 '아니요', 혹은 사실에 대한 단순한 진술이 적당한 대답이 되는 상담자의 질문은 단 한 문장도 없다. 심지어 셰릴의 '예'라는 짧은 동의의 표현을 명료화하는 것조차도 이야기를 진전시키기 위한 것이며 다음 단계를 준비하는 것이다. "그것에 대해 제게 알려 줄래요?"는 내담자를 특정 현상에 초점을 맞추도록 함과 동시에 내담자가 이해하는 방식으로 그것에 대해 말할 수 있도록 도와주는 탐색 방법이다. 본래 내담자가 이야기의 초점을 선택한다. 셰릴은 '부분적으로'라는 단어를 사용함으로써, 상담자가 그녀의 경험에 대해 방금 탐색했던 것의 중요한 측면을 가리켰다. "당신이 그 안에 있지 않다는 거군요."라는 상담자의 반응은 셰릴의 "바깥에서부터요."라는 말을 반영한 것이다. 내담자가 어딜 가건 상담자는 따라간다. 이때 상담자는 언제나 내담자가 그저 조금 더 자각해갈 수 있도록 자신이 방금 말한 것보다 조금만 더 볼 수 있도록 초대하면서 따라가야 한다.

이론은 탐색 과정을 한쪽으로 치우치게 하지 않는다

물론 상담자가 이론에서 자유로워질 수 있는 방법이 있다거나 자유로워야 한다는 것은 아니다. 사람이 어떻게 성장하고 변화하는지 그리고 어떤 종류의 관계 질이 성장을 촉진시키는지에 대한 이론들은 우리가 내담자와 함께 하는 방법에 언제나 영향을 미칠 것이다. 그럼에도 불구하고 탐색 과정에서만큼은 이론이 내담자의 탐험 과정을 제한해서는 안 된다(Sullivan, 1953). 우리는 고의적이든 우발적이든 우리 자신의 이론적 기대를 충족시키고자 내담자를 이리저리 찔러 보는 방식으로 탐색하지 않는다는 것을 확실히 해야 한다(Naranjo, 1993).

상담자가 셰릴에게 "그것에 대해 제게 알려 줄래요?"라고 한 질문은 다소 애매하게 들리는 그녀의 '부분적으로'라는 말에 어떤 특별한 의미가 있으리라 가정한 것은 아니다. 그녀가 어떤 말로 상담자를 '가르치려고' 하건 그것은 그 순간에 그녀에게는 타당한 것으로 수용될 것이다. 그녀의 자기감이 자신의 나머지 몸에서 제외되었던 오른팔 쪽으로 이동했음을 발견했을 때, 상담자는 그 이동의 의미를 생각해 보도록 그녀를 초대한다. "정말 중요한 이유가 있을 거예요." 어떤 면에서 이 반응은 분명하고 직접적이다. 그와 같은 초점 이동이 아무 이유 없이 혹은 중요하지도 않은 이유로 일어났을 리는 거의 없기 때문이다. 상담자가 중요한 이유가 있을 거라 말하고, 셰릴이 이에 대해 동의를 하면서 상담자는 다음 질문을 할 수 있게 된다. "뭔가 떠오르는 게 있나요?" 거기에 중요한 이유가 있다는 셰릴의 확인이 없었다면, 다음 질문은 상담자의 생각이 부여된 것이고 추측일 뿐이었을 것이다. 그것은 탐색을 넘어 해석이 되어 버렸을 것이다.

무언가 떠오르는 게 있냐는 질문은 뭔가 설명할 내용이 있음을 보장한다. 셰릴의 몸짓 언어를 이해하지 못한다면 이 질문이 어떻게 생겨났는지, 어떤 이론적 편견이 부여된 것은 아닌지 의심할 수 있다. 상호작용을 녹화한 비디오는 상당히 다른 어떤 것을 보여 주었다. 셰릴은 몸을 비틀고 있고, 그녀는 모든 감각이 이미 사라진 오른팔을 감싸고 있다. 그녀는 온몸으로 "보호!"라고 말하고 있다. 그녀의 강력한 비언어적 표현을 보고, "뭔가 떠오르는 게 있나요?"라고 묻는 것은 다시 말하지만 다소 직접적이다. 사람은 무언가 준비하고 있지 않는 한 자신을 그토록 보호하지 않는다(Epstein, 1972). 그리고 지금 그 무언가를 인식하고, 그게 무엇인지 이야기를 할지 말지는 셰릴의 선택이다.

우리의 이론을 내담자에게 강요하지 않을 때 내담자가 갈 필요가 있는 곳이라면 그곳이 어디라도 자유롭게 따라갈 수 있다. 그러나 내담자는 종종 이것을 다소 혼동한다. 무엇보다도 상담자는 권위자가 아닌가? 상담자는 사람을 이해하도록 훈련받았다. 좋은 내담자는 상담자의 말을 주의 깊게 들어야 하고 상담자가 하라는 것을 해야 한다. 그렇지 않은가? 이것은 전적으로 역설적이다. 탐색 과정에는 암묵적인 지시가 있는데, 그것은 상담자가 말하는 것을 하는 게 아니라 내담자 자신의 길을 따르라는 것이다. 그러나 만일 내담자가 그렇게 하게 되면 내담자는 상담자의 지시를 따르게 되는 셈이다.

내담자와 상담자 모두가 혼란스러움을 겪게 될 때 직면하게 되는 지속적인 위협은 접촉이다. 상담자가 잘못 이해하거나, 질문이 잘못된 방향으로 가거나, 혹은 중요한 것을 놓치고 있을지라도 상담관계가 접촉 상태에 있으면 상담자나 내담자가 필요한 수정을 하고 다시 제 궤도로 복귀할 수 있게 된다. 상담자는 단순히 그 순간에 머물러 지금 일어나고 있는 일을 살펴보고, 필요하다면 내담자에게 무엇이 일어나는지에 대해 상기시킨다. 상담자가 다른 내담자인 넬과 한 상담작업의 일부에 대한 짧은 발췌문을 보라. 넬은 50대 초반의 전문직 여성으로, 어린 시절 상당한 방치, 모욕, 가정불화를 경험했다. 자신의 고통과 환경의 부조화에 대처하기 위해, 그녀는 현실을 인식하기보다는 미루어 추측하고 상상하기에 의존하는 것을 배웠다. 성인이 되어 지금 그녀는 주변의 가까운 관계에서 상당한 정서적 혼란을 겪고 있다. 이러한 혼란이 그녀의 일에서도 나타나는 것은 그리 놀라운 일이 아니다. 넬은 앞으로 나아가지 못하는 자신의 무능력에 좌절하고 있다. 그리고 상담자가 자신을 버릴 거라는 환상에 무서워 떨고 있다. 상담자는 반응한다.

상담자: 당신이 상상하고 있는 모든 것들을 가려내 봅시다. 당신이 '미쳤다'고 하는 것들 말이에요. 이를테면 내가 당신을 떠나버렸다고 상상하는 것 같은.

넬: 선생님이 그렇지 않다는 걸 알아요…… 전 어떻게 해야 할지 모르겠어요.

상담자: 다시 안으로 들어가 보세요. 당신에게 어떤 것이 일어나고 있는지 알 수 있도록 그냥 내버려 두세요.

넬: (잠시 침묵) 전 선생님과 함께 머무르려고 노력하고 있어요. 침묵이 흐를 때 뭘 어떻게 해야 할지 모르겠어요.

상담자: 당신은 나와 머무르기 위해 애쓰지 않아도 돼요. 당신과 함께 머무르려고 하는 것은 내가 해야 할 일이에요.

내담자에게 우리의 생각을 부여하지 않는 원칙에 대한 이보다 더 분명한 반응은 없을 것이다. "당신은 나와 머무르기 위해 애쓰지 않아도 돼요. 당신과 함께 머무르려고 하는 것은 내가 해야 할 일이에요."

접촉을 위한 지속적인 주의 집중

내담자와 상담자 간 접촉은 내담자가 자신의 내적 경험을 탐색할 수 있게 하는 맥락이 된다. 어떤 점에서 보면 내담자와 상담자 사이의 접촉은 내담자의 내적 접촉을 위한 다리가 된다(Orange, Atwood, & Stolorow, 1997; Bollas, 1979). 상담자는 내담자가 자신의 느낌, 욕구, 기억, 인식에 대한 자각을 증진시켜 나가는 데 도움이 되는 질문을 지속적으로 하면서, 내담자의 내적 접촉의 질이 어떠한지 계속 조율해 나간다. 또한 관계접촉을 향상시키는 방식으로 내담자에게 질문을 하고, 그 질문에 대한 답변을 수용한다. 내적 접촉과 외적 접촉은 서로 뒤얽혀 있고, 각각은 다른 것의 성장을 위한 원동력이 된다.

셰릴과의 작업에서 상담자의 질문과 반응은 셰릴이 자각해 나가도록 촉진시켜, 그녀가 무엇을 하고 있고, 무엇을 생각하고, 느끼고, 기대하는지에 주목하도록 끊임없이 초대한다. 다시 말하지만 발췌문에서는 따스함을 전하는 어조, 얼굴표정, 몸짓, 자세 등의 상담자의 비언어적 소통은 드러나지 않는다. 이 모든 것들이 셰릴의 내적인 탐색 작업에 상담자가 함께 관여하고 있음을 전한다. 상담자는 온전히 자기 자신으로 존재하고 자신의 반응과 느낌에 완전히 개방되어 있다. 그리고 셰릴이 기꺼이 견딜 수 있는 만큼의 접촉에 개방되어 있다. 관심과 존중을 바탕으로 한 상담자의 질문은 질적인 접촉이 일어나게 하고, 이를 통해 셰릴은 자신의 경험 속으로 훨씬 더 깊이 들어가게 된다.

자각을 확장시키기

내담자가 무슨 말을 하건 간에 거기에는 관심을 가지고 물어봐야 할 수많은 것들이 존재한다. 그렇다고 이것저것 마구잡이식으로 옮겨 다니면서 지도 전체를 건너 뛰어다니는 것은 특별히 도움이 되지 않는다. 그렇다면 탐색 과정이 상담자가 원하는 곳으로 내담자를 이끌지 않으면서도 목적 지향적이고 생산적인 것이 되려면 어떻게 해야 하는가? 그 답은 너무나 단도직입적이다. 탐색 그 자체는 무엇을 하건 내담자가 조금 더 자각할 수 있도록 초대하는 것, 즉 자기 자신에 대한 자각 그리고 외부 세계와 자신과의 관계에 대한 자각이다(Kepner, 1987; Zinker, 1977).

이 원리가 가지는 중요한 함의는, 탐색 과정은 종종 에티켓이나 일상의 사회적 담화 규칙을 따르지 않는다는 것이다. 셰릴에게 던져진 직간접적인 질문들은 이상하게 보이기도 하고, 대부분의 다른 사회적 상황에서는 부적절하게 보이기까지 한다. 우리는 일반적으로 커피 한 잔을 마시며 누군가에게 자신의 몸에 머물러 보라고(그리고 넌지시 그 경험을 우리에게 말해 달라고) 말하지 않는다. 혹은 공처럼 몸을 웅크리고 있는 사람에게 무엇을 준비하고 있는지 말해 달라고 요청하지 않는다. 그러나 상담에서의 탐색은 사회적 담소도 혹은 일반적인 문제 해결도 아니다. 그것은 자기 자신 그리고 다른 사람과의 상호작용에 대해 점진적으로 자각해 가기 위한 것이다.

상담에서의 탐색은 보통의 사회적 대화 규칙에서 상당히 벗어나 있을 뿐 아니라 내담자가 제시하는 사회 외부적인 내용들로 이야기가 산만해지는 것 또한 거부한다. 셰릴은 그녀가 상담회기에 참석하기 위해 걸어서 온 그 날, 이른 아침에 일어난 사건에 대해 말하면서 상담을 시작했다. 그녀는 고양이를 쓰다듬으려고 멈춰 섰고, 불어로 고양이에게 말하고 있는 자신을 발견했다. 그 사건의 외부적 세부사항보다는 그 이야기 속에 담긴 내적인 의미에 셰릴을 집중시키면서, 발췌문이 시작한 지점으로 친절하게 안내했다. 탐색은 사회 외부적인 것 이면에 그리고 그 너머에 무엇이 존재하는지에 대해 지속적으로 묻는다. '나는 이렇게 했고, 그는 저렇게 했다. 그래서 나는 이러저러하게 했다.' 식의 이야기를 액면 그대로 다루는 것이 아니라 깊숙이 자리한 느낌, 욕구, 희망 그리고 두려움을 숨기는(아마도 내담자가 자각할 수 없도록) 용도의 이야기로 받아들인다.

초보 상담심리자들이 하기에 가장 어려운 일 중 하나는 일상에서 사용하던 대화의 관습을 한쪽에 치워 두어야 하는 것이다. 우리는 이미 한쪽에 치워 두어야 하는 대화 관습 중 하나로, 질문은 분명하고 모호하지 않은 답을 얻기 위한 것이라는 기대에 관한 이야기를 했다. 상담에 맞아떨어지지 않는 또 다른 관습은 상대방을 편안하게 하는 것이다. 좋은 좌담가는 이것에 능숙하다. 그들은 대화가 계속해서 흐르게 하는 방법을 알고 있어 상대가 그것을 즐기고 계속하고 싶어지게 한다. 그러나 탐색의 목적은 내담자가 편안하게 느끼도록 돕거나, 그들의 방어를 강화하거나, 혹은 하루 중 50분 동안의 즐거운 막간 시간을 제공하려는 것이 아니다. 탐색은 내담자가 자기 스스로는 발견할 수 없었던 것을 발견하도록, 불편하게 될지도 모르지만 자신의 면면을 탐색하도록, 그리고 당혹스럽고 때로는 상당히 고통스럽게 할 수 있는, 느끼고 생각하고 존재하는 자신의 방식을 경험하도록 돕는다. 이러한 과정에서 사회적 규칙은 상담과정을 촉진시키는 것보다 훨씬 덜 중요해진다.

이미 말했듯이 관심, 존중 그리고 내담자로부터 기꺼이 배우려는 의지는 탐색 과정을 뒷받침한다. 이것들은 일상적인 사회적 관습의 작용을 중지시키고, 내담자가 우리의 반응과 질문이 유용하고 안전한 것으로 경험하게 한다. 내담자가 책임을 진다. 즉, 내담자가 탐색 과정에서 어느 정도로 멀리까지 기꺼이 갈 것인지를 결정한다. 새로운 자각이 있을 때마다 접촉은 향상되고, 내담자는 또 다른 단계를 밟아 나가고, 자기 자신에 대해 아주 조금씩 개선해 나간다. 탐색은 상담의 가장 핵심에 자리한다. 그것은 상담과정을 안내하면서도 내담자가 스스로 자신의 방향을 자유롭게 선택하도록 한다.

2. 탐색 기술

지금까지 우리는 탐색, 탐색의 목적 및 특징들에 대해 간단히 설명했다. 지금부터는 탐색이 어떻게 이루어지는지에 대해 말하고자 한다.

계약하기

내담자에 대한 존중을 표하는 기본 원칙은 내담자의 동의와 협조 없이는 아무것도 하지 않는다는 것이다. 즉, 내담자가 상담자 의도에 동의해야 하고, 상담자와 함께 작업할 것을 반드시 계약해야 한다는 것이다. 상담의 순간마다 내담자와 상담자가 주고받는 모든 상호교류는 상담적 계약 맥락 내에서 일어난다(Steiner, 1974). 또한 계약은 언제든지 재협상될 수 있다. 내담자건 상담자건 한 걸음 물러서서 무엇이 일어나고 있는지 질문할 수 있고, 상담과정을 조율하고 명료화할 수 있다는 분명한 이해가 있어야 한다. 내담자에게 작업하는 것이 아니라 내담자와 함께 작업한다는 것은 상담 계획 운영에서 내담자를 동반자로 삼는다는 것을 의미한다. 저항과 파국은 함께 해결해야 할 문제다(Safran et al., 1990). 내담자의 효능감과 통제감이 향상되고, 그 향상된 효능감과 통제감을 바탕으로 내담자는 더 큰 안전감을 느끼게 되며 기꺼이 위험을 감수하는 태도를 취할 수 있게 된다(Basch, 1988).

그리고 탐색의 중요한 측면은 상담 그 자체의 전개 과정에 대한 탐색이다(Mendelson, 1972). 우리는 내담자에게 우회적으로 물어본다. "제대로 가고 있다고 생각되나요? 이것에 대해 살펴봐도 괜찮을까요? 당신에게 가장 효과적인 게 뭐라고 생각하나요?" 다음의 발췌문에서 내담자 댄은 아버지와의 관계에 대해 설명하고 있다. 댄은 그 관계 경험으로부터 오래전에 형성된 행동 패턴이 지금 현재 대인 상호작용에서 접촉하는 능력에 어떤 식으로 영향을 미치고 있는지 차츰 자각하고 있다. 상담자는 내담자가 그 관계를 온전히 자각하기 위해 오래된 관계를 재경험하는 것이 도움이 된다고 믿는다. 상담자는 댄의 바람을 존중하면서 어떤 것을 더 선호하는지 묻고, 다른 방향으로 안내한다.

상담자: 나에게 이 이야기를 하는 것이 중요한가요, 댄? 아니면 아버지에게 직접 이야기하는 것이 더 유익할까요? 아니면 내가 아버지에게 이야기하길 원하나요?

댄: 모르겠어요. 전, 전 그저 선생님이 어떻게 생각하는지 알고 싶어요.

상담자: 알겠어요. 전 당신이 그 밖에 또 무엇을 필요로 하는지 찾아보고 있었어요. 내 생각에 대해 들어보고 싶나요? (댄이 고개를 끄덕인다.) 그건 당신이 세 가지 모두를 원한다는 거예요. 그리고 당신에게 우선순위가 있는지 살펴보고 있었어요. 아직 뭐가 우선인지 분명하지 않은 것 같으니, 그것에 대해 하던 이야기를 계속해서 해 보죠.

이 회기 후반에 댄은 아버지와 상상으로 대화하는 것에 편안해졌다. 상담자가 결정한 때가 아닌 그가 준비되었을 때, 그는 한다. 계약 내용을 재조정하면서 상담자는 이런 종류의 환상 작업은 언제나 가능하며, 그것을 할지 안 할지, 그리고 한다면 언제 할지는 댄이 선택하는 것임을 제안하고 알려 준다.

미리 추측하지 않기

탐색은 상담자가 내담자의 내적 경험에 대해 아무것도 아는 게 없다는 가정하에서 시작한다. 실천하는 것에 비해 말하기는 참 쉽다. 우리 모두는 우리가 어떤 상황에 대처하는 방식으로 타인도 대체로 비슷하게 반응할 것이라 추측하는 경향이 있다. "아, 참 너무 안됐군." 혹은 "너 진짜 화났었겠다."는 친구의 이야기에 대한 일반적인 반응들이다. 이런 반응들은 공감을 표현한 것으로 대개 우리 자신을 친구의 입장에 놓고 우리라면 어떻게 느꼈을지에 근거하고 있다. 대부분의 상담자는 '적극적 경청'의 일부로 이런 종류의 반응을 하도록 훈련받는다. 이런 훈련은 공감을 넘어서는 방식으로 탐색하는 것을 배우고자 할 때는 덜 강조하는 편이 좋다.

미리 추측하기는 탐색 과정을 적어도 두 가지 방식으로 심각하게 틀어지게 할 수 있다. 첫째, 만일 상담자의 '공감적' 반응이 내담자의 경험과 상당히 다르다면 어떻게 될까? 이를테면 상담자는 "그래서 화가 났군요." 혹은 "그게 슬펐군요."라고 했는데 내담자가 둘 중 어떤 느낌도 아니라면, 내담자는 자신의 반응이 뭔가 이상했는지, 잘못 되었는지, 혹은 비정상적인 건지 혼란을 겪게 된다. 다음 반응을 어떻게 하지? 상담자를 바로잡아 줘야 하나? 상당히 불편한 일이다. 상담자의 해석을 그냥 따라갈까? 이 또한 바람직하게 느껴지지 않는다. 어쩌면 그냥 주제를 바꾸거나 뭔가 다른 이야기를 할지도 모른다. 그러면서 내담자는 이 상담자가 분명히 자기를 잘 이해하지 못하고 있다고 생각한다.

바로잡는다 할지라도 상담자의 앞선 추측은 여전히 탐색의 일차적 목적을 손상시킨다(Sullivan, 1953). 추측을 좇아 행동하는 것은 우리가 내담자에 대해 이미 '감 잡았다'라는 메시지를 전달하는 것이다. 상담자가 이미 이해하고 있다는데, 내담자는 더 이상 설명할 필요가 없다. 그러나 상담자가 알고 있는 것은 사실은 충분하지도, 정확하지도 않다. 이는 내담자도 마찬가지다. 의미와 느낌을 탐색하는 것은 마치 양파 껍질을 벗기는 것과도 같다. 거기엔 언제나 또 다른 층이 있다. 탐색의 의도는 그 껍질들을 하나씩 벗기는 것이고, 각각의 탐색 반응들은 새로운 수준의 자각에 이르도록 안내한다. 상담자도 내담자도 다음 순간 어떤 수준의 자각에 이르게 될지 아무도 모른다. 그래서 탐색이 필요한 것이다(Narajno, 1993).

이것은 내담자에 대한 우리 자신의 정서적 반응에 신경을 쓰지 않는다거나, 혹은 내담자가 우리에게 보내는 비언어적 신호를 무시하라는 의미가 아니다. 그러한 반응과 신호는 상담자-내담자 간 의사소통과 접촉에서 본질적인 측면이다(Cashdan, 1988; Bollas, 1979, 1987; Berne, 1961). 우리는 자신의 정서적 반응과 내담자가 보내는 신호들을 답을 얻기 위함보다는 명확한 질문을 하기 위해 사용한다. "격분했겠군요."라기보다는 적절한 어조와 잠깐의 침묵을 사용하면서, "지금 화가 나 보이는데요. 어떤 게 느껴지고 있나요?" 혹은 "그 일은 당신에게 매우 깊은 의미가 있었던 것처럼 보이네요."로 반응하는 것은 내담자가 부여하는 의미에 대해 말할 수 있도록 격려하는 것이다. 만약 그러한 직접적 혹은 우회적 질문을 통해 내담자의 반응이 우리가 경험하는 반응과 동일하다는 것이 계속 확인되면, 상담자의 경험을 내담자와 나눌 수도 있다. (다음 장에서 살펴보겠지만, 상담자가 자신과 유사한 경험을 하고 있음을 알게 되는 것은 때때로 내담자에게 매우 유익하고 의미 있는 경험이 될 수 있다.) 그러나 그렇게 할 때에 항상 주의해야 하는 것은, 내담자의 탐색을 멈추게 하는 방식이 아니라 좀 더 깊은 탐색으로 나아가도록 초대하는 방식을 취하는 것이다.

여기 댄과의 작업에 대한 또 다른 짧은 발췌문이 있다. 상담회기 초기에 댄과 상담자는 댄이 회의를 위해 작성했던 문서에 대해 이야기하고 있었다.

그 문서에 대해 상담자가 개인적인 관심을 표현하자, 댄의 얼굴에 불편한 기색이 드러남을 발견했다. 상담자는 두 가지 질문을 하였고, 그 질문에 대한 댄 자신의 탐색이 이어진다. 상담자는 다음 단계에 무엇을 해야 하는지 제안하지 않고, 다음 단계를 댄이 선택하도록 초대하고 있음을 주목하라.

상담자: 당신이 작성했던 문서에 대해 만족했던 걸로 기억하는데요…… (댄이 눈살을 찌푸리자) 댄, 지금 마음속에서 어떤 일이 일어나고 있나요?

댄: 온갖 종류의 비난들. 그러니까 음, 그건 그렇게 잘된 게 아니에요. 그리고 그게 적절했는지 확신이 안 서요. 뭐 그런 종류의 생각들이에요.

상남자: 그런 비난을 하고 있군요. "그건 그렇게 잘된 게 아니야." 그리고 "그건 완벽하게 적절한 것은 아니야." 온갖 종류의 그런 생각들, 그것들이 당신에게 동기부여가 되나요, 아니면 당신을 방해하나요?

댄: 제 만족감을 감소시켜요. 어떤 면에서는 그냥 괜찮아요. 그저 기가 죽죠. 항상 꺾여요.

탐색이 진행되면서, 댄은 '꺾인다는 것'의 의미를 찾아간다. 탐색 과정을 통해 댄의 즐거움과 만족감을 꺾어 버리는 아버지와의 관계와 관련한 기억을 찾게 된다. 그리고 이것이 결국 지금 자기도 모르게 자동적으로 자신의 성취에 대한 열정을 약화시키는 행위를 반복하는 데 영향을 주고 있음을 알게 된다.

모두 다 중요하다

상담 탐색에서 그 어떤 것도 추측하지 않는 것과 마찬가지로, 그 어떤 것도 중요하지 않은 것은 없다. 모든 말, 몸짓, 모든 어조나 태도의 변화는 내담자 경험의 어떤 측면과 연결되어 있고, 그래서 탐색의 가치가 있다(Smith, 1985; Langs, 1981). 거기엔 언제나 물어봐야 할 것이 있다. 상담자에게 도전은 무엇을 탐색할 것인가이기보다 오히려 무엇을 나중으로 연기할 것인가를 결정하는 일이다.

내담자의 현상학적 혹은 주관적 경험을 기억, 느낌, 꿈, 기대가 담겨진 광활한 대양이라고 생각해 보라. 이러한 재료들 중 어떤 것은 즉시 자각할 수 있는 것이지만, 대부분은 그렇지가 않다. 이미 말했듯이 상담을 통해 이루어야 하는 과업은 내적 접촉을 복구시켜 내담자 자신이 경험하는 모든 것에, 자신의 모든 부분에 접근하게 되는 것이다. 내담자가 어떤 이야기를 하건 혹은 어떤 것을 말하길 꺼려하건 모든 의사소통은 자신에 관한 것이다. 내담자는 자기 탐색을 통해 자신의 근원을 되돌아보게 된다.

대체로 탐색에서 어구, 문장, 이야기 전체를 다루는데, 그 과정에서 때때로 몸짓 하나 혹은 개인적인 용어 하나를 탐색하여 자각에 이르는 전체 길이 열릴 때가 있다. 규칙에 따르면 불분명한 단어와 모호한 대명사는 탐색할 거리가 많은 비옥한 땅이라 할 수 있다. 많은 가족 안에는 그들에게 곤혹스럽거나 불편한 것들이기에 뭐라 적당한 이름을 붙여 부르지 않는 어떤 것, 즉 일종에 입 밖에 내지 않는 암묵적 협정 같은 것이 존재한다. 이런 종류의 언어적 회피에 대해 의문시하지 않고 수용하게 되면 가망 있는 길로 나가지 못하게 되고, 결국 오래된 패턴을 강화시키게 된다. 내담자는 어떤 것에 대해 그것이 정말 무엇이고, 어떤지에 대해 자각하지 않도록 자신을 분열시키는 모호한 일반화 방법을 계속해서 사용하게 된다. 다음 발췌문에서 상담자는 내담자 자넬에게 건너편 의자에 어머니가 앉아 있다고 상상하게 하는 두 의자 기법을 사용하고 있다(Erskine & Moursund, 1988/1977; Perls, 1967). 자넬은 할아버지가 자신을 학대할 때 어머니가 그것을 적절히 처리해 주지 못한 것에 대해 어머니에게 "말한다." 자넬 가족의 패턴은 일어나고 있는 사건을 회피하고 무시하고 부정하는 것이고, 자넬 또한 분노와 좌절을 경험할 때조차도 자신의 가족 패턴을 그대로 따른다.

자넬: (어머니에게) 아니! 난 그것을 용서하지 않을 거예요!

상담자: 그 비밀스러운 단어에 대해 어머니에게 말해 보세요.

자넬: 어떤 비밀스러운 단어요?

상담자: 이 방에서 당신이 다섯 번이나 이야기했던 그 단어 말이에요.

자넬: (어머니에게) 오, 어머닌 미쳤어요! 당신은 정말 미쳤어! (멈추고는 상담자를 바라보며) 단어라고요? 선생님이 뭘 말하는지 저는 모르겠어…….

상담자: 그래요. 당신은 지금 '그것' 이라고 말하고 있어요. "당신이 그것을 인정할 때까지." "나는 그것을 용서하지 않을 거예요."

자넬은 '그것' 이라는 단어를 사용하고 있고, 이는 할아버지에게 당한 자신의 성적 학대 경험을 온전히 자각하는 것을 방해한다. '그것' 이라고 표현함으로써 자신의 경험을 비밀로 남겨두고, 그에 대한 회피적인 반응 양식을 유지시키게 된다. 어린아이였을 때는 이렇게 자각하지 못하도록 분열시키는 반응이 타당한 것이었다. 왜냐하면 자넬의 어머니는 자넬이 당하고 있는 성적 학대를 부정했고, 공개적으로 이에 대해 이야기했다면 자넬을 혼냈을 가능성이 컸기 때문이다. 그래서 자넬은 그 경험을 중성적인 대명사로 감추어 버리고 자각하지 못하도록 밀어냄으로써 자기 가족 구성원의 일부로 계속 존재할 수 있었다. 이 때문에 그녀가 치러야 했던 대가는 내적 세계에 대한 자각 상실이었다. 즉, 대인관계에서 충분히 접촉하지 못했고, 자발적이고 유연한 태도를 취할 수 없었고, 그리고 온전히 그녀 자신이 되는 능력을 잃어버렸다. '그것'에 초점을 맞추고, 그것의 진짜 의미를 탐색하는 것은 자넬의 회피적인 반응 패턴을 변화시키기 위해 매우 중요하다.

눈여겨보면서 다시 되돌아봐야 하는 또 다른 것은 자주 사용되는 단어 혹은 맥락에 비추어 봤을 때 상대적으로 생소한 단어다. 그와 같은 단어들에 대한 탐색을 위해 항상 어떤 질문 형식을 사용할 필요는 없다. 단순히 그 단어를 언급하면서 주의를 집중시키고, 내담자가 그것의 중요성을 탐색하도록 초대한다. 여기 앨런이 자신의 아버지에 대한 이야기를 하고 있다.

앨런: 아버지는 자신이 매우 힘든 상황에서도 영웅적으로 상당히 많이 주셨어요. 하지만 항상 아버지한테는 제가 겁에 질리게 되는 무언가가 있어요.

상담자: 아버지는 자신이 경제적으로 궁핍했을 때도 주셨군요?

앨런: 예…… 주고는 대개는 분노, 격분하는…… 음, 예, 아니면 분노, 격분의 감정을 느끼면서 어머니가 우리에게 주는 걸 보고 있어요. 저는 아버지가 많은 걸 원했을 거라 생각해요. 아버지는 분명히 자기 자신을 위해 많은 걸 원했다고 확신해요. 제 어머니로부터, 혹은 자신의 어머니로부터 받지 못했던 것을요.

상담자: (잠시 침묵) 당신이 좀 전에 이야기한 것과 그것을 연결하려고 하는데요. 그러니까 당신이 아플 때 누군가가 보살펴 주는 것을 받아들이는 것 말이에요.

앨런: 예. 제 생각에는 일반적으로 받는 것에 대한 것이요, 특별히 아플 때만이 아니라. 예, 돌봄을 받는 것. 그리고 전 우습게 되는 거 같은 스스로 약해지는 것은 거의 불가능해요. 여전히 정말 너무 너무 절망스러울 때조차 울지 않아요. 지금은 정말로 고통스러우면 울지도 몰라요. 그렇지만 거의 울지 않아요.

상담자: 그래서 아버지가 당신에게 주셨던, 그렇게나 영웅적인 것이 어떤 종류의 것인가요? 아버지는 어떤 식으로 영웅적으로 행동했나요?

처음 읽으면 상담자의 마지막 질문은 갑자기 맥락에서 벗어나는 것처럼 보일 수 있다. 그러나 좀 더 면밀히 살펴보면, 그 질문이 앨런 자신의 영웅적인 면(결코 울지 않는 것)과 그의 아버지의 영웅적인 면을 깔끔하게 연결시키고 있는 것을 볼 수 있다. 앨런은 자신이 어려움을 다루는 방식과 아버지가 어려움을 다루는 방식 간의 관계성을 살펴보도록 초대받고 있다. 다소 생소한 한 개의 단어에 집중함으로써 상담자는 앨런과 그의 아버지 간의 병렬적 패턴을 발견하게 되었고, 또한 앨런이 그 패턴에 대해 깨달을 수 있도록 하는 방법을 제공했다.

내담자의 관점을 존중하라

상담의 탐색 과정에는 내담자가 대답하지 않거나 혹은 너무나 대답하고 싫어하지 않는 지점이 반드시 존재한다. 내담자는 상담자가 관심을 두는 어떤 것에 대한 중요성을 부정할 수도 있고, 혹은 고정된 과거의 어떤 지점으로부터 이동해 보라는 상담자의 제안을 따르지 않을 수도 있다. 상담사는 특성 기술이나 전략이 내담자에게 도움이 될 것이라 확신할 수도 있다. 하지만 내담자는 상담자가 그 전략을 사용하는 데 저항할 수도 있다. 그와 같은 저항은 중요하고, 존중할 가치가 있다. 그것은 내담자의 전체 자기-보호 체계에서 중요한 기능을 한다. 통합적 접근을 하는 상담자는 내담자의 저항을 무너뜨리거나 부수려 하지 않는다. 오히려 그러한 내담자의 저항적인 행동을 내담자가 어떤 새로운 자각 혹은 이전에 자각하지 못한 경험의 어떤 영역에 근접하고 있는 신호로 이해하고 이를 환영한다(Brisser, 1971).

내담자가 준비되지 않은 방식으로 탐색을 해 나가도록 설득하는 것은 중요한 정보를 버리는 것일 뿐 아니라 상담 계약을 파기하는 것이다. 이는 내담자의 자기효능감을 강화시키는 것이 아니라 감소시키는 것이다. 그리고 대개는 제대로 되지도 않는다. 내담자는 공공연히 계속 저항하거나, 내키지 않지만 마지못해 순응하는 식으로 반응할 수도 있다. 두 경우 모두 상담 관계의 온전한 접촉을 기대하기 어렵다. 내담자 쪽에 일어나는 불안과 분노, 그리고 상담자 쪽에서 일어나는 좌절 혹은 격분은 접촉 차단을 일으키기 시작하는 것이다. 관계가 회복될 때까지 거의 아무것도 성취할 수 없다. 억지로 하게 하는 작업은 조악한 목수일과 비슷하다. 단단한 것이 자리를 잡기 전에 먼저 쪼개야 한다. 견고하고 튼실한 것을 제 위치에 짓기 위해서는 일단 조악한 것들은 뜯어 내야 한다. 조잡한 것을 지을 바에야 아예 하지 않는 것이 더 낫다.

그렇다면 내담자가 저항하고 당신의 제안을 무시하거나, 별로 도움이 되지 않는다고 여겨지는 어떤 것을 한다면 당신은 어떻게 할 것인가? 내담자가 이끄는 대로 따라가라. 계속 탐색하라. 내담자가 준비될 때까지는 제안을 나중으로 미뤄라. 그렇게 하면 아마도 당신이 예상한 것보다 '나중'이라는 것이 빨리 찾아옴을 발견할 수 있을 것이다. 폴과의 작업에서, 폴은 자신이 잘 지내고 싶은 마음이 생기는 여성과 관계하기가 어렵고, 이러한 관계 무능력이 어린 시절 아버지와의 경험과 다소 관련이 있음을 발견하고 있다. 상담사는 폴이 아버지와의 다른 종류의 접촉을 경험해 보도록 하기 위해 아버지와 환상 속에서 대화할 것을 제안한다. 폴은 마음이 내키지 않지만 그렇게 했다. 하지만 대화를 시도하자마자 곧바로 다시 상담자에게 말을 하기 시작한다. 폴이 아버지와 정서적으로 보다 더 강력한 만남을 하도록 하기 위해 상담자는 눈을 감도록 제안한다.

폴: 그건 정말 당황스러운 부분인데, 아버지…….

상담자: 눈을 감고, 계속 해 보세요.

폴: (여전히 상담자를 바라보며) 이건 제게 당황스러운 부분이에요…….

상담자: 저에게 할 얘기가 있으면 눈을 뜨시고, 아버지와 얘기하고 싶다면 눈을 감으세요. 둘 중 어떤 방식으로든 다 할 수 있어요.

폴: 전, 전 선생님과 좀 이야기하고 싶어요. 아버지는, 젠장 이런 걸 몰라요. 어떻게 대화하는지 몰라요. 이게 제가 가진 아버지와의 문제 중 하나예요.

상담자는 폴의 아버지에 대한 정서적 경험을 시도해 볼지 말지, 한다면 언제 시도해 볼 건지를 폴 스스로 결정하도록 맡긴다. 폴은 상담자에 대해 이전보다 정서적으로 안정감을 느끼면서 잠시 동안 어떻게 할지 생각하며 머문다. 그런 다음 몇 마디를 주고받은 이후, 쉽고 자연스럽게 상상의 대화로 빠져들어 가는데 그 대상은 아버지가 아닌 그의 아내다! 그는 자신이 그렇게 한 것을 알아차리고는 당황해하고 있다. 상담자는 다시 폴에게 선택권을 맡긴다.

폴: 그녀가, 그녀가 거기 있어요…… (상담자를 다시 바라보며) 그녀와 이것을 해야 할지 아니면 그걸 해야 할지 모르겠어요.

상담자: 당신이 원하는 대로 하세요.

폴: (자신의 아내에게 말하는 것처럼) 당신 거기 있군. 당신이 바라는 모든 것, 당신이 느끼는 모든 느낌들……그리고 바로 지금 정말로 당신을 돌보고 싶다는 생각이 들어. 근데 어떻게 하는지 몰라. 내가 알고 있는 전부는 당신을 돌보고 있는 것처럼 행동하는 거야. 어떤 일이 나한테 일어나고, 결국에는 당신에게 화를 내고 괴롭히는 것으로 끝나지. 그리고 당신은 나한테 매우 실망하지……. 나는 지금 당장이라도 아버지가 어떻게 하는 게 옳은지 보여 줬으면 하는 맘이 있어. 나는 매일 일어나 밖에 나가서 일하는 방법은 알아. 음식과 돈을 제공하는 방법 말이야……. 그리고 어떻게 친절하게 대하는지, 어떻게 따뜻하게 대하는지도 알아. 그리고 다른 것들도 좀 알지. 하지만 여자인 당신과 여자인 나의 어머니가 다소 섞여버리게 되면, 내가 할 줄 아는 거라곤 요구하지 않는 것뿐이야(한숨, 잠시 침묵). 물론 내가 알고 있어야만 한다고 생각해.

상담자: (잠시 침묵했다가 부드럽게) 자, 이제 눈을 감고 아버지를 바라본다면 어떤 일이 일어나는지 보세요……그저 시작해 보세요. "그녀는 당신의 아내입니다."

폴의 신체언어를 읽으면서 상담자는 폴이 이제 그의 아버지를 만날 준비가 됐음을 깨달았다. 마지막 상담자 반응은 지시라기보다 초대이고, 폴도 그렇게 들었다. 그는 기꺼이 아버지와의 대화로 옮겨갔다.

3. 탐색 메뉴

앞서 말했듯이 탐색의 초점은 내담자의 내적 경험이다. 하지만 그건 너무 포괄적인 말이다. 내담자의 '내적 경험'이란 내담자가 알 가망이 있는 모든 것이다. 내적 경험의 범위를 조금 좁혀 가는 방법, 내적 경험에 대해 탐색하는 데 상담에서 유용한 방법에 대한 보다 구체적인 지침을 제공하는 내용이 있나? 그렇다. 정말로 있다. 여기에 예를 들어 보여 주는 목록이 있다.

신체 감각 내담자가 몸으로 경험하는 것이 무엇인지 물어보라. 특히 자신의 정서를 인식하거나 표현하는 데 어려움을 느끼는 내담자에게 유용한 방법이다(Smith, 1985). 신체적 느낌은 종종 정서적 느낌을 찾아가는 경로가 된다. 우리는 정서를 수반한 신체 감각을 통해 자신의 정서를 인식하는 데 반해, 느낌을 인식하지 않도록 학습한 사람은 감각을 자각하지 못하도록 차단해 버림으로 느끼지 못하게 된다. 넬이 그런 사람 중 하나다.

넬: (길고, 다소 단조로운 얘기를 계속하며) …… 그러니까 저는 착한 소녀였어요. 정말로 착한. 그러나 그걸로는 충분하지가 않았어요.……

상담자: (끼어들며) 그렇게 말하는 동안 몸의 느낌을 보세요.

넬: 네?

상담자: 그렇게 말하는 동안 당신 몸의 느낌을 보세요.

넬: 아, 네. (가슴을 가리키며) 여기가 꽉 죄이는 것 같아요. 정말로 꽉 조여요.

넬과 상담자는 지금 가슴이 조이는 현상에 대해 탐색할지, 아님 이전 이야기를 계속할지에 대해 함께 결정할 수 있다. 가슴이 조이는 현상을 탐색하는 것은 그녀가 차단시켰던 정서를 느끼는 데 도움이 되기는 하지만, 그녀가 그렇게 할 준비가 되었을 수도 있고, 그렇지 않을 수도 있다. 상담자는 초대했고, 넬은 초대에 응할 수도 거절할 수도 있다.

신체 반응 신체 반응에 대한 질문이 앞서 본 신체 감각과 다른 점은 내담자가 매우 즉각적으로 자각할 수 있는 것으로, 몸이 어떻게 행동하고 있는가와 관련되어 있다(Kepner, 1987). 그러한 신체 반응이 아직 자각되지 않은 정서 반응과 관련되어 있다면, 그것에 대한 탐색을 통해 내담자 자신이 느끼고 있는 것을 의식적으로 인식하는 데 도움을 얻을 수 있다.

신체 행동으로 이를 악물고(혹은 주먹을 꽉 쥐고), 머리를 끄덕이거나, 발을 흔들 수도 있고, 혹은 역시 오랫동안 학습한 패턴의 일부라 자각되지 않을 수도 있다. 사람은 어떤 반응 패턴이 형성된 시점 혹은/그리고 강화된 시점에서 경험했던 불편하거나 고통스러운 느낌을 통째로 의식 밖으로 밀어내 회피하려 한다. 처음에 취했던 일련의 모든 행동과 함께 자각은 사라진다. 하지만 식사를 마치고 깨끗이 지워진 식탁 위에도 여전히 부스러기가 남아 있는 것처럼, 반응 패턴의 작은 조각들은 남아 있기 마련이다. 신체 행동의 그러한 작은 부분들에 주의를 기울이도록 하는 것은 내담자를 패턴의 나머지 부분과 그것과 함께 있는 기억들을 들여다보도록 내담자를 초대하는 것이다. 신체 반응은 수년 동안 자각되지 않고 남아 있던 것과 다시 연결되게 하는 다리 역할을 한다.

상담자: ……그리고 당신은 자신이 잘못했던 것을 파악하기 위해 노력하고 있어요.

모니카: 네. 그런데 할 수가 없어요……. 제가 했던 모든 것이 다 잘못한 것이에요!(고통이 다시 기억나 울고 있다.)

상담자: 그런데 엄마, 아빠는 당신에게 좀 더 해 보라고 계속해서 말하고 있군요.

모니카: 좀 더 해 봐. 계속 가 봐, 해결해 내! 전 해결할 수 없어요! 그녀가 술에 취해 있는데, 도대체 이찌란 말이죠? 선생님이라면 그걸 어떻게 해결하시겠어요? (발로 차는 모양새를 하며 다리를 앞뒤로 움직이기 시작한다.)

상담자: 그 두 다리는 분명히 그걸 해결하길 원하는군요. 다리는 그 문제를 해결하고 있어요. 그녀가 취해 있을 때 그냥 걷어 차버리고 싶나요?

상담자가 현재 시제를 사용하고 있는 것을 주목하라. 모니카는 현재 시제와 과거 시제를 섞어 쓰고 있다. "전 할 수 없어요……. 제가 했던 모든 것은." 시제를 섞어서 쓰는 것은 과거와 현재 경험 사이를 빠르게 오가는 내담자, 즉 상담자와의 작업에 열중하고 있으면서 과거의 심리적 외상에 기억이 닿아 있는 내담자에게서 볼 수 있는 전형적인 현상이다. 상담자는 과거의 사건을 지금 현재 일어나고 있는 것처럼 지속적으로 언급하면서, 모니카가 그 경험에 몰두하도록 지지하여 결국 분열시켰던 기억에 온전히 접촉할 수 있도록 한다.

정서 이것은 언급할 필요가 거의 없다. 아마도 상담 탐색에서 가장 공통된 주제일 것이다. 정서는 억압된 오랜 기억에서 새어나와 서서히 자각의 장으로 드러난다. 정서는 지금-여기에서의 경험(완전하게 자각하고 있는)과 그때-거기에서의 경험(자각되지 않고 분리되어 있는)을 연결한다(Jones, 1995). 하지만 노련한 탐색은 단순히 겉으로 드러난 느낌에 대해 묻는 것 이상의 것을 추구한다. 상담자는 표현되는 느낌뿐만 아니라 현재 나타나지 않은 듯한 느낌들에 대해서도 탐색한다. 둘 중 하나에 대해 탐색하건, 둘 다를 탐색하건 모두 중요할 수 있다.

상담자는 탐색을 통해 내담자가 정서적 연결을 여기에서 저기로 그리고 다시 여기로, 지금에서 그때로 그리고 다시 지금으로 이어가도록 조력하고, 내담자의 경험을 뒷받침하는 모든 느낌을 더욱더 온전히 자각해 나가도록 격려하면서, 다음에 탐색할 층은 어디인지를 알려 준다(Nathanson, 1992). 그러한 내담자 경험을 타진하기 위해, 우리는 특히 상담 상황 자체와 상담자에 대한 내담자의 정서적 반응을 탐색한다. 다음 발췌문에서 빌리가 혼란스러워하면서 상담자가 자신의 감정에 대해 알아주고, 그 감정에 대해 작업할 수 있도록 도와주기를 원했다고 말한다. 이에 따라 상담자는 이전에 이루어진 상호작용에 대해 빌리와 이야기하고 있다.

상담자: 빌리, 내가 당신이 어떻게 느꼈는지 물어보지 않았을 때, 그것이 어땠나요?

빌리: 전 정말 난감했어요.

상담자: 다른 곳에서도 그랬었던 것처럼, 저 또한 당신을 잃어버렸군요.

빌리: 으음. 제가 중요하지 않은 존재라는 듯이. (그녀가 운다.)

상담자: (침묵) 당신이 사람들에게 중요하지 않다. 사람들은 당신을 이해하지 못한다. 사람들에게 당신의 존재가 그렇다는 것에 대해 당신은 많이 알고 있어요. 그렇다 해도 그것에 대해 감히 화도 못 내죠. 그렇지요?

빌리: 네, 그래요.

기억 기억 역시 상담에서 다루어야 하는 것으로 당연시되는 내용이다. 최근 기억, 초기 기억, 아동기 및 청소년기 기억, 유쾌한 그리고 불쾌한 기억. 정말이지 상담에서 논의되는 상담 밖의 세상에 대한 모든 것은 기억이다. 단지 몇 시간 전에 일어났던 것이라 할지라도 그것은 기억에 해당된다. 기억은 실제 일어났던 것보다 훨씬 더 많은 것을 포함한다. 기억은 감정, 의미, 각본 신념 그리고 삶을 입체적으로 만드는 모든 것들로 가득 차 있다. 기억은 우리가 지금 전개해 가는 상담 메뉴에 해당되는 어떤 항목으로도 탐색할 수 있다. 그 예가 여기 있다. "그래서 당신이 경험한 것에 대해 기억하고 있는 것을 말해 주실래요? 그때 어떤 생각을 했는지, 그 이후 어떤 다른 일이 일어났는지?"

상담자는 이 내담자가 경험한 정서에 대해, 그리고 그것이 의미하는 바에 대해 그녀가 이해하고 있는 것(그때와 지금 모두)에 대해 계속해서 물어볼 수 있다. 그러면서 관련될 수 있는 결정과 기대에 관한 단서에 민감해질 것이다. 그리고 이것으로 끝나는 게 아니다. 모든 것은 상호 연결되어 있고, 단 하나의 기억이 몇 시간의 유익하고 매우 촉진적인 탐색을 가능하게 하는 기초가 될 수 있다.

탐색을 위해 기억이 완전하게 구성될 필요는 없다. 기억은 1초, 혹은 그보다 짧은 시간에 자각의 장을 섬광처럼 지나가기도 한다. 만약 기억들이 탐색을 통해 포착되지 않는다면 재빨리 다시 배경 속으로 사라져 버린다. 다음의 발췌문에서 상담자는 마샤와 그녀의 자기 비난적 성향에 관해 이야기하고 있다. 마샤는 갑자기 끼어들면서 짧지만, 생생하게 남는 그런 기억에 대해 말하기 시작한다.

마샤: (한숨) 예. 그때 제가 아주, 아주 강하게 들은 건 어머니 목소리였어요, 아주 강하게. 이건 좀 일치시키기가 어려운데, 왜냐하면 어머니의 지금 목소리보다 훨씬 강한 음성을 들었거든요. 어머니는 지금 노인이고, 지금은 마치 마음씨 고운 노인네 같아요. 하지만 그 밑엔 다름 아닌 독이 있어요. 그리고 어머니로부터 제가 들은 말은, "너처럼 그렇게 행동하면 쥐어터지는 것 말고는 아무것도 기대할 수 없을 거야." 예요.

상담자: 지금 한 말은 사실적인 실제 기억인가요, 아님 좀 꾸며진 건가요?

마샤: 실제 기억이에요. 전 20대 때 강간을 당했어요. 상담받으면서 그것에 대해 다루었어요. 하지만 상담받기 전에 어머니한테 실제로 이야기했었어요. 제가 왜 이야기했는지 모르겠어요. 어머니와 멀리 떨어져 살았기 때문에 주말에 갔어요. 그리고 일어났던 일을 어머니께 얘기했더니, 어머니는 그냥 이렇게 얘기하는 거예요. "너처럼 처신하고는 뭘 기대하니?" 어머니는 정말 너무나 너무나 냉정했어요. 전 처음에는 어머니가 화내실 거라 생각했기 때문에 어머니 친구한테 먼저 얘길 했어요. 그러고 나서 그분이랑 어머니한테 얘기하러 같이 갔어요. 친구 분은 어머니를 도와주려 했는데, 근데 어머니는 아무것도 필요로 하지 않았어요. 이게 선생님이 얘기하실 때 제 머릿속에서 그저 번쩍했던 거예요.

'그저 번쩍'이라고 했지만 매우 중요한 기억이다. 상담자는 그것을 탐색하면서, 어머니가(혹은 다른 사람이) 자신을 비난하기 전에 자신이 먼저 스스로를 비난하는 방법을 학습하게 했던 많은 경험 중의 하나로 옮겨가 보도록 돕는다. 그러한 고통스러운 패턴을 훈습하면서 자기 자신을 보살피는 새로운 방법을 개발함으로써 그녀의 현재 일상 속에서 자기 자신을 더 좋게 대우할 것이다.

생각 내담자의 정서가 우리의 관심과 주의를 사로잡는 경향이 있지만 그래도 우리는 그러한 정서에 동반하는 인지 내용을 놓쳐서는 안 된다. 내담자가 생각하는 것을 안다고 추측해서도 안 된다. 너무나 쉽게 추측하기도 하는데 그건 잠재적으로 매우 위험하다. 내담자의 사고과정에 대한 추측은 그저 추측일 뿐이다. 생각에 대해 물어보는 것이 중요하다. 내담자에게 물어보는 것이 중요한 만큼 내담자가 무엇을 생각하는지 혹은 어떤 생각을 해야 하는지를 내담자에게 말하지 않을 것임을 분명히 하는 것도 중요하다. 다시 말하지만 상담회기 내에서 그리고 상담자와의 관계에서 무엇이 일어나고 있는지에 대한 내담자의 생각은 매우 유용하다.

댄의 작업은 이러한 종류의 탐색 중 좋은 예다. 이 장의 앞에서 상담자가 댄에게 아버지와 상상 속 대화를 해 보는 게 도움이 될거라 생각하는지 묻는 부분을 기억할 것이다. 다음에 나오는 짧은 대화에서 상담자는 댄이 경험한 느낌에 대해 단순히 말하기보다는 직접적으로 아버지에게 말해 보도록 다시 초대한다.

댄: (한숨) 지금 다시 막혀요.

상담자: 혹시나 내 의견에 동의하고 싶지 않은 어떤 무언가가 있나요?

댄: 흠……. 예, 있어요. 아버지에게 뭐라도 말해 보라는 제안은 완전히 시간낭비라는 생각이 들어요.

상담자와의 상호작용에 대해 댄이 어떻게 생각하는지 물어봄으로써 아버지와의 관계뿐만 아니라 지금 여기에서 경험하고 있는 중요한 정보를 얻는다. 상담자와의 불일치를 다루는 방식에 대해서든, 아버지와 이야기하는 것은 시간 낭비라고 결정한 것에 대해서든, 혹은 분명하고 직접적으로 그가 원하는 것("전 그냥 그렇게 하고 싶지 않아요.")을 표현하는 경험에 대해서든, 그 어느 것에 대한 질문도 가능하다.

결론과 결정 자기 자신과 타인과의 접촉 단절은 대체로 몇몇 종류의 결정, 결론, 생존 반응과 관계되어 있다. 좀처럼 의식적으로 자각할 수 없는 이러한 결정과 반응은 우리의 생존 전략을 발달시키게 했던 초기 경험들과 연결되어 있다(Greenwald, 1971, 1973; Goulding & Goulding, 1979; Berne, 1972). 문제는 예전에 형성된 전략들이 현재 상황에 적용되는 (그리고 오용되는) 경향이 있다는 것이다. 결론이나 결정은 종종 자각되지 않거나 혹은 자연스럽고 불가피한 반응으로 경험되기 때문에, 도전할 수도 수정 · 보완할 수도 없다는 것이다. 따라서 이 때문에 문제가 불거지게 되면 우리는 당혹스러워하고 상처를 받거나 혼란에 빠진다. 아버지에게 (그리고 확장해서 다른 누구에게) 어떤 이야기를 한다는 것은 시간낭비라고 여기는 댄의 신념이 그러한 결론의 한 예다. 그러한 신념에 따라 댄은 자신의 의견을 내적으로 계속 고수하면서 자신이 원하고 필요로 하는 것을 외적으로 표현하지 않고 억제해 왔다. 내담자에게 결론과 결정에 관해 물어봄으로써 이러한 반응들을 자각의 장으로 다시 가져올 수 있다. 그리고 이것을 성인이 되어 가지고 있는 지식과 경험을 바탕으로 재검증해 볼 수 있다.

다음 발췌문에서 엘리스는 그녀가 어렸을 때 오빠가 자기를 위해 사준 롤러스케이트 한 짝에 대해 이야기하고 있다. 그 선물은 그녀가 롤러스케이트를 무척 좋아했을 뿐 아니라 이전엔 그와 같은 선물을 한 번도 받아 본 적이 없기 때문에 기억 속에 뚜렷이 남아 있다. 방임적인 그녀의 부모는 한 번도 선물을 준 적이 없다. 그녀가 삶을 꾸려 온 방식에 대한 중요한 함의를 띠고 있는 세부 내용을 다루면서, 초기 결핍 경험에서 비롯된 결론에 대해 엘리스 스스로 탐색할 수 있도록 상담자가 어떻게 조력하는지 주목하라.

상담자: 그래서 그 스케이트가 당신에게 무척 중요했군요. 엘리스……. 그 밖

에 또 중요했던 건요?

엘리스: 그들처럼은 결코 되지 않을 거라는 결심.

상담자: 그게 무슨 뜻인지 말해 주세요.

엘리스: 전 어릴 때, 결코, 절대로, 절대로 그들처럼 되지 않을 거라고, 내 아이를 그렇게 기르지는 않을 거라고, 그렇게 되지 않을 거라고, 아버지 같은 남자와 결혼하지 않을 거라고 결심했어요. 내 어머니처럼 되지 않을 거예요. 전 술 취하지 않을 거예요. 싸우지 않을 거예요. 폭력적이지도 않을 거예요.

상담자: 아버지 같은 사람과 결혼하지 않을 거고, 폭력적이지도 않을 거란 말이군요. 싸우지도 않을 거고…….

엘리스: 맞아요.

상담자: 화내거나 뭐 그런 것도 안 할 거고.

엘리스: 맞아요. 우리는 절대로 언성을 높이지도 않을 거예요.

상담자: 흠. 너무나 중요한 결정이네요.

의미 이 발췌문에서 엘리스가 처음으로 그녀의 결정에 대해 언급했을 때, 상담자가 그 결정이 무엇을 의미하는지 물어보았다는 것에 주목하라. 사람은 경험과 결정에 의미를 부여하고 다양한 방식으로 표현하기 때문에, 언급된 것이 정말로 무엇을 의미하는지 안다고 추측해 버리는 것은 언제나 위험하다(Efran, Lokens, & Lokens, 1990). 추측하기 전에 그것에 대해 탐색하고 물어 볼 필요가 있다. '무엇에 관해 탐색하는 것' 이 의미하는 것은 엄청나게 늘어서 있는, 던질 수 있는 가능한 질문을 개시하는 것이다. 거의 모든 것은 의미를 가질 수 있고, 의미가 없다 해도 의미가 없다는 바로 그것이 의미심장한 것 일 수 있다. (흠, 이 얼마나 복잡한 문장인지……. 나도 그것이 무슨 의미인지 궁금하다.) 탐색은 그 자체가 내담자가 말하는 것, 느끼는 것, 하고 있는 것의 의미에 관련되어 있다. 어느 지점을 탐색하건 그 목적은 동일하다. 자각을 증진시키고, 내담자가 잃어버렸던 접촉을 되찾도록 하는 것이다.

다음의 발췌문은 여러 회기 동안 만나온 집단상담에서 이루어진 작업의 일부다. 자넬은 다른 참가자들이 작업하는 동안 집단에서 약간 물러나 있었다. 그녀는 의자에 웅크리고 앉아 울기 시작했고 몸을 떨고 있다. 그녀의 행동에는 호기심을 끄는 모순된 점이 있는데, 마치 방해하고 싶지 않아 하면서도 동시에 주목받기를 원한다. 결국 상담자는 또 다른 집단 구성원과의 작업을 마친 후 그녀에게 무슨 일이 일어났는지 묻는다. 그녀는 일련의 고통스러운 기억들에 대해 설명하기 시작하고, 상담자는 지금 이 순간 그 기억에 주의집중하게 된 의미를 찾아보도록 초대한다.

상담자: 이 모든 것에 대해 절박함을 느끼나요?

자넬: 아뇨. 그건 한쪽에 치워둘 수 있어요. 그냥 내버려뒀어요. 그게 일어나도록 내버려뒀어요. 왜냐면 오늘 아침에 집단에서 제가 작업을 할 시간이 있을 거라 생각했거든요. 그냥 안으로 다시 집어넣을 수 있다고 생각해요. 하지만…….

상담자: 이것에 대해 절박함을 느끼나요? (자넬은 대답하지 않고 눈물만 계속 흘린다.) 당신은 자신이 슬피 울고 있는 것에 대해 어떻게 이해하고 있나요?

너무나 분명해 보이기에 자넬이 이해하고 있는 강한 감정 표현은 그녀의 내적 과정의 자연스러운 부분이라고 가정하기보다 상담자는 그녀가 자신의 행동에 부여하고 있는 의미에 관해 묻는다. 그것에 대해 질문함으로써 상담자는 기억뿐만 아니라 자넬이 기억을 다루는 방법, 그리고 상담자의 반응에 대한 그녀의 희망/두려움 또한 탐색할 수 있게 된다. 그리고 다음에는 또 다른 결정, 의미, 자각을 이끌어 낼 수도 있다.

예 상 우리가 참여하는 많은 활동들은 나중에 일어날 일에 대한 우리의 예상에 근거하여 이루어진다(Epstein, 1972). 우리는 부정적인 결과를 초래할 것으로 기대되는 종류의 행동은 피하고, 좋은 결과를 나을 거라 여겨지는 것은 한다. 수많은 다른 일들과 마찬가지로 이러한 예상들은 종종 의식적으로 자각하지 못한 채 일어난다. 그래서 우리가 이것이나 저것을 할 때 거의 되는 대로 하거나 다른 행동이 가능하지 않기 때문에 그렇게 하는 것처럼 보여진다. 우리의 예상은 자각할 수 있는 것이든 할 수 없는 것이든 대체로 과거의 경험에서 비롯된다. 우리가 희망하고 상상하는 것 혹은 반대로 두려워하는 것은 과거에 우리에게 일어났던 일에 근거한다. 우리가 다른 사람과의 관계에서 경험한 것보다 더 진실된 것은 어디에도 없다. 우리는 이전의 사람들과 했던 관계 경험을 통해 이해하고 수집한 것에 근거하여 미래 관계에 대한 구체적인 예상을 한다. 이를테면 사람이 우리를 어떻게 대할 것인지, 그들이 믿을 만한 사람인지, 그들이 우리를 이해할지, 좋아할지, 아니면 아는 척을 할지에 대한 예상을 한다.

자기 자신과 타인, 그리고 전반적인 삶에 대한 예상을 탐색하는 과정에서 상담자는 내담자가 자신의 선택 방식을 자각하도록 그리고 그러한 예상이 발달되어 온 맥락을 발견하도록 돕는다. 예상을 탐색함으로써 내담자는 이미 일어난 과거의 일에 대해 두려워하고 있으며, 그들이 희망하는 것이 종종 과거에 필요했지만 제공되지 않았던 것이라는 사실을 의식적으로 자각하게 된다. 다시 말해 이러한 탐색은 상담 그 자체에 대한 예상이나 상담 관계에 대한 예상을 알아보고자 할 때 가장 유익하다(Orange et al., 1997; Stern, 1994). 이러한 예상들은 내담자 자신의 현상학적 경험 속에서 발견될 수도 있고, 상담자가 실제로 시도하려는 것이 현실적으로 적합한 것인지 파악하는 과정에서 알아낼 수도 있다. 물론 상담에 대한 예상이 독립적으로 따로 존재하는 것은 아니다. 오히려 대부분 상담 밖의 세계에서 내담자의 존재 방식을 정하는 데 영향을 미치는 다른 예상들로부터 정화되어 순수한 예상만 남은 것이다.

다음 발췌문에서 상담자는 조렌이 상담자에게 어떤 예상을 하고 있는지 탐색하고 있다. 이러한 몇 번의 오가는 대화에서도 탐색을 통해 조렌이 세상을 바라보는 방식을 지배하는, 그리고 조렌이 사람들과 상호작용하는 방식에 중대한 영향을 미치는 것을 발견하고 있음이 명확히 드러난다.

상담자: 바로 지금 나에 대해 어떤 감정을 느끼고 있나요?

조렌: (잠시 침묵) 어, 조금은 위협적인.

상담자: 그런가요? 그거에 대해서 말해 줄 수 있나요?

조렌: 어…… 그게 그러니까…… 뭐라고 정리해서 말하고 싶은데…… 그러니까, 신생님이 절 놓치고 있는 것 같아요. 근데 뭘 놓치고 있는지는 저도 모르겠어요.

상담자: 만일 내가 조렌 당신이 자신을 이해하는 것과 다르게 당신을 이해하고 있다면 어떤 일이 생기게 될까요?

조렌: 제가 공격당할지도 몰라요.

상담자: 공격당한다. 내가 당신을 공격할까 봐 두려운가요?

조렌: 선생님이 그렇게 할지도 모르죠.

상담자: 다른 사람들이 그랬던 것처럼 말이죠……. 만일 내가 그렇게 할 거라는 생각이 들었다면, 당신이 예상한 것들을 나에게 말해 줄 수 있나요? 내가 어떤 행동을 할 것 같은지 내가 어떤 말을 할 것 같은지 뭐 그런 거 말이죠.

조렌: (잠시 침묵) 창피를 줄 거라 생각했어요.

희 망 어쨌든 예상은 상담 차원에서 가장 큰 관심을 가지게 되는 것들 중에 하나인데, 대부분 부정적인 결과와 관련되어 있다. 우리는 예상하고 예상한 대로 될까 봐 걱정한다. 그래서 걱정했던 결과가 일어나지 않도록 차단하기 위해 방어적 전략들을 구축한다. 그러나 사람은 대체로 과거에 긍정적인 경험을 하지 못하는 환경에 있었다 하더라도 긍정적인 미래를 꿈꿀 수도 있고 꿈꾸기도 한다. 어떤 일이 이루어질 거라는 희망을 갖고 있다 해도 내담자가 자발적으로 말하는 경우는 별로 없다. 내담자는 상담이 긍정적인 미래에 초점을 맞추도록 하는 것이라고 생각하지 않는 듯하다. 그러나 희망은 앞으로 나아가야 할 목표로 제공할 뿐 아니라 내담자와 상담자 모두가 내담자의 삶을 관통하고 있는 깊은 바람과 욕구를 이해하도록 돕기 때문에 중요하다(Mitchell, 1993).

우리는 지금까지 여러 번에 걸쳐 내담자의 경험 면면에 대한 탐색에서 출발하여 좀 더 깊어지는 탐색으로 어떻게 나아가는지 살펴보았다. 희망에 대한 탐색이라고 해서 뭔가 다른 것은 아니다. 어떠한 질문이라도 정보를 담고 있는 창고의 문을 열 수 있다. 이것은 마치 조각품 주위를 걷는 것과 같은데, 한 걸음씩 움직일 때마다 약간씩 다른 면을 볼 수 있고, 한 걸음 옮기기 전에는 볼 수 없었던 것이 조금씩 드러난다. 때때로 놀라운 일도 일어난다—새끼 고양이가 소각 작품의 겉옷 옷단에 숨어 있기도 하고, 멀리 떨어진 반대편 손에 단검이 쥐어져 있기도 하다. 혹은 때로는 그저 진지하게 생각하는 데 필요한 더 풍부하고, 더 자세한, 더 많은 재료가 있을 때도 있다.

다음 발췌문에서 상담자는 조렌과의 대화를 계속 하고 있다. 조렌은 다른 사람의 반응에 창피함을 느끼지 않도록 자신을 보호하기 위해 어떻게 '돌처럼' 되는지 말하고 있다. 상담자는 부정적인 예상의 세부적인 내용을 따라가기보다 그녀의 희망에 관해 물어본다.

상담자: 당신에게 가장 만족스럽게 느껴지는 것은 무엇인가요? "그건 네 느낌이 아니잖아."라는 말을 듣는 대신 혹은 돌처럼 굳어 버리는 대신에 말이에요. 다른 사람들이 어떤 식으로 반응해 주길 원하나요?

조렌: 제 아픔의 깊이를 알아주고, 바보 같다고 말하지 않기를, 그리고 아픔을 진지하게 대해 주는 것이요.

상담자: 아픔을 진지하게 대해 주는 것? 그리고 당신과 함께 그 아픔을 느껴 주는 것 말이죠?

조렌: 그들이 그 아픔을 느끼는 건 원하지 않아요.

상담자: 당신이 다른 사람의 느낌에 반응하는 방식에 근거해 볼 때, 만일 누군가가 똑같이 그 아픔을 느낄 수 있다면, 당신은 그 사람이 가장 친밀하고, 가장 사랑스럽고, 모든 것을 공유할 수 있을 거라고 여기는 건 아닌지 궁

금하네요.

조렌: 그 사람이 저의 고통과 관련된 모든 것을 느끼지 않아도 된다면 그렇죠.

상담자: 그 모든 걸 느끼면 왜 안 되죠?

조렌: 왜냐면 전 어느 누구도 그렇게나 많은 상처를 받길 원치 않아요.

환상 환상은 희망을 넘어서는 개념이다. 환상은 이루어질 것 같지 않는 것에 대한 상상, 현실에서는 경험할 기과 기대하지 않는 것에 대한 상상이다. 겁나고 두려운 것 혹은 사랑스럽고 매우 기쁜 것에 대한 상상들, 일상적인 언어로는 담아 낼 수 없는 것에 대한 은유적 상징들이다(Klein, 1964; Fairbairn, 1952). 환상은 내담자가 상상으로 만들어 낼 수 있는 가장 나쁜 것과 가장 좋은 것에 대한 접근을 가능하게 하기 때문에 중요하다. 환상이 갖는 상징성은 종종 자각의 장에서 추방된 세계, 의식적인 자기와 너무나 오랫동안 단절되어 온 세계, 의식적으로 떠올릴 수도 떠올려서도 안 되는 경험의 세계로 가는 희미하게 변장된 단서다(Bettelheim, 1967; Sandler & Nagera, 1963). 내담자의 환상에 대한 탐색을 통해, 우리는 그 상징들과 그것들이 나타내는 것에 대한 유용한 정보를 얻을 수 있다. 환상을 다루고 탐색하기 위한 시간을 갖는 것이 보다 중요한 것은 우리가 내담자를 진지하게 대하고 있고, 내담자가 경험한 모든 것은 중요하고 의미 있는 것으로 여기고 있음을 보여 주는 가장 명확한 방법이기 때문이다. 상담자가 마샤의 환상에 대해 함께 이야기를 나누는 과정에서 어떤 광경이 펼쳐지는지 주목하라.

상담자: 이러한 칭찬을 받을 수 있고, 웅장하고 영광스럽게 느낄 수 있는 그런 곳은 당신 인생에서는 없는 듯 보이네요. 당신이 싫어하는 어머니, 시어머니, 그 선생님, 여자들처럼 되지 않으면서 말이죠. 당신은 언제 당당함을 느낄 수 있나요?

마샤: 전 직장에서 제 슈퍼바이저로부터 얻어요. 아니, 없어요. 얻지 못해요.

상담자: 제 생각에는 당신 스스로도 자신을 당당하게 여기는 데 소극적인 것 같

은데요.

마샤: 예. 선생님 말이 맞아요. (잠시 침묵) 예, 선생님이 맞아요. 전 그래요. 그건…….

상담자: (잠시 침묵) 그러면 그것이 환상에서 나타나나요?

마샤: 환상 속에서는 제가 뭘 하는지 저도 몰라요. 제가 갖고 있는 환상들은 정원에서 그냥 이리저리 돌아다니고, 전화선을 뽑아 놓고 휴일을 보내는, 뭐 그저 그런 거예요……. 저의 진짜 환상은 휴식에 대한 거라 생각해요.

상담자: 당신이 조용히 머물 수 있는 곳으로 돌아가는 것.

마샤: 전 휴식을 충분히 취하지 못해요. 그건 저한테 정말 중요한데, 나만을 위한 조용한 곳.

상담자: 당신 혼자만의 장소죠.

마샤: 예, 예. 전 그 환상 속에 사람들을 들이지 않아요.

상담자: 만일 거기에 누군가가 있다면, 진정한 당신 자신이 될 수 없죠.

마샤: 그렇게 될 수 없어요. 없죠. 왜냐면 전 제멋대로 한다고 스스로를 비난할 거예요.

전체 탐색 메뉴에서처럼 이 발췌문에서도 훨씬 더 진전해 나갈 수 있었다. 탐색을 위해 멈춰야 하는 좋은 하나의 장소란 없다. 우리가 필요로 하는 모든 것 혹은 유용한 모든 것을 배울 수 있는 유일한 지점도 없다. 그러나 독자의 인내심에 한계가 있듯이 책에는 길이의 제약이 있다. 우리는 이동해야만 한다. 우리는 마샤와의 작업에서 다음에 무엇이 일어났는지, 그리고 우리가 초대했던 다른 모든 내담자들에게 무엇이 일어났는지에 대한 상상을 여러분 자신의 환상에 남겨둔다.

제3장 조율

"그 남자는, 그 여자는, 당신은, 그 사람은 정말로 이해 못해!" 이 세상 사람 중 이 말을 하지 않은 사람이 있을까? 진정으로 그리고 깊이 이해받고 싶어 하는 열망은 인간이 보편적으로 동경하는 것이다. 이것은 타인과 접촉하고 관계 맺기를 갈망하는 인간의 한 측면이다. 관계 속에서 이러한 방식의 연결을 느끼지 못할 때, 우리는 한 걸음 뒤로 물러나 자신을 보호하려 하고 마음의 문을 닫으려 한다. 반면에 관계에서 연결되어 있음을 느낄 때는 마음을 열고 더 많은 접촉을 하려고 한다.

이해받고 연결되어 있다는 느낌은 상대가 우리의 말을 논리적이고 이성적인 의미로 안다는 것 이상을 의미한다. 그것은 우리가 어떤 느낌으로 그러한 말을 하는지를 알고, 그 느낌을 함께 나누며 반영한다는 것이 포함되어 있다. 그리고 우리의 마음에 귀를 기울여 어떻게 그러한 말을 하게 되었는지, 그 말들이 왜 중요한지 또한 그런 말을 할 때 상대에게 원하는 것은 무엇인지를 알고자 하는 것을 포함한다. 조율은 공감으로 시작된다. 조율은 상호 접촉이 활발하게 일어나도록 하는 관계적 특성을 갖고 있다. 그리고 조율은 말하는 사람의 의도뿐 아니라 듣는 사람의 아주 개인적인 반응도 관련되기 때문에 공감을 넘어선다(Stern, 1985). 조율은 일종의 두 사람의 의식이 함께 만나는 공간, 즉 '두 사람 사이에' 관한 것이다(Tustin, 1986; Bettelheim, 1967).

이 장에서는 조율에 대해 자세히 살펴볼 것이다. 조율은 무엇이고, 어떻게 하며, 또 어떻게 전달할 수 있는지, 그리고 상담장면에서 조율은 어떤 효과가 있는지에 대해 알아본다. 이를 위해 제2상 '탐색' 으로 되돌아가기도 하고, 앞으로 가서 제4장 '관여' 를 보기도 할 것이다. 탐색, 조율, 관여, 이 세 가지는 상담관계에서 서로 떼어낼 수 없을 만큼 상호 연결되어 있다. 하지만 상담관계의 이 세 가지 측면 중 어느 것이 가장 근본적인지를 본다면 그것은 물론 조율임에 틀림없다. 상담에서의 탐색을 이끌어 가는 것도 조율이고, 상담에 도움이 되는 관여의 특징을 형성해가는 것도 조율이기 때문이다.

조율은 두 가지 과정을 통해 이루어진다. 내담자에게 조율하고 있는 상담자는 먼저 내담자의 감각, 욕구, 감정, 바람 혹은 의미에 대해 알아야 한다. 그러한 것을 알아차리는 가운데, 상담자는 새롭게 알게 된 것과 이해하게 된 것, 그리고 그에 따라 어떻게 반응할 것인지를 내담자에게 전달해야 한다. 니콜라스 에반스(Nicholas Evans)는 그의 소설 『말에게 속삭이는 사람(*The Horse Whisperer*)』에서 말과 기수와의 이상적 관계에 대해 묘사하였다. "이것은 신뢰와 동의에 관한 것으로, 당신은 이러한 사실들을 발견할 것이다. 기수가 이끌기는 하지만, 말을 억지로 끌고 가는 것은 아니다. 기수가 느낌을 전달하면, 말은 그것을 느끼고 기수와 함께 나아간다. 조화롭게 그저 느낌을 따르면서 서로의 리듬에 맞춰 움직인다."(1995, p. 122) 상담자가 내담자에게 조율할 때도 이와 마찬가지다. 조율의 춤을 출 때, 상담자는 대부분 따라간다. 때때로 이끌기는 하지만 결코 끌고 가지는 않는다. 내담자는 조율을 느끼면서 자각의 다음 단계로 옮겨 간다.

1. 조율의 기능

조율은 내담자와 상담자의 라포(rapport) 형성을 촉진시킨다. 하지만 이것은 너무나 진부한 이야기다. 상담자가 무엇을 하건 그것이 올바르다면, 그 어떤 것도 라포를 촉진시키기 때문이다. 상담자가 자신에게 조율하고 있다고 내담자가 느끼게 될 때, 어떤 일이 일어나는지 보다 구체적으로 살펴보자.

존중

내담자는 상담자가 자신에게 조율하고 있고, 그것을 전달받는 만큼 자신이 존중받고 있다고 느낀다. "이 상담자는 나에게 주의를 기울이고 있고, 나의 진행 과정과 함께하고 있다. 나는 내가 행동하고, 말하고, 느끼는 이런 방식이 정상이라고 확신한다. 나의 상담자가 내가 그렇게 하는 이유를 이해하고, 타당하다고 해 주기 때문이다." 거기보다는 여기에 초점을 맞추는 패턴, 때로는 인지를, 때로는 정서를 다루는 패턴, 즉 말을 하거나 혹은 침묵을 지키는 이러한 내담자의 패턴을 감지하는 상담자는 내담자에게 이해와 존재(presence)로 반응한다. 그러면 내담자는 이러한 자신의 패턴들이 신중하게 다루어지게 될 거라고 알게 된다. 내담자에 대한 상담자의 존중은 내담자가 자신의 지혜를 신뢰하고 존중할 수 있도록 자라게 하는 씨앗이 된다.

상담자는 내담자의 변화 과정에 조율되었을 때, 그 과정을 보다 진전시키기 위한 반응을 할 수 있다. 내담자는 보다 깊이 있게 자신을 발견하게 되면서 다양한 욕구, 즉 지원, 보호, 정보를 얻고자 하는 욕구들을 경험한다. 이러한 욕구들을 깨달을 때, 내담자는 자신이 존중받고 있다는 것을 더 많이 느낀다. 내담자는 그 순간에 느낀 경험 전반을 조율하는 상담자의 반응을 통해 자신의 이러한 욕구들이 충족될 때, 존중받고 있다는 느낌은 더욱더 온전하게 커진다. 예를 들어, 다음의 셰릴과의 대화에서 상담자는 내담자가 요청하는 정보에 반응한다. 상담자가 셰릴의 질문과 대답을 듣고 싶어 하는 바람에 대해 언어와 어조에 전반적인 존중을 실어 전달하는 것이 매우 중요하다. 영어가 모국어가 아닌 셰릴은 자신의 집 정원에 있는 고양이에 관한 이야기를 하고 있다. 다음 문장은 제2장에서 다룬 인용보다 앞서 상담한 부분이다.

셰릴: ……그리고 음, 제가 알게 된 또 하나 걱정되는 일은, 음, 제가 정원으로 나갔는데, 고양이가 다가왔어요. 고양이는 제 의자로 뛰어올라 왔고, 제가 고양이한테 불어로 말한 거예요. 전 요즘 불어로 생각조차 한 적이 없었거든요. 그래서 이게 퇴행인가 아니면 저항인가 하는 의문이 들었어요. 그게 무엇이든, 그게 뭔지 설명해 주실 수 있으세요?

상담자: 글쎄, 프로이트는 퇴행을 저항이라고 생각했어요. 난 그 관점에 전적으로 동의하지는 않아요. 난 저항으로 나타나는 퇴행도 분명히 본 적이 있지만, 저항이 아닌 퇴행도 본 적이 있거든요. 그리고 프로이트가 자기의 발달이라고 불렀던 과정 중에 생겨나는 퇴행도 본 적이 있고요. 이것에 대해서 어떻게 생각하세요?

내담자에게 조율을 덜 한 상담자라면 셰릴의 질문에 대한 응답으로 셰릴에게 질문을 할 수도 있다. 셰릴의 생각, 기대를 끌거나, 혹은 처음부터 그 질문을 하는 이유 등을 물어볼 수도 있다. 대신 이 상담자는 그 순간 셰릴에게 일어나는 모든 것(셰릴의 주저함, 긴장, 자기비난에 빠지려는 충동뿐만 아니라 자신의 언어가 전환된 의미에 대한 순수한 궁금함)에 조율하면서, 잠시 교사가 된다. 이를 통해 상담자는 셰릴이 표현한 요청에 직접적으로 반응하게 되는 것이다. 또한 상담자는 셰릴의 질문이 대답할 가치가 있는 중요한 것이고, 셰릴의 행동은 적절하며, 셰릴이 이 화제에 관심을 갖고 있는 것을 존중하며 가치 있게 여긴다는 것을 암시적으로 말하고 있다. 상담자의 생각을 나눈 다음에, 상담자는 셰릴의 생각도 함께 나누기를 요청한다. 셰릴은 전문가의 '작업' 대상이 아닌 상담과정에 있는 존귀한 협력자로서의 자기 자신을 경험하도록 초대되었다.

많은 내담자들이 무언가 잘못을 하거나, 잘못된 것을 말해 상담자를 불쾌하게 할지도 모른다는 두려움을 가지고 상담에 온다. 내담자는 자신에게 창피했거나 수치스러웠던 어떤 것을 꺼내서 말하고 나서, 자신이 창피해지거나 수치심을 느끼게 될까 봐 염려한다. 상담자가 내담자의 이러한 숨어 있는 두려움뿐만 아니라 순간 순간 경험하는 복잡하고 끊임없이 변화하는 욕구와 바람에도 지속적으로 조율하게 되면, 내담자의 모든 면을 온전히 존중하면서 상담을 할 수 있고, 또한 그러한 존중을 명확하고 분명하게 전달할 수 있게 된다.

안 전

내담자에게 안전감을 제공하는 것이 얼마나 중요한지는 아무리 강조해도 지나치지 않다. 프리츠 펄스(Frits Perls)는 '안전 비상사태(safe emergency)'에 대해 말하면서, 내담자는 안전감이 들 때서야 새로운 것을 시도해 보려는 위험을 감수하려 하고, 자신이 계속 살아남을 수 있음을 알 수 있다고 했다(Perls, 1967, 1973). 많은 혹은 대부분의 사람들은 상담자와 작업하는 생각만으로도 두려워한다. 칼 로저스(Carl Rogers)는 상담자에 대한 내담자의 관점에 대해 다음과 같이 말하였다.

> 난 상담자가 두렵다. 도움을 필요로 하지만, 그 사람을 믿어야 할지 잘 모르겠다. 혹시 상담자가 내 안에 있는 나조차도 잘 모르는, 두렵고 좋지 않은 부분들을 볼 수도 있다. 상담자가 나를 판단하고 있는 것처럼 보이지는 않지만, 하지만 난 확실히 알 수 있는데 그는 판단하고 있다. 정말로 걱정하는 내용은 상담자한테 말할 수 없지만, 그 걱정과 관련이 있는 몇 가지 과거 경험에 관해서는 말해 줄 수 있다. 상담자가 이런 마음을 이해하고 있는 것 같아서 내 자신에 대해 조금씩 더 보여 줄 수 있을 것 같다."(1961, p. 67)

상담 관계에서 안전과 안정감을 느낄 수 있어야만 내담자는 겁이 나는 장면으로 옮겨가 자신이 부인했던 것을 서서히 녹여낼 수 있다. 그리고 필요하다면 자기의 잃어버린 부분을 회복시키기 위해 심리적 외상을 입었던 경험으로 온전히 퇴행할 수도 있다(Guntrip, 1971). 오직 내담자가 안전감을 얻었을 때에만 내담자는 자신의 과거 실패한 관계들 그리고 채우지 못한 욕구들과, 상담을 경험하면서 얻게 되는 풍요로움 사이의 차이를 비교할 때 생겨나는 고통을 감내할 수 있다. 상담자의 조율을 감지할 때 내담자는 보호받는다고 느낀다. "이 상담자는 날 공격하지 않을 것이다. 너무 빨리 나아가지도, 너무 늦게 가지도 않을 것이다. 내가 원하지 않는 걸 하도록 강요하지도, 조롱하지도, 속이지도 않을 것이다. 난 안전하다고 느낀다. 왜냐하면 내가 가는 발걸음마다 이 상담자가 나와 함께 할 것이고, 나에게 귀 기울이기 때문이다."

옛 경험 회복하기

관계에 기반을 둔 상담에서 기본적으로 주장하는 것 중 하나는, 현재 겪고 있는 불편함과 역기능은 과거에 있었던 관계의 실패에 대처하기 위해 배운 방법에서 생겨났다는 것이다(Spotnitz, 1969). 그와 같은 과거의 경험에서는 개인의 욕구와 감정은 인정도 관심도 받지 못했다. 시간이 지나고 이러한 경험이 반복되면서 개인은 느낌과 욕구를 부인하도록, 자기 자신으로부터 자신의 부족한 부분과 분리하도록, 그리고 이전의 고통을 일깨울지도 모르는 관계들은 회피하면서 익숙한 패턴을 반복하는 관계를 추구하도록 하는 법을 배운다. 상담의 주요 과제는 내담자가 부인했던 경험을 회복하여 상처를 치유하고, 다른 사람뿐만 아니라 자기 자신과도 연결할 수 있는 새로운 기초를 쌓을 수 있도록 하는 것이다.

상담자의 조율을 통해 내담자는 정서가 묻어 있는 기억들을 재경험하고, 그 기억의 중요성을 타당화함과 동시에 그 기억과는 정반대되는 관계 경험을 하게 된다(Brandchaft, 1989). 욕구와 느낌에 집중하는 사람과 함께 있다는 것이 어떤 것인지, 과거에 너무나 지속적으로 무시당하고 평가절하되었던 것들에 누군가 관심을 갖고 민감하게 반응해 주는 것이 어떤 경험인지를 내담자는 발견하게 된다. "내 모든 예상과 반대로, 이 사람은 나의 내면에서 무엇이 일어나고 있는지 정말로 중요하고 가치 있게 여긴다!" 온전하게 조율하고 있는 상담자는 다음과 같은 일이 일어났을 때, 내담자가 인식하기도 전에 내담자가 경험하고 있는 측면들을 알아차리고, 어떤 일이 일어났는지를 전달할 언어를 찾아(Kohut, 1971), 내담자가 자각할 수 있도록 돕는다. 내담자는 제2장에서도 등장했던 빌리다.

상담자: "너는 중요하지 않아." 이게 당신이 찾은 건가요? 그게 어떤 건지 당신은 아주 많은 것을 알고 있군요. 그리고 당신은 그것에 관해서는 도무지 화를 내지 못하겠다는 건가요, 그런가요?"

빌리: 네. (발을 동동 구르면서 울기 시작한다.)

상담자: 발은 걷어차려고 동동거리면서도, 감히 화를 낼 수는 없군요.

빌리: 으음, 네, 난리치지 마.

상담자: 누가 그렇게 말했죠?

빌리: 으음…….

상담자: "난리치지 마."

빌리: 아마 어머니일 거예요. 선생님도 알다시피 아버지는 아니에요.

상담자: 당신의 내면은 언제나 안절부절못하는군요. 그렇죠? 다리는 야단법석이네요.

이런 식의 탐색을 통해 빌리는 자신의 분노를 회복하기 시작할 수 있다. 이 분노는 처음에는 발을 가볍게 걷어차는 정도로만 나타날 수 있었다. 상담자는 다리의 사소한 움직임을 관찰한 후, 빌리의 분노와 그것을 부인하려는 시도, 두 가지에 반응하였다. 상담자의 지지를 통해 빌리는 자신의 다리를 좀 더 자유롭게 움직일 수 있게 되었고, 그 움직임으로 부인은 역전되었다. 내담자가 자신의 몸으로 감정을 표현하도록 허용하면 할수록 점점 더 많은 자각을 할 수 있게 된다. 부인하고 있는 감정을 회복하는 일은 마치 딱지로 덮여 있는 곪은 상처를 핀셋으로 찌르는 것과 같다. 즉, 화를 분출할 때 감염된 고름이 쏟아져 나와 상처가 깨끗해지고 회복되기 시작한다.

상담에서의 실수 다루기

지속적인 조율은 내담자가 과거 실패했던 관계의 기억을 상기시켜 그 기억에 접근해 회복시키는 것을 도울 뿐 아니라, 상담장면에서 현재 일어나는 상담의 실패를 다루는 데도 도움이 된다(Ferenczi, 1988). 아무리 민감하고 능숙한 상담자라 할지라도 실수는 한다. 조율은 결코 완벽할 수 없다. 때때로 내담자는 길을 잃는다. 그러고 나서야 알아차린다. 상담자의 실수는 내담자의 각본신념, 즉 '나의 욕구는 충족되지 않을 거야.' '사람들은 믿을 수 없어.' '삶은 힘들어.' 와 같은 긴 목록을 강화시키는 '증거' 중에 하나로 추가된다. 내담자와의 조율을 유지하려고 애쓰는 상담자는 종종 내담자를 놓치더라도, 그렇게 놓치는 순간에 내담자와의 관계에서 일어나는 전환을 감지할 수 있다. 그리고 전환 그 자체를 이용하여 조율을 유지하려 했던 상담자의 의도를 전달할 뿐 아니라 내담자가 자각하지 못했던 대처 전략을 찾아가는 또 다른 방법으로 이용할 수 있다(Safran et al., 1990). 댄의 상담 사례는 상담자가 조율을 놓친 것을 어떻게 활용하는지에 관한 예를 보여 준다. 제2장에 발췌문에서 댄은 자신의 아버지에 대해 말하고 있었고, 이 회기의 뒷부분에서 상담자는 댄의 경험에 적절하지 않는 비유를 들었다. 댄은 그것에 의문을 제기하지는 않았지만, 그 이후 댄의 반응에 훨씬 생기가 없어져 버렸다.

상담자: 댄, 지금 마음을 닫고 있어요? (댄이 고개를 끄덕인다.) 그렇다면 내 쪽에서 뭔가를 한 거 같은데……. 당신과의 연결이 끊어지도록 뭔가 한 거 같은데.

댄: 제 생각엔 선생님 비유 때문인 거 같아요. 전 괜찮아요. 그러니까 우리가 길을 잃은 게, 선생님이 절 놓치신 게……. (댄은 겁이나 보인다.) 그게 그러니까 제 생각에 그게 언제냐면 선생님이 이런 말을 저한테 하셨는데, 제가 해야만 하는 한 가지 일이 선생님이 뭔가를 잘못할 때 그걸 선생님한테 말하라고 했을 때인 거 같아요. 그리고 제 생각인데 선생님하고 거리감이 생기면 전 조용해져요.

상담자: 내가 언제 당신을 놓쳤나요?

댄: 어떤 때는 저도 잘 모르기 때문에. 때때로 그게 저한테 정말 어려워요…….

상담자: 이번 상담에서 이번에 두 번째로 "난 조용해져요."라고 말하면서 내가 당신을 놓친 것을 연결시키는 것 같은데요. 만약 당신이 그 문장을 사용하지 않고 말한다면 이렇게 말할 수 있을까요? "제가 마음을 닫았다는 건 선생님이 나를 놓쳤다는 걸 가리키는 거예요."

댄이 마음을 닫기 시작했을 때 상담자는 댄의 변화를 알아차렸을 뿐만 아니라 댄이 마음을 닫게 되는 의미 또한 완곡하게 표현했다. 댄을 통해 자신의 가설을 확인받은 상담자는 신속하게 해결책을 제공하는 방향으로 나아간다. 이러한 과정이 상담자가 '놓친 것' 에 대한 책임을 지는 것이기도 하고, 댄에게는 자신은 자각하지 못했지만, 상담자가 놓치는 데 원인을 제공했을 여지가 있다는 것도 암시한다. 동시에 이것은 상담자와 댄이 지속적으로 함께 작업할 때 상담자가 온전하게 조율할 수 있도록 댄을 초대하는 발판을 마련하는 것이다. 무엇보다 중요한 것은 이제 댄은 끊어진 관계를 다룰 수 있는 새로운 전략을 가지게 되었다는 것이다.

조율의 특징 중 하나는 책임을 다하려는 이러한 태도다. 상담자는 상담과정에서 일어나는 실패에 끼친 자신의 영향에 대해 온전한 책임을 진다(Orange et al., 1997). 내담자는 상담자의 이러한 주인의식을 통해 다시 한 번 존중을 전달받고, 어떤 일이건 간에 잘못이 생기면 자신을 먼저 비난하려는 경향을 가지고 있거나, 상담자가 자신을 비난할 거라고 믿는 내담자를 보호한다. 또한 관계에서 실패했을 때 내담자가 비난을 당하거나, 상대는 책임을 지지 않으려 했던 과거와는 상당히 대조적인 경험을 하게 된다. 다음 내용은 제2장에서 인용한 조렌과의 상담 일주일 후에 일어난 상담으로, 내용은 조금 더 길다. 당신은 제2장의 인용에서 조렌이 상담자가 자신을 "놓치고 있다."라고 말했던 것을 기억할 것이다. 그것의 마지막 부분에서 조렌은 무언가가 미해결된 것 같았고 다소 실망하는 듯 했다. 다음 상담회기에서 상담자는 내담자와의 접촉에 실패했던 부분을 인용한다. 그러고 나서 어떤 일이 일어났는지에 관한 토론으로 시작하여, 그것이 관계에 어떤 영향을 미쳤는지에 관한 내용으로 돌아온다.

상담자: 조렌, 난 당신에게 묻고 싶은 게 있어요. 지난주에 내가 당신을 놓쳤다는 것을 상담이 끝난 후에 알게 되었어요. 그래서 당신도 같은 경험을 했는지 궁금하고, 또한 그 경험을 당신도 했다면 그때 어떤 일이 일어났었는지 함께 이야기하고 싶어요.

조렌: 전, 선생님이 정말로 저를 놓치셨는지 잘 모르겠어요. 그런데 생각나는 건 무슨 일이 일어났었는지 오늘 알게 됐는데, 제가 손으로 제 입을 꽉 틀어막고 있었어요. 그리고 선생님이 그 손을 치워야만 한다고 절 설득한다고 생각했어요. 무슨 일인가가 일어났기 때문에 무언가 제 입 안에 들어오는 걸 막기 위해서, 그게 아니라면 무언가 내보낼 필요가 있는 것을 나가지 못하게 하는 의미로 제 입을 막고 있었어요. 제가 아직 어떤 일인지 확인하지도 못하고 그 일을 다룰 수도 없었는데, 제 생각에는 선생님이 그걸 감지하신 거 같아요. 이해가 가세요?

상담자: 네, 그래요. 내가 그걸 알아차리지도 못하고, 당신이 그걸 꺼내놓도록 촉진시키지도 못했기 때문에 생겨난 결과는요? 당신 안에서 어떤 일이 일어난 거죠?

조렌: 음, 정말로 소리 질러 버리고 싶었는데 그걸 못하게 했어요. 오랫동안 상담을 받아 많은 것을 알게 되었는데, 제가 제 입을 막은 건, 하나의 보호를 의미해요. 그리고 그건 분명히…….

상담자: 입을 막는 방법으로…….

조렌: 그건 막는 방법 중의 하나예요. 더 진행되는 것을…… 못하게 하는 것이에요……. 아마도 긍정적인 것. 긍정적인 게 들어오는 걸 막고 있어요. 그리고 나쁜 것이 나가는 것도.

상담자: 나쁜 것이요?

조렌: 그게…….

상담자: 혹은 사람들이 나쁜 식으로 대한 것이요?

조렌: 사람들이 제게 먹인 것들이요. 제가 내뱉은 것이 정액처럼 느껴졌어요. 하지만…… 음, 제가 갖고 있는 온갖 음식의 어려움, 그리고 부분적으로는 제가 먹지 않는 게 훨씬 좋았을 그런 많은 걸 사람들이 억지로 저한테 먹였기 때문일지도 몰라요. 음식, 신념, 정액……. 제 생각에 선생님이 놓치신 건 그런 것들인 거 같아요.

상담자: 그것이 우리의 관계에 어떤 영향을 미쳤나요?

조렌: 음, 제 생각에는…… 그게 부정적이지는 않았어요. 음…… 제가 가정해 본다면, 만약 제 나름대로 노력해서 분석해 본다면, 제가 단지 걱정스러워하는 건 여기 상담에서 몇 번 비밀스러운 이야기를 해버렸고, 전 사람들이 그걸 제대로 이해할 거라 기대하지 않기 때문에 걱정이 되는 거예요.

상담자: 그건 좀 실망했다는 말로 들리네요.

조렌: 그런 거 같아요, 네…….

상담자: 나도 그걸 느꼈어요. "당신을 잃어버렸어요." 또는 "당신은 내 손가락 사이로 빠져나갔어요."라고 말했었죠. 무슨 일이 일어났는지 모르긴 했지만 뭔가 단절되는 걸 경험했어요.

조렌: 예, 그 당시에는 선생님께 말할 수가 없었어요. 음, 전 대개 그런 일을 나중에서야 해결할 수 있어요. 하지만 그럴 수 있는 때가 지나버렸어요. 그때는 제가 너무 어리게 느껴졌기 때문에 상당히 많이 의존했었어요…… 누구한테건.

상담자: 누군가 다른 사람이 그것을 해결해야만 한다.

조렌: 예, 저를 위해서 해결해 주길.

상담자: 아, 그랬군요.

조렌: 음, 그리고 어떤 상황에서는 표현할 단어가 제겐 없다는 걸 종종 발견해요. 혹은 제가 벙어리가 아니라는 걸 알지만 제 자신이 벙어리 같을 때가 있어요. 왜냐하면 어쨌든 그런 상태에서는 사람들이 저한테 적절한 방식으로 그 일을 해결하지도 못했고, 해결해 준 적도 없어요. 그래서 그 부분이 저한테는 복구 작업이 필요한 곳인 거 같아요. 제가 갖고 있는 신념을 변화시키도록 도우려면 누군가가 저에게 정말로 필요한 게 뭔지 찾아서 저한테 줘야 할 거예요.

상담자: 으음…….

조렌: 왜냐면 사람들이 제가 필요로 하는 걸 읽는 일이 비현실적인 것은 아니기 때문에…… 하지만 이전 상담 선생님께는 저와 작업하는 방법을 알려드려야 했어요. 그 선생님이 중대한 실수를 하셨기 때문에.

상담자: 지금 상담은 효과가 있나요? 당신이 필요로 하는 걸 나에게서는 얻고 있나요?

조렌: 예, 아주 많이 그래요, 그리고……. 하지만 제 생각에 제가 선생님을 찾아온 가장 중요한 이유는…… 선생님과는 그런 차원에서 작업할 수 있을 거라 느꼈어요. 하지만 종종 저를 놓치세요.

상담자: 으음, 미안해요. 내가 그 중요한 몸짓을 놓쳤어요.

실수를 인정하고 상담의 실패에 책임을 다하는 것은 쉬운 일이 아니다. 무엇보다도 내담자는 우리가 전문가로서 일을 올바로 하기를 기대한다. 우리가 잘못을 인정하면 내담자가 다시는 우리를 신뢰하지 않을 거라는 두려움이 있다. 현실은 완전히 반대다. 대부분의 내담자는 자신의 실수를 인정하는 상담자를 덜 신뢰하게 되는 것이 아니라 오히려 더 깊이 신뢰하는 경향이 있다. 우리를 향한 내담자의 반응에 우리 자신을 조율함으로써, 궤도에서 벗어났을 때를 알아차려 그 실수를 깨끗이 인정하고, 그에 따른 결과들을 탐색할 수 있게 된다. 그리고 그 과정은 실수가 아니라 상담의 성공이 될 것이다.

2. 조율의 종류

조율은 내담자의 다양한 행동과 경험을 알아차리고 반응하는 것을 의미한다. 조율해야 할 것이 너무나도 많다. 조율이 각 상황에서 어떻게 유지되고 표현되는지를 설명하기 위해 다양한 측면을 가진 내담자의 경험을 몇 개의 주요한 범주로 잘게 나누었다. 하지만 우리가 그것들을 부분으로 나눈 것은 설명을 쉽게 하기 위한 것임을 명심해야 한다. 실제 지속적으로 이루어지는 상담관계에서는 이 범주들이 뒤섞여 존재하고, 상담자는 이 모든 범주들에 동시에 주의를 기울일 수 있어야 한다.

인지적 조율

내담자의 인지를 이해하는 것, 즉 내담자가 생각하는 것과 내담자가 하는 말의 내용을 이해하는 것이 표면적으로는 상당히 쉬워 보인다. 일반적으로 우리가 최선을 다해 하는 것이 인지적 조율이기도 하다. 또한 사실상 말의 내용 아래에 흐르는 거품처럼 일고 있는 정서에 조율하기 위해서 우리가 내려놓아야만 하는 것도 인지적 조율이다. 그렇다고 인지적 이해를 사소하다며 버려두기에 앞서 보다 면밀하게 살펴볼 필요가 있다.

인지적 조율은 단순히 내용에만 집중하는 것을 뜻하지 않는다. 그것은 '내담자의 인지를 이해하는 것' 과도 동일하지 않은데, 왜냐하면 그것은 단순한 이해 이상이기 때문이다. 인지적 조율은 내담자의 논리와 일련의 사고들이 연결되는 과정, 그리고 내담자가 자신의 실제 경험에 의미를 부여하기 위해 사용하는 일종의 추론에 집중하는 것이다. 즉, 내담자가 생각하는 것이 무엇이며, 더 중요하게는 내담자가 어떤 방식으로 생각하는지에 주의를 기울이는 것이다. 내담자의 인지에 조율할 때, 우리는 내담자와 공명(resonance)하기 위해 내담자의 인지공간에 들어간다. 그 공간에 들어가서 내담자가 주는 아주 작은 단서를 확장시키기 위해 우리의 사고와 반응을 마치 공명판처럼 사용한다. 상담자는 내담자의 언어적, 비언어적 표현을 상담자 자신에게로 가져와 그것의 의미, 그것이 암시하는 것, 연결된 것들을 받아들인다. 그리고 상담자 자신의 내면에서 '마치 ~인 것처럼(as if)'을 유지하면서 내담자처럼 사고하는 방식을 경험한다.

그렇다고 상담자 내면에서 일어나는 '마치 ~인 것처럼'에 절대적으로 오류가 없는 것은 아니다. 그래서 그것을 언제나 사실이라기보다 가설로 다루어야만 한다. 조율을 하지 못하거나 내담자를 잃어버리는 가장 확실한 방법은 우리가 내담자를 이해한다고 가정하거나, 혹은 내담자가 생각하는 방식이 나와 같다고 가정하는 것이다(Efran et al., 1990). 어제, 지난주, 혹은 수년 전에 일어난 일에 관한 일화나 이야기라 할지라도 그 안에는 어떤 중요한 의미가 있을 거라 가정하는 것이 가장 안전하다. 인지적 조율은 우리가 알고 있다고 가정하고 계속 진행해 나가면서 단순히 내용에만 집중하는 것이 아니라 숨어 있는 의미 속에서 무엇을 듣고, 어떻게 묻느냐에 좌우된다. 이를 위해 이야기의 세부사항을 명료화하기 위해 탐색하거나, 혹은 내담자가 무의식 상태에서 우리와 소통하려고 하는 메시지의 중요성으로 직접 넘어가 탐색할 수도 있다. 중요한 것은 이 둘 중 어떤 방식이라도 조율이 향상되고 깊어진다는 것이다. 그래서 우리는 내담자가 하는 말의 표면뿐만 아니라 그 밑에 있는 의미 수준까지 따라갈 수 있게 된다. 여기 한 예로, 댄은 아버지와의 관계에 대해 이야기하고 있다. 상담자가 댄이 자신의 경험으로부터 의미를 만들고 있었다는 사실을 질문을 통해 발견하도록 돕는 과정을 살펴보라.

댄: 아버지는 예전에 소유하셨던 것을 지금은 갖고 계시지 않아요. 아버지는 200명이 일하는 사무실을 갖고 계셨고, 자신을 회사원이라고 하셨어요. 아버지가 어떤 일을 하시는지 전혀 알지 못했어요. 제가 서른쯤에 아버지의 사무실에 갔었는데 그곳은 마치 궁전 같았어요. 저는 아버지가 사무실 책상에서 한 50명의 사람들과 일하고 계실 거라 생각했어요.

상담자: 지금 설명한 것 중에서 새롭게 발견한 게 있나요?

댄: 전 아버지가 회사를 소유하고 계셨다는 것을 발견했어요. 그리고 거의 200명이나 되는 사람들을 책임지고 있다는 것도. 그리고 아버지 책상 위에 제 사진이 있다는 것도. 전 몰랐거든요…….

상담자: 아버지 책상 위에 당신의 사진…….

댄: 아버지가 저에게 마음을 쓰시는 줄 몰랐어요. 전 굉장히 놀랐었어요.

상담자: 어른이 된 모습의 사진인가요? 아니면 어릴 적 모습?

댄: 졸업 사진이요. 하지만 전 몹시 격분했었어요. 아버지는 제가 서른이 될 때까지 알려 주시 않으셨어요. 그 사진을 중요하게 여긴다는 어떤 기미도 보여 주지 않으셨어요. (한숨) 그래도 전 아버지의 의견에 아직도 동의할 수가 없어요. 만약 제가 아버지와 논쟁을 벌이게 된다면, 아버지는 검은 색도 하얗다고 주장하실 거예요. 제가 그 둘이 서로 다르다고 지적하면 그제야 아버지 자신도 언제나 저와 같은 의견이셨던 것처럼 제 의견에 동의하실 거예요.

상담자: 그것이 당신에게 어떤 느낌을 남기는군요.

댄: 저의 존재를 부인당하는. 그게 마치 전 아무것도 아니라는.

상담자가 댄의 인지적 과정에 조율함으로써 댄의 이야기 속에 담겨 있던 의미를 찾을 수 있게 되었다. 이와 같이 과정에 공명하고 댄과 유사한 참조체계 속에 자신을 둘 때, 상담자는 댄을 돕는 질문을 구성할 수 있다. 그 질문을 통해 댄은 세상을 이해하고 사고하는 방식이 자신의 신념, 선택 그리고 자기감을 구성하는 데 어떤 영향을 주었는지 발견할 수 있다.

상담자가 내담자의 참조 체계를 취해서 내담자에게 인지적으로 조율하는 것은 인지적 조율 현상의 한 측면일 뿐이다. 내담자 역시 공명을 경험해야 한다. 상담자가 아무리 가장 깊이 있고 세심하게 조율을 할지라도 내담자가 지속적으로 이해받지 못한다고 느낀다면 그것은 소용없는 짓이다. 내담자에게 조율하고 있으면서도 상담자는 내담자가 길을 잃었다고 여길 때를 알아차리고 그 균열을 메우기 위한 조치를 취할 수 있어야 한다. 다음 예에서 상담자와 내담자는 아주 작은 인형에 대해 이야기를 나누고 있는데, 그 인형은 내담자가 몇 달 전에 상담실에 두고 간 것이다. 상당한 비만의 내담자 멜린다가 인형의 옷 속에 무언가를 채워 넣는 것을 보고 상담자는 멜린다에게 자신처럼 보이게 하려고 한 건 아니냐고 말했다. 멜린다는 화가 났고 상처받았다. 표면적으로는 상담자의 실수로 보일 수도 있는 이 일에 대해 상담자는 단순히 사과하기보다 상담자의 이런 말이 내담자에게 어떤 의미를 갖고 있는지를 탐색한다.

상담자: 당신 안에 있는 그 아기를 어떻게 보고 있나요?

멜린다: 아기처럼요.

상담자: 마른 아기? 아니면 통통하게 살찐 아기?

멜린다: 아뇨, 전 통통하게 살찐 아기가 아니었어요. 내 말은 통통하게 살찐 어린 어린아이가 아니었단 말이에요. 어린아이였을 때 전 빼빼 말랐어요. 음, 아니 깡마른 건 아니고, 하지만 키가 크고 말랐었어요.

상담자: 그렇다면 이 인형은 (인형을 집어 들며) 당신이 아기였을 때와 가깝다는 거군요. 이게 당신이 기억하고 싶어하는 방식이군요.

멜린다: 네, 맞아요.

상담자: 이제야 잘 이해가 되네요. 그래서 당신이 일전에 그 인형을 둥그렇게 만드는 걸 보면서 내가 가졌던 생각을 당신에게 말했을 때, 그건 당신의 생각, 그러니까 다른 사람에게 이렇게 보여졌으면 하는 당신의 생각에 내가 적절히 맞추지 못했던 거군요.

멜린다: (아주 부드럽게) 네.

이 상담의 예에서 상담자는 우선 멜린다의 의미를 이해하길 원했고, 그러고 나서야 상담자는 정말로 내담자를 이해했다는 것을 보여 준다. 멜린다의 목소리가 부드럽게 되었다는 것은 인지적 조율이 다시 이루어지고 있다는 것을 나타낸다. 부드러움을 띤 '네'에 대한 더 깊은 탐색을 통해 우리는 내담자의 보다 심오한 현상학적 경험 속으로 들어갈 것이다.

물론 인지적 조율만으로 충분한 것은 아니다. 생각은 언제나 감정과 한데 얽혀 있다. 생각과 의미와 함께 작용하는 느낌에 민감하지 않은 채 생각과 의미만을 단순히 따르는 상담자는 내담자와의 상담 관계가 더 깊어지지 않을 것이다. 내담자가 자신의 이야기를 하고 그 이야기의 의미를 정리할 때 내담자는 자신의 경험을 점점 더 깊이 있게 자각하게 되는데, 때로는 이러한 자각을 하면서 고통스러워하거나 두려워하기도 한다. 조율하는 상담자는 내담자의 의미가 정서와 관련이 있을 때에 그 의미에 대해 이야기함으로써 자신을 보호하기 위해 사용한 방어적 행동과 정서를 인식할 수 있도록 내담자를 돕는다. 멜린다와의 상담에서, 상담자는 멜린다가 인형에 대해 갖는 사고와 의도에도 조율하고 있음을 보여 준다. 다음으로는 내담자가 자신의 몸무게를 다룰 때 겪는 고통을 막기 위해 사용하는 방어의 방식을 탐색할 것이다. 물론 몸무게 문제는 이전에도 다루었다. 사실 처음 상담 계약을 맺을 때 이 부분에 대해 다루는 것이 포함되어 있었다. 멜린다는 상담자가 자신의 몸무게에 대해 말할 때 자신이 취하는 반응에 대해 말하고 있다.

멜린다: 선생님은 그 문제에 관해서는 결코 오랫동안 잠자코 계시지 않으셨어요……. 그리고 선생님이 그렇게 하지 않으신 게 중요했어요.

상담자: 그건 당신의 부탁에 근거해서죠.

멜린다: 네, 저도 알아요. 하지만 전 여전히 선생님이 그렇게 하시면 기분이 나빠요.

상담자: 으음. 마치 손가락으로 쓰린 부위를 누르는 것 같았겠어요.

멜린다: 맞아요.

상담자: 내가 그렇게 할 필요가 있음을 당신은 알고 있음에도, 첫 반응은 "이 부분은 건드리지 마!" 인 거죠.

이 상담장면에서 우리는 다시 한번 의미와 감정이 얼마나 서로 얽히고설킨 채 서로 묶여 있는지를 보았다. 이제 우리는 그 정서들과 정서적 조율의 특성을 살펴보고자 한다.

정서적 조율

정서적 조율은 상담자가 내담자의 정서를 감지하는 것이며, 상담자와 내담자 상호 간의 정서에 반응하는 것을 말한다. 이것은 공감과는 다르다. 공감적 반응에서 상담자는 내담자가 느끼는 것을 느낀다. 비유적으로 말하면, 상담자는 내담자의 피부 속으로 천천히 들어가 내담자의 정서경험을 나눈다. 상담자가 정서적으로 조율이 되면 공감을 넘어서 상담자 자신의 개인적이고 진솔한 정서반응과 내담자의 정서가 만나게 된다. 이러한 상호 반응은 관여에 관해 다룰 제4장에서 더 많은 내용이 제시될 것이다. 지금은 상담자의 공명반응보다 내담자가 받게 되는 정서적 조율에 초점을 맞출 것이다.

정서적 조율의 특징

정서에는 유형과 강도, 두 가지가 포함된다. 그리고 정서에는 질적인 부분과 양적인 부분 모두 존재한다(Stern, 1985). 정서적으로 조율하는 상담자는 이 두 가지를 모두 생각하여야 한다. 정서강도가 증가할 때 내담자는 그 강도에 겁먹을 수도 있다. 이때 정서에 또 다른 층이 만들어진다. 이것은 특히 급성이든 만성이든 간에 심리적 외상의 피해를 입은 내담자에게 적용되는 말이다. 만일 내담자가 오래된 정서의 기억에 매우 근접해갈 때, 상담자의 관여가 충분하다면 내담자가 갖게 되는 정서의 강도는 증가한다. 다음에서 예로 든 짧은 대화에서, 댄(지속적인 직업적 성공을 성취하고 있음을 이야기해 온 내담자)은 아버지에게 버림받았을 때의 느낌과 성인이 되어 다른 사람들로부터 소외당했을 때의 느낌 간의 연관성을 찾기 시작하고 있다. 상담자는 댄의 자기반응, 즉 댄의 내면 과정에 따른 정서반응에 조율하고 있다. 상담자는 댄의 자기반응에 집중하면서 댄이 그때와 지금 사이의 연결을 점점 더 자각하도록 돕는다.

댄: 뭔가 일어나고 있어요. 그것은 음, 버려지는 느낌하고 관련이 있는데…… 그건 다른 사람에게 보여지지 않는 것과 관련이 있어요. 그리고 역할에서는 제가 반대쪽에 있을 수도 있고, 적대적일 수도 있어요. 그래서 특히 지난 2년 동안 직장에서 전 정말로 힘있는 존재가 됐어요. 전 정말로 철저하고, 분명해질 수도 있어요. 그리고 영향력을 발휘할 수도 있어요. 그렇지만 그것이 제게 더 중요해지면 중요해질수록 그건 더욱 개인적인 것이 되어 갔고, 관계에서 남겨지거나 버려지지 않는 것이 제겐 점점 더 절대적인 것이 되어 버렸어요. (목소리가 갈라지며) 그건 너무나 위험해요.

상담자: 그렇군요. 당신은 지금 너무나 겁이 나는데, 그건 당신이 이미 이것을 알고 있기 때문이네요. 남겨지는 것.

댄: (한숨; 잠시 침묵) 만약 제가 아버지에게 한 번이라도 이의를 제기했다면, 아버지는 절 바로 없애 버렸을 거예요. 아버지에게 이의를 제기한다는 것은 용납될 수가 없었어요.

상담자의 말은 아직 이름도 붙여지지 않았던 내담자의 정서를 인정하고 지지한다(Basch, 1988). 또한 이것은 자신의 반응을 인지할 능력이 댄에게 있다는 것을 확인해 주는 것이기도 하다. 이것은 댄이 발견한, 일종의 시멘트처럼 초기의 완전하지 않은 이해의 조각들과 깨달음을 함께 묶어 주어서 앞으로 더 탐색할 수 있는 확고한 연단을 만들어 준다.

정서는 단순히 신이 나서 들뜨고 폭발하는 것 이상이다. 정서는 내담자의 의사소통의 한 형태로 말로는 명확하게 나타낼 수 없는 것을 상담자에게 전달하는 방식이다. 아마 정서를 언어로 말하는 것은 너무 겁이 나거나 또는 상처받게 될 수도 있다. 혹은 언어가 존재하지 않을 수도 있다. 언어의 부재는 정서적 퇴행이 언어 이전 시기의 경험으로 진행되었음을 반영하는 것일 수도 있다(Tustin, 1986; Janov, 1971; Betlelheim, 1961). 정서적으로 조율하기 위해서 상담자는 내담자의 감정이 무엇을 전달하고 있는지에 귀 기울여야 한다. 정서의 모든 측면들이 다 중요하다. 자기 자신에게 갖는 느낌, 그 감정이 내담자에게 의미하는 것, 그리고 상담자에게 주는 메시지(요청, 욕구, 심지어 비난도)까지. 여기서 댄이 또다시 등장한다. 댄은 자신의 아버지와의 옛 경험, 그리고 상담자가 개인적으로 급한 일에 참석하기 위해 회기를 마치지 못하고 떠나야만 했던 상담 초기의 사건을 서로 연결하여 분명한 깨달음을 갖게 되었다. 상담자는 댄의 드러내지 않은 요청과 댄이 지속적으로 갖게 되는 느낌에 집중한다.

상담자: 내가 떠나는 걸 이해하는 당신의 마음 한쪽을 옆으로 제쳐 둔다면, 내가 그날 떠나서 화가 났는지 궁금해지네요.

댄: 글쎄요, 선생님이 그렇게 말씀하시니 재밌네요. 저는 선생님이 떠나셔도 괜찮아져 보려고 마음먹었어요.

상담자: 그랬군요. 그렇지만 다른 한편에서는 혹시…….

댄: 그게 제가 언제나 어머니와 했던 거예요. 잘 모르겠어요. 전에는 한 번도 그렇게 생각해 본 적이 없어서, 그렇지만 선생님께서 방금 말씀하셨고, 하지만, 어, 에, 저는 선생님이 절 버렸다고 생각했어요. 그리고 느낌이…… (긴 침묵).

상담자: 겁이 났나요?

댄: 오오! (잠시 침묵) 예, 전 선생님이 그대로 계시길 원했어요. 전 선생님이 떠나야 할지도 모른다고 앞서 하신 말씀을 잊어버렸었어요. 그리고 전 언제나 제가 하던 대로 한 거예요, 그냥 괜찮다고 받아들이는 거 말이에요.

상담자: 어떤 느낌인지 얘기해 주겠어요, 댄?

댄: 속이 안 좋아요. 더 이상 아무것도 하고 싶지 않아요. (잠시 침묵) 하실 말씀 있으세요?

상담자: 그것에 대해서 내가 어떻게 반응해야 할지 생각하고 있었어요. 음, 내가 생각하고 있는 건, 나는 확실히 문제가 되는 상황 속에 당신을 두지 않을 거예요. 당신이 버림받았다는 느낌을 가진 채로는 상담을 마치지 않을

거라는 걸 확실히 해 두고 싶어요.

정서에는 층이 있다. 종종 자각으로 들어서는 길로 나아갈 준비가 되어 있는 더 많은 다음 수준(level) 있다. 내담자는 그다음 수준을 반길 수도 있다. 그 수준에서 내담자는 자신의 잃어버린 부분들을 되찾고 재통합함으로써 해방감과 평안함을 경험할 수 있다. 또는 강렬한 정서기억을 경험하지 않기 위해 방어적인 반응을 하기도 한다. 후자의 가능성, 즉 압도적인 감정과 기억을 방어하려는 욕구에 조율하지 못하면, 내담자는 과거 외상을 재경험하게 될 수도 있다. 그런 경우 상담 상황 그 자체가 당시와 똑같은 고통을 다시 만들어 내어, 내담자가 과거에 경험했던 똑같은 방어를 불러오게 하는 결과를 초래한다. 정서적 조율은 내담자가 앞으로 진전해 나가도록 도울 뿐 아니라, 천천히 가는 것이 언제 좋은지, 그리고 멈추어서 내담자가 자신의 현재 정서적 욕구를 재구성하고 집중할 수 있는 시간은 언제가 좋은지를 알려 준다.

정서적 조율은 모든 범주의 정서를 아울러야 하지만, 특히 수치심에 관심을 기울이는 것은 매우 중요하다. 수치심 반응에 조율하는 것이 상당히 중요한 이유는 수치심은 흔하면서도 복잡하기 때문이다(Nathanson, 1992; Goldberg, 1991; Kaufman, 1989). 많은 아마도 대부분의 내담자가 상담과정에서 수치심을 경험하기 때문에 수치심은 흔하다고 할 수 있고, 정서의 여러 층, 즉 있는 그대로의 자기로 수용되지 못한 상처, 거절, 소외에 대한 두려움, 그리고 자기가 부인되고 적대시될 때의 화, 다른 사람에게서 받은 반감의 이미지나 비난에 그대로 순응한 것(Erskine, 1994/1997; Erskine, 1995)들을 포함하기 때문에 복잡하다. 수치심은 상담자와의 접촉을 왜곡하거나 방해한다. 그리고 내담자로 하여금 홀로 숨어서 상처를 삭히려는 심리적 골방 속으로 다시 숨어들어가 움츠러들게 한다(Lewis, 1971, 1987). 그러한 각 층의 정서에 조율함으로써 내담자의 수치심이 드러나기 시작할 때, 그 수치심이 부풀어 올라 견딜 수 없는 수치심의 홍수에 휘말리기 전에, 상담자는 내담자가 수치심을 다룰 수 있도록 돕는다.

리듬 조율

리듬은 인간의 모든 활동 전반에 배경으로 존재한다. 영아의 최초의 자각은 어머니의 심장박동의 일정한 리듬과 함께한다. 일생을 통해 생리 과정은 시간의 흐름에 따른 리듬, 즉 뇌 활동, 소화기 순환, 해와 달의 움직임을 반영하는 내적 패턴 등의 변화를 보여 준다. 자신만의 고유함을 지닌 개인으로 성장함에 따라, 우리 모두는 각기 다른 방식으로 이러한 리듬을 확장하고 정교화하여 나간다. 우리는 인지적, 정서적, 행동적, 생리적 리듬 패턴을 발달시킨다. 이것은 너무나 기본적이고 당연한 일이라 개인마다 다른 방식으로 기능할 수도 있다는 사실을 인식조차 하기 어렵다. 그렇지만 개인은 인식한다. 우리 각자는 개인적인 리듬 패턴을 가지고 있는데, 어떤 방식으로든 리듬이 붕괴되기 전까지는 잘 알아차리지도 못하고 당연시한다.

내담자의 리듬을 알아차리고 반응하는 것은 상담자가 해야 할 일이다. 리듬조율이란 내담자가 상담자에 맞추기를 기대하는 것이 아니라 상담자가 내담자에게 맞추는 것을 의미한다. 탐색과 관여를 통해 내담자의 정서나 정보 작업을 가장 잘 촉진하기 위해서는 내담자의 속도에 보조를 맞추어야 한다. 개인마다 각각의 활동을 할 때 그에 맞는 서로 다른 리듬을 사용하기 때문에, 내담자가 인지과정에서 정서과정으로 옮겨갈 때, 지금-여기를 탐색하다가 그때-거기의 기억으로 옮겨갈 때, 그리고 상상과 환상 속에서 계획과 결정으로 옮겨 갈 때에는 템포를 바꾸어야 한다는 것을 의미한다.

각 개인의 리듬이 독특하긴 하지만 우리 모두에게 적용되는 하나의 리듬 '규칙(rule)' 이 있다. 이러한 리듬 규칙 중 하나는, 우리는 인지보다 정서를 더 느리게 작업하는 경향이 있다는 것이다. 이는 정신적인 것을 번역해야 하기 때문일 수 있다. 인지는 대체로 언어를 통해 진행되거나, 혹은 언어보다 상대적으로 쉽게 표현이 되는 생각을 통해 진행된다. 정서과정은 언어지향적이지 않고 사실상 뇌의 활동과 관계가 있어 보인다. 그 뇌의 활동은 인지와 연결되어 있는 활동이라기보다 사실상 다른 영역에서 일어난다(Jones, 1995). 그래서 빛의 빠르기로 정서를 경험하게 되는 반면에 정서에 관해 말하고 생각하는 것은 보다 천천히 일어난다. 상담과정이 정서에 초점을 맞추고 나서 느낌을 탐색하고 그 느낌들을 지각하도록 할 때, 내담자가 인지적인 수준에서 작업할 때보다도 더 속도를 훨씬 더 천천히 해야만 한다(Janov, 1971).

상담은 통합을 위한 것이다. 내적 · 외적 감각에 대한 자각을 통한 통합, 사고와 정서의 통합, 세상을 수용하는 것과 세상에 자기를 내어 놓는 것의 통합에 관한 것이다. 리듬 조율은 상담에서 이러한 통합이 일어나도록 리듬을 찾는 것이다. 문제에 의해 자극이 된 정서를 고려하지 않고 이루어진 문제해결은 오랫동안 지속되는 변화를 이끌어 내지 못하는 경향이 있다. 그리고 인지적으로 작업하는 시기를 거치지 않고 진행되는 정서 작업은 아무리 깊이가 있다 해도 그저 일시적인 카타르시스 이상이 되기는 어렵다. 많은 경우 내담자의 욕구에 대한 리듬 조율을 한다는 것은 속도를 늦추어 내담자가 상담에서 내어 놓은 모든 조각들을 찾아 정리하고 통합할 수 있도록 내담자에게 시간을 준다는 것을 의미한다.

이런 식으로 속도를 늦추어 작업하는 것을 보여 줄 수 있는 예를 찾는 것 역시 어렵다. 그 이유는 활자화된 글로는 상담자와 내담자 사이에 일어난 교류에서 속도를 늦추는 부분을 잘 전달하기가 어렵기 때문이다. 다음 인용문을 읽어서 녹음해 보라. '(잠시 침묵)' 이라는 표시가 나올 때마다 천천히 그리고 침묵으로 10을 세면서 상담자와 내담자가 한 말도 역시 천천히 읽어라. 그리고 나서 녹음한 테이프를 들으면서 침묵의 공간과 천천히 속도를 늦추는 것의 중요성을 음미해 보라.

댄: 어머니가 춤추러 가곤 하시던 때의 기억이 지금 막 섬광처럼 스치고 지나갔어요. 그때는 탈진할 때까지 울곤 했어요.

상담자: (잠시 침묵) 혼자 남겨지는 게 너무나도 겁이 났기 때문에요?

댄: (잠시 침묵) 집은 어두웠고, 그리고 집에 불을 켜 놓고 떠난 적이 한 번도 없었어요.(눈물을 흘리며 운다.)

상담자: (잠시 침묵) 당신 혼자만 남겨졌었군요…….

댄: 할머니가 아래층에 계셨어요. 그 집은 상당히 큰 집이었어요. (잠시 침묵) 전 항상 너무 무서워서 할머니한테 갈 엄두도 못 냈어요(잠시 침묵)…….

가짜 리듬

때때로 내담자는 자신이 상상한 상담자의 기대에 부응하고자 속도를 내면서 상담작업에서의 자연스러운 리듬보다 앞서 나가려 하기도 한다. 상담자도 이러한 가짜 리듬에 이끌려 가기도 한다. 나중에서야 그 작업이 질적인 것을 다루고 진행하는 시간을 갖지 않아 깊이도 없고 불안정한 것이었음을 깨닫는다. 또는 상담자가 자신만의 자연스러운 리듬대로 움직이느라 내담자의 속도에 맞추어야 한다는 것을 잠깐 동안 잊어버릴 수도 있다. 이런 일이 발생했을 때는 일단 멈추고 내담자에게 이에 관해서 물어서 지금의 속도가 적절한지 혹은 좀 더 조절이 필요한지 알려 달라고 요청하는 것이 도움이 된다.

로레인: "아니."라고 말하고 싶어요. "난 그걸 원하지 않아."라고 말하고 싶어요. (잠시 침묵) 제가 뭘 원치 않는지 말하고 싶어요. 그리고 전 정말 제가 선생님께 말씀드렸던 몇 가지 예들은 신경 쓰지 않아요. 그것들은 단지 예일 뿐이에요. 그런 일들이 제게 일어난 거라고요.

상담자: 당신이 원하지 않는 것.

로레인: 맞아요, 그리고 제 공간.

상담자: 그럼 이것이 어떻게 당신의 어머니와 관련이 되나요? 또 어머니와 당신과의 상호작용과는 어떤 관련이 있죠? (잠시 침묵) 난, 내가 너무 앞서 나간 거는 아닌지, 당신이 지금의 불편함에 머물도록 하는 게 중요한 건 아닌지 궁금하네요. 로레인, 어떻게 생각하세요?

가짜 리듬은 삶의 경험을 통해 학습될 수도 있고, 습관화될 수도 있다. 가짜 리듬은 보통 학창시절에 시작되는데, 아동은 교사나 학급 친구의 속도에 맞추어야 한다는 압력을 받기도 하고 지금 당장 답을 찾아 친구들을 따라잡아야 한다는 압력을 받는다. 그리고 그렇게 하지 못했을 때는 벌을 받거나 수치심을 느끼면서 가짜 리듬이 시작된다. 혹은 어린아이가 어른이나 자기 형제자매의 강요에 따르려고 애썼다면, 가짜 리듬이 더 어려서 시작될 수도 있다. 반대로 타고난 빠른 인지 템포를 가진 아이가 그보다 느린 인지 과정을 가진 부모나 또래와 관계를 유지하기 위해 자신의 속도를 늦추는 방법을 배웠을 수도 있다. 시간이 지남에 따라 일부러 빨리 하려고 하거나 반대로 천천히 하려고 한 가짜 리듬이 자연스럽게 여겨지기도 한다. 여타 다른 적응과 마찬가지로 너무나 완벽하게 융화되어서, 개인은 이것이 잘 맞지 않는다는 것조차 더 이상 알아차리지 못한다. 불편함조차도 원래 자기 모습의 일부로 그저 받아들이게 된다.

이러한 가짜 리듬은 접촉과 통합을 방해한다. 아주 익숙한 일인데 너무 빨리 하려고 하다가 결과적으로 어설프게 된 경험을 한 적이 있나? 혹은 누군가 다른 사람의 템포에 맞추기 위해 자신의 속도보다 늦추다가 좌절감을 느꼈던(그리고 때로는 좌절스러울 만큼 어설펐던) 경험이 있는가? 언제나 자신에게 맞지 않는 속도로, 자신의 속도에서 벗어나 있어야 한다면 정신적으로 받게 될 영향을 상상해 보라. 상담자가 해야 할 일 중에 하나는 내담자가 가짜로 적응된 템포에서 빠져나와 자신의 자연스러운 리듬과 템포를 재발견하도록 돕는 것이다. 이 작업은 내담자가 나타내는 것과는 다른 리듬을 모델로 보여 줌으로써 어느 정도는 성취될 수 있다. 또한 상담자는 내담자의 그러한 문제를 지적하고, 내담자가 리듬과 속도에 관한 전체적인 이해를 하면서 그 문제를 다룰 수 있도록 돕는다.

넬: 저는 충분히 좋은 딸은 아니었어요. 이건 꽤나 고질적인 문제인데, 전 제대로 할 수가 없었어요. 그리고 제대로 하고 싶지도 않았어요. '나는 제대로 할 수가 없어.' 라고 그렇게 마음에 많이 담아 둔 건 아니에요. (말이 점점 더 빨라지며) 하고 싶지 않았어요. 전 화가 났어요. 그리고 한편으론 하고 싶었어요. 아니요. 제가 하고 싶었던 건…….

상담자: (말을 속도를 천천히 하며) 말의 속도가 자연스러운 리듬보다 더 빨라지기 시작했어요.

넬: (놀라서) 으음?

상담자: 당신의 원래 리듬보다 더 빨리 가고 있어요. 30초 동안 여기에만 초점을 맞춰서 이렇게 얘기해 보는 게 어때요? "나는 - 그걸 - 제대로- 하고 - 싶지 - 않았다."

넬: "싫어." 라녀 머리를 빠르게 흔든다.

상담자: 그렇게 말했어요.

넬: 싫어. 전 '싫어.' 라고 말하고 있어요. 나는 그걸 제대로 하고 싶지 않았어. 저도 선생님 의견에 동의해요.

상담자: 잠시 시간을 갖고 그 말을 음미해 보아요. 방금 한 말은 굉장히 멋졌어요.

상담자의 마지막 표현은 내담자의 말이 단지 표면적으로만 '멋진 말' 이 아닌 그 이상의 의미가 있음을 나타낸다. 넬은 그 모든 가능성에 초점을 맞추기 위해 시간을 가지면서, 자신의 패턴과 리듬—정서와 인지—을 이해할 수 있도록 격려받게 될 것이다. 넬이 '제대로 하려고만 하는' 광적인 시도에 박차를 가하지 않는다면, 자신의 리듬과 정서를 자연스럽게 경험할 수 있을 것이다.

발달적 조율

상담관계라는 양육적인 환경 속에서 내담자는 자신의 잃어버렸던 부분들을 되찾기 시작하면서 이전의 발달 단계와 관계가 있는 사고, 감정, 행동 그리고 기억을 필연적으로 회복하게 된다. 에릭 번(Eric Berne, 1961)에 의해 '원형 심리(archaeopsychic)' 혹은 '어린이' 자기 상태로 일컬어지는 이러한 경험의 패턴은 퇴행으로 나타난다. 내담자는 어린 시절과 똑같은 방식으로 자신과 타인을 경험할 수 있다(Federn, 1977; Weiss, 1950). 상담에서 퇴행을 통해 내담자는 관계를 재점검해 보고, 과거의 결정에도 접근하여 변화시키고, 그리고 현실에서 불가능한 것을 시도해 보거나 환상을 상상해 봄으로써 축적된 어린 시절의 외상을 회복할 수도 있다.

이러한 과정을 촉진시키기 위해서 상담자가 발달적 조율을 하는 것은 필수적이다. 즉, 내담자가 퇴행한 나이를 알아차려 그에 맞게 반응하는 것이다. 잠시 동안 다섯 살짜리의 세상을 경험하고 있는 내담자는 성인의 말과 개념을 사용하는 상담자에게서 이해를 받거나 지지받는다고 느끼기 어렵다. 실제로 퇴행한 내담자를 온전한 성인으로 대하는 것은 그들을 퇴행에서 끄집어내는 것과 미친가지가 되어 접촉과 통합을 더 많이 일어나도록 하는 기회를 잃게 하고, 오히려 낡은 자기 방어 패턴을 강화시킬 가능성을 커지게 한다. 다른 한편으로 부분적으로만 퇴행한 내담자에게 말을 낮추는 것은 실례가 될 수도 있다. 성인 내담자와 이전의 발달 단계상의 나이에 있는 내담지 모두에게 적절한 어휘를 찾기 위해서는 상담자가 민감성과 더불어 발단 단계에 대한 철저한 지식을 가지고 있어야 한다.

퇴행은 종종 내담자의 인생에 결정적으로 중요한 지점으로 되돌아가게 한다. 그 시기는 특별한 심리적 외상이 일어났던 때일 수도 있고, 또는 중요한 삶의 결정을 내리거나 강화시키는 시기였을 수도 있다. 분열, 부인, 무감각화, 해리, 자기-부인과 같은 방어들은 인생의 이러한 사건 주변에 모이는 경향이 있기 때문에, 퇴행은 상담작업을 위해 필요한 심리적 공간으로 향하는 길을 찾아 열어 주는 역할을 한다(Ferenczi, 1988; Erskine & Moursund, 1988/1997; Balint, 1959). 과거 생존을 위해 내렸던 결정이 현재는 상담을 필요로 하는 무대가 되었다. 한때는 그 결정이 내담자에게 필요했지만 지금은 방해가 되는 전략이기 때문에, 이에서 벗어나려고 애를 쓰고 있다. 발달적 조율은 결정적으로 중요한데, 이는 내담자와 상담자의 관계를 향상시키고 깊이를 더하게 할 뿐 아니라 내담자가 상담을 통해 회복되어 가는 매우 중요한 상담 장면으로 옮겨 가고 있다는 사실을 상담자가 감지할 수 있도록 해 준다. 내담자는 지금까지 인식하지 못했던 기억과 경험들에 접근하기 시작하면서 가장 해결하고자 했던 문제를 다루게 된다.

상담자가 퇴행한 내담자에게 반응하려면 일종의 '이중관점(double vision)'을 취할 수 있는 능력이 요구되는데, 이는 어린 시절로 퇴행한 아이로서의 내담자와 자신을 관찰할 수 있는 성인으로서의 내담자 둘 다와 접촉을 유지하는 것이다(Federn, 1977; Berne, 1961). 잃어버린 정서기억이나 반응 혹은 이 두 가지 모두의 회복을 가장 촉진시킬 수 있는 가능성에 따라 상담자는 누구와 말을 할지 결정할 것이다. 아이는 보호와 지원을 받는 반면, 성인은 경험을 확장하고 깊이를 더하는 방법을 안내받는다. 다음의 발췌문을 보면 마거릿은 가족 안에서 자신의 돌보는 역할에 관해 말하고 있다. 그녀에게 돌보는 사람이 되는 것이 어떠했는지에 관해 점점 더 생생하게 기억하도록 함에 따라 그녀는 퇴행하기 시작했다. 상담자는 마거릿이 자신의 감정을 깊이 느끼도록 초대하고 있고, 언어가 점차적으로 작은 아이에게 적절하게(그리고 어조도, 이 부분은 독자의 상상력에 맡겨야 하지만) 바뀌고 있을 때 일어나는 미세한 변화를 주의해서 보길 바란다.

마거릿: 전 우리 집을 돌봐야만 했어요. 전 집을 돌봤어요……엄마가 일하러 갔기 때문에, 제 동생 토미가 집에 돌아오면, 동생을 돌봤어요. 전 모두를 돌봤어요…….

상담자: 그것을 느껴보겠니, 마거릿.

마거릿: 모든 사람을 아주 잘 돌봤어요…….

상담자: 그래 네가 그랬을 거라고 믿어.

마거릿: (울기 시작한다.) 그래요, 특히 빨래, 제가 온갖 빨래를 다했어요. 제가 요리도 다 했고요. 집 청소도 했어요…….

상담자: 그래, 듣고 있단다. 마거릿. 특히 아빠가 주위에서 그저 앉아만 계신 걸 지켜보기란, 어린 여자아이에겐 너무 힘든 일이었겠다. 그 아이는 도움이 필요한데 말이야.

이 상담장면은 상당히 어린 시절로 퇴행한 사례로, 상담자의 마지막 반응은 어린 여자아이에게 한 것이다. 그러나 퇴행은 발달의 어떤 단계로도 갈 수 있다. 대개 결정과 신념 그리고 리듬은 청소년기에 발달하며, 성인초기에는 이전의 대처 전략들을 강화하고 정교화한다. 최종적으로 내담자의 접촉을 방해하는 근원에 있는 핵심적인 정서 경험에 접근하기 위해서는 시간을 거슬러 올라가 몇 개의 층을 거치는 작업이 필요할 수도 있다. 다음 발췌문은 댄이 참석하고 있는 집단상담의 한 구성원과 상담자 사이에서 일어난 교류에 관해 댄과 상담자가 토론하고 있다. 집단상담의 집단원 하나가 상담자가 생각하기에도 도움이 되는 제안을 상담자에게 했다. 이것을 보면서 댄은 반대의견이나 비판을 다루는 아버지의 방식과 상담자의 반응을 대조해 보았다. 이러한 대조를 통해 댄은 아버지의 부재에 대한 고통, 아버지에게 화가 났던 경험, 그리고 그럼에도 불구하고 아직도 아버지를 사랑하고 존경하고 싶어 하는 자신의 마음과 만났다. 댄은 십대 후반의 자신의 성격 일부에 접근한 것처럼 보였다. 그 시절 댄은 아버지에게 할 변명거리를 만들고, 고통으로부터 자신을 보호하기 위해 갑옷을 만드는 데 아주 능숙했다. 댄의 발달 단계에 조율하는 동안, 상담자는 댄이 젊은 청년기에 필요했으나 얻을 수 없었던 좋은 부모역할을 해 주었다.

댄: 그 집단원 제안에 선생님은 이렇게 말씀하셨어요. "좋아요, 다른 방식으로 한 번 해 봐요." (한숨을 내쉰다.)

상담자: 그렇지 않고 다른 식으로 얘기했더라면 바보 같았을 거예요.

댄: 그렇다 해도 우리 아버지는 그렇게 하지 않았을 거예요.

상담자: (웃으며) 바보 같이 되는데도. (잠시 침묵) 미안해요, 난 아버지를 그런 식으로 평가하려는 뜻은 아니었어요.

댄: 아니요. 아버지는 바보가 아니셨어요. 그 부분이 슬퍼요.

상담자: 그렇지만 다른 사람들의 독특한 접근 방식을 배우려하지 않는 건 바보 같은 짓이에요. "당신은 우리 아들을 잃었어요."라는 아내의 말도, 충고

> 도, 댄, 당신의 아버지는 귀담아 듣지 않았어요. 그건 정서지능도, 관계지능도 높지 않아 보여요. 요즘에 정말로 성공하는 사람은 정서와 관계를 이해하는 사람이라는 걸 매우 명석한 당신은 잘 알고 있을 거예요.

댄은 지적인 사람이고, 혼자 힘으로 상당한 능력을 갖춘 사업가다. 상담자의 마지막 말은 성인 수준에서 본다면, 분명히 내담자가 모르는 것을 말하고 있는 것은 아니다. 그래서 퇴행하지 않은 댄에게 이런 말을 하는 것은 부적절하거나 심지어 거만한 태도로 얕잡아 보는 것이 될 수도 있다. 마찬가지로 만일 댄이 지금보다 더 어린 시절로 퇴행을 했다면, 이러한 말은 적절하지 않을 수 있는데, 왜냐하면 이런 식의 언어로는 어린아이와 소통할 수 없기 때문이다. 퇴행한 발달 수준을 정확하게 평가하고, 그 발달 단계에 맞게 조율했을 때에만 상담자는 댄이 현재 있는 곳에서 정확하게 만날 수 있고, 그가 필요로 하는 상담경험을 제공할 수 있다.

발달 단계에 집중함으로써 상담자는 내담자가 관계 속에서 접촉을 경험할 수 없었던 연령 수준과 접촉하도록 도울 수 있다. 그리고 내담자의 환경 속에서는 제공받을 수 없었던 대인관계의 접촉을 얻으려고 인위적으로라도 그 욕구를 충족시키기 위한 구조를 만드는 방법을 배워야 했던 어린아이의 연령 수준으로 돌아갈 수 있도록 도울 수 있다(Fromm & Smith, 1989). 어린아이는 자기만의 논리와 언어방식(혹은 언어를 사용하지 않을 수도 있음)을 가지고 있기 때문에, 이러한 구조를 자세히 살펴보는 것이 어려울 수 있다. 상담자는 인내를 갖고 민감해야 하며, 언어와 몸짓의 아주 작은 세부사항에도 집중해야 한다. 그리고 이해하고 있다고 가정하는 것이 아니라 기꺼이 물어보아야 한다. 다음의 예에서 셰릴은 아주 어린 나이로 퇴행하고 있다. 상담자는 우선 내담자가 퇴행하도록 인도하고 나서 내담자가 그 경험을 탐색하도록 돕고 있다. 내담자가 자신이 발견한 것을 보고하는 것에 관찰하는 성인 자기를 사용하고 있어서 내담자의 정서적인 상태를 유지하는 일이 복잡해졌다. 더욱이 내담자는 때때로 자신이 처해 있는 신체적 · 정서적 경험보다 나이 많은 성인의 언어를 사용하고 있다. 상담자는 성인을 존중하는 방식으로 탐색의 틀을 잡는 반면, 어린아이가 이해할 수 있는 언어를 사용하면서 이러한 두 가지 표현 방식 모두를 존중하고 있다.

상담자: 자신의 내면으로 들어가 보세요. 분주한 마음을 느슨하게 할 수 있는지 보세요. 그게 잘 안 되면, 그냥 그게 어떤지 나에게 알려 줄래요? 이것만 좀 기억해 주세요. 내가 가장 하고 싶은 말은 몸이 당신의 주인이 되도록 내버려 두세요.

셰릴: (침묵) 미치 토할 것처럼 메스꺼워요. 그리고 모든 걸 삼아 늘는 거 같아요.

상담자: 괜찮아요. 내가 깨끗하게 치울게요……. 일어나고 있는 모든 생각과 표현을 당신이 어떤 방식으로 막으려고 하는지 주목해 보세요. 마치 지금처럼 토하려는 걸 막고 있어요.

셰릴: 어, 선생님이 "내가 깨끗하게 치워 줄게요."라고 말씀하셔서, 이제는 어디로 갈지 알겠어요. "그래요, 선생님은 깨끗하게 치워 주실 거예요. 그렇지만 저한테 계속 화내실 거잖아요."라는 생각을 했어요. 그게 그러니까.

상담자: 계속 화를 낼 거다?

셰릴: 네, 아마도 바로 그거예요. 이런 식의 사고 과정으로 빠져들 때마다 결국에는 이런 생각을 하게 되는데요. "당신은 계속 화내실 건가요?" (통곡한다.)

상담자: 계속 화를 낸다…… 화를 내는 사람이 누구죠?

셰릴: (통곡한다.) 오, 그래서 난 착할 수도 있고, 또 난 착하지 않을 수도 있고, 그건 어쨌건 모두 똑같은 거고, 그리고…….

상담자: (긴 침묵)(셰릴은 계속해서 운다.) 그게 그러니까, "당신은 계속 화내실 건가요?"라는 건 마치 "당신은 여전히 나를 원하지 않는 거죠?"와 같은 건가요?

"당신은 계속 화내실 건가요?"라며 소리 지를 때의 셰릴의 눈물과 몸짓언어는 셰릴이 퇴행했다는 것을 알려 준다. 퇴행에 조율하기 위해 상담자는 그녀와 함께 움직였다. '화를 내는 사람' 은 그 당시 "깨끗하게 청소해."라고 말했을지 모르는 사람을 일컫는다기보다 내담자의 어린 시절의 관계를 지금 말하고 있는 것이다. 셰릴은 쉽게 변화를 따라왔다. 그녀가 한 말은 현재의 관계보다 이전의 오랜 고통과 관련이 있는 것이 분명하다. 이것으로 상담자는 자신을 돌봐줄 사람에게 영원불변토록 거절하는 어린아이의 절규를 찾아내는 탐색적 질문을 구성할 수 있게 되었다.

퇴행 상태의 발달 수준 평가하기

내담자의 현재 발달 수준을 적절히 평가하고 반응하기 위한 능력은 다음 4가지 종류의 정보를 바탕으로 한다. 첫 번째는 내담자 자신의 현상학적 관점이다. 때때로 내담자는 자신이 현상학적으로 몇 살인지에 대해 직접적으로 보고한다. "전 아주 어린아이처럼 느껴져요." 또는 "제가 1학년이었을 때 느꼈던 것과 같은 것을 느껴요."라고 내담자는 말하기도 한다. 두 번째 유용한 단서가 되는 것은 이전에 내담자가 자신의 개인사에 대해 말해 준 정보다. 예를 들어, 다섯 살 때 자신이 아끼던 곰 인형을 잃어버린 적이 있는 내담자이거나, 혹은 여덟 살 때 어머니가 입원하셨다거나, 혹은 고 3때 강간 경험과 같은 내담자의 정보를 아는 것은 상담자로 하여금 적절한 발달적 테두리 안에서 정서기억에 대한 작업을 하도록 도와준다. 세 번째는 상담자의 발달 심리학 및 발달 단계에 따른 전형적인 행동 패턴의 전반적인 이해다. 이를 통해 상담자는 언어적 · 비언어적 단서를 알아차리고, 내담자가 퇴행했을 수도 있는 수준에 대한 가설을 세울 수 있다. 상담자는 전문적인 문헌뿐 아니라 (Greenspan & Pollock, 1989; Kagan, 1984; Stern, 1985; Dinkmeyer, 1965; Fraiberg, 1959; Piaget, 1952; Erikson, 1950), 아동과의 개인적인 경험에서부터 내담자가 지속하고 있는 행동 속에 배어 있는 연령별 패턴에 대한 이해에 이르기까지 관련된 정보를 조금씩 수집하면서, 정상 아동발달에 관한 지식을 쌓는다. 마지막으로 내담자에 대한 상담자의 내적 반응이 중요한 이정표를 제공한다. 이 내담자가 나에게 젊게 느껴지는가, 마치 어린아이이나 청소년을 대하는 것처럼 이 내담자에게 반응하려는 충동을 경험하는가? 이 내담자를 마치 더 어린 사람처럼 대하려고 하는 역전이가 일어나는가? 내담자에 대한 상담자의 정서 반응은 우연히 일어나는 일이 아니다. 상담자의 정서 반응은 언어로 옮기기 어렵다고 해서 가치가 없다고 하기 어려운 매우 중요한 정보를 갖고 있다(Bollas, 1987).

이 네 가지 영역의 지식, 즉 현상학적, 역사적, 발달적 그리고 사회적 · 전이적인 지식은 상담자가 발달적으로 퇴행한 내담자에게 공명할 수 있는 반응을 구성하도록 돕는다(Berne, 1961). 우리는 일반적 발달 패턴과 발달 욕구에 관한 우리의 지식 내에서, 그리고 상담하는 내담자 고유한 역사에 대해 우리가 알고 있는 지식 내에서 반응한다. 우리는 내담자에게 갖게 되는 우리 내면의 정서적 충동과 내담자가 자신이 퇴행하고 있다는 것을 자각하고 우리에게 말해 주는 것에 민감하게 반응한다. 조율은 우리가 선택한 단어, 더욱 중요하게는 우리의 어조, 표정 그리고 몸짓을 통해 전달된다. 셰릴과의 계속되는 상담에서 인용한 다음 글에서 상담자가 어떻게 어린아이의 두려움과 그리움을 말로 표현하고 있는지에 주목하라.

> 상담자: 난 여기저기 방황하며 돌아다니고 있는 아주 작은 여자아이에 대해 생각하고 있어요. "누가 나와 함께 있을 건가요? 지금은 누가 날 원하죠?" (셰릴이 운다.) "나와 함께 있어서 좋다고 하는 사람이 누구죠?" (셰릴이 더 심하게 운다.) "오래가지 않을 거예요. 사람들은 나한테 금방 지쳐버릴 거고, 그래서 날 어디론가 보내버릴 거예요. 그럼 지금 난 어디에 있어야하죠?"
>
> 셰릴: (흐느끼며) 예…… 맞아요. 사람들은 저한테 지쳐버리거나, 아님……. 사람들이 왜 그러는지 전 이해하지 못하겠어요. 하지만 어쨌든 전 멀리 가야만 해요…….

점차 아주 조금씩 셰릴의 오래된 결심과 그에 따른 결과가 밝혀진다. "사람들은 잠시 동안은 내 주변에 있고 싶어 할지 모르지만, 곧 저에게 지쳐 버릴 거예요. 머지않아 저는 멀리 보내질 거예요. 그렇게 되면 저는 어떻게 해야 버림받고 거절당하는 고통에서 제 자신을 보호할 수 있죠?"

어린 시절의 발달적 패턴으로 퇴행했다는 사실을 내담자가 자각할 때도 있고 그렇지 않을 때도 있다. 우리 모두는 자신이 '유치하게(어린아이처럼)' 굴었던 일을 기억할 수 있다. 하지만 그 당시에는 우리가 유치하게 굴고 있다는 것을 자각하지 못했다. 그리고 우리 대부분은 우리가 하고 있는 것을 온전히 혹은 부분적으로 아는 채로 유사한 패턴에 빠지는 경험을 해 왔다. 상담장면에서의 퇴행도 마찬가지다. 내담자는 고의적으로 일부러 퇴행을 할 수도 있다. 또는 퇴행이 자연스럽게 일어날 수도 있고 의식적인 의도 없이 일어나기도 한다. 내담자는 퇴행하고 있는 것을 자각하지 못할 수도 있다. 이런 사례는 내담자가 현재 일어나고 있는 사건에 대해 말을 하고 있지만, 그 정서나 신념은 자신의 삶 속에서 어린 시절 경험한 것과 관련 있을 때 종종 발생한다. 또는 (앞에서 본 셰릴의 사례에서처럼), 관찰하는 성인 자기가 나타날 수도 있는데, 성인 자기는 상담과정을 돕기 위해 어느 때에나 요청될 수 있다. 퇴행하고 있다는 것을 내담자 자신이 자각하든 그렇지 않든 간에, 발달적으로 조율한 상담자는 그 전환을 알아차리게 된다. 사실 내담자 자신은 퇴행이 일어났다는 것을 모를 때 조율의 영향력은 더 강력할 수 있다. 사용하고 있는 말이 어른의 논리와는 맞지 않을 수 있지만, 어쨌든 상담자가 거기에 있고 무언가 올바른 말을 하면서 뼛속 깊이 정서적인 이해를 하고 있다는 것은 내담자가 매우 분명히 알고 있다.

발달적 조율은 내담자의 자기 보호적인 저항을 녹이는 데 도움이 된다. 외상이 다시 일어날지 모르는 위험을 수반하면서 그러한 저항을 깨는 것이 아니라, 부드럽게 지지하면서 저항을 지나 고통스러웠던 초기 경험으로 들어갈 수 있도록 돕는다. 또한 발달적 조율은 내담자가 알지 못하는 것에 대한 위험과 두려움을 피하기 위해 원래 있던 그대로를 유지하려는 내담자가 갖고 있는 항상성의 경향에서 벗어나는 데 중요한 역할을 한다. 이는 상담자가 내담자의 편에 서서 내담자가 과거에는 경험해 보지 못한 방식으로 대하기 때문에, 내담자는 지금 현재에서 안전함, 관계적 지지 그리고 존중을 경험하게 되어 성장과 변화를 증진시킬 수 있게 된다. 발달적 조율은 현실에서는 너무나 비극적이게도 충족되지 못했던 어린 시절의 욕구를 알아주고, 받아주는 일종의 정신적인 양육의 역할을 한다.

3. 조율 전달하기

이번 논의에서 우리는 상담자의 조율을 내담자에게 전달해야 하는 필요성에 대해 언급했다. 상담자의 조율을 내담자가 온전하게 경험하지 못한다면 상담자의 지식과 이해는 무용지물이다. 조율을 전달하는 방식이 많은 면에서 예술의 형태를 띠고, 분석이 아닌 존재로 함께하는 것이기는 하지만, 그럼에도 몇 가지 구체적인 지침은 상담자가 조율의 궤도를 유지하도록 돕는다. 다음의 개념과 사례들은 조율의 종류를 구별하려는 것은 아니다. 우리가 앞서 토론했던 모든 종류의 조율, 즉 인지적, 정서적, 리듬적, 발달적 조율에 원리가 담겨 있다. 모든 조율은 상담자와 내담자를 관계라는 하나의 흐름으로 녹아들게 하는 경향이 있다.

내담자의 비언어적 의사소통에 집중하기

내담자의 억양과 몸짓은 내담자의 말 중에 상담자가 가장 빈틈없이 주의를 기울여야 하는 부분을 결정하는데 도움을 준다(Kepner, 1987). 때로는 액면 그대로 받아들여야 할 때도 있는데, 바로 내담자의 언어적 · 비언어적 메시지가 서로 일치할 경우다. 그런데 불일치가 있는 경우, 예를 들어 말과 억양, 얼굴 표정, 몸짓이 서로 다를 때, 이런 경우는 대개 상담자가 조율해야 하는 것은 내용 이상으로 더 중요한 무언가가 있다는 신호다(Smith, 1985). 때로는 말이 전혀 없는 경우도 있다. 퇴행을 한 상태이거나, 정서기억에 깊이 빠진 내담자는 종종 마음속에서 어떤 일이 일어나고 있는지를 표현할 말을 찾지 못할 수도 있다. 비언어적인 신호에 조율할 때 상담자는 내담자가 더 깊게 자신의 작업을 진행해 나가도록 하는 말을 찾을 수 있다.

다음의 짧은 상담장면에서 마거릿은 자신이 어린아이였을 때 돈을 벌기 위해 일하러 나가지도 않고 집안일도 돌보지 않는 아버지와 함께 사는 것이 어땠는지 상담자에게 말하고 있다. 아버지는 자신을 불구라고 주장하며 매일 어두운 방구석에 틀어박혀 앉아서 나머지 가족의 노력에 기생하며 살았다. 그러나 아버지는 마거릿이 가장 많이 접촉한 어른이었고, 어떤 면에서는 그녀에게 좋은 아빠였다는 믿음을 생생하게 지키는 것이 중요했다.

상담자: 여기 아빠가 있다고 생각하고, 나에게 말하는 대신, 아빠에게 직접 말을 해 보세요. "아빠는 부랑자야! 아빠는 엄마한테 기생해서 살았어!" (마거릿은 상담자와 눈을 마주치지 못하고 허공을 응시하면서 아무 말도 하지 않는다.) 그냥 눈을 한번 감아 보세요……. (마거릿이 눈을 감자, 그녀의 얼굴이 일그러지기 시작하면서 눈물이 흐른다.) 예에 …… 아빠에 대한 연민이 느껴지는군요…….

마거릿: 네…… 네. 그래요.

상담자: 굉장한 고통이에요 …….

마거릿: 네--아, 네…….

비언어적인 메시지에 대해 민감하다는 것은 단순하게 그것들을 알아차리고, 상담자의 비언어적 반응을 통한 방식으로 그것들을 인정해 주는 것을 의미한다. 이 상담장면에서 보듯이 실제 말로 전달할 수도 있다. 혹은 내담자가 자신의 비언어적 메시지를 알아차리도록 하거나 몸짓언어를 다소 과장하도록 할 수도 있다.

댄: ……제가 아버지를 존경하지 않기 때문이에요. 만약 아버지에게 무언가를 말해야만 한다면 저는 그렇게 했을 거예요. (몹시 흐느낀다.)

상담자: 말을 밖으로 하지 못하도록 입을 꼭 막고 있는 당신의 손을 느껴 보세요. (댄의 울음이 더 거세어질수록 손은 입을 더욱 거세게 막는다.) 오랫동안 꼭 틀어막고 있던 그 말을 그냥 해 보세요.

상담자가 중심에 있지 않기

조율된 상담자는 자신의 경험을 자각하고, 내담자가 제시하는 것을 확대하기 위해 자신의 경험을 사용하기도 하지만, 상담자가 자각해야 하는 중심은 반드시 내담자의 상담과정이어야 한다(Stolorow et al., 1987). 내담자가 무엇을 제시하건 간에 중요한 의사소통이라는 것은 너무나 당연하다. 상담자 자신에 대한 자각은 내담자의 자각과 접촉을 돕기 위해 사용된다. 특히 내담자가 상담자에 대한 감정을 표현했을 때 중요하다. 분노로 시작해 아첨에 이르기까지 내담자가 상담자에게로 향하는 것이 무엇이든지 간에, 상담자는 이것으로 갖세 뇌는 자신의 반응에 주의를 기울여 경험한다. 그러고 나서 자신의 반응에 맞춰져 있던 초점에서 벗어나 내담자의 경험과 의미 그리고 욕구가 전경으로 떠오르도록 한다. 다음에 인용한 상담에서 넬은 회색빛의 특색 없는 장소를 탐색하며 환상과 관련 있는 이야기를 시작하고 있다. 그 경험은 그녀에게는 매우 중요하고 굉장히 겁이 나는 것이었다. 그녀는 그곳에 다시 가기를 원하기도 하는 한편, 가고 싶지 않아 하기도 했다. 오래되어 자각하지도 못하는 회피 기제에 힘입어 두려움으로부터 자신을 보호하기 위한 것이다. 이러한 회피 기제 중의 하나가 자신을 여러 부분으로 분리시키는 것이기 때문에, 내담자는 무력하고 혼란스러워져 상담자에게 구해 줄 것을 요청한다. 그러고 나서 그것과 관련해 싸우기도 한다.

넬: (놀란 목소리로) 손을 좀 잡아도 될까요? 전 필요해요…….

상담자: 아주 쉽게 그렇게 할 수도 있어요. 나를 위해서라면 당신 손을 잡는 것은 전혀 어렵지가 않아요. 하지만 그렇게 해서 당신이 꼭 도달해야 하는 곳에 가지 못할까 봐 걱정이에요. 자, 내 말이 틀렸다고 말해 주면, 당신

손을 잡을 거예요. (침묵) 이제 내가 지금 한 말에 당신이 어떤 반응을 보이는지 지켜보세요.

넬: (극적으로) 전 수년 동안 사람들에게 대항해 왔고, 손을 잡아 달라고 부탁하지 않았어요. 저는 감히 용기를 내어 선생님에게 부탁했고, 부탁한 것을 얻지 못했어요!

상담자: 내가 '아니' 라는 것을 의미했을 때, 당신의 내면에서는 어떤 반응이 일어났나요?

넬: (흥분해서, 말이 빨라지며) 저리 가세요. 전 선생님과 가까이 있고 싶지 않아요. 전 선생님을 믿지 않아요.

상담자: 내가 '아니' 라고 했을 때, 그게 당신에게는 어떤 의미였던 거죠?

넬: (흥분이 계속 심해지며) 거절. 또다시. 제가 드디어 감히 용기를 내서 요청했던 건데, 전 여전히 원하는 걸 얻지 못했어요. 젠장, 왜 이렇게까지 괴로워하면서…….

상담자: (침착하게) 내가 '아니' 라고 한 이유에 대해서는 들으려 하지 않은 거 같은데요.

넬: 제 머리로는 들었어요. 하지만 그 나머지의 저로는 못 들었어요. 네, 선생님에게 말할 수 있어요…….

상담자: 잠깐만요, 정리를 좀 해 봅시다. 당신은 머리로만 듣고 이해했다는 말인데요.

넬: (난폭하게 소리 지르며) 저도 알아요! 바보가 아니란 말이에요!

상담자: (침착하게) "머리로는 이것을 알지만, 내 몸의 나머지는 이해하지 못해요."라고 당신이 말했어요. 하지만 그 회색의 장소로 들어가는 것을 피하기 위해 결사적으로 노력하고 있네요. 그리고 거절당하도록 만들어 내서, 아주 멋진 방식으로 산만해졌군요.

내담자가 오해하고 소리 지르고 이런 것을 당하는 것은 유쾌한 경험이 아니다. 만약 상담자가 자신에게 초점을 둔 반응을 하였다면 넬의 분노에 방어하고자 했을 것이다. 그렇지만 자신의 욕구에 중심을 두지 않은 상담자는 넬의 회피를 침착하고 적절하게 다룰 수 있었고, 이에 따라 그다음 지침을 얻게 되었다.

방어 기제를 존중하면서 동시에 그것에 민감하기

앞에 제시한 사례에서 넬의 방어 전략을 직면시킬 때조차도 상담자는 존중과 지지의 태도를 잃지 않았다. 넬은 존중받았다. 넬은 혼란스럽고 화난 아이로 일시적, 부분적으로 퇴행했지만 지적인 여성으로 대우받았다. 상담자의 침착하면서도 확고한 개입을 통해 내담자는 화를 내면서 혼란을 피해 보려 했던 비생산적인 시도에서 벗어나 직접적으로 그 문제와 마주할 수 있게 되었다. 그리고 심지어 방어 그 자체도 존중되었다. '멋진 방식으로 산만해지는 것' 이 내담자의 방어인데, 그 방어가 과거에는 내담자에게 도움이 되었고, 자신을 보호하는 기술적인 방법이었다는 면을 존중하였다

이런 종류의 방어 기제에 주목하고, 방어 속에 담겨 있는 의미, 정서, 리듬, 그리고 발달적 시기에 조율하면서, 방어는 직접적으로 다루어져야 한다고 자주 강조된다. 내담자를 협력자로, 거의 공동상담자로 만들어야 한다(Baker, 1982; Greenson, 1967). 이는 마치 상담자가 이렇게 말하는 것과 같다. "이 상담과정이 효과적으로 이루어지는 데는 당신의 도움이 필요해요. 나는 이런 일이 일어났다고 생각하는데, 동료 입장에서 당신은 이제 우리가 무엇을 해야 한다고 생각하나요?" 이는 존중과 지지적인 접근일 뿐 아니라, 최고의 가능성을 가진 자원인 내담자의 내적 경험으로부터 정보를 구하는 것이다. 마거릿은 자신의 아버지에 대해 연민을 갖고 있고, 비난으로부터 아버지(그리고 자신이 만든 아버지 상)를 보호하고 싶어서 실제로 자신의 가족에게 일어난 일을 설명하는 네 어려움을 겪고 있다. 다음의 짧은 대화에서 상담자는 마거릿의 정서와 인지 과정에 세밀하게 조율하고 있다. 마거릿의 회피를 감지한 상담자는 마거릿이 지금 무엇을 하고 있는지 주의를 기울이도록 초대한다.

상담자: 마거릿, 당신이 지금 가장 애매모호한 방식으로 이것들을 말하고 있는데, 혹시 알겠어요?

마거릿: 아뇨, 전 설명드리려고 노력하고 있어요.

상담자: 내 경험에는 당신이 되도록 부드럽고 애매한 방식으로 말하려고 하는 거 같아요. 아마도 그렇게 해서 그것을 느끼지 않으려고…….

여기에 또 다른 예가 있다. 이번에는 자넬의 사례로 자넬은 맞은편에 어머니가 앉아 있다고 상상하면서 어머니에게 말을 하려고 하고 있다. 어머니는 성실하지 않았으며, 할아버지가 자넬을 성적으로 학대했다는 사실을 직접적으로 다루는 걸 꺼렸다는 단서를 자넬을 통해 알 수 있다. 하지만 자넬은 암시와 넌지시 에두르는 표현을 사용해 말하고 있다. 상담자는 자넬이 어머니에게 말한 내용에 대해 직면시키는 몇 가지 방식을 선택해 제시했다. 다시 한 번 자넬의 과정, 즉 자넬의 인지적, 정서적 그리고 발달 단계에 맞게 상담자가 조율한다. 이를 통해 내담자는 사용하게 될 제안들을 구성하고 자각을 증진시킬 것이다.

자넬: (숨이 차서, 어머니에게) 어머니는 나에게 말했어요, 어머니는 나에게 말했어요, 어머니는 나에게 말했어요, 어머니는 나에게 말했어요, 어머니는……. 나는 어머니에게 물었어요, 나는 어머니에게 물었어요, 내가 어렸을 때 나한테 무슨 일이 있었냐고.

상담자: "내가 묻지 못할 말은, 엄마, 그건……."

자넬: (침묵, 그리고 운다.) 아아아아, 무슨 일이 일어났냐고요? 어머니는 아셨죠? 어머니는 아셨어요. 그래서 어머니는 언제나 나를 안정시키려고 했던 거 같아요. 어머니는 아셨어요. 그리고 내가 뭐가 잘못된 건 아닌지 어머니는 겁을 낸 거 같아요.

상담자: 왜냐하면…….

자넬: (화를 내며) 왜냐하면 어머니는 그 일로 인해 내가 받은 영향에 대해 말하려 하지 않았어요. 그래서 어머니는 언제나 나에 관한 모든 것이 좋은 척

해야만 했어요. 언제나, 언제나, 언제나, 언제나, 언제나…….

상담자: "그리고 나도 언제나 그런 척했어요, 엄마……."

자넬: 아아……. 난 언제나 괜찮은 듯 행동했어요. 나는 엄마 얼굴에서 약간의 표정, 그 약간의 작은 표정을 찾고 있었어요. 그리고는 다시 제자리로 돌아와 나는 아무것도 말하지 않을 거예요. 입을 꽉 다물고, 왜냐면 나는 엄마가 얼굴에 그런 표정을 짓는 걸 원치 않아요. 왜냐면 엄마는 내가 괜찮다고 생각하길 원했어요…….

상담자: "내가 엄마에게 묻지 못하는 이유는……."

자넬: (침묵) 난 엄마에게 묻지 않을 거예요, ……아아……(다시 몹시 운다.) 엄마, 할아버지가 엄마도 학대했어요? 엄마는 아셨죠? 엄마는 아셨죠?

타이밍

리듬직 조율에서 타이밍이 결정적으로 중요한 요소라는 것은 상당히 분명하다. 내담자의 속도와 리듬에 민감하고, 상담자의 타이밍을 내담자에게 맞추는 것, 이것이 본질적으로 리듬적 조율의 모든 것이다. 하지만 타이밍은 다른 종류의 조율에도 마찬가지로 중요하다. 내담자는 상담자가 정말로 자신의 정서, 인지, 발달 시기에 조율하고 있는지 상담자의 타이밍과 속도를 통해 알 수 있다.

앞서 우리가 이야기한 것처럼 일반적으로 상담에서의 속도는 인지작업을 할 때보다 정서작업을 할 때 더 천천히 해야 할 필요가 있다. 정서작업에서는 보다 많은 침묵의 공간을 필요로 하는 경향이 있고, 그 공간에서 내담자는 잃어버린 자기를 정서기억과 함께 떠올릴 수 있다. 이러한 공간을 허용하고 보다 격려할 때 신기하게도 내담자는 인지에서 정서적인 부분으로 초점을 옮길 수 있게 된다. 이러한 맥락에서 침묵은 침묵 그 자체로 하나의 개입이 된다(Pine, 1985). 그 침묵의 순간을 상담자가 급하게 말로 채워 버리려고 하거나, 내담자가 그렇게 하도록 내버려 둔다면 상담자는 강력한 도구 하나를 잃어버리게 된다.

발달적 조율은 부분적으로 타이밍의 기능을 한다. 대개 발달 수준이 어릴수록 속도는 더 느려진다. 어린아이에게는 아이다운 쉬운 말과 함께 대개 말의 의미를 이해할 수 있는 충분한 시간이 필요하다. 보다 나이 든 사람들은 적은 시간으로도 많은 말들을 다룰 수 있다. 상담자는 퇴행한 내담자에게 조용히 생각할 수 있는 심리적 공간을 만들 수도 있고, 상담자가 제공한 그러한 공간을 수용할 수도 있음을 분명하게 알려줄 필요가 있다. "안으로 들어가 그 조용한 공간에 머물러 보세요." 혹은 "생각할 시간을 가져도 좋아요." 혹은 "때때로 잠시 동안 아무 말도 하지 않는 게 기분이 아주 좋아져요."라는 말들은 내담자가 안심하도록 하는 데 도움이 될 수 있다.

특히 퇴행된 상태에서 정서를 다루고 있는 내담자의 경우, 심리적 공간과 내담자의 속도에 맞추는 것이 매우 중요하다. 슬프고 겁이 난, 혹은 화가 난 아이에게 서두르라고 하는 것은 상담에서 재앙을 부르는 것과 마찬가지다. 그렇게 함으로써 얻게 되는 최상의 결과는 퇴행에서 빠져나와 낡고 고착된 자기 보호적 패턴으로 다시 되돌아가게 만드는 소위 말하는 적응일 뿐이다. 그 어린아이의 미완성의 의사소통에 가치를 두고 모든 감각을 동원해 이해하려고 하면서 오히려 잠깐 멈추고 듣는 것이 훨씬 낫다.

스케줄을 통한 조율

타이밍에는 상담자와 내담자 사이의 언어의 흐름과 공간 그 이상이 포함되어 있다. 한 회기 동안 내담자가 사용할 수 있는 시간의 길이와도 관련이 있다. 예를 들면, 어떤 내담자는 오랫동안 자기 안으로 깊이 철수해 왔고, 자신의 가장 부드럽고 상처받기 쉬운 부분을 세상으로부터 차단해 왔다. 그들은 무서운 바깥세상으로부터 철수하거나 자신의 내면 깊이 숨어 있는 공허함과 외로움에서 벗어나려는 것 사이를 절망적으로 왔다 갔다 하며 살고 있다. 이런 사람과의 작업은 상담자가 속도를 늦추고 조용히 기다리면서 말을 조금만 하거나, 아무 말도 않고 내담자가 지금 여기에서 상담자와 관계를 맺는 것이 안전하다는 것을 느낄 수 있도록 많은 공간을 허용하는 것이 필요하다. 이런 내담자는 전통적인 상담 시간인 50분 안에 한 회기를 끝내지 못할 수도 있다. 그들은 더 많은 시간을 필요로 한다. 다시 밖으로 나오기 전에 유익한 변화를 가져온다는 상담이 어떤 것인지 시험해 보는 데 걸리는 시간, 그리고 자신이 안전하다고 느끼는 외로움으로 되돌아 갈 수 있는 시간이 필요하다. 특히 어린아이나 제한된 주의 집중 시간을 갖고 있는 성인의 경우, 한 시간 내내 상담의 긴장을 견디기 어려울 수 있다. 그들에게는 회기가 짧을수록 보다 적절할 수 있다. 만약 한 회기가 너무 길면 그들은 안절부절못하면서 교묘히 빠져나가려 하고, 자신의 익숙한 방어기제로 후퇴하기 쉽다. 이와 유사하게 갑자기 위기에 처한 내담자의 경우 한 회기의 길이가 길고 회기 간 긴 시간의 공백이 있는 것보다 짧게 자주 볼 수 있도록 회기를 조정하는 것이 도움이 된다(Efran et al., 1990).

이 모든 것이 의미하는 것은, 상담자는 자신의 회기 스케줄 조정뿐만 아니라 회기 내 리듬도 내담자의 속도에 맞추어야 한다는 것이다. 그리고 이상적인 약속 스케줄을 제공하는 것이 가능하지 않을 경우, 상담자는 그것을 해결하는 데 어려움과 문제를 인정하고, 내담자의 필요를 채워 줄 수 없을 때조차도 내담자의 필요를 이해하고 존중하며 조율하려는 태도를 보여야 한다.

언어

이 장에서는 언어가 조율을 나타내는 데 어떻게 사용될 수 있는지에 대한 예가 아주 많았다. 언어는 프로이트와 그의 동료들이 환자들에게 '이야기로 치료하기' 를 사용한 이후로 상담자의 도구가 되어 왔다. 상담회기에서 언어를 사용할 때 빈번하게 지침이 되는 원칙들을 여기에 소개한다.

조율된 상담자는 내담자가 이야기하는 내용의 근간을 이루는 감정, 인지, 신념을 반영하고 설명해 주는 언어를 사용한다. 그 언어는 내담자가 말한 이야기의 내용에 주의를 기울이고 있다는 것뿐 아니라, 그 이야기가 왜 중요한지를 감지하고 있다는 것을 나타낸다. "당신은 정말 상처받았군요." "그때 당신과 함께 있어 줄 누군가가 필요했었군요." 와 같은 말은 내담자를 지지해 주면서도 내담자의 경험을 존중해 준다. 그러면서 내담자가 더 깊은 수준의 자각을 할 수 있도록 안내해 준다.

동사의 시제 선택은 발달적 조율에서 특히 중요하다. 성인이 어린 시절에 있었던 일에 대해 이야기할 때는 "당신은 많이 무서웠군요." 혹은 "당신은 그렇게 하고 싶지 않았군요."와 같은 과거 시제가 적절하다. 그런데 내담자가 퇴행하여 마치 그 일이 지금 일어나고 있는 것처럼 경험하고 있는데 과거 시제를 사용하는 것은 내담자의 신경에 거슬리는 소리가 되어 내담자를 퇴행 밖으로 나오게 하는 꼴이 된다. 내담자는 무슨 일이 일어났는지 알지도 못한 채, 더 이상 퇴행하지 않고, 접촉은 방해되고, 정서는 부정하면서 그저 말하는 것으로 돌아와 버린다. 그래서 퇴행을 경험하는 내담자에게는 현재 시제의 동사를 사용하여 조율을 표현하도록 하는 것이 지침이다. "당신은 겁이 나 있군요……." 또는 "당신은 하고 싶지 않군요……."(Perls, 1967, 1973)

내담자의 언어를 사용하면 조율을 향상시킬 수 있다. 제2장에서 앨런을 상담할 때 상담자는 앨런의 말 '영웅의'를 그대로 따라했다. 셰릴(어린 시절 내내 당했던 비난과 거절의 고통을 다루었던)이 자신의 마음속의 경험을 설명한 이후 상담자가 보이는 반응도 비슷하다. "마치 하나의 생각이 나오는 거 같아요. 그것이 이리로 오는데, 그런데 그것은 마치 철 같아요. 심지어 발톱을 갖고 있는 거 같고, 그리고는 그것이 생각을 사라지게 해요. 그러고 나서 전 아무것도 생각할 수가 없어요. 머리가 아팠어요. 그리고……." 상담자는 이 작업을 한 훨씬 뒤에 다음과 같이 말한다. "그 생각들이 당신의 머릿속에서 나오지 못하도록 하는 데 그 철로 된 발톱이 정말로 중요하군요."

물론 말은 우리가 사용하는 언어 목록의 한 부분일 뿐이다. 적절한 비언어적 표현을 수반하거나 지원하지 않는다면, 말만으로는 조율을 거의 전달할 수가 없다. 정말로 의사소통에서 언어적인 면과 비언어적인 면은 동전의 양면과 같다. 우리는 그것을 분리해서 볼 수는 있지만 실제로 앞, 뒤를 나누어 버린다면 동전을 못쓰게 만들어 버리는 꼴이 될 것이다. 어조와 몸짓 그리고 얼굴표정은 상담자가 하는 말의 의미를 깊이 음미할 수 있게 해 준다. 그리고 가장 중요한 것은 우리가 내담자에게 보내는 비언어적 메시지와 우리가 하는 말이 일치해야 한다는 것이다. 상담자가 보내는 언어적, 비언어적 메시지는 교향악에 사용되는 악기의 소리와 유사하다. 이 소리들 중 하나 혹은 하나 이상의 소리가 음조를 벗어나거나 연주의 속도와 어긋나게 되면, 전체 음악 소리가 망가진다. 게다가 상담자가 음악에서 한 부분에만 반응하거나, 자신이 발견한 상태나 분위기에만 의존한다면 내담자도 마찬가지로 자신의 상태, 즉 정서나 인지, 퇴행 여부, 기운이 나는지, 피곤한지 등에 따라 상담자의 '교향곡'과는 다른 반응을 보일 것이다.

음악에 비유하는 것이 이해가 된다. 우리가 '조율'의 개념을 이해하기 위해 음악을 사용하는 것은 우연한 일이 아니다. 내담자의 음조나 리듬의 미묘한 차이에 귀를 기울이고, 언어적으로나 비언어적으로 그에 반응하며, 회복이라는 전체 오케스트라와 조화를 이루는 것이 바로 조율이다.

4. 조율과 그 밖의 상담자 과제들

상담자가 해야 하는 유일한 것이 내담자가 내는 모든 목소리를 듣고, 내담자의 이야기를 경청하고 이해하며, 이런 식으로 반응하리라는 것을 내담자에게 전달하는 것이라면, 이는 보통 일이 아니다. 그런데 여기에 해야 할 무언가를 더 보태는 것은 너무 버거워 보인다. 조율 그 자체만으로도 너무나 많은 것이 요구되는데, 무언가에 좀 더 집중해야 한다면 그 일을 누가 할 수 있겠는가? 그렇지만 상담자는 할 수 있고, 더 하고 있고, 그리고 실상은 훨씬 많이 한다. 조율의 맥락에서 이루어진 '조금 더' 변화 촉진적인 조율은 상담자가 주어진 순간에 어떤 종류의 '조금 더'를 하는 것이 가장 도움이 되는지를 결정하도록 돕는다. 이번에는 상담자가 가장 많이 사용하는 세 가지 '조금 더' 해야 할 일과 또 그 일들을 어떻게 해야 상담자가 조율에서 벗어나기보다 조율을 향상시키는 방향으로 수행할 수 있는지를 살펴볼 것이다.

정보 제공

상담회기 안에서나 밖에서 보이는 내담자의 어떤 행동은 때때로 명확한 정보 부족에 기인한 것으로 보인다. 내담자는 다른 선택이 있다는 것을 몰랐기 때문에 이렇게 했고, 자신이 잘못된 정보를 갖고 있었기 때문이라고 말한다. 그리고 상담자에게 필요한 정보를 제공해 줄 것을 요청한다. 해석, 질문에 대한 답변, 오해를 바로 잡는 것 등을 해야 할지, 하지 말아야 할지를 결정하는 것은 언제나 상담자가 해야 할 판단의 몫이다. 상담자가 내담자의 내적 경험에 조율하고 있는 것은 정보를 주는 것이 더 도움이 되는지, 혹은 내담자 스스로 그것을 찾도록 하는 것이 도움이 되는지를 결정하는 데 도움이 된다. 또 부탁을 직접적으로 할 것인지, 다른 무언가를 말하는 간접적인 방식으로 부탁을 할 것인지, 어떤 행동을 액면 그대로 받아들일 것인지, 혹은 보다 깊은 수준에서 어떤 일이 일어나고 있는지에 대해 누군가의 관심을 바라는 간청으로 이해해야 할지를 결정하는 데도 도움이 된다.

만약 정보를 제공하는 것이 도움이 되고 적절하다고 판단되면, 다음 단계의 도전은 조율을 지속적으로 유지하면서 정보를 제공해야 한다는 것이다. 초점을 자기 자신에서(이 내담자에게는 무슨 말을 해야 할지 결정하는 것) 다른 사람에게로(내담자는 나의 메시지에 어떻게 반응할까) 반대 방향으로 바꾸면서, 상담자는 상호작용의 흐름에 따라 움직인다. 카누를 젓는 사람이 물의 흐름에 따라 노를 젓듯이, 상담자는 내담자의 반응을 지침 삼아 무엇을 해야 할지, 다음엔 어떤 말을 해야 할지, 그리고 여기서 저기까지 어떻게 도달해야 할지를 알게 된다. 다음 발췌문에서 댄은 이전 회기에서 자신이 상담자에게 했던 행동에 대해 자신을 비난하고 있다. 댄은 세상물정에 밝은 사업가이고, 다른 사람의 행동을 이해하는 데는 민감했지만, 자기 자신에게는 다른 기준을 갖고 있었다. 댄은 관계에 대한 책임을 온통 자신이 짊어지고 있으면서, 관계가 분리된 것이 두 사람이 만들어 낸 공동의 산물로 보지 않았다. 이 과도한 책임감은 관계가 좋을 때에도 여유롭게 즐길 수 있는 댄의 능력을 제한하지만, 관계가 좋지 않을 때에는 효과적으로 문제를 해결하는 능력도 제한한다. 상담자는 이를 바라보는 다른 관점을 제안하기로 결정하였다.

댄: 선생님과 함께하는 게 때로는 정말 어려워요.

상담자: 나의 어떤 행동이 그렇죠?

댄: 제 생각에는, 선생님의 행동과는 아무 관련이 없는 거 같아요.

상담자: 어, 나와 많은 관련이 있을 거라 짐작이 되는데요, 댄. 그리고 다른 상황에서는 다른 사람과 관련이 있고, 그건 또 그 사람들이 어떻게 행동하느냐와 많은 관련이 있고요.

댄: 전 선생님을 믿을 준비는 됐어요. 헌데 전 제 자신을 잘 모르겠어요.

상담자: 관계는 일방도로가 아니에요. 내가 당신에게 하고 싶은 말은 적절한 나의 행동도 중요하다는 거예요.

댄: 예, 예, 그건 사실 그렇죠.

상담자: 내 행동이 적절한지가 당신 반응에 아주 중요하다는 거죠.

댄: 그건 맞아요.

상담자: 그것이 바로 내가 말하고 싶었던 핵심이에요. 그건 그저 당신의 머릿속에서 일어나고 있는 일이 아니거든요.

앞선 발췌문에서 댄은 청소년기로 정서적 퇴행을 하였고, 상담자는 청소년기로 퇴행해 밝아져 있는 댄에게 이야기를 하고 있다. 발달적 조율은 상담자가 퇴행한 내담자에게 가장 쉽게 동화될 수 있는 말이나 어조를 선택하도록 돕는다. 지금의 이 예에서 나오는 어조와 댄이 퇴행에서 나온 후 발췌한 또 다른 부분에 나오는 어조와 대조해 보라. 댄은 내면의 이미지로 존재하는 아버지와 정서적으로 강렬한 대화를 막 마쳤고, 그리고 회기가 끝나자 자신의 경험에 대해 인지적으로 이해하려고 노력하고 있다. 댄이 이러한 종류의 구조를 필요로 한다는 것을 알아차린 상담자는 설명을 해 준다. 상담자가 사용하는 어휘와 구절의 질이 달라진 점에 주목하라. 여기 있는 사람은 어린 소년이 아닌 성인으로, 자신의 부모와의 관계에서 잃어버린 것에 대한 슬픔을 부여잡고 있는 한 남자다.

상담자: 지금 막 무언가를 이해한 거 같아요. 내가 계속 마음속에 염두하면서 생각하고 있는 건, "너무나 권위주의적이라고 묘사한 당신의 아버지 같은 사람이 왜 자신을 직업적으로 매우 성공하지 않은 것처럼 나타냈을까?" 매우 모순적인 거 같아요. 그리고 제가 지금 막 깨달은 건데 당신은 아버지가 성공하지 못했기 때문에 아버지에게 아무것도 요구할 수 없었다는 거예요. 아버지는 단지 가난하고 보잘것없는 사무원일 뿐이다. 그렇다면 뭘 기대할 수 있나요? 이것이 맞는 거 같나요?

댄: 네, 네. 저도 부모님이 그랬었다고 지금 막 생각했어요. 부모님은 저에게 뭔가 많이 요구하지 않았어요. 시험이나 뭐 그런 거 말이에요. 부모님은 그저 "그래 할 수 있는 한 최선을 다해라." 라고만 하셨어요.

상담자: 부모님은 당신에게 많은 것을 요구하지 않았고, 당신도 아버지에게 무리하게 요구하지 않았군요. 그리고 어머니 또한 아버지에게 많은 걸 요구하지 않았고요.

직 면

직면은 내담자가 불일치를 자각할 수 있도록 상담자가 말이나 질문을 하는 것이다(Berne, 1966). 불일치는 말과 행동 사이에, 내담자가 실제로 하는 행동과 그것을 설명하는 방식 사이에, 생각과 정서 사이에, 기대와 실제 일어난 일 사이에 있을 수 있다. 이러한 불일치를 알아차리지 못하게 되면 자기 자신의 일부를 부정하거나 분열시키는 일을 지지해 버리게 된다. 느낌과 행동에 모순이 있는지를 알아차릴 필요가 없고, 자신의 행동과 자신이 이해하고 있는 바와 정말로 맞지 않거나, 사건에 대한 지각과 실제 일어난 일이 차이가 있다는 것에 주목하지 않는 한 자기 보호적인 방어를 유지하기가 상대적으로 쉬워진다.

세심하게 조율하지 않은 채 행해진 불일치에 대한 직면은 내담자에게 수치심을 일으켜 더 깊은 방어에 빠지기 쉽게 한다(Goldberg, 1991; Wurmser, 1981). 만약 상담자가 중요한 것을 알아차린 흥분에 사로잡혀 자신의 커다란 노획물이 일으킬 수 있는 위험에 주의를 기울이지 않는다면, 내담자가 거기서 빠져나와 철회하거나 방어하려는 것은 너무나도 당연하다. 직면이 효과적이려면 조율의 맥락 안에서 이루어져야 한다. 그러한 맥락 안에서의 직면은 하나의 확증이 된다. 즉, 내담자에 대한 상담자의 존중과 헌신의 확증, 내담자의 성장을 돕기 위해 내담자와 상담자가 협력하고 있다는 확증, 그리고 상담 관계의 진정성에 대한 확증이다.

'행동화' 를 다루는 사례에서 직면을 사용하는 경우만큼 조율이 결정적으로 중요할 때는 없다. '행동화' 는 매우 빈번하게 잘못 이해되고 있다. 행동화는 무언가 나쁘거나 부정적인 것으로 오해 되어, 내담자가 행동화를 직면하면 내담자의 방어는 더욱 강해지고 느낌과 욕구는 더 자각할 수 없도록 밀어내는 일종의 상담에서의 '들켰지(gotcha)' 로 되어 버릴 수 있다. 사실 행동화는 의사소통을 하려는 하나의 시도다. 그것은 언어로는 표현할 수 없는 것을 행동으로 표현하는 내담자의 방식이다. 그것은 내담자의 과거로부터 오는 어떤 중요한 문제나 이슈(issue) 혹은 관계에 대해 이야기해 준다. 적절하면서 조율된 직면은 비난받는 느낌 없이 단순히 그 행동을 자각할 수 있도록 해준다. 예를 들어, 다음의 발췌문에서 상담자는 자넬이 어머니의 행동에 관해 상담자에게 말하기보다 오히려(상상화된) 어머니에게 직접 이야기하도록 격려하고 있다. 자넬은 저항한다.

상담자: 어머니께 이야기하시겠어요?

자넬: 이게 진짜 같아요. 이렇게 하는 큰 부분이, 누군가가 제 동생들을 돌봐줄 때까지 난 할 수가……. 어머니를 다루는 걸 할 수가 없어요……. 전 그저 머물러 있어야만, 저는 머물러 있어야 해요. 저는 동생들이 괜찮게 지내도

록 하기 위해 어머니와 함께 잘 지내야만 했어요.

상담자: 자, 이제 그걸 어머니에게 말해요.

자넬: 그렇게 하기에는 어머니가 너무 무서워요. 전 할 수 없었어요. 전 언제나 동생들을 돌봐야 했기 때문에 제 스스로가 어머니를 무서워한다는 걸 알 수가 없었어요. 그래서 어머니에 대한 느낌을 느끼지 않으려 했어요.

상담자: 이제 어머니께 말하세요. 왜냐하면 당신이 어머니에게 해야 할 이야기를 내가 하도록 허용하는 한 나는 당신을 보호할 수 없어요.

자넬: 왜죠?

상담자: 왜냐고요? 당신을 가장 잘 보호하는 방법 중의 하나가 당신이 위험을 감수하도록 격려하는 것이니까요.

자넬: 전 어머니가 너무 무서워요.

상담자: 어머니가 동생들에게 폭력을 행사하나요? 당신이 어머니를 좋아하지 않는다고 말했다는 이유로?

자넬: 그렇지 않으면 저를 때려요.

상담자: 자, 그게 바로 당신이 감수해야 하는 위험이군요. 그렇죠? (침묵) 어머니가 당신을 때린 적이 있나요?

자넬: 으음.

상담자: 당신이 좋아하지 않는 또 다른 것에 대해 어머니에게 이야기했을 때, 어머니는 가서 동생들을 때리나요?

자넬: 전, 딱 한 번 어머니한테 얘기했어요. "이런 게 결혼해서 사는 방식이라면, 난 결혼하고 싶지 않아."라고 딱 한 번 말했어요. 그러자 어머니는 내 따귀를 때렸어요. 전 그때 십대였어요. 그리고 내 동생들은 기억해요. 어머니는 정말 예측불능이었어요, 하지만…….

상담자: 그렇게 당신에게 한 번 일어났던 일이 지금까지 어머니에게 이야기하는 것을 가로막고 있었군요.

어떤 면에서 보면 이러한 직면이 가혹해 보일 수도 있다. 직면은 부드러운 느낌, 설명, 둘러대는 것을 뚫고 나아가, 자넬의 행동 뒤에 숨겨진 목적에 직접 들어간다. 그러나 존중과 조율이 된 관계의 맥락 안에서 그것은 지지적이다. 내담자가 사용하는 방어의 의미와 목적을 인정하는 것이다. '네가 그런 행동을 하는 것은 나쁘거나 잘못되었다.' 는 가치 판단도 없다. 직면은 단순히 일어난 일에 대해 상담자가 본 것을 진술하는 것으로, 이전에 행해진 것이 무엇인지를 말로 옮긴 것이다. 그래서 자넬은 이제 그 문제를 다룰 수 있는 자신의 모든 자원을 사용할 수 있게 되었다.

직면은 내담자가 그것을 인정하고, 기억하고, 자각을 향상시키기 위해 사용할 때만 유용하다(Adler & Myerson, 1973). 만약 직면이 수치심을 일으키거나 상담자의 입장을 유리하게 하려 한다면, 앞에서 말한 종류의 내담자 반응은 거의 일어나지 않을 것이다. 반대로 더 이상은 유용하지 않지만, 그때 당시에는 매우 합당한 이유가 있으면서 효과적이었던 해결방법, 즉 대처 전략으로 그 행동을 인정하는 확증(confirmation)은 그 행동의 기능을 강조하기 때문에 내담자에게 훨씬 지지적으로 경험되어 질 수 있다.

불일치와 원초적으로 표현되는 행동('행동화')은 우연히 일어나는 사건이 아니다. 그것은 목적과 기능이 있고 내담자를 보호해 왔거나 보호하고 있다. 불일치와 행동화는 중요한 기능이 있기 때문에 지속적으로 행동 목록의 일부분이 되어 왔다. 지지적인 직면은 내담자가 그 기능을 상담관계 그 자체로 전환시키도록 돕는다. 본질적으로 직면은 "이것이 당신에게 중요하고, 마치 필요한 것처럼 느끼고 있다는 것을 이해합니다. 그렇지만 지금 당장 그것을 내려놓는 실험을 나와 함께한다면 어떤 일이 일어나건 당신이 다룰 수 있도록 내가 도울 거예요."라고 말하는 것이다.

불일치와 행동화가 가치를 인정받고 존중된다면 내담자는 부정하기보다는 귀담아 듣고, 익숙한 방어 뒤로 후퇴하기보다는 자각을 확장시킬 수 있고, 상담자는 내담자의 변화를 지지할 수 있다. 마치 어린아이가 자전거를 배우는 것처럼 계속해서 자전거를 배울 수 있도록 아이가 비틀거리면 잡아 주고, 안심하도록 거기 있어 주면서, 넘어지면 위로해 주는 믿을 만한 타인이 되고 내담자는 그 존재로부터 확신을 얻게 된다.

퇴행작업 지지하기

많은 사람들이 상담에서 목적을 갖고 퇴행하는 것은 어렵다. 우리는 인생 대부분의 시간 동안 다음과 같은 말을 듣는다. "성숙해라." "아기처럼 굴지 말라." "그런 식으로 느끼지 말라." 어떤 사람은 퇴행을 경험할 때 통제할 수 없을 것 같고 미쳐가는 것 같거나, 또는 수용받지 못할 만큼 의존적으로 되는 느낌을 갖게 되어 매우 불편해한다. 반대로 어떤 사람은 쉽게 그리고 자주 퇴행을 하지만 그러한 퇴행은 일반적으로 도움이 되지 않는다. 그들의 퇴행은 자각 밖에서 일어나는 경향이 있고, 지금 여기의 문제를 해결하는 데 적절하지 않은 오래된 방식으로 나타나게 된다(Guntrip, 1962; Balint, 1959; Federn, 1953/1977). 이러한 두 가지 형태에 해당되는 내담자에게 상담에서 가장 유용한 방식으로 퇴행하도록 하는 것이 조율이다. 내담자는 조율을 통해 안전함과 지지를 느끼게 되고, 좌절시키고 앞으로 나아가지 못하도록 막고 있던 방어와 저항 없이 자신의 정서기억에 접근할 수 있게 된다. 상담자는 종종 쉽고 자동적으로 자기 파괴적인 방식으로 퇴행하는 내담자, 그리고 퇴행 자체가 어려운 내담자에게 조율해야 한다. 상담자는 내담자가 퇴행하기 시작할 때, 내담자가 과거에 부정하고 방어해 왔던 자기(self)의 측면이 나타날 가능성에 대해 경계해야 한다. 상담자는 내담자가 목소리를 낼 수 있도록 도와 잃어버렸던 것을 경험하고, 표현하고, 되찾을 수 있도록 한다. 댄과의 다음 상담에서 상담자는 어떻게 실제적으로 댄을 대신해 말하고, 댄이 그만두었던 생각을 이어가도록 조율하는지 주목하라. 댄은 아버지와 관련된 정서기억 속으로 깊고 강렬하게 들어갔고, 이제는 현실에서는 한 번도 아버지에게 말할 수 없었던 것을 말할 수 있다.

댄: (아버지에게) 전 아버지가 모범을 보여 주시길 바랐어요. 그저……. 그저 아버지가 무언가 잘하는 게 있다는 걸 보여 주셨더라면……아버지가 하셨던 일에 자부심을 가지셨더라면……구석진 구멍에 자신을 숨기는 대신 어떻

게 하면 자부심을 가질 수 있는지 저에게 보여 주셨더라면……. (흐느껴 운다.)

상담자: 왜냐하면 제게 중요한 건…….

댄: (아버지에게) 전 아버지가 세상에서 재능있고, 지적이고, 민감한 사람으로 살아가는 방법을 보여 주시길 바랐어요. 자기를 감추면서 기는 게 아니라. (조용히 운다.)

상담자: 그리고 제가 원한 건…….

댄: (아버지에게) 전 아버지가 제 편을 들어주시길 원했어요. 제 편이 되어 주시고, 절 과소평가하지 않으시길 말이에요. 아버지가 단 한 가지만이라도 잘하신 게 있으셔서 그걸 말해 주시고, 그저 아버지의 성공을 인정하셨다면…….

상담자: 그 말의 의미는…….

댄: (아버지에게) 저도 제 것을 인정할 수 있을 거예요. 수치스러워하는 대신 자랑스러워할 수 있을 거예요. (댄은 한숨을 쉰 후 상담자 쪽으로 몸을 돌린다.) 전 몰랐어요. 전 정말 못했어요.

이 상담장면에서 중요한 많은 것들이 다루어졌고, 이 장은 이미 꽤 길게 진행되었다. 그래서 지금은 여러분이 상담자가 댄의 과정을 어떻게 따라가고 있는지 주목하길 바란다. 그리고 상담자의 한 마디 한 마디의 말이 방향을 결정해 놓지 않으면서도 어떻게 댄의 자기 방해적인 경험을 다시 한 번 분출하도록 안내하는지, 그리고 이전에 잃어버린 욕구와 의미를 탐색하도록 돕는지 살펴보길 바란다.

5. 결론

이 장에서는 상담에서 조율의 필요성, 다양한 종류의 변화 촉진적 조율,

그리고 조율을 만들고 유지하기 위한 몇 가지 지침에 대해 상당한 분량을 할애하여 논의했다. 다음으로 넘어가기 전에 내담자에게 미치는 조율의 영향과 상담을 통해 내담자가 진전되는 부분에 대해 정리하고자 한다.

내담자의 성장은 관계를 기반으로 한다(Jordan, 1989; Miller, 1986). 자기 자신뿐 아니라 타인과의 접촉을 향상시키고, 기억을 회복시키고, 자기를 재통합시키는 것은 관계를 통해서다. 상담자와 내담자의 관계가 접촉이 충분치 않다면, 상담은 기껏해야 기계적이고 증상만을 다루는 과성일 뿐이다. 효과적이지 않은 행동을 찾아 변화시키고, 그 상황에서 벗어나는 것일 뿐이다. 반면 관계 지향적인 상담은 전인적인 인간 자체에 관심을 갖고, 변화를 기초로 파편화된 자신을 회복시켜 온전히 통합하는 데 관심이 있다(Hycner & Jacobs, 1995).

상담자의 조율을 통해 얻게 되는 무엇보다도 분명한 결과는 상담관계의 향상이다. 또한 상담자가 내담자에게 접촉 가능한 상태로 존재하면서 내담자의 경험을 인정하고, 타당화(validating)하고, 정상화(normalizing)한다는 것을 내담자가 경험할 수 있게 하는 것도 조율이다. 내담자는 공격도, 오해도 받지도 않으면서 자신이 가장 관심 있는 것을 다루도록 요청받기 때문에 상담의 환경은 안전하다. 상담자가 내담자의 인지, 정서, 리듬 그리고 발달 연령에 조율하는 것을 보여 줄 때 내담자는 신뢰하기 시작한다. 신뢰가 커감에 따라 내담자는 내적 · 외적 접촉을 할 때 생겨날지 모르는 위험을 기꺼이 감수하려는 의지를 갖게 되고, 접촉이 증가함에 따라 성장과 회복을 얻게 된다.

조율을 통해 얻게 되는 또 하나의 결과는 내담자가 그동안 유지해 왔던 자기 보호적인 신념 체계에 도전하는 것이다(Erskine & Moursund, 1988/1997; Erskine & Zalcman, 1979). 조율된 상담자는 한때는 유용하였지만 지금은 자기 패배적인 낡은 내담자의 신념과 기대를 알아차리고, 그 신념과 기대의 역사적 중요성을 인정하고, 그것이 현재 가지는 심리적 기능을 타당화하는 과정을 통해 끊임없이 반박한다. 내담자 또한 이러한 낡은 대처 전략과 그러한 대처전략이 중요한 목적을 이루는 데 기여한 가치를 인정하게 된다. 그럼에도 그러한 낡은 대처 전략이 이제는 더 이상 그러한 목적을 위한 최선의 방법이 아니라는 것을 인식할 때, 내담자는 상담자와 있을 때뿐 아니라 자기 스스로 그리고 심지어 상담장면 밖에 있는 다른 사람과도 새로운 방식으로 존재해 보려는 위험을 점점 더 감당하게 된다. 우리가 제1장에서 이야기한 통나무 정체현상을 기억하는가? 하나의 통나무가 옮겨지거나 하나의 각본 신념이 포기되면 전체 구조가 불안정하게 된다. 새로운 아이디어와 가능성은 다양해지고, 접촉은 더 많은 접촉을 만들고, 늘 증가하던 경직되고 제한적이던 패턴은 일종의 탐색과 학습으로 변화된다.

조율하고 있는 상담자는 내담자의 경험을 단지 이해하는 것을 넘어 그 경험과 연결된 각본 신념, 기억 그리고 방어를 지지하고 타당화한다. 상담자의 이러한 태도는 원래 분열시키고 부인하는 내담자의 자기 부정적 반응, 즉 '이런 식으로 하지 말았어야만 해.' '이런 식으로 느끼지 않아야 해.' 혹은 '이런 생각들을 해서는 안 돼.' 와 같은 신념을 직접적으로 반박한다. 너무나 고통스럽고 수치스럽고 위험하기 때문에 분열되고 부인되었던 정서, 기억, 바람, 욕구가 이제는 존중되고 그 가치를 인정받는다. 그러한 분위기에서 잃어버렸던 기억들은 회복되며 재통합된다. 그 기억과 함께 밖으로 밀려나고 부인되었던 자기의 파편들이 돌아오고, 자기 영속적인 회복 과정이 지속된다. 자각이 확장되기 시작하고 관계는 깊어진다. 욕구가 무시되거나 이해받지 못했던 사람에게, 또는 갑작스러운 심리적 외상을 경험했지만 그것을 도울 지지적인 관계를 갖지 못했던 사람에게, 관심을 가지고 돌보려 하고 이해하려는 누군가가 옆에 있다는 것은 모든 기대 중에 가장 큰 부분일 것이다. 세상은 이와 같지 않다. 사람들은 이런 방식으로 서로를 대하지 않는다. 세상 사람의 첫 번째 반응은 의심이나 분노, 철수 또는 더 심하게 부정이나 분리일 수 있다. 한편으로는 오랜 관계에서의 경험과 다른 한편으로는 상담자와의 경험이 병치되어 처음에는 불신이 생긴다. 그렇지만 이후에 그들은 아마 처음으로 그 오래전 상황에서 정말로 얼마나 고통스러웠는지를 느낄 수 있도록 허용됨에 따라 분노나 슬픔을 경험할 것이다. 이후 관계에서의 욕구에 대한 전체 개념을 자세하게 검토하게 될 때, 이 병치 반응에 대해 더 많이 이야기를 할 것이다.

우리는 제3장의 끝에는 도달했지만 이것이 정말로 끝은 아니다. 오히려 시작이거나 상담 관계의 3가지 기본 요소 중 마지막으로 향해 가는, 적어도 다리정도가 될 것이다. 우리는 탐색과 조율에 대해 이야기해 왔고, 다음 장에서는 관여의 개념에 대해 탐구할 것이다. 이번 장에서 정말로 결론을 내릴 수 없고, 실의 마지막 매듭을 지을 수 없는 이유는 관여를 언급하지 않고는 조율을 온전히 논의하거나 이해할 수 없기 때문이다. 조율과 관여는 하나의 사물의 두 가지 측면과도 같다. 이는 숨쉬기의 들숨과 날숨과 같다. 어떤 것 하나도 다른 것 없이 존재할 수 없다. 이 책은 직선으로 배열된 것이어서 하나의 논의는 다음 것과 이어지기 때문에, 연속선상에서 이들을 이해하는 것이 필요하다. 현실에서는 상담에서 일어나는 모든 상호작용마다 조율과 관여가 서로 영향을 미치고 서로 스며들어 있다.

제4장
관여

상담은 예술과 기술, 두 가지 모두에 해당한다. 이 둘 간의 균형을 이해하기 위해 하나의 연속선을 상상해 보라. 그 연속선의 한쪽 끝은 기술, 기법 그리고 가르칠 수 있는 종류의 모든 행동이 놓여 있고, 반대쪽 끝은 예술, 태도, 정서, 그리고 손으로 만질 수 없는 무형의 것들이 놓여 있다([그림 4-1]). 제2장에서 논의했던 탐색은 이 연속선의 기술 쪽에 가까울 것이다. 훌륭한 탐색에는 예술이라 할 수 있는 면이 분명히 있지만, 그럼에도 탐색은 상담의 다른 측면들에 비해 기술이나 기법에 의존한다. 제3장에서 다루었던 조율은 보다 무형적인 것에 가까우며, 과학적으로 정의내리거나 측정하기 어려운 태도와 정서, 이를테면 관계, 함께함(withness)과 같은 것을 담고 있다. 어쨌든 조율도 가르칠 수 있는 기술이며, 연속선의 위치로는 중간 즈음에 해당한다. 이에 비해 상담에서의 관여는 확실히 예술, 태도, 정서 쪽 방향의 끝에 가까이 위치한다. 물론 적절한 관여에는 기술도 필요하지만 보다 중요한 것은 태도, 정서, 예술적 측면이다. 탐색이 상담자가 행하는 것에 관한 것이라면, 관여는

[그림 4-1] 상담의 연속신

상담자가 행하는 것(doing)이라기보다 존재하는 것(being)에 관한 것이다. 변화를 촉진하는 방향으로 관여한다는 것은 내담자와 함께하는, 내담자를 위한 상담자로 존재함과 동시에, 욕구와 허점 그리고 실제 삶에서 생겨나는 온갖 짐도 여전히 지고 있는 보통 사람으로 온전히 현재에 머무르면서, 충분히 접촉 가능한 상태가 된다는 것을 의미한다(Buber, 1958).

많은 상담자들에게 관여는 어렵다. 내담자의 고통에 관여하지 않고, 거리를 두고 접촉하지 않으면서 지내는 것이 훨씬 편할 것이다. 상담자는 너무나 많은 고통을 보게 된다. 도대체 무엇 때문에 상담자는 그러한 고통에 영향을 받는 선택을 해야만 하는가? 대답은 간단하다. 상담은 관계 맥락 안에서 일어난다. 관계는 접촉을 요구한다. 접촉은 관여를 필요로 한다. 관계는 양방통행이다.

말이 나온 김에 돌아가서 확인을 해 보자. 상담관계 초기에 많은 내담자들은 완전하게 접촉할 준비가 되어 있지 않다. 내담자는 자기 자신도 그리고 타인도 충분히 인식하지 못한다. 내담자의 일부는 분열되고 부인되어 있으며, '수용할 수 없는' 이라는 꼬리표를 단채 자각 밖으로 밀려나 닫혀져 있다. 이런 일들이 일어나는 한 초기 상담관계는 일방통행이다. 양방향 교류가 일어나도록 하는 것은 상담자의 몫이다. 관계 내 접촉 상담(a therapy of contact-in-relationship)에서는 관여를 통해 내담자가 자신을 자각하는 데 점점 더 진솔해지고 관계에 개방적이 되도록 안내한다. 이 장에서는 이러한 과정에 대해 다룰 것이다.

1. 관여의 특성

기꺼이 영향을 받고자 하는 의지

관여란 우선 내담자와의 관계 안에서 생겨나는 일에 상담자가 기꺼이 영향을 받겠다는 의지를 의미한다. 위험을 감수하지 않고는 관여할 수 없다(Ferenczi, 1988). 내가 당신에게 진심으로 마음을 쓰고 당신이 나에게 접촉하도록 허용하는 것은, 불편해질 수도 있는 위험을 감수하는 것이다. 만일 당신이 나를 좋아하지 않는다면? 당신이 고통을 겪고 있다면? 당신의 삶 속에 일들이 꼬이고 있다면? 관여를 한다면서 이러한 문제들을 지나친 채 그저 항해만을 할 수는 없다. 나도 그것을 느껴야 한다. 나도 반응해야 한다. 당신이 변화하고 성장할 때 나 또한 변화하고 성장한다.

상담자의 관여는 새로운 개념이 아니다. 1961년에 칼 로저스는 "만일 내가 나와 관계를 맺고 있는 타인의 성장을 촉진하고자 한다면 나는 성장해야 한다. 이것이 때로는 고통스럽지만 나를 풍요롭게 한다."(p. 51)고 말했다. 풍요롭게 하는가? 확실히 그렇다. 혼란스럽게 하는가? 자주 그렇다. 활기를 불어넣어 주는가? 때때로 그렇다. 그렇게 되려면 언제나 내담자의 반응에 조율해야 함과 동시에 자기 자신의 반응에도 진실하고 진솔하게, 충만히 접촉하고 있어야 한다.

공 명

내담자가 생각하고 느끼고 행동하는 것을 알아차리는 것이 조율에 매우 가깝기는 하지만 내담자 반응에 조율한다는 것은 그 이상이 요구된다. 조율하는 상담자는 내담자의 반응을 알아차릴 뿐 아니라 공명한다. 내담자의 정서는 상담자가 단순히 집중해서 이해하게 되는 것이 아니다. 내담자 정서는 상담자에게도 그와 상호적인 정서반응을 촉발시킨다. 내담자가 고민하고 이해, 변화, 성장하기 위해 고군분투할 때, 상담자도 이에 상응하는 일련의 생각과 고군분투하는 마음이 생긴다. 정제된 크리스털은 오직 깨끗한 소리만을 진동시킨다. 깨끗한 소리는 정제된 크리스털의 본질적인 특성이다. 이와 마찬가지로 관여하는 상담자는 오로지 내담자에 대해서만 공명할 뿐이다. 내담자가 감정, 생각, 기억을 경험하면서, 이에 대한 상담작업에 몰두할 때, 상담자는 '그냥 듣고만 있는' 것이 아니라 상담자 역시 느끼고 생각하고 경험한다. 공명은 관계에서 중요한 부분이며, 접촉과 진솔함의 본질이다. 상담관계에서 공명은 상담자와 내담자 사이에 이루어지는 일종의 무의식의 대화이며 조율과 함께 탐색 과정을 이끈다(Bollas, 1987).

발달 단계에 적합하게

상담자가 가져야 하는 책임 중의 하나는 내담자의 발달 수준에 민감해야 하는 것이다. 즉, 어떤 상황에서건 내담자가 자기 자신을 발견하는 기능 수준에 민감해야 한다. 상담자의 질 높은 관여를 위해서는 이러한 발달 수준을 고려해야 한다. 유아를 대할 때는 10세 아동에게 하듯 똑같은 방식으로 반응하지 않는다. 성인 내담자의 정서에 영향을 받듯 청소년 내담자의 정서에 똑같은 방식으로 영향을 받지 않는다. 상담관계에 적절히 관여하는 상담자는 내담자의 발달 수준을 알아차리고 평가할 수 있을 뿐 아니라, 내담자가 정말로 그 연령에 있는 것처럼 내담자에게 맞추어 내적으로 반응한다(Winnicott, 1965; Fairbairn, 1952). 실제 이러한 내적 반응은, 제3장에서 이미 살펴본 바와 같이, 조율된 상담자가 상담에서 현재 작동하는 내담자의 발달 수준을 평가할 수 있는 방법들 중 하나다. 발달 단계에 적합하게 한다는 것은 꾸며내는 것이 아니라 진정성을 갖고 한다는 것이다. 퇴행한 내담자와 함께하는 상담자는 현상학적으로 어린 시절에 머무르고 있는 내담자를 대할 때 어린 사람에게 반응하는 척하는 것이 아니다. 퇴행이 상담에서 유용하게 되려면, 두 사람 모두의 현상학적 경험이어야 한다. 즉, 내담자는 퇴행을 경험하고 상담자는 그 퇴행에 반응한다.

헌신

관여는 내담자의 심리적 안녕을 위한 상담자의 헌신에서 시작된다. 상담관계와 친구관계에는 근본적인 차이가 있다. 상담관계는 내담자를 위한 것이며 상담자는 내담자의 이익을 위해 존재한다. 상담자도 상담관계에서 부가적인 이익을 얻을 수 있지만 그건 부수적인 것이고 근본적인 초점은 내담자에게 맞추어져야 한다. 내담자를 우선시하는 분명하고 명확한 인식, 그리고 내담자의 복지를 위한 헌신은 상담자가 내담자에게 관여할 수 있도록 하는 기반이 된다. 이러한 헌신이 없다면 상담자는 자신의 감정이 올라왔을 때, 상담의 초점을 전환하려는 유혹에 빠질 수도 있다. 혹은 방어적이 되거나, 공격, 비난하려 할 수도 있고, 상담관계를 떠나버리거나 혹은 그 관계를 이용해 상담자 자신의 욕구를 채우려 할 수도 있다. 내담자에 대한 헌신이 견고할 때 상담자의 관여는 상담을 풍요롭게 하고 생기를 불어넣는다. 헌신을 통해 두 사람은 서로의 진정성을 도전하고 강화시키게 되고, 진정한 관계를 맺을 수 있게 된다.

전문성

내담자의 심리적 안녕을 위한 헌신이 상담에서의 적절한 관여와 다른 친밀한 관계에서의 관여 사이의 근본적인 차이라면, 이러한 헌신이 상담관계에서 효과적이 되도록 하는 것은 전문성이다. 전문성은 상담자의 헌신에 방향과 틀을 제공한다. 전문성에는 지식, 기술, 가치가 담겨 있다. 그리고 전문성은 끊임없는 자기점검으로 상담자가 내담자와 적절하고 진솔한 관계를 맺고 있는지 점검하고, 상담자 자신의 심리적 방해물을 스스로 온전히 자각할 수 있도록 한다. 전문성은 우리가 언제 내담자를 이해할 수 없는지, 누군가에게 도움을 요청해야 할 때는 언제인지, 또 우리보다 더 숙련된 동료에게 내담자를 의뢰해야 하는 영역은 어디인지 등을 아는 것을 뜻한다. 또한 전문성은 감정을 안전하게 경험하고 표현하도록 상담자와 내담자 모두가 명확한 한계를 설정하는 것을 의미한다. 전문성과 헌신을 통해 상담관계의 골격을 얻고, 피와 조직을 형성하고, 힘을 불어넣고 신뢰를 갖게 된다.

2. 관여의 표현

인정(acknowledgement), 타당화(validation), 정상화(normalization) 그리고 존재하기(presence)는 관여가 표현되는 방식이며, 관여를 통해 이루고자 하는 목표다. 또한 내담자가 상담자의 관여를 감지하게 되는 외적인 신호들이다. 이것들이 제 역할을 수행할 때 관계는 풍성해지고 내담자는 성장할 수 있게 된다. 순서대로 하나씩 살펴보자.

인정

내담자에 대한 인정은 내담자의 정서, 욕구, 리듬 그리고 발달 수준에 조율하는 것으로 시작한다. 내담자에게 표현되는 방식은, "네, 그래요. 있는 모습 그대로의 당신을 존중합니다. 당신을 존재 자체로 경험합니다. 나는 당신의 생각, 감정, 욕구를 인식하고 있고, 그것 모두가 나에게 중요합니다." 내담자의 현재를 인정할 때 상담자도 현재에 머무르게 된다. 인정은 교향악의 전주곡에 해당한다. 즉, 상담자와 내담자 둘은 각자의 목소리와 복잡성을 가진 채로 여기 함께하고 있고, 이제 교향곡을 연주하기 시작한다.

내담자 스스로는 아직 온전하게 인식하지 못한 욕구, 반응, 감정을 상담자는 종종 알아차린다. 내담자에게 자신의 욕구, 반응, 감정을 부정 혹은 연기하거나 동의하지 않을 권리가 있다는 사실을 될 수 있는 한 언제나 존중하고,

인정한다면 내담자가 더 충분히 인식하도록 도울 수 있다. 또한 인정을 통해 내담자는 정서들 간의 혹은 신체 감각들 간의 연결을 만들거나 오래 묻어두었던 기억과의 연관성을 찾고, 그러한 기억과 기억 사이에 묻혀있던 자신의 일부를 회복시킬 수 있다(Kepner, 1987). 많은 경우 내담자는 관계 속에서 자신의 욕구와 감정을 인정받지 못한 경험을 해 왔다. 만일 어린 시절에 지속적으로 충분히 인정받았더라면, 내담자는 자신의 욕구와 감정을 표현하기 위한 어휘를 발달시키지 못하거나, 혹은 그러한 어휘를 잃어버리지 않았을 것이다. 다시 한 번 말하지만 상담자의 인정은 내담자가 인식하고 표현할 수 있도록 문을 열어 주는 것이다.

내담자의 현상학적 경험을 인정하기 위해 상담자는 우선 내담자가 무엇을 느끼고 있는지에 대해 알고 있다는 것을 보여 준다. 상담자의 솔직한 반영을 통해 인정은 전달되고, 내담자는 언어화하지 못했던 것을 말로 할 수 있게 된다. 어떤 상황에서는 감정 반영이 필요 없을 수도 있다. "그것 참 슬프네요." "겁나는데요." "화가 나네요."와 같은 간단한 말이나 "아이고."와 같은 동정적인 말, 혹은 비언어적 표현이나 몸짓으로도 충분한 인정이 전달된다. 인정은 비언어적 요소가 매우 중요하고 때로는 언어로 전달되지 않기 때문에, 인정이 드러나는 예를 표현하는 것은 어렵다. 다음의 짧은 예에서도 상담자가 내담자의 느낌을 분명하게 인정하고 있지만, 상담자의 부드러움, 존중, 돌봄이 담긴 어조는 아주 약하게만 전달이 되고 있다. 조렌은 상담 초기에는 자신을 표현하는 데 별로 어려움을 겪지 않았으나 상담이 진행되자 점차 말이 없어지고 거의 안으로 움츠러들었다.

상담자: 지금 겁먹은 것처럼 보이는군요. 겁 나세요? (조렌은 고개를 끄덕인다.) 지금 무엇에 겁이 나는지 말해 줄 수 있나요?

조렌: (침묵) 저……. (침묵) 전에는 사람들이 제가 진짜로 느끼지도 않는 걸 저한테 계속 말했어요.

상담자: 그건 정말 혼란스러울 거 같은데요? 당신은 무언가를 느끼는데 다른 사

람들은 당신이 그렇게 느끼고 있지 않다고 말을 하고…… 어떻게 하면 가장 만족스러우시겠어요? …… 당신이 느끼지도 않은 것에 관한 이야기를 듣거나 안으로 움츠러드는 대신, 다른 사람들이 당신에게 어떻게 반응해 주길 원하나요?

이 사례에서 상담자는 조렌이 두렵고 혼란스럽고 갈급한 심정을 갖고 있음을 인정하고 있고, 실제로는 인정보다 조금 더 나아가 있음을 주목하라. 상담자는 조렌이 자신의 감정들을 따라가서 그 감정들을 통해 자신이 무엇을 필요로 하는지 알고, 그러한 정보를 상담자와 공유할 수 있도록 도왔다. 무엇보다 이 모든 과정이 조렌을 질적으로 돌보며 조렌의 심리적 안녕을 위해 헌신하려는 상담자의 마음에서 행해졌다.

또 다른 사례에서 내담자 빌리는 상담자와 가까워지는 것에 대한 양가감정을 이야기하고 있다. 그녀는 상담자의 위로와 지지를 간절히 원하지만, 그 위로와 지지에 의해 촉발될 감정과 기억을 두려워한다. 자신을 표현하려 고군분투하자, 감정의 강도가 너무 커져서 빌리는 자신을 보호하고자 마음을 닫아버린다. 이때 상담자는 빌리가 감정을 닫아버린 것은 자신의 감정을 인정하지 않기 위한 것이라고 말한다. 상담자는 빌리의 초점을 흐트러뜨린 것에 대한 책임을 지고, 빌리가 자기 경험의 흐름 속으로 되돌아가보도록 부드럽게 초대한다. 지금 일어나고 있는 것, 즉 그동안 피해 왔던 감정들뿐 아니라 초점의 전환과 그것의 중요성 이 모두를 인정하는 것은 빌리가 정서기억을 회복하기 위한 또 다른 단계를 밟을 수 있도록 한다.

상담자: 조금 전에 당신이 무언가 느끼고 있었는데, 느낌이 어땠죠?

빌리: 잘 모르겠어요. 그냥 지나갔어요……. 전 생각하기 시작했어요…….

상담자: 무엇을 생각하기 시작했나요?

빌리: 선생님이 말했던 것에 관해서요.

상담자: 그건 제 책임이군요. 미안해요. (잠시 침묵) 하지만 내 짐작이지만, 아

마도……편하기도 했었죠? 왜냐하면 매우 중요한 것을 느끼기 시작했으니까요. 당신은 어떤 것에 대해 이야기했고……원하는 것에 관한 어떤 것……그리고 아주 많이……내 말이 어떤 자극이 되었나요?

빌리: 전 금방이라도 폭발해 버릴 것 같은 기분이에요.

상담자: 당신이 폭발할 때 내가 당신을 꼭 붙들어 주길 원해요?

빌리: 그렇기도 하지만, 한편 전 도망칠 수도 있어야 해요.

상담자: 그래서 내가 당신을 꼭 붙들고 있으면서 돌보는 것을 상상하지만, 당신은 붙잡혀 있고 싶지는 않군요.

이 발췌문에서는 인정뿐 아니라 직면 역시 하고 있다는 것을 주목할 수 있다. 상담자는 빌리의 진행 과정을 산만하게 만들긴 했지만, 빌리에게는 그것이 '편하기도' 했다. 내담자가 드러내는 여러 부분들 간의 모순들에 주의를 기울이도록 하는 직면은 필연적으로 인정의 한 부분이다. 내담자가 불일치를 보일 때, 민감한 상담자라면 그것을 놓칠 수가 없다. 이것은 좋은 일인데, 왜냐하면 대개 이러한 불일치를 통해 내담자가 필요로 하는 작업이 무엇인지를 알 수 있기 때문이다. 알아차리고, 알아차린 것이 중요하다는 믿음이 생기면 자연스럽게 다음 단계는 인정이 된다. 다음 예에서 넬은 또다시 정서적으로 혼란스러워지기 시작했다. 그녀의 자기진술은 혼란으로부터 자신을 보호하고, 가까워지면 비난에 약해져 고통스러워지는 것을 피하기 위한 어린시절의 필사적 시도다. 이러한 자기진술을 변화시키지 않고 그대로 두게 되면 회피와 한통속이 되어 넬의 방어적 자기 비난을 암묵적으로 지지하게 되어버린다. 그렇게 하는 대신 넬이 이야기하는 것과 실제로 그녀가 할 수 있는 것 사이의 불일치를 직면으로 인정하고 있다.

넬: (거의 미친 듯이) 전 아무것도 모르겠어요. 전 아는 게 별로 없어요. 어떻게 되어 가고 있는지 모르겠어요…….

상담자: (침착하게) 자, 넬, 당신은 내가 그걸 믿을 거라고 기대하지 않죠, 그

렇죠?

넬: (침묵) 네…….

상담자: 내 말은, 만일 그것이 사실이라면 당신은 지금 이런 식의 상담을 받아야 하는 것이 아니라, 입원 시설에 가서 있을 거고요.

넬 : (화를 내며) 참, 많이 고맙네요!

상담자: 천만에요. (잠시 침묵, 매우 부드럽게) 만일 당신 주장대로 당신이 그렇게 나빴다면, 지금 전혀 다른 곳에 가 있었을 겁니다.

넬: (잠시 침묵) 저도 제가 그렇게까지 나쁘다고 생각지 않아요.

상담자: 저도 그래요. 그래서 당신이 지나치게 흥분하지 않는 것이 중요합니다. 나와 함께 여기 있어요. 내가 당신을 진지하게 대할게요.

흥분할 때 넬은 내적 · 외적 인식과 접촉을 향상시키기보다는 축소시키는 방식으로 행동하고 있었다. 그때 계속해서 탐색하게 되면 점점 더 흥분할 가능성이 높아지고, 상담관계가 공고해지기보다 취약해진다. 대신에 상담자는 넬의 감정이 점점 고조되는 것과 흥분에 초점을 맞추었다. 직면은 내담자가 의식하고 알아차리기도 전에 상담자가 내담자에게 어떤 일이 일어나고 있는지를 알아차려 그러한 패턴을 관통하는 것이다. 흥분은 사라지고, 상담자와 내담자 간의 접촉은 회복되고 탐색은 지속된다.

특별한 경험이나 행동을 인정하는 것 이외에도, 직면은 어떤 경험이나 인식에 기저해 있는 기능을 자주 인정하게 된다(Adler & Myerson, 1973). 이러한 인정의 효과 중 하나는 직면이 가진 '찌르는 듯한 아픔' 을 감소시키는 것이다. 상담자는 "당신이 무엇을 하고 있는지 알겠어요. 이것은 피상적으로는 이해할 수 있는 것이 아니기에 이해할 수 있는 방식을 함께 찾아봐요." 식으로 말한다. 내담자는 직면이 갖는 위험 중의 하나인 비난받았다고 느낄 수도 있다. 하지만 상담자로부터 존중받는다는 느낌은 비난을 능가한다. 넬의 사례를 다시 보자. 제3장의 발췌문에서 넬은 상담자에게 손을 잡아달라고 부탁했고, 상담자가 자신이 원하는 방식대로 반응하지 않자 화를 냈다. 넬은 지금 그 일을 언급하며 자신이 무언가를 부탁했을 때 '언제나' 거절당했던 '증거' 중 하나로 이 일을 예로 들어 사용하고 있다.

상담자: 나에게는 좀 흥미로운데요, 넬. 당신이 손을 내밀었을 때 내가 반응하지 않았던 그 순간에 초점을 맞추고 있군요.

넬: (흥분해서) 저는 원했고…… 제가 원했던…….

상담자: 잠시만요…….

넬: (듣지 않고) 이게 아니에요, 제가 원했던 건 이게 아니에요…….

상담자: 내가 먼저 이야기를 좀 해도 될까요? 5분쯤 후에 당신은 다시 손을 내밀었고 나는 그때는 응했어요. 나는 당신의 손을 잡았어요. 그거 기억하세요? (잠시 침묵) 그래서 내 생각에는 내가 반응하지 않았던 그 사실에 그토록 집착하는 건 그 경험이 당신에게 중요하기 때문인 거 같은데, 그런가요?

직면이 효과적이기 위한 가장 중요한 지침은 내담자에게 도움이 되는 방향으로 직면을 경험하도록 해야 한다는 것이다. 다시 말해서 직면이 비난이나 '들켰지!' 식으로 내담자에게 경험되어서는 안 된다는 의미다. 설사 직면이 내담자가 별로 듣고 싶지 않은 어떤 것일 수 있지만, 그럼에도 상담자가 여전히 내담자를 돌보고 존중하며 신뢰하고 있으며, 직면은 또 하나의 인정으로, 돕기 위한 의도가 있다는 것을 이해하도록 해야 한다. 이러한 원칙을 따를 때 직면은 두 가지 방식에서 유용하다. 직면은 내담자의 능력을 저해하는 일련의 행동, 지각, 신념을 헤치고 나아가 상담관계에서 내담자가 유익함을 얻을 수 있도록 한다. 또한 그와 같은 행동, 지각 혹은 신념을 유발시킨 감춰져 있던 역동, 채워지지 않은 욕구에 관심을 갖도록 한다. 이 중 한두 가지의 목적을 성취한다면 그 직면은 성공적인 것이다. 직면이 역기능적인 패턴을 변화시키지 못하거나 새로운 인식을 이끌어내지 못한다면, 그 직면은 효과적이지 않았음을 의미한다. 이때 상담자는 직면으로 인해 상담에서 일어난 단절을 회복해야만 한다(Safran et al., 1990). 상담자는 기본 지침대로 직면을 수행했는지 점검해야 한다. 내담자는 상담자의 개입을 자신의 안녕감을 증진시키기 위한 것으로 경험했는가? 내담자의 행동(내적 사건에 대한 자기 보고를 포함해서)이 변화되었거나, 인식이 확장되었거나, 혹은 내담자에게 새로운 이해가 생겼다는 것을 내담자의 말이나 정서를 통해 알 수 있다면, 그 직면은 성공적이라 할 수 있다. 넬의 상담은 이를 볼 수 있는 적절한 예다. 그녀에게는 힘겨운 시간이었고, 상담자의 직면은 듣기 고통스러운 것이었다. 하지만 마지막 왜곡과 직면/인성이 있은 후 상담회기가 끝날 무렵 그녀는 새로운 곳에 옮겨와 있는 자신을 발견한다.

상담자: 당신은 자기 안에 있는 혼란과 두려움을 피하기 위해서, 괴상하고 미친 것처럼 보이는 행동을 서슴없이 하고 있어요.

넬: 네, 하지만 그렇게 괴상하진 않아요.

상담자: 물론 모든 사람은 저마다의 한계가 있어요.

넬: (잠시 침묵) 네. 저는 상당히 괴상한 행동을 해 왔어요. 제 자신에게.

상담자: 내가 당신을 떠나서 당신과 함께하지 않을지도 모른다는 환상 같은 거 말이죠. 그러고는 진짜 겁먹어 버리죠. 그리고 내가 무엇을 하든 그러한 환상에 끼워 맞추죠. 그런 식의 괴상한 행동들 말인가요?

넬: (말이 빨라지며) 선생님은 저를 믿지 않아……믿지 않아요. 선생님도 다른 모든 사람들과 별반 다를 게 없어요. 선생님은 저를 안 믿어요. 선생님은 저를 진정으로 대하지 않고 있어요. 선생님마저도 저를 진정으로 대하지 않는 걸 보면 제가 미친 게 분명해요. 그게 정말 두려워요.

상담자: (차분하게) 거기 앉아서 내가 당신을 진정으로 대하지 않는다고 상상하는 한, 당신은 그 상상에 사로잡혀 진짜 당신이 두려워하는 것을 보지 않아도 되겠군요.

넬: (잠시 후) 네…… 네……. (울기 시작한다.)

넬은 아동기와 청소년기에 방임과 정서적 유기로 인한 누적외상을 지속적으로 경험해 왔다. 자신이 겪은 정서경험에 혼란스러움을 느끼고 종종 자각하지 못한 상태에서, 이러한 외상에 대처하는 그녀의 방식은 점점 더 지적으로 지극히 유능해졌다. 성인이 되고 나서야 그녀는 풍부하고 깊은 관계를 맺는 능력이 이러한 대처 방식 때문에 희생되었음을 깨달았다. 마치 무릎이 까져 상처 난 아이처럼 도와달라고 소리쳐 울부짖으면서도, 자신을 필사적으로 보호하려고 그 부위를 만지지도 못하게 하고 있다. 앞의 발췌문에서 상담자 관여 이후 보였던 그녀의 말과 눈물을 통해, 상담자의 애정 어린 직면으로 넬이 자기 안에 갇혀 있던 미칠 듯이 날뛰던 아이를 길들이고 조용히 만들었음을 짐작할 수 있다. 그녀는 지금 하고 있는 것과 해야 할 필요가 있는 (그리고 할 수 있는) 것과의 불일치를 인정하면서 다음 단계의 작업에 나아갈 준비를 하게 된다.

타당화

우리는 이미 어느 정도는 타당화 과정에 관한 이야기를 시작했다. 타당화는 인정의 특별한 경우로 내담자 경험의 중요성을 인정하는 것이다(Wolf, 1988; Kohut, 1977). 우리 모두는 자신의 감정이나 바람 혹은 행동에 대해 인정은 되지만 타당하지는 않았던 때를 기억할 수 있다. 다른 사람은 우리가 무엇을 하고 있는지에 관해서 분명히 인식할 수 있고 아마도 그에 대한 감정까지는 알 수 있을지 모른다. 하지만 그 행동 뒤에 숨어 있는 의도나 이유 또는 그러한 감정을 느끼게 하는 신념은 놓치기 쉽다. 혹은 그들은 우리가 한 행동의 '이유'는 이해했더라도, 그 행동의 중요성은 간과하기 쉽다. "아, 당신은 그냥 화가 났군요." 또는 "당신이 그걸 원했다고 생각하는 거 같은데, 마음이 바뀔 거예요." 비록 우리의 경험이 인정은 되더라도, 타당화되지 않은 인정이라면 공허하고 지지적이지 않다.

타당화는 상담장면에서 특히 중요한데, 그 이유는 내담자 스스로는 자신이 겪은 경험의 중요성을 확신할 수 없기 때문이다(Bach, 1985). 내담자는 자신의 경험이 잘못됐거나 이상한 건 아닌지, 혹은 상담자도 그런 식으로 판단하는 건 아닌지 두려워한다. 그들은 숲은 보지 못하고 나무만 본다. 즉, 경험의 즉시성에만 사로잡혀 있기 때문에 한 발 물러서서 자신에게 어떤 일이 일어났는지를 검토할 수 없다. 또한 자신이 처했던 그때의 상황을 이해하거나 대응하는 대안적 방식을 생각할 수가 없다. 반면에 상담자는 상담관계에 관여하여 전념하기는 하지만 내담자의 관점에 심하게 빠져 있지는 않다. 상담자의 일은 다른 관점을 제시하고, 내담자에게 일어나는 일의 중요성을 강조하고, 이를 타당화하는 것이다.

타당화를 통해 상담자가 내담자를 진정으로 대하고 있음이 전달된다. 앞서 제시한 발췌문에서 보면 넬은 중요한 개념을 이해는 했지만 이를 받아들이는 것에 대해서는 주저한다. 만일 상담자가 넬이 미쳤다고 믿었다면 상담자는 이를 정말로 진지하게 다루었을 것이다. 넬은 미치지 않은 게 분명했기 때문에 상담자는 넬의 괴상한 행동의 내용 자체보다는 공포스러운 것으로부터 자신을 보호하기 위한 행동으로, 그 행동의 중요성을 강조하고 타당화시켰다. 상담자는 넬의 행동을 인정하고 동시에 타당화하면서, 넬이 자신의 현상학적 경험을 수치스러워하기보다는 제대로 평가하도록 도왔다. 상담자는 넬이 자신의 행동에 내재되어 있는 목적에 집중하도록 한다.

상담자: 그 괴상한 행동이란 게 실제로는 잘 연습된 것이군요. "나는 무능력해요. 나는 생각할 수 없어요. 나는 미쳤어요, 나는 이렇고 저렇고……." 그건 잘 준비된 것들이었군요.

넬: 네, 그래요. 실제로 잘 준비됐죠.

상담자: 점점 지겨워졌겠는걸요, 넬. 그렇게 하는 게 지겹지 않나요?

넬: 네, 지겨워요.

상담자: 나도 그렇게 생각했어요. 점점 지겨워지고 있다고, (잠시 침묵) 지금 뭘 생각하고 있나요?

넬: 제가 뭘 생각하고 있냐고요? 선생님이 지금 막 제 마음속에 비밀스러웠던 부분을 말로 바꾸어서 하셨어요. 이젠 지겨워요. 전 정말 질렸어요.

상담자: 그런데도 당신은 여전히 자신을 매우 문제가 많은 여자로 표현하고 그러한 환상을 지속하고 있군요. 아주 중요한 이유 때문에 말이에요.

상담자와 내담자 사이의 관계 문제에서 생겨난 행동과 경험을 타당화하는 것은 특히 중요하다. 내담자는 종종 상담자에게 강한 감정을 느낀다. 내담자는 잘하고 싶고, 잘 보이고 싶고, 상담자의 승인을 얻고 싶어 한다. 혹은 상담자가 자신을 너무 많이 알고 있거나 지나치게 많이 이해하고 있다는 것에 화가 나거나, 실망하거나 혹은 두려워한다. 혹은 이 모든 감정을 다 경험할 수도 있다. 관여하는 상담자는 내담자의 이러한 감정에도 공명하지만, 내담자의 현재 상황에 대한 반응을 훨씬 앞선 것도 알고 있다. 내담자의 정서는 과거 다른 사람과의 관계에서 비롯된 지각, 기대, 희망, 두려움의 전체 패턴 중의 일부이며, 현재나 미래의 패턴에도 영향을 준다. 그러한 패턴의 중요성에 대한 타당화는 직접적 혹은 간접적으로 할 수 있다. 즉, 직접적으로 유사성을 지적하거나 내담자 스스로 발견할 수 있는 기회를 줄 수 있다. 예를 들어, 마샤는 상담에 관해 박식하고, 전이의 개념을 이해하고 있고, 상담자에 대한 자신의 감정이 단순히 상담자에 대한 것이라기보다 그 이상으로 다루어져야 함을 인식하고 있다. 마샤의 이해 수준에 맞추어 상담자는 그러한 감정을 탐색하고, 그것의 중요성을 경험하는 데 온전히 참여할 것을 약속했다. 그 약속이 강력한 타당화다.

마샤: 제가 선생님에 대해 부정적인 태도를 갖고 있었다는 걸 말하기가 두려운 거 같아요. 사실 전 개인적인 차원에서는 선생님을 좋아하지만, 동시에 선생님이 정말로 무서워요. 왜냐하면 다른 상담자와의 힘들었던 때가 기억이 나고, 그 선생님은 절 싫어했어요. 그리고 그 사실조차도 인정하려 하지 않았어요……. 그 선생님은 저에 대해 정말로 좋지 않은 감정을 가지고 있었어요.

상담자: 당신에 대한 좋지 않은 감정이요?

마샤: 아, 예. 제가 이런 말을 했을 때, 그 선생님은 제게 이렇게 말했어요. "어, 나는 당신의 엉망진창인 엄마가 아니에요." 그래요, 저도 선생님이 저의 엉망진창인 엄마가 아니라는 걸 알아요. 하지만 저한텐 여전히 선생님의 눈이 매우 무섭게 보여요.

상담자: 자, 아마도 당신에게 내가 그렇게 되는 게 중요한가 보군요?

마샤: 네, 어쩌면…….

상담자: 그렇다면 적어도 상담시간의 일부 동안은 당신의 엉망진창인 엄마가 되는 방법을 배워야 할 거 같군요.

마샤의 진술에 따르면 그녀의 '엉망진창인 엄마'는 부당하게 끊임없이 비판적이었다. 마샤는 엄마가 다 잘되라고 한 제안인 것처럼 정교하게 꾸며진 지속적인 비난과 비하 속에서 성장했다고 설명했다. 이런 비판적인 태도를 내면화하여 그녀도 똑같이 끊임없이 자신을 내적으로 비판하고, 자기 자신에게서 '부족한' 것을 찾으려 하고, 지속적으로 비난하며 살고 있는 성인이 되어 버린 자신을 발견했다. 하지만 그러한 자기비난이 그녀에게 중요한 기능을 하고 있었는데, 그것은 작아지고 자신을 낮추어야 하는 기억에서 벗어나기 위해 사용되었다. 자기비난으로 혼란스러운 동안에는 과거 관계에서의 고통과 두려움을 느낄 필요가 없다. 마치 아무 일도 일어나지 않았던 것처럼 그것을 부정하고 자물쇠를 채워 놓을 수 있다. 그러나 이 전략의 문제점은 이것이 자신의 일부를 분열시키고 가둬 버리는 결과를 가져왔다는 것이다. 앞의 발췌된 내용으로 시작한 상담에서 마샤는 자기비난과 초기 학대와의 연결고리를 추적할 수 있었고, 잃어버린 정서기억들을 회복시키기 시작했다. 상담회기 마지막에 상담자는 마샤에게 자기비난의 중요성을 계속 타당화하도록 제안했다. 자기비난을 아동기에서 넘어온 쓸데없는 찌꺼기로 여겨 없애 버리려고 하기보다는 그것의 기능을 인식하고, 상담 작업을 지속하는 데 사용하도록 안내를 받았다.

상담자: 자, 당분간은 매번 내면에서 비난이 일어날 때마다 알아차리고, 그 모든 비난들을 학대받았던 기억에 대한 방어로 생각해 보면 어떨까요?

마샤: 네……. (한숨을 쉬며) 네.

상담자: 당신이 자신에게 했던 비난이 무엇이었든 간에……이렇게 말해 본다면 "이 비난은 방어야. 만약에 내가 나를 비난하지 않는다면 나는 이 상황을 어떻게 기억하고 있을까?" 그동안 당신이 해 왔던 모든 비난에 대해서 말이에요. "내가 깨버린 그 머그는 제자리에 두었어야만 했는데라고 자신에게 말하지 않았다면 나는 그 상황을 어떻게 기억하고 있을까? [상담 시작 직전에 그녀는 머그를 깼다.] "나는 너무 뚱뚱해라고 자신에게 말하지 않고 새로 산 셔츠를 입었다면, 그 상황을 나는 지금 어떻게 기억할까?" 비난의 특성이 무엇이건 그렇게 해 보는 건 어때요.

마샤: 네…….

상담자: (잠시 후) 지금 어떤 경험을 하고 계세요?

마샤: 훨씬 나아졌어요. 네, 훨씬 좋아요. 선생님과 함께 있는 것도요.

상담자: 나도 당신에 대해 비판적일 거라고 예상했나요?

마샤: 네, 그랬어요.

상담자: 어떤 방향이건, 그게 자기가 자신에게 하는 비난이건, 다른 사람으로부터 듣게 될거라 예상한 비난이건, 그건 아마 같은 기능을 할 거예요.

마샤: 말씀하신 내용에 머물러 생각해 볼게요.

우리는 지금까지 내담자에게 영향을 주는 타당화의 효과에 대한 이야기를 나누었다. 즉, 타당화는 내담자가 자신의 경험을 혼란스러워하거나 수치스럽게 느끼기보다는 이를 이해하고 이용하도록 돕는다. 또한 타당화는 상담자가 진정한 관여를 유지할 수 있도록 돕기 때문에 중요하다. 내담자의 저항 행동은 아직 충분히 이해받지 못한 것을 소통하기 위해 내담자가 취하는 하나의 대처 방식으로 이해될 수 있다. 그리고 불확실하고 위협적인 세상으로부터 자신을 보호하려는 시도로 보게 됨으로써 상담자는 내담자가 진정으로 하려는 것이 무엇인지에 대해 이해할 수 있게 된다(Tustin, 1986). 타당화는 조급함, 성급함, 좌절로부터 우리를 면역시켜 보호해 준다. 타당화는 우리가 내담자를 진정으로 가치 있게 여기게 한다. 내담자를 진정으로 가치 있게 여기지 않는다면 우리가 하는 개입은 기껏해야 얕은 수준일 것이고, 최악의 경우에는 가식일 것이다. 타당화는 양방향으로 작용한다. 상담자는 내담자가 자신의 심리내적인 과정(반응 그 자체가 아니라면 그 반응이 갖고 있는 기능)을 이해하도록 도움으로써, 상담자 자신도 내담자의 내적 과정을 이해하는 데 도움을 얻는다.

정상화

아마도 많은 대부분의 내담자들은 자신의 존재와 자신의 행위에 대해 깊은 수치심을 가지고 상담에 온다. 내담자는 자신에게 문제가 있다는 말을 암묵적으로, 종종 노골적으로 들어 왔다(Lewis, 1987; Morrison, 1986). 내담자들은 흔히 자신이 아프거나, 결함이 있거나, 혹은 무언가 잘못하고 있다는 증거를 얻고자 상담을 찾는다. 정상화의 목적은 이런 자기 폄하적인 신념을 반박하고, 그들의 행동이나 내적 경험이 정상이며, 자신들이 처한 상황, 환경, 유전적 기질로 볼 때 예측할 수 있는 반응임을 내담자가 깨닫도록 돕는 것이다. 내담자는 자신이 극복해야만 하는 그 모든 장애나, 태어날 때부터 이미 외부적으로 부여된 것에 대해 '책임' 이 없다. 누구나 충분히 지혜로운 사람이라면 그러한 장애 앞에서는 비슷한 방식으로 반응하리라고 예상 할 수 있다. 내담자의 행동은 외부자에게는 이상하고 엽기적으로 보일지라도, 내담자는 비정상적인 문제를 다루어야 했던, 본질적으로는 정상의 사람이라는 것이다.

수치심은 자신의 일부를 숨기고 분열시키고 부인하게 하는 핵심적인 이유다. 만일 자신의 어느 부분이 나쁘고 이기적이고 못나고 형편없고 사랑스럽지 않다고 믿으면, 우리는 이것을 아무에게도 보이려 하지 않고 우리 스스로도 보려 하지 않는다. 땅 속 깊이 묻어 버리고 없는 척하는 것이 낫다(Goldberg,

1991; Wurmser, 1981). 다른 사람과 우리가 별반 다르지 않고 괴상한 존재도 아니라는 것을 알게 되면, 그토록 부인하고 거부했던 부분을 다시금 끌어안기가 훨씬 수월해진다.

정상화는 대개 단순한 정보 제공만으로도 가능하다. 내담자는 자신의 감정이나 행동이 정상적인 사람의 반응이라는 말을 때로는 반복해서 들을 필요가 있다. 다른 사람도 자신과 같은 방식으로 반응한다는 말을 들을 필요가 있다. 예를 들어, 멜린다(작은 인형의 "속을 꽉 채우려 한다."라고 한 상담자의 말에 화가 났던 내담자)는 자신의 비만과 내적 경험에 대해 상당한 수치심을 가지고 있다. 그녀의 수치심은 상담관계를 적절하게 이용하는 데 방해가 된다. 상담 초기에 그녀는 상담자와 충분히 접촉하려 하지 않았고, 그녀가 열망했던 수용과 돌봄을 경험하지 못했다. 오히려 그녀의 욕구를 감추기 위해 논쟁하거나 억제했다. 여러 회기가 지난 지금도 그녀는 여전히 부족함을 느끼고, 상담자로부터 돌봄을 받기 원하는 자기 모습 때문에 의기소침해 있다. 상담자는 그녀가 어떻게 변화되었는지, 그리고 그녀의 그러한 욕구가 얼마나 중요하고 정상적인지에 대해 언급한다.

상담자: 내가 보기에 당신은 많은 변화를 이루어 냈습니다. 그리고 아직은 내가 당신에게 필요하고요. 당신이 원하는 곳에 점점 도달하고는 있지만 아직은 아니에요. 점점 다가가고 있어요. 그러니 계속하세요. 멜린다, 당신이 해야 할 필요가 있는 것을 계속 하세요. 그리고 그걸 믿으세요. 아직은 충분치 않아요. 언젠가는 나로부터의 돌봄은 이제 충분하다 싶을 때가 올 거예요. 하지만 남은 생애 동안 다른 사람들의 돌봄이 필요 없다 할 만큼 그러진 않을 거예요.

멜린다: 다시 한 번 말씀해 주시겠어요?

상담자: 언젠가는 나에게서 충분한 보살핌을 얻었다고 여겨지는 시기가 올 거예요. 하지만 그렇다고 당신이 모든 것이 충분해서, 이젠 끝, 그러니 남은 생애 동안 다시는 어떤 돌봄도 필요하지 않다는 걸 의미하는 건 아니에요. 사람은 언제나 돌봄을 필요로 해요. 모든 사람이 다른 사람에게서 돌봄을

받고 있다는 느낌을 원해요.

어떤 내담자는 과거의 행동에 대해 보이지 않는 상당한 죄책감과 수치심을 가지고 있다. 우리 모두 다른 사람이 몰랐으면 하는 떳떳하지 못한 행동을 한 적이 있다. 그러나 이런 내담자에게는 과거에 했던 행동(혹은 생각, 느낌)이 그저 단순히 일어났던 일, 좀 유감스럽게 여기는 일, 다른 방식으로 되었으면 하는 일 정도로 받아들어지지가 않고, 오히려 끔찍하고 용서받을 수 없는 일처럼 여겨진다. 그것은 내담자가 어떤 좋은 일을 하건 그 위에 불길한 그림자를 드리워 내담자의 심리적 조망을 위협한다. 내담자의 마음은 자신의 과거 경험은 결코 무엇으로도 보상받을 수 없고, 너무나 망가져 회복 가능한 선을 넘었다고 여긴다. 이런 신념은 변화하려는 노력을 쓸모없게 할 뿐 아니라('뭘 해도 나아질 수 없다면 뭐하러 성가시게 그런 노력을 해.'), 역설적이긴 하지만 고통을 피하는 수단도 제공한다. 과거의 수치심—너무나 잘 알고 있고 익숙해져 버린 불편함이라 마치 오래 써서 낡은 안락의자처럼 일관성 있고 예측 가능해서 오히려 거의 편안함이 느껴지는—에 집중함으로 현재를 직면하는 것을 피할 수 있다. 고의로 자해를 한 군인처럼 모르는 것에 대한 공포보다는 아는 고통을 선택하는 것이다. 이러한 내담자의 행동이나 정서를 정상화하기가 매우 힘들 수 있는데, 이는 누구도 방어를 쉽게 포기하려 하지 않기 때문이다. 하지만 정상화가 성공하면 변화시킬 수 없는 과거는 내려놓고 변화 가능한 현재에 에너지를 집중할 수 있다.

다시 넬의 사례를 보자. 이 장 앞부분에서 우리는 넬이 자신의 내적 경험을 탐색하는 데 얼마나 필사적으로 방어했는지를 보았다. 지적인 수준에서는 자신의 내면세계를 되돌아볼 필요가 있다는 걸 알긴 하지만 그렇게 하기가 여전히 두려웠다. 다음 발췌문에서도 그녀는 여전히 자신의 두려움과 씨름한다. 그래도 이제는 작전 행동이 바뀌었다. 어머니가 돌아가실 때 자신이 어머니를 어떻게 대했는지 이에 관한 자각을 피하기 위한 방법으로 날뛰고 '미친' 듯 행동하는 대신 죄책감을 이용한다. 그녀가 방어를 유지하는 방식과

정상화를 통해 그러한 방어를 어떻게 내려놓게 되는지 주목하라.

넬: 어머니가 돌아가시기 전 마지막 달에 저는 결국 어머니한테 어머니처럼 해버리고 말았어요. 제가 원했던 바가 아니에요. 그리고 그렇게 한 건 좋은 어머니가 아니었다고 생각하고 있어요.

상담자: 음, 그건…….

넬: (말이 빨라지며) 그리고 전 화가 나기 시작했어요. 왜냐하면 저도 어머니로부터 돌봄을 받지 못했기 때문에, 그리고 전 무척.

상담자: (경청을 얻으려는 듯) 넬, 잠깐만요. 좀 들어봐요.

넬: (더 빨라지며) 저는 어머니한테 돌아가는 걸 무척 망설였어요. 전 가고 싶지 않았어요…….

상담자: 넬, 당신이 이 일을 개인적인 큰 문제로 가져가지 않았으면 해요. 아마도 당신 나이의 거의 대부분의 사람들이 부모의 죽음을 경험해요. 그리고 모두 똑같지야 않겠지만, 죽음을 맞이한 자신의 부모를 돌봐야 하겠지요. 그리고 대부분의 사람들이 그 일을 충분하다고 여길 만큼 잘하지 못해요. 그 이유는 부모가 겪는 통증, 고통, 우울함을 없애기 위해서 그리고 부모가 죽어 가고 있다는 사실 앞에서 우리가 할 수 있는 게 아무것도 없기 때문이죠.

어머니에 대한 넬의 반응은 특이할 것도 괴상할 것도 없다. 그녀는 죽음을 맞이한 부모를 둔 대부분의 사람들과 같다. 만일 그녀가 이 정상화를 기꺼이 받아들인다면 그녀는 자기 처벌적인 방어에서 빠져나와 상담에 보다 생산적인 방향으로 나아갈 것이다.

내담자가 자신의 행동에 균형잡힌 시각을 가질 수 있도록 직접적인 정보를 제공해 정상화가 이루어질 수 있음을 보았다. 보다 덜 직접적인 상황이라면 내담자의 성장하고 변화하고 싶은 열망과 익숙한 방어를 포기해야 하는 두려움 사이에서 갖게 되는 갈등을, 상담자는 정상화를 통해 개입할 수 있다. 뒷걸음질치고 싶지도 않고 그렇다고 앞으로 전진하기는 너무나 겁이나 있는 많은 내담자의 발목을 잡고 있는 것이 바로 이러한 갈등이다. 이런 상황에서 정상화를 통해 자신은 대부분의 다른 사람들과 다른 별난 사람이라는 내담자가 갖고 있는 자신에 대한 과장된 시각과 보통 사람이 보이는 반응의 실재 사이에 불일치가 있음을 강조한다. 정상화의 마지막 예인 앨런의 사례에서, 앨런은 자신의 감정을 느끼지 않고 분열시키기 위해 길러온 능력을 내려놓으려 하고 있다. 이제 그는 해리반응이 자동화되어 버렸고, 더 이상 자신에게 도움이 되지 않는다는 걸 인정한다.

앨런: 울 것 같거나 상처받을 것 같을 때 그리고 두려움이나 슬픔 같은 그런 감정일 때, 저는 할 수, 그렇게 할 수 있어요.(손가락으로 딱 소리를 내면서) 저는 제 자신을 막을 수 있어요.

상담자: 막을 수 있다고요……?

앨런: 쉽게 상처받거나, 슬프고, 두렵고, 구차해지는 것을, 저는 막을 수 있어요……. 제가 처음 받았던 상담은 전통적인 게슈탈트 상담이었어요. 상담자는 제게 힘든 부분에 숨을 불어넣어 보라고 했어요. 그래서 숨을 불어넣었더니 그게 사라졌어요. "숨을 멈추면 당신의 슬픔도 멈출 수 있어요, 숨을 더 쉬세요." 그래서 저는 숨을 더 쉬었고 그것이 사라졌어요. 마치 제가 어떤 것도 사라지게 할 수 있을 것 같았어요. 그래서 저는 그걸 열심히 연습했어요.

상담자: 지금 대화도 포함해서요?

앨런: 저는 어디에든 사용할 수 있어요, 네……그게, 음, 어떤 면에 있어서는 확실한 자부심을 갖고 있는데, 제 생각에는……제게 어떤 요소가 있어요…….

상담자: ……학교에서 교육받은 대로 문화에 일치되려고 하는 거 말인가요.

앨런은 기숙학교 교육의 산물이라고 할 수 있다. 8세의 나이에 바다 건너로 쫓겨나 친절이나 보호라고는 눈꼽만큼도 없는 어른들과 변덕과 잔임함으로 똘똘 뭉친 학교 친구들에게 지배를 받으며 살았다. 그때 당시에는 해리는 현실적인 해결방법이었다. 만약 참을 수 없는 상황을 피할 수 없다면, 그걸 느끼는 능력을 상실하는 것은 지당한 것이다. 상담자의 마지막 말은 앨런이 자기비난으로 빠지려는 찰나에, 그것을 막기 위해 정상화를 제공한 것이다. 왜냐하면 만약 누군가가 문화에 일치되는 방식으로 행동하고 있다면, 그러한 행동에 대해 자신을 비난하거나 비판하는 것이 더 어렵기 때문이다.

존재하기

상담기술 중에서도 다소 기본적인 기술로 보이는 정상화가 어떻게 상담자의 관여라는 개념에 적합한지 의문이 생길 수 있다. 부분적으로 정상화는 상담자 입장에서 보면 타당화와 같은 효과를 가지고 있다. 또한 상담자가 자신의 관점을 유지하면서 내담자의 고통에 휩싸여 길을 잃지 않도록 돕는다. 좀 더 큰 관점에서 볼 때, 지금까지 논의한 세 가지 모든 요소—인정, 타당화, 정상화—는 무엇보다도 가장 중요한 관여, 즉 존재하기에서 자연스럽게 나온다.

상담자의 모든 행동 중에서 존재하기는 직관적으로는 가장 분명하지만 정의하기는 가장 어렵다. 그것은 상담자들끼리 쓰는 말로 '그냥 거기에 있는 것' 이다. 그러나 단순히 충분하게 접촉하는 것 그 이상의 것이다(충분하게 접촉하는 데 '단순' 하기가 거의 어렵지만). 존재하기란 상담자의 의도와 능력이 결합된 충분한 접촉이다(Yontef, 1993). 즉, 내담자의 심리적 안녕에만 전념하면서, 상담자 자신의 감정이나 욕구는 배경으로 두고 있으면서도, 지금 일어나는 모든 것에 정서적으로 반응하며, 내담자를 위해 내담자와 함께 '거기에 존재하는' 것이다. 존재하기는 탐색을 통해 얻어진 모든 정보와 조율 감각을 이용하여, 진솔하고 따듯한 그리고 책임을 다하는 관계를 유지하도록 하고 그리고 그 관계 안에서 내담자가 성장하고 변화하는 데 필요한 지지를 경험할 수 있도록 한다.

상담에서 내담자와 함께 존재하는 것을 어떻게 배울 수 있나? 상담자 자질

중 가장 중요한 이 능력을 어떻게 신장시키는가? 어빙 얄롬(Irving Yalom, 1980)은 정확하고 구체적으로는 무엇이라 말할 수 없는 '가외의 특별한 것(throw ins)' 을 첨가하여 요리책에 쓰인 것 이상의 맛을 내는 장인 요리사처럼 탁월한 상담자의 특성인 존재하기 역시 구체화하기가 어렵다고 했다. 진정으로 존재하는 것과 단지 기술적으로 있는 것 사이의 차이는 나와 너의 관계(Buber, 1958)에서 나오는 '가외의 특별한 것' 과 같은 것으로 말로 담아내는 것이 불가능하다.

그러나 굳이 말하자면, 존재하기의 몇 가지 구성요소에 관해 이야기할 수는 있을 것이다. 요리사가 최고의 맛을 창조하려면 필요로 하는 모든 재료는 갖추어야 한다. 하지만 '가외의 특별한 것' 이 빠지고서는 그 모든 재료는 유용하지 않다. 그렇다면 모든 상담자가 온전한 상담관계를 만들기 위해 자신만의 고유한 '가외의 특별한 것' 을 가져야 한다는 것을 명심하면서 존재하기의 기본 요소를 살펴보자.

접촉

접촉의 특성과 중요성에 대해서 이미 충분히 논의했지만 이것은 존재하기의 핵심 개념이므로 다시 한 번 정리해 보자. 접촉은 내적 · 외적 사건 모두를 인식하는 것과 관련이 있다. 이것은 일종의 순환 과정을 요구하는데 상담자 안에서 일어나고 있는 일이 내담자에게로 옮겨가 일어난다(Perls et al., 1951).

외적 접촉은 조율의 기본이다. 상담자는 자신의 감정이나 욕구에서 벗어나 내담자를 의식 전면에 둔다(Stolorow et al., 1987). 그러나 외적 접촉 하나만으로는 관계 속에 있는 한 인간으로서의 상담자가 없어져 버릴 수 있다. 우리의 개인사, 욕구, 감각, 가치 그리고 훈련과 경험은 상담자인 우리를 구성하는 모든 부분이며, 우리가 상담에서 존재할 수 있도록 하는 본질이다(Bollas, 1987). 이러한 것에 주의를 기울일 때 상담자는 조개껍질처럼 속이 텅 빈 '전문가'가 아닌 진솔하고 고유한 한 인간으로 내담자에게 반응할 수 있다.

접촉은 균형을 잡는 행위다. 그저 앞뒤로 왔다 갔다 하고 단순히 순환하는 것 그 이상의 일이다. 각각의 측면이 다른 측면의 필요와 정보를 제공하고 향상하도록 한다. 내담자에 대한 상담자의 인식은 상담자의 내적 반응을 유발시키는데, 그 반응은 상담자의 심리내적 과정에 대한 인식을 깊고 풍요롭게 한다. 서로가 상대에게 힘을 주고, 둘이서 함께 관계를 만드는 분위기가 형성된다.

관심과 호기심

존재하기는 내담자의 내적 심리와 대인관계적 세계에 대한 진솔한 관심, 그리고 나음에는 어떤 것이 나타날까에 대한 진솔한 호기심을 포함한다. 인간은 너무나 신비하다. 인간은 과학이 이해하려고 시도한 가장 복잡한 현상 중 하나다. 부분적으로는 우리도 어느 정도는 그런 신비함에 매료되어 상담자가 되었다. 그렇지 않다면 우리가 상담자로 존재할 때 '원해서 여기 있는 것'이 아니라 '강제로 여기 있는 것'으로 가식일 뿐이다. 우리가 (어떤 이유에서건 일시적으로) 관심을 잃으면 내담자는 이를 감지한다. 관심도 없으면서 있는 척 위선적이 되면 관계 안에서의 안전, 지지, 존중은 사라지고 상담관계는 무너져 버린다.

내담자가 상담자의 진솔한 관심이 없음을 감지하기 때문만이 아니라, 상담자도 다른 모든 상담 관련 활동을 위한 동기를 갖는 데 관심과 호기심이 필요하다. 관심은 상담자에게 즉각적인 강화물을 제공한다. 내담자에게 관심을 기울이는 상담자에게는 내담자의 모든 행동과 말은 상담자의 진솔한 관심을 충족시키고 돋우는 보상 작용을 한다. 관심은 우리를 활기 있게 하고, 호기심은 상담에서의 탐색이 기술 이상이 되도록 한다. 탐색의 주요한 목적이 내담자의 인식을 성장시키는 것이지만, 상담자도 내담자의 대답에서 얻는 유익이 있다. 내담자의 내면세계를 더 많이 이해할 때 상담자도 만족한다. 내담자의 모든 행동과 말은 우리의 호기심과 관심의 새로운 대상이 된다.

다음 사례에서 상담자는 멜린다에게 1년 전에 받은 작은 인형을 아직도 가지고 있다고 말했다. 상담자가 관심과 호기심으로 내담자를 어떻게 탐색하고 존중과 관심을 전달하는지 살펴보자.

상담자: 멜린다, 내가 아직도 그것을 가지고 있다는 얘길 들으니 어때요?

멜린다: 정말 좋은데요. 저는 선생님이 그걸 가지고 있는지 묻기조차 겁이 났어요. 왠지 모르겠어요. 그걸 묻는 것조차 두려워하는 저 자신에게는 실망했어요.

상담자: 그럼 내가 먼저 그것에 대해 이야기하는 바람에 당신은 물어볼 필요가 없었는데, 그건 좀 어땠어요?

멜린다: 너무나 안심이 된. 뭐 그런……,

상담자: 어떤 것에서 안심이 되는? (잠시 침묵) 자, 그점이 바로 내가 당신에 대한 제대로 이해하지 못한 것 중에 하나인데요. 나는 그 역동은 이해하겠는데, 당신의 두려움이 정말로 무엇인지 모르겠어요.

다른 예로 앨런은 자신의 아버지에 대해 이야기하도록 초대되었다. 그는 상당히 긴 이야기를 했다. 지루해하거나 조급해하지 않으면서 상담자는 앨런의 이야기에 진지한 호기심을 나타냈다. 세부적인 사실에 머무르면서 상담자는 앨런의 이야기에 공명할 수 있었고, 앨런의 내적 과정에 대한 추론을 할 수 있었는데, 이 추론은 상담을 새로운 수준으로 이끌었다.

상담자: 아버지 밑에서 성장하는 게 어땠어요?

앨런: 음……아버지 배경을 말씀드리면 할아버지가 군대에 계셨기 때문에 아버지는 외국에서 태어나셨어요. 그리고 전쟁이 일어날 당시 아버지는 겨우 다섯 살이셨어요.

상담자: 1940년?

앨런: 아니요, 1939년이요. 아버지는 영어를 잘 못하셨어요. 왜냐면 아버지는 그 지역에 사는 유모의 손에 길러졌기 때문에, 그게, 전 이 이야기를 아버지한테보다 어머니한테 더 많이 들어서, 이건 저의 가정이긴 하지만, 추측해 보자면 아버지는 할머니와는 접촉이 많이 없으셨어요. 그리고 또 제가

알기로 지금은, 할머니가 최근에 돌아가셨어요. 할머니는 누구든 아픈 사람을 못 견뎌 하셨어요. 그걸 너무 싫어하셨어요. 제 생각에는 아프면 무능력해진다고 여기셨던 것 같아요.

상담자: 음.

앨런: 저는 여러 단편적인 정보를 맞춰 보고 있어요. 그리고 어머니도 제 생각에 동의하셨는데, 아버지는 태어나서 어릴 때 몇 년 동안 할머니와 떨어져 지내셔야만 했던 것 같아요. 음, 그리고 아버진 전쟁 때문에 영국으로 돌아왔고, 아마 집에는 잠깐 머물렀다가 그러고 나서 곧바로 예비학교에 보내졌고, 기숙사학교를 거쳐 기숙학교 중 가장 지독하다는 군대 기숙학교로 보내지신 거 같아요.

상담자: 별로 따뜻하지가 않았군요?

앨런: 전혀요.

상담자: 그래서 당신도 군대 같은 환경에서 자랐나요?

앨런: 아니요, 실제는 그렇지 않았어요. 아버지만 제외하고, 그러니까 아버지는 아버지 자신만의 가혹한 분위기를 만드셨어요.

상담자: (잠시 침묵) 전에는 아버지에 관해 당신이 얘기하는 걸 들은 적이 없어요. (잠시 침묵) 그런 분위기－환경이 아니라 분위기－였다면 당신이 내면의 안전한 장소로 은둔하고 싶어했던 게 너무나 당연하네요. 그런 가혹함이 단지 학교에만 있었던 게 아니라 집에서도 그랬다면.

앨런: (조용히) 네.

개방성

진솔하고 자발적인 관심은 상담자가 존재하기의 상태를 유지하도록 도와준다. 하지만 이것의 유용성은 내담자가 상담자의 반응에서 실제 이것을 지각하고 느낄 수 있느냐에 달려 있다. 이를 위해서 상담자는 기꺼이 자신의 내적 반응을 기꺼이 알려야만 한다. 상담자는 감정, 소망, 만족과 실망을 표현하는 데 개방적이어야 한다. 개방성은 진솔함과 자발성을 수반한다. 이것은 내담자와 분리 그리고 '전문성' 이라는 허울 뒤에 숨는 것과는 정반대다.

하지만 우리는 앞에서 전문성이 관여의 중요한 요소 중 하나라고 했다. 상담자가 전문성을 유지하면서도 자신의 내적 반응에 대해 개방적인 태도를 취할 수 있는 방법은 무엇인가? 답은 내담자의 심리적 안녕에 대한 상담자의 헌신과 진솔한 관심에 있다. 우리가 진심으로 내담자에게 집중할 때 우리의 전문성은 가식이 아니다. 전문성은 그저 그 순간에 존재하는 우리 자신의 한 부분일 뿐이다. 전문성은 필요한 한계와 경계를 제공하여, 상담자의 개방성—상담관계에 도움이 되는 것—이 내담자의 성장에 도움이 되도록 한다. 우리는 전문가이고, 우리의 내적 경험이 내담자에게 적절한 중점을 둘 수 있게 해 줄 것임을 알기에 개방적이고 자발적일 수 있다.

멜린다와 작은 인형을 기억하는가? 인형 속에다 목화솜을 집어넣으면 훨씬 더 멜린다처럼 보일 거 같다는 상담자의 생각을 말하자, 멜린다는 화들짝 놀라 화를 냈다. 그 말은 상담자의 생각과 느낌을 멜린다와 공유하고자 하는 상담자의 의지와 개방성을 부분적으로 보여 주는 것이다. 멜린다가 상처받았다고 했을 때 상담자는 형식적으로 사과하거나 방어적으로 대하지 않았다. 그렇게 하는 대신 더 많이 자기 자신과 자신의 느낌을 공유하려 했다.

상담자: 내가 당신에게 그렇게 얘기한 건 그 작은 인형의 부적절함에 대해 당신과 얘기하고 싶었기 때문이에요. 책상을 치우다 거기서 인형을 발견했어요. 그리고 그 인형을 쳐다봤죠. 그런데 내 기억 속에 있는 당신은 그 작은 인형보다 훨씬 통통했어요. 그래서, 음, 나는 인형을 살찌워야 한다고 생각했어요. 그렇게 하는 것이 당신과 나를 연결시키는 것처럼 느껴졌어요.

멜린다: 음, 그거 괜찮은데요. 그러니까 선생님 말씀하시는 걸 알겠어요.

상담자: 만약 내가 당신을 기억할 만한 무언가를 갖는다면, 좀 더 쉽게 기억하게 하는 것이었음 했어요.

개방성은 내담자들이 갖고 있는 상담자에게 거절당하거나, 혹은 상담자를 실망시키거나 지겹게 하거나 충격받게 할지도 모른다는 환상을 사라지게 돕는다. 실제로 모든 내담자는 자신의 기억이나 내적 자기비난에서 기인한 이러한 환상을 가지고 있다. 내담자들은 스스로 싫어하는 자기 부분을 뼈저리게 자각하고 있기 때문에, 다른 사람도 당연히 싫어할 것이라 생각한다. 내담자들이 상상하는 상담자의 반응은 매우 강하고 불가피한 것처럼 느껴지기 때문에, 실제로 상담자가 말한 것보다 더 중요하게 여겨진다. 멜린다도 이런 종류의 환상을 많이 겪어 봤다. 상담 초기에 자신의 작은 인형에 대한 상담자의 반응에 멜린다는 고통스러워하는 모습을 보였다. 상담 후반이 되어서 멜린다는 자신이 전에 경험했던 곤란과 고통을 이야기할 준비가 되었다. 그녀는 매우 주저하며 혹시 자기가 이야기할 때 상담자가 손을 잡아줄 수 있는지 물었다. 신체적 접촉의 지지가 필요했지만 그런 걸 필요로 하는 자신이 수치스럽고, 상담자가 거절할까 봐 두려워한다.

멜린다: (바닥을 쳐다보며) 선생님이 제 손을 좀 잡아 주셨으면 해요…….

상담자: 기쁘게 그렇게 하죠, 그런데 잠깐만요…….

멜린다: 네?

상담자: 이번에는 나를 보면서 다시 한번 말해 줄래요?

멜린다: 아.

상담자: 내가 그런 걸 알아차리는 걸 원치 않았죠?

멜린다: 그렇게 하기가 너무 힘들어서…….

상담자: 으음. 그래도 해 보는 게 너무나 중요해요. 그래야 당신도 내 반응을 볼 수가 있죠.

수치심에 관련된 문제가 있음에도 불구하고, 멜린다는 상담자에게 자신이 필요한 지지를 요청할 용기를 간신히 내었다. 하지만 상담자가 자신의 부탁에 대해 주저하거나 억지로 들어줄까 봐, 그리고 그 부탁으로 자신을 하찮게 볼까 봐 두려웠다. 상담자가 멜린다의 요구에 대해 어떻게 느끼는지 말로 전달했다면 그 두려움에 아무런 영향도 주지 못했을 것이다. 왜냐하면 말이란 드러내기 위해서 쓰기도 하지만, 감추기 위해서도 사용한다는 것을 멜린다는 알고 있었기 때문이다. 그러나 비언어적 반응은 대화의 공백에 다리 역할을 한다. 그래서 비언어적 반응이 훨씬 더 진솔하고 정서적으로 영향력이 있다. 상담자 얼굴에서 나타나는 따뜻함과 존중하는 태도를 보고, 내담자는 상담자의 지지를 왜곡하거나 축소하지 않고 더 잘 받아들이게 되었다. 그 순간에 그녀는 투사되고 못마땅한 환상에서 벗어나 진짜 인간과 접촉할 수 있었다.

취약성

누구도 취약해지지 않고서는 진정으로 개방적일 수 없다. 개방적이기를 선택한 상담자라면 필연적으로 내담자와 접촉하고, 내담자에 의해 영향을 받고, 변화되는 위험에 처하게 된다. 관계에 중점을 둔 상담의 모든 다른 영역과 마찬가지로 취약성도 쌍방적이다. 내담자는 자기 자신을 방어하지 않고 영향을 받도록, 상담자와 함께 취약해지도록 초대받는다. 그 초대에 신뢰감을 갖도록 하기 위해서는 상담자도 위험을 감수해야 한다.

자신을 취약해지도록 내버려 둔다는 것은 위험한 일이다. 이것은 상담자에게도 위험한데, 전문적 분리라는 이름의 방패 뒤에 숨어서 방어하고, 접촉하지 않으면서 있을 수 없기 때문이다. 내담자는 이중으로 위험한데, 상담자에게 취약해져야 하는 용기를 내야 할 뿐 아니라, 항상 객관적이지도 명확하지도, 정확하지도 않은 불완전한 상담자에게 자신의 약점을 드러내야 하기 때문이다. 간단히 말해 상담자도 취약하고, 실수할 가능성을 지닌 한 인간인 것이다. 상담관계는 모든 인간관계의 역설적 축소판이다. 인간은 온전한 자기 자신이 되기 위해서 다른 사람과 접촉해야만 한다. 그리고 그러한 자기는 생존을 위해 허용했던 바로 그 접촉에 의해 필연적으로 변화된다.

상담자의 취약성에 관련한 보다 실제적인 질문으로 돌아가 보자. 상담자의 취약성은 어떻게 표현되는가? 그리고 내담자를 가장 잘 돕기 위해 어떤 방식과 방향이어야 하는가? 첫 번째 질문에 대한 답은, 상담자의 취약성은 개방성을 통해 표현된다는 것이다. 자신의 내적 경험에 진정으로 개방적인 상담자는 자연스럽고도 필연적으로 내담자로부터 어떤 영향을 받고 있는지 드러내게 된다. 예를 들어, 상담자에게 슬픔, 즐거움 혹은 조급함이 올라오면, 그러한 정서를 자각하고 환영한다. 다음 사례에 등장하는 넬은 한동안 회피적이고 방어적이었다. 상담자는 이러한 행동의 기능을 이해함에도 불구하고 좌절감을 느끼기 시작했다. 상담자 자신이 이런 좌절감에 취약하다는 것을 알고 있기 때문에 넬을 걱정한다. 상담자는 도움이 되고, 넬이 과거의 패턴에서 벗어나는 것을 보고 싶어 한다. 하지만 넬은 그렇게 하지 않는다. 지금 이 순간 상담자는 수용하지도 않으면서 수용하는 척하는 대신 넬에게 이의를 제기한다.

상담자: 넬, 나는 왜 당신이 말한 게 믿기지가 않죠? 그리고 정말로 당신의 삶을 변화시키고 싶다면, 그렇다면 나와 함께 어느 정도의 위험은 감수해야 해요.

넬: 저는 제가 그렇게 했다고 생각하는데요.

상담자: 당신이 나와 위험을 감수하려 하는지 잘 모르겠어요. 내 경험으로는 당신이 다른 사람에게 하던 똑같은 패턴으로 나를 대하고 싶어 한다는 거예요. 당신은 했던 말 그대로를 하고 있어요. "저는 어머니에게 했던 대로 선생님께 할 거예요." 자, 이제 내면의 삶을 변화시키고 싶다면 나와 함께 어느 정도의 위험을 감수하고, 나를 당신의 어머니와는 다르게 대해야 해요. 나와 함께 변화를 시도해 보겠어요?

이 예가 특별히 흥미로운 것은, 상담자 자신의 좌절감으로 넬에게 도전을 한 것인지, 아니면 내담자에게 가장 도움이 되는 것이라 생각했기 때문인지 의문이 남는다. 하지만 이러한 이분법적인 의문을 제기하는 것은 인위적일 뿐이다. 상담자 자신의 감정, 자신의 취약성에 대한 표현은 내담자에게 가장 도움이 된다. 돌보는 마음과 취약성이 없는 기교적인 전문기술은 무익하고 비생산적이다. 하지만 상담의 전문성 없이 돌보는 마음과 취약성만 있다면 비윤리적이며 자기 오만이다. 서로가 서로에게 정보를 주고, 안내하는 이러한 결합이 상담 관계의 핵심이다.

상담자가 적절한 취약성을 갖는다는 것은 내담자를 충분히 돌보지 않거나(거의 취약성을 나타내지 않아서 내담자가 개인적으로 중요하지 않다고 느껴 관계가 가식적이 되거나) 혹은 과도하게 관여하거나 지나치게 돌보는(내담자는 자신이 침해당하거나 안전하지 않다고 느끼게 되는), 이 둘 사이에서 아슬아슬한 곡예를 하는 것과 같다. 어느 단계에 가서는 그리고 어느 시점에는 내담자에게 마술적 존재가 되어 인간적 실수가 없는, 내담자의 경험에 완벽하게 집중하고 에너지를 쏟는 상담자가 필요하다. 그러나 또 어느 시점과 단계에는 상담자처럼 굴지 않으면서, 친구가 되고, 내담자에게 기대고, 내담자 스스로 변화할 수 있도록 도와주는 상담자가 선호되기도 한다. 적절한 취약성이라는 이 아슬아슬한 곡예는 서로 반대되는 이러한 성향 사이에서 긴장을 만들어 낸다(Kohut, 1971). 많은 경우 이러한 상반되는 면들이 혼합되어 비언어적인 목소리의 어조 그리고 몸짓으로 전달된다. 이에 관한 하나의 예로 상담자가 자신의 개인적인 사유로 지난 상담회기때 일찍 떠났는데, 이에 대해 댄은 버림받은 느낌이 들었다는 이야기를 하는 것으로 상담은 시작되었다. 그는 버림받은 느낌이 들었던 다른 상황들과, 그것이 그에게 얼마나 고통스러웠는지 계속 이야기했다. 상담의 마지막 부분인 다음의 짧은 발췌문에는 상담자가 진정으로 돌보려했고, 댄의 고통에 대해 얼마나 마음 아팠는지, 그리고 그러한 일을 만든 것에 대한 후회를 표현한 것이 담겨 있다. 하지만 동시에 상담자는 여전히 책임을 다하고 있고, 댄의 상담 욕구도 매우 잘 알고 있으며, 전문성을 갖고 온전히 돌볼 의지도 있음을 분명한 비언어적 메시지로 명확하게 전달하였다.

상담자: (매우 긴 침묵) 더 말하고 싶은 게 있나요?

댄: 아니요.

상담자: 당신을 남겨 두고 먼저 상담실을 떠났던 건 유감이에요. 그리고 당신이 "다시는 그러지 마세요."라고 말해 줘서 기뻤어요.

인내와 일관성

몇 단락 앞에서 우리는 상담자가 좌절감과 조급함을 표현했던 넬의 사례를 보았다. 상담자의 존재가 상담에 도움이 되기 위해서는 그런 표현이나 상담자의 내적 반응은 꼭 해야 하는 규칙이 아닌 예외가 되어야 한다. 일시적으로 뒤로 물러나 있는 것과는 반대로 상담에서 존재하기는 인내, 일관성, 신뢰라는 특징을 수반한다(Khan, 1974). 자신만의 고유한 상황을 해결하려는 내담자의 노력에 대한 진지한 존경에서 비롯된 상담자의 인내는, 내담자가 새롭고 다른 맥락에서 오래된 자신의 패턴을 재연하여 자신의 개인적인 드라마를 완성할 수 있도록 활동 무대를 제공한다. 오래된 포도주를 새로운 술자루에 넣는 것이다(성경의 비유와 정반대로!). 그리고 이렇게 새로운 맥락과 새로운 환경에서 자신의 오래 된 패턴을 다른 방식으로 보고 느끼고 작동시킨다.

넬은 우리에게 과거의 패턴이 더 이상은 효력을 가지지 못한다는 신랄한 예를 보여 준다. 우리는 넬이 내면의 정서적 혼란으로부터 자신을 보호하기 위해 여러 가지 다양한 방식으로 애써 온 것을 보았다. 넬은 자신을 억누르는 것처럼 보이는 덫에 걸려 있다. 왜냐하면 회복해야만 하는 자신의 바로 그 부분이 그녀가 가장 두려워하는 부분이기 때문이다. 다음 예에서 그녀는 용기를 내어 자신의 숨겨진 한 모퉁이를 주저하면서 살짝 들여다보기 위해 온 힘을 다해 용기를 냈다. 그러고 나서 자신의 극단적인 방어인 익숙한 고통 속으로 도망갔다. 그녀는 눈을 감은 채 앉아서 도움을 요청한다.

넬: (작은 목소리로) 저는 혼자예요…… 저는 돌아갈 수 없어요. 그리고 안으로 들어갈 수도 없어요. (울면서, 그리고 큰 소리로 부르며) 어디 계세요?

상담자: 바로 여기요, 당신이 눈을 감으면서 나를 떠났던 거기 같은 자리에 있어요.

넬: 전 선생님을 떠나지 않았어요. 선생님이 절 떠나셨지. 전 완전히 혼자예요.

상담자: 그건 말도 안 돼요.

넬: (빠른 어조로) 그게 말이 안 된다면, 저라는 인간이 말이 안 되는 거예요! 그

리고 제 생각이나 제 마음도 말이 안 되는 거고요. 이걸 해결하려고 애쓰는 제 노력도 말이 안 되고요! 제가 말이 안 된다고 하지 마세요!

상담자: (차분하게) 조용히 내 얘기를 좀 들어볼래요?

넬: 뭘요?

상담자: 조용히 하고, 내 이야기를 들어보세요.

넬: (화를 내며) 저한테 조용히 하라고 하지 마세요!

상담자: (이성적인 톤으로) 나는 당신에게 조용히 하라고 할 수 있어요.

넬: 그건 절 무시하는 거예요! 전 선생님께 존중받고 싶어요.

상담자: 그게 내가 할 수 있는 당신을 가장 존중하는 말이에요. 조용히 들어보세요. 그래야 들을 수 있잖아요. 내가 말할 때 같이 말하면 내가 하는 말을 들을 수가 없잖아요.

넬: 조용히 하라고 하지 마세요. 저는 그런 식으론 선생님 말을 들을 수 없어요.

상담자: 아니요. 들을 수 있어요……. 당신은 당신 얘기하느라 너무 바빠서 내가 해야 하는 말을 듣지 않았어요……. 나는 여기에 있고, 당신이 안으로 들어갈 때, 나는 당신을 떠나지 않을 거예요.

여기에는 어떤 거절도 버림도 없다. 상담자는 일관성, 관심, 헌신과 접촉으로 함께한다. 상담자는 넬의 분노나 자기 보호적 책략 때문에 집중이 흐트러지지 않도록 노력한다. 상담자는 온전히 자기 자신으로 지금 현재에 머물면서 개방적이고, 넬의 행동과 그 행동으로 자신이 어떤 영향을 받고 있는지 알아차리면서 계속 자신의 일을 한다.

전문적 의도와 능력

이 장을 시작하면서 우리는 전문성이 내담자에 대한 상담자 책임의 범위와 방향을 정해 준다고 주장했다. 이제 상담자가 상담에 질적으로 존재하도록 돕는 의도와 능력이라는 조금은 다른 측면의 전문성을 살펴보고자 한다.

전문적 의도는 이 시간, 이 장소에서, 이 사람과 관계를 맺기 위해 상담자가 여기에 있는 이유와 관련되어 있다. 다른 상황에서라면 이 사람과 끈끈한 우정을 나누는 친구이거나 협력관계의 동료일 수 있다. 정반대로 상담자가 결코 친구로 선택할 것 같지 않은 사람일 수도 있다. 하지만 여기 상담장면에서 그것은 문제가 되지 않는다. 지금 상담자가 여기 있는 유일한 목적은 이 내담자를 상담하기 위함이다. 이것이 상담관계의 근본이 되는 기반이고, 유익한 방향으로의 변화를 촉진하는 상담자의 존재 기반이다.

전문적 능력 역시 변화를 촉진하는 존재가 갖는 특성의 주요 부분이다. 우리 상담자들은 자신의 능력과 자기 자신을 분리시킬 수 없다. 우리는 아는 것을 알고, 보고 있는 것을 보고, 믿고 있는 것을 믿는다. 그래서 상담자의 지식, 지각 그리고 신념은 필연적으로 다른 사람과의 상호작용을 결정한다. 무엇보다 중요한 것은 상담자의 전문성, 지식, 지각 그리고 신념은 상담자의 의식에 영향을 주고, 상담자가 수행해야 할 과정, 공유해야 할 반응, 제안의 제공 여부를 선택하는 데 영향을 준다는 것이다.

전문적 의도와 능력의 또 다른 본질적인 측면은 소위 '충분한 근거가 있음(grounded-ness)' 이라 하는 표현하기 힘든 어떤 것이다. 근거는 상담자가 내담자의 정서에 영향을 받고, 내담자의 경험에 마음이 움직일 때에도 심리적 균형을 유지하도록 한다. 내담자는 우리가 자신의 두려움에 반응은 하되 겁내지 않기를 바란다. 자신의 분노를 존중하면서 방어적이지 않고, 고통에 연민은 느끼지만 이에 압도되지 않는 상담자를 필요로 한다.

상담의 전문가로서 의도와 능력을 뒷받침할 탄탄한 근거를 가지고 있고, 그것에 주의집중하고 명확성을 가지고, 접촉 가능한 존재로 상담자가 있을 때 흥분한 내담자는 침착해지고 자신의 감정을 조절할 수 있게 된다. 그리고 소극적인 내담자는 격려받고 기운을 얻게 된다. 이 두 경우 상담자의 존재하기는 고착된 방어를 완화시켜서 욕구, 감정 그리고 기억이 교정되고 재통합될 수 있게 돕는다. 물론 내담자는 이렇게 상세한 것까지는 모른다. 상담이 잘될 때 내담자는 따뜻함, 존중, 신뢰를 경험하고, 내담자 혼자서는 풀 수 없는 매듭을 풀고, 흩어진 조각들을 한데 모을 수 있게 하는 상담자의 의지와 능력을 경험한다. 모니카의 경우처럼 상담자는 과대한 허식과 장황한 설명으로 작업하지 않는다. 우리는 그저 우리 일을 할 뿐이다. 그것이 우리 상담자인 것이고, 그곳에 있는 이유다.

모니카: 저한테 무슨 일이 일어나고 있는지 할 얘기가 있어요. 정말로 무서워요, 저는 있는 그대로 그냥 말할 건데, 말이 될는지는 저도 잘 모르겠어요. 괜찮나요?

상담자: 물론이지요. 이해하는 건 제 일이죠.

모니카: 모든 게 너무나 미친 짓이라, 이해가 안 되실 거예요.

상담자: 이해하는 건 내 몫이고, 당신도 그저 서슴없이 쏟아 내놓으면 돼요.

다시 넬의 사례로 돌아와서, 넬은 마침내 자신의 자기 패배적 패턴은 깨달았지만, 그것을 뚫고 나오는 방법은 아직 모른다.

넬: 어떻게 그만둘 수 있어요?

상담자: 내 이야기에 귀를 기울이고, 적어도 내가 알고있는 것을 당신이 상상하는 것만큼은 중요하게 여기면서…… 나를 중요하게 여겨 주세요. 내가 하는 말을 중요하게 여겨 주세요. 그래서 내가 말하는 동안만이라도 잠시만이라도 당신이 두려운 생각을 멈출 수 있도록 충분히 중요하게 여겨 주세요. 그리고 내가 한 말을 생각해 봐요. 그러면 자신에 대해 생각할 수 있을 거예요. 그다음에는 내가 들을게요. 우리는 교대를 할 거예요. 그러면 당신은 이 모든 걸 혼자 하지 않아도 돼요.

상담자의 존재하기는 의도와 능력을 전달한다. 이것은 내담자가 관계 안에서의 자기 모습을 발견하도록 촉진하기 위해, 주의깊게 형성한 상담자의 온전한 내적 · 외적 접촉의 표현이다. 상담자가 존재하기를 유지하면서 의도와 능력을 전달할 때, 내담자는 상담자를 책임감 있고 의지할 만하며 믿을 수 있는 존재로 경험하게 된다. 내담자에게 "나는 여기 있습니다. 나는 중요하게 여깁니다. 그리고 처리해야 할 문제를 다루는 데 충분히 유능하고 강하며, 충분한 지식을 가지고 있습니다."라는 메시지를 전달한다. 존재하기는 접촉으로부터 생겨나고, 접촉은 내적 인식에서 외적 인식으로, 그리고 반대로 순환하며, 내담자는 이러한 방식을 배우게 된다. 이것은 상담자의 말이나 행동 그리고 단순한 대화 그 이상이다. 이것은 일종의 교감(communion)이다. 즉, 상담자와 내담자를 분리시키기도 하고 하나로 묶기도 하는 것으로, 두 사람 관계 '사이(in between)'에 존재하는 본질적인 특성이다.

3. 정서

우리는 상담자와 내담자의 상호작용에서 비언어적 측면을 여러 차례 언급했다. 상담에서 일어나는 이러한 교류적 측면은 활자화된 문서로는 포착되지 않는다. 이러한 비언어적인 측면에서 정서표현은 무엇보다 중요하다. 정서는 본질적으로 상호 교류적이며 관계적이다. 즉, 타인과 서로 유사하고, 상호적인 정서(관여)를 요구하는 의사소통이다. 적절한 상호적 관여가 존재할 때 상담을 통한 변화가 생겨날 수 있다. 상호적 관여 맥락에서는 관계 욕구에 대한 반응이 일어나고, 자각이 향상되고, 온전한 접촉을 향한 초대가 이루어진다(Erskine, 1994/1997b).

내담자에게 정서는 종종 자각에 이르게 하는 다리 역할을 한다(Jones, 1995). 정서의 강렬함을 경험할 때 갖게 되는 불편함을 피하기 위해 정서 표현을 차단하거나 왜곡하도록 배워 온 내담자는 자신을 부분으로 분리시킨다(Guntrip, 1968; Federn, 1953/1977). 그들은 더 이상 온전한 자기 자신이 아니다. 이는 값비싼 대가를 치른 해결책이다. 자신의 자발성, 유연성, 친밀해질 수 있는 능력과 같은 중요한 부분을 포기해야만 하고, 그러한 격리된 상태를 유지하기 위해 상당한 양의 심리적 에너지를 소모해야만 한다. 정서를 느끼는 데 무능력해지는 것은 과도한 정서 자극을 피하기 위한 일종의 방어다. 이로 인해 부정해 버린 자신의 일부를 다루지 못할 뿐 아니라, 접촉, 온전함 그리고 관계를 희생해야 한다.

상담에서 관여의 중요한 기능은 내담자의 감정을 민감하게 만들고, 그 감정을 내담자가 표현할 수 있도록 상담자가 정서적 공명의 역할을 하는 것이다. 상담자의 관여를 통해 내담자는 정서에 접근하고 경험하고 통합할 수 있게 된다. 그렇다고 상황을 고려하지 않고 내담자가 자신의 감정을 마구 분출하도록 가르친다는 의미는 아니다. 오히려 자신의 정서 반응을 총체적으로 경험하고, 그러한 반응의 표현과 억제 사이의 균형을 찾도록 안내한다. 이를 실행할 수 있는 한 가지 방법은 내담자가 자신의 정서 기능을 이해하도록 돕는 것이다. 내담자의 표면에 드러난 모든 정서는 고조시켜 충분히 표현하고, 심지어 과장하도록 격려해 내담자가 그 표면을 넘어 보다 깊은 수준의 인식을 할 수 있도록 돕는다. 또한 피상적인 정서 경험이 정서를 부인하는 데 이용된 방법이라는 것을 이해하도록 돕는다.

아동기의 대부분을 아버지의 무시 속에서 자란 폴의 사례를 보자. 성인이 되어서도 인식하지 못하도록 꽉 닫혀 있는 버려짐에 대한 슬픔과 절망을 간직하고 있다. 이러한 느낌을 극복하라는 위협을 받을 때마다 그는 화를 낸다. 그러고 나서 그 분노를 통제하기 위해 필요한 노력으로 자신의 고통을 완전히 덮고, 무시한다.

폴: 아빠에 대해 많이 생각해 봤어요. 저 혼자 살아남아야 하도록 어떻게 저를 떠나버렸는지, 전 그렇게 했어요. 왜냐하면 그렇게 해야만 했으니까.

상담자: 지금 여기서 화를 좀 내보고 싶은가요?

폴: 화를 낸다고요? 전 이미 화가 나 있어요.

상담자: 나도 그건 알아요. 상실감을 느끼지 않기 위해, 화를 좀 더 세게 내보겠어요? (잠시 침묵) 이건 명령이 아니고 요청입니다.

폴: 만일 그렇게 해서 이 모든 걸 다 해결할 수 있다면 그렇게 할게요. 선생님을

믿고…….

상담자: 당신에게 지시하는 게 아니에요. 나는 그렇게 해야 한다는 규칙을 갖고 있지도 않아요. 내가 지금 보고 있는 것은 당신이 말을 한 마디씩 할 때마다 당신의 턱이 점점 더 긴장하고 있다는 거예요.

폴: 네.

상담자: 그러니까 혹은 더 많은 힘을 느끼려고 무기력한 상실감을 통제하려고 화를 내고 있는 건 아닌지 궁금하군요.

상담이 계속되면서 폴은 스스로 좀 더 화가 나도록 했다. 상담자의 지지를 받아 그는 화를 충분히 표현했다. 감정을 통제하기보다는 표현하여 결국 분노 저변에 숨어 있는 것에 접근할 수 있었다. 폴은 그 작업을 차분하고 슬프게 마무리 지었다.

폴: 이건 아빠가 하실 수 있는 것이었어요. 아버지와 저 사이에서 말이에요. 아빤 아무것도 안 하셨어요. 아, 세상에! 전 더, 더, 더 원해요. 아빤 충분히 하실 수 있으셨어요. 전 한 번도 충분히 받은 적이 없어요. 한 번도. 절대로. 절대. (울기 시작한다.)

물론 이렇게 깊은 슬픔을 발견했다고 폴의 상담이 끝나는 것은 아니다. 그는 탐색해야 할 게 아직도 많고, 자신의 것으로 받아들이고 통합해야 할 너무나 많은 정서기억들이 있다. 하지만 이제 문이 열렸다. 그는 자신의 관계 욕구 및 아버지와의 관계 상실을 알아차리고, 그러한 자각이 일어나는 것을 통제하기 위해 강하게 분노해 온 방식에 대해 훨씬 더 많이 인식하게 되었다.

아이를 무시하거나 경시하거나 냉소적으로 대하는 성인은 교류의 중요성을 과소평가하는 경향이 있다. "아무것도 아냐, 그 사람은 너무 예민하고/요구가 많고/까탈스러워……." 그래서 문제가 쌓여도 충분히 인식하거나 해결하지 못한다. 상담을 통해 이런 식의 비하가 축적되었다는 것을 알게 되면서,

이 사실이 자신이 감당할 수 있는 것보다 훨씬 두렵고, 고통스럽고, 화가 치미는 상황이라 압도될 수 있다. 이럴 때 상담자는 관여를 통해 내담자의 두려움, 고통, 좌절에 공명하고, 내담자에게 안전하고 편안한 환경을 제공하는 반응을 한다. 이와 같은 격려와 문자 그대로의 용기를 얻은 내담자는 의식 속에 막혀 있던 경험에 접근하게 된다. 마치 물리치료사가 경련이 일어나고 근육이 수축된 환자에게 고통스럽지만 그 부위를 쫙 펴도록 격려하는 것처럼, 상담자도 내담자가 고통을 통해 성장과 치유에 이르도록 돕는다. 우리는 제2장에서 자신의 신체 일부를 마비시키고 몸을 공처럼 웅크려 자신을 방어하려 했던 셰릴을 보았다. 그녀는 자신의 정서기억이 너무나 두려운 나머지 신체적으로도 아픔을 느낀다. 하지만 상담자의 연민과 지지로 셰릴은 자신의 두려움으로 들어가 아동기 경험의 인식을 점차 회복하게 되었다.

상담자: 당신은 무언가 매우 중요한 이유로 자신에게 더 엄격하게 하고 있어요. 그런 자세로 무언가 극복하려고 했던 경험이 있어요. (잠시 침묵) 그리고 이건 정말로 중요한데요. 그 철 발톱들(소파를 파고 있는 그녀의 손톱을 가리키며)이 당신 머리에서 생각이 나는 것을 막고 있고, 또 몸이 긴장하는 것을 막고 있어요. 그리고 아주 조금은 내가 당신에게 가까이 가길 원하지만, 대체로 자신이 통제하고 싶어하죠. 당신이 하고 있는 그 모든 것들이 중요해요. 그래서인데, 잠깐 동안 눈을 감아 보세요. 그리고 다시 돌아가서…….

셰릴: "제가 잘 모르겠다."라고 한 그거요?

상담자: ……어떤 거라두요……. 왜냐하면 나는 당신의 두려움을 진지하게 다루고 싶거든요.

셰릴: (잠시 침묵) 그건, 그건 이상해요. "당신의 두려움을 진지하게 다루고 싶거든요."라는 얘기에 전 그걸 믿을 수가 없는 거 같아요.

상담자: 당신의 염려에 대해서도 진지하게 다루고 싶어요.

셰릴: (울면서) 그것도 알아들었어요.

상담자: 내가 그 두 가지 모두를 진지하게 다룰 수 있을까요?

셰릴: 네, 하지만…….

상담자: (잠시 침묵) 당신의 두려움, 그래서 내가 당신을 돌볼 수 있도록 말이죠?

셰릴: 네, 여전히 거기에는 방해물이 많은데, 믿어야 할지 혹은……신뢰할 수 있는지……. (울면서) 마치 제가 언제나 양쪽 모두를 생각해야만 했던 것처럼. 선생님과 절 위하는 것처럼 이건 슬픈 게 아니에요, 그리고 전 그걸 받아들일 수 있어요. 언제나 제가 그 사람이 의미하는 게 뭔지 찾아야 했어요. 그리고 그건 계속, 계속, 계속 되었구요. 그리고 전 항상 무언가 비, 비, 비난할 혹은 말할 무언가를 찾을 거예요. 오, 이럴 순 없어요. 왜냐면……

상담자: 마음이 너무 바쁘군요.

셰릴: 네……두려워요.

상담자: 내면으로 들어가 보세요. 그 심란한 마음을 진정시킬 수 있는지 보세요. 만일 할 수 없다면 나에게 무엇이 일어나고 있는지 말해 주세요…… . 이것만 기억하세요, 내가 가장 하고 싶은 말은 당신의 몸이 당신의 주인이 되게 하라는 거예요.

셰릴: (잠시 침묵) 저는 토할 것처럼 매스꺼워요. 그리고 모든 게 쏟아져 나올 거 같아요.

상담자: 괜찮아요. 내가 깨끗하게 치울게요…….

각기 다른 정서는 상담자로부터 각기 다른 반응을 요구한다. 그리고 잘못된 반응은 상담자가 관계에 적절히 조율하고 관여하지 못했다는 증거가(대개는 분명하게) 될 것이다. 상담자가 의지와 능력이 결합된 조율을 하고 있다면, 내담자가 경험하고 있는 바로 그 정서가 상담자에게도 나타나며, 내담자에게 공명하게 될 것이다. 주요한 정서의 종류와 이에 해당하는 상호호혜적인 반응, 즉 조화를 이루는 조율과 관여에 대해 살펴보자.

화

화난 사람은 신중하게 대해야 한다. 화는 심각한 과제다. 화난 내담자는 상담자가 그 화에 관심을 가지고 이를 가볍게 보거나 물러서지 않으면서 정중하게 대해주길 요구한다. 예를 들어, 엘리스는 자신의 화를 오랫동안 억압하려 노력해 왔다. 그녀는 가난과 고립 속에서 비참한 어린 시절을 보냈다. 자신은 한 번도 가져 본 적이 없는 모든 것을 자녀들에게 주었다. 그러나 아이들은 이를 알아주지 않는다. 그녀는 아이들에게 화가 난다. 더 깊은 수준에서는 자신을 방임했던 부모에게 더욱 격노한다. 게다가 신앙심이 깊은 여자였기 때문에 자신의 화에 대해 수치심마저 느낀다.

상담자: 엘리스, 당신이 그토록 화가 나는 것에 대해 내가 존중해도 될까요? 당신이 분노를 없애려고 기도하는 것에 대해, 그 분노를 과거에 묻어 버리려 애쓰는 것에 대해 존중한다면요? …… 자녀들을 위한 부활절 계란이 순식간에 당신의 분노를 상기시킨다는 것을 내가 이해한다면요? 크리스마스의 장난감을 준비할 때마다, 한 그릇의 오트밀을 내 놓을 때마다, 상쾌한 냄새가 나는 침대 시트를 갈아 줄 때마다, 꼭꼭 닫아 두어야만 하는 분노가 다시 일어난다는 걸 이해한다면요? 제 얘기가 당신이 경험하는 것을 제대로 이해한 건가요, 엘리스?

엘리스: 제가 그렇게 한 게 수치스러워요.

상담자: 아, 그러지 마세요. 그저 나에게 그것에 대해 이야기를 좀 해 주세요. 당신이 화를 냈다고 당신을 비난하지 않을 테니, 수치스러워할 필요가 없어요. 그리고 나와 함께 있을 땐 수치스러워할 필요가 없어요. 이제야 당신이 아이들을 용서한다고 스스로에게 약속했던 이유를 알겠어요. 그런데 혹시 당신이 아이들에게 너무나 화내고 있기 때문에 그러한 약속을 한 건 아닌지 의문이 드네요.

때로는 내담자의 화가 다른 누구도 아닌 상담자를 향하기도 한다. 상담자는 분노의 표적이 되거나, 또는 실제로 내담자를 화나게 하는 말이나 행동을 한다. 만일 후자의 경우라면 상담자는 인정하거나 사과 또는 보상과 같은 교정 활동으로 내담자의 화에 대해 반응해야 한다. 그런 교정이 없다면 내담자는 자신이 진지하게 대우받고 있다고 느끼지 못한다. 그에 따라 상담자가 어떤 정서반응을 하든 내담자는 부자연스럽고, 진실되지 못하게 느낄 것이다.

화의 표적이 누구이건 간에, 상담자가 가져야 할 무엇보다 중요한 것은 충실하고, 흔들림 없는 든든한 태도이며, 끌어안는 능력이다(Fromm & Smith, 1989; Winnicott, 1965). 이것은 "나는 당신이 화를 낸다고 겁먹거나 상처 입지 않습니다."와 연결된 "나는 당신을 진지하게 대합니다."라는 반응이다. 만일 화가 상담자가 아닌 다른 사람에게 난 것이라면, 상담자는 내담자에게 일어난 일로 인해 상담자가 경험한 화/분노를 나누어야 한다(Erskine, 1997, 1993/1997). 하지만 상담자의 화가 내담자의 화보다 지나쳐서는 안 된다. 만일 그렇게 되면 내담자는 표적이 된 사람을 상담자로부터 방어하려 하거나, 또는 상담자가 너무 화가 나서 내담자 자신의 감정을 보유하고 담아 두지 못할까 봐 두려워할 수 있다.

다음 예에서 내담자 엘시아는 노모가 자신의 외모를 어떤식으로 방임했는지에 관해 이야기하고 있다. 그녀는 이러한 상황을 자신의 장성한 딸의 행동과 비교했다. 엘시아는 매우 품위 있는 여자로, 원가족의 알코올 중독 문제를 극복하기 위해 올바르게 행동하려고 무지 애쓰는 사람이었다. '남들이 어떻게 생각할까?' 가 그녀의 가장 중요한 통제 수단이다. 그녀의 딸이 '품위 있는 행동' 이라는 규칙을 위반하자 그녀는 화가 났다. 하지만 그녀는 그 화를 드러내기를 주저한다.

엘시아: 보통은 무릎 길이 정도의 교복치마를 입어요. 그런데 딸아이는 치마를 접어 올려서 미니스커트로 만들어 입어요.

상담자: 그게 아이들이 좋아하는 옷 입는 방식이죠.

엘시아: 하지만 걔는 교복 소매도 자르고 그걸 그냥 입고 다닌단 말이에요!

상담자: 알겠어요. 제가 염려하는 건 그것 때문에 당신이 어떤 영향을 받느냐는 거예요. 당신은 마치 당신의 어머니가 술에 취해 윗옷을 뒤집어 입고 계신

걸 보는 것 같은 느낌인거 같은데요.

엘시아: 네…… 네!

상담자: 또 마치 당신 딸이 술 마시는 집안의 사람과 결혼하는 것과 같고요. 그게 당신이 언제나 맞서 싸우던 수치심이죠. 당신은 남이 보기에 좋아 보이는 가정을 꾸리고, 제대로 된, 존엄한 여성이 되려고 애썼죠. 그래서 자랑스럽게 여길 수 있고, 당당히 머리를 높이 들 수 있게 말이죠. 그런데 딸아이가 이 모든 것을 쓰레기통에 던저 넣어 버렸군요!

상담자 자신이 얼마나 분개하고 있는지 표현함으로써 엘시아의 느낌에 공명하지만, 엘시아의 분노 수준의 강도도 주의 깊게 고려하고, 분노를 진지하게 받아들이고 있다는 것을 보여 준다. 그러면서도 여전히 내담자의 욕구에도 초점을 둔다. 여기서 중요하게 주목해야 하는 것은 상담자의 정서와 초점의 절묘한 조합으로 상담자의 진솔한 정서는 내담자의 안녕을 돕기 위한 통로로 사용되고 표현되었다.

두려움

두려움을 가진 내담자는 상담자의 정서와 행동이 안전한 방식으로 전달되기를 요구한다. 부분적으로 이러한 반응의 예로는 상담자가 산만해지거나 당황해하거나 겁을 내지 않으면서 그저 그 두려움을 인정해 주는 것을 포함한다. 상담자 자신은 두려워하지 않으면서 두려움으로 가득한 상황을 인식하고 이해하고 평가하는 것은 겁이 난 내담자에게 가장 지지가 되고, 차분하게 만들어 주는 반응일 것이다. 예로 레베카와 리처드가 의견을 달리했던 몇 달 전 집단상담 회기에 대해 댄이 이야기하고 있다.

댄: 집단에 대한 첫 기억은 레베카가 선생님한테 선생님이 저한테 실수했다고 했던 거예요.

상담자: 당신 말은, 그녀가 어떤 부분에서 나를 바로잡았다는 말인가요?

댄: 네. 저는 하늘이 무너지는 줄 알았어요.

상담자: 굉장히 무서웠군요.

댄: (얼굴을 찡그리며) 아, 네!

상담자: 지금 뭐 좀 기억 나는 게 있어요?

댄: 으음……그게, 제 아빠……. [그는 어릴 적 사건과 연관시키기 시작한다.]

안전을 조성하는 반응의 본질을 완벽하게 하나의 단어로 담아내는 것은 불가능하다. '안전을 조성하는 반응' 이라 표현하긴 하지만 여기엔 오해의 소지가 있을 수 있다. 그 용어는 상담사가 내담자를 위해 부언가를 하려 한다는 의미를 포함하기 때문이다. 하지만 안전을 조성하는 반응은 상담자가 내담자를 위하여 사태를 정리하는 방법에 관한 것이 아니고, 상담자의 내적 경험과 감정에 관한 것이다. 이는 누군가에게 나쁜 일이 생겼을 때 "유감입니다."라고 말하는 것과 같은 것이다. 사과하거나 사태에 책임을 지는 것도 아니다. 오히려 다른 사람의 고통에 대한 자기감정의 표현이다. 상담자의 '안전을 조성하는' 반응은 고치려고 하는 의도나 내담자가 그 문제를 다룰 수 없을 거라는 의구심이 아니라, 내담자의 두려움에 대한 상담자의 느낌이다. 상담자가 이해하고 있고, 내담자에게 영향을 받고 있으며, 내담자를 보호하고 싶고, 마음을 쓰고 있음을 의미하는 반응이다.

슬픔

슬픔에 대한 상보적인 반응은 동정이 아닌 연민(compassion)이다. 상담자와 내담자 관계에서 한 사람은 위에 있고 한 사람은 아래에 있는 동정이 아니라 내담자와 함께 느끼는 연민이다. 연민일 때는 상담자가 내담자의 슬픔을 공감적으로 경험하는 것에서 나아가 내담자에게 일어난 일이 자신에게 중요한 일로 경험된다.

아마도 인쇄물로 나타내기가 가장 어려운 반응이 연민일 것이다. 왜냐하면 이것은 온전히 혹은 심지어 부분적으로라도 말로는 결코 표현될 수 없기 때문이다. 이것은 어조, 몸짓, 한숨 혹은 손길로 전해진다. 다음 마샤의 발췌문에서 상담자는 단지 아홉 단어를 말했다. 그리고 그 단어로 나타내고자 한 것은 연민의 세계다.

마샤: ……그리고 선생님은 "뒤로 걸어가."라고 말씀하셨고, 우린 여섯 명의 어린 소녀들이었는데, 전 줄의 맨 뒤에 서 있었어요. 돌거나 전진하지 않고, 우리 모두는 발을 이리저리 움직이며 뒷걸음질쳤어요. 그러나 저는 무언가에 걸려 넘어졌고, 팔을 다쳤어요. 그리고 집에 와서 그 일을 다 이야기했는데, 어머니는 "뒤로 걷다니, 너 바보 아냐."라고 말했어요. "그런데 팔을 다쳤어요."라고 제가 말하자, 어머니는 말씀하셨어요. "야단법석 떨지 마." 그리고 그날 밤 저는 울었고, 어머니는 저에게 법석 좀 그만 떨라고, 내일이면 다 해결될 거라고 하셨어요. 그런데 제 팔은 부러져 있었어요.

상담자: (부드럽게) 아, 마샤…….

마샤: 그래서 전 언제나 소란스럽게 구는 게 겁이 나요. 전 많은 걸 속에 품고는 있지만 그것에 대해 많이 말하지 않아요. 그리고 다른 사람들이 자신의 어둡고, 겁나는 장소에 대해 이야기하는 걸 들을 때, 전 생각해요, '내 안의 어두운 장소는 겁나지 않아. 그것은…….' (긴 침묵)

상담자: (매우 부드럽게) 거기가 당신이 안전해지려고 가는 곳인가요?

연민이 비언어적으로 가장 편안하게 표현되는 이유는 이처럼 아주 부드러운 느낌을 말로 전하게 되면 희석되거나 없어져 버리는 경향이 있기 때문이다. 우리는 사실상 상담을 하는 수백 시간 동안 귀를 기울여 듣고, 받아 적고, 자세히 살핀다. 그중 가장 연민 어린 순간이 가장 조용하다. 말로는 그 순간의 알아차림을 전할 수 있고, 내담자에게 일어나고 있는 일을 진정으로 이해하고 있다는 몇 가지 증거를 보여 줄 수도 있다. 하지만 그 이상을 하려면 말은 그저 방해가 될 뿐이다. 다시 마샤의 사례를 보자.

마샤: (조용히, 생각에 잠겨) 제가 좋아하는 일 중 하나는 동물원에 가는 거예요. 전 휴가를 내서 동물원에 가는 걸 오랫동안 못했어요. 저는 동물들의 우리 사이를 돌아다니고, 여러 동물들에게 말을 걸어요.

상담자: 아침에 당신 고양이한테 말을 거는 것처럼 말이죠.

마샤: 네. 저는 아침에 몇 분 동안 쪼그리고 앉아, 저의 작고 하얀 고양이와 이야기하는 게 정말 즐거워요. 정말 좋아요.

상담자: 고양이는 대꾸를 않죠.

마샤: 고양이는 사랑스럽고, 전 정말 걔가 좋아요. 고양이가 저한테 다가오는 게 정말 좋아요.

상담자: 그치만 당신은 속으로 울고 있어요. 그렇지 않나요?

마샤: 사람과 고요한 시간을 보내는 것도 좋아해요. 오늘 아침 폴이 제게 말을 걸었을 때 진짜로 고마웠어요. (눈물이 뺨으로 흘러내린다.)

상담자: 그런 사소한 것들이 아주 특별합니다. 아주 사소한 것까지 자신을 받아들이고 있네요.

연민은 말 속에 있는 것이 아니라, 말을 둘러싸고 있는 어떤 것이다.

기쁨

두려움, 슬픔, 분노가 상담의 모든 것은 아니다. 기쁨의 순간도 있다. 웃음은 회복을 돕는다. 기쁨은 즐거움이 많지 않은 일상사를 감당할 용기를 준다. 기쁨은 나누면 배가 되지만 관계를 맺고 있는 다른 사람과 나누지 않으면 사라져 버린다. 이건 마치 동요와 같다. "요술 동전처럼 말이야, 꼭 쥐고 있으면, 한 개도 가질 수가 없고, 빌려주고, 사용하고, 여러 사람에게 나누어 주면 결국엔 더 많이 갖게 되지……." 기쁨도 나누려면 다른 사람의 참여가 필요하다. 내담자의 기쁨에 대한 상담자의 상보적인 반응은 자신의 진솔한 즐거움과 기쁨을 표현하는 것이다.

댄: 저는 1년에 청중이 많은 6~7개의 회의에서 발표를 합니다. 제가 좀 뿌듯해

하는 일이죠.

상담자: 와우, 댄!

댄: 그리고 제가 강연하면 5점 만점에 5점으로 언제나 최고의 평가를 받아요.

상담자: 축하합니다! 자랑할 만한데요.

댄: 저는 소통하는 걸 좋아해서, 강연이 즐거워요. 가르치기도 좋아요…… 이렇게 말하는 게 정말 어렵습니다. 자랑해서는 안 되는데, 꼭 자랑하고 있는 거 같아서요.

상담자: 알려 주셔서 나도 당신이 자랑스러워요.

우리가 자기 자신의 문제에만 몰두하지 않는다면 대개는 기쁨과 즐거움을 표현하기가 쉽다. 어쨌든 우리는 이 내담자를 좋아하고, 내담자가 잘됐을 때 진심으로 기쁘다. 상담은 언제나 심각해야만 한다는 잘못된 개념과 즐거운 순간에는 우리가 상담을 하는 '진정한' 목적을 잊는다는 믿음이 있는 한 내담자의 기쁨을 함께 즐거워하고 공유하는 것을 거부할 가능성이 높다. 하지만 화와 마찬가지로 기쁨도 내담자의 기쁨을 넘어서지 않도록 주의해야 한다. 너무 지나치면 겉치레처럼 되기도 하고 접촉을 방해한다.

내담자의 기쁨과 즐거움을 함께하고 있다는 것은 웃음이나 내담자 말을 반복하는 것, 가벼운 놀림 등을 통해 표현된다. 물론 다른 무엇보다 상담자의 미소는 이를 잘 전달한다. 그리고 서로의 반응이 진실할 때 미소는 자연스럽게 나온다.

상담자: 자신의 어떤 면을 좋아하나요?

앨런: 음, 그게 저의 민감성이 좋아요. 열정. 음, 사물을 이해하고, 사고하는 능력도 좋아해요. 그리고 지금이 좋아요, 저는 훨씬 더 생기 있고, 난생 처음으로 삶을 즐겨요. 너무나 오랜 세월 우울했기 때문에, 이건 정말 다른 느낌이에요.

상담자: 모터사이클 경주…….

앨런: 모터사이클 경주. (낄낄 웃으며) 네…….

상담자: 모터사이클 경주 할 땐 살아 있는 느낌이죠?

앨런: 으음.

상담자: (싱글거리며) 자기 자신을 보세요. 난 예전에 당신이 머리부터 발끝까지 가죽 옷을 입은 걸 봤어요.

앨런: 기억나요.

상담자: 정말 근사했어요!

4. 탐색, 조율, 관여

정서에 대한 상담자의 상보적 반응에 대해 논의하면서 우리는 관여뿐 아니라 조율에 대해서도 이야기했다. 특히 정서라는 영역에서 이 둘은 떼어 놓을 수가 없다. 관여를 하면 동시에 조율하기 마련이다. 관여의 부재 속에서는 조율이 이루어질 수 없다. 내담자의 정서를 감지하는 것(조율)과 그것을 중요하게 여기고 반응하는 것(관여)은 중국 철학의 음양과 같다. 둘은 서로 꼭 맞아 떨어지고, 합쳐져 하나가 된다. 그것은 마치 내담자가 부르는 노래 가락과 이를 뒷받침하는 풍요롭고 변화무쌍한 배경이 어우러진 음악과 같다. 그리고 탐색은 안팎을 드나들며 음악을 엮는 또 하나의 가락으로, 때때로 각 구절과 멜로디를 되풀이하고 되살리는 것이다.

탐색, 조율, 관여는 노련한 상담 수행을 가능케 하도록 상담의 내용과 차원을 제공한다. 그것이 없다면 우리는 단지 시늉만 하고 있는 것이다. 그것들이 있어야 진실한 관계와 관계를 풍요롭게 하는 접촉과 통합이 가능해진다.

상담자가 노련하게 탐색하여 내담자가 기능하는 데 영향을 주는 리듬/정서/인식/발달 수준에 조율하고, 내담자의 내적 과정에 관여하며, 상담 관계에 적절한 지식과 기술을 적용하게 될 때, 내담자는 많은 특별한 성과를 얻게 된다. 우리는 각각의 예를 살펴볼 것이다.

안전

적절한 상담관계 안에서 지지를 받으면 내담자는 안전감을 느낀다. 이 안전감으로 내담자는 방어패턴을 완화시키고 의식을 확장시킬 수 있다. 내담자에게 방어를 내려놓는다는 것은 자기 자신을 상실할 위험을 무릅써야 한다는 걸 의미하기 때문에 안전감은 필수적이다. 이것은 마치 내담자의 두려움에 조율하고, 관계 속에서 정서적으로 함께하는 상담자가 "나는 당신의 경계를 지키고 정성껏 돌볼게요. 그리고 상담을 마치면 그것을 확실히 돌려드릴게요."라고 말하는 것과 같다.

다음 예시문에서 모니카는 비명을 지르고, 자신을 멈추려하고 있다.

모니카: (비명을 지르며) 아 아아! (숨을 쉬지 못하며) 절 떠날 건가요?

상담자: (진지하게) 아니요.

모니카: 제가 미쳐도 절 버리지 않으실 건가요?

상담자: 네. 당신은 미쳐버리진 않을 거지만, 지금 미칠 거 같다는 거죠. 맞나요?

모니카: 맞아요.

상담자: 그러고 나서 우리는 어떤 일이 일어났는지 이야기할 거예요.

이 초대를 받고 모니카는 다시 퇴행하여, 아버지에게 술 취한 어머니를 와서 도와달라고 필사적으로 소리 지르기 시작한다. 어릴 때 한 번도 해 보지 못한 요구다. 상담자가 함께하고 있고, 안전함을 제공해 주는 상황에서, 내담자는 경계를 세우고 막아 놓았던 기억을 재경험하고 새롭고 건강한 방식으로 그 상황에 반응할 수 있었다.

새로운 자각

프리츠 펄스(Fritz Perls)의 주장대로 만일 자각(awarcness)이 접촉이고, 접촉하는 것이 건강을 의미한다면(Perls & Baumgardner, 1975; Perls, 1973), 자각이 향상되는 것은 성공적인 상담의 증표일 것이다. 이런 맥락에서 자각은 이해 이상을 의미한다. 자각은 인지적 현상이라기보다는 자기를 회복해 가는 것을 일컫는다(Perls et al., 1951). 새로운 자각에는 인지적 특성이 존재한다. 즉, “이것을 언제나 알고 있었어. 그런데 이걸 발견하는 데 왜 이렇게 많은 시간이 걸렸을까?”와 같은 강력한 명료함이 생겨난다. 관여, 조율, 탐색을 하는 상담자는 내담자가 피상적인 수준의 설명에 안주하는 것이 아니라, ‘아하’ 의 통찰이 일어날 때까지 자신의 과정에 머무를 수 있도록 돕는다. 모니카는 상담자로부터 제공되는 안정감과 보호를 기반으로 하여, 자신의 고통을, 그리고 나중에는 강력하게 아버지의 도움이 필요하다는 것을 ‘소리 내어 밖으로’ 꺼내 놓을 수 있었다. 회기가 끝날 때쯤 그녀가 냉리적이고 진단적인 용어를 사용하여 자신이 작업한 것들을 정리하려 할 때 상담자는 개입한다.

상담자: 모니카, 당신은 이것을 죽을 힘을 다해 분석하려 하는군요.

모니카: 서와의 작업을 그만두고 싶으신 건가요?

상담자: 아니요. 내가 무엇을 원하는지는 여기서 중요하지 않아요. 내가 원하는 건 정말로 중요하지가 않아요. 당신은 자신의 인생을 이해하는 데 너무 많은 세월을 보냈다고 생각해요. 당신에게 상담이 한번 경험해 봐도 좋은 많은 일들 중에 하나가 되었으면 하는 바람이에요.

통찰

자각을 방해하지 않고 강화하는 한 이해, 분석, 규정은 모두 중요하다. 인지적으로 이해하는 것은 정서 경험과 자각을 증대시키는 데 도움이 되는 틀을 제공한다. 이것은 내담자의 경험에 부합하는 단어를 제공하고, 그 단어는 내담자가 맥락을 이해하도록 돕고, 과거의 패턴이 다시 나타나려 할 때 기억을 되살아나도록 한다.

상담자: 집단상담 때 누군가 정서적인 문제를 다루려 하고, 당신과 상황이 비슷할 때마다 강하게 동일시하는 당신을 발견했어요.

넬: 제가 존재감이 없기 때문에 저 대신 그 사람들과 말이에요? 제 존재가 없기 때문에?

상담자: 혹은, "나는 누구인가?"를 찾고 있어서? (침묵) 어미와 헤어진 새끼 오리에 관한 동화를 본 적이 있나요? 그 새끼 오리는 여기저기 다니며 말하죠. "나는 누구예요?" "당신이 내 엄만가요?" "당신이 내 엄마인가요?"

넬: 전 제가 알고 있다고 생각했던 거예요.

상담자: 당신이 누구였는지?

넬: 네…….

상담자: 온통 역할들의 집합체 말인가요?

넬: 그게 바로 제가 누구인지 정의했던 방식이에요. 하지만 선생님이 말씀하셨던 걸 생각하면 저에 대한 감각을 갖게 돼요. 이제 막 나타나긴 했지만 거기 분명히 감각이 있어요. 하지만 선생님 말씀에 따라 그걸 생각해 보고 또 생각해 보고, 저에 대한 이해가 생겼어요. 이제 막 생겨나긴 했는데, 거기엔 이해가 있어요. 저는 이해하고 있는 중이에요. 제가 어제 썼던 일기가 기억나는데, "내가 알고 있다는 것을 나는 안다."예요. 그게 그렇게 대수가 아닐지도 모르지만 아무튼 시작이 되었어요. 저에 대해 알아가고 있어요.

새로운 행동

음식을 바닥에 놓고 개처럼 핥아먹어서 그의 어머니로부터 상담심리사에게 보내진 십대 소년의 사례다. 몇 달의 상담 후에도 그 소년은 여전히 음식을 바닥에 놓고 먹었다. 분통이 터진 어머니는 상담을 받고도 왜 아무것도 나아진 게 없는지 이유를 묻자 아들이 대답했다. "아니에요. 있어요, 제가 여전히 바닥에서 음식을 먹고 있지만, 지금은 제가 왜 그러는지 이유는 알거든요!" 이를 통해 얻을 수 있는 교훈은 중요한 내적 변화가 외적 변화의 표식 없이도 아주 드물지만 일어난다는 것이다. 대체로 관찰 가능한 변화가 없다면 상담이 효과적이었다고 보기 어렵다. 이 책에서 우리가 중요하게 여기는 것이 정서와 관계의 문제이긴 하지만 행동의 변화 역시 성공적 상담을 통해 얻게 되는 궁극적인 결과라고 우리는 믿는다. 때때로 우리는 상담환경을 통해 일어난 내담자의 행동 변화는 무엇이며, 그리고 그러한 변화가 어떻게 일어났는지 내담자를 통해 정확히 알 수 있다. 예로 로레인은 격렬한 정서작업을 끝내고 있다.

로레인: 전 좀 슬픈 거 같아요. 마음이 가라앉고 슬퍼요.

상담자: 어떤 슬픔인지……. 좀 더 말해 줄 수 있어요?

로레인: 엄마를 사랑하는데 엄마를 위해 그 일을 해결해 줄 수 없어 슬퍼요.

상담자: 당신이 그걸 해결하지 못해 슬프다는 것에 대해 좀 더 말해 주시겠어요?

로레인: 엄마가 슬픈 게 슬피요. 지는 슬퍼요…….

상담자: 그리고 어머니가 당신을 탓하는 그 일인가요? 어머니가 당신에게 바라셨다는 가능하지도 않은 그 일 말이에요.

로레인: 아, 네. 엄마의 인생을 편하게 만들어 드리는 거요.

상담자: 그걸 하고 싶었나요?

로레인: 원래는 제가 그렇게 하길 원한다고 생각했어요. 네. 그게……그게 제가 엄마와 함께 있을 수 있는 방법이었어요. 엄마와 함께 있을 수 있는 유일한 방법이 엄마를 돌보고, 엄마의 짐을 짊어지는 거라 생각했어요.

상담자: 네. 그건 중요하죠.

로레인: 엄마의 짐을 짊어지는 거. 이제 더 이상 하고 싶지 않아요. 더 이상은 못하겠어요.

상담자: 그렇다면 당신이 얼마나 감사하고 있는지는 어머니께 어떻게 보여드리죠?

로레인: 네. 저는 감사해요. 하지만 그것에 대해서는 감사하지 않아요. 엄마가 하실 수 있어요. 제가 언제나 엄마의 양동이를 채우면, 엄마는 그걸 차버리는 거 같았어요. 엄마는 "여기, 이거 또 비었다."라고 말했어요. 그리고 저는 다시 채웠어요. 더 이상은 못하겠어요.

상담자: 그래서 어떻게 할 건가요?

로레인: 제가 하려고 하는 건……. 저 자신을 돌볼 거예요. 그리고 저한테 오실 때, 엄마의 기대가 현실적이지 않을 때, 그 기대를 만족시킬 수 없을 때는

엄마한테 말할 거예요. 엄마가 이걸 이해해 주실지는 모르겠어요. 엄마가 초등교육만 받은 사람처럼 굴어도 전 상관 안 해요. 전 엄마가 굉장히 영리하다는 걸 알아요.

상담자: (잠시 침묵) 그것에 대해 더 하고 싶은 얘기가 있나요?

로레인: 지금 더 이상 할 말은 없어요. 실제로 해 보는 게 필요하죠. 엄마와 식탁에 앉아서 명확하게 할 필요가 있어요. 굴복하지 않고 도망치지 않으면서.

그리고 로레인은 자신이 말한 대로 했다. 몇 달 후 로레인은 어머니와의 두 번의 대화를 가졌고, 거기서 로레인은 자신이 원하는 것을 명확하게 표현했고, 그들의 관계에서 원하는 것을 어머니에게 요구했다고 했다. 두 번째 대화의 마지막 부분에서는 어머니도 달라졌다는 걸 느꼈다고 했다. 어머니는 로레인에게 요구는 적어지고 더 많은 관심을 보였다.

모든 것이 제대로 작동될 때 이 모든 것은 함께 일어난다. 상담자의 탐색, 조율, 관여 그리고 내담자의 안전감, 자각과 이해의 증대, 새로운 행동 등이 함께 나타났다. 그게 바로 마술이 일어날 때인데, 상담 관계에서의 접촉은 보통 사람들의 상호작용 규칙을 능가하는 것처럼 보인다. 이 경험은 변화를 가져오는 신비다(Bollas, 1979). 그것이 참다운 의미의 회복이며, 온전케 되는 것이다.

클레이튼: 제 부모는 엉망이라고 생각해요. 정말 엉망진창이에요.

상담자: 그렇다면 당신의 삶을 되돌려 받는 건 어때요?

클레이튼: 그게…… 부모님 두 분 모두 해야 할 것을 하지 않았기 때문에 제가 저를 도와줄 다른 사람을 찾는 게 더 나아요. 그리고 몇 사람을 찾았어요. 근본적으로 부모님이 그 사람들을 인정하지 않을 거라 생각해서…… 저는 어머니가 살아 계실 때, 한 번도 상담을 받고 있다고 말해 본 적 없어요.

상담자: 어머니가 아실 필요가 없었나요?

클레이튼: 네, 어머니가 아실 필요는 없었어요. 어쨌든 이해하지 못하셨을 거니까요. 제 말은 유감스럽다는 거예요……. 어머니는 제가 생각하는 것보다

더 똑똑하셨다고 여겨지긴 해요…….

상담자: 무언가에 불안해지시면 어머니는 어떻게 하시나요? 당신에게 빈정거리나요?

클레이튼: 네. "너는 도대체 왜 그걸 하려고 하니?" 엄만 이렇게 말하곤 하셨어요. "내가 엄마 역할을 제대로 하지 않았다고 말하려는 거니?" 네, 엄마, 엄마 말이 맞아요. 엄만 하지 않으셨어요.

상담자: 그래서 당신은 지금 무엇을 알고 있나요?

클레이튼: 실제로 어머니는 제대로 하지 않으셨어요. 심지어 제가 누구지인지도 모르셨어요. 어머닌 절 몰라요……. 외적인 건 아셨어요. 아니, 하지만 저에게 주신 카드에는 "신께서 네가 마음으로 원하는 것을 주시도록 기도하마."라고 적곤 하셨어요.

상담자: 훌륭하고 멋진 기도인데요.

클레이튼: 어머니가 기도대로 실천하셨으면 해요. 그게 저를 괴롭게 하는 부분이에요.

상담자: 어머니가 당신이 마음으로 원하는 걸 주시길 기대하나요?

클레이튼: 네…… 제 생각에 어머니는 자신이 생각한 대로 하지 않았다는 걸 알고 계셨어요. 기도는 하셨을지 모르지만……. (그가 울기 시작한다.) 전 제 인생을 보상받으려고 아주 열심히 일했어요.

상담자: 그래서 당신은 이루어 놓은 그 모든 것을 통해 당신은 무엇을 얻었나요?

클레이튼: 전에는 가져 보지 못했던 자유를 얻었어요. 제 스스로 생각할 수 있고, 제 스스로 선택할 수 있어요. 누군가는 절 사랑해요. 그리고 저는 그 사랑을 받아들여요. 이제 어머니도 그렇다는 걸 알아요. 마침내 제 내면세계를 아시는 거죠.

상담자: 그리고 그 기도…….

클레이튼: 어머니가 모든 카드들, 생일 카드, 크리스마스 카드……. "신께서 네가 원하는 것을 주시길 소망한다……" 그 일이 일어나고 있어요, 엄마. 그리고 어머니도 행복해하세요. 전 어머니가 가르쳐 주지 않았던 것을 배우기 시작했어요. 살아 있다는 것도 좋은 것 같아요. (조용히 운다.)

제5장 관계 욕구

상담자 관여라는 주제를 다루다 보면 어느 순간 어느 쪽이라고 규정할 수 없는 중간 영역에 도달하게 된다. 중간 영역은 상담자와 내담자 모두에게 속하기 때문에 어느 한쪽에만 속하지는 않는 영역이다. 관계의 한 축을 이루는 관여는 관계를 맺는 모든 사람에게 속한다. 상담자는 심리상담의 기본 원칙, 즉 다른 모든 것들에 우선하는 가치를 항상 기억하고 있어야 한다. 그것은 서로가 맺고 있는 관계와 그 안에서 일어나는 모든 일들은 내담자에게 서비스를 제공하는 범주에 속한다는 것이다. 상담을 목적으로 한 관여가 상담자의 진실한 감정과 반응이거나 '어느 쪽이라고 규정할 수 없는' 영역에서 일어나는 과정이더라도, 그것은 내담자의 심리적 안녕에 초점이 맞춰진 것이다.

여기에는 분명한 역설이 존재한다. 상담자의 관여는 진솔하고 자발적임에는 틀림이 없다. 따라서 관여는 기법이기보다는 태도와 감정으로부터 비롯되는 것이다(Yontef, 1993). 그러나 이미 제4장에서 논의되었듯이 이번 장에서는 상담자의 관여 수준을 조절하여 상담 방향을 설정하며, 더 나아가 상담에서 관여를 더욱 많이 사용할 수 있도록, 상담자가 개입 조절을 훈련할 수 있다는 것을 보여 줄 것이다. 그렇지만 어떻게 그것이 가능할까? 어떻게 상담자의 반응을 '훈련' 시키는 동시에 그 반응이 진실하도록 할 수 있을까? 관여의 '방향을 설정한다는 것' 자체가 관여의 자연스러움을 감소시키는 것이 아닌가?

이 역설은 상담 원칙의 기본 개념을 살펴보면 해결된다. 내담자와 있을 때, 상담자의 의도, 주의, 관심은 모두 내담자의 성장과 안녕에 초점을 맞춘다. 상담자는 그러한 목적으로 내담자와 의도적인 관계를 맺는 것이다. 상담에서의 관여는 항상 내담자에 초점을 둔 맥락으로부터 출현한다(Jordan, 1989). 강가에 흐르는 물은 통나무 위로 떨어지기도 하고 큰 돌을 돌아 굽이치기도 하며 때론 소용돌이 안에 맴돌기도 하는 등 자유롭게 흘러가지만, 강바닥을 벗어나지 않는다. 그와 마찬가지로 상담자의 관여는 상담 목적이라는 강바닥 안에서 자유와 자발성을 갖는다.

관여는 상담자에 관한 것이다. 즉, 상담자가 내담자에 대해 느끼고 생각하며 반응하는 방식에 관한 것이다. 관여는 또한 내담자에 관한 것이기도 하다. 상담자가 상담 관계 속에서 일어나는 일들에 관심을 쏟고, 그것으로 영향받은 것을 내담자가 인지하는 방식에 관한 것이다. 그것은 또한 '어느 쪽이라고 규정할 수 없는' 두 사람 사이의 상호작용, 즉 함께 호흡을 맞추고 서로 부딪히기도 하는 접촉의 춤사위에 관한 것이다(Sullivan, 1953). 그것은 감지된 관계 욕구와 충족된 관계 욕구에 관한 것이다. 실상 마지막 개념인 감지된 관계 욕구와 충족된 관계 욕구는 아주 중요한 개념일 뿐 아니라 관계 내 접촉 상담(therapy of contact-in-relationship)의 중심이 되므로 그 개념을 다루는 데 한 장을 할애할 것이다.

물론 관계를 통해 충족될 수 있는 욕구들은 특별한 욕구들이다(Erskine, 1998). 그러한 욕구들은 에이브러햄 매슬로(Abraham Maslow)의 인간욕구위계설(1970)의 하위 단계를 차지하는 생존의 욕구나 신체 안전의 욕구와는 다르다. 관계로부터 충족될 수 있는 욕구들은 대인 상호작용에서 비롯되고, 역으로 대인 상호작용을 윤택하게 키우기도 한다. 내가 당신과 관계를 맺을 때, 당신에게서 충족되기를 기대하는 필요와 욕구가 바로 그러한 것들이다.

모든 사람들이 이러한 관계 욕구를 경험한다고 말할 정도로, 그러한 것들은 어떠한 관계에서든 확인 가능하다. 사실 관계는 그것들에 의해 정의된다고 할 수 있다. 관계 욕구가 없다면 실제 어떠한 관계의 형성도 불가능하다. 내가 당신에게 아무것도 필요로 하지 않거나 원하지 않고, 당신도 내게 그러한 마음을 갖는다면 우리는 어떠한 관계도 맺지 않을 것이다. 관계 욕구는 단지 어린아이의 욕구이거나 아니면 어릴 적 관계 속에서 그러한 욕구 결핍을 경험한 성인들에게만 생기는 욕구가 아니다. 한 인간의 일상생활 속에서 나타나는 관계의 구성요소다. 대부분의 관계 욕구는 자각되지 않은 채로 존재하지만, 충족되지 않을 경우는 의식의 수면 위로 떠오른다. 그러한 욕구들은 더욱 격렬해지고 더욱 간절해져, 결국 일종의 공허함, 갈망, 끈질긴 외로움으로 경험된다. 욕구불만이 해소되지 않고 지속되면 좌절, 공격성, 화의 형태로 표출된다. 그러한 상태가 더욱 지속되면 무기력과 자포자기로 표출된다. 그래서 “나에겐 아무도 없어.” 또는 “이게 다 무슨 소용이람.” 등과 같이 자신의 각본 신념을 강화할 수 있다. 이러한 각본 신념은 충족되지 못한 욕구의 고통을 제대로 자각할 수 없도록 하기 위해 인지방어를 형성한다(Erskine, 1980/1997).

관계 욕구가 관계를 맺는 당사자들 모두에게서 나타난다 하더라도, 상담관계에서는 상담자의 욕구가 내담자의 욕구보다 부차적이어야 한다는 독특성이 있다. 내담자의 관계 욕구가 최전면에 드러나는 반면, 상담자의 욕구는 눈에 띄지 않는 곳에 놓이게 된다. 그러한 관계 유지가 바로 상담 목적의 기저다. 상담자는 자기중심적 사고에서 벗어나 내담자에게 진정한 관심을 갖고, 모든 것을 내담자에게 조율하기로 의식적인 선택을 한다(Stolorow et al., 1987).

내담자 욕구에 조율하는 것이 핵심이지만, 그것만으로는 충분치 않다. 관계 욕구는 상담관계 내에서 다루어져야 한다. 상담자는 내담자가 가진 관계 욕구를 인지해야 할 뿐 아니라, 적절한 감정반응을 통해 그러한 욕구를 충족시켜야 한다. 진실되고 자발적이며 보살피는 이러한 적절한 정서 반응이 진정한 접촉이 일어나는 관계의 핵심이다. 그것은 관계에 생명을 불어넣어 주고 상담 기법에 살을 붙여 준다.

이 책의 앞부분에서 급성 외상과 누적 외상의 개념을 여러 차례 살펴보았다. 관계 욕구의 개념을 통해 외상이 어떻게 발생하는지, 노골적 학대와 같은 급성 외상보다 만성적 방임이 왜 더 큰 상처를 남기는지 이해하게 되었다. 인간의 마음에 지울 수 없는 상처를 초래하는 것은 외상 자체가 아니라 상처를 받는 동안이나 그 이후에 회복을 돕는 관계가 없는 것이다(Erskine, 1997, 1993/ 1997). 여기서 회복을 돕는 관계란 관계 욕구를 인지하고 적절하게 반응하는 관계를 말한다.

모든 사람들, 특히 모든 아동들은 서로 호혜적으로 관여하는 관계를 필요로 한다. 즉, 관계 욕구를 민감하게 감지하여, 그러한 욕구들이 충족되는 방식으로 반응해 줄 수 있는 접촉 가능한 존재가 필요하다(Clark, 1991). 내담자가 지속적이면서 신뢰할 수 있는 환경 속에서 그러한 관계를 맺을 수 없었다는 사실을 가장 빈번히 깨닫는 사람은 바로 상담자 자신이다. 그러므로 내담자는 상담자와의 현재 관계에 대한 현실적 관계 욕구뿐만 아니라 과거에 충족되지 못했던 관계 욕구도 경험하게 된다. 그리고 상담자의 조율과 반응은 현재의 욕구들을 넘어 과거의 충족되지 않은 욕구들로 확대되어야 한다.

실제로 과거에 충족되지 못한 욕구로 인해 지금-여기의 현재 상담관계 속에서 나타나는 관계 욕구가 자주 퇴색되고 왜곡된다. 인간 발달 양식을 모르거나(Basch, 1988), 혹은 특정 내담자의 관계사를 모르는 상담자인 경우는 내담자의 그러한 욕구 표현에 놀라거나 당황스러울 수 있다. 내담자는 상담자에게 무언가 채워 달라고 요구한다거나(아마도 가장 빈번하게 나타나듯), 상담자가 무언가 채워 주지 않았다고 비난할 수 있다. 상담자는 그러한 요구나 비난이 난데없이 발생했다고 생각할 수도 있지만, 그런 상황은 난데없이 발생한 것이 아니라 내면 깊은 곳에 자리한 외로움과 욕구에서 비롯되어 수년 동안 내담자의 영혼을 울려온 관계에 대한 절규의 메아리다(Bach, 1985).

그렇다 하더라도 상담자는 내담자의 강렬한 관계 욕구들을 모두 과거에 겪었던 관계부재의 유물로 가정해서는 안 된다. 관계 욕구는 초기 유아기에서 노인기에 이르기까지 전 생애에 걸쳐 나타난다. 사람은 관계 욕구를 벗어버릴 수 없다. 이러한 욕구들은 인간다움의 근거가 되기 때문이다.

지속적이면서도 호의적인 방식으로 질문하여 상담자는 관계 욕구의 실마리를 조심히 찾을 수 있고, 현재와 과거에서 그러한 욕구들이 생겨난 근본적인 원인을 추적할 수 있다. 상담자는 민감하게 내담자의 경험을 조율하고, 해당 경험에 진실된 감정으로 적절하게 반응할 수 있고, 이를 통해 새롭고 회복을 돕는 관계의 틀을 다시 짠다.

관계 욕구의 본질과 그것들이 요구하는 상호 감정 반응들에 대한 이해와 인식은 상담에서 중요한 축을 이룬다(Basch, 1988; Wolf, 1998; Kohut, 1971, 1977). 상담자가 충분히 조율했을 때 내담자에게서 가장 현저하게 나타나는 관계 욕구를 감지하여 적절하게 반응할 수 있다. 이 장의 나머지 부분에서는 가장 일반적인 관계 욕구 8가지와 그에 따른 반응을 상담에서 어떻게 이용하는지 그 방법을 살펴보게 될 것이다.

1. 8가지 관계 욕구

안전감

앞에서 언급하였듯이, 매슬로(1970)는 생존과 안전이 가장 기본적인 욕구라서 다른 욕구를 경험하고 그에 반응할 수 있기 전에 반드시 충족되어야 한다고 가정했다. 안전감에 대한 관계 욕구에서 이와 비슷한 개념을 찾아볼 수 있다. 관계 속에서도 사람은 생존과 안전을 바란다. 관계 속에서 참된 자기가 될 수 있고, 타인의 존중과 애정 상실에 대한 두려움 없이 자신의 모든 것을 보여 줄 수 있다. 그러기에 접촉에는 위험한 측면도 있다. 자신을 개방하여 감정, 생각, 기억을 자각하도록 허락하고, 다른 사람에게 자신을 개방하는 것은 방어 태세를 늦추는 것이기 때문에 다른 사람의 반응이 무엇이든 그에 취약해진다는 것을 의미한다. 관계 형성의 시험적 첫 단계에서는 그러한 취약성이 존중받는지, 함께하기에 상대방이 진정으로 안전한지 알아보는 것이 포함된다.

일반적인 사회관계 속에서도 안전에 대한 관계 욕구가 존재한다면, 상담 환경에서의 그 중요성은 훨씬 더 크지 않겠는가! (Fromm & Smith, 1989) 상담은 내담자로 하여금 취약해져서, 자기 자신과 상담자에게 자신을 더 많이 내보여 자신의 생각, 감정, 욕구와 기억을 스스로 인지하고 공유하도록 초대하는 것이다. 새로운 자각을 하게 되고, 부정하거나 억압했던 경험이 회복됨에 따라 관계에 있어서의 안전감에 대한 욕구는 더 강렬해진다.

내담자가 안전감을 느끼기 위해서는 상담자의 언어적 확인 그 이상이 요구된다. 그것은 내담자의 취약한 부분들이 존중받고 보호받는, 뱃속으로부터 느껴지는 경험이다. 무엇보다도 존중과 보호는 상담자가 내담자의 경험을 모두 인간적이면서도 자연스러운 것으로 보고 이해하고 받아들인다는 내담자의 느낌에서 확인된다. 여기에 거절이나 조소는 존재하지 않는다. 그것은 자신의 일부를 새롭게 공유하고 나서도 관계가 이전처럼 확고하고 안전한 상태로 유지된다는 사실을 발견하는 경험을 반복적으로 하면서 자라난다.

상당수의 내담자들, 아마도 대다수는 자신의 내적 경험이 다른 사람에게 받아들여지지 않을까 봐 두려워한다. 그들은 상담자가 자신의 경험을 이야기하면 충격을 받거나, 혐오감이나 비난조로 반응할 거라고 상상한다. 그들은 상담자가 자신의 강렬한 감정에 압도되고, 자신이 '너무 지나치기' 때문에 거절을 당하거나 혹은 너무 바보 같이 어리석어 비웃음을 살까 두려워한다. 내담자는 상담자의 비언어적 반응 하나하나에 최악의 상황을 상상하며 지나치게 민감한 태도를 보이기도 한다. 상담자의 진실된 태도와 자발적이며 일관된 존중, 이해 그리고 수용만이 그러한 상황을 극복하는 데 도움이 된다(Rogers, 1951). 자신의 바람이 거부될까 봐 두려워하는 멜린다의 이야기에 귀를 기울여 보자.

멜린다: 좋아요. 선생님은 그게 끔찍하다고 생각하지 않는 거죠? 제가 선생님한테 지나치게 여러 번 물어봤다고 생각하지 않는 거죠? "세상에, 멜린다, 그 이야기는 이미 많이 들었어요. 내가 왜 또다시 그 이야기를 들어야 하죠?"라고 생각하지 않는 거죠?

상담자: 그건 멜린다의 상상이에요. 당신은 지금 당신이 생각하는 걸 나에게 말하고 있어요.

멜린다: (침묵) 네⋯⋯ 그러면 저는 "세상에, 내가 또 그러고 있네." 이렇게 말할 거예요. "그 이야기 이미 들었어요, 멜린다."라고 선생님은 말씀하신 적이 없으세요. 선생님은 그렇게 말씀하신 적이 없어요.

상담자: 그러면 왜 지금 그런 상상을 하게 되었을까요? 멜린다가 나에게 요청한 것에 내가 동의한 바로 지금, 이러한 상상은 중요한 기능을 하고 있어요.

멜린다: 일종의 방어에요. 이상한 방어⋯⋯아마도, 제 이야기를 하고 싶어하는 것에 대해 선생님이 절 무안하게 할 경우에 대비한. 아니면, 아마도 그건⋯⋯. 선생님이 말씀하시길 자연스러운 욕구이자 바람이라는 것이 그냥 당황스럽게 느껴져요.

마지막 두 개의 진술에서, 관계의 초점은 앞으로 논의하려고 한, 두 번째 관계 욕구인 가치인정으로 방향 전환이 이루어졌다. 그 이야기는 잠시 후에 하기로 하고, 안전감으로 돌아가자.

내담자가 상담관계에 안정적으로 정착하려면 상담자가 상담자로서의 역할을 지속하며 내담자의 안녕에 대한 책임을 결코 져버리지 않는다는 확신이 필요하다. 상담자가 내담자를 져버리지 않고, 상태가 너무 심각해서 상담할 시기가 늦었다고 진단하지도 않으며, 내담자가 공개한 내용을 이용해서 상처를 주거나 벌을 주지도 않고, 내담자가 아무리 깊이 빠져도, 내담자에 대해 알게 된 사실들이 아무리 끔찍하고 부끄러운 일이라 하더라도, 상담자는 변함없이 그 자리에서 내담자의 편이 되어, 지속적인 존중과 돌봄과 신뢰를 제공하리라는 사실을 내담자가 확신할 필요가 있다.

안전감 확보는 상담자의 행동 중 상당 부분이 비언어적이라서 축어록을 통해 전달하기 어렵지만, 일부 발췌문을 통해 안전감 확보의 질적인 부분을 살펴볼 수 있다. 제4장에서 인용되었던 모니카의 축어록 중 일부를 기억하는가? 그것은 이른 아침에 시작된 회기의 도입부에서 발췌된 것이다. 그때 모니카는 심하게 흐느껴 울고 있었다. 그녀는 전날 밤 무섭고 혼란스러운 기억들과 환상들 때문에 잠을 거의 이루지 못한 상태였다. 그녀가 느끼는 공포의 일부는 이 세상 아무도 심지어 상담자조차도 자신이 안고 있는 문제를 이해하지 못할 거라는 생각이었다.

모니카: 저한테 일어나고 있는 것에 대해 선생님께 조금 말씀 드려야 할 것 같아요. 정말 무서워요. 있는 그대로 말씀 드리겠지만, 이해가 되실지는 모르겠어요…….

상담자: 음, 그게 제 일인 걸요.

모니카: 그치만 정말 말이 안 되는 그런 거예요. 이해가 안 돼요.

상담자: 그런 것을 이해하는 것이 제가 하는 일이에요. 당신은 그저 주저 없이 말하기만 하면 돼요.

관계의 안전감에 대한 모니카의 욕구는 상담 목적 이상을 요구한다. 또한 그것은 상담 능력을 요구한다. 상담자는 모니카의 말을 경청하고 이해하려 노력할 것이라는 말을 하지 않는다. 내담자가 하는 이야기가 무엇이든 '그것을 이해하는 것' 이 자신의 일이고, 모니카의 도움을 받으며 그렇게 할 수 있다는 것을 상담자는 알고 있다. 모니카는 그것을 이해하려고 할 필요도, 자신이 이해 못한다고 수치심을 느낄 필요도 없다. 그녀의 책임은 그냥 '이야기를 뱉어 내는 것' 이다. 그러면 상담자가 그다음에 무엇을 해야 할지 알 것이다.

내담자가 아주 격렬한 감정에 휩싸여 있거나 심하게 퇴행하거나 또는 두 가지를 다 보이는 경우, 언어 이상으로 훨씬 더 큰 안전감을 주는 것은 바로 상담자가 함께 있어 주는 것이다. 상담자는 정서적 조율을 통해 내담자가 언제 강인하고, 침착하면서 정중한 상대와 실제로 함께 있고 싶어 하는지 감지할 수 있다. 강압적이지 않은 신체적 접촉은 내담자가 안전감을 경험하도록 해 준다. 그래서 내담자는 인지적으로 머리를 쓰거나 관계 내에서 어떤 일이 일어나는지 성인으로서의 자각도 할 필요가 없다(Smith, 1997; Kepner, 1987). 여기에서 다시 모니카의 사례 중 회기가 좀 더 진행된 부분을 살펴보자.

모니카: (두려워한다. 그녀의 두 눈은 감겨 있다.) 어디 계세요? 선생님 어디 계신지 알고 싶어요!

상담자: 여기 제 손이 있어요. 바로 여기에. (모니카의 손을 잡는다. 모니카가 손을 꽉 잡는다.) 내가 잡고 있는 게 느껴지나요? 손을 계속 잡고 있을 거예요. 그러니 내 손을 잡느라 너무 애쓰지 않아도 돼요. 제 쪽에서 힘을 줄 테니 그게 제 손이에요……. (모니카가 흐느끼기 시작한다.) 손을 잡느라 애쓸 필요 없어요. 손을 계속 잡고 있을게요. 당신도 편하게 있어요.

모니카: 저는 정말이지 멀리 날아가지 않을 거예요.

상담자: 당신이 그러려고 애를 써도 내가 단단히 잡고 있을 거예요.

모니카: 잡아 주신다고요?

상담자: 네, 자 한 번 가보세요! 멀리 날아가 보세요.

모니카: 그래서 제가 선생님을 꽉 붙들 필요가 없도록 선생님이 저를 꽉 잡아 주실 거라고요?

상담자: 제가 잡고 있을게요.

유능한 성인으로서의 모니카는 날개가 자라나거나 천장으로 둥실 떠오르지 않을 거라는 것을 분명 알고 있다. 하지만 학대에 대한 유일한 방어가 자신의 몸으로부터 분리되어 '멀리 날아가' 는 것이었던 어린아이인 모니카에게(그녀에게 잡도록 하는 것이 아니라 그녀를 계속 잡아 주는) 안전하고 친절한 상담자에 의해 단단히 고정되는 것은 안전감에 대한 은유일 뿐만 아니라 안전감 그 자체가 되는 것이다.

가치 인정

존중과 관심을 받고, 가치를 인정받고자 하는 욕구는 모든 관계에서 명백히 나타난다. 나의 가치에 대해 관심도 없고, 존중이나 인정도 해 주지 않는 사람과 왜 관계를 맺고자 하겠는가? 그렇지만 관계 욕구로서 '가치 인정' 의 의미는 이러한 일반적인 돌봄의 개념을 넘어선다. 그것은 이해받는 것과 이해받은 것에 대한 가치를 인정받는 것과 관련이 있다(Basch, 1988).

하지만 이해받는 것에 대한 개념은 더 많은 질문들을 불러일으킨다. 어떠한 방식으로 이해받는가? 관계 욕구가 충족되기 위해 완벽한 이해가 필요한 것은 아니다. 심지어 완벽한 이해는 가능하지도 않다. 다른 누군가를 온전히 이해하는 사람은 그 어디에도 없다. 자기 자신조차도 완벽하게 이해하는 사람은 없다! 그럼에도 다른 사람에 대한 가치 인정은 그 사람에 대한 일종의 이해를 기초로 해야만 한다. 만약 당신이 내가 누구인지, 무엇을 하는지, 어떻게 느끼는지 모른다면, 나에 대한 당신의 가치 인정은 과연 값어치가 있을까?

상담 관계에서 가치 인정에 대한 관계 욕구는 내담자의 말, 생각, 감정 그리고 행동이 가진 기능에 대한 상담자의 가치 인정으로 충족된다(Bach, 1985). 이것은 절대적으로 중요한 개념이다. 상담자는 내담자가 무엇을 하든 그것이 중요한 기능과 목적을 갖고 있고, 그 목적은 가치가 있다는 것을 확신한다. 내담자의 행동이나 반응 자체는 고통을 유발하거나 혼란스럽거나 또는 잘 이해되지 않을 수도 있지만, 반응의 기능은 중요하고 주목할 만한 가치가 있다. 최상의 경우는 상담자가 그 행동의 기능을 이해할 때이고, 최악의 경우는 상담자가 행동의 기능이 존재한다는 것과 그 중요성을 모를 때다.

그런 측면에서 가치 인정은 제4장에서 관여에 대해 논의할 때 이미 살펴보았던 '타당화'와 매우 유사한 개념이다. 가치 인정은 내담자 욕구의 정당성, 내담자 감정의 중요성, 내담자의 내면심리 과정의 기능을 타당화하는 것이다(Kohut, 1971, 1977). "당신의 행동과 정서에는 목적이 있습니다."라고 상담자는 말해 준다. "그것은 서로 연결이 되어 있습니다. 우연히 일어난 것이 아닙니다. 그것은 매우 중요하며, 우리에게 무언가를 말해 주는데, 그 행동과 정서에 주목할 필요가 있습니다." 아래에 자기 방어적 혼란 속에 싸여 있는 셰릴과 상담자가 나눈 대화를 살펴보자.

셰릴: (긴 침묵) 혼자 있을 수 있어요. 그냥 제 자신 안으로 들어가는 거죠, 영원히. 그냥……

상담자: 그냥이라구요?

셰릴: (울면서) 기다리고 있어요.

상담자: 이미 40년 동안이나 '줄곧' 그래 온 거 아닌가요? 거기에 영원히 앉아 있으면서 그냥 기다리는 거요.

셰릴: 영원히, 네.

상담자: 셰릴, 기다리는 게 뭐죠?

셰릴: ……해방? 네, 해방이요. 누군가 제게 뭐라고 말해요. "이건 그게 아니야, 너는 그 자리에 항상 있을 필요가 없어."

상담자: 당신은 거기 있을 필요가 없어요. 당신은 어떤 아주 중요한 이유 때문에 그 자세를 하고 있어요. 그 자세로 당신이 대처하려고 하는 그 경험만큼 다른 사람의 말이 중요하지는 않아요. (침묵) 그 쇠 발톱들이, 그 생각들이 당신 머릿속으로 들어오는 것을 막아 주고, 당신은 항상 몸을 긴장하고 있고 당신의 아주 작은 일부는 제가 가까이 오기를 원하지만 대부분은 당신이 통제하고 싶어한다는 것들이 정말로 중요해요. "나는 셰릴이 누구인지 몰라요."라는 당신의 말을 포함해서 당신이 하는 행동, 그 모든 것들이 정말 중요한 것입니다.

세릴의 몸짓언어에서 긴장하고 경계하는 닫혀진 그녀의 심리 상태를 볼 수 있다. 그녀는 다른 장소로 이동하거나 자세를 바꾸려면 허락을 받아야 한다고 생각한다. 하지만 사실 그녀는 허락 이상을 필요로 한다. 그녀에게는 지금까지 오랫동안 그녀가 있어 왔던 자리에 대해서 가치를 인정해 줄 상담자가 필요하다. 왜냐하면 그것이 아주 중요한 기능을 가지고 있기 때문이다(Khan, 1974; Guntrip, 1968). 그녀가 자신의 위치에 대해 가치를 인정받고, 스스로가 인정하기 시작할 때에 비로소 진정한 변화를 위한 준비가 된 것이다.

미국의 농촌에는 늑대 거북(역자 주: 무는 특성이 있음)에 대한 전설이 있다. 이 늑대 거북은 일단 물었다 하면 천둥이 치기 전에는 절대 그것을 놓지 않는다. 오래되고 익숙한 반응들은 늑대 거북과 같아서 쉽게 놓지 않는다. 여기에 나오는 '천둥' 은 상담에서의 가치 인정이라 할 수 있다. 가치 인정이란 상담자가 믿고 있는 것을 내담자와 소통하는 것인데, 즉 내담자가 어떤 이야기나 행동을 해도 내담자의 행동, 감정 그리고 신체 감각은 내담자가 이전에 경험한 무언가 중요한 것과 관련이 있다는 상담자의 믿음을 내담자와 소통하는 것이다. 이러한 가치 인정을 통해 내담자의 자존감을 강화하고 방어적인 부정의 경향을 줄여 나갈 수 있다. 상담자가 내담자의 반응을 중요하게 여기기 때문에 내담자 또한 그 가치를 인정할 수 있게 된다.

그러나 내담자가 하는 모든 행동이 표면상 나타난 그대로 가치가 있다고 할 수는 없다. 내담자의 행동과 경험의 일부는 내담자 자신이나 타인, 아니면 양쪽 모두에게 상처가 된다. 비록 상처가 되는 반응일지라도 그 반응의 기능, 그것이 담당하는 중요한 목적, 그리고 전달하는 중요한 메시지가 있다는 측면에서는 가치가 인정되어야 한다. 물론 표면적으로 적절하고 도움이 되는 반응들도 지각하지 못한 기능과 의미들을 가지고 있다. 다음의 발췌문에서 셰릴은 자신이 얼마나 심각하게 두려워하고 상처받아 왔는가를 알도록 허용하고 있다. 그리고 오랫동안 이 두려움과 상처를 어떻게 차단해 왔는지도 알아 가게 된다. 그녀는 고통스럽게 울다가 흐느낌을 가라앉힌 후에 메마른 목소리로 말한다.

셰릴: 저는 그렇게 하고 싶지 않아요.

상담자: 좀 더 진지해지고 싶나요? 당신은 농담도 할 수 있고 아니면 학교 수업 내용을 늘어 놓을 수도 있어요.

셰릴: 아, 어렵네요…….

상담자: 그렇죠, 어렵죠. 자, 좀 쉬어 갑시다. 우리 뉴스에 나왔던 이야기나 좀 할까요?

셰릴: 아, 제발 그러지 마세요…….

상담자: 아니, 저는 지금 진지해요. 저는 이 세상을 헤쳐 나가고 대처하는 당신의 방식도 당신의 고통만큼이나 존중할 거예요. 당신의 방어도 아주 중요한 이유가 있는 거예요. 학교에서도 잘해내고, 밝은 성격을 가지고, 농담도 하고, 날씨 얘기도 하고, 이 모든 것들이 당신 인생에서 아주 중요하지 않았나요?

처음에 나온 상담자의 반응은 장난스럽고 거의 무례한 것처럼 들린다. 셰릴이 상담자의 말에 대해 반대하고 나서야 비로소 그러한 반응 밑에 있는 진지함이 보인다. 셰릴이 자신을 통제하고 뭔가 자꾸 다른 일들을 생각하곤 하는 것은 중요한 자기방어의 기능을 가지고 있다. 상담자는 그것을 가볍게 다루지 않는다. 상담자는 그것을 존중하고 그것에 가치를 부여할 것이다.

반응의 가치를 인정하는 것은 그 반응을 정상화시키고, 또 내담자가 자신의 반응을 비정상적 상황에 대한 정상적인 반응으로서 이해하도록 돕는다. 모든 행동들을 과거까지 충분히 깊이 추적해 보면 그 모든 행동들은 욕구 충족과 관련이 있다. 보통 사람은 자신의 욕구 충족을 위해서 해야만 하는 일을 한다. 하지만 욕구 충족을 위한 행동이 합리화로 뒤덮이고, 수치심과 죄책감으로 왜곡되고, 우리 인식의 밖에 묻혀 버릴 때, 우리는 그것이 가진 생존적인 기능을 놓칠 수도 있고, 그것을 비정상적이고 받아들여질 수 없는 반응이며, 우리 자신을 게으르거나 제정신이 아닌 증거로 간주하기 시작할 수도 있다. 정상화를 하는 목적은 내담자가 자신이 한 행동의 내적 경험을 재정의하도록 하는 것이다. 그것을 통해서 내담자는 그 행동의 기능을 수치심이나 왜곡, 자기방어 없이 인정할 수 있다.

내담자의 반응들 중에서 가치 인정을 요구하는 것은 관계 욕구 그 자체다(Erskin, 1998). 이러한 욕구를 경험하는 것이 내담자들에게 수치심을 불러일으킬 수 있다. 지금-여기에서 겪는 것뿐 아니라 과거에 충족되지 못한 욕구까지도 관련되어 있기 때문에 그러한 욕구는 아주 강렬하게 느껴진다. 내담자는 과거에 충족되지 못했던 것에 대해서는 아직 인식하지 못할 수도 있다. 그들이 알고 있는 것은 단지 상담자에게 무언가를 원한다는 것이고, 절실히 원하지만 왜 그런지는 이해하지 못한다. 혼란스럽고 마치 통제할 수 없는 기분을 느낀다. 내담자는 관계 욕구에 대해 언급하는 것을 당혹스러워할지도 모른다. 하지만 여전히 늑대 거북처럼 그런 욕구를 떨쳐버릴 수가 없다.

상담자는 어떻게 내담자의 가치 인정의 욕구를 경험하고 그에 적절한 호혜적 반응을 전달할 수 있을까? 그것은 본질적으로 다음의 세 가지 단계의 과정으로 이루어진다. 첫 번째, 상담자는 반드시 자기 자신에 대한 관심에서 벗어나 내담자에 초점을 맞추어야 한다(Stolornow et al., 1987). 가치를 인정받을 필요가 있는 내담자의 반응은 종종 상담자가 다루고자 희망했던 반응과 다를 때가 많다. 이런 경우 상담계획에 차질이 생길지 모른다. 때로는 내담자는 상담자에게 비난이나 공격을 퍼부을 수도 있다. 물론 상담자의 내적 반응이 중요하지만, 그것은 단지 배경에 머물러 있어야 한다(Erskine & Trautmann, 1996/1997). 내담자를 반드시 전경에 두어야 한다. 관계 속에서 가치를 인정받고, 확인받고, 중요한 존재로 느끼고 싶은 욕구에는 그 순간에 내담자 자신의 경험이 상담자의 경험보다 더 중요하게 여겨져야 한다는 욕구도 포함되어 있다.

상담자는 내담자에 초점을 두면서 반응을 정상화시킨다. 상담자는 내담자의 반응이 이상하거나 사악하거나 어리석지 않다는 것을 알기 때문에 그 점을 강조한다. 내담자의 반응은 자기 보호를 위한 욕구로부터 비롯되었으며, 어려운 상황을 대처하기 위한 최선의 방법이었다. 상담자는 내담자의 반응이 어떻게 시작됐는지 아직 이해하지 못할 수도 있다. 그러나 상담자는 일반적으로는 인간 전체에 대해, 또 특정하게는 그 내담자에 대해 잘 알고 있기 때문에 내담자의 반응이 비정상적인 상황에 대한 보편 타당하고 오히려 칭찬받을 만한 것이라고 확신한다. 여기 하나의 예로 상담자와 마거릿이 나눈 대화가 있다. 마거릿은 자신의 아버지가 가족을 학대하고 방치한 사실을 정직하게 이야기하기보다는 아버지를 옹호하는 습관을 가지고 있다.

상담자: 당신은 아버지가 왜 가족을 상대로 도둑질을 했는지에 대해서 아버지한테 근사한 이유를 주고 싶어 해요. 아버지가 도박중독에 빠진 것은 그의 뇌 후두부의 신경세포가 모두 잘못된 방식으로 연결되었기 때문이고, 그래서 그는 어쩔 수가 없었다는 그런 대답이 근사한 답변이 될까요?

마거릿: (한숨) 그건 좋은 이유가 아니에요.

상담자: 아이에게는 어떤 이유도 좋은 이유가 아니죠. 하지만 모든 아이들은 어떻게 해서든지 좋은 이유를 찾으려 하죠.

모든 아동은 좋은 이유를 찾으려 애쓴다. 당신이 하는 것은 정상이다. 이러한 틀을 기반으로 상담자는 내담자의 반응들이 어떻게 발생됐고, 또 다른 어떤 것들과 연결되어 있는가에 대해서 관심을 갖거나 정중하게 호기심을 가질 수 있다. 이 정중한 호기심이야말로 내담자가 말하는 것을 진심으로 이해하고, 문제가 되는 반응 속에는 무언가 중요하고 가치 있는 기능이 숨어 있음을 진심으로 믿고 있다는 것에 대한 가장 좋은 증거가 된다. 만약 상담자가 내담자의 반응 속에 숨겨진 기능이 있다고 믿지 않는다면, 왜 그렇게 관심을 갖고 그것을 찾겠는가?

내담자가 자기가 해 왔던 행동이나 느꼈던 감정이나 생리적인 반응의 기능을 진정으로 발견하고 완전히 이해하는 시점이 상담에서 매우 중요한 지점으로 기록된다. 이런 종류의 발견이 중요한 것은 지금껏 부정해 오던 자신의 일부분을 되찾도록 한다는 점, 즉 오랫동안 단절했던 것과 다시 만나게 한다는 점이다. 또한 이것은 상담 관계뿐만 아니라 자신의 반응이 존중되길 원하는 내담자의 욕구를 충족시키려는 상담자의 자발성을 재확인시켜 주기 때문에 전환점이 된다. 많은 경우에 그것들은 서로 뒤섞여 있어서 내담자는 무엇이 일어났는지를 완전히 인식하지 못한다. 그저 어떤 것이 슬쩍 들어와 공허함이 채워지고 뭔가 이전과 다르다고 느낀다. 다음의 예에서 상담자는 로레인이 그녀의 어머니를 돌보는 책임에 대해서 어떻게 느껴 왔는지에 대해 이야기를 나눈다.

상담자: 어쩌면 우리가 이제 이야기해야 할 것은 당신이 지고 왔던 그 책임감이 당신의 자기감에 얼마나 중요했던가에 하는 거예요.

로레인: 네, 저는 얘길 하고 싶어요. 그게 제가 원하는 거예요.

상담자: 만약 당신이 가족을 돌보는 역할을 그만둔다면…….

로레인: 저는 엄마를 잃을 거예요. 엄마로부터 받아 왔던 인정을 잃을 거예요. 그건 제가 가족을 돌보는 존재로 늘 있었기 때문에 가질 수 있던 거였어요. 지금도 마찬가지에요. (운다.)

어머니에 대한 그녀의 집착, 마치 아이가 자신을 돌봐주는 다정한 부모와의 관계를 간절히 원하는 욕구와 일맥상통하는 어머니 돌보기(논리적 이치에 어긋나지만 어쨌든 자신이 집착해 온)를 하면서 로레인은 마침내 자기의 충족되지 않은 욕구의 고통을 느낄 수 있고 자신의 고립되고 잃어버린 부분을 되찾게 되면서 그녀는 울 수 있다. 상담자가 한 것처럼 그녀 스스로도 되찾은 자신의 일부를 존중할 수 있게 된 것이다.

수 용

관계 욕구의 목록을 만들 때 각각의 욕구 범주를 한 단어로 표현하는 데 어려움을 겪었다. 특히 '수용' 이라는 범주가 가장 어려운 부분이었는데, 지금도 여전히 만족스럽지가 않다. 그 이유는 사람들은 상처의 회복을 돕는 관계 내에서의 수용을 원하기 때문이다. 사람들은 다른 많은 이들로부터 사랑받고, 가치 있는 존재로 여겨지고, 존경을 받기도 하고, 필요한 존재로서 받아들여지는 등, 수용되는 경험을 할 수 있다. 하지만 그들과의 관계에 존재하고 있다는 것을 대수롭지 않게 여긴다. 더군다나 그들은 상담자가 아니다. 결정적인 것은 수용하는 사람이 어떤 사람인가 하는 것이다. 내담자는 강하고, 안정되고, 보호적인 상담자로부터의 수용을 필요로 한다(Bach, 1985; Basch, 1988; Kohut, 1971, 1977).

많은 관계 안에 어느 정도는 이처럼 강하고 안정적인 사람으로부터 수용받고자 하는 욕구가 있지만, 특히 상담관계에서 이러한 수용은 중요하다. 상담자와 함께 내담자는 오래된 관계 문제들과 이전에 충족되지 못해서 쌓였던 욕구들의 상처를 재경험할 수 있다. 또한 (상담환경에서 이러한 욕구들이 인정된다는 가정하에) 내적 접촉을 통합하기도 하고 다시 시도할 수도 있다. 상담자로부터의 지지와 보호, 수용은 이러한 작업에 필수적인 요소다. 또한 내담자가 이러한 지지와 보호에 대한 자신의 정서반응을 경험하는 것도 필수적이다.

아동과 마찬가지로 우리 모두는 부모, 연장자, 선생님, 멘토를 존경하고 그들에게 의지하려는 욕구를 가지고 있다. 자신을 보호해 주고, 용기를 북돋워 주고, 때로는 정보를 줄 수 있는 중요한 타인을 필요로 한다. 불행히도 많은 사람들에게 이런 욕구가 충족되지 않았고, 그 충족되지 않은 욕구는 개인의 존재방식과 존재방식을 형성해 가는 과정에 지속적인 방해 요소가 된다. 지금까지 묘사된 유형의 수용이 제공된다면 내담자와 상담자가 만드는 상담관계는 이런 욕구가 궁극적으로 만족되는 장이 될 수 있을 것이다. 상담자에게 요구하는 것은 평범하고 일상적인 안정이나 보호, 지지가 아니다. 이것은 아이가 자신의 부모에게 바라는 대단히 큰 안정과 보호와 지지다.

그렇다면 상담자로서 우리는 어떻게 이러한 욕구를 충족시킬까? 다행히도 상담자는 실제로 전설적인 이상화된 부모가 될 필요는 없다. 상담자에게 요구되는 것은 상담자 자기 자신으로 행동하는 것이다. 그렇게 하면 내담자는 정서적으로 상담자를 그런 식으로 경험할 수 있다. 다시 말해 내담자가 상담자에게 갖는 정서적인 상상에 방해되지 않도록 반응해야 한다. 내담자가 상담자를 일관되게 안정적이고 의지할 만하고 보호해 주는 부모로 인식하고 관계할 수 있도록 행동해야 한다. 만약 내담자가 그러한 이상화된 부모를 원한다면, 상담자의 태도는 내담자의 그러한 환상을 허용하고, 더 나아가 격려하는 역할을 해야 한다. 하지만 내담자가 그것을 필요로 하지 않는다 하더라도 그러한 상담자의 태도는 전문가로서 내담자의 회복을 돕는 책임을 다하는 것이다.

'안정적' 이고 '의존할 만한' 은 더 이상의 설명이 없어도 매우 잘 드러나는 상담자의 특성이다. 상담자는 내담자가 가용할 수 있는 존재이고, 언제나 내담자에게 초점을 두고 있으며, 회복을 돕고자 하는 의도는 쉽게 요동하지 않는다. 상담자는 상담 약속을 지키고 내담자의 전화에도 응답한다. 상담자는 화를 내거나 압도당하지 않으면서 내담자의 말을 들을 수 있다. 상담자는 내담자가 신뢰할 만하고 의지할 만하다. 만약 상담자가 내담자를 화나게 하는 어떤 것을 꼭 해야 한다면 그 일에 앞서 내담자에게 그것에 대해 예고한다. 만약 상담자가 실수를 한다면 그것을 인정하고 사과한다. 상담자는 지금-여기에 내담자와 함께 있고, 어제와 동일한 사람으로 오늘도 있고, 내일도 존재할 것이다.

상담자가 내담자를 보호하는 존재임을 인식시키는 일은 다소 복잡미묘하다. 왜냐하면 내담자의 입장에서 상담자가 자기를 실망시키지 않을 거라고 느낄 수 있어야 하고, 내담자 스스로의 자기비난 혹은 방어확대가 일어나지 않도록 보호받고 있다고 느껴야 하기 때문이다. 근본적으로, 상담자가 내담자를 적절하게 보호할 때 내담자는 마치 상담자가 "나는 당신을 다치게 하는 일은 어떤 것도 하지 않겠어요. 그리고 당신이 스스로를 다치게 하지도 않을 거예요. 당신이 상상으로 여기에 데려오는 어떤 사람도 당신을 다치게 두지 않겠어요."라고 말해 주는 것 같은 경험을 한다.

대개는 내담자가 상담자로부터 이런 수용을 경험하게 되면, 내담자는 이상화의 단계를 통과한다. 이상화란 어느 이런 정도로는 의식되지 않는 상태로 있는 보호에 대한 요청으로, 자기보다 더 크고 강하고 지혜로운 어떤 사람으로부터 돌봄을 받고 싶다는 요청이다. 그것은 또한 아이 때 경험했어야 하는 부모에 대한 이상화의 메아리이기도 하다. 모든 아동은 친절하고 강하고 애정이 있고 지혜로운 어머니와 아버지를 필요로 한다. 내담자의 경험에 관여하고 조율하며 그의 안녕을 위해 전념하는 상담자는 내담자가 한 번도 경험하지 못한 그러한 종류의 양육자에 가장 가까운 사람일 수도 있다. 이상화는 아주 자연스러운 결과다.

상담자를 이상화함으로써 내담자는 강하고 의지할 만하고 보호해 주는 사람에게 수용되는 경험을 할 수 있기 때문에, 일반적 상황에서 이를 하지 못하도록 기를 꺾거나 이러한 마음을 없애버리려 해서는 안 된다. 유아들의 보플이 일어난 낡은 곰인형이나 누더기가 된 담요처럼, 이상화된 상담자는 내담자가 고통과 두려움을 직면할 때 강력한 동료가 되어 줄 수 있다. 물론 만약 상담자의 이상화가 상담작업을 향상시키기보다 방해가 되기 시작하면, 다른 자기방어적 행동과 마찬가지로 다루어져야 할 것이다. 그러나 대부분의 경우, 상담자의 이상화는 상담 관계의 일부분으로서 있는 그대로의 사실로 받아들여져야 한다. 제4장에서 버려졌다고 느꼈던 감정에 관해서 이야기를 했던 댄은 상담을 막 시작하려고 하는데, 상담자에 대한 그의 감정을 우선적으로 표현한다.

댄: 우선 좀 말씀 드리고 싶어요. 선생님이 저한테 얼마나 중요한 분인지

상담자: 네, 벌써 여러 가지 방법으로 보여 주고 있죠.

댄: 네, 제 생각엔 그래도 말씀을 드려야 할 것 같아요. 왜 그런지 말씀드려야 해요. 제 생각에 선생님은, 그러니까, 상담 중에 많은 전이가 일어나고 있다는 걸 알고 있어요. 하지만 그건 제쳐 두고라도, 누구를 닮고 싶다고 생각한 건 제 인생에서 선생님이 처음이에요. 저의 내면에서 선생님은 그 정

도로 중요한 존재예요. 그리고 음, 선생님과의 관계 속에서 자라고 싶어요. 그래서 아이의 세계에서 선생님과 함께 있었던 것처럼 어른의 세계에서도 함께 있고 싶어요. 왜냐하면 제 인생에서 지금까지 어른들이 존경받지 못했어요. 그들은 언제나 자기 마음대로 지휘하거나 가르치려 들었어요. 하지만 선생님은 그런 식이 아니세요.

상담자: 그런 식이 아니라니 기쁜데요.

이 책의 제목을 '공감 그 이상을 추구하며' 라고 붙인 이유 중 하나는 상담자 이상화 현상과 관련이 있다. 공감을 하나의 성공적인 상담의 필수조건으로 보는 개념을 소개한 칼 로저스는 이러한 이상화가 필요하다고 생각하지도 않았고, 더욱이 상담자를 이상화하는 것이 내담자에게 도움이 된다고 믿지 않았다(Meador & Rogers, 1984). 로저스는 그의 관점에서 상담자는 단순히 내담자의 자기실현 능력이 자라나고 번성할 수 있도록 하는 비옥한 토양을 제공한다. 관계 내 접촉 상담에서의 상담자는 일반적으로 보다 능동적인 역할을 하고, 상담자에 대한 내담자의 느낌은 상담 작업의 단순한 배경 그 이상이 된다. 이러한 맥락에서, 상담 과정은 세 가지 단계로 크게 나뉠 수 있다. 상담의 초기, 즉 내담자가 오직 자신의 감정과 욕구와 관심사에만 초점을 맞추고 있을 때는 상담자의 인격은 명백하게 배경으로서만 존재한다. 점차적으로 내담자는 자신의 관계 욕구를 만족시키는 데 상담자를 이용하기 시작하고, 상담자도 내담자의 각본대로 준비된 역할을 맡기 때문에 내담자는 이제 새로운 반응을 보이며 실험을 할 수 있도록 자유로워진다. 이 두 번째 시기 동안, 상담자는 내담자에게 극도로 중요한 존재가 되고, 내담자의 생각과 환상에 자주 등장하게 된다. 작업이 진행됨에 따라 내담자의 이러한 의존 욕구는 사라지고, 흔들리던 추도 가운데 자리로 돌아온다. 내담자도 중요하고, 상담자도 중요하다. 이제는 서로 함께 완전한 두 인격체로서 접촉이 향상되는 관계를 창조한다.

상호성

상호성의 욕구는 자신이 겪고 있는 상황을 경험해 본 사람과 함께하고 싶은 욕구를 말한다. 즉, 그런 사람은 실제 삶에서 혹은 상상에서라도 비슷한 경험을 했기 때문에 당신이 경험하고 있는 것을 이해한다. 상담 관계에서 상호성은 내담자가 느끼고 말하고 행하고 인내하는 것과 같은 종류의 감정, 말, 행동과 인내를 직접 경험했거나, 아주 공감적으로 그것이 어떤지를 아는 상담자와 함께 있고자 하는 욕구를 말한다. 상담자가 내담자의 관점을 단순히 이해하는 차원을 넘어 그 경험에 대해서 정서적이고 인지적인 감각을 가지기를 원하는 욕구다. 즉, 그러한 상황에 처한다는 것이 정말로 어떠한지를 알고, 같은 방식으로 느껴서, 지지적이고 민감한 반응을 상담자가 할 수 있기를 원한다(Kohut, 1971, 1977).

부분적으로 이러한 욕구는 모든 것을 완전하게 설명하지 않아도 상담자가 이해했다면 하는 바람 혹은 말하지 않아도 이해받고 싶은 자연스러운 바람에서 비롯된다. 만약 당신의 경험을 공유한 사람과 함께 있을 때는 이미 그들은 알고 있기 때문에 그 경험의 모든 것을 다 말할 필요가 없다. 당신이 입 밖으로 말을 꺼내기도 전에 벌써 그들은 표정으로 당신과 함께 있다는 것을 표현하고, 당신이 무엇에 관해서 말할지를 분명하게 알고 있다고 말한다. 그러나 더 중요한 것은 상호성으로부터 오는 인정과 타당화의 경험이다. 당신이 내게 "그래, 나도 그랬어요."라고 말하는 순간 나의 반응, 인식, 이해는 확인이 된다. 이것은 아주 특별한 형태로 당신이 정상임을 확인해 주는 것과 같다. 그저 단지 모호하게 '모든 사람'이 이런 경험을 한다가 아니라, 당신도 그것을 경험했다는 매우 확실하고 즉각적인 인정이다.

상담자가 같거나 유사한 경험을 했기 때문에, 내담자는 상담자가 자신을 진심으로 이해하고, 자신의 경험도 진심으로 공감하며 이해할 것이라고 믿을 수 있다. 때때로 상호성만이 진정으로 이해받았다고 느끼는 유일한 통로가 되기도 한다. 예를 들어, 차별의 대상이나 학대의 피해자가 된 적이 있는 사람은 어떤 누구도 같은 경험을 하지 않은 이상, 그런 식으로 취급당할 때의 느낌을 알 수 있을 거라 생각하지 않는다.

상호성은 상담자가 모든 상세한 부분까지 내담자와 일치하는 경험을 갖기를 요구하지는 않는다. 상담자는 종종 표면적으로는 다르지만, 내담자가 묘사하는 것과 근본적 특성이 동일한 어떤 것을 경험하게 될 것이다. 혹은 상담자의 실제 삶이나 상상 속의 어떤 상황에 대한 유사한 정서반응은 상호성으로 연결시키는 다리가 될 수 있다. 유사함을 이어 줄 끈이 있다는 것이 중요하다. "나도 그렇게 느꼈어요."라든가, "나도 그와 같은 일을 한 적이 있어요."라든가, "나도 같은 문제로 씨름해 왔어요."라는 말들이 열쇠다. 멜린다의 짧은 대화를 예를 들면, 멜린다는 자신의 비만에 관한 이슈를 다루는데 주저하는 마음을 이야기하고 있다. 비록 상담자는 과체중인 적도 없었지만 상담자의 경험 속에서 멜린다의 느낌과 유사한 정서 반응을 찾아 이를 통해서 상호성을 전달하고 있다.

멜린다: 그게요. 치과나, 뭐 그런데 가는 거랑 비슷해요. 선생님도 그런 적이 있어야 아실 텐데…… 그게…….

상담자: 그런 경험이라면 나한테도 있어요.

멜린다: 어머, 선생님도 치과를 싫어하세요?

상담자: 오늘 오후에 치과에 가서 충치 치료를 받아야 해요. 네, 그 느낌을 알아요. 하긴 해야만 하지만, 정말로 하고 싶지 않죠. 그것에 대해서 생각하는 것만으로 아파와요.

멜린다: 네. 바로 그거예요.

상호성의 욕구가 높은 내담자일 때는 상담자가 오로지 내담자에게만 초점을 두고자 고집하는 것은 도움이 되지 않는다. 만일 내담자가 당신의 경험을 알기 원하고, 내담자가 말하는 것을 이해하는 데 도움이 되는 어떤 경험을 당신이 한 적이 있는지를 알기 원할 때, 당신이 그런 욕구에 반응하지 않는다면 내담자는 당신을 냉담하고 회피적이고 위선적이라고 생각할 수도 있다. 내담자는 자기의 이런 욕구에 대해서 한두 번쯤은 물러설지도 모른다. 하지만 결국에는 상담 관계에서의 접촉은 방해받기 시작할 것이다.

상호성 욕구와 이전에 다루었던 수용에 대한 욕구 사이에 내재된 갈등을 발견했는가? 만약 강하고 의존할 만한 사람에게 수용되는 욕구가 전면에 등장하면 내담자는 자기 자신에게 주의를 집중하기 바랄 것이다. 그래야 내담자 자신이 수용되고 존중받고 돌봄을 경험하게 된다. 그것은 상담자가 지혜롭고 보호적이기를 바라는 욕구이지, 상담자가 자신의 개인적인 경험을 나누기를 바라는 욕구는 아니다. 하지만 반면에 상호성의 욕구가 전면에 등장하면, 내담자는 상담자가 해결해야 하는 문제 상황을 경험했고, 또 완벽하게 지혜롭고 언제나 유능한 것은 아니라는 것을 알고 싶어 할 수도 있다. 상담자도 실제로 삶의 여러 문제를 극복해야 했고, 심지어는 내담자처럼 고통을 겪고 울기도 했던 그저 인간일 뿐이라는 것을 알고 싶은 것이다.

여기 상호성의 욕구에 대한 상담자 반응의 또 다른 예가 있다. 앨리스는 그녀의 아이들이 감사하지 않는다는 이유로, 그리고 더 근본적으로는 그녀에게는 유아 시절에 허락되지 않았던 그 많은 것들을 그저 아이들이 가지고 있다는 이유로 얼마나 화가 나는지에 대해 인식하기 시작하였다. 그녀는 자신의 감정에 수치심을 느끼고 있고, 상담자가 그 감정에 대해 절대 이해하지 못하고 비난하고 책망할 거라고 생각한다. 이처럼 수치심과 죄책감이 강할 때, 대부분의 사람은 강렬한 고독감을 경험하게 된다. 아무도 이런 식으로 느낀 적이 없고, 아무도 그렇게나 못되지 않고, 수용받지 못할 행동을 하지 않을 거라고 생각한다. 이때야말로 상호성과 공유한 경험을 확인받고 싶은 욕구가 높아진다. 상담사는 이러한 욕구를 지각하고 그 자신이 가졌던 비슷한 경험을 토대로 상담 개입의 틀을 짠다.

상담자: 하지만 당신 딸이 결코 이해하지 못하는 것도 있을 거예요. 앨리스, 제가 겪은 비슷한 경험 하나 이야기해도 될까요?

앨리스: 그럼요.

상담자: 제 딸이 유치원 다닐 때에요. 그날 해야 할 일들이 정말 많았죠. 하지만 딸아이는 일주일 전에 제가 다른 곳에 가 있었고, 자기를 공원에 데리고 가지 않았다고 불평을 했어요. 그래서 나는 그 애를 공원에 데리고 가려고 정말 서둘러 일을 마치고 집으로 돌아왔죠. 그런데 그 애가 " 나 공원에 안 갈래. TV 볼래." 그러지 않겠어요.

앨리스: 네.

상담자: 그래서 우리 집에 놀러 온 제 친구한테 "쟤 좀 봐. 고마움이라곤 눈곱만큼도 모르는! 저 애는 자기를 공원에 데리고 갈 누군가가 있다는 게 어떤 의미인지를 모르는 거야?"라고 했어요. 그러자 내 친구가 "당연히 모르지. 걔는 공원에 데려다 줄 사람이 없다는 것이 어떤 것인지 모르는 거야." 그 이유는 제가 몇 년 동안 일주일에 몇 번씩 딸애를 공원에 데리고 다녔기 때문에 모르는 거예요. 저를 공원에 데리고 간 사람은 아무도 없었어요. 그래서 내 딸은 절대로 절대로 그걸 이해하지를 못할 거예요. 앨리스.

앨리스: 바로 그래요.

상담자: 제 딸은 제가 그 애를 공원에 데려가려고 한 것에 대해서 그 애가 전혀 고마워하지 않았을 때 제가 얼마나 슬픔을 느꼈을지를 절대 이해하지 못할 거예요. 그래서 아마 당신 딸도 당신에 대해서 절대 이해할 수 없거나 감사할 수 없는 일들이 있을 거예요. 당신도 분명히 당신 딸이 이해를 못할 때에 화가 나게 되는 거죠.

상호성에 대한 앨리스의 욕구는 상담자가 실제로 '같은 경험을 했다' 는 것을 보여 주었을 때 충족되었다. 상담자는 앨리스의 감정을 이해했을 뿐 아니라, 자기의 딸을 향해서도 유사한 감정을 느꼈다. 자기 경험에 대한 이야기를 통해 앨리스의 경험을 인정하고 상담자는 앨리스를 다음 단계로 나아가게 할 수 있었다. 오랫동안 갖고 있었던 분노와 슬픔을 확실히 인정함으로써 더 이상 그런 감정을 방어하거나 정당화시킬 필요가 없어지는 단계다.

내담자의 상호성 욕구가 한 번 감지되면, 대개 그것을 충족시키는 것은 어럽지 않다. 인간의 삶 속에서 유사점을 찾을 수 없을 만큼 유일무이한 경험은 거의 존재하지 않는다. 또한 은유적 표현 혹은 환상이나 꿈에서의 경험을 이용하면 상호성의 레퍼토리를 더 넓힐 수 있다. 상담자 자신의 경험에 비슷한 것이 없으면 개인적으로 알고 있는 가장 가까운 경험을 이야기하고, 차이를 인정하며, 내담자에게 상담자의 세계와 내담자의 세계의 차이에 다리를 놓아 달라고 요청할 수도 있다. 상담자가 주의를 기울여야 할 일은 상호성 욕구가 전면에 등장할 때 이를 인식하는 것 그리고 내담자의 상호성 욕구와 상담자 자신이 이해심 있고, 인정 많고, 공감적으로 보이기 원하는 욕구를 구분하는 것이다. 내담자가 상호성을 원할 때 억제하는 것이 상담에 도움이 되지 않는 만큼이나 내담자가 자기 자신에게 초점을 두기 원할 때 상담자가 개인적인 경험을 나누는 것은 도움이 되지 않는다. 내담자의 관계 역사와 특히 상담 관계가 어떻게 전개되어 왔는지에 대한 이해 그리고 이야기되고 있는 것에 대한 내담자 반응에 주의 깊게 조율하게 되면 그것이 가장 훌륭한 안내자가 되어 상담자가 자신의 개인적인 경험을 나눌 때와 그것을 자제해야 할 때가 언제인지를 알려준다.

자기정의

관계에서의 자기정의에 대한 욕구는 자기 자신의 독특함을 경험하고 표현하며, 그 독특함에 대해서 다른 사람의 인정과 존중을 받고자 하는 욕구다. 그것은 어떤 면에서는 상호성의 욕구와 대비되는 것이다. 즉, 비슷해지고자 하는 욕구와는 상반되는, 다르고자 하는 욕구라고 볼 수 있다.

자기정의의 표현은 위험한 일이 될 수 있다. 거의 대부분의 상황에서 개인의 차이를 표현하는 것은 받아들여지지 않거나 놀림을 사게 된다. 이런 식의 반응은 특히 아동기에 흔하게 경험된다. 어른들은 독립하려는 아이들의 노력에 부정적인 반응을 보일 수도 있다. 그리고 친구들 간의 집단에서 무언의 규칙들이 엄격하게 고수되는 사춘기에도 흔히 볼 수 있다. 규칙과 규범에 대한 순응이나 무조건적 순종을 요구 받는 환경에서 자란 아동은 주위의 영향을 받지 않고 자기 자신의 자연스러운 모습으로 사는 것을 한 번도 배우지 못할 수도 있다. 아니면 자기의 독특함을 유지하는 단 하나의 방법은 반항하고 자기 주변 사람들로부터 거절이나 비승인의 고통을 겪는 것밖엔 없다고 배울지도 모른다. 이런 사람들에게 진정한 자신으로 존재하고 싶은 욕구와 자기를 중요하게 여기고 축하하는 욕구는 거의 충족되지 않는다.

내담자의 자기정의를 위한 욕구를 충족시키기 위해서, 상담자는 내담자의 정체성에 대한 모든 표현에 지속적인 지지를 보내야만 한다. 상담자는 자기를 정의하고자 하는 욕구를 정상화시키고, 내담자가 상담자의 개입에 대한 관점이나 계획에 협조하지 않거나 거부할 때조차도 내담자와 접촉한 상태로 함께 머물면서 내담자를 존중해야 한다. 다른 모든 욕구들처럼 자기정의에 대한 욕구의 경험도 순간순간 수시로 변할 수 있지만, 자기정의에 대한 내담자의 노력은 항상 지지받고 격려되어야 한다. 그렇지 않을 경우 내담자의 자기 인식과 대인 간 접촉을 좌절시키게 되는데, 이것은 관계 내 접촉 상담이 추구하는 모든 것에 위배되는 것이다.

자기정의를 하도록 지속적으로 관심을 보이고 격려하는 것 이외에도, 어떤 내담자들은 자기정의를 해 보라는 적극적이고 명백한 요청을 통해 도움을 받기도 한다. 이러한 내담자들은 자기 자신을 자유롭게 표현하는 것을 격려받지 못한 사람들이거나, 어떤 지배적인 존재나 환경 아래에서 눌려 있었던 사람들이다. 눈에 띄기보다는 대중 속에 묻혀 다른 사람과 똑같아지는 것이 중요한 생존 기술이었던 사람들이다. 이런 내담자들은 그들의 장점, 성취뿐만 아니라 심지어 취향에 대해서도 자부심을 가지고 말하는 데 극도로 힘들어한다. 그러나 내담자가 자기정의의 욕구를 인식하고 그 욕구를 충족하기 위해서는 꼭 이런 과정을 거쳐야 한다.

상담자: 아버지께서는 당신의 어떤 점을 좋아하시나요?

앨런: 이건 순전히 추측일 뿐이에요. 아버지는 한 번도 그런 말씀을 하신 적이

없어서……

상담자: 그래도 장담하건대 몇 가지는 추측하실 수 있을 거예요.

앨런: 네, 할 수 있어요. 제 생각에 아버지는 제가 감수성이 풍부하고, 폭력적이지 않고, 대부분의 남자애들이 흔히 하는 종류의 욕을 안 하는 것을 좋아하시는 것 같고요. (침묵) 음, 제 생각에, 제가 가족들로부터 수년간 떨어져 있던 것은 싫어하신 것 같아요. 하지만 이해는 하셨다고 생각해요. (침묵) 이제 제가 그분들이 계시는 가까운 곳으로 돌아오는 것은 좋아하시는 것 같아요. 음, 그리고 제가 직업도 있고, 집도 있고, 아버지가 가치 있다고 생각하시는 실제적인 것들을 가지고 있는 것, 그런 것을 좋아하시는 것 같아요.

상담자: 그럼, 자기 스스로는 자기의 어떤 점을 좋아하나요?

앨런: 음, 저도 제가 감수성이 풍부한 게 좋아요. 그리고 열정적이고. 음, 어떤 일을 이해하고, 생각하는 능력도 좋아해요. 그리고 지금이 좋아요. 지금은 훨씬 활기차게 살 수 있어서 좋아요. 생애 처음으로 인생을 즐기고 점점 더 그러고 있어요. 지난 수년간 우울했었거든요.

상담자: 오토바이 타기…….

앨런: 오토바이 타기(빙그레 웃는다.), 네…….

자기정의를 위한 관계 욕구를 충족하지 못하는 이유는 많은 경우 우울이나 공격성과 관련되어 있다. 내부적으로나 외부적으로 자기 자신을 독특하고 가치 있는 사람으로 정의하는 것이 허락되지 않았던 사람들은 경쟁적이고 적대적이 될 수 있다(Wolf, 1988). 이러한 전략이 실패하면 다음 단계는 종종 관계를 닫아버리고 훨씬 제한적인 접촉만을 한다. 이런 맥락에서 앨런이 자신을 정의하고 자신의 독특함을 표현하기 시작하면서 우울한 무기력에서 탈출하여 '활기를 되찾는 것' 은 주목할 만하다.

사람들이 자기정의를 진술할 때 위험부담을 피하는 가장 일반적인 방법은 진술을 질문으로 바꾸는 것이다. "저는 이걸 하고 싶어요." 라고 말하는 대신 "제가 이걸 해야 한다고 생각하세요?" 또는 "제가 무엇을 해야 한다고 생각하세요?"라고 질문한다. "저는 지금 그걸 원해요."를 "언제가 제일 좋은 시간일까요?"로 바꾼다. 이런 질문들은 자기정의를 피하게 해 줄 뿐 아니라, 어떤 입장을 취한 것에 대한 책임을 상대방에게 넘기게 한다. 동시에 말하는 사람의 인지하고 행동하는 능력이 무시된다. 아마도 이런 말의 변형 가운데 가장 일반적인 것이 '왜?'가 들어간 질문일 것이다. "저는 당신이 그렇게 하는 게 싫었어요."라고 말하는 대신 "왜 당신은 그걸 그렇게 했지요?"라고 한다거나 "저는 동의하지 않아요."라고 말하는 대신 "당신은 왜 그렇게 생각해요?"라고 말하는 것이다. 이런 식의 질문들은 상담에 도움이 되는 질문들과는 구분해야 하는 대조적인 것이다. 회복을 촉진시키는 질문들은 내담자 내면의 경험을 탐색하도록 함으로써 자기 자신에 대한 감각을 강화하는 반면, 책임 전가의 질문들은 자기 내부세계와의 접촉을 잃어버리게 하거나 자기 자신에 대한 감각을 없애버리는 결과를 낳는다. 그 질문들이 대답할 수 없는 것들일 때 더욱 그렇다. "왜 아무도 모르는 거야?"라든가, "어떻게 그녀가 나한테 그런 식으로 할 수가 있을까?"라든가, "그 사람들은 왜 그렇게 비열할까?" 등의 방식으로 표현된다. 다음의 축어록에서 클레이튼은 상상 속의 아버지에게 이야기를 한다. 그는 그동안 해결되지 않은 많은 문제들로 아버지와 갈등을 겪어 왔다. 그가 처음 했던 자기정의 진술이 아버지의 경험으로 어떻게 초점이 맞추어지고, 어떻게 상담자가 초점을 다시 그에게 되돌려 가져오는지에 주목하자.

클레이튼: 저는 화가 나요. 저는 어머니가 그렇게 모질고 비판적으로 저를 대할 때 아버지가 중재해 주시지 않아서 매우 실망스러워요…….

상담자: "아버지가 그렇게 해 주지 않아 화가 나요……."

클레이튼: 아버지는 어머니를 말리지 않으셨어요. 그리고 사실 아버지는 심지어 어머니를 믿었어요. 제가 대학에 갈 때도……

상담자: 계속해요, 클레이튼 씨…….

클레이튼: 저는 아버지가 거의 일주일 동안 우셨다고 들었어요.

상담자: "그런데 안 하셨죠……."

클레이튼: ……저한테 말씀하지 않았어요. 왜 저한테 말씀하지 않으셨어요?

상담자: 그 질문을 "나는 싫어요."라는 진술문으로 만들어 보세요.

클레이튼: 저는 아버지가 저한테 말씀하지 않은 게 싫었어요. (흐느낌) 아버지가 저를 그리워한다는 걸 알았으면 얼마나 좋았을까요…….

아동이나 성인이나 똑같이 자신의 경험에서 의미를 찾으려 한다. 이 장에서 앞에 소개되었던 축어록에서 상담자가 마거릿에게 말한 것과 같이 "모든 아이들은 자기에게 일어난 일에 대해서 좋은 이유를 찾으려고 애쓴다." 아이들은 설명을 구하고, 혼란스럽고, 많은 경우 복잡한 환경을 자신이 이해하고 예측할 수 있는 무언가와 연결할 방법을 찾는다. 성인에게 학대와 무관심 그리고 부당한 대우를 받은 아동에게, 의미를 찾고자 하는 욕구는 마술적인 해결책을 추구하는 것이 될 수도 있고, 어쨌든 모든 것이 다시 잘 될 거라는 하나의 설명이 될 수도 있다. 따라서 클레이튼의 '왜?'라는 질문은 직면의 위험을 피하고, 자기정의를 위장하고 왜곡시킬 뿐 아니라 애초에 진술을 부추긴 욕구를 부정하는 것이다. "나는 나 자신에 대해 정의하고 싶어요."가 "나는 이해하고 싶어요."가 된 것이다. 학대, 방치, 부당함은 보편적으로 합리적이지 않거나 이해할 수도 없기 때문에, 이해하고 싶다는 쪽으로 옮겨가는 것은 만족할 만한 어떠한 결과도 가져오지 못한다. 그런 질문들은 대답도 없고, 대답할 수도 없는 공허한 메아리일 뿐이어서 그 질문을 한 아동은 여전히 혼자 자신의 고통을 다루어야 한다. 클레이튼의 질문은 정확히 그런 위협을 하고 있다. 따라서 상담자는 클레이튼에게 질문을 자신의 욕구나 감정을 표현하는 '문장으로 바꾸어' 보라고 한 것이다. 상담자의 제의는 클레이튼이 본래의 목적대로 자신의 욕구와 바람을 정의하는 것으로 되돌아가게 하고, 일시적으로만 상처를 없애 줄 설명을 찾아 헛되이 헤매는 일은 하지 않도록 한다.

자기정의의 매우 중요한 측면은 동의하지 않는 것과 관련이 있다. "아니요."라고 말하는 것은 두 살짜리 아이가 자기가 누구인지를 세상에 알리는

데 가장 선호하는 방법이다. 우리는 많은 경우 나는 무엇인지, 그리고 무엇이 아닌지를 대조하면서, 또 나는 무엇을 좋아하는지 그리고 무엇을 좋아하지 않는지를 대조하여 우리 자신을 정의한다. 아주 빈번하게 "아니요." 혹은 "나는 그것이 싫습니다." 또는 "나는 그렇게 하지 않을 거예요."라는 식의 표현으로 자신을 정의한다. 프리츠(Friz)와 로라 펄스(Laura Perls)는 이런 과정을 그들의 성격발달이론의 핵심으로 만들었는데, 건강한 사람은 환경으로부터 영향을 받아들이기도 하지만, 자기에게 나쁜 것은 꼭꼭 씹어 부수고, 뱉고, 거부해야 한다고 주장했다(Perls, 1944/1947). 그러나 자라나는 과정 속에서 대부분의 아이들은 "아니요."라고 말하는 것이 나쁜 일이라고 배운다. 그 대상이 나쁜 사람이 아닌 이상 "아니요."라고 말하는 것이 무례하고 비협조적이고 이기적으로 보이기 때문에 그렇게 말하면 안 된다고 배운다. 따라서 상담자는 내담자가 "아니요."라고 말하는 것을 지지하면서 내담자가 자기정의의 욕구를 표현하고 충족시키는 과정을 돕는 중요한 역할을 한다. 동의하지 않는 것과 '저항' 하는 것은 부정적이거나 상담을 방해하는 것이 아니다. 그것은 내담자가 자기 자신을 정의하는 매우 중요한 방법이고, 상담자에게도 이런 방식은 수용되어야 한다.

자기정의의 욕구는 어떠한 건강한 관계 안에서건 반드시 충족되어야 하고, 상담자는 자기정의의 행동을 격려하고 수용해 주어야 한다고 말하는 것은 어렵지 않다. 하지만 구체적으로 어떤 방법으로 이것을 가능케 할 것인가? 내담자의 자기정의 행동에 대한 상담자의 내적인 반응뿐만 아니라(상담자의 내적 반응은 상담자의 의지와는 관계없이 비언어적 반응들에 의해서 거의 항상 내담자들에게 전달된다.), 다른 여러 가지 일반적인 지침들을 활용할 수 있다. 첫째, 내담자들이 "이것이 바로 나입니다." "나는 이런 사람입니다."의 방식으로 자기 자신을 묘사하도록 격려하라. 또한 "이런 것은 나답지 않아요." "그것은 제가 아니에요." 등의 방식으로 그들이 무엇이 아닌지를 설명하도록 요청하라. 또한 그들의 선호와 비선호에 대해서 말하도록 격려할 수도 있는데, 이것도 자기정의의 중요한 부분이다. 내담자가 상담자의 의견에 동의하지 않을지라도 그 의견의 불일치를 존중하고 그것에 대해 질문하여 불일치도 지지하라. 그리고 최종적으로 자기정의의 변형된 방식인 자기방어적인 진술이나 질문들에 민감하고 그것을 감지했다면 자기정의로 재번역할 수 있도록 요청해야 한다. "왜?"라는 것은 종종 "나는 ……이 싫어요."라는 말로 대치될 수 있고, '그것' 이나 '당신' 이라는 말들은 종종 '나' '나를' 또는 '나에게' 라는 말로 대체될 수 있다. 내담자가 적절한 수정을 할 수 있도록 요청하라. "그건 혼란스러워요."를 "나는 혼란스러워요."라는 표현으로 바꾼다든지, "왜 당신은 그런 식으로 행동해요?"를 "나는 당신이 그렇게 행동하면 싫어요."라고 바꾸도록 한다(Perls, 1967).

상담에서 이러한 개입이 지속적이고 일관성 있게 일어나면서 차츰 내담자는 자신이 세상과 다르거나, 심지어 상담자와 다르다 할지라도 자신이 진정으로 괜찮다는 것을 믿을 수 있게 된다. 차이가 만남을 가능하게 하는 것이다. 대비됨이 없이는 화합도 없다. 단지 비슷한 것들은 진흙처럼 질척하게 뒤얽혀서 경계가 없는 덩어리일 뿐이다(Perls et al., 1951). 자기정의의 욕구가 충족되고, 내담자의 개성이 표현되고 인정됨에 따라 내담자는 관계 내 접촉상담에 동참할 수 있게 된다.

영향을 주기

의미 있는 관계의 핵심이 되는 부분은 상대방에게 영향을 미치는 것이다. 타인에게 '영향을 준다는 것(impacting)' 은 다른 사람이 바람직한 방향으로 갈 수 있도록 감화를 주거나, 그 사람이 생각을 바꾸도록 하거나, 다르게 행동하도록 만들거나, 어떠한 정서 반응을 이끌어 낼 수 있는 능력을 갖고 있다는 것을 의미한다. 상대방에게 이러한 영향력을 발휘하는 것도 중요하지만, 자신이 상대방에게 한 말이나 행동이 상대방에게 어떤 영향을 주고 있다는 것을 이해하고 인식하는 것도 중요하다.

기능적이고, 건강한 관계란 교류가 개방적이고 자유로우며 성장을 촉진하는 관계다. 이것은 모든 인간에게 관계가 왜 그토록 핵심이 되는 욕구인지를 설명해 주는 가장 근본적인 이유다. 로저스(1951)가 이름을 붙인 심리적인 성장의 과정이나 자기실현의 과정은 다른 사람과의 관계를 필요로 한다. 다른 사람의 주의와 관심을 끌 수 있고, 다른 사람의 감정, 생각, 행동을 변화시킴으로써 그 사람에게 영향을 미칠 수 있다는 감각 그리고 유능감과 효능감은 성장을 통해 만들어지기도 하고, 반대로 이러한 감각들을 통해 성장이 되기도 한다. 이러한 유능감이나 효능감이 없을 때, 관계는 답답하게 느껴지거나 자기비하를 초래한다. 아동은 부모나 교사의 주목을 받을 수 있는 일이라면 그것이 벌을 불러오는 행동이라 할지라도 무엇이라도 해서 이러한 경험을 하려 한다. 성인도 관계 안에서 영향력을 가지기 위해 몸부림친다. "그는 절대 내 말을 듣지 않아요."와 "그녀는 관심이 전혀 없어요."라는 말은 아마도 부부의 상담에서 가장 일반적으로 듣는 불평일 것이다.

상담 자체도 이러한 관계적 요구로부터 면제되지 않는다. 상담관계에서도 각각의 사람이 서로에게 영향을 미친다는 인식이 반드시 존재해야만 한다. 상담의 목적은 결국 내담자의 변화를 어떤 식으로든 돕는 것에 있다고 볼 때, 유능한 상담자가 내담자에게 영향을 미친다는 것은 말할 필요조차 없는 것이다. 하지만 그 반대로 상담자도 내담자로부터 영향을 받을 능력이 있어야 한다. 상담자가 내담자의 욕구를 잘 이해하고 적절한 관계를 설정했다면, 상담자는 내담자의 말과 행동과 감정에 의해 거의 자동적으로 영향을 받는다. 하지만 상담자는 그러한 영향에 전문적으로 반응하고 자신의 반응을 내담자의 성장과 건강을 위해서 사용해야 한다. 이것을 성공적으로 수행하는 방법은 제3장에 소개된 상호 호혜적인 반응이라는 신념에 달려 있다. 내담자에 대한 상담자의 반응, 혹은 정서적으로 영향받는 방식, 그리고 그 영향으로 취하게 되는 행동들은 꾸밈없이 마음에서 우러나는 것이다. 하지만 이 모든 것들은 내담자의 안녕에 대한 상담자의 헌신(commitment)이라는 틀 안에서 이루어진다. 상담자는 내담자가 느끼는 감정을 함께 느끼는 감정이입만 하지 않는다. 그리고 상담자의 내면적인 경험이 전면에 나타나 내담자와의 상호관계를 지배하게 하지도 않는다. 그러나 내담자가 상담자에게 미치는 진솔한 영향은 그 내담자를 향한 상담자의 관심과 돌봄을 구성하는 통합적인 요소가 된다. 내담자에 대한 자신의 내면반응과 충분히 접촉하는 상담자는 상담자-내담자 관계에서 상호적인 접촉을 유지시키고 더욱 진전시키기 위해 자신의 내면반응을 통합시킨다. 이것이 바로 상담의 본질적인 목적이다.

그렇다면 진실하고 계획되지 않은 정서가 전문적인 것이 될 수도 있다는 역설이 생긴다. 상담자의 자발적인 반응 또한 적절한 것임에 틀림이 없다. 훈련, 경험 그리고 상담자 자신의 상담 역량에 관한 인식, 이 모든 것이 내담자가 자연스럽게 집중하게 노와준다. 내담자가 슬플 때 깊은 연민을 느끼고, 내담자가 기쁠 때 기뻐하고, 내담자가 화났을 때 그것을 진지하게 받아들이거나, 내담자가 두려워할 때 안전을 제공하려는 것은 모두 내담자로부터 적절한 영향을 받는 상담자에게 일어나는 진솔하고 자발적인 즉각적인 반응이다. 하지만 이런 모든 것이 내담자에게 초점을 두며 내담자의 욕구와 그의 감정의 강도에 맞춰 조절된다. 다음의 발췌문에서 앨런은 심리상담의 결과로서, 그가 만든 삶의 변화에 대해 회상하고 있다.

앨런: 저는 시를 쓰곤 했어요. 제 고통을 표현하는 한 방법이었죠. 그리고 정말로 요즘은 별로 고통스럽지 않아요. 과거에는 고통에 대한 강력한 표현을 해 왔어요. 그런데 요새는 제가 쓴 시들이 정말로 달라졌어요……. 네…….

상담자: (침묵, 상담자의 눈가에 눈물이 어린다.) 부모님이 정말 기뻐하셔야 할 것 같네요.

앨런: 진심이시죠, 그렇죠?

상담자: 내가 만약 당신의 부모라면 굉장히 자랑스럽고 기쁠 것 같아요.

상담자의 정서반응은 내담자의 감정과 늘 같지는 않고, 심지어 비슷한 종류에 속하지 않을 수도 있다. 내담자의 말과 행동은 내담자의 감정이나 기대와는 전혀 다르지만, 여전히 효력을 가지고 상담자에게 영향을 줄 수 있다.

다음의 대화는 앞서 나온 대화를 주고받기 바로 전에 나눈 것이다.

상담자: 지금 한 말에 대해서 특별한 느낌이 있나요?

앨런: 네…….

상담자: 어떤 느낌이 드나요?

앨런: 음. …… 슬프네요. …… 정말 슬퍼요.

상담자: 내가 당신을 정말 자랑스럽게 여기기 바란다는 걸 알았어요. 당신은 상담이 효과적이라 말해 주는 살아 있는 증거라 생각해요. 모든 사람이 볼 수 있게 당신을 들어 올리고 싶어요.

비록 상담자의 감정이 앨런이 느끼는 그런 식의 슬픔은 아니었지만, 그럼에도 불구하고 상담자는 앨런의 경험에 의해 영향을 받았다. 그리고 상담자의 반응은 가시적이었다. 앨런은 상담자에게 자신이 영향을 주었음을 분명하고 확실하게 알 수 있었다.

많은 내담자들은 특별히 상담 초반에는 상담자에게 영향을 미치는 것에 대해서 기대를 하지 않을 것이다. 사실 그들은 자신이 영향력 없다는 느낌에 너무 익숙하고, 또한 다른 사람의 욕구에 맞추는 것에 너무 길들여져서, 영향력을 가질 수 있는 그 어떤 것도 말하거나 행하기를 피한다. 고립되고, 파괴되고, 자신과의 접촉을 못하는 내담자일수록 상담자와의 진실되고 영향력을 미치는 관계를 두려워하고 회피할 확률이 높다. 이런 내담자와 작업할 때 상담자는 내담자가 반대 의견이나 심지어 비판을 하도록 적극적으로 부추길 필요가 있다. 그러면 상담자는 내담자의 요구에 더 가까이 다가가기 위해 변화를 만들고, 실제로 내담자가 영향을 미치고 있음을 보여 줄 수 있게 된다. 물론 이러한 전략이 갖게 되는 위험은 그것이 내담자에 대한 진실한 반응에 따른 진정한 변화라기보다 '전략'으로서 쓰일 수 있다는 점이다. 상담자가 내담자로 하여금 비판하거나 동의하지 않도록 유도할 때 상담자는 반드시 내담자가 상담자 자신의 관점과는 다른 타당한 관점을 가지고 있을 가능성

(그리고 경향성, 확보성)과, 상담자가 그에 따라 자신의 관점을 수정할 수 있는 기회로 환영할 것이라는 점에 있어서 솔직하고 개방적이어야 한다. 항상 격식 있고 올바르지만, 따뜻하거나 애정에는 인색한 부모 때문에, 자신이 경험한 고통과 실망을 표현하는 댄의 경우를 살펴보자. 상담자는 댄에게 댄 자신의 바람을 표현하여, 자기정의와 영향력을 가지는 것에 대한 두 가지 관계 욕구를 충족시키도록 격려하고 있다.

상담자: 부모님은 당신이 필요로 하는 것들을 해 주시나요?

댄: 그런 것 같지 않아요.

상담자: 그러면 그분들이 옳은 일을 하지 않으시네요. 그분들은 아마도 의식을 행하신 거죠. 예절책에 나와 있는 의식. 하지만 그것은 당신에게는 옳은 방식이 아니죠.

댄: 저는 모르겠어요. 옳은 것이 어떤 것인지 모르겠어요.

상담자: 내가 그렇게 할 때는 아는 것 같은데요.

댄: (침묵) 네…… 네, 아마 알 거예요……. (침묵) 좀 혼동스러워요.

상담자: (침묵) 내가 지금 당신을 놓쳤나요? 그래서 당신은 길을 잃었나요? (침묵) 나한테 밖으로 소리내어 말해야 해요, 댄. (침묵) 내가 무어라 말하면서 당신을 놓쳤나요? (침묵) 아마 당신의 엄마나 아빠처럼…… 어쨌든 내가 당신을 놓쳤어요…… 하지만 당신이 그걸 비판해야 해요, 댄. 그래야 그것으로부터 내가 배울 수 있어요. 그래야 내가 그 경험에서 배워서 같은 실수를 다시 하지 않을 수 있어요.

댄은 상담자의 안내를 따라올 준비가 안 되었다. 사실 상담자의 질문은 그를 혼란스럽게 만들었거나 그 자신의 경험으로부터 거리감이 생기게 했을 수도 있다. 하지만 (그의 부모처럼) 그는 아주 공손했다. 그는 단순히 '길을 잃은' 느낌이라고 말했다. 상담자의 마지막 개입은 두 가지를 성취할 수 있게 해 주는데, 그것은 기꺼이 영향을 받겠다는 상담자의 표현('그것으로부터 내가 배울')이며, 또한 어떻게 상담 관계에서 그의 부모와의 경험을 반복하는지를 알도록 해 준 것이다. 상담자의 '실수'가 그에게 비슷한 종류의 반응을 떠오르게 해 주었다. 그것은 댄의 부모가 '그를 착해지도록 하기 위해' 그를 고립시키고 무시했을 때 느꼈던 종류의 반응이었다. 비판하라는 상담자의 초대를 받아들여서 댄은 부모와의 관계에서는 경험할 수 없었던 것을 상담자와의 관계에서 경험하게 된다. 비판적이 되고, 자기본위적이 되고, 자기정의를 내리는 법을 알게 되고, 이제는 지금까지 잃어버리고 있던 자신의 한 부분을 다시 통합하는 작업을 시작할 수 있다.

영향력을 가지려는 내담자의 관계 욕구를 충족시키는 일은 간단하다. 내담자가 미치는 영향을 받으면 된다. 내담자가 당신의 감정을 강하게 움직이도록 하라. 내담자가 당신에게 변화를 줄 수 있도록 하라. 관심을 가져라. 간단하다. 하지만 쉽지는 않다. 우리가 우리 자신을 내담자의 영향하에 둔다는 것은 우리의 계획을 버리는 일이고, 상담계획을 변경하는 일이고, 우리가 틀렸을지 모른다는 것을 인정하는 것이다. 그것은 우리가 자신에게 의문을 던질 정도로 자신감이 있어야 하며, 실수를 하고 그것을 회복할 수 있을 정도로 능력을 가지고 있어야 한다는 것을 의미한다. 심지어 더욱 어려운 것은 우리가 진실하게 영향을 받고 진실하게 변화될 의지가 있어야 한다는 것이다. 우리는 전문가라는 보호막 뒤로 자신을 감출 수 없다. 관계 내 접촉 상담은 양방통행의 도로와 같다. 두 사람이 거기 있고 두 사람이 모두 실재하며, 두 사람이 모두 영향을 받는다. 다른 사람에 의해 변화되는 것은 우리가 내담자에게 하도록 요구할 수 있는 아마도 가장 어렵고 두려운 일일 것이다. 그리고 내담자가 그렇게 하도록 돕기 위해서 우리도 함께 기꺼이 그것을 할 자세가 되어야만 한다.

상대방이 주도하도록 하기

자기 자신을 정의하려는 욕구와 다른 사람에게 영향을 미치려는 욕구를 논의하면서, 관계의 여러 면 중 상담 관계에서 내담자의 행동과 우선적으로 관련 있는 부분을 집중적으로 살펴보았다. 즉, 이 각각의 욕구를 충족하는 데 내담자가 먼저 행동을 하고 상담자는 그에 따라 반응을 한다는 것이다. 첫째로는 내담자의 자기정의를 지원하고, 둘째로는 상담자가 내담자로부터 영향을 받는다. 내담자는 자기를 정의하는 행동이나, 상담자에게 영향을 주는 행동, 아니면 이 두 유형의 행동 모두의 주도자다.

그러나 또 다른 관계 욕구는 관계 안에서 상대가 대화를 시작하도록 유도하는 것이다. 어떤 관계에서건 내가 항상 첫걸음을 떼야 하고, 먼저 시작해야 하고, 늘 뭔가를 먼저 제인해야 하는 입상이라면, 그런 관계는 고통스러운 정도는 아니라 해도 불만족스럽다. 상담자가 내담자의 어떠한 말이나 행동에도 조율하고 반응하는 것이 중요하다. 하지만 상담자가 대화를 시작하고, 어떤 것이 일어나도록 한다면 책임을 지는 것 역시 중요하다. 그렇다면 상담자는 자신의 주도가 내담자에게 어떻게 도움이 되는지 알까? 내담자의 욕구와 이 순간에 전면에 떠오르는 내담자의 주도하고자 하는 욕구의 가능성에 상담자가 민감하게 조율할 때 그것을 감지할 수 있다.

하지만 관계 향상을 지향하는 주도란 조율 이상의 것을 요구한다. 진실한 개입을 요구한다. 그것은 상담자가 내담자의 중요성을 인정하고 확인하는 방법으로 내담자에게 다가가는 것을 의미한다. 예를 들어, 우리는 내담자가 비난하도록 초대하기도 하는데, 이때 그렇게 하는 것은 내담자의 회복에 유용하기 때문일 뿐만 아니라, 우리도 진심으로 내담자의 반응을 듣기 원하기 때문이다. 이는 내담자가 그 순간에 방향을 필요로 하기 때문일 뿐만 아니라, 우리도 내담자가 길을 찾는 데 도움이 되길 진실로 바라기 때문이다. 관계 욕구에 대한 모든 반응이 그렇듯이, 상담자의 주도는 전문적 유능성과 개인적 개입의 교차점에서 일어나게 된다. 상담자가 원하기 때문에 그리고 도움이 될 것이기 때문에 상담자는 주도적인 역할을 한다. 이미 개입되어 있기 때문에 그리고 회복을 촉진하기 위해 존재하는 것이 상담자의 전문적인 일이기 때문에 상담자는 도움이 되길 원한다.

적절한 시기에 행해지는 상담자의 주도가 내담자의 상담과정에 유용함은 당연하다. 하지만 그것만이 이 책에서 다루는 관계 욕구들에 이 주제를 포함시킨 유일한 이유는 아니다. 상담자 주도는 또한 상담관계의 상호성을 강조한다. 그것이 상담자의 개입을 신빙성 있게 만든다. "책임을 지고, 적극적이며, 잠시 동안 주도할 만큼, 나는 충분한 관심을 갖고 있다."라고 명백하게 선언하는 것이다. 상담자가 주도해 주길 바라는 내담자의 욕구가 충족되지 않았을 때, 내담자는 "선생님은 제게 관심이 없어요."라든가 "선생님한테는 제가 중요하지 않아요." 등의 반대 결론을 내리기 쉽다.

다음의 사례에서 멜린다는 이례적으로 분명하고 개방적으로 상담자가 주도해 주길 바라는 욕구에 대해서 표현하고 있다. 자신이 상담자에게 남기고 간 작은 인형에 대한 이야기를 다시 하고 있다.

멜린다: 선생님이 그 인형을 가지고 계시다는 것을 상기시키는 사람이 저이길 원치 않아요, 아시겠어요? 제가 그것을 언급하지 않으면 선생님도 절대로 그것을 언급하지 않겠다고 하셨죠.

상담자: 그랬죠.

멜린다: 음, 저는 그렇게 하는 게 싫어요. 아시겠어요?

상담자: 잘 모르겠는데요…….

멜린다: 왜냐하면 그건 충분치 않아요.

상담자: 그게 무슨 뜻이죠?

멜린다: 선생님이 저보다 먼저 그걸 생각해 내셨으면 좋겠어요.

상담자: 하지만 나는 생각해야 할 것들이 많아요.

멜린다: 음, 저도 알아요. 하지만 선생님이 그것도 생각하셨으면 좋겠어요.

상담자: 네, 좋아요.

멜린다: 아니요, 저는 "알았다. 그렇게 하겠다."라는 대답을 원해요. 선생님한테 다시 물어봐야 하는 것도 싫어요.

상담자: 당신은 제가 그 인형에 대해서 먼저 언급하기를 원해요?

멜린다: 네, 맞아요.

다른 사람이 주도권을 가지기를 바라는 욕구는 모든 관계 속에서 나타나는 현상이다. 당신과 내가 어떤 관계를 맺고 있다고 가정하고, 당신이 언제나 주도해야만 한다면 그 관계는 불균형한 관계일 것이고, 당신은 곧 내가 이 관계에 기여하는 것에 대해 의심을 하게 될 것이다. 이러한 불균형이 지속되면, 당신은 이 관계를 끝내기로 결심하거나(또는 좀 더 상호 교류적인 사람을 찾으려고 하거나) 나의 행동에 대해서 직면하면서 변화를 요구할 것이다. 반면에 만약 당신이 자신감이 없고 긴밀한 관계의 경험이 적다면, 당신은 자신의 내면세계로 들어가서 그 문제에 대해서 자신을 비난하게 될 것이고, 당신이 원하는 것을 절대 가질 수 없을 것이라고(그것을 원하는 것 자체가 합당치 않다고) 단정하고, 당신의 욕구를 전혀 느끼지 않으려고 시도할 수도 있다. 물론 이러한 결론은 보통 성인기의 경험으로부터 기인하지는 않는다. 그런 결론들은 구태의연한 각본이며, 자신보다 나이가 많거나 성인인 친구, 애인, 동료나 상담자 등이 관계 욕구에 둔감할 때, 그 성인들의 행동에 의해 강화되거나 강조된다(Erskine & Moursund, 1988/1997).

이 두 번째 상황은 상담을 받으려는 사람들 가운데서 자주 볼 수 있다. 그들은 관계 욕구가 제대로 충족되지 않아 왔기 때문에, 여전히 그런 욕구는 충족될 수도 없고, 충족되지도 않을 거라는 각본에 강하게 묶여 있다. 이러한 생각 때문에 그들은 관계지향적이지 않은 방식으로 행동한다. 그들은 내적 · 외적으로 모두 접촉을 제한하고 왜곡할 뿐이다. 이러한 제한 때문에 그들의 욕구는 더욱더 충족되지 않고 악순환은 계속된다. 만약 이들과의 상담이 성공적이 되려면, 이러한 악순환은 차단되고 회복되어야 한다. 상담자의 주도는 그것을 가능케 하는 강력한 맞춤 수단이다. 내담자의 시급한 욕구가 상대방이 주도해 주는 것일 경우 상담자는 그 욕구를 알아차리고 그것에 반응해야 한다. 이것은 부가적인 설명 없이 자연스럽게 일어날 수도 있고, 지금 무엇이 발생하고 있는지에 대한 설명을 통해서 강조될 수도 있다. 다음의 예에서 상담자는 로레인의 (상상의) 어머니와의 대화를 제안함으로써 로레인의 욕구에 반응한다.

상담자: 내가 그 화에 대해 어머니에게 말해도 좋을까요?

로레인: 선생님은 그러실 수 없어요, 어머니를 잘 모르니까. 선생님이 하실 수 있는 건…….

상담자: 그게 문제가 된 적도 없는데요.

로레인: 오, 그래요……. 전 엄마에게 말하는 연습을 할 필요가 있어요. 그런데 제가 그것에 대해 정말로 말하고 싶어 하는지 잘 모르겠어요. 그렇지만 엄마에게 말하는 척은 할 수 있을 거 같아요.

상담자: 로레인, 나는 기꺼이 당신의 어머니에게 말할 거예요. 실제로 그럴거예요.

로레인: 네, 선생님은 하실 수 있어요. 어떻게 될지는 모르지만, 선생님 제안은 감사드려요.

상담자: 그러면, 너무나도 오랜 시간, 아마도 처음으로 당신이 억지로 책임을 떠맡을 필요는 없을 거예요.

이 예에서 '너무나도 오랜 시간, 아마도 처음으로' 로레인이 주도하지 않아도 될 것이라는 상담자의 언급에 주목해 보자. 대부분의 경우 다른 사람이 주도권을 갖기를 바라는 욕구는, 독립적으로 기능해야 했고, 자기 스스로를 돌봐야 했던 사람에게 특별히 강하게 나타나고, 신체적 학대나 고질적인 방치의 생존자들에게는 말할 나위도 없다. 이러한 생존자들은 크나큰 고통의 결과로 오직 의지할 수 있는 사람은 자기 자신뿐이라는 것을 배운다. 그리고 다른 사람이 무언가 주기를 기다리게 되면, 아마도 평생을 기다려야 할 거라는 것도 배운다. 그러므로 이러한 생존자들이 상대가 주도권을 가져 주길 바라는 욕구를 개방적으로 표현하지는 않지만 그들의 이러한 욕구에 민감하게 반응하는 것은 매우 중요하다.

많은 상담 방법 중, 게슈탈트 상담이나 교류분석 상담을 훈련받은 상담자들은 상담자의 주도에 대해서 불편해하는 사람이 있을 것이다. 이런 관점을 가진 학파들에서는 내담자가 자신이 원하는 것을 요청하도록 내담자를 교육

하는 것과, 내담자 스스로 자신을 돕도록 하는 것과 '50% 규칙' 을 강조한다. 만약 상담자가 상담작업에서 50% 이상의 역할을 하게 되면 그 상담자는 좋지 않은 상담을 한 것이다(Steiner, 1974). 하물며 절반 이상의 역할을 하거나, 회기가 진행되는데 절반 이상의 책임을 가지게 되면 그것은 상담이라기보다는 상담자의 일방적인 '구원' 혹은 '상담자와의 생각이나 의견이 일치하도록 초대' 를 하는 것으로 보거나 비상담적이라고 간주된다. 상담자가 접촉을 주도하거나 어떤 일련의 행동에 대한 제안을 하는 것은 이러한 규칙을 위반하는 것이라고 할 수 있다. 하지만 다른 사람이 주도해 주기를 바라는 욕구는 많은 관계 욕구 중에 하나일 뿐이고, 그것이 전면에 부각되었을 때에만 반응해야 한다. 다른 욕구가 전면에 등장하면 상담자는 주도하는 대신 다른 욕구를 다루어야 한다.

효과적인 상담자 주도에는 다음의 두 가지 주요한 요소가 있다. 하나는 주도의 시기를 아는 것이고, 다른 하나는 적절하게 그것을 행하는 것이다. 언제 주도하는 것이 유용할 것인가에 대한 감각이 대부분 경험에서 온다는 것은 놀랄 일도 아니다. 그것은 내담자가 그 순간에 무슨 말을 하고 무슨 행동을 했는지, 그리고 내담자 행동의 전반적인 패턴에 대해 세심하게 지각해야 가능한 일이다. 내담자는 상담자의 주도를 개방적으로 요구할 수가 없다. 그렇게 하면 잘 알려진 '스스로 알아서 하기' 라는 이중 구속을 만들 수 있기 때문이다. 정의에 따르면, 내담자가 상담자에게 주도하라고 공개적으로 요구하는 것은 내담자가 '자발적' 이 되어야 하는 것에 위배되는 것으로, 자발적으로 따를 수도 없고 안 따를 수도 없는 이중 구속의 성격을 띤다. (만약 내가 상대에게 어떤 것을 요청한 바 없이 그것을 요청한다면, 그 상대는 절대 나의 요청을 충족시킬 수 없다. 이런 종류의 것이 멜린다의 요청, 즉 상담자에게 그녀의 작은 인형에 대해서 이야기를 할 수 있도록 기억해 달라는 요청이 하나의 예가 될 수 있다.) 경험상 최고의 규칙은 실험을 하고 다음에 어떤 일이 일어날 것인가에 대해서 세밀한 주의를 기울이는 것이다. 만약 내담자가 '수동적인' 행동을 통해 조정하려 한다고 느껴진다면 그 행동을 요청이 없어도 상담자가 개입해 들어와서 도와주기를 바라는 내담자의 욕구의 표현으로 해석해 본다. 내담자가 점점 혼란스럽게 느끼거나 무슨 말을 할지 알지 못한다면 예를 제공해 보라. 이러한 개입에 의해서 상담이 더 깊이 있게 진행된다면 좋은 일이다. 하지만 만일 당신이 이런 것을 인지하지 못했다면, 적어도 지금은 당신의 이러한 개입이 내담자가 가장 필요로 하는 것이 아니다.

가장 강력한 상담자의 주도는 대부분 비언어적이다. 내담자에게 가까이 다가가서 손을 내밀거나 눈을 마주치는 것은 "내가 여기 있습니다. 나는 무시하거나 떠나가지 않을 거예요."라는 메시지를 전할 수 있다. 이와 같은 비언어적 주도는 인지적으로나 이성적인 이해를 뛰어넘어 정서적으로 내담자와 소통하게 하는 경향이 있다. 내담자는 심지어 상담자가 주도하고 있다는 것조차 인식하지 못할 수도 있다. 하지만 내담자는 내면 깊숙한 곳에서 상대방의 주도를 원하는 자신의 욕구가 충족되고 있음을 경험한다.

이러한 상담자 주도의 방식에는 약간의 위험이 있다. 내담자가 상담자의 주도를 내담자 자신이 무력하다거나 무능한 존재로 본다는 증거로 간주할 수 있기 때문에 상담자는 이런 가능성에 세심하게 주의를 기울여야 한다. 상담자가 지각한 어떤 종류의 관계 욕구를 충족시키기 위해서 한 행동은 언제나 내담자가 진정으로 원했던 것과는 다른 잘못된 판단을 할 위험을 가지고 있다. 하지만 이것은 감수해야 할 위험이다. 상담에서의 실수는 언제나 또 하나의 가능성이다. 사실 상담자도 사람이므로 실수는 불가피하기도 하다. 시기적으로 적절하지 않거나 또는 너무 빈번한 주도의 실수 등은 그것을 인식하고 행동을 변화시킴으로써 다룰 수 있을 것이다. 반대로 너무 주도를 하지 않는 경우, 상담에서 진정한 관계의 결핍이 생겨 그런 욕구는 다룰 수조차 없게 된다. 그래서 내담자는 그 욕구가 있다는 것을 언급하지도 않고(이미 다루어진 이유로 인해), 상담자는 그것이 문제가 된다는 것조차 알아챌 수가 없을 것이다.

사랑 표현하기

모든 친밀하고 긍정적인 관계 속에서는 돌봄, 애정, 존중 그리고 서로에 대한 감사를 경험한다. 이러한 감정의 표현은 관계적인 욕구다. 그런 감정을 표현하지 않으려면 다른 종류의 욕구를 부정하거나 무시하려고 노력할 때처럼 그 내면의 경험을 한쪽으로 밀쳐 두거나 부인해야 하고, 관계 안에서 자기 정의를 하지 말아야 한다. 당신과 함께, 내가 누구인가 하는 것은 내가 당신을 어떻게 느끼는가와 같고, 내가 관계 안에서 당신을 진정하게 만나고 있다면 이러한 애정의 느낌을 표현할 수 있어야 한다.

관계 내 접촉 상담은 인간의 모든 관계 중에 가장 친밀하고 가까운 관계를 이끌어내므로, 내담자가 상담자에게 아주 강한 감정을 경험하게 되는 것은 당연하다. 이런 감정들 중 많은 부분은 긍정적인 것이고, 내담자들이 이것을 표현할 필요가 있다. 이런 감정들 중 일부분은 지금－현재의 관계에서 비롯되었다기보다는 과거 중요한 대상들로부터 전이된 것일지 모르지만, 그 밖의 감정들은 지금의 상담자에 대한 진실한 존중과 애정의 감정들일 것이다. 너무나도 자주, 상담자는 내담자가 지나치게 의존하게 된다거나, 지나치게 유아와 같이 된다거나, 관계를 자기 마음대로 조정하려는 신호나 전이라는 이름으로 내담자가 그런 감정들을 표현하는 것을 제한한다.

하지만 가만히 생각해 보면 우리를 깊이 알고 있고, 지속적으로 존중해 주고, 우리에게 주의를 기울이고, 우리를 돌보는 사람에게 사랑과 애정의 감정을 갖는 것 이상 자연스러운 것이 어디 있을까? 실제로 내담자가 이러한 감정을 경험하지 않는다면 다른 사람을 사랑하는 능력에 문제가 있거나 상담관계의 질에 근본적으로 무언가가 잘못되었음을 강하게 시사하는 것이다.

내담자가 자신의 긍정적인 감정을 표현했을 때 많은 상담자들이 어려움을 겪는 이유 중 하나는 어떻게 대답해야 할지 모르기 때문이다. 실제로 상담자는 내담자가 한 이야기에 대해서 어떻게 해야 할지를 전혀 모르고 당황하거나 불편해한다. 상담자가 지금까지 받아 온 교육과 훈련에 의한다면, 그런 표현은 의심의 눈으로 바라보거나, 혹은 내담자를 믿고 받아들이는 것이 비전문적인 행동으로 간주되기도 하고, 그런 행동으로 자신이 바보가 될지도 모른다는 두려움을 갖게 될 수도 있다.

감사와 사랑의 표현이나 애정의 말들을 내담자의 숨겨진 문제의 신호로 가정하기보다는 그것이 증명되기 전까지는 어쨌든 그 반대로 생각하는 편이 낫다. 숨은 뜻이 있다고 해석해야 하는 특별한 이유가 없는 이상, 그리고 특별한 이유가 없을 때까지는 그런 긍정적 표현을 있는 그대로 받아들여야 한다. 협력 관계에서 상대방에게 관심을 갖는 것이 자연스러운 것처럼, 또한 상대방이 관심 갖기를 원하는 것은 자연스러운 것이다. 같은 맥락에서, 내담자가 상담자에게 긍정적인 감정을 표현할 때 상담자가 그것을 기쁘게 느끼는 것은 전적으로 적절한 일이다. 그 감정을 직접적으로 말할 필요는 없겠지만(내담자의 감정이 주된 것이고 상담자의 것은 배경이기 때문에), 내담자를 편안하게 느끼고 대하는 것이 내담자의 경험과 함께 머무르는 것을 훨씬 더 쉽게 해 준다. 내담자와 함께하는 것은 내담자로 하여금 다음 단계의 자각으로 나아갈 수 있도록 안내하는 것이다.

내담자가 부인하고 분리되었던 자기 자신을 되찾기 시작함에 따라 더 강렬하게 느낌을 느낄 수 있는 능력을 회복하게 된다. 많은 아동이 학대나 거절을 경험할 때, 감정을 느끼는 것이 안전하지 않음을 배운다. 그런 경우 아동은 감정을 차단하고 심지어 감정의 존재를 모르는 것이 훨씬 덜 고통스럽고 쉬운 일이라고 믿는다. 감정을 느끼는 능력을 회복한 내담자는 그것을 표현하고자 하는 강한 욕구를 가지게 될 것이다. 아동은 강렬하게 사랑을 표현하고 받고 싶어하는 존재다. 그래서 되찾은 자신의 '아이' 같은 면모는 사랑을 하고 싶은 욕구를, 그것도 아주 강렬한 사랑에 대한 욕구를 갖게 될 것이다. 이러한 감정의 표현은 단지 전이가 아니다. 그 감정들은 진실하게 그리고 적절하게 상담자를 향한 것이고, 이전의 해결되지 않은 관계로부터 남은 감정의 찌꺼기가 아니다. 오히려 그 감정들은 내담자가 겪는 인격의 통합 과정의 맥락에서 이해되어야 한다. 상담관계 속에서, 그 관계의 발달과정 중 이 시점에 그 감정들은 강하고 자연스럽게 발생한다. 나중에 자신과의 통합이 더 이루어졌을 때, 그 감정들은 더 성인의 감정으로 적합한 온정과 애정의 형태로 성숙해 갈 것이다.

사랑에 대한 욕구는 어떤 관계에서든 (최소한 배경으로라도) 존재하기 때문에 양육자로부터 학대나 무시를 당했던 아동은 감정적으로 혼란스러운 상황에 놓이게 된다. 만약 그 아동이 학대의 고통을 느끼게 자신을 허용해 버리면 학대하는 사람에 대한 사랑을 잃어버리는 위험한 상황에 처하게 되는 것이다. 그리고 학대하는 사람이 아동에게 사랑을 주지 않기 때문에, 아동이 그 관계에서 사랑을 가질 수 있는 유일한 방법은 학대자를 향한 자신의 사랑을 유지하는 것뿐이다. 이것이 아이로서는 모든 일들이 더 나아지고, 돌보는 이가 기적적으로 변화하여 좋은 부모가 될 수 있도록 가능성을 열어 두는 유일한 방법이다. 학대하는 부모에 대한 아동의 사랑은 종종 이러한 상황에 끼어들려는 사람에 의해 알려지고 의문이 제기된다. 하지만 이 아동은 자신에게 보호를 제공해야 하는 바로 그 상대를 보호하려고 안간힘을 쓸 것이다.

상담에서 학대 이슈를 다룰 때 양육자에 대한 사랑을 느끼고 표현하려는 욕구는 주요한 요소가 될 수 있다. 심지어 성인이 되어서도, 학대받아 온 내담자는 자신을 학대한 사람을 보호하려는 마음을 경험할 수 있다. 그 보호하려는 마음은 너무나 강해서 학대가 일어난 이래로 자각의 세계에서 방치되었던 자신의 면모를 되찾는 능력을 방해한다. 빌리가 그런 사람이다. 그녀의 어머니는 비판적이고 거부적이었다. 그래서 빌리가 가짜 사랑의 관계를 유지하는 방법은 그녀의 어머니를 깨지기 쉬운, 약하고 도움이 필요한 존재로 보는 것이었다. 자기의 어머니를 이런 방식으로 보기 위해서 빌리는 자기 자신의 내적 경험, 그리고 어머니가 실제로 한 행동에 대한 자신의 이해, 어머니의 행동에 대한 자신의 느낌을 왜곡하고 부정해야만 했다. 성인이 된 지금도 이러한 왜곡과 부인이 다른 사람과 관계맺는 능력뿐 아니라 그녀 자신과 관계를 맺는 능력에도 심각한 제한을 가져왔다. 그녀가 어머니와 해결하지 못한 문제들이 그녀의 정서적 협착의 근본적인 원인이고, 그녀는 그 문제들을 다루기 위해서 지지와 격려를 필요로 한다는 것을 상담자는 인식했다. 그래서 상담자는 빌리 대신에 자신이 빌리의 (상상 속) 어머니와 함께 이야기하기를 제안했다. 어떻게 상담자가 어머니에 대한 빌리의 과보호와 두려움에 맞서는지 주의해서 살펴보자.

상담자: 내 생각에는 만약 내가 당신 어머니에게 이야기를 한다면—만약 그녀에게 어린 딸에게 어떻게 해야 하는지를 말한다면 그게 더 도움이 될 것 같네요.

빌리: (그녀의 표정은 얼어 있다. 그녀는 자기 안으로 움츠러든 것처럼 보인다.) 저는 모르겠어요. 어머니는 부서질지도 몰라요.

상담자: 나는 그렇게 생각지 않아요. (침묵) 잠깐 그 상태에서 멈춰 보세요. 그것이 당신에게 정말 두려운 일이라는 걸 알고 있습니다……. 하지만 어머니는 깨지기 쉬운 약한 여자가 아닙니다. 어머니는 자신이 원하는 것을 얻는 방법을 알아요. 그중 하나가 당신을 조정하는 것이었어요. 그래서 나는 그녀의 연약함을 걱정하지 않습니다. 당신이 그런 방식으로 어머니를 경험해 왔다는 건 알고 있어요. 내가 당신의 어머니를 챙길 테니 믿으세요. 이건 당신 어머니를 비난하는 일이 아니에요.

빌리: 저는 어머니를 돌보고 싶었어요.

상담자: 바로 그것이 문제의 또 다른 면이에요. 어머니를 돌보고, 사랑하고, 그녀가 당신을 사랑해 주길 바라고, 하는 것들에 대한.

빌리: (운다.) 저는 두려워요. 저는 엄마를 잃고 싶지 않아요.

상담자: 어머니에게 진지하게 이야기를 하면……. (빌리가 계속해서 운다.) 그런 방법으로 우리는 어머니를 더 잘 이해하려고 해 볼 수 있어요……

상담자가 빌리의 어머니에게 어떻게 딸을 돌봤어야 했는지에 대해 이야기하는 것을 (빌리로서는 그 말을 하는 것이 거의 비판이 될 거라고 확신하는 부분) '어머니를 더 잘 이해하기' 의 방법으로 제시함으로써 상담자는 어머니를 보호해 주는 역할을 안았다. 어머니를 '비난' 하거나 '부서뜨리는' 것이 아니라는 안도감에, 빌리는 상담자를 통한 자기 표현의 대리경험뿐만 아니라, 상담자가 그녀의 어머니를 상대하는 것을 듣는 경험도 할 수 있다.

그렇다면 이런 모든 것은 사랑을 표현하고자 하는 욕구와 어떤 관계가 있을까? 그것들은 별개가 아닌 하나다. 사랑을 표현하고자 하는 욕구는 부모와의 관계, 친구와의 관계, 혹은 상담자와의 관계를 막론하고 모든 건강한 관계에서 나타난다. 이 욕구는 심지어 학대적인 관계에서도 볼 수 있는데, 그것이 아마도 많은 내담자들이 자신을 부적절하거나 학대적으로 대하는 상담자에게 계속 상담을 받는 이유일 것이다. 그런 상담자들은 자기의 욕구를 내담자의 것보다 선행하도록 두며, 내담자의 애성과 존경을 열망하고 요구하며 그것을 얻기 위해서 내담자를 조정하기도 한다. 유능하고 윤리적인 상담자는, 반대로, 사랑과 감사와 관심의 표현을 차분하게 받아들이고, 그런 현상을 상담에 필요한 것으로, 또한 두 명의 전인적이고 접촉적인 인간들 간의 관계에서 일어나는 고유한 부분으로 이해한다.

지금까지 살펴본 8가지 주요한 관계 욕구에 대해서 들은 사람들이 종종 사랑받는 욕구에 대해서 질문을 한다. '틀림없이', 그 사람들이 말하기를, "사랑받고, 감사를 받고, 관심을 받고자 하는 욕구는 어떤 의미 있는 관계에서든 반드시 나타납니다. 그런데 왜 그 욕구가 리스트에 없나요?" 답은 간단하다. 그 8가지의 욕구 중 어떤 욕구든지 어떤 주어진 순간에 전면에 등장하면, 그 욕구가 민감하게 인지되어 지속적인 관심하에 충족될 때 나타나는 전반적인 경험이 바로 사랑을 받는다는 것이다. 지금까지 계속 다루어 온 모든 욕구들의 합이 바로 사랑을 받는다는 것이므로 그것을 구분해서 목록에 올릴 이유가 없다. 자신의 관계 욕구가 충족된다는 것이 곧 사랑받고 있음을 느끼는 것이다.

2. 병렬

다음과 같은 예를 생각해 보자. 당신은 이 내담자와 상담을 잘 진행해 왔다. 전적인 관심으로 내담자의 관계 욕구에 조율했고, 섬세하고 능숙하게 내담자 내면을 탐색했다. 당신은 관여를 했고, 적절하게 수행했다. 하지만 내담자가 기대했던 대로 반응하지 않는다. 성장하고 꽃피우고 내적 · 외적 접촉의 경험을 넓혀 가는 방향으로 나아가지 않는다. 내담자는 상담자로부터 달아나는 것처럼 보인다. 상담자는 거리감, 분노와 얼어붙은 얼굴을 보게 된다. 내담자가 하는 부인이나 딴전 피우기나 거짓을 듣게 된다. 심지어 아무것도 듣지 못하기도 한다. 무슨 일이 일어나고 있는 걸까?

이런 종류의 반응을 이해하기 위해서는 **병렬**(juxtaposition) 현상을 알아야 한다. 병렬은 내담자가 상담관계 속에서 제공받는 것과 과거의 관계 속에서 필요했고 바랐으나 제공받지 못했던 것이 현저하게 대비될 때 발생한다(Erskine, 1994, 1997). 상담자가 내담자의 현상학적 경험을 인정하고 그것에 반응하면서 관계 욕구에 따라줄수록 내담자 안에는 그러한 욕구들이 반응을 얻지 못했던 과거와 관련된 정서기억이 파도처럼 밀려온다. 그리고 그런 기억들은 많은 경우 매우 고통스럽다.

내담자 조지는 정서적으로 불모의 환경에서 자랐다. 아주 어려서부터 그의 정서는 다른 사람에게 중요하지도 않았고 긍정적인 관심을 받지도 못했다. 조지는 접촉과 관련된 자신의 슬픔, 두려움 그리고 그리움을 감추는 것을 배웠다. 수년 동안 그런 위장은 그에게 제2의 천성이 되어 버렸다. 그가 성인기에 도달했을 때, 그는 그것에 매우 능수능란해졌으며, 그래서 그가 감정을 가진 때에도 자신조차도 그것을 알아채기가 어려웠다. 하지만 그는 편두통에 시달리고 있었고, 다른 사람들이 가질 법한 그런 가까운 관계를 맺지 못했다. 그의 결혼은 갈등이 많았고 직장생활은 한계에 온 것처럼 느껴졌다. 그래서 조지는 뭐가 잘못되었는지를 밝혀 내기 위해서 상담을 시작했다. 그리고 기대하지도 않았던 타인과 함께 지내는 것에서 전혀 다른 새로운 세상을 발견하게 되었다. 인생에서 처음으로 어떤 사람이 진실하게 그에게 관심을 가지는 것 같았고, 그가 경험하는 일들에 의해 영향을 받는 것 같았다. 그가 자동적으로 위장의 습관으로 돌아가려 할 때면 상담자는 즉시 그것을 중지시키고 그가 감추고 있는 그 감정들에 반응했다. 그래서 그의 위장들은 날아가 버렸다. 조지는 더 이상 자신이 필요로 하는 것이 무엇인지 알고 있다는 것을 부인할 수 없었다. 그리고 그는 현재의 고통을 느낄 뿐 아니라, 어렸을 때 그리고 연약했을 때 반응해 주지 않는 사람으로부터 다급하게 무언가를 원하던 때의 낡은 기억들에 의한 고통을 동시에 느꼈다.

이것이 병렬이다. 그리고 그것은 내담자가 참을 수 없을 만큼 강렬할 수도 있다. 너무나 강렬해서 경보가 울리고 모든 방어체제가 보강된다. "그 감정을 멀리 밀어버려, 이런 자각이 생겨나게 하지 마. 이 상담자를 더 이상 가까이 하지 마." 병렬이 상담자를 밀리 함으로써 외부적 접촉을 단절하는 것처럼 보일지 모르지만 사실은 내적 · 외적 접촉이 모두 방해받는 것이다. 자신과의 접촉은 자극된 것을 느끼지 않으려고 단절되고, 상담자와의 접촉도 경험으로 알고 있는 너무나 고통스러운 그 경험을 더 이상 하지 않기 위해서 단절된다. 많은 경우 상담자는 내담자의 병렬반응과 마주할 때 혼란스럽다. 지난 회기가 그렇게 효과적이었고 내담자가 진정으로 자신의 문제를 마주하고 깊이 있게 다루어서 큰 성과가 있었는데, 왜 다음 예약을 취소했을까? 또는 왜 늦게 와서 조금 남은 시간마저 그저 표면적인 이야기로 채웠을까? 아니면 왜 상담자가 이해해 주지 않는다고, 중요하지 않은 것들에 초점을 맞춘다고, 더 나아지게 하는 대신 모든 것을 더 악화시킨다고 하면서 상담자를 비난한 걸까? 병렬반응은 부정적인 전이나 상담자가 내담자를 이해하지 못했다거나 좋은 상담을 하고 있지 않는 것으로 잘못 이해될 수 있다. 하지만 상담자가 재빨리 역전이 반응을 경험하도록 하는 강한 초대일 수도 있다. 상담자는 내담자가 뒷걸음질치거나, 접촉을 단절하거나, 거절했다고 느낄 때 일어나는 자기 자신의 무의식적 방어나 혹은 심지어 노골적인 공격을 사용해 역전이 반응을 보일 수 있다.

병렬반응은 상담자가 내담자를 잘못 이해하고 있다는 것을 의미하지 않는다. 오히려 그 반대일 가능성이 높다. 그것은 보통 상담자가 매우 적절한 상담을 하고 있다는 증거다. 만약 거기에 상담자 실수가 있었다면 상담자가 병렬의 핵심을 지나치게 잘 파악하여, 내담자의 자각세계에서 묻히고 분리되었던 것들을 다시 접촉하도록 상담을 지나치게 서둘렀다는 것이다. 상담자는 내담자를 잘못된 장소로 인도한 것이 아니다. 오히려 그들은 자신이 가야 할 필요가 있는 바로 그곳으로 간 것이다. 하지만 내담자가 아직 그것을 다룰 준비가 되기 전에 그곳에 간 것이다.

병렬 반작용에 반응하기

내담자가 병렬반응을 보일 때 활용할 수 있는 몇 가지 단계의 반응들이 있다. 첫 번째 단계는 실제로 내담자에게 어떤 말을 하는지보다 상담자의 내부에서 어떤 일이 일어나는지와 더 관계가 있다(그러나 물론, 내면의 과정은 늘 외면의 행동에 영향을 미친다.). 무엇을 할지에 대해 생각하기 전에, 내담자의 반응의 실체를 먼저 인식해야만 한다. "오, 이것은 내가 기대했던 반응이 아니다. 병렬현상이 일어나서 내담자가 거기에 반응하고 있는 것은 아닐까?" 이런 가능성이 인식된 후에는 상담자는 내담자의 행동을 상담적 관점에서 볼 수 있게 된다. 이런 시각이 상담자가 방어적으로 반응하거나 지금까지의 상담방법의 적절함에 대해서 비판적 판단을 하는 것을 막아 준다.

병렬반응을 인식함으로써 상담자는 자신을 비난하고 방어하는 것을 피할 수 있을 뿐 아니라, 내담자의 행동의 기능을 이해하는 길이 열린다. 타당화가 상담자의 개입에 필수적인 측면임을 기억하라. 그리고 그 타당화는 내담자가 무엇을 하고 있든 내담자가 하는 그 행동의 의도와 목적과 관련이 있음을 기억하라. 병렬반응은 보통 도움이 되지 않는다고 여겨지기 때문에 완전히 잘못된 길로 가는 걸음처럼 보일 수도 있다. 내담자의 행동 그 자체는 내담자에게 도움이 안 될 수도 있지만, 그 행동에는 타당한 이유가 있고 어떤 중요한 기능이 있기 때문에 행해지는 것이다. 이런 맥락에서 병렬반응은 상당히 도움이 되고, 내담자가 인식하지 못하는 범위에서 접촉을 박탈당했던 경험은 무엇이고, 그런 경험에 대처하기 위해서 지금까지 어떤 행동을 해 왔는지 두 가지 모두를 알 수 있게 되는 기회이기 때문에 유용하다.

내담자가 보여 주는 반응의 기능을 존중하면서 상담자는 상담의 속도와 관심의 초점을 조절할 것이다. 이것은 내담자의 무의식적인 의사소통을 존중한다는 의미이며, 상식이다. 어떤 사람이 "너무 많아요."라고 한다면, 당신은 그에게 더 먹으라고 즉시 강요하지는 않는다. 물론 상담자는 계속 내담자에게 관심을 기울이고 내담자가 보이는 상담의 진전에 조율해야 한다. 하지만 이때 상담자가 함께하려는 마음의 강도와 새로운 영역과의 내·외적 접촉의 횟수는 늘어날 수도, 줄어들 수도 있다.

병렬반응은 그것이 외적으로 어떤 모양이든지, 근본적으로 접촉을 방해하는 것이다. 그것은 내담자가 뒤로 물러나서 숨 쉴 수 있는 어떤 공간을 갖는 것이고, 다시 안정을 찾는 과정이라고 볼 수 있다. 비교적 많은 경우, 내담자들은 이것을 깨닫지 못하기 때문에, 그러한 병렬반응을 다루기 위한 첫 번째 구체적인 단계는 지금 무엇이 일어나고 있는지를 내담자 스스로 탐색하도록 돕는 것일 것이다. 내담자는 지금 이 순간 어떤 경험을 하고 있는가? 지금 경험하고 있는 생각, 감정, 신체적인 감각은 어떤 것인가? 몸짓언어는 무엇인지, 그리고 그것은 어떻게 말로 옮겨지는가? 병렬반응이 일어날 때, 그 병렬반응이 일으키는 접촉방해라는 현상적 경험에 관해 상담자가 신중하게 질문을 함으로써, 접촉은 부분적으로 회복될 수도 있다. 그리고 그러한 질문은 내담자가 원래 병렬반응을 유발했던 고통스러운 감정의 기억을 더듬는 작업을 시작하도록 도울 수 있다.

또한 이때 도움이 될 수 있는 것은, 가장 처음에 세웠던 상담 계약 내용으로 돌아가 내담자가 이 상담관계로부터 무엇을 원하는지에 대해서 재명료화하거나 재협상하는 것이다. 이러한 회귀는 여러 측면에서 유용하다. 첫째, 내담자로 하여금 자신의 기대에 대해 생각하도록 초대함으로써 감정의 수위를 견딜 만한 수준으로 내릴 수도 있다. 지금 느끼는 감정이나 정서기억들에 압도당하는 대신, 내담자는 이성을 찾고 문제해결과 통제에 익숙한 패턴으로 돌아갈 수 있게 된다. 보통 흐르고 있는 정서를 통해서 타인과 접촉하기보다는 생각을 통해서 타인과 접촉하는 것이 더 익숙한 내담자에게, 이것은 실제적으로 숨쉴 공간과 같은 일시적인 휴식이 된다. 둘째, 초기의 계약으로 돌아가는 것은, 상담자나 내담자 모두 뒤를 되돌아보고 지금까지 진행되었던 상담작업을 바라볼 수 있게 해 준다는 데 의의가 있다. 그것은 상담자나 내담자 모두에게 생산적인 평가를 할 수 있도록 해 준다. 지금까지 한 작업 중에서 어떤 부분이 성과가 있어서 더 탐색되어야 할지, 그리고 어떤 부분이 (적어도 현재로서는) 별로 도움이 되지 않을지 등에 대해서 생각해 볼 수 있는 기회가 된다. 마지막으로 가장 중요할 수도 있는 점은, 재협상을 하는 것이다. 이것은 내담자가 처음에 상담을 시작했던 욕구와 관련한 맥락에서(주요하게는 병렬반응을 포함한) 자신의 현재의 행동들을 탐색하도록 만들어 준다.

접촉이 이루어진 상담 관계 안에서 이러한 탐색은 상담 과정의 핵심이라고 할 수 있다. 이 부분에서 상담자의 기술과 감수성은 결정적이다. 왜냐하면 내담자가 방어해야만 했던 바로 그 영역과 원래의 병렬반응을 유발한 바로 그 경험으로 들어가도록 내담자를 초대하는 일이기 때문이다. 반드시 탐색되어야 하는 것을 탐색하는 것과, 내담자에게 다시 상처를 주는 것을 구별하는 것은 매우 어렵다. 내면적으로 경험되고 외면적으로 소통되는 상담자의 조율과 개입이 그 구별 방법을 찾게 하고, 그 둘의 차이를 존중하게 한다.

몇몇 내담자에게는 병렬반응의 특성과 사람이 그것에 어떻게 반응하는가에 대한 정보를 주는 것이 유용할지 모른다. 이러한 종류의 정보가 내담자들이 자신의 행동을 이해하고 존중하는 것을 도울 수 있다. 병렬반응을 자연스러운 것으로 받아들이는 것은(그것을 고통스러운 기억에 사로 잡혀 있는 상태에서 일어날 수 있는 일반적이고 이해 가능한 것으로 설명함으로써) 내담자들이 자신의 반응에 대해 수치스러움을 경험할 확률을 줄인다. 반대로 어떤 내담자의 경우에는 상담자가 우선 현상에 충실하기로 결정할 수도 있다. 지금 현재 진행되는 내담자의 경험에 열중하고, 무슨 일이 있건, 자신이 여전히 내담자에게 관심을 기울이고 관여하고, 내담자가 필요할 때 시간을 낼 것이라는 것을 보여 주는 것이다. 결국 내담자는 경험적 탐색과 인지적 이해 모두를 통해서 이로운 것을 얻을 것이다. 내담자의 리듬과 관계 욕구의 이동에 조율하는 것이 상담자가 먼저 무엇을 해야 하는지를 아는 데 도움이 된다.

이런 과정을 거쳐서 관계 욕구의 개념이라는 원점으로 돌아왔다. 한 사람의 사회적 환경이 이러한 욕구에 반응해 주지 않을 때 심리적 질병이나 반복적이고 누적적인 심리적 외상이 발생한다. 역설적으로 병렬반응은 상담자가 이에 반응할 때 가장 빈번하게 나타날 수 있다. 하지만 그것은 그렇게 역설적이 아닐 수도 있다. 만약 어떤 사람이 어떻게 하면 고통스러운 무언가를 인식하지 않는지를 배우는 데 일생을 보냈다면, 그 사람이 그 고통을 느끼는 것이 어렵다는 것을 발견하는 것이 놀랄 만한 일인가? 곪은 상처를 여는 것은 재미난 일이 아니다. 상처의 딱지를 긁어내는 것은 고통스럽다. 대부분의 사람들이 이러한 고통스러운 경험으로부터 뒷걸음질친다. 하지만 딱지가 제거되고 상처가 아물었을 때, 그 고통은 '가치 있는 고통'으로 승화되어 있을 것이다. 아마도 그것이 관계 내 접촉 상담을 묘사하는 가장 최고의 설명일 것이다. 그렇다. 고통스럽다. 그러나 가치로운 고통인 것이다.

제6장
열쇠구멍을 통하여

한 친구가 곤충에 매료된 한 꼬마소년에 대한 이야기를 해 준 적이 있다. 걷고, 기고 혹은 나는 모든 작은 것들이 그 아이에게는 끝없는 흥밋거리였다. 꼬마는 곤충을 잡아서 잘 살펴보고 그것들에 대한 많은 것들이 궁금해졌다. "얘들은 어디서 왔을까?" "얘들은 어디로 가는 걸까?" "그리고 매우 자주 궁금했던 건, 얘들은 어떻게 움직이지?" 였다. 어느 날 꼬마는 딱정벌레를 잡아 상자에 넣고 그 벌레가 새로운 세계를 탐험하는 것을 관찰하였다. 아이는 어떻게 그렇게 작은 피조물이 실제로 움직일 수 있는지 이해할 수 없었다. 그러던 중 영감이 떠올랐다. 꼬마는 곤충을 부위별로 잘라서, 그 곤충을 움직이게 하는 내부 기관을 살펴보고 싶어졌다. 그래서 소년은 그렇게 했다. 물론 소년이 곤충을 자르자 그 곤충은 아무 데도 가지 않았다. 사실상 그것은 더 이상 딱정벌레가 아니라, 단지 죽은 부분들의 집합일 뿐이었다.

관계 내 접촉 상담에 관련한 지금까지의 우리 논의는 마치 이 소년이 딱정벌레에게 한 것과 같다. 우리는 관계 내 접촉 상담의 다양한 측면들을 설명하기 위해 전체를 부분으로 잘라야만 했다. 그러나 부분으로 나눠 버리면 진정으로 기능하지는 못한다. 살아서 숨 쉬는 상담이라기보다는 부분들의 집합일 뿐이다. 이제는 다시 부분들을 한데 모아서 이러한 부분들이 서로 어떻게 관계하는지, 그리고 관계를 만들기 위해, 더 나아가 관계 내 접촉 상담과정을 만들기 위해 이들이 어떻게 조화를 이루어 일하는지에 대해 논의할 때다.

우리가 처음에 제시했던 건강한 발달과 건강하지 못한 발달의 속성을 살펴보고, 그리고 그러한 발달에서 관계의 역할에 대한 전제로 돌아가 다시 한 번 살펴보자. 우선 관계는 성장하는 데 반드시 필요한 부분이라고 했다. 사람이 다른 사람과의 관계 속에 있지 않으면 그건 사람이 아니다. 실제든, 환상 속의 관계든, '관계' 없이 존재할 수 있는 진정한 인간은 없다.

관계라는 개념은 즉각적으로 접촉이라는 개념을 떠오르게 한다. 관계는 대인 상호 간 접촉에 기반하여 이루어진다. 그러나 진정한 대인 상호 간 접촉은 오직 개인이 자기 자신과 접촉하고 있을 때만 가능해진다. 내가 나 자신에게 열려 있지 않다면 당신에게도 개방할 수 없다. 내가 나 자신에 대해 자각하지 못한다면, 나 자신을 당신과 나눌 수가 없다. 내적 · 외적 접촉은 서로가 서로에게 힘을 실어 준다. 나는 당신과의 접촉을 통해(특히 당신이 지지적이고 존중해 줄 때) 나의 내적 자각은 강화되고, 내가 내적으로 더 접촉하게 될수록 보다 많이 당신을 이해할 수 있고, 내 자신을 당신과 나눌 수 있게 된다.

한 개인이 스트레스 혹은 심리적 외상을 경험하고 있을 때는 관계가 특히 중요하다. 우리가 신체적인 혹은 정서적인 고통을 겪고 있을 때, 또는 혹시나 고통을 당할지도 몰라 두려워할 때, 우리는 본능적으로 우리 자신을 보호하려 한다. 관계폐쇄나 관계차단과 같은 방어는 건강한 관계로부터의 지지가 없는 아동에게서 종종 발견된다. 아동은 위험으로부터 숨거나, 고통을 자각하지 않으려고 의식 밖으로 밀어내 버린다. 아동은 두려운 생각을 부인하거나, 불편한 감정을 부정하고, 신체적 고통에 대해 둔감해진다. 이런 과정을 통해 자기를 상실하게 되고, 의식 밖으로 추방된 모든 생각, 정서 혹은 감각은 내적 접촉을 상실케 하고, 관계 장벽이 생겨나게 한다.

완벽하지 않은 세상에서 어느 정도의 고통과 위험은 불가피하기 때문에, 모든 사람은 때때로 보호, 방어, 도피에 대한 욕구와 타인과의 접촉에 대한 욕구 사이에서 갈등을 경험한다. 우리가 위협감을 느낄 때, 우리의 타고난 두 가지 경향성, 즉 성장과 자기실현의 경향성과 폐쇄와 철수의 경향성은 충돌하게 된다. 우리는 그런 갈등을 겪으면서, 타협하는 패턴과 경험하고 이해하며 세상과 관계하는 방법을 발달시킨다. 그런데 그 방법은 단기적으로는 갈등을 해결하는 것처럼 보이지만, 장기적으로는 우리 자신이나 우리를 둘러싼 세상과 온전히 접촉하는 능력을 파괴하여 살능을 지속시킨다. 이런 타협 패턴은 무의식적인 계획, 상호 관련된 고정된 게슈탈트와 같은 삶의 각본을 형성한다. 삶의 각본은 신념, 환상, 정서, 기억들로 구성되어 있는데, 이를 통해 관계를 만들고, 예측하고, 관계에 의미를 부여한다.

어느 정도 건강한 관계가 유지되고 내적 · 외적 접촉이 붕괴되지 않는다면, 고정된 게슈탈트는 형성되지 않는다. 보호와 지지가 필요할 때 사랑과 이해심이 많은 성인을 찾아갈 수 있는 아동은 외상에 노출되더라도 손상을 오랫동안 경험하지는 않을 것이다. 왜냐하면 이 아동은 관계를 차단하거나 자각을 제한하거나 자기를 부분으로 분리시킬 필요가 없기 때문이다. 지속적인 손상을 초래하는 것은 심리적 외상 그 자체가 아니라, 보호와 회복을 돕는 관계의 부재인 것이다. 그리고 지속적이고 일관된 관계 결핍에서 비롯되는 누적 외상 또한 급성 외상 경험만큼이나 손상을 초래할 수 있으며, 분명 접촉이 이루어지는 관계와는 정반대다.

상담의 기능은 고정된 게슈탈트 패턴, 자기 보호적인 접촉 붕괴, 제한된 자각을 전환시키는 것이다. 상담자의 존재 이유는 내담자에게 관계를 제공하기 위함이다. 그 관계는 내담자가 내적 · 외적인 접촉을 점점 늘여 가고, 고정된 패턴 혹은 도식을 풀어 나가고, 자각되지 않았던 자기 부분들을 발견해가도록 허용하고 초대한다. 이것이 관계 내 접촉 상담의 모든 것이다. 이것이 지금까지 자세하게 기술해 온 탐색, 조율, 관여의 기능이다.

[그림 6-1] 자각, 접촉, 고정된 게슈탈트와 건강과 고통과의 관계

[그림 6-1]에 나타난 것처럼, 상담의 목적은 내담자의 기능 수준을 '고통'에서 '건강'으로 이동시키는 것이다. 그렇게 하기 위해서 상담자는 상담관계를 창조하고 유지한다. 내담자를 초대하고 격려하고 더 많이 자각할 수 있도록 하는 것, 그리고 고통에서 나와 건강한 방향으로 끌어 주는 것은 바로 상담관계 안에서의 접촉이다. 탐색, 조율, 관여는 그러한 상담관계가 갖는 특징들이다. 이런 요소들은 독립적으로 기능하지 않는다. 이들은 서로 얼기설기 얽혀 있다. 각 요소는 내담자와 상담자 사이의 관계를 구축하고 유지하기 위해 나머지 다른 두 가지 요소에 의존한다.

상담관계가 발달해 나감에 따라, 일련의 단계(phases) 혹은 초점들을 거치면서 관계의 특성이 생겨난다. 물론 이런 특성은 일종의 왜곡이다. 시작부터 끝까지 부드럽게 형성되는 관계란 없다. 실제 삶에서 우리는 전진하기도 하고 후퇴하기도 한다. 우리는 잘 되기도 하고, 넘어지기도 한다. 다른 사람(우리 자신에게도 마찬가지로)에게 개방적이기도 하지만 은둔하기도 한다. 그럼에도 불구하고 '단계' 의 개념은 관계가 어떻게 발달하고, 관계 내 접촉 상담이 어떻게 성장을 가져오는지를 이해하는 데 도움이 될 것이다. 우리는 다시 한 번 종전과 다른 방식으로 딱정벌레를 부분으로 분할할 것이다. 다른 방식이라 해도 여전히 분할은 분할이다. 이번에 우리는 탐색, 조율, 관여라는 세 요인의 구분을 넘어서, 요인 대신 '단계' 로 분리할 것이다. 그러나 이렇게 자른 것은 인위적인 것임을 기억하길 바란다. 학습을 위한 임시 장치다. 우리가

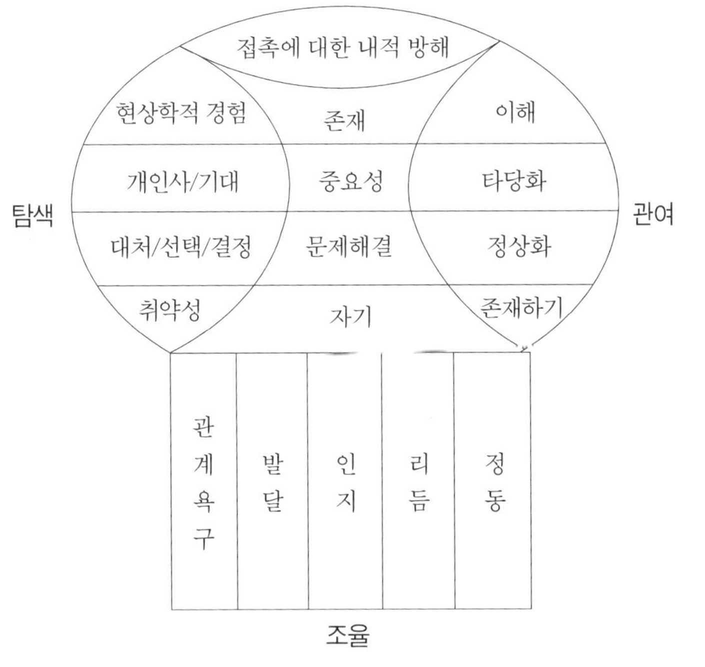

[그림 6-2] 기본적인 관계 내 접촉 열쇠구멍

딱정벌레를 조각조각 잘라 놓는 한, 딱정벌레는 살아 있는 것이 아니다.

1. 열쇠구멍

당신은 한 번에 모든 것을 어떻게 말하는가? 원에서 출발점은 어디인가? 끊임없이 자신을 집어 삼켜버렸다 다시 재생시켰다 하는 신화 속 벌레 오로보로스(Ouroboros)가 시작도 끝도 없는 것처럼, 상담과정을 온전히 이해하기 위해서는 시간을 두고 전체를 한꺼번에 보아야 한다. 말은 선형적이기 때문에 그런 역할을 할 수가 없다. 상담과정을 나타내기 위해서는 그림이나 도표가 필요하다. '열쇠구멍' 은 역동적인 관계를 하는 '관계 내 접촉 상담' 의 모든 면들을 한꺼번에 보여 주려는 우리의 시도다. [그림 6-2]가 바로 그 열쇠구멍이다. 우리 방식대로 설명하는 과정에서, 강조된 각각의 부분들을 살펴보기 위해 이 그림을 다시 보게 될 것이다.

우선 우리가 논의해 온 주요 주제들 각각이 열쇠구멍 안에 포함되어 있는 것을 주목하라. 조율은 맨 아래에 있으면서 기초나 모든 것들이 의지하는 '줄기' 를 형성하고 있고, 몇몇 새로운 용어들과 함께 관여는 오른쪽에 위치하고, 탐색은 왼쪽에 위치하고 있다. 가운데 아래 방향으로는 접촉 방해의 수준 혹은 정도를 나타내는 목록이다.

우리의 작업을 도표를 통해 열쇠구멍의 맨 위에서 시작해 아래로 내려 오면서 이 모든 과정들이 서로 어떻게 상호작용하는지 이 논의를 내면의 접촉 방해부터 나타낼 것이다.

2. 접촉 방해

접촉 방해는 정신적 고통에 대한 반응이면서 동시에 원인이기도 하다. 우리는 위협을 느끼거나 상처 입었을 때, 관계를 단절하고 도망가서 안으로 숨어버리고자 하는 충동이 생기는 것이 자연스러운 반응임을 안다. 한 마리 작은 동물이 위험을 인식하면 자신을 숨기듯이, 인간도 심리적으로 숨는다. 그리고 우리가 다른 사람으로부터 상처받고 무시당하거나 모욕당하면 당할수록, 점점 더 자기 자신을 다른 인간과의 접촉에서 단절시키게 된다.

내적 접촉 방해는 직관적으로 이해하기가 좀 더 어렵다. 위험한 외부세계로부터 벗어나 숨는 것은 이해가 되지만, 자기 자신에게서 숨어 버리는 이유는 무엇인가? 한 가지 답은, 상처가 되는 것이 무엇이건 간에 회피하기와 관련된다. 내가 생각하는 것들이 나를 불편하게 만드는가? 그럼 그것들에 대한 생각을 중단하라. 고통스러운 정서를 경험하고 있는가? 정서를 느끼지 않는 방법을 배워라. 내 몸에서 일어나는 감각들이 차라리 떠올리지 않았으면 하는 그런 기억, 욕구 혹은 두려움을 떠오르게 하는가? 그 감각들을 그저 사라져 버리게 해라.

내적 접촉 방해의 또 다른 측면은 우리가 고통 속에서 의미를 만드는 방식과 관련이 있다. 사람들, 특히 나이 어린 아동은 지극히 자기중심적이다. 그들은 자기 자신이 세상의 중심이라 여긴다. 일어나는 모든 것들이 자신들과 관계되어 있다고 믿는다. 이런 자기중심성 때문에 초래되는 것들 중의 하나가 자신의 중요성을 과대평가하는 것이다. 어떤 일들이 그들에게, 그들에 관해, 그들을 위해 일어나는 것처럼 보인다. 그들은 삶의 모든 중요한 사건들에 어느 정도는 관련되어 있고, 책임이 있다. 아동은 나쁜 일이 일어날 때, 즉 형제자매가 아프거나 부모가 이혼하거나 누군가 죽을 때 죄책감을 느낀다. 우리 모두가 이런 식으로 생각한 적이 있다는 사실을 쉽게 발견할 수 있다. 친구와 얘기 나누고 있는 장면을 상상해 보라. 그런데 갑자기 아무 설명도 없이 친구가 벌떡 일어나 밖으로 나가버린다. 이때 최소한 문득 '내가 무슨 짓을 한 건가?' 라고 생각하지 않을 사람은 거의 없을 것이다.

아동이 느끼는 타고난 자기중심적인 책임감에 더하여, 모든 경우에 아동 삶 속에 있는 타인은 의도적으로든 비의도적으로든, 아동으로 하여금 자기를 부정적으로 인식하도록 강화하고 있다. 운동장에서 하는 경기에서 함께 하고 싶은 선수로 제일 마지막에 선택이 되거나 시험을 망쳤을 때, 부모가 격노하여 분노폭발하게 되면("네가 자기 앞가림을 잘할 리가 없지!"), 아동은 자신이 나쁘거나 뭔가 부족하다고 인식한다. 건강하고, 지지적이고, 긍정적인 외적 접촉이 결여되어 있을 때, 그런 메시지들은 내사되어 자기에 대해 정의 내릴 때 사용될 것이다. "나는 게을러." "나는 비호감이야." "나는 어리석어."

"나는 게을러." "나는 비호감이야." "나는 어리석어."는 편안한 생각들이 아니다. 이런 생각들을 믿게 하는 기억들, 혹은 단지 자신이 그렇다고 하는 다른 사람들의 말을 들었던 기억들도 편안한 기억이 아니다. 자신은 고통스러운데 도와주는 사람이 아무도 없었던 기억도 편안치가 않다. 불편함을 줄

이기 위해 사람들은 그런 기억들을 차단한다. 그런 다음 그것들을 떠올리게 하는 생각, 감각, 감정들을 차단한다. 그다음 자신들이 차단해 왔던 것들을 생각나게 하는 다른 생각, 감각, 감정들을 차단한다……. 즉, 내적 접촉이 붕괴되는 소용돌이가 시작되는 것이다.

내적 접촉 붕괴는 수많은 형태로 일어나고, 우리는 이미 그중 세 가지에 대해 간단히 언급했다. 부인(denial), 거부(disavowal), 둔감화(desensitization)가 그것이다. 부인은 인지적 붕괴를 의미한다. 부인은 '그것에 대해 생각하지도/알려고도 않을 거야.' 라는 식의 적극적인 선택을 수반한다. 기억의 억압, 문제해결에 대한 무능력, 연관성을 모르거나 혹은 찾지 못하는 것, 이 모든 것들은 우리의 인지 능력에 대한 부인 및 붕괴와 연관시킬 수 있다. 반대로 거부는 정서와 관련이 있다. 만약 부인이 '그것에 대해서는 생각하지 않을래.' 에 해당한다면, 거부는 '그것에 관한 어떤 감정도 가지지 않을래.' 다. '그래, 난 학대당했어. 하지만 그건 오래전 일이고 대단한 일도 아니야.' '배우자가 날 속인 건 사실이지. 그렇다고 화내 봤자 얻을 수 있는 건 아무것도 없어.' 감정, 특히 고통스러운 감정들을 견디기란 어렵기 때문에, 그것들을 거부하고 덮고 잊는다.

내적 접촉 붕괴 3인방의 세 번째 형태는 둔감화다. 신체 감각과의 접촉 상실을 의미한다. 스스로를 둔감하게 만든 이들은 '무딘' 또는 '멍한' 감정을 보고한다. 아니면 아예 아무것도 보고하지 않을 수도 있다. 그들은 너무나 오랫동안 자신의 몸과 접촉하지 않아서 무언가를 느낀다는 것을 상상할 수 없다. 이런 사람들에게서 몸이란 이 장소에서 저 장소로 자신을 이동시키는 데 이용되는 기계다. 오직 몸이 고장 났다고 위협할 때만 주의를 기울일 뿐이다.

내적 접촉붕괴의 세 가지 형태는 모두 특정 기능을 중지시키고 다른 기능들은 그대로 둔다. 인지, 정서, 감각의 모든 기능들을 가로지르는 두 가지 다른 형태가 존재한다. 비개인화(depersonalization)와 해리(dissociation)다. 이것들은 방어적인 자기보호 계통의 '거울' 이며, 일반적으로 상당히 심각한 외상을 경험하지 않는한 웬만해서는 사용하지 않는다. 비개인화는 신체, 심지어 자기감에 대한 일종의 정신적 유기(abandonment)이다. '이건 실제로는 나에게 일어나고 있는 게 아니야. 나는 진짜 여기에 없는 거야.' 그리고 해리는 전통적인 분열 방어로, 자각을 개별적인 부분 부분으로 나누어서 독립적인 인격으로 기능하기도 한다.

분명하게 상담의 목적이 자각을 강화하는 것이라면, 이러한 접촉 붕괴 과정을 인지하고 전환시키는 것은 중요하다. 그렇게 하는 과정에서 우리는 종종 수많은 방어 수준을 통과해 나간다(Schiff, 1975). 방어 수준은 이미 기술했던 몇몇 혹은 모든 형태의 내적 접촉 붕괴와 관련되어 있다. 우리는 여러 방어 수준들에 대해 차례대로 논의할 것이다. 논의될 내용은 [그림 6-3]에 있는 열쇠 중앙에 강조된 부분이다.

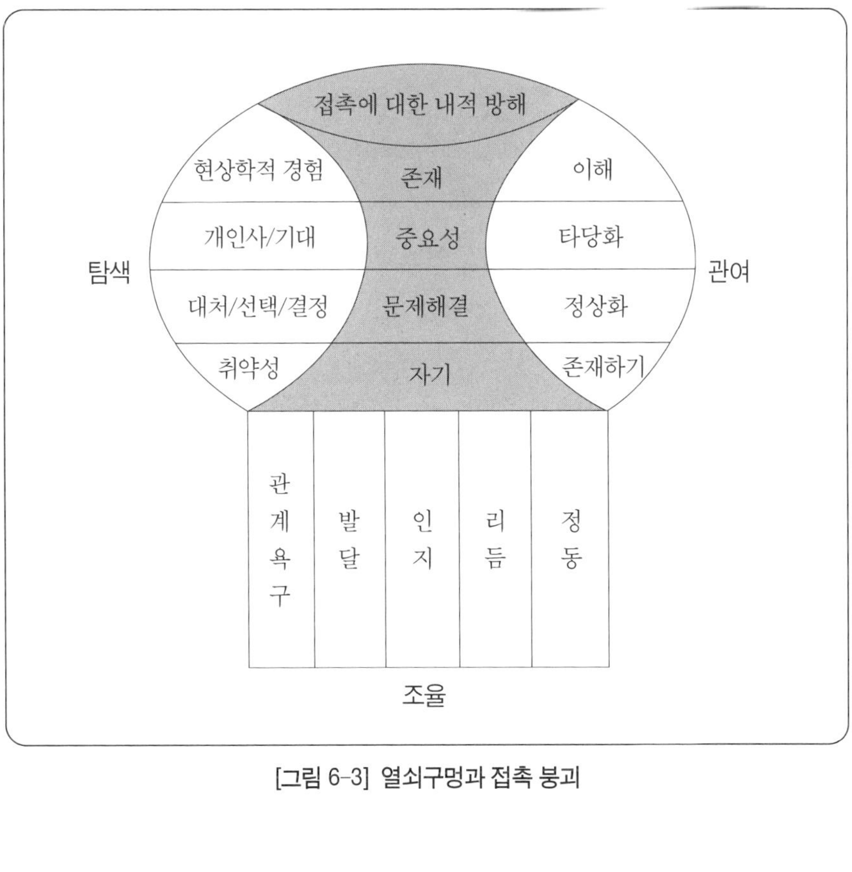

[그림 6-3] 열쇠구멍과 접촉 붕괴

접촉 붕괴의 첫 번째이면서 가장 간단한 수준은, 문제의 **존재**에 대한 자각을 통제하는 것이다. 만약 어떤 것이 자신을 불편하게 만들 것 같으면, 그것을 자각하지 못하도록 그저 차단시켜 버린다. 이것은 소설 『바람과 함께 사라지다』에 나오는 스칼렛 오하라의 유명한 대사, "그건 내일 생각할 거야."로 특징지어지는 전략이다. '그것에 대해 느끼지 않을 거야. 그건 일어나고 있지 않아. 난 기억하지 않아.' 식이다.

그러나 접촉이 붕괴되거나 왜곡되기 위해서는 문제가 자각의 장에 들어와 있어야 한다. 어떤 것을 자각하면서 동시에 그것이 갖는 중요성 혹은 의미는 부인할 수도 있다. "물론 난 그것이 계속되고 있다는 걸 알아, 그래서 뭐?" "예, 난 그 일이 슬펐어요. 우리네 삶에서는 많은 슬픈 일들이 일어나죠. 그렇다고 슬픔에 빠져 있는 건 시간낭비죠." "전 아빠한테 두들겨 맞은 걸 기억해요. 그렇지만 그게 저한테 어떤 영향도 주지 않았어요." 식이다. 내적 접촉 붕괴의 두 번째 수준에는, 사건, 기억 혹은 경험은 있으나, 그에 대한 정서적인 반응과 인지적 반응은 깨끗하게 청소되어 있다. 그것은 살아 숨쉬는 삼차원의 자기 자신이라기보다는 마치 앨범 속의 사진과 같은 것이다. 그것은 중요하지 않기 때문에 다룰 필요도 성가실 필요도 없다.

접촉 붕괴의 세 번째 수준에서는, 어떤 문제(감정, 기억 혹은 상황)가 존재하며 그것이 중요하다는 것을 인식한다. 그러나 그것에 대한 어떤 해결의 가능성은 부인한다. "그건 원래 그런 거다. 물론 그것 때문에 상처를 입지만, 난 그것과 함께 살아가야만 한다. 물론 그 기억 때문에 밤을 뜬눈으로 지새운다. 물론 당신과 나 사이에 일어난 일들로 난 화가 난다. 하지만 그것에 대해 할 수 있는 게 아무것도 없다. 그저 그것에 대해 이야기하지 않는 것이, 나 자신을 심하게 꾸짖지 않는 것이 더 낫다. 상담으로 해결될 수 없는 것은 견딜 수밖에……." 식이다. 그래서 내담자는 괜찮은 척한다(문제들이 어쨌든 해결될 수 없을 때는 그렇게 하는 게 맞는 거다. 그렇지 않는가?). 그리고 내담자는 다른 누군가를 너무 많이 괴롭히지 않도록 노력하고, 다른 것들로 자신을 바쁘게 만들려 애쓴다. 이런건 접촉과 관계를 위한 비책이라고는 할 수 없다. 그렇지 않은가?

만약 접촉 붕괴의 세 가지 수준들을 맞닥뜨리고 헤쳐 나와, 자신에게 문제(인지, 정서, 신체 감각)가 존재하고, 그것이 중요하며 그리고 그것에 대한 해결책이 있을 수 있다는 것을 자각할 수 있고, 기꺼이 자각하려 한다면, 이제 자기(*self*) 가치, 즉 감정을 다루고 그 상황을 해결하는 데 필요한, 자기 자신이 소유한 고유의 능력에 대한 부인이 남아 있을 수 있다. 어딘가 있을 해결 가능성은 더 이상 부인되지 않는다. 단지 바로 이 사람이 그것을 해결할 수 없다는 것일 뿐이다. "어떤 이는 아마도 그 문제에 대해 어떤 조치를 취할 수 있을 것이다. 다른 많은 사람들은 과거에 더 심각한 일을 다루었을지도 모른다. 근데 나는, 그저 나 같은 사람은 문제를 해결할 수 없고 앞으로 마찬가지일 것이다. 심지어 스스로 돌보지 않는 게 더 낫고, 필요로 하거나 원하는 것을 느끼지 않는 게 더 낫다." 우리가 전에 얘기했던 것과 얼마나 잘 맞아 떨어지는지 보라. 사람은 자신에게 일어난 일들에 근거하여 부정적인 자기정의를 만들어낸다. 그것은 순환적이고 자기 강화적이다. 내가 나 자신을 부정적으로 정의하면 할수록, 부정적으로 정의된 나와 접촉하는 나의 능력을 왜곡하고 파괴하는 경향은 점점 많아질 것이다. 그리고 접촉 왜곡과 붕괴가 많아질수록, 가용할 수 있는 자원은 줄어들고, 자기 가치는 점점 감소하게 될 것이다.

우리는 지금 사람이 자신을 불행하게 만드는 방식, 자기와 타인의 접촉을 차단시키고 곤경에 빠지는 방식에 대한 암울한 설명을 하고 있다. 이제는 무언가 희망적인 것으로 이동할 시간이다. 관계 내 접촉 상담은 순환하는 고리를 역전시키기 위해 고안된 것이다. 다시 말하는데, 우리가 관계 내 접촉 상담의 '단계(phases)'에 대해 말할 때, 단계를 나누는 것은 인위적인 것임을 기억해 주길 바란다. 진짜 살아 있는 딱정벌레는 항상 자기 자신 전체로 움직인다.

3. 첫 번째 단계: 출발

[그림 6-4]는 상담 가장 초기의 기본 수준을 강조한 것이다. 이 단계에 있는 내담자들은 존재(existence) 수준에서 접촉의 방해를 경험하고 있을 수 있다. 그들은 내적 혹은 외적으로 진행되는 많은 것들에 대해 자각하지 못하고 있다. 무언가 잘못되어 가고 있는데, 그들은 그것이 무엇인지도 모른다. 대부분의 내담자가 첫 회기에 가져온 문제는 정말로 해결될 필요가 있는 것과는 전혀 다른 것일 때가 많다. 우울, 업무 스트레스 또는 불행한 결혼 등이 진짜 문제들일 수도 있고, 여러 가지 원인에 의해 발생되는 증상일 수도 있다.

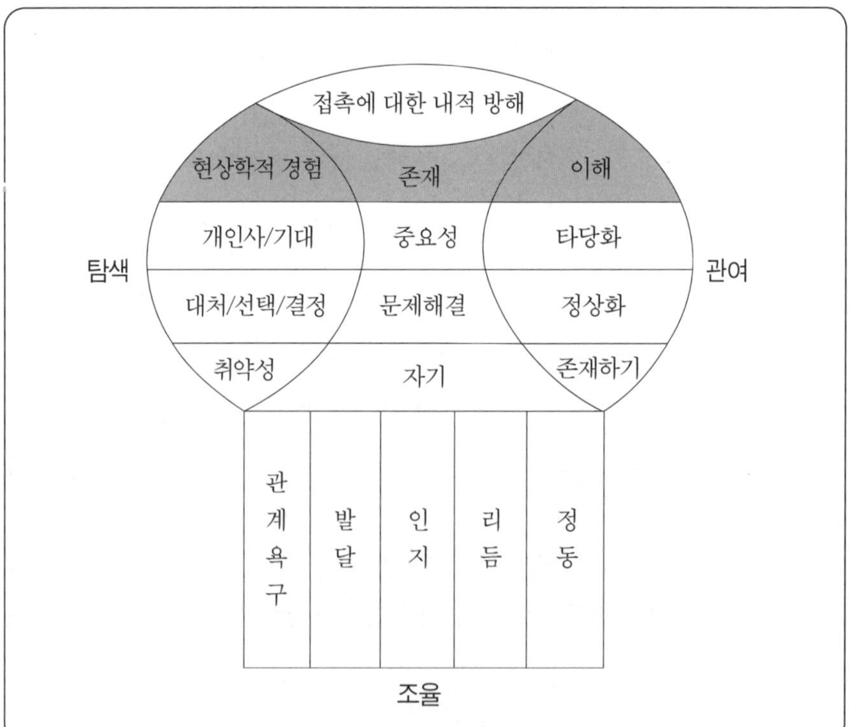

[그림 6-4] 관계 내 접촉 상담의 첫 번째 단계

주로 원인이 되는 것들은 차단되고 제한된 관계, 파편화되고 분열된 자기, 더 이상 의식할 수는 없지만 자각의 표면 바로 아래에 맺혀 있는 감정, 사고, 기억들이다.

상담의 이 단계에서 탐색의 초점은 '현상학적' 인 것이다. "지금 당신한테 어떤 일이 일어나고 있나요?" "무엇을 경험하고 있나요?" "당신의 이야기를 말해 주세요. 지금 이 순간 무엇이 중요하게 여겨지는지 말해 주세요." 현상학적인 부분에 초점을 두는 것은 최소한 두 가지 이유에서 합리적인 조치라 할 수 있다. 첫째, 현상학적인 부분은 내담자의 에너지가 존재하는 곳이다. 내담자는 상담자로부터 자신이 무엇 때문에 상담받으러 왔는지, 문제가 무엇인지 이해받기를 원한다. 그리고 자신이 바라보는 관점으로 상담자도 이해하고 바라보는지 알고 싶어한다. 내담자는 세상에 대한 그들의 견해가 상담자의 관심, 격려, 공감적 이해로 인정받길 원한다. 이 시점에서 다른 어떤 것에 대해 말해 달라고 요청한다면 내담자는 산만해하거나 자신이 논의할 필요가 있다고 생각하는 마음을 무시당했다고 느낄 수 있다.

둘째, 현상학적 경험에 대한 탐색으로 시작하는 이유는, 아마 더 중요한 이유일 수 있는데, 그것이 가장 용이하게 자각할 수 있는 것이기 때문이다. 내담자는 종종 자신들이 내적·외적 자각을 차단시키는 방법을 어떤 식으로 터득해 왔는지 모르고, 이해하지 못하고, 명확하게 설명할 수도 없다. 왜냐하면 그들이 상담을 받으려는 근본적인 원인이 바로 접촉 붕괴이기 때문이다. 내담자는 자신들의 유연성, 자발성, 창의성을 제한하는 고정된 게슈탈트 패턴에 대해 모른다. 그리고 자기의 묻혀진, 분열된 부분들에 대해서도 모른다. 그들이 자주 주의를 기울이지는 않지만 접근할 수 있는 것은 즉각적이고 현재 진행중인 경험이다. 바로 내담자 안에서 진행되는 경험이 바로 우리가 그들에게 말해 달라고 요청하는 것이다.

우리는 내담자에게 자세하게 말해 달라고 요청한다. 그들이 하고 있는 경험의 모든 부분을 탐색한다. 그들의 정서, 인지 과정, 리듬 그리고 발달적 기능 수준에 조율하면서, 우리는 그들이 바로 지금 알고 있는 것, 느끼고 있는 것, 믿고 있는 것, 상상하는 것에 대해 탐색한다. 우리는 주의를 집중하고, 존중의 태도로 그들의 반응에 답례한다. 그들이 우리에게 말하는 것에 대해 관심을 가지고 관여하고 있고 마음을 쓰고 있음을 그들이 알 수 있도록 전달한다. 질문과 진술, 몸짓 혹은 관심 어린 눈빛, 이 모든 것이 내담자가 자기 자신에 대한 자각과 우리와의 접촉을 더 늘려 가도록 돕는다.

우리가 노련함과 인내심을 가진다면 결국에는 접촉을 방해하는 장벽들은 녹아 내리기 시작할 것이다. 자각은 넓어지고 깊어질 것이며, 내담자는 증상에 초점을 두고 이야기하는 것에서 벗어나 다른 무엇인가가 빠져 있다는 점을 인식하게 될 것이다. 내담자는 이제 내면에서 일어나는 것에 대해 훨씬 더 생생하게 경험하고 인지할 수 있다. 뿐만 아니라 더 진솔해질 수 있고 상담자와 더 가까워질 수 있다. 이렇게 되면 부드럽게 그리고 감사의 마음을 표하면서 상담의 두 번째 단계로 이동한다.

4. 두 번째 단계: 연결 짓기

내적인 경험에 대한 자각이 늘어나고, 떠오르는 감정, 바람, 기억들에 접촉하는 능력이 점차 증가되면서, 내담자는 이제 그런 경험들의 의미를 탐색할 준비가 된다. 자신이 경험하는 것들의 중요성을 자각하지 못하도록 차단하는 것은 접촉 붕괴의 두 번째 수준([그림 6-5]에서 강조된 부분)이다. 상담자가 "바로 지금 당신에게 무슨 일이 일어나고 있나요?"라고 묻고, "오, 저는 잠시 어떤 슬픔을 느꼈어요."라고 내담자가 말한다고 가정하자. 다시 상담자는 "무엇에 대한 슬픔이죠?"라고 묻고, 내담자는 "모르겠어요. 그냥 별거 아닌 것 같아요."라고 답한다. 슬픔이란 감정을 경험하고 그것에 이름을 붙일 수 있었지만, 그것은 어떤 것과도 연결되어 있지 않다. 그 감정은 내담자의 경험에서 고립되어 존재하며, 호기심을 끌지만 편안하게 다가오지는 않는 그런 것이다. 우리가 그저 충분히 오랫동안 기다려 주기만 한다면, 아마도

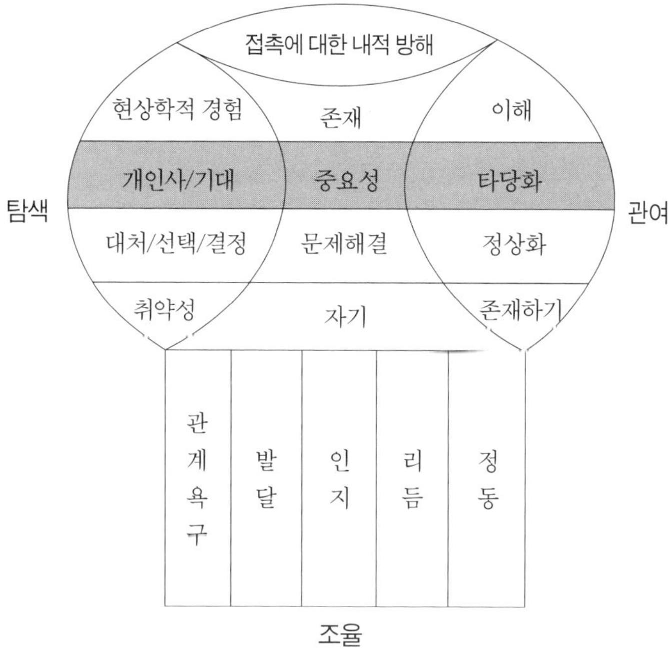

[그림 6-5] 관계 내 접촉 상담의 두 번째 국면

그 감정은 곧 사라져 버릴지도 모른다. 내담자 태도는 이런 식이다. "모든 사람들은 때때로 슬픔을 느끼죠." "별 관심을 기울일 필요는 없어요. 그냥 다른 것에 대해 생각해 보는 것이 좋겠어요."

이 단계에서 볼 수 있는 접촉 붕괴의 또 다른 형태는, 현재 경험과 자기 삶의 다른 부분들과 연결하지 못하는 것이다. 연결하더라도 단지 부분적으로만 하거나 심지어 부정확하게 연결한다. "전 슬퍼요. 내일이 서른 번째 생일이거든요. 모든 사람들은 서른 살에 접어들면 슬퍼해요." 혹은 "당신이 승진할 만한데도 그렇게 되지 않았다면, 당신도 당혹스러울 거예요." 이 지점에서 탐색의 가장 주요한 기능은 모든 가능한 연결, 즉 현재 경험하는 것과 그 외의 경험과 연결 혹은 이 사람이 계속 해 오던 경험과의 연결을 탐색해 보는 것이다. 상담자는 서른 번째 생일이 슬퍼지게 할 수 있다는 것, 혹은 승진하지 못해서 정말로 화가 난다는 것을 부인하지 않는다. 그렇지만 모든 내적인 사건이 일어나는 데는 대개 하나 이상의 결정인자가 존재한다. 그리고 가장 상담적으로 중대한 결정인자들은 종종 개인의 과거사 그리고 미래에 대한 기대와 관련되어 있다.

기대에 대해 얘기하기 위해, 잠시 우회하여 기대와 그것의 사촌격인 희망과 두려움의 개념에 대해 보다 면밀히 살펴보자. 우리는 일반적으로 기대, 희망, 두려움이 미래와 관련되어 있다고 생각한다. 어쨌든 그것들이 가리키고 있는 곳은 미래다. 난 아직 일어나지 않은 어떤 것을 기대한다, 희망한다, 혹은 두려워한다. 그런데 그러한 기대는 어디로부터 유래하는가? 어떻게 우리는 임박한 어떤 것에 대해 희망을 가져보기로 결정하고 혹은 두려워하기로 결정하는가? 미래에 대한 기대는 대개는 과거의 메아리다. 그것은 과거 경험을 내몰아 버린다. 기대와 관련된 감정은 과거에 우리에게 일어났던 것과 영향을 미쳤던 것에 대한 중요한 단서가 된다. 뱀을 한 번도 본 적도, 책을 통해 읽은 적도, 들은 적도 없는 사람은 자신이 정원에서 뱀을 보게 될까 봐 두려워할 가능성은 거의 없다. 일반적으로 괴롭힘을 당해 본 적이 없는 사람은 괴롭힘을 당할지도 모른다고 예상하지 않는다. 우리는 과거 경험에 근거하여 어떤 것이 일어날지도 모른다는 희망을 갖는다. 혹은 그 반대로 결코 일어나지 않을 거라는 희망을 갖기도 한다. 어쨌든 우리는 희망한다. 상담자에게 이 모든 것이 의미하는 것은, 미래에 대한 희망, 두려움, 기대, 그 어떤 표현도 모두 과거를 탐색할 수 있도록 허용하는 내담자의 초대인 것이다. 과거와 현재의 어떤 관련성을 찾을 수 있는 기회인데, 그 관련성은 내담자가 그동안 자각하지 못했던 것이다.

과거부터 미래까지의 연결은 내담자와 상담관계 맥락 내에서 이루어질 때 가장 명확해진다. 그리고 내담자와 상담자 관계 맥락 내에서 과거부터 미래까지의 연결성을 찾는 것이 가장 중요하다. 전이는 과거 관계들, 그러한 관계에서 내담자가 겪은 일과 내담자가 원했던 것들에 대한 진술문에 해당한다.

내담자가 상담자에게 기대하고, 희망하는 것, 혹은 상담자를 두려워하는 것은 중요한 사람과의 이전 관계에서 일어났던 것의 복사판이다. 관련된 사건에 대한 기억이 떠오르지 않을 때조차도, 사건들과 관련된 정서는 아주 강렬할 수 있다. 다음의 진술들, "선생님이 ……할까 봐 두려워요." "선생님이 ……이길 바라요." 혹은 "전 이것에 대해 선생님이 무슨 말씀을 하실지 알아요."와 같은 말들은 상담회기 동안에 실제로 일어났던 것과 관계가 있다기보다는 내담자의 부모, 교사, 배우자 혹은 어린 시절의 친구와 관련되어 있을 가능성이 훨씬 더 많다. 그러나 다시 강조하지만 상담자의 행동과 직접적으로 관련된 내담자의 기대 부분을 무시하지 않는 것이 중요하다(기억하라, 거의 모든 것이 다양한 변수들의 조합으로 결정된다.). 그리고 우리 자신의 중요성과 책임성에 대해 잊지 않는 것 또한 중요하다. 그러나 거기서 멈추지 마라. 같은 종류의 일이 일어났거나 혹은 동종의 감정을 경험했던 다른 관계들에 대해 탐색하라. 과거사에 대해 그리고 과거사와 기대의 연결성에 대해 탐색하라.

[그림 6-5]에서 여러분은 내적 접촉 붕괴의 '중요성' 수준이 탐색의 '개인사/기대' 의 수준과 연결되어 있는 것을 볼 수 있다. 그런데 타당화가 관여의 열에 들어가는 것에 대해 어떻게 설명할 수 있을까? 여러분이 기억해야 하는 것은 우리가 내담자 경험의 중요성을 인정하고, 가치 있게 여기는 것이 타당화라고 정의했다는 것이다. 이것이 바로 그림에서 다른 두 개의 세로줄이 필요한 이유다. 만약 이 수준에서 내담자가 자기 경험의 중요성과 유의미성에 대해 부인하여 접촉이 제대로 이루어지지 않는다면, 상담자는 내담자의 부인을 뚫고 나가기 위한 길을 찾아야 한다. 내담자는 자신이 보고하는 것의 중요성을 이해하지 못하고 심지어 믿지 않을 수도 있다. 그러나 상담자는 그것이 중요하다는 사실을 안다. 상담자는 이 경험이 내담자의 삶에서 중요한 의미를 가진다고 생각한다. 그건 무작위적인 생각도 아니고, 바보 같은 과잉행동도 아니고, 갑자기 튀어나온 그저 그런 어떤 것이 아니다. 타당화는 정서, 욕구 혹은 기억이 존재한다는 사실을 단순히 인정한다는 의미가 아니라 그 이상의 것이다. 타당화는 정서/욕구/기억이 어떤 이유 때문에 거기에 존재하

는 것이며, 그 이유는 의미심장하고 중요하다는 사실을 주장하는 것이다.

우리가 내담자의 내적 사건을 단순히 확인하고 이해하는 것에서 그것의 중요성을 타당화하는 쪽으로 이동함으로써, 내담자가 자기 경험에서 의미와 구조를 어떻게 만드는지, 그리고 그러한 의미들이 과거에서 현재로 그리고 다시 미래로 이어지는 느낌을 어떤 식으로 창조해내는지에 대해 발견하도록 돕는다. 여기에 있는 용어에 주목하라. 우리 자신이 발견해 가는 주체가 아니다(설혹 만약 우리가 뭔가를 발견하고 있다 해도 그건 그리 중요하지 않다.). 우리는 내담자 스스로 발견해 낼 수 있도록 돕고 있는 것이다. 상담관계의 접촉이 이루어지는 환경에서 우리는 전인적인 존재로서의 내담자에 대해 관심을 가지고 온 마음으로 임하고 있음을 보여 준다. 전인적인 존재는 지금의 시간에 존재하는 사람이고, 현재뿐 아니라 과거와 미래도 가진 사람이다. 우리는 내담자가 자신의 과거와 현재 그리고 미래 그 모든 시간에 접촉하도록 요청한다. 왜냐하면 그 시간들은 모두 중요하고, 내담자가 어떤 사람인지를 설명하는 각 부분들이기 때문이다.

상담자 또한 현재의 시간에 사는 존재다. 우리의 과거와 미래는 우리 자신에게 가용될 수 있어야만 하고, (잠재적으로는) 내담자에게도 그러해야 한다. 어떤 물리학자는 관계 내 접촉 상담의 두 번째 단계에는 3차원 공간에서 4차원 공간으로의 이동이 있다고 말할지도 모른다. 물리학에서는 오래전부터 시간을 4차원의 현실로 생각해 왔기 때문이다. 오직 이 네 번째 시간적인 차원이 덧붙여질 때만이, 우리는 우리의 전체 자기로 내담자가 우리에게 가지고 온 것의 중요성과 유의미성을 진정으로 타당화할 수 있다. 그 차원을 통해 우리는 내담자가 내린 결정과 선택을 이해할 준비를 하게 될 것이다. 그 차원을 통해 내담자는 자기 자신의 의미 있는 삶의 이야기를 발달시킬 준비를 하게 될 것이다.

5. 세 번째 단계: 선택과 결정

내담자는 자신이 원하는 것을 스스로의 힘으로 성취할 수 있다고 믿지 않기 때문에 상담을 찾는다. 내담자가 처한 삶의 상황이 회복을 필요로 하는 상처나 외상 혹은 불편함이건 혹시 지금의 좋은 삶을 보다 더 잘 살고 싶은 마음이건 간에, 어쨌든 내담자로서는 해결할 수 없다고 여기기에 상담에 온 것이다. 사실 세 번째 단계의 핵심은 해결 가능성이다. 이제 내담자는 자신의 내적 경험에 대해 보다 충분히 자각하고 있고, 이 경험이 중요하다는 것을 이해하고 있다. 과거 사건과 미래에 대한 기대 사이의 연결도 생겼다.

어린 시절 초기 경험이 그 이후 하게 되는 경험을 어떻게 형성하도록 하는지, 지금-여기, 현재의 의미와 구조가 어떻게 그때 거기 과거에 일어난 일에서 발견되고, 뿌리를 두고 있는지 이에 대한 연속성에 대한 이해도 내담자는 갖고 있다. 하지만 이 모든 것이 아무런 효과가 없어 보인다.

상담과정에서 이 지점을 특징지을 수 있는 어떤 말이 있다면, 그것은 꽉 막힌 느낌(sense of stuckness)일 것이다. "네, 이해는 해요. 그래서 뭐요?" 이 수준에서는 자각도 도움이 되지 않는 것 같다. 문제는 사라지지 않고, 해결책도 마술처럼 나타나지는 않는다. 때때로 상담을 시작하기 전보다 더 나빠지는 것처럼 느껴지기도 한다. 적어도 상담이 시작되기 전에는 내담자의 모든 방어가 제자리에 있어서 이러한 모든 고통을 알 필요가 없었다. 여기서 가장 일반적인 주제가 '꽉 막힘' 이라면, 상담자에게 가장 큰 도전거리는 내담자가 옛날의 방어체제와 비접촉의 상태로 돌아가지 않고, 내담자가 꽉 막힌 장소에서 빠져나와 새로운 선택을 창조해 내는 자신의 능력에 접촉할 수 있도록 앞으로 전진하는 선택을 하도록 돕는 것이다.

앞의 문장에서 의미심장한 단어는 '선택' 이다. 왜냐하면 이 단계에서 내담자는 선택과 결정에 대해 자각하게 되고, 자신의 이러한 경험이 어떻게 대처 방법이 되었는지 알게 되기 때문이다([그림 6-6]의 왼쪽에 강조된 부분). 내담자가 경험에 의미를 부여하는 방식은 언제나 선택에 기반을 두고 있다. 그 선택은 자각의 어떤 부분이 전경이 될 것이고, 어떤 부분이 배경이 될 것인지, 자신의 삶에서 일어나는 일에 대해 어떻게 이해할 것인지, 무엇을 기대할지, 무엇을 희망할지 그리고 무엇을 포기할지에 대한 것일 수 있다. 현재의 인식에 기반을 둔 선택과 결정의 원래 뿌리는 어제의 욕구, 외상, 두려움, 어설픈 이해이기 때문에 대개는 성인으로서의 자기 자신을 자각하는 것이 어렵다. 오늘의 막힘은 어제 내린 결정의 산물이다(Goulding & Goulding, 1979; Greenwald, 1973).

다음의 예는 우리가 의미하는 것을 명료하게 해 줄 것이다. 32세의 애니타는 작은 회사에서 접수원으로 일하고 있다. 그녀는 외롭고, 화나고, 원한에 사무쳐 있다. 그녀는 고통스러운 경험을 통해 사람은 신뢰할 수 없는 존재들이라고 배웠다. 그녀의 아버지는 그녀가 이제 막 걷기 시작하는 아기일 때 가족을 떠났고, 그녀의 어머니(그녀 자신도 외롭고, 돈도 없고, 자원도 빈약한)는 학대적이었다. 애니타는 진정한 친구가 없었다. 그녀에게 딱 한 번, 몇 개월 동안 만나던 남자친구가 한 명 있었다. 그러나 그는 그녀를 차버리고 대신 치어리더와 데이트하기 시작했다. 사람을 믿지 않기로 한 그녀의 신념과 결정이 어디서 생겨났는지 이해하기란 쉽다. 그녀에게 이것은 생존의 문제였다. 만약 여러분이 사람들을 신뢰하지 않고 그들에게 아무것도 기대하지 않는다면, 상처받을 일도 별로 없을 것이다. 성인이 된 지금, 그녀는 사람을 가급적 멀리 두는 온갖 자기 보호적 행동들을 갖추고 있다. 의도적으로 그렇게 하는 것은 아니다. 그녀는 다른 방식으로 존재할 수 있다는 것을 모른다. 그녀는 더 이상 정서적인 의사결정의 가능성, 그리고 또 다른 선택의 가능성과 접촉하지 않는다. 그녀가 아는 것이라곤 사람을 신뢰할 수 없다는 것, 삶이 힘들다는 것, 그리고 자신이 매우 사랑스럽지 않다는 것이다. 그건 원래부터 그랬다.

사실상 사람들에 대한 그리고 그들과 함께하는 방식에 대한 우리의 신념과 감정은 지금껏 성장하면서 경험한 관계들에 대처하기 위한 우리의 이전

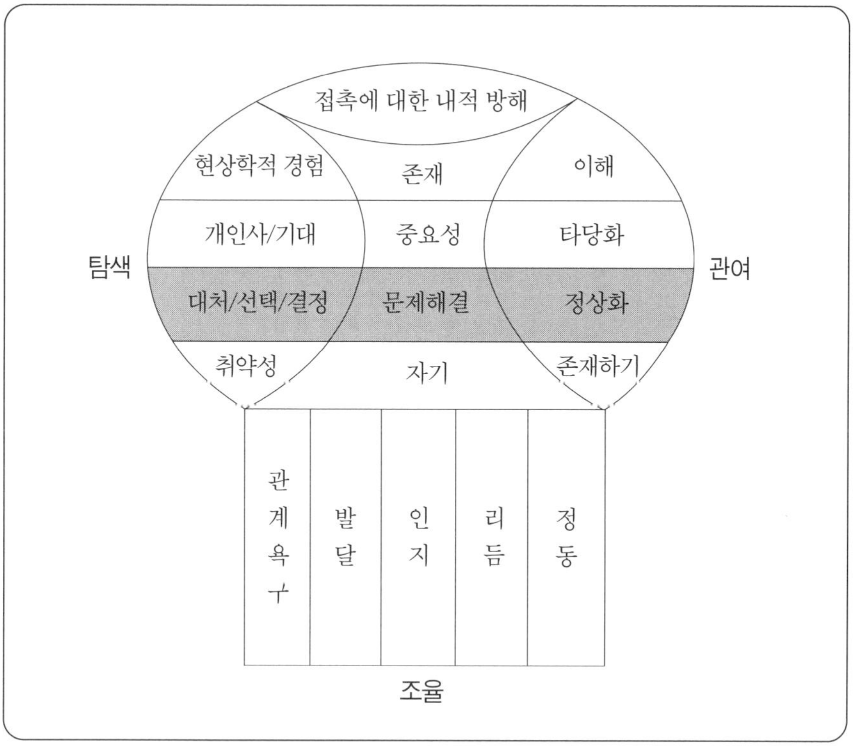

[그림 6-6] 관계 내 접촉 상담의 세 번째 단계

노력에서 기인한 것이다. 성인이 되었을 때 경험한 관계도 영향을 주지만, 그 정도는 아마도 덜 할 것이다.

애니타처럼 우리가 다른 사람(그리고 어쨌든 중요한 우리 자신)과 관계하는 방식에 대해 꽉 막힘을 느낄 때, 그 꽉 막힘은 대개 우리가 이미 한 선택이나 가능성이 있는 다른 선택에 대한 자각이 부족해서다. 우리는 전 생애 동안 관계를 쌓는다. 좋은 관계와 나쁜 관계를 층층이, 그러나 길을 따라가다 우리는 우리의 관계를 안내해 온 지도를 잃어버린다. 성인으로서 우리가 알고 있는 인간관계의 세계는 전혀 우리가 건설한 것처럼 느껴지지 않는다. 그것은 마치 '저 멀리 있는' 어떤 것, 그저 우리에게 일어난 어떤 것처럼 느껴진다.

다른 사람들과 보다 많이 접촉하고, 안전하고 긍정적인 관계를 형성하는

데 도움이 되는 변화를 이루기 위해서는 내담자가 선택이 존재한다는 자각을 회복시킬 필요가 있다. 그것은 해결방법에 관한 이슈다. 현재 처해 있는 상황을 해결하려면, 자신이 만든 선택과 결정에 접근해야 한다. 이것은 대개 일어난 일에 대한 합리적, 인지적 이해 그 이상이 되어야 한다. 온전히 자각하고 접촉하기 위해서 대부분의 내담자는 초기의 의사결정 과정을 정서적으로, 체험적으로 뼛속까지 경험하는 것처럼 느낄 필요가 있다. 중대한 결정을 내린다는 것이 어떤 느낌인지 재경험하고 나서야, 내담자는 그 의사결정을 필연적인 것이기보다는 하나의 선택이라는 것을 마음으로부터 경험하게 된다. 그러한 선택을 했던 자기 자신과 다시 접촉하게 되면 이제 새로운 다른 선택을 할 힘을 얻게 된다(Erskine, 1974/1997).

그러나 여기엔 한 가지 위험이 존재한다. 내담자가 자신의 선택과 결정을 이해하고 기억하고 재경험하기 시작하면, 그 선택과 결정에 대한 책임 또한 지게 된다. 책임은 양날의 칼이다. 조심하지 않고 휘두르면 보호되어야만 할 것에 상처를 낼 수 있다. 단도직입적으로 말하면, 책임은 죄책감, 수치심과 쉽게 얽힐 수 있다. "그건 모두 제 잘못이에요. 전 완전히 막혀 있고, 엉망진창이에요. 전 확실히 어리석고/이기적이고/무능하고/무가치해요……." 이 지점이 정상화가 등장하는 곳이다([그림 6-6]에서 오른쪽에 강조된 부분을 보라, 왼쪽에 있는 대처/선택/결정과 균형을 이루고 있다.). 내담자는 자신의 선택과 결정이 대처와 생존의 일환으로 이루어졌고 유사한 상황에서 분별 있는 사람이라면 그와 똑같은 결정을 했을 것이라는 점을 알 필요가 있다. 내담자가 했던 것은 정상적이며 어리석거나 미친 짓이 아니다. 더 나아가 그것은 내담자가 때로 힘든 세상에서 살아 기능할 수 있도록 도와준 용감하고 영웅적이기도 한 (그리고 성공적인!) 노력이다. 내담자가 이것을 알고, 믿고, 느낄 수 있도록 돕는 것이 상담자의 역할이다.

정상화는 상담자 관여의 기능 중 하나다. 내담자의 행동이 정상이었다고 단순히 안심시키는 것은 별로 도움이 되지 않는다. 내담자는 그러한 안심을 가치절하하는 데 전문가들이다. "선생님은 제 상담자니까, 제 기운을 북돋아

주고 싶어서, 제 기분이 더 좋아지도록 돕는 게 선생님 일이니까 그렇게 말하는 거죠." 내적 · 외적으로 충분히 접촉한 채로 내담자를 대하며 관여하고 있는 상담자라면, 안심시키는 것 그 이상을 한다. 그런 상담자는 내담자가 주어진 상황에서 자신이 할 수 있는 최선을 다했다는 것과 내담자의 발달 수준에서 그 정도의 자원을 가진 상태에서, 그 누구였더라도 마찬가지의 결정을 내렸을 것이라고, 충분히 그리고 진솔하게 소통한다. 상담자가 진정으로 그렇다고 믿을 때, 상담자는 내담자와의 관계에서 그러한 믿음으로 산다. 그렇지 않으면 공허한 확신이 전체 관계를 아우르는 근간이 된다.

세 번째 단계는 내담자가 자신이 한 선택과 결정을 자각할 수 있도록 돕는 방식으로 탐색하는 것을 포함하고 있다. 그렇게 해서 마치 돌에 자기와 타인에 대해 새겨놓은 것 같이 보였던 것이 변화 가능하고, 해결가능한 것으로 된다. 상담자 관여의 한 부분으로 정상화를 사용한다. 이것은 내담자의 변화할 수 있는 능력을 지지하고, 동시에 자기비난과 수치심으로 향하는 경향성을 차단한다. 그리고 내담자와 상담자가 네 번째 단계, 즉 온전한 접촉의 단계로 나아가도록 준비시킨다.

6. 네 번째 단계: 온전한 접촉

잠시 멈춰서 내담자가 상담과정에서 이 지점에 이르면 어떤 경험을 하게 될지 생각해 보자. 내담자는 좁고 제한된 내적 자각 수준에서, 또한 이와 마찬가지로 좁고 제한된 타인과의 접촉 상태에서 상담과정을 시작했다. 상담자는 내담자가 경험하는 모든 것에 민감하게 조율하면서 그 경험에 대해 탐색하고, 내담자가 나눈 것이 무엇이건 일관되게 인정했다. 점진적으로 내담자의 자각은 깊어지기 시작했다. 오래된 기억은 수면 위로 떠오르기 시작했고, 그것들과 함께 그때 일어났던 것과 현재 일어나고 있는 것, 즉 과거 고통과 현재의 기대 사이의 연관성을 발견하기 시작했다. 내담자는 지금 느끼고 생각하고 행동하는 것이 언제나 중요하다는 것과 그 감정과 생각과 행동은 삶에 대처하기 위해 터득한 방법과 관련이 있다는 것을 이해하고 받아들이게 된다. 아마 무엇보다도 가장 중요한 것은 이런 감정, 생각, 행동이 부끄러운 것이 아니라는 것을 알게 되는 것이다. 왜냐하면 그것들은 혼란스럽고 종종 공포스러운 세상에서 살아남기 위한 용감하고 창조적인 투쟁의 결과물이기 때문이다.

당신은 다음의 내용이 이제 이해가 되는가? 즉, 과거의 자기와 지금의 자기 사이의 연결이 어떻게 깊어지고 있는지, 억압하고 부인하고 거부했던 경험들이 자각되는 것을 점차 환영하기 시작하면서 어떻게 오랜 시간의 연속성이 강화되는지, 그리고 아주 오랫동안 숨겨 놓았던 자기의 모든 부분들에 대한 감사와 연민이 자라면서 어떻게 방어들이 녹아내리는지 이해가 되는가? 이러한 순간들에는 부드러움과 깨어나는 느낌이 있고, 마치 거의 다시 태어나는 것과 같다.

[그림 6-7]에 강조된 부분이 바로 그 순간에 해당한다. 내담자는 전인적 존재가 되어간다. 너무나 오랫동안 분열되고 파편화되어 있던 자기(self)와의 접촉이, 이 모든 복합성과 가능성과의 접촉이 재정립된다. 이제 감정, 사고, 인식이 밀려드는데 때론 놀라울 정도 강렬하다. 그토록 오랫동안 억압되고 숨겨왔던 자기의 부분들 하나하나가 마치 지금 막 꽃봉오리를 열기 시작한 꽃과 같이 혹은 이제 막 딱딱한 고치를 까고 나온 나비처럼, 이를테면 상처받기 쉬운 연약함을 가지고 있다. 그 연약함은 취약성(vulnerability)이라고 할 수 있다. 그러나 이것은 새로운 종류의 취약성이다. 적대적이거나 돌봄이 없는 환경에 처해 있는 아동이 갖는 과거의 공포스러운 취약성과는 다르다. 이것은 관계 내에 있는 안전함에서 오는 취약성이며, 나 자신과의 접촉 그리고 온전하게 함께하고 접촉 가능한 타인과의 접촉에서 오는 취약성이다. 성취와 발견, 가능성의 흥분으로 가득찬 즐거운 취약성이다. 가식이나 자신을 보호할 필요 없이 두 사람이 온전하게 자기 자신이 될 수 있는 나와 너(I-thou)의 취약성이다(Buber, 1958).

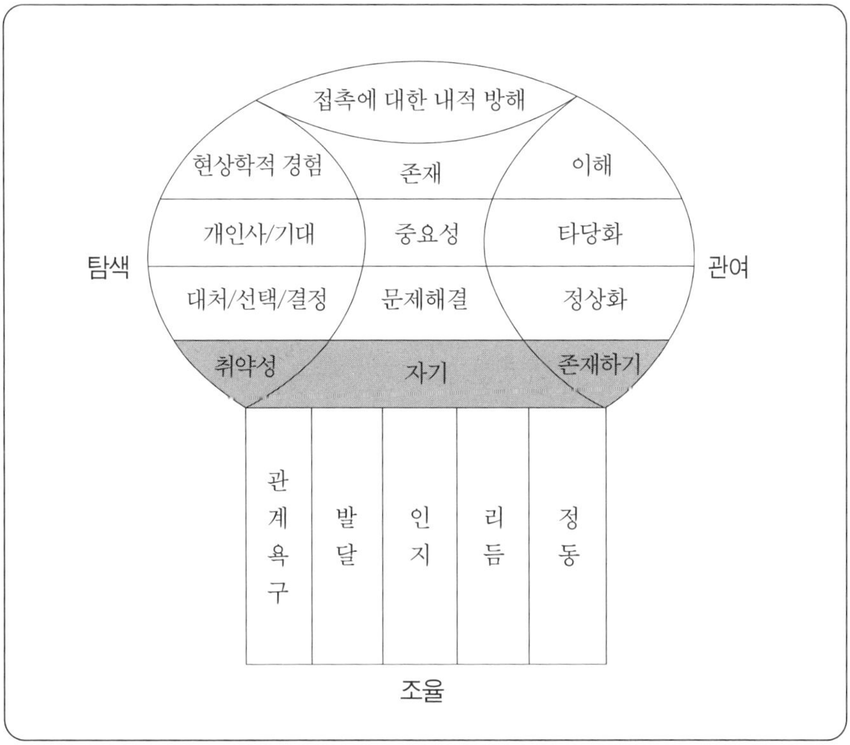

[그림 6-7] 관계 내 접촉 상담의 네 번째 단계

이 상담 단계의 초점은 자기와 관계 내의 자기다. 이제 더 이상 자신의 가장 깊은 갈망을 알게 될까 봐 긴급하게 자신을 보호할 필요도 없고, 그러한 갈망을 숨기거나 부인하기 위해 걱정할 필요가 없다. 다소 믿기지 않겠지만 내담자는 이전에는 그토록 용납하기 어려웠던 자신의 모든 욕구와 존재 방식에도 불구하고 혹은 심지어 그것 때문에 자신이 소중하고 마땅히 존중받을 만한 가치가 있음을 안다.

물론 이 단계가 영원히 지속되는 것은 아니다. 절정의 순간은 단지 순간일 뿐이다. 모든 산에 정상이 있다면, 골짜기도 있기 마련이다. 모든 끝은 또 하나의 시작임에 틀림없다. 그렇지 않다면 문자 그대로 그냥 막다른 끝인 것이다. 탐색해야 할 새로운 영역, 회복시켜야 할 자기의 새로운 부분, 혹은 맞닥뜨려 헤쳐 나가야 할 새로운 고통, 문제의 가능성은 '자기를 소중히 여기는' 모험을 할 때마다 마땅히 따르는 것들이다. 이것은 영원히 끝나지 않는 것인가? 내담자를 위해서는 그러지 않길 바란다. '개인의 발견을 위한 여행은 그 사람이 지속적으로 진짜 살아 있도록 해 준다. 이러한 관계에 있는 상담자에게는 '그렇다.' 끝이 있다. 어느 지점에서 내담자는 깃털이 갓 난 새처럼, 내담자는 상담 둥지를 떠나 독립적으로 살기 시작해야 한다. 만약 그 길이 너무나 험난해서 도움 없이는 여행할 수 없나면, 내담자는 다시 돌아올 수도 있고, 새로운 상담관계를 찾을 수도 있다. 그러나 상담자와 내담자가 언젠가 다시 만나건 아니건 간에 그들은 서로의 한 부분을 공유한다. 두 사람이 서로 접촉했고 그 접촉으로 변했다. 그리고 내담자뿐 아니라 상담자도 그로 인해 풍요로워졌다.

7. 조율

제3장으로 다시 돌아가서, 상당한 시간을 할애했던 관계의 질, 조율은 어떻게 되었나? 이전에 말했듯이, 조율은 관계 내 접촉 상담에서 일어나는 모든 것의 토대다. 접촉은 오직 조율을 통해서만 가능하다. 우선 상담자가 내담자에게 조율하면, 그다음 내담자가 점차 자기 자신에게 그리고 상담자에게도 조율하게 된다. 노파심 같아 보일지 모르지만 이미 여러 번 말했듯이, 상담관계의 모든 초점은 내담자의 안녕에 있다. 진정한 접촉이 이루어지는 관계에서는 조율이 증가하는 것이 필연적이기에 내담자가 상담자에게 점점 더 조율을 하게 되지만, 상담자가 갖게되는 개인적 경험은 배경일 뿐 전경이 되어서는 안 된다. 상담이라는 교향곡에서, 내담자의 욕구, 두려움, 감정, 사고, 기억이 중심 테마다. 상담자의 경험은 그 중심 테마에 화음을 제공할 뿐이다.

열쇠구멍 그림에서 뜻밖의 또 다른 관계가 존재함을 알 수 있다. 제3장에서 자세하게 다룬 조율의 여러 측면들(정서, 리듬, 인지, 발달)이 그림에서 '관여' 쪽 면에 더 가까이 있고, '존재하기(presence)' 와 가장 근접해 있음을 주목해라. 조율은 관여와 매우 밀접하게 얽혀 있다. 만약 조율하고 있지 않다면, 정확하고 민감하게 상대방에게 관여할 수 없다. 그리고 관계에 온전히 접촉하면서 참여하고 있다는 의미의 존재하기, 즉 질적으로 '거기에 존재함(there-ness)' 은 조율의 큰 부분이고, 조율은 존재함의 근간이다. 이 둘을 서로에게서 구별해 내기란 여간 어려운 일이 아니다.

열쇠구멍에서 '줄기' 의 가장 왼쪽 면을 차지하고 있는 '관계 욕구' 는 제3장에서 논의하지 않았다. 관계 욕구는 너무나 중요해 그것만을 위해 전체 한 장으로 제5장에서 따로 다루었다. 관계 욕구에 대한 자각은 조율의 한 부분이고, 이 자각은 조율의 다른 측면들처럼 탐색의 지표가 된다. 내담자가 자신의 구체적인 관계 욕구를 자각하게 되는 것은 상담관계가 형성된 이후에나 가능하다. 다시 말해, 내담자가 그 욕구들을 알아내고 상담자와 그것들에 대해 나누는 것이 안전하다고 느껴질 때, 즉 방어를 내려놓고 취약해질 수 있을 때 가능하다. 어떤 의미에서는 탐색 과정의 핵심은 취약해질 수 있는 능력과 자신의 관계 욕구를 자각할 수 있는 능력을 발달시키는 것이다. 그래서 이런 욕구들이 그림에서 탐색 면에 가장 가까이 위치하는 게 적절하다.

8. 여기서 잠깐……

우리 저자들은 이 장을 읽을 때마다, 이 모든 것이 참으로 깔끔하고 선형적이라는 것에 불편함을 느낀다. 이 장에 있는 모든 내용들은 확실히 논리적이다. 각각의 조각들은 다음 조각과 깔끔하게 맞아떨어지고, 각각의 국면은 그 자체로 관계 내에서 접촉을 진전시키기 위한 상담의 방향을 반영하고 있다. 그러나 이 모든 것이 너무 질서정연하다. 실제 상담관계에서는 그렇게 간단하게 '단계' 에서 '단계' 로 진전되지 않는다. 내담자는 앞뒤로 왔다 갔다 하고, 발견의 샘물에 한 발 담그기를 주저하기도 하고, 담갔던 발을 다시 빼기도 한다. 그들은 15분 동안 혹은 여러 회기 동안 딱 멈춰서 제자리걸음만 하고 있다가, 갑자기 의기양양한 대단한 도약을 하며 새로운 자각에 이르기도 한다. 한 '단계'에서 또 다른 '단계'로 진전했다 다시 후퇴했다 하는 것은, 달을 넘기면서 혹은 회기를 넘기면서 일어나는 일이 아니라 때로는 몇 분 사이에도 일어난다. 전반적으로 상담과정의 패턴은 논리적으로 진전되기보다는 나선형 꼴로 진전된다. 앞으로 갔다 뒤로 갔다 진전하다가도 명백히 퇴행하고, 그러나 항상(그리고 때때로 너무나 조금씩) 그 흐름은 건강과 성장, 접촉으로 향하고 있다.

여러분은 이 책의 2부에서 상담의 실제 과정에서 생겨나는 앞뒤로 왔다 갔다 하는 이러한 전환을 보게 될 것이다. 다음 부분에 제시된 각각의 장들은 앞에서 제공했던 짧은 발췌문이 아니라 완료된 한 회기의 상담작업 내용을 보여 준다. 딱정벌레 비유로 돌아가면 앞으로의 축어록들은 절단되지 않고 온전한 한 마리 딱정벌레로 실제 세상에서 돌아다니는 것에 해당된다. 상담자와 내담자 사이의 진정한 상호작용에서, 통합적 심리상담 이론이 어떤 기능을 하는지 알 수 있도록 돕기 위해, 지금 무엇이 일어나고 있는지에 대한 설명이 제공될 것이다. 이 장에 기술된 것처럼, 깔끔하고 질서정연하게 한 단계에서 다음 단계로의 상담과정을 정확하게 따라가는 것은 늘(혹은 종종) 어렵다. 그렇지만 다음 장들을 통해 우리가 설명한 것처럼, 이 이론이 관계 내에서 접촉을 진전시키는 방법 그리고 여러분 자신의 내담자와도 그런 관계를 형성하고 유지하는 방법을 이해하는 데 도움이 되길 희망한다.

제7장

그레타: "어머니, 집에 오세요."

심리학에서 이론의 유용성은 사람을 다루는 데 얼마나 도움이 되는가로 측정된다. 실제적인 함의가 없는 이론은 기껏해야 새롭고 더 타당한 이론의 한 구성요소가 될 수는 있겠지만, 최악의 경우에는 우리 분야의 역사에 관한 교재 어느 한 구석에 묻혀 버리거나 아니면 완전히 잊혀질 수도 있다. 상담이론은 특별히 다음의 원칙을 따라야 한다. 상담이론의 모든 목적은 상담자가 내담자와 작업하는 것을 안내해야 한다. 우리가 보다 더 효과적으로 작업할 수 있도록 돕는 이론은 기억되고, 활용되며, 소중히 여겨질 것이다. 이 책이 바탕으로 한 모든 이론들은 예외 없이 임상 실제를 얼마나 적절히 반영하고 있는가로 최종 평가를 받게 된다.

그러나 아무리 이론이 상담이 밟아야 하는 단계를 명확하고 논리적으로 보여 주고 그리고 그런 단계들이 내담자가 건강과 온전성(wholeness)을 찾게 되는 것과 관련되어 있다 하더라도, 실제 상담회기는 참으로 복잡하기 때문에 그 명료성은 상실되기 쉽다. 사람들(내담자와 상담자와 마찬가지로)에게는 일을 뒤죽박죽으로 만드는, 한꺼번에 여러 가지 일을 하려는, 조용히 있었으면 싶은데 말하려는, 뭔가 말했으면 싶은데 조용히 있는 그런 불안하게 하는 경향이 있다.

처음으로 사례 축어록을 중심으로 보여 주는 이 장에서 우리는 통합적 상담 한 회기의 전체 진행과정을 따라가면서 여러가지 혼란스러움을 자세히 살펴볼 것이다. 물론 내담자의 여정이 이 한 번의 상담회기로 완결되는 건 아니지만, 상담자가 내담자의 자연스러운 과정에 조율하고, 내담자가 다음 단계로 넘어갈 준비가 된 시점을 알아차리면서, 어떻게 내담자를 따라가기도 하고 동시에 안내하기도 하는지(모든 숙련된 상담자가 알듯이 이를 균형 맞추기란 어렵다.) 볼 수 있을 것이다.

앞서 말했듯이, 심리적 건강과 온전성은 접촉에 기반을 두고 있다. 하나는 감정, 사고, 욕구, 바람 그리고 기대에 충분히 접근하는 내적 접촉이고, 다른 하나는 우리를 둘러싼 환경을 충분히 자각하는 외적 접촉이다. 신생아는 제한된 능력을 가지고 있긴 하지만, 이런 종류의 접촉을 자연스럽게 할 수 있다. 그러나 우리는 불완전한 세상에 살고 있기 때문에 어쩔 수 없이 관계단절을 경험하게 되고, 때때로 어떤 측면에서의 자각은 둔감해지도록 하고, 왜곡 또는 분열시키는 방법을 배운다. 자기 혹은 타인에게 있는 어떤 것에 대해 자각하지 않기로 혹은 무지해지기로 '결정' 하는 것은 대개 무의식적으로 오랜 시간에 걸쳐 서서히 이루어진다. 즉, 결정은 결정 그 순간에는 그것이 생존을 위해 바람직하거나 혹은 필연적이라고까지 여겨지는 셀 수 없이 많은 소소한 적응의 노력과 선택들을 통해 이루어진다. 그 결과 우리는 우리가 뭘 원하는지 알 수 없고, 우리가 가진 자원을 충분히 활용할 수 없고, 다른 사람과의 상호작용에서 자발적이고 창조적으로 행동할 수 없는 파편화된 존재가 된다.

통합적 상담은 이러한 분열 과정을 중단시키는 청사진을 제공한다. '열쇠구멍' 모델은 탐색, 조율, 관여가 접촉 방해의 다양한 수준에서 어떻게 기능하는지 보여 준다. 탐색, 조율, 관여는 내담자가 왜곡을 바로잡고 자기 자신과 상담자 그리고 타인과의 접촉을 복구시킬 수 있도록 초대한다. 이렇게 하는 과정에서 종종 상상을 활용하여 접촉 왜곡 패턴이 최초로 발달되었던 관계로 되돌아가서 인지적 수준뿐만 아니라 정서적 수준에서, 접촉 왜곡 패턴과 그것이 현재 삶에 어떤 함축적인 의미를 가지는지 인식하고 다르게 해 볼 수 있는 가능성을 경험한다. 일단 그 패턴이 오래되고 영향력 있는 중요한 관계의 맥락 안에서 깨지게 되면, 내담자는 자신의 성인의 삶에서도 마찬가지로 그 패턴을 깨고 나올 수 있다.

다음에 제시된 축어록은 55세 여성 그레타와의 상담작업 내용으로 그녀는 소극적인 그리고 적극적인 학대로 가득 찬 아동기를 살았다. 그녀의 아버지는 그녀가 아주 어렸을 때 가족을 떠났고, 그녀의 어머니는 모든 것을 혼자 해결하고 버티느라 고생했다. 결과적으로 어머니가 짊어진 의무와 그에 따른 소진 그리고 아버지 부재에 의해 그레타는 어린아이에게 필요한 지지적이고 반응적인 관계를 갖지 못하였다. 이런 결핍에 대처하기 위해 그레타는 냉정해지는 법을 배웠다. 그녀는 자신의 고통이 얼마나 큰 것이었는지, 자신이 얼마나 결핍감과 분노를 느꼈는지, 심지어 자신이 무엇을 원했는지 조차도 스스로 차단시켰다. 다른 사람과의 관계는 점차 피상적이고, 불만족스럽게 되었다. 결국 그녀의 불행감은 불안과 공포라는 증상으로 표출되기 시작했다. 그녀는 이러한 증상 때문에 상담받기 시작했다.

그레타: 저에 대해 말하고 싶었어요. 그러니까 상담을 시작한 이래로 너무 자주 겁에 질린다는 걸. 어렸을 때 그랬던 것보다 훨씬 많이 느껴요.

상담자: 좋아요.

증상을 인정하고 정상화하는 내용이다. 처음부터 상담자는 내적 접촉은 좋은 것이지 나쁜 것이 아님을 확실히 하고 있다. 또한 이러한 초기 개입은 그레타의 주의를 집중시키게 되고, 혼잣말을 계속하게 하기보다 상담자와 다시 접촉하도록 돕는다. 일단 이것이 이루어지면 그다음에 이루어지는 작업들은 그레타에게 지금 무슨 일이 일어나고 있는지(일어나고 있었는지)에 관한 현상학적 경험을 탐색하고, 그녀가 자기와 타인과의 관계를 왜곡하거나 파괴시키는 방식에 대해 더 자세히 파악하는 것이다. 이것이 '열쇠구멍' 그림의 첫 번째 수준이다.

그레타: 그게 좋은 일이에요? 전 너무 자주 겁에 질리는데, 선생님도 아시다시피, 이틀 전 비행기 안에서 진짜 공포스러웠어요. 전 비행기를 갈아타기 위해 밖으로 나와야만 했어요.

상담자: 오?

그레타: 그리고 전, 음, 이런 경우, 비행기를 갈아타는 것이 제가 하자 있는 기계를 제어하는 방법이라고 생각해요.

상담자: 하자 있는?

그레타: 음, 두 번이나 그들은 뭔가를 해야만 했어요. 그런데도 다음 날 여전히 작동이 되지 않았어요. 엔진에 뭔가 이상이 있었던 거예요. 우리는 출발했는데 다시 방향을 바꿔 돌아왔어요. 그리고 전 공포에 질려버렸죠. 전 다음에 무슨 일이 일어날지 모르는 채로 8시간 동안 비행하고 싶지 않았어요.

상담자: 훌륭한 판단이라 여겨지는데요.

그녀가 문제라고 설명하는 것이 전적으로 타당한 행동으로 보인다. 그런데 하자가 의심되는 비행기에 몸을 싣지 않기로 한 그레타의 결정이 '훌륭한 판단'이라고 한다면, 무엇이 문제란 말인가? 그레타와의 이전 작업에 근거하여, 상담자는 그레타가 문제라고 한 것이 무엇을 의미하는지에 대한 직감을 가지고 있다 하더라도, 그레타가 자기 스스로 그 답에 이르도록 내버려둘 것이다.

그레타: 저는 암스테르담에 도착했고, 거기에 도착해서 다른 비행기로 갈아타기로 되어 있었어요. 갈아탈 비행기는 있었는데, 그런데 제 내면에서 무언

가 제가 어쩌지 못하는, 어떻게 할 수 없는 무언가가 있었어요. 심장이 쿵쾅거리고 있었고, 나중에는 그게 마치 나사 같았어요. 뉴욕에 도착할 때까지, 아니 아마 다음 날 아침까지도 꽉 조여서 풀 수 없을 것 같은 나사요. 그렇게 꽉 조여 있기는 저한테 너무 긴 시간이라고 생각해요.

상담자: 꽉 조여 있는—참 흥미로운 단어 선택이군요.

그레타: 음, 제 가슴이 너무 꽉 죄였다고 말할 수 있어요. 가슴이 펴지지 않았어요. 그게 바로 공황처럼 느껴졌어요. 그게 공황상태의 시작이라 생각해요. 전 그렇게 하는 걸 중단하고 싶어요. 될 수 있는 한 정상적이고 싶어요.

그레타는 자신을 꽉 조이지 않고, 공황을 일으키지 않는 것을 '정상' 이라 명명하면서, '꽉 조여 있는' 의 두 가지 의미를 일치시킨다. 그러나 그녀가 걱정하는 또 다른 부분이 있고, 그것이 명확하지 않기 때문에 상담자는 그것에 대해 눌어본다.

상담자: '너무 긴 시간' 이라는 게 무슨 뜻인가요?

그레타: 제가 말한 것처럼, 비행기 안에서 제가 공황상태에 빠져 있다는 걸 이해하지 못했어요. 다른 사람들도 겁에 질렸었고, 스스로 말했죠. 괜찮아, 난 이 기계에서 나가게 될 거야. 근데 나중까지, 다음 날까지 제 내면은 완전히 긴장하고 있었어요. 그건 저한테는 너무 길어요. 전 자유롭고 싶어요. 제가 원하는 건…….

상담자: 전 당신이 50년이라는 참으로 긴 시간에 대해 이야기하고 있다고 생각했어요.

그레타: 죄송하지만 다시 말씀해 주실래요?

상담자: 전 당신이 50년이라는 참으로 긴 시간에 대해 이야기하고 있다고 생각했어요.

그레타는 전에 자신의 초기 기억으로 돌아가는 것이 두렵고 불안하다고 말했었다. 지금 상담자가 한 말은 사실은 그레타가 자신의 비행기 경험과 초기 경험들을 연결시키고 있다는 가정에 근거하고 있을 수도 있고, 혹은 그녀가 그렇게 하기를 바라는 마음으로 한 말일 수도 있다. 상담자의 의도가 어떠한 것이든, 그녀는 자신의 불안에 대처하기 위한 오래된 방어전략들이 더 이상 효력을 발휘하지 않는 것에 대해 얘기하면서, 상담자 의도를 회피하고 있다.

그레타: 아니요. 제 안에 있는 이 느낌은, 아,……그러니까 전 예전보다 지금 더 강하게 느껴지는 다른 뭔가에 민감한 상태예요. 요즘 더 많이 겁이 나요.

상담자: 이를테면, 어떤?

그레타: 어둠이요—정말 깜깜해지면, 전 불안해지고, 전 불안을 드러내요. 예전에는 불안하다고 드러내지 않았어요. 이를테면, 차고에 들어갈 때.

상담자: 차고에 들어갈 때? 깜깜할 때…….

그레타: ……그리고 갑자기 문이 열리고, 소리를 지르고 싶어요.

상담자: 네.

그레타: 그런데 그게 정상이라고 생각하지 않아요. 전 이런 두려움, 이런 불안을 없애고 싶어요……. 그리고 사람들은 제게 말해요……. 때때로……. (그녀의 목소리가 작아진다.)

상담자: 사람들이 당신에게 뭐라고 하죠?

그레타: ……제가 정상적이라고 하기엔 지나칠 정도로 불안하다고…… 게다가 전 몸이 영 안 좋아요. 종종 위통이 있고, 여기 가슴이 아니라, 배 위 말이에요. 이건 새로운 증상이에요.

상담자: 당신은 기억하고 싶지 않은 게 많군요…….

공포스러운 느낌, 지속되는 신체 긴장감과 조여드는 느낌, 어둠이나 갑작스러운 변화에 대한 과잉반응, 위통을 포함하여 그레타가 말하고 있는 모든 것들은 떠오르는 기억들과 자각을 막으려 할 때 나타나는 공통적인 반응들이다. 그레타 입장에서는 기억들이 고통스러우니까 차라리 그것들을 경험하지 않는 게 낫다고 여길 수도 있다. 그러나 그 기억들에 대해 계속 들여다보지 않으려 한다면, 그에 따라 치러야 할 대가는 매우 커진다.

그레타: 제가 원하는 건. (울기 시작한다.)

상담자: 당신이 원하는 건?

그레타: 만약 선생님이 저에게 물어본다면, 전.

상담자: 전 방금 '당신이 기억하고 싶지 않은 게 많군요.' 라고 말했어요.

그레타: 전 기억하고 싶지 않은 게 많아요.

상담자: 네…….

그레타: (긴 침묵) 전 불안을 느끼지 않았을 때, 제가 불안했었다는 걸 몰랐을 때가 더 나았던 거 같아요. 그리고 지금은 그게 너무 겁이나고……. 그게 없었을 때가 더 나았어요. 민감하지 않았을 때가 더 좋았어요.

상담자: 그랬어요?

그레타: 네. 전 지금보다 이전에 더 잘 살았었다고 생각해요.

상담자: 잠 안 자는 게 더 나아요?

이전 회기에서 그레타는 불면증에 대해 얘기했었다—불면증은 적극적인 억압으로 나타나는 일반적인 증상이다. 우리가 잠잘 때 편안하면 꿈을 꿀 수 있고, 그 꿈은 잠을 깨우는 생각에 의해 영향을 받지 않는다. 그런데 잠이 두렵고, 무서워지고, 위험해지기도 하는데, 불면증은 이러한 내적 접촉을 차단하기 위해 지불해야 하는 비용 중 일부에 해당한다. 이전 작업에서 그레타는 차단되어 있었던 사건을 회상하고, 그 사건과 연루된 고통스러운 감정들을 직면하여 다룰 수 있었다. 그 결과 그녀는 보다 정상적으로 잠을 잘 수 있었다.

그레타: 그건 다른 거죠.

상담자: 항상 신체적으로도 긴장하는 게 더 낫다. 쫓기는 게 더 낫다고요?

그레타: 아마도…… 그래요…….

상담자: '그래요. 그게 더 좋았어요.' 라고 말씀하시는 건가요?

그레타: 아니요. 선생님이 의미하는 것이 뭔지 알아요.

상담자: 제가 의미하는 게 뭐라고 생각하는데요?

그레타: 만약 선생님이 숙면하지 못하고, 불안함을 안 느끼는 대신에, 불안을

느끼고 잠을 잘 수 있는 것이 더 나은 것이라고 말씀하시는 거라면, 잠을 잘 자고 불안함을 느끼는 게 더 좋아요. 저도 그것들이 서로 연관되어 있다고 생각해요.

그레타는 신체적 불편감과 고통스러운 감정을 피하고 싶은 열망 간의 연관성을 인정하고 있다. 이는 그녀가 고통스러운 감정을 탐색하고, 자신 안에 분열시켜 놓았던 것이 무엇이건 간에 그것을 회복시킬 과정을 진행할 준비가 되었다는 무언의 신호다. 상담자의 다음 질문은 그녀의 실제 경험, 현상학적 경험에 대한 탐색이다.

상담자: 당신은 잠잘 때 꿈을 꾸나요?

그레타: 네. 때때로.

상담자: 음. 그중에 기억나는 게 있나요?

그레타: 어렸을 때 전 종종 도망가는, 달리고 또 달리는데, 제가 가고자 하는 곳에 결코 도달하지 못하는 꿈을 꿨어요. 그저 달리고 멈추거나 넘어지는 그런 꿈요.

상담자: 제가 궁금한 건, 당신이 다시 잠잘 수 있게 된 이후의 꿈 말이에요.

그레타: 좋은 꿈을 꿔요, 별 관련성은 없는 그런……

상담자: (잠시 침묵) 그 꿈들이 기억나요?

그레타는 꿈이 상담의 관심 대상이 된다는 것은, 뭔가 유쾌하지 않는 것임에 틀림없다고 가정하고 있다. 그래서 그녀는 최근 꾼 꿈이 가질 수 있는 중요성을 평가절하한다. 그러나 어린 시절의 꿈이 이전 상담작업에서 회복된 접촉 차단과 연관된 것일 수도 있다. 하지만 상담자는 내담자에게 지금 어떤 일이 일어나고 있는지, 그녀의 위통, 불안 그리고 '꽉 조이는' 느낌 이면의 의미에 훨씬 더 많은 관심이 있다. 유쾌한 꿈도 그 사람의 내적 세계를 탐색하는 유용한 출발지점이 될 수 있다. 기억한다는 혹은 기억하지 못한다는 사실조차도 중요할 수 있다.

그레타: 생각해 봐야겠어요……. 전 최소한 두 가지 꿈을 꿨어요. 한 가지는 가족과 관련된 것이고, 전 ……그리고 좀 생각해 봐야 하는 또 다른 꿈이 있어요. 왜냐면 이해가 안 돼서, 그냥 짧은 꿈이었어요…….

상담자: 당신이 잠을 잘 수 있게 되었고, 당신이 기억하는 두 개의 꿈 중에 하나는 가족에 관한 것이다.

그레타: 음……. (긴 침묵)

상담자: 뭐라고 했나요?

그레타: 이건 좋은 이야깃거리인 거 같아요.

상담자: 음, 좋은 얘기일 거라 저도 생각해요. 지금 이 순간 뭔가 느끼고 있나요?

그레타: 여기 긴장을 느껴요(가슴 윗부분을 가리킨다.) 그리고 눈물이 나오고 있어요.

상담자: 음, 음. 눈물이 나도록 내버려두고 그것에 대해 말해 주세요. 알고 싶어요.

물론 그레타가 경험하는 긴장하는 느낌과 눈물이 도대체 무엇을 의미하는지 이 시점에서는 알 길이 없다. 그녀 자신도 이런 반응을 촉발시킨 것이 무엇인지 정확하게 알지 못할 수도 있다. 그녀에게 눈물이 '나도록 내버려두라고' 요청함으로써 감정을 억압하고, 그 억압에 의해 발생하는 정서적, 신체적 증상에 시달리는 그녀의 일상적인 패턴을 상담자는 단락 짓고자 한다. 눈물을 틀어막지 않고 나오도록 하는 것은, 틀어막았을 때 일어나는 힘든 증상들을 경험하지 않도록, 그리고 그 눈물과 연결된 경험, 희망, 두려움 혹은 환상에 대해서 알 수 있도록 도와준다.

그레타: 그냥 긴장한 것 같아요.

상담자: 긴장이요?

그레타: 전 정말로 긴장돼요.

상담자: 당신이 탄 비행기가 여기서 추락하고 있는 건 아니니까, 그 때문에 긴장되는 게 아닌 것 같은데, 긴장되는 이유가 외적인 이유가 아닐 수도 있을까요? 그렇다면 우리가 외부적인 것에서 이유를 찾지 않는 데 서로 동의한다면요?

그레타: 그러면 선생님이 생각하시는 이유는요?

상담자: 이유를 찾는 건 아예 접어 두고, 그저 당신이 두려워하고 있다는 사실을 존중하는 건 어때요?

내적 경험에 대한 논리적인 이유를 찾으려 한다면, 그레타는 느낌에 집중하기보다는 생각하기에 주의를 집중시킬 수 있다. 감정을 실제로 느끼는 것보다는 감정에 대해 생각할 때 불편함이 훨씬 덜 할 수 있다. 하지만 그것으로 그녀가 지불해야 하는 대가는 정서적 반응은 막혀버리고 분열되어, 결코 직면해서 다루거나 해결할 수 없게 된다는 것이다. 상담자는 그레타가 자신의 속도를 유지하도록 해 주면서, 그녀의 경험에 대해 분석하기보다는 그녀가 즉시적인 경험에 집중하도록 부드럽게 격려하면서 끈기 있게 탐색을 지속해 나간다.

그레타: 전 여러 가지 이유들을 찾을 수 있어요. 왜냐하면 전 어렸을 때 혼자였어요, 우린 매주 3일 밤은 우리끼리만 있었어요. 기억나요.

상담자: 그것에 대해 좀 더 얘기해 볼래요?

그레타: 아, 제가 여덟 살 무렵, 어머니는 다른 마을에서 일을 하셨고, 매주 3일 밤은 애들인 우리만 아파트에 남겨둔 채 일하러 가셨어요.

상담자: 당신이 여덟 살 때?

그레타: 네. 여덟 살 때쯤……여동생은 일곱 살, 남동생은 네 살이었어요. 여동생도 우리와 함께 있었어요. 엄마는 제가 책임감이 있고 강하다는 걸 알았기 때문에, 선생님도 아시다시피, 어머니는 절 신뢰했어요. 그리고 어머니는 집에 오지 않았어요.

상담자: 지금 당신은 숨을 참고 있어요. 바로 지금이요. 당신이 숨을 참고 있다

는 걸 느낄 수 있나요?

그 기억은 고통스럽다. 그래서 그레타는 그 고통을 통제하기 위해 수년 동안 해 왔던 것을 자동적으로 하고 있다. 그녀는 몸을 긴장시키고, 호흡을 억제시킨다. 감정을 거부하는 데는 항상 몇 가지 생리적 저지현상이 수반된다. 그레타의 경우 스스로는 자신이 무엇을 하고 있는지 자각하지 못하고 있지만, 그녀의 생리적 저지현상은 실제로 관찰될 수 있다. 그것에 주의집중하도록 요청하는 것은 그녀에게 일어나는 즉시적인 경험에 초점을 맞추고 망가진 내적 접촉을 치유하도록 초대하는 것이다.

상담자: 뭐가 느껴지나요?

그레타: 여기만요……. (가슴을 가리키며)

상담자: 그러면 당신이 계속해서 숨을 쉬고 있어야 한다면요?

그레타: …… 등이 좀 가려운 것 같아요…….

상담자: 지금 그 얘기를 다시 말해 줄래요? 그러니까 3일 밤을 홀로 있었던 그 같은 이야기말이예요. 근데 이번에는 그 얘기를 하면서 숨을 쉬려고 노력해 보세요.

그레타는 아직 숨을 참는 것과 불안을 억누르는 것을 연결시킬 수 없다. 그래서 그 대신 그녀는 덜 위협적인 신체 감각을 살펴보기로 한다. 상담자는 그녀가 연결성을 찾는 데 도움이 되는 실험(이걸 한번 '해 보세요')에 그녀를 초대한다. 방어가 너무 잘 학습되고, 연습되어 있어서 이렇게 직접적인 제안에도 불구하고, 상담자가 자신에게 요청하는 것이 무엇을 의미하는지 아직도 이해하기 어렵다.

그레타: 숨 쉬지 않고요?

상담자: 아니요. 숨 쉬면서.

그레타: 숨 쉬면서…… 어…….

상담자: 네, 숨 쉬지 않고 그걸 말할 수 있다는 걸 알아요.

그레타: (울먹거리는 목소리로) 제가 여덟 살 때쯤, 어머니는 15마일이나 떨어진 다른 마을에서 일했어요. 일을 마치고 버스 타고 돌아오기가 너무 어려웠기 때문에, 어머니는 집에 우리끼리만 남겨뒀어요.

상담자: 그래요. 지금 말한 건 이게 어머니한테 얼마나 힘들었는지에 대한 거예요.

그레타: 음…….

상담자: "너무 힘들어서 밤에 집에 돌아와 너랑 있을 수가 없구나."라고 어머니가 말할 때, 당신은 어떤가요?

아동은 보호해 주고 돌봐주는 좋은 부모가 필요하다. 아동들은 부모의 형편없고, 방임적인 행동에 변명거리를 만들어 주고, 그래서 자신들이 원하는 부모의 환상을 간직하려고 안간힘을 쓴다. 따라서 그레타가 어머니의 어려움에 초점을 맞추는 데는 두 가지 기능이 있다. 하나는 엄마를 자신이 원했던 좋은 어머니로 간직할 수 있고(그레타를 위해서 엄마가 함께하지 않았다는 사실에도 불구하고), 나머지 하나는 자신의 고통과 결핍감을 느끼지 않도록 주의를 분산시킬 수 있다는 것이다.

그레타: 지금 생각해 보니 아마도 힘들었을 것 같아요. 그치만 어렸을 때 제가 그것에 대해 어떤 식으로 생각했는지는 모르겠어요.

상담자: 몸이 반응하는 대로 둬 보세요. (그레타는 깊이 한숨 쉰다.) 그냥 다시 그렇게 해 보세요. 그래요. 숨 쉬세요. 얘기하는 동안 그냥 몸이 원하는 대로 내버려 둬 볼래요? (잠시 침묵) 아까 했던 얘기를 다시 말해 보세요.

그레타: 제가 여덟 살 때, 어머니는 다른 마을에서 일하셨고, 우리는 3일 낮과 3일 밤을 우리끼리만 지냈어요.

상담자: 왜냐하면 돌아오는 건 어머니께 힘든 일이었기 때문이죠.

상담자는 내담자의 어머니를 책임으로부터 면제해 주는 설명을 한다. 그레타가 어머니를 보호해서는 안 된다. 보호하고자 하는 욕구로부터 자유로워지면 그레타가 다시 자기 자신의 경험에 주의를 기울일까?

그레타: 돌아오는 건 어머니한테 힘든 일이었기 때문이죠.
상담자: 당신에게는 어땠나요?
그레타: 그게…….
상담자: 지금 가슴을 꽉 조여 보세요.

그레타는 이미 가슴을 조이고, 숨을 얕게 쉬면서, 감정을 억누르고 있다. 가슴을 느슨하게 하라는 제안은 거의 효과가 없었다. 그러나 그녀가 이미 하고 있는 걸 하라고 지시한 것이 역설적이게도 그녀를 정반대로 하도록 하고 있다.

그레타: 고통스러웠어요.
상담자: 엄마한테 말해 보세요.

상담자에게 말하는 게 아니라 그레타의 어머니에게 하는 것처럼 말해 보라고 초대한다. 이것은 이 상담회기에서의 첫 번째 전환점에 해당한다. 내담자의 발달 수준에 맞게 조율한 상담자는 그레타가 근육을 긴장시키는 것에서 자유로워지기 시작할 때, 퇴행도 시작하는지를 살핀다. 그레타는 외롭고 방치된 어린 소녀였을 때처럼 생각하고 느끼기 시작한다. 정서적 고통을 피하기 위해 억누르는 패턴은 그때 어머니와의 관계에서 발달된 것이었다. 그 패턴이 역전될 수 있고 새로운 존재 방식이 발달될 수 있는 것은 그러한 관계 맥락 안에 있을 때다.

그레타: 오…….

상담자: 당신이 여덟 살 때, 그 어린 소녀가 바라봤던 방식으로 엄마를 보세요.
그레타: 엄마, 많이 아파요…….
상담자: 자, 지금 숨 쉬세요. 그저 숨 쉬고 나서 엄마한테 말하세요.
그레타: (울기 시작하면서) 난 이런 게 싫어요…….
상담자: 계속 하세요. 엄마한테 말하세요.
그레타: (울면서) 엄마가 일해야 한다는 거 알아요…….

오래된 패턴이 다시 나타난다. 그래서 상담자는 그레타의 초점이 어머니의 문제가 아닌 그녀 자신의 경험에 다시 맞추어지도록 재빨리 이동한다.

상담자: 여덟 살짜리에게 책임질 사람으로 지목된다는 게 어떤 것인지 엄마에게 말해 보세요.
그레타: 아파요…….
상담자: 그래요. 강해지려고 부단히 노력해야 하는……. 일곱 살짜리를 돌보는 게 네 살짜리를 돌보는 것보다 더 어려웠죠……. 당신이 일곱 살짜리를 돌보려면 아주 많은 통제가 있어야만 해요.

상담자는 여덟 살짜리에게는 네 살짜리보다 일곱 살짜리를 책임지는 게 더 어렵다고 가정한다. 자기와 비슷한 또래를 통제하는 게 어린아이를 통제하는 것보다 더 어렵다. 그레타의 입장에서는 자신의 통제력이 위협받고 있다고 느끼게 되는 것은 곧 생존에 대한 위협을 의미했다. 통제는 자기 자신과 동생들을 돌보던 방식이었다. 그녀는 동생들을 통제해야 했고, 자기 자신도 스스로 통제해야만 했다. 만약 당신이 여덟 살의 나이로 가족을 책임지고 있다면, 여러분도 자신이 이 상황이 얼마나 무섭고 비참한 것인지를 살펴볼 여유가 없을 것이다. 상담자는 그레타가 자신의 통제하고자 하는 욕구와 보살핌을 받고 싶은 열망과 같은 초기 경험의 모순들을 탐색해 보도록 계속 격려한다. 성인이 되어서도 여전히 사용하고 있는 근육 긴장과 인지적 억제가 풀어지면 탐색이 가능해질 것이다.

그레타: 오, 그렇게 하기 정말 힘들어요!

상담자: 그냥 그대로 놔둬보세요……. (긴 침묵) 많이 강해지는 것—그저 엄마가 당신에게 바랐던 것이죠. 당신이 강해지길 바랐고, 당신에게 의존할 수 있길 바랐죠. 당신이 계속 그렇게 해 주길, 엄마를 계속 도와주길, 가족이 그렇게 유지되길 바랐죠.

그레타: 엄마는 그렇게 하는 제가 필요했어요.

상담자: 뭔가를 시도해 보죠. 당신이 여덟 살이었을 때, 그때 바라봤던 방식으로 엄마를 바라보세요. 그리고 말해 보세요. "엄마, 집에 계세요."

"집에 계세요."라는 말은 금지된 요구사항이었다. 그것이 그레타가 어머니로부터 원하고 필요로 했던 것이었지만, 그레타의 역할은 어머니를 보호하는 것이었다. 그녀는 엄마의 이미지를 좋은 엄마로 남도록 보호해야 했을 뿐 아니라, 이미 많은 스트레스를 받고 있는 양육자에게 추가적인 압박감을 주지 않기 위해 자신의 감정을 감춰야만 했다. 그러나 지금은 상황이 다르다. 안전한 상담관계가 형성되어 있는 상황에서, 그녀는 그 당시에는 말할 수 없었던 것을 마침내 말하는 경험을 할 수 있다.

그레타: (방 저편을 보면서) 엄마, 집에 있어 줘요.

상담자: 가슴에서 우러나는 말을 해 보세요.

그레타: (흐느끼며) 집에 있어 줘요, 엄마.

상담자: 잘 했어요, 숨을 쉬세요. 다시 말해 보세요.

그레타: (계속 울면서) 집에 있어 줘요. 엄마.

상담자: 계속 하세요.

그레타: 전 엄마가 집에 있었으면 좋겠어요.

상담자: 계속하세요.

그레타: 제발, 제발 그냥 밤에 버스 타고 집으로 돌아와요.

상담자: 왜 그랬으면 좋겠는지 이유를 말하세요.

그레타: 밤에 혼자 있기 싫어요.

상담자: 계속 하세요.

그레타: 거기서 지내지 말아요. 그냥 밤에 버스 타고 오세요…….

상담자: 엄마가 집에 오지 않는 게 어떤 건지 엄마에게 말해 보세요.

이번과 다음에 이어지는 상담 개입에서 상담자는 그레타가 자신의 경험에 연결하는 능력이 성장하고 있는 것에 초점을 맞추고 그 연결이 깊어지도록 할 것이다. 상담의 흐름이 바뀌었다. 그레타가 스스로의 힘으로 전진해 나가게 되면서, 상담자는 현재 그레타의 방어 구조와 씨름하는 대신에 부드럽게 격려하고 지지하고 때론 제안할 수 있다.

그레타: 너무 깜깜해요. 그리고……. (운다.)

상담자: 계속하세요. "너무 깜깜해요……."

그레타: 너무 깜깜하고, 무서워요. 그리고 다른 방들을 뛰어 돌아다녀야 해요. 그런데 울면 안 돼요……. (그녀는 팔로 가슴을 꽉 껴안았다.)

상담자: 그래요. 계속하세요. 몸으로 표현해 보세요.

그레타: 오……. 너무 무시무시해요.

상담자: 그래요. 엄마에게 "엄마, 너무 무시무시해요."라고 말해 보세요.

그레타: 너무 무시무시해요!

상담자: 엄마한테 뭐가 무서운지 말하세요.

그레타: 온통 깜깜해요. 전 엄마를 찾고 있는데, 엄마는 집에 없어요. 전 엄마가 집에 돌아오길 원해요.

상담자: 당신이 어떤 느낌인지 엄마에게 말하세요.

그레타: (다시 울면서) 전 너무 겁나요. 엄마가 필요해요!

상담자: 그래요……. "엄마가 필요해요……."

그레타: 용감해지려고 노력하는데, 용감한 것 같지 않아요…….

상담자: 온 방을 훑어보는데, 너무 깜깜해요.

그레타: 네…….
상담자: 또 동생들을 돌봐야 한다는 것이 어떤 건지 엄마에게 말해 봐요.

그레타의 자각이 깊어질수록, 상담자는 그러한 일련의 사건의 반대편에도 주의를 기울이도록 요청한다. 그녀는 자기 자신을 돌보기 위해, 그녀의 어머니를 돌보기 위해, 또한 형제들을 돌보기 위해 강해져야만 한다. 그레타에게 주어지는 책임감이 커지면 커질수록, 두려움과 버려진 느낌은 더 커지고, 그런 정서를 보이고 싶지 않은 마음도 혹은 느끼지 않으려는 마음조차 또한 커진다.

그레타: 음. 동생들은 놀아요. 그 애들은 항상 놀아요. 그러고는 잠자러 가요. 애들은 잠을 잘 수 있는데, 전 그럴 수 없어요.
상담자: 당신은 지금 다시 숨을 참고 있어요. 숨을 쉴 수 있게 해 주세요……. 엄마에게 계속 말하세요.

숨을 참는 것으로 되돌아갔다는 것은 그레타가 새로운 감정 주머니에 들어갔음을 보여 주는 실마리다. 그리고 그녀는 거의 반사적으로 익숙한 보호 반응을 한다. 상담이 효과가 있는 것이다. 그녀는 오랫동안 억압하고 분열시켰던 자기 부분들을 다시 연결하고 있다.

그레타: (울면서) 제발 집에 와요…….
상담자: "왜냐하면 제가 필요한 건……."
그레타: (부드럽게) 전 엄마가 필요해요.
상담자: 그래요. 더 크게 다시 얘기하세요.
그레타: 전 엄마가 너무나 필요해요.
상담자: 자, 훨씬 더 크게 해 봐요.

처음에는 깜깜한 밤을 혼자 지새는 것의 두려움에 접근하면서, 그다음에는 다른 형제들의 양육자 역할을 하는 것의 두려움과 좌절감에 접근하면서, 그레타는 그동안 감춰야만 했던 욕구를 이제는 소리 내어 표현할 수 있다. 그때 당시 그녀의 엄마는 그레타가 얼마나 두려워했는지에 대해 모르도록 보호받아야 했다. 그리고 그레타 스스로도 자신이 얼마나 엄마를 필요로 했었는지 인식하지 못하게 했다. 이러한 규칙을 깨는 첫 시도는, 마치 입 밖에 내면 벌이라도 받는 냥, 살살 그리고 숨을 참으며 표현되었다. 일단 한 번 입 밖에 내어 봤고 그럼에도 불구하고 살아 있으니, 이제 그것에 대해 더 강하게 다시 말할 필요가 있다. 주저하는 간청에서 확고한 요구로 전환됨으로써, 그레타는 마침내 엄마와의 사이에서 마음을 열고 진정한 관계를 맺을 기회를 갖게 될 것이다. 그리고 자신의 내적 경험과 온전히 접촉하는 방법을 배우고 있는 것처럼 외적 접촉도 온전하게 할 기회를 갖게 될 것이다.

그레타: 난 엄마가 너무 필요해요!
상담자: 엄마에게 소리쳐보세요.
그레타: (좀 더 큰 소리로) 엄마가 너무 필요해!
상담자: 15마일 떨어진 곳까지 들리도록 소리쳐 보세요.
그레타: **엄마가 너무 필요해요!**
상담자: 다시 소리치세요. "집으로 돌아와요!"
그레타: 집으로 돌아와요—엄마가 너무 필요해요!
상담자: 그렇게 다시 해 보세요.
그레타: **집으로 돌아와요. 엄마가 너무 필요해!**
상담자: 엄마한테 계속 말하세요.
그레타: 전 엄마가 집에 돌아오길 바라요! 그건 나한텐 너무 벅차요…….
상담자: 오우, 다시 말해 보세요.
그레타: 그건 제게 너무 벅차요!
상담자: 엄마에게 그것에 대해 얘기하세요.

상담자는 계속해서 그레타가 자신이 발견한 것을 탐색하고 표현할 수 있도록 돕는다. 이것은 곪은 상처를 깨끗이 씻어 내는 것과 같아서 모든 것은 깨끗이 씻겨져야 하며, 가장 깊숙한 곳까지 살펴져야만 한다. 모든 상처가 다시 오염되지 않고 적절하게 치유되려면, 오랫동안 병원균에 의해 감염된 것들은 모두 깨끗이 가라앉아야만 한다.

그레타: 그 모든 것이 정말 너무 벅찼어요. 온종일 그리고 그날 밤에, 또 그다음에 또. 전 이런 게 싫어요.

상담자: "저한테 필요한 거……."

그레타: 전 엄마가 필요해요. 적어도 밤에만은. 그리고 전 엄마 침대에서 같이 자고 싶어요.

상담자: 그래요, 엄마에게 말해 보세요.

그레타: 전 엄마 침대에서 같이 자고 싶어요. 엄마가 저랑 가까이에 있었으면 좋겠어요. 전 엄마를 의지하고 싶어요! (흐느껴 울며)

상담자: 엄마한테 계속 말하세요.

그레타: 왜 엄만 집에 오지 않죠?

상담자: 묻지 말고 그냥 진술해 보세요.

"왜 집에 오지 않죠?"는 위험한 질문이다. 이 질문은 현재 그레타가 자기 자신의 느낌과 그러한 자신의 느낌이 돌봄을 받는 것이 얼마나 필요한지 이에 집중하지 못하고 오히려 엄마가 처해 있는 어려움에 대한 걱정으로 다시 돌아갈 수 있게 한다. 그녀의 어머니가 할 '왜' 에 대한 답변은 이 어린 소녀의 욕구를 충족시키는 데는 별 도움이 안 될 것이다. 오히려 그레타의 욕구가 숨어들게만 할 것이다. 전형적으로 통합적 상담에서, 내담자가 이런 종류의 질문을 하게 되면, 상담자는 내담자 자신의 경험에 다시 초점을 맞추기 위해 진술문 형태로 바꿔 보도록 요청한다.

그레타: 제발 집으로 오세요.

상담자: 자, 더 크게 말해 보세요.

그레타: (약간 크게) 제발 집으로 돌아오세요.

상담자: 훨씬 더 크게 말해 보세요.

그레타: 집으로 오세요! (그녀는 두 손을 꽉 쥐고, 애원하는 몸짓을 한다.)

상담자: 그 몸짓을 더 강하게 해 보세요. 당신이 두 손을 꽉 쥐고 있는 그 방식을.

그레타: (다시 그 몸짓을 하면서) 제발 집으로 오세요!

상담자: 이제 요구를 해 보세요.

그레타: 엄마가 집에 왔으면 좋겠어요.

상담자: 훨씬 더 크게 그리고 더 강하게…….

그레타: 집에 와!

상담자: 훨씬 더 강하게.

그레타: 집에 와!

상담자: 엄마한테 지금 한 말을 소리 질러보세요.

그레타: 집으로 오란 말이야! (애원하던 손이 주먹으로 바뀐다.)

상담자: 더 강하게. 그렇게 주먹을 쥐고.

그레타: 집으로 돌아와.

상담자: 이제 두 손 모두 주먹 쥐고.

그레타: 집에 와!

상담자는 그레타를 일련의 연속적인 단계를 밟아 가도록 안내하고, 그레타는 여세를 몰아 힘을 축적시킨다. 상담자는 그동안 그레타에겐 금지되었던 욕구/감정/경험을 표현하도록, 그리고 그것을 엄마에게 직접 표현하도록, 엄마에게 직접적인 요청의 형태로 표현하도록, 요청을 명령의 형태로 바꾸도록, 그리고 그 명령의 강도를 높이도록 몰아댄다. 그레타가 이전보다는 그 경험에 대해 훨씬 더 깊이 몰두하고 있긴 하지만, 여전히 목소리와 몸짓에는 주춤하고 망설이는 면이 있다. 상담자는 그녀가 헤쳐나가 완전하고 진솔한 경험에 이를 수 있도록, 그리고 자신의 욕구를 표현할 수 있도록 계속 격려한다.

상담자: 자, 야단법석을 떨어 봐요.
그레타: 집으로 와!
상담자: 계속 하세요. 계속-훨씬 더 크게.
그레타: 집에 오란 말이야!
상담자: 자, 크게 숨 쉬고, 계속 하세요!
그레타: 집에 와…….

돌파구는 생기지 않았다. 대신 그레타의 마지막 "집에 와"는 강요적인 색체와 "말은 할 거지만, 그렇다고 뭐가 달라지는 건 아니잖아요."의 뉘앙스를 풍긴다. 어깨는 축 쳐지고, 얼굴은 슬프다.

상담자: 스스로 멈추고 있군요. 그렇죠?
그레타: 엄마가 오지 않을 거란 걸 알아요.
상담자: 그걸 엄마에게 말해 보세요.
그레타: 엄마가 오지 않을 거란 걸 알아요.

상담자의 다음 개입은 이 상담회기의 두 번째 중추적인 지점이다. 그레타는 자신이 나아가는 것을 멈추고 마음을 닫는다. 그리고는 자발적으로 문제를 해결할 수 없는 자신의 무능력의 원인이 되는 신념을 드러냈다. "내가 요구하는 걸 엄마가 주지 않을 거란 걸 뻔히 알고 있는데, 엄마한테 말해 봤자 아무 소용이 없는 짓이다." 그다음 단계는 문제해결을 위해 아동이 사용했던 대용품을 탐색하는 것이다. "제가 진정으로 원하는 건 가질 수 없기 때문에, 그 대신에 제가 하려는 건……."

상담자: "그래서 내가 하려고 하는 것은……?"

그레타: 오, 말이 안 돼요……. (다시 울기 시작하면서)

상담자: 그냥 꺼내 보세요. 어떤 감정이든지. 그냥 엄마한테 말해 보세요.

그레타: …… 너무 외로워요. 아무도 없어요. 전 할머니가 어디에 계시는지, 어디 사는지 몰라요. 이상한 소리지만, 전 엄마한테 전화할 수 없어요…….

상담자: 그리고 당신은 엄마한테 화내지 않을 거예요. 엄마한테 화나기 시작하면, 그냥 멈춰요.

그레다: 알아요. …… 왜냐하면 전…… 엄마는 오만 가지 일을…… 해야 해요…….

상담자: 그러니까 당신이 화가 날 때 어떻게 하는지 엄마한테 말해 보세요. (그레타는 가만히 몸을 움츠린다.) 그래요, 계속해 보세요…….

그레타: (여전히 움츠린 채, 주먹으로 가슴을 치면서) 아아아아아…….

상담자: 당신이 지금 거기서 무엇을 하고 있는지 엄마에게 말하세요.

그레타: 상처를 주고 있죠. 태우고 상처내고 있죠.

상담자: 지금 그걸 더 해 보세요. 어깨를 더 움츠려보세요. 그래요. 화내는 대신에 당신이 무얼 하는지 엄마에게 보여 주세요.

그레타는 충족되지 않을 것이라 생각되는 욕구를 느낄 때 그녀에게 일어나는 것을 말이 아닌 행동으로 상담자(환상 속의 엄마)에게 보여 주고 있다. 그 반응은 너무나 몸에 배어 있어서 그녀는 평소에 눈치조차 채지 못한다. 상담자는 그녀에게 그 반응을 과장해서, 더 많이 더 강하게 더 오랫동안 해 보라고 요청하여 그녀가 자신의 반응에 주의를 기울이도록 한다. 이제 그녀는 지금까지 오직 몸에서만 일어났었던 반응을 말로 표현할 수 있다.

그레타: ……화가 나면, 전 너무 겁나요.

상담자: 겁먹는 것에 대해 화가 난다고요?

그레타: 아니요…….

상담자: 아니면 그런 상황을 만들고, 또 당신을 겁나게 하는 엄마한테 화가 난다는 거군요.

그레타: 아니요. 화내고 싶은데, 그런데 전 엄마가 우리한테 상처를 줄 거란 걸 알아요.

상담자로서 우리는 아동학대와 관련된 언급에 고도로 민감한데, 지금 그레타가 하는 말은 분명 아동학대에 대한 언급이라 여겨진다. 상담자는 그레타가 퇴행하여 경험하게 하는 것을 그만두고, 초기 학대의 정도와 현재 기능하는 것에 미치는 영향을 평가하고 싶은 유혹에 사로잡힌다. 그러나 상담자는 그 유혹을 참고, 이 새로운 주제를 쫓아가면서 그레타가 재구성된 엄마와의 관계에 온전히 관여하도록 돕는다.

상담자: 그걸 엄마에게 말하세요.
그레타: 내가 화나서 엄마에게 말하면, 엄마는 날 손바닥으로 때리거나 물건으로 날 때릴 거예요. 그러면 난 도망가서 숨어야 하거나 집 밖으로 나가야 해요. 그리고 난 어두운 거리를 배회하죠.
상담자: 왜냐하면 내가 필요한 건…….

그녀가 자신의 욕구를 자각의 장 밖으로 내몰지 않고 분명하게 말로 반복해서 표현하게 되면서, 점차 자신의 욕구가 좌절될 때 어떻게 대처해 왔는지 그리고 그 대처전략들이 지금의 성인으로서의 자신의 삶에 어떤 영향을 주고 있는지 자각할 수 있게 된다.

그레타: 엄마가 날 위협하지 않길 바라요.
상담자: 그래요. 그리고 내가 원하는 건…….
그레타: 엄마가 나한테 친절했으면 좋겠어요.
상담자: 그리고 내가 원하는 건…….
그레타: 난 저녁이면 엄마가 집으로 돌아왔으면 좋겠어요.
상담자: 그리고 내가 원하는 건…….

그레타: (울면서) 밤에는 엄마가 집에 있었으면 해요. 그리고 엄마 품 안에서 안전함을 느끼고 싶어요.
상담자: 그리고 내가 원하는 건…….
그레타: 엄마가 나를 때리지 않았으면 좋겠어.

그레타는 자신에 대한 어머니의 격심한 학대가 있었다는, 즉 훨씬 더 고통스러운 사실로부터 자신을 보호하기 위해 또 다른 방어 전략으로 무시당하고 겁나는 느낌이 조금씩 자각되도록 하는 것은 아닌가? 아동이 자신을 보호해달리고 요청하는 바로 그 사람이 자신의 가해자일 때, 아동은 자기 자신과 이 세상에서 살아남는 방법에 대한 신념을 어떻게 조직할까? 이건 퍼즐의 가장 중요한 조각이고, 상담자는 그녀가 그 조각을 제자리에 찾아 넣도록 도울 것이다.

상담자: 그래요. 크게 다시 얘기해 보세요.
그레타: 나는 엄마가 나를 때리지 않았으면 좋겠어.
상담자: 훨씬 더 크게 얘기하세요. "그러지 마세요……."
그레타: 때리지 마세요.
상담자: 훨씬 더 크게.
그레타: (약간 크게) 때리지 마세요.
상담자: 이제 요구의 형태로 만들어 보세요.
그레타: 때리지 말아요! 내가 화내거나 뭘 망가트렸을 때 때리지 말아요. 내가 뭘 잘못했을 때 때리지 말아요……. (슬퍼하며 상담자에게로 몸을 돌린다.) 엄마한테 그렇게 하지 말라고 얘기한 사람이 아무도 없어요. 엄마에게 아이들을 때리지 말라고 한 사람이 없어요.

엄마의 변화를 요구할 정도의 에너지와 힘을 끌어 모으는 것은 그레타에겐 지극히 어려운 일이다. 상담자의 지시에도 불구하고, 그레타의 목소리는 여전히 부드럽고 이성적이다. 결국 그녀는 엄마에게 말하는 걸 멈추고 대신 상담자에게 말한다. 상담자는 더 밀어붙이면 그레타가 비난받는 느낌을 가지게 될까 봐, 한 걸음 물러나 그레타의 속도에 맞추고 그녀가 엄마와 다시 대화할 수 있도록 돕는다. 그러한 대화에서 그레타는 여덟 살의 자신이 필요로 했던 것, 그리고 성인인 지금도 어느 정도는 여전히 필요로 하는 것이 무엇인지를 발견할 수도 있다.

상담자: 엄마에게 계속 말을 하세요. 무슨 말을 할지 모르겠으면 그냥 했던 말을 반복하세요.

그레타: 할머니는 수리한테 퍼런 멍자국이 있다는 건 알아요. 그렇지만 엄마한테 아무 말도 하지 않아요. 누구도 엄마한테 아무 말 안 할 거예요. 왜 그러는지 그 이유를 모르겠어요…….

상담자: 어린 소녀인 당신이 겁에 질리는 건 너무나 당연해요. 당신은 방금 맞는 것에 대해서 말하고 있었어요. '퍼런 멍자국' 그건 학대예요. 겁에 질리는 건 너무나 당연한 거예요.

"누구도 엄마한테 아무 말 안 할 거예요."라는 그레타의 말은 도움을 구하는 아이의 간절한 소망을 담고 있다. 자신은 스스로 문제를 해결하기엔 너무 작고 힘이 없기 때문에 누군가가 중재해 주고 해결해 주길 바라고 있다. 상담자는 그레타의 요청에 재빠르게 반응한다. 그녀가 어린 시절에 필요했지만 받지 못했던 지지를 여기 상담관계 안에서 제공받는다. 상담자가 이렇게 반응하면, 그레타가 부재한 아버지를 활용하고 싶어했던 것처럼 상담자를 활용할 수 있게 될까?

그레타: 전……전 멀리 도망가고 싶었어요. 그리고 아빠가 집에 오면, 아빠랑 같이 멀리 갈 수 있다고 생각했어요.

상담자: 멋진 희망이네요. 아빠가 집에 오면 아빠랑 같이 멀리 도망갈 수 있죠……. 아빠가 돌아왔나요?

그레타: 아뇨…….

상담자: 멀리 떨어져 지냈나요?

그레타: 네. 그랬어요.

상담자: 돌아가셨었나요?

그레타: 네. 그런데 그 사실을 11년이 지날 때까지 몰랐어요.

상담자: 11년 동안이나 아빠가 집에 돌아오길 기다렸군요.

그레타: 네. 그러고 엄마는 다시 결혼했어요.

그레타는 어머니와 상상으로 하는 대화에서 방향을 전환해, 자신의 부재했던 아버지에 대한 이야기를 상담자에게 직접적으로 말하고 있다. 그리고 이제 다시 엄마에 대해 말한다. 그리고 상담자는 즉각적으로 다시 엄마와 상상으로 대화해 보도록 초대한다. 그러나 이번에는 아버지에 대한 그녀의 느낌을 대화과정에서 표현할 것이다.

상담자: 아빠랑 함께 멀리 도망가는 환상에 대해 엄마에게 말해 보세요. "전 엄마가 때리는 걸 피해 멀리 도망가고 싶어요."

그레타: 전 엄마가 때리는 걸 피해 멀리 도망가고 싶어요. 그리고 아빠가 돌아오면, 아빠랑 멀리 가고 싶어요. 우린 엄마를 떠날 거예요…….

상담자: 엄마 모르게 아빠랑 멀리 도망갈 거예요. 홍!

그레타: 엄마가 다른 남자랑 결혼했을 때, 전 생각했어요. 진짜 우리 아빠는 어디 있지? 어디로 갔을까? 난 아빠랑 함께 가고 싶어.

상담자: 으음.

그레타: 그리고 전 아빠가 어쩌면 어딘가에서 다른 가족이랑 살고 있을 거라 상상했어요. 그리고 엄마는 다른 남자랑 결혼을 했고. 전 정말 너무…… 5층 창문 밖으로 뛰어내리고 싶었어요. 그리고 죽었으면 하는 상상을 했어요……. (그녀의 목소리가 떨리기 시작한다.)

상담자: 그냥 떨리게 내버려 두세요.

목소리와 몸 전체가 떨리는 것은 종종 오래되고 잘 확립되어 있던 심리 패턴이 붕괴되고 있음을 알려 주는 신호다. 떨림현상은 아드레날린이나 다른 호르몬들의 방출에 의해 신체가 반응한 것일 수도 있고, 혹은 정신체계가 새로운 평형상태를 찾으려 할 때 일어나는 혼란 때문에 발생한 것일 수도 있다. 어떤 경우이건 간에 통합적 상담을 추구하는 상담자들은 대체로 떨림현상을 자각의 장이 열리는 것을 동반하고 촉진시키는 에너지 방출의 한 부분으로 환영하고 격려한다.

그레타: (울면서) 전……수많은 밤을 전혀 사시 못하고 그저 울기만 했어요.
상담자: 음, 엄마에게 그냥 말하세요. "난 밤에 울어요, 엄마."
그레타: 난 밤에 울어요. 난 잘 수가 없는데, 엄만 그걸 몰라요.
상담자: 지금 말해요. 엄마가 알 수 있게.
그레타: 나는 밤에 울고, 잠을 잘 수 없어요. 때때로 밤에 절실한 마음이 들어요.
상담자: 그래요. 다시 말해 보세요. "전 절실해요."

'절실한' 이라는 단어는 많은 수준의 의미를 가진 강렬한 말이다. 자기 자신을 설명하는 그레타의 방식인 이 단어에 초점을 두는 것은 그녀가 자각하지 못하도록 차단해 온 모든 느낌, 욕구, 신체 감각에 관한 경험을 다시 깊게 하려는 시도다.

그레타: 전 밤에 절실해요.
상담자: "내가 필요한 건……."
그레타: 엄마가 필요하기 때문이에요. 그런데 지금 이 다른 남자가 내 대신에 엄마 침대에 누워 있어요.
상담자: "그래서……."

다시 상담자는 그레타가 작은 아이로서 선택했던 자신의 문제에 대한 해결책, 전략에 대해 살펴보도록 초대한다. 그녀가 어머니의 보호를 받지 못할 때, 그녀는 어떻게 하는가? 상담자는 이 질문에 대한 매우 좋은 답을 가지고 있다. 그러나 상담자가 알고 있다는 것은 그리 중요하지 않다. 그레타 스스로 자신의 경험 속에 자리잡은 그 답을 찾을 필요가 있다. 그러나 그녀는 아직 말로 표현할 준비가 되어 있지 않기 때문에, 상담자는 그녀의 리듬을 따라간다.

그레타: (한숨 쉰다.)

상담자: "엄마가 필요해요, 엄마……."

그레타: (울면서) 전 엄마가 필요해요, 엄마. 엄마가 필요하단 말이에요!

상담자: "엄마 없이는……."

그레타: 엄마 없이는 더 이상 살고 싶지 않아요.

여기 이것이 오래된 해결책의 시작이다. 아이들은 살아남는 데 그리고 존재의 의미를 이해하는 데 도움이 되는 일련의 생각, 정서, 행동을 발달시켜 풀 수 없는 문제들을 풀어낸다. 그레타가 내린 이치에 맞는 결론 중 분명한 하나는 삶의 본질에 대한 것인데, 별로 살 가치가 없다는 것이다.

상담자: 그래요. 그것에 대해 엄마에게 말해 보세요.

그레타: (흐느끼며) 엄마도 알겠지만, 전 창문에서 뛰어내리고 싶었어요. 하이디가 엄마를 불렀고, 엄마는 절 다시 때리겠다고 말했어요…….

상담자: "제가 엄마에게 원했던 것은, 엄마가……."

그레타: 엄마 침대에 데려가서 꼭 안아 주는 거였어요……. (심하게 운다.)

상담자: 계속 하세요. 그레타. "때리지 말아요, 엄마. 창문으로 뛰어내리고 싶어 했다고 때리지 말아요."

그레타: 오, 내가 죽고 싶어 한다고 절 때리지 마세요.

상담자: "그러나 그 대신에……."

상담자는 계속 반복해서 모든 가능한 조합을 사용하여 그레타가 패턴을 형성하는 3인조를 다루어 나가도록 돕는다. "내가 필요한 건……." "하지만 대신에 내가 기대한 건……." "그러하기 때문에 따라서……." 거대한 넓은 나사처럼 한 번씩 되풀이할 때마다 새로운 정보가 나오고 더 깊이 자각하게 된다.

그레타: 대신에, 안아 주세요. 엄마 침대에 눕혀 주세요. 엄마랑 그저 가까이 있고 싶어요!

상담자: 바로 그거야, 어린 소녀야. 엄마에게 계속하렴.

그레타: 엄마랑 같이 있고 싶어요, 안아 주는 엄마랑…….

상담자: 엄마가 안아 주지 않을 때 느낌이 어떤지 그냥 말해 봐.

그레타: 오오오. 엄마가 안아 주지 않을 때, 너무 외롭고, 절망스러워요. 맘이 너무 많이 아파……. 너무 많이!

상담자: 정말 그렇지. 너무 많은 고통. 너무 많은 책임감…….

그레타: (긴 침묵) 엄마가 밤새 가족과 멀리 떨어져 지내는 게 더 쉽다고 말하는 걸 들을 때 정말 화가 나 미치겠어요. 정말 그 소린 날 미치게 해요.

앞서 그레타가 엄마에게 화내기 시작했을 때, 너무 겁나고 처벌에 대한 위협감이 매우 컸기 때문에 그녀는 한발 물러섰었다. 이제 그레타는 외롭고 슬프다고 울부짖을 때, 상담자로부터 지지받는 경험을 하게 되어 다시 그 화나는 감정으로 되돌아 갈 힘을 찾게 된 것인지도 모른다.

상담자: 그래요. 엄마한테 다시 말해 보세요.

그레타: 엄마가 더 쉽다고 하는 말을 들으면 화가 나 미치겠어요. 엄마가 가족들이랑 멀리 떨어져 있고 싶다고 그러면 정말 화가 나요.

상담자: 엄마가 멀리 떨어져 있을 때, 그게 어떻게 느껴지는지 엄마한테 말해 보세요.

그레타: 오. 쉽지 않아요! 밤에 혼자 있는 건 너무 겁나요.

상담자: 그거 다시 말해 보세요. "나에겐 쉽지 않아요, 엄마……."

그레타: (겁에 질린 목소리로, 다시 의자 속으로 몸을 움츠린다.) 나에겐 쉽지 않아요…….

그레타의 목소리와 몸짓언어에 묻어 있는 두려움은, 그녀가 자신의 욕구와 욕구좌절에 의한 화에 대해 말할 때, 강하고 효과적으로 엄마와 맞서기 위해 필요한 자원들에 접근하지 못하고 있다는 분명한 신호다. 자원 없이는 그녀가 "느끼지 마. 보여 주지 마."와 같이 너무나 오랫동안 사용해 왔던, 오래되고 익숙한 전략으로 되돌아가기 쉽다. 이렇게 되는 걸 막고, 그레타에게 새로운 자원을 제공하기 위해, 상담자는 상담자 자신의 목소리로 그녀의 어머니에게 맞서기 위한 수순을 밟는다. 이번에는 엄마의 행동이 부적절하다고 엄마에게 말하는 누군가가 있을 것이다. 이번에는 그레타 혼자 모든 것을 다하지 않아도 될 것이다.

상담자: (그레타가 '엄마에게 말했을 때' 바라봤던 방향으로 돌아서서) 자, 그레타의 얘기를 귀 기울여 잘 들으세요, 어머니! 그리고 그레타를 때리지 마세요! 그레타는 당신에게 말하고 싶어합니다. 그러니 당신은 그저 경청하세요. 양 손을 끼세요. 아이를 때리지 마세요, 어머니! (다시 그레타 쪽으로 돌아서서) 그레타, 계속 하세요.

그레타: 맘이 아파요…….

상담자: 엄마에게 말하세요. 당신이 화난 것에 대해 엄마에게 말하세요.

그레타: (목이 꽉 메어, 단어를 내뱉으려 애쓴다.) 엄마는 일하는 그곳에서 좋은 생활을 하고 있기 때문에 전 화가 나요. 엄마가 일을 마친 후 뭘 하는지 모르겠지만, 엄마의 자식들은 집에서 엄마를 기다리고 있어요.

그레타는 자신의 형제들에 대한 얘기를 하거나 단지 '아이들' 중 한 명이 되어 자신의 느낌을 감추는 것이 자신을 덜 드러내는 것이기 때문에 더 안전하다. 하지만 자신의 감정을 드러내지 않는 대가로 얻은 안전함은 온전한 접촉을 불가능하게 한다. 접촉을 방해한다. 그레타는 '그들' 혹은 '우리'에 대한 얘기가 아닌 '나'에 대해 말할 필요가 있다.

상담자: 그레타, 당신에 대해 말해 보세요.

그레타: 엄마를 기다리고 있어요.

상담자: (매우 크고 명령적으로) **어머니, 그녀를 때리지 마세요!** 어머니, 그레타 얘기를 잘 듣고 대답하세요!

그레타: 전 엄마가 집으로 돌아오길 바라요. 그리고 엄마가 하이디와 할머니와 얘기하길 바라요. 이 모든 게 제겐 너무 벅차요.

상담자: 그래요. 이제 더 큰 소리로…….

그레타: 제겐 너무 벅찬 일이에요.

상담자: **잘 들으세요, 어머니, 그건 그레타에게 너무 벅찬 일이에요!** (그레타에게) 계속 하세요.

어머니와 직면하고 있는 그레타와 상담자가 함께 하는 데는 여러 가지 목적이 있다. 우선, 실제로 그 자리에 없는 누군가에게 화를 내고 맞서는 것은 상담장면 밖 세상에서는 상당히 이상한 행동이다. 그레타가 하는 행동에 상담자도 함께하는 것은 그레타가 자신의 행동 때문에 스스로 미쳤다고 느끼거나 수치심을 갖지 않도록 돕는다. 또한 그레타가 지지하고 격려하는 법을 배울 필요성이 있는 화를 실감나게 보여 주고, 또한 그레타에게 지지를 제공하여 두려움과 지독한 외로움으로부터 자신을 보호하기 위해 스스로 차단하기보다는 그 경험과 함께 머물 수 있도록 돕는다. 결국 그레타는 자기 혼자서 항상 중요한 일을 해내야만 한다는 자신의 신념(삶을 살아갈 가치가 없도록 만드는)의 부당성을 증명한다. 상담자는 계속 그레타와 그레타의 어머니에게 번갈아 가며 말하고, 그레타에게는 '계속 하도록' 격려한다.

그레타: 다른 애들이 잠자러 갈 때, 전 여전히 깨어 있어요. 그건 제겐 너무 벅

차요.

상담자: **어머니, 그레타에겐 당신이 필요해요!**

그레타: (울면서) 엄마가 필요해요. 나랑 함께 이야기할 엄마가 필요해요. 누군가는 저와 얘기해야 해요. 전 너무 외로워요!

상담자: **어머니, 그레타는 겁에 질려 있어요. 당신이 그 아이를 버려 두었기 때문에. 그리고 그레타가 아이들을 돌볼 기술도 없는데 나머지 아이들을 돌보게 만들었어요.** 그레타, 어머니에게 계속 얘기하세요.

그레타: (다시 목이 메고) 전 엄마가 집으로 돌아와서 절 침대에 눕혀 주길 바라요. 그리고 저에게 잠자리 키스를 해 주고, 안아 주고 꼭 잡아주었으면 해요…… (부드럽게 운다.)

상담자: 그냥 슬픔이 나오게 내버려 둬요. 그리고 전 당신의 엄마와 얘기할 거예요. (큰 목소리로 그레타의 상상 속의 어머니에게) 어머니, 절대 그녀를 때리지 마세요! 이렇게 소중한 어린 소녀를 그렇게 다루는 법은 없어요. (좀 더 이성적인 어조로) 그녀는 혼자 있는 것이 무섭고, 당신이 자신을 때릴까 봐 같이 있을 때도 무서워해요. 그녀는 항상 무서워요. 아닌 척하지만 항상 겁에 질려 있어요.

그레타: 이제는 그렇게 하지 마세요…….

상담자: 다시 말해 보세요.

그레타: 상담에서 우리가 말하고 있는 지금 이 순간 이후 절 때리지 마세요.

상담자: 오, 앞으로 엄마가 때릴까요?

그레타: 그럴 거예요.

상담자: 이 시간이 끝난 이후 엄마가 때릴 거라고 생각한다면, 지금 너무 두려울 수밖에 없겠군요.

그레타: 한 번은 도망쳐서 여자 친구 집에서 잤어요. 그런데 엄마가 절 찾으러 왔죠. 침대 밖으로 끌어냈어요. 전 집으로 내달렸고, 엄만 절 뒤쫓아 와서는 나무 라켓으로 머리를 쳤어요. 전 피투성이가 됐죠. 그러고는 엄만 기절했어요. 어쩌면 엄마가 그때 미쳤었는지도 몰라요.

광기는 예측불허이기 때문에, 아이에겐 미친 부모는 참고 견디기 가장 두려운 것일 수 있다. 당신이 만약 앞으로 무슨 일이 일어날지 예측할 길이 없다면, 당신은 자기 자신을 지킬 수 없거나 혹은 어떤 준비도 할 수 없게 된다. 미친 부모를 신뢰하는 것은 안전하지 않다. 왜냐하면 그들이 적절하게 행동하는 것처럼 보일 때조차도 한순간에 모든 것이 바뀔 수 있기 때문이다. 그레타가 엄마와 전혀 협상하지 않고 그냥 동생들을 책임지고 돌봐서, 엄마가 신경 쓰지 않게 하는 게 더 안전하다고 결정내린 것은 너무나 당연한 일이다.

상담자: 엄마가 미쳤다고요?

그레타: 전 엄마가 미쳤었다고 생각해요.

상담자: 그래서 지금도 제가 이 자리를 떠나면 엄마가 당신을 다시 때릴 것 같아 무섭군요.

그레타: 엄마는 화가 나서 펄펄 뛸 거예요.

상담자: 엄마에게 모든 걸 말한다는 건 당신에겐 정말 어려운 일이네요, 그렇죠?

그레타: (긴 침묵) 전 착하게 굴어야만 했어요.

패턴의 다른 조각이 자연스럽게 드러난다. 살아남아 스스로를 돌볼 수 있는 방법은 아무리 험한 대접을 받아도 그저 '착하게' 구는 것이다.

상담자: 착해야 한다? 엄마한테 화났을 때조차도?

그레타: 네. 전 화나면 사과해야 해요.

상담자: 그럼 무서우면?

그레타: 제가 무서워하거나 울면, 엄마는 미쳐 버려요.

상담자: 음?

그레타: (소리는 작아지고 다시 무서워하면서) 엄마가 화가 나 뒤집어지면, 우리 모두는 한 줄로 서야 해요. 제가 제일 키가 크고, 여동생이 그다음 남동생 그런 순서이죠. 제가 맨 마지막이고 가장 많이 맞았어요.

상담자: 우리가 얘기를 마친 이후에 당신을 때리지 말라고 제가 엄마에게 말해

주길 원해요?

그레타: 네.

상담자: **어머니, 우리가 오늘 여기에서의 대화를 마치고 났을 때, 그레타를 때리지 마세요. 당신은 상담이 필요해요—아이들을 때리지 말 것. 당신 삶에 어떤 일이 일어나고 있다고 해서, 그걸 아이들에게 화풀이 하지 말아요. 이 얘기를 했다고 그레타를 때리지 마세요! 상담이 필요한 건 바로 당신이에요. 당신의 인생에서 뭔가 잘못 되고 있어요. 이 이야기를 했다고 그레타를 때리지 마세요! 당신이 상담을 받으러 가세요!**

그레타: (긴 침묵) 엄마가 상담이 필요하다고 말하시는군요. 그러나 우리가 살았던 그 당시는 상담에 대해 생각해 보는 사람은 없었어요. 집세를 내고 음식을 사기 위해 얼마나 벌어야 충분한지 계산하는 게 고작이었지 상담에 대해 생각하는 사람은 아무도 없었어요.

상담자: 그건 엄마는 상담이 필요 없다는 뜻인가요?

그레타: 제 생각에 엄마에게 필요한 것은 아버지가 집으로 돌아오시거나 아니면 힘들게 살지 않을 정도의 돈을 벌어 주는 남자가 필요했던 것 같아요. 그러면 엄마는 그렇게 심술궂게 화내고 그러지 않아도 됐을 거예요. 아마 누군가 엄마에게 "아이들에게 이런 짓을 해서는 안 돼요."라고 말한다면, 엄마는 수치심을 느낄 거예요. 아마도…….

오래된 패턴, 어쩌면 이토록 교활하고 끈덕질 수 있겠는가! 그레타는 자신의 어머니를 좋은 어머니로 남겨 둘 필요가 있었고, 엄마를 좋게 남겨 두기 위해, 엄마를 용서하고 보호하고, 자신이 엄마 대신 책임을 지고 스스로 헤쳐 나가는 법을 배웠다. 심지어 지금 이 순간도 상담자의 직면과 어머니가 상담이 필요하다고 본 것에 대해 안절부절못하고 있다. 상담이 필요한 엄마는 정신이 이상한 것이고, 정신이 이상한 엄마는 좋은 엄마가 될 수 없다. 아마 누군가가 엄마를 아주 조금만 도와주었다면, 엄마는 모든 게 괜찮았을 텐데 그러나 그러고 나서는 수치심을 느꼈을지도 모르고, 그건 또한 좋은 엄마가 아니라는 것을 의미하는 것이다.

상담자: 바로 당장에 당신이 그 수치심을 경험하지 않도록 어머니를 보호하고 싶어 한다고 여겨지는데? 당신도 알다시피, 때때로 사람은 마땅히 부끄러움을 느껴야 해요. 엄마는 당신에게 물건을 던지고 손으로 때리고, 라켓으로 때리는 등 잘못된 행동을 당신과 다른 형제들에게 했어요. 그녀는 그것에 대해 부끄러워해야 할 필요가 있어요. 그런데 당신은 그 창피함으로부터 엄마를 보호하려 해요. 바로 지금 엄마를 위해 변명해 주고 싶어 해요. 엄마를 위한 변명을 한다는 게 그게 당신에게는 어떤 도움이 되는 건가요?

다음에 이어지는 상담 개입은 내담자가 문제에 대해 보이는 반응의 기능을 확인하는 것이다. 우리는 그레타가 심리적 외상을 초래한 엄마와의 원래(original) 관계에서 충족되지 않았던 욕구를 확인하는 과정에서 퇴행하는 것을 봤다. 그리고 우리는 욕구가 충족되지 않을 때 그녀가 반응하는 방식을 탐색하는 것도 지켜봤다. 그러한 반응패턴이 갖는 기능을 파악함으로써 헝클어진 실타래를 풀 수 있다. 이제 그레타는 현재 성인으로서의 자신의 삶 속에 존재하는 자원들을 자유롭게 활용하여, 이전에 추구했던 것과 동일한 것을 얻기 위해 새롭고 진정한 방법을 찾게 될 것이다.

그레타: 도움이 되지는 않아요.

상담자: 바로 지금 상황에서 엄마를 위해 변명해 주는 것이 당신에게 어떤 도움을 주나요? 그러니까 "그땐 그랬어요." "엄마는 어쩔 도리가 없었어요. 상황이 너무 안 좋았거든요." 혹은 "엄마한테 그것에 대해 말해 준 사람은 아무도 없었어요……."라고 하는 게 말이죠?

그레타: 엄마는 아팠기 때문에 그런 식으로 행동한 거였어요.

상담자: 그것이 당신에게 어떤 영향을 미치나요?

그레타: 그것은 덜하게…….

상담자: (잠시 침묵) 그것이 뭘 덜하게 해 주나요?

그레타: 선생님이 엄마는 상담이 필요하다 그런 식으로 말할 때, 저한테 이 모든 변명들이 떠오르고 있다는 걸 알았어요.

상담자: 당신은 엄마가 상담받는 걸 원하지 않죠, 그렇죠?

그레타: 네. 그런 것 같아요. 전 어쩌면 이 가족으로부터 해방되어야 한다고 생각해요. 그렇지만 그것이 두렵기도 해요.

또 다른 두려움이 등장한다. 누군가 그녀의 엄마가 한 행동을 알게 된다면, 그들은 그레타를 엄마한테서 떼 내어 멀리 데려갈지도 모른다. 그레타를 도와주는 사람은 아무도 없고, 그녀 또한 도움을 요청할 수 없다. 왜냐하면 멀리 떨어지게 되는 것 같은 그런 종류의 도움은 좋아하지 않기 때문이다. 또다시 생존하기 위한 유일한 방법은 아무것도 하지 않고, 아무 말도 하지 않고, 아무것도 느끼지 않는 것이다. 무시무시한 위험에 처해 꼼짝 않고 얼어붙어 버리는 작은 동물처럼, 그레타는 오직 기다리고 움직이지 않도록 노력하는 수밖에 없다. 그런데 상담자는 질문을 통해 그레타가 자신이 처한 딜레마를 검토하고 명료하게 표현하도록 해 줌으로써, 마비상태를 깨뜨리고 있다.

상담자: 무엇이 두려운가요?

그레타: 엄마가—그녀가 너무 많이 변했어요……. 전 제 머릿속에서 이쪽에서 저쪽으로 뜀박질하고 있어요.

상담자: 제가 들을 수 있을 만큼 큰 소리를 내며 뜀박질할 수 있나요?

그레타: 오. 한쪽에선 전 이 가족으로부터 해방되길 원해요. 여긴 너무 무시무시해요. 그러나 다른 한쪽에선 때때로 엄마는—엄마는 우릴 데리고 나가고, 즐겁게도 해 주고, 키스도 해 주고, 피아노를 치며 노래하기도 해요. 엄마가 항상 가혹하고 무시무시한 건 아니였어요.

상담자: 엄마가 늘 그렇게 무시무시했던 건 아니었다.

그레타: 때때로 그랬었어요. 선생님은 그렇게 말하시지 않겠지만. 이해하기 힘들었어요. 때때로 우린 벌을 받았어요. 그런데 때때로, 이유는 모르지만, 그게마치…… 뭔가 달랐어요…….

상담자: 그래서 엄마가 상담받는 걸 원치 않는군요?

그레타는 다소 혼란스럽고 길을 잃은 듯하다. 그레타는 1분 동안은 친절한 어머니와 다음 순간에는 잔인해지는 어머니 사이를 오락가락하는 함정에 빠졌다. 상담자는 그녀에게 좀 더 구체적인 질문을 던진다. "당신은 어머니가 변하길 원하나요?"

그레타: 그렇다고 생각하는데…….

상담자: 그렇다는 건가요, 아니라는 건가요?

그레타: 그래요. 제가 지금 알고 있는 바로는 "원해요." 성인으로서의 저는 엄마가 상담받으러 가야 한다는 걸 알아요. 그러나 아이로서의 저는 그렇게 말할 수도, 그렇게 생각할 수조차 없었어요.

상담자: 그렇다면 어른으로서 엄마에게 말해 보세요. 1945년, 1946년에 그 아이가 바라봤던 방식으로 그 여인을 보세요……. 그녀에게 말하세요. 어른이 알고 있는 것을 그녀에게 말하세요.

앞서 상담자는 그레타 혼자서는 자신에게 필요한 모든 자원들을 가질 수 없었다는 것이 분명해졌을 때, 그레타의 어머니를 직면하도록 개입했다. 지금은 그레타가 자기 자신이 가지고 있는 자원들에 접근하도록 격려한다. 그녀에게는 성인의 지식과 경험이라는 자원이 있다. 아이로서의 그레타는 상담자가 이전에 했던 개입을 통해 보호받는 경험을 했다. 그래서 지금은 성인이 된 자기 자신의 강하고 유능한 존재를 경험할 수 있다. 방치되고, 친구도 없고, 겁에 질린 아이가 아니라 자원을 가진 성인으로서 과거 사건들을 회상할 때, 과거와는 매우 다른 경험을 하게 된다.

그레타: (방 안에서 '어머니'가 있는 쪽을 향해) 성인이 된 지금 저는, 만약 어떤 사람이 엄마처럼 행동한다면, 엄마가 그랬듯이 아이들을 때린다면, 그 사람은 상담을 받아야만 하고, 그렇게 자식을 대하지 않는 방법을 배워야 한다는 사실을 알아요……. 그리고 울지 마세요, 지금.

상담자: 그래요—엄마에게 계속 말하세요.
그레타: 엄마가 가족과 같이 있지 못한 게 제 잘못은 아니에요.

어른으로서 자신이 가지고 있는 자원들에 접근하게 되면서, 새로운 자각, 새로운 결정, 그리고 세상에서 존재하는 다른 방법이 나타난다. 그레타는 어머니가 비난받지 않도록 필사적으로 보호하려는 시도 대신에, 어머니의 감정과 행동에 대한 책임감을 포기한다. 이것은 매우 중요한 전환이다. 상담자는 그레타가 이 변화된 상태에 머물면서, 방금 일어난 일을 강화하고 강조하도록 격려한다.

상담자: 계속하세요. 어머니에게 그냥 말하세요. 그렇게 다시 말하세요. 그리고 더 상세하게 말해 보세요.
그레타: 전 지금 엄마가 울 수 있도록 도와주지 않을 거예요.
상담자: "그리고 그건 제 잘못이 아니에요……."
그레타: 엄마가 가족과 같이 있지 못한 게 제 잘못은 아니에요.
상담자: 그것에 대해 엄마한테 좀 더 얘기하세요.
그레타: 그건 엄마의 잘못이거나 외할아버지의 잘못이에요. 어린아이들인 우리와는 아무 상관이 없어요. 우리가 외할아버지, 외할머니한테 엄마를 심하게 다루라고 하진 않았어요. 외할아버지, 외할머니가 엄마를 좋아하지 않을 때, 엄마는 항상 그분들을 즐겁게 하려고 애쓰죠. 왜 엄마는 그분들에게 커피를 갖다 드리고 그렇게 착하게 행동하는 거죠?
상담자: 그것을 진술문으로 만들어 보세요.

여러분은 패턴을 인지했는가? 우리는 이 패턴을 상담작업 초반에 봤다. 그레타는 어머니에게 "왜 집에 오지 않는 거죠?"라고 물었다. 여기서 다시, '왜' 라는 질문은 초점을 그레타 자신의 경험에서 어머니의 경험에 대한 환상과 합리화로 옮긴다. 상담자는 그레타에게 그녀의 바람과 욕구를 명확히 할 진술문으로 만들어 보라고 요청한다.

그레타: 그분들에게 커피를 가져다 드리지 마세요. 할머니는 커피를 드실 자격이 없어요. 할머니는 엄마한테 무언가를 얻기 위해서만 오세요. 할머니는 우리를 보살펴 주지 않았어요. 우리를 위해 **아무것도** 하지 않아요. 왜 할머니는 커피를 마시거나 우리한테서 먹을 것을 가져가야 하는 거죠? 왜 할머니가 그렇게 행동하시는지 전 이해할 수 없어요, 그리고 왜 엄마는…….

상담자: 그래요. 당신은 그것을 이해할 수 없어요. 그리고 이해할 수 없다는 건, 너무 겁나는 일이죠. 통제할 수가 없죠. 엄마가 사랑스럽고 멋진 사람으로 변하는 이유를 이해할 수 없고, 언제 그렇게 변할지 예측할 수도 없죠. 그리고 엄마가 언제 또 무섭고 심술궂게 변할지 예측할 수 없죠. 왜냐하면 엄마가 좋을 때는 무지무지 좋다가도 엄마는 갑작스럽게 변해 심술 맞아지기도 하니까요. 당신의 엄마는 상담이 필요해요.

지금은 그레타가 '왜' 라는 질문을 스스로 풀기에는 더 어려운 시간이다. 어머니가 싫어하는 자신의 부모를 대하는 방식과 엄마가 자기 자식들을 다루는 방식을 대비해 보는 것은 그레타에겐 중요한 일이다. 이것은 아마도 또 다른 영역에 대한 탐색을 시작하는 것이다. 그러나 이번 회기에서 또 다른 주요 이슈를 다루기에는 너무 늦었다. 그레타는 먼 길을 왔고, 몇 가지 중요한 새로운 행동을 시도했고, 삶의 대부분 시간 동안 함께했던 자신을 보호해 줬던 규칙을 깼다. 이것은 힘든 작업이었다. 이제 지금까지 그녀가 이룬 모든 것들을 통합할 수 있는 기회를 주면서 이 회기를 마무리할 시간이다. 상담자는 그레타와 엄마의 관계에 존재하는 문제를 요약해 주고, 필요한 것이 무엇인지에 대한 자신의 견해를 제공해 주면서 이 회기의 마지막 단계를 진행한다. 그레타는 상담자의 지지에 힘입어 이제는 동의할 수 있다.

그레타: 그래요. 엄마는 상담받아야 해요. 정말로 그런 게 필요해요.

상담자: 그럼, 당신은 지금 무엇이 필요한가요?

그레타: (긴 침묵) 보호.

상담자: 보호. 뭔가 시도해 보고 싶나요?

그레타: 예.

상담자: 음, 엄마를 저기에 남겨 두고, 이쪽으로 오세요, 그레타. 제 뒤에 숨으세요. 이리 오세요. (그레타는 상담자 의자 뒤로 온다. 그리고 두 사람 다 그레타가 그녀의 환상 속 어머니를 두고 온 그 공간을 향해 돌아선다.) 이제 당신의 어머니는 나를 먼저 쳐야 해요. 만약 엄마가 때리려고 하면, 내가 그것을 처리하는 사람이 될 거예요. 당신은 거기 뒤에 숨어 있는 게 좋아요? 그레타, 거기에 숨는 게 좋아요?

그레타: 때로는…….

상담자: 항상은 아니란 말이죠. 엄마가 키스해 줄 때는 아니고.

그레타: 네.

상담자: 네. 우리 거래 하나 할까요? 엄마가 키스해 줄 때는 당신은 뒤에서 나오고 때릴려고 하면 다시 뒤로 숨는 거예요. (긴 침묵) 지금 무슨 생각해요?

양가적인 감정이 여전히 문제다. 그레타는 사랑스러운 어머니와는 연결되고 싶지만, 동시에 엄마가 학대적일 때는 자신을 보호할 필요가 있다. 아이의 양자택일의 논리로 보면, 두 측면 모두를 가지는 것이 가능하지 않게 여겨진다. 상담자는, "어머니가 좋을 때는 어머니와 함께 있고, 어머니가 나쁠 때는 내가 당신을 보호할게요."라고 하면서 그녀의 마음을 정확하게 반영한다.

그레타: 전 그냥 노력하고 있어요……. (떨기 시작한다.)

상담자: 그래요—떨리는 대로 내버려두세요. 그래요……. (침묵) 거기에 머물고 싶어요? 뭐 일주일 정도?

그레타: (키득거리면서) 흠…….

상담자: 흠은 뭐죠? '흠'을 말로 바꿔 줄래요?

그레타: 제가 뒤에서 나왔을 때 엄마가 어떻게 할지 모르겠어요.

상담자: (단호하게, 어머니에게) 그레타를 때리지 말아요. 지금도, 나중에도. 언제 어느 때라도, 영원히. 당신의 문제는 당신 딸의 잘못이 아니에요. 당신의 딸이 당신의 삶을 어렵게 만들지 않았어요. 남편이 떠나고 다른 남자와 사귀기로 결심한 사람은 바로 당신이에요. 남편이 떠나고 다른 남자의 아이를 임신한 것도 바로 당신이에요. 남편과 이혼하고 그의 연금을 포기한 것도 당신이에요. 당신의 문제는 당신 자녀의 잘못이 **아니에요.** 그러니 다시는 그 아이를 때리지 마세요!

이성을 잃은 엄마와 함께 살아가면서 경험한 예측할 수 없고 반복적으로 강화된 두려움을 단 한 번의 상담회기로 사라지게 할 수는 없다. 상담자는 유머도 사용하고 그레타와의 이전 작업에서 얻은 정보들을 활용하면서, 자신은 무섭지 않고, 그레타를 대신하여 어머니와 맞설 것임을 보여 준다. 상담자는 그레타 혼자서는 아직 해낼 수 없는 보호를 일시적으로 제공한다. 어린 소녀는 엄마가 보복할까 봐 겁에 질린 상태로 이 회기를 떠나지는 않을 것이다. 그보다는 이전에 느꼈던 것보다 더 안전한 느낌의 기억을 가지고 떠날 것이다.

그레타: 네. 좋아요—더 이상 그 엄마를 위한 변명은 하지 않겠어요. 그리고 더 편안해졌어요.

그렇게 그레타의 회기는 끝난다. 이제 이 상담의 회기 초에 "너무 길어요."라고 한 그레타 진술의 중요성을 더 분명히 이해할 수 있다. 아무래도 암스테르담에서 뉴욕으로 가는 길은 불안한 상태로 가기엔 너무 먼 거리였다. 어머니와 떨어져서 몇 날 며칠을 외롭게 보내는 것 또한 너무나 길고 불안한 것이었다. 그레타는 자신이 한 때 두려움에 떨던 작은 소녀였다는 것을 스스로 기억하고 자각하도록 허용하기 시작했다. 그렇게 하는 과정에서 자신을 온전히 존재하지 못하도록 하고, 자신을 둘러싼 세상과 관계하는 능력을 왜곡시키는 붕괴된 접촉을 복구하기 위해 한걸음 나아갔다.

그레타의 축어록은 상담 전체를 살펴보는 데 좋은 자료다. 왜냐하면 제시된 대부분의 축어록에 비해 상담 작업이 일련의 여러 단계들을 거치면서 어떻게 진전해 나가는지를 매우 명확하게 보여 주고 있다. 그레타가 처음에 자신의 걱정거리, 공포감, 그리고 그것들에 매달리는 의미를 기술했을 때, 상담자는 현상학적 측면들을 탐색했다. 상담자는 그레타가 자기경험의 본질이 무엇인지 탐색하고 정교화하도록 도왔다. 현상학적 측면에 대한 탐색은 거의 항상 상담회기 초반에 이루어진다. 이를 통해 내담자와 상담자가 무엇이 전경에 떠 있는지, 그들이 추적하고 있는 기본적인 접촉 붕괴는 어떤 것인지를 명료화할 수 있다.

그레타는 심리적으로 정교한 내담자였기 때문에, 현재 고통과 어머니와의 초기 경험을 인지적으로 연결시키는 것은 그녀에게는 그리 어려운 일이 아니었다. 상담작업이 다음 국면으로 이동하면서, 그레타는 정서적으로 퇴행하여 상상 속에서 어머니와의 관계를 재구성해 봤다. 이를 통해 그 관계와 관련된 정서의 중요성을 명확히 표현하고 강조했다. 방임하고 학대하는 어머니에 대한 그녀 자신의 반응 특성을 깨닫게 되면서 점점 더 정서적으로 접촉할 수 있게 되었다.

물론 재구성된 관계가 그레타의 역사적 경험과 동일하지는 않다. 만일 동일했다면 변화는 가능하지 않았을 수도 있다. 그때와 지금이 다르다는 것이 그레타가 이번에 다르게 반응할 수 있었던 이유다. 지금은 상담자의 존재, 그리고 세월이 흐르면서 그레타 스스로 성장하고 배운 것들에서 얻은 추가적인 자원이 있다. 처음에는 그 차이가 매우 조그마한 것일지라도, 이전과 다른 반응은 변화에 필요한 추진력을 증진시키고 창조해 낸다. 그레타는 처음으로 과거 그때는 알아볼 수도 느낄 수도 없었던 것을 들여다보고 느껴 보도록 자신을 허용했다. 그리고 상담자의 보호를 받으면서 자신이 알게 된 것과 느낀 것들에 대해 얘기하도록 스스로를 허용했다. 이어 엄마에게 그것들을 실제로 말해 보는 시도를 했고, 어머니를 보호하고자 하는 자신의 욕구로 인해 어떤 식으로 자신이 곤경에 빠져버렸는지 이해하게 되었다. 각각의 새로운 자각과 신선한 경험은 그다음, 그다음, 또 그다음 단계로 나아가는 것을 가능하게 한다.

이상적으로 내담자의 자각이 증가하게 되면 패턴의 변화가 축적된다. 오래된 체계를 유지해 왔던 내적 연결고리들은 체계가 어떤 식으로든 자신을 재조직해야만 하는 시점에 이르렀을 때 붕괴된다. 내담자가 변화에 대해, 그들이 세상을 이해하는 방식의 변화에 대해 그리고 이제는 더 이상 필요하지 않는 오래된 신념 혹은 행동에서의 변화에 대해 말할 때, 바로 그때가 재조직화의 시점인을 의미한다. 그레타의 경우는 어머니를 돌봐야 하는 책임이 더 이상 없다는 것을 그리고 어머니 행동에 대한 변명을 해야 하고 자신이 얼마나 기분이 나쁜지 느끼지 않기 위해 몸을 바짝 긴장시켜야 할 이유가 더 이상 없다는 것을 인식하면서부터 변화는 시작되었다.

심리상담은 반복적인 과정이다. 오래된 인식, 신념 그리고 결정은 변한다. 변화된 것들은 다시 다루어지고 수정된다. 수정은 다음 작업의 주제다. 때때로 이러한 연쇄적 순환은 상담자의 사무실에서 이루어진다. 그러나 종종 내담자는 그 회기가 끝난 후에도 한참 동안 그 작업을 계속해 나간다. 그레타가 새롭게 발견한 책임으로부터의 자유와 새롭게 개선된 자신에 대한 자각을 바탕으로 무엇을 할지 우리는 모른다. 우리가 알고 있는 것은 분열되고 제한되고 왜곡된 접촉 과정이 중단되었다는 것이다. 그레타는 더 많이 느끼고 알게 되기 시작했다. 그녀는 자연스러운 욕구에 자발적으로 반응하는 세상으로, 믿을 수 있고 진솔한 관계를 맺는 세상으로 여행을 다시 시작하였다.

이어지는 다음 장들에서, 우리는 나름의 독특한 여행을 하는 내담자들을 따라가 볼 것이다. 때로는 여행길이 단순하고, 안내 푯말이 분명할 것이고, 또 다른 경우에는 역행하고, 얽히고 설키고 막다른 지점에 이를 수도 있다. 우리는 함께 여행하면서 그 과정에 대해 이해한 것들을 여러분과 나누려 노력할 것이다.

제8장

사라: 퇴행한 내담자와의 상담

연령퇴행은 일상생활에서 흔히 일어나는 일이다. 우리 모두는 격앙된 정서 상태나 심한 스트레스 상황에 놓이게 되는 순간, 발달단계상 어릴 때 행했던 방식으로 생각하고 느끼고 행동하는 자신을 발견한다. 상담 초점을 정서에 맞추건, 발달에 맞추건, 현상학적 경험에 맞추건 간에 상담과정에서도 내담자를 위해 연령퇴행의 순간을 창조할 수 있으며, 연령퇴행이 상담과정에서 일어난다는 것은 그리 놀랄 일이 아니다. 통합적 접근을 하는 상담자는 주로 다음 두 가지 방법을 통해 연령퇴행을 활용한다. 우선 진단학적으로, 접촉과 관계 면에서의 단절이 갖는 특성과 그러한 단절에 대해 내담자가 대처하는 전략에 대한 또 다른 지표로 활용한다. 그리고 내담자의 성장을 촉진시키기 위해 외상을 입은 자기 부분, 혹은 분열된 자기 부분에 접근하고 작업하는 방법으로 활용한다.

연령퇴행에는 매우 다양한 양상들이 있는데, 그들 간에 어떤 차이점들이 있는지 구별해 내는 것이 중요하다. 첫째, 퇴행이 일어나면 내담자는 그의 발달사에서 어떤 지점으로 되돌아가게 된다. 내담자는 외상이 일어난 그 시점의 나이로, 외상 이전의 나이로(외상경험에 대한 고통을 피하기 위해), 혹은 강력한 강화를 경험했던 시기로 퇴행할 수도 있다. 둘째, 퇴행에 대한 내담자의 자각 수준도 다양할 수 있다. 퇴행이 일어난 내담자는 무엇이 일어나고 있는지 명확하게 자각하고, 동시에 현재 관찰하는 자기(ego)에 접근할 수도 있다. 퇴행된 상태에 몰입되어 있어 퇴행이 일어났는지도 전혀 자각이 되지 않고 일시적으로 충분한 자기감이 없을 수도 있다. 혹은 내담지가 퇴행 경험을 자각하는 상태와 못하는 상태가 혼합되어 있을 수 있다. 후자의 상황은 내담자가 퇴행한 상태에서 어떤 사람을 상대로 강력한 전이를 경험하고 있을 때 가장 흔히 발생한다(종종, 그러나 늘 그렇지만은 않지만, 대개 전이 대상은 상담자다.). 마지막으로 퇴행은 내담자가 현재 관계하고 있는 다른 사람들로부터 얻어 내고자 하는 반응들을 유도하기 위해 사용될 수 있다. 이러한 퇴행패턴들은 상호 배타적이지 않다. 내담자는 한 번의 퇴행 경험 동안에도 여러 가지 퇴행 양상들 간을 이리저리 오갈 수 있다.

다음에 제시되는 축어록은 퇴행에 대한 임상적 활용 실제와 발달적 조율의 중요성을 보여 주고 있다. 발달적 조율은 특히 연령퇴행 작업에서 중요하다. 왜냐하면 내담자는 아동 초기, 성인 초기 그리고 현재라는 세 가지 다른 발달적 시점 간을 빠르게 옮겨 다니고 있기 때문이다. 그녀는 아동 초기와 성인 초기 모두에서 외상을 경험했음에도 불구하고, 이전 상담에서 성인 초기에 경험한 사고와 현재 겪는 혼란스러움의 고통을 피하기 위한 방어로 아동기로 퇴행했다. 연령퇴행은 그녀에게 하나 이상의 기능을 한다. 뿐만 아니라 두 가지의 주요한 상담 목적을 돕는다. 또한 상담자와 내담자 모두가 외상 사건의 특성과 그것에 대한 내담자의 반응을 이해하도록 돕고, 퇴행이 일어나지 않았다면 접근할 수 없었던 내담자 자신의 일부와 작업할 수 있는 방법을 제공한다.

연령퇴행을 통해 발달 초기 단계에 있었던 내담자의 내적인 경험과 그에 대한 반응들뿐만 아니라 그 당시 내담자에게 내사된 중요한 타인과의 관계에 대한 접근이 가능하게 된다. 이러한 중요한 타인과의 상호작용(중요한 다른 사람에게 '말하기')을 재현함으로써, 내담자는 내적 접촉을 강화할 수 있고, 이전에는 의식화할 수 없었던 사고와 느낌들을 자각하게 된다. 그러한 상호작용에서, 내담자는 어린 시절에 생긴 결심, 결론 그리고 생존을 위한 반응들이 어떻게 삶의 각본, 즉 고정된 게슈탈트 세트들을 창조해냈는지 보여 준다. 삶의 각본은 성인으로 살아가면서 행하는 반응의 방향을 결정하고 제한한다.

다음에 제시된 축어록에서 우리는 내담자가 아동 초기, 성인 초기 그리고 현재에 경험한 사건들을 생생하게 기억하고 재경험하는 것을 따라갈 것이다. 또한 민감한 발달적 조율을 통해 상담자가 연령퇴행을 사용하여 어떻게 내담자를 돕는지, 그리고 자기 자신, 상담자, 가해자 그리고 성장과 치유에 관한 복잡한 교향곡에서 상호 영향을 주고 있는 (환상 속의) 남편과의 접촉을 어떻게 강화하는지에 대해 볼 것이다.

내담자 '사라'는 60대 여성으로 청소년기 때 수녀원에 들어가 30대 중반까지 로마 가톨릭교 수녀로 살았다. 그녀는 여러 번의 상담경험이 있었고, 최근 받고 있는 상담에서의 일관된 주제는 37살에 결혼한 이후에 나타난 손상된 성적 반응에 대한 것이었다. 그녀는 두세 살 무렵 친오빠가 자신을 성적으로 학대했다고 보고했다. 또한 수녀원을 떠난 이후 데이트 강간의 피해자였다고 간략하게 설명했다. 그녀는 초기 학대에 대해서는 많은 시간을 할애하여 상담작업을 했었지만, 강간에 대해서는 한 번도 다룬 적이 없었다. 강간경험에 대해 얘기하려 하면 곧바로 아동기 학대 경험이 일어난 나이로 퇴행했다. 사라는 오늘 강간 경험을 얘기하리라는 분명하고 단단한 결의에 찬 모습으로 상담회기에 임했다. 자신이 현재 경험하는 성적 어려움이 부분적이라 해도 어쨌거나 강간과 이에 대한 자신의 반응과 연관되어 있다고 사라는 생각한다.

이 상담회기가 시작하는 초반부에 그녀는 의자에 몸을 쑤셔 박고 앉아 있다. 겁먹고 있지만 결의에 찬 얼굴을 하고 있는 것이, 마치 어떤 일인지는 모르지만 어쨌거나 두려운 사건이 일어날 것에 대비하고 있는 아이 같다.

상담자: 어린아이가 된 것 같나요?

사라: 오, 오르락 내리락. 저는 계속해서 생각하고 있는데, 음 생각하고 있는 게 뭐냐면, 강간당했던 때를 생각하려 하면 매우 감정적으로 돼요. 그렇지만 제가 이렇게 점점 어려지면, 어떻게 그 강간당했던 일을 다룰 수 있을까요? 너무나 뒤죽박죽 혼란스러워져요.

상담자: 흥미로운 얘기네요. 그 사건을 향해 돌진하지 말고, 시간을 좀 가져 볼래요?

상담자가 이런 식의 개입을 하는 데에는 여러 가지 이유가 있다. 그 하나는 사라가 아직 두 번의 성적 학대 사건들이 여러 가지 방식으로 연결되어 있다는 것에 대해 충분히 자각하지 못하고 있기 때문이다. 그녀는 하나의 사건에 대해 언급하려 하면 반드시 나머지 다른 하나의 사건으로 이동해야 한다는 것을 알지만, 이것이 자신의 문제해결 체제의 자연스러운 결과로 보기보다는 상담작업을 방해하는 요인으로 생각한다. 두 가지 사건들은 '뒤죽박죽 혼란되어' 있어서, 사라가 그것을 뚫고 나가 내적 접촉을 복구하는 것을 도와주기보다는 혼란스러움을 경험하게 한다.

상담개입은 역시 현상학적 탐색, 즉 '당신 안에서 무엇이 일어나고 있는가'를 함축하는 질문이다. 그 질문 자체로 사라가 어떤 것에 대해 설명할 수 있는 능력과, 어떤 것을 발견하건 그것을 직면할 용기를 가졌음을 존중한다는 메시지를 전달한다. 또한 그 질문을 통해 그녀가 어떻게 생각을 정리하고 그것으로부터 의미를 발견하는지에 초점을 맞추고 있다는 인지적 조율에 대한 메시지도 전달한다. 마지막 부분에 상담자는 혹여 일어날 수 있는 잘못된 흐름에 대한 염려, 즉 그녀가 강간사건을 향해 '돌진하기' 위해 자신을 몰아대면서 질책하는 일을 하지 않게 하는 메시지를 전달하고 있다. 그녀가 '돌진하기' 전에 '시간을 갖는다'는 것을 제안함으로써, 상담자는 그녀 자신의 흐름과 앞으로 다가올 다루기 어려운 자료들을 탐색하기 위한 가장 적절한 속도를 찾아보도록 초대한다.

사라: 네, 고마워요.

상담자: 당신이 방금 중요한 어떤 것을 얘기했던 것 같은데, 그것에 대해 다시 얘기해 줄래요?

사라: 전 "제가 이렇게 점점 어려지면, 어떻게 그 강간당했던 일을 다룰 수 있을까요? 그리고 모든 게 연결되어 있다고 느껴요."라고 했어요.

상담자: 그러니까 '어려지는 것'은 강간당한 경험에 대한 작업을 회피하기 위한 방법인가요?

사라가 자신의 딜레마를 나타내는 표현은 강간당한 것과 연결된 고통스러운 정서들로부터 거의 반사적으로 주춤하게 하는 회피기제를 통제할 수 없음을 의미한다. 상담자의 탐색적 질문은 이것을 인정함과 동시에, 그러나 어쩌면 뭔가 더 있을 수 있다는 가능성과 '어려지는 것' 역시 다른 목적을 제공할 수 있음에 대한 여지를 남기고 있다.

사라: 아뇨, 그건 연관되어 있어요. 강간당했을 때, 그리고, 그리고 시간이 한참 지난 후에도 그때의 강간에 대해 생각했어요. 욕실에 있는 그 의자 위에 제가 서 있고, 오빠가 어린 소녀에게 어떤 식으로 목욕하는 게 적절한지를 보여 주려 할 때 느꼈던 것과 동일한 것을 느끼고 있었던 게 기억나요. 그리고, 그리고 그때의 느낌은, '그냥 쥐죽은 듯 꼼짝 않고서 오빠가 원하는 대로 다 하도록 하는' 그런 거였어요. 그것이 잘못된 것이라는 걸 알았음에도 제가 원하는 대로 어떻게 해 볼 힘이 없었어요.

그것은 전적으로 회피 그 이상의 것이고, 사라는 그렇다는 것을 알고 있다. 상담자는 이 지점에서 두 개 사건들의 현상을 그녀가 연결해 보도록 강화하기 위한 개입을 쉽게 할 수 있었다. 그러나 사라는 자기 얘기에 매우 몰두하고 있고, 자신에게 정말로 무슨 일이 일어났는지 상담자가 알고 있는지 확실하게 하기 위해 애쓰고 있다. 그 이야기에 대해 말하고자 하는 그녀의 욕구에 조율하면서, 상담자는 그저 고개를 끄덕이면서 계속해서 경청한다.

사라: 그러고 나이 들어 35, 36세가 되었을 무렵, 그 일이 일어나기 전 몇 개월 동안 수녀원을 떠났어요. 수녀원은 떠났고, 결혼은 하기 전인 그 해에 그 일이 일어났어요. 그리고 음, 대학에서 일하고 있었는데, 뉴먼 센터에서 대학생들을 위해 일했어요. 그리고 음, 그 남자와 저녁을 먹으러 나갔었죠. 그 남자 이름은 제리. 그리고 우리는 뉴먼 센터로 다시 돌아왔고 대학생 애들은 TV를 보고 있었어요. 아이들은 "사라, 여기 봐요. 수녀원을 떠난 수녀에 대한 영화를 해요."라고 했어요. 전 "어머나? 나도 보고 싶어." 라고 했죠. 그러나 아이들을 방해하고 싶지 않아서 "난 집에 가서 볼게." 라고 말했어요. 그래서 제리와 전 같이 차에 탔고, 제 아파트까지 태워다 줬어요. 근데 그는 저를 데려다 주고서는 "나도 들어가 같이 영화 보고 싶어."라고 했어요. 그리고 음, 그 제안이 무척 당황스러웠고, 음, 참 순진하기 짝이 없고 세상 물정을 어찌 그리 몰랐는지, 제 아파트에 들어오도록 했어요. 그리고 영화를 보기 시작했는데, 그 남자의 손이 제 온몸을 더듬기 시작했어요. 그리고 전 단지 멀리 밀어 내면서 애써 무시하려 했어요. (점점 말이 빨라진다.) "안 돼요." "TV를 봐요."라는 식으로 말했죠. (그녀는 목이 메고, 매우 겁먹은 것처럼 들린다.) 그렇지만……. 음……. 도와주세요……. 이걸 다 말하기 전에 시간이 끝나 버릴까 봐 걱정돼요.

상담자: 얘기할 만큼 충분한 시간을 가질 거예요.

사라: 감사해요.

상담자: 그렇게 빨라지면, 당신이 원하는 정도로 강력하게 감정을 회피하게 되나요?

통합적 상담의 기본 원리는 모든 행동은 기능을 가지고 있고, 그 기능의 목적은 개인의 안녕을 유지하기 위함이라는 것이다. 그것이 얼마나 파괴적이건 혹은 역기능적인 행동이건 간에 그 행동은 생존하기 위한, 그리고 자신의 욕구를 충족시키고자 하는 어떤 시도라고 우리는 가정한다. 행동을 인정하고 그것의 기능에 대해 타당화하는 것은 상담에서의 관여가 하는 한 부분이다. 사라의 리듬이 빨라지고 있다는 것은 너무나 분명하다. 이것은 그녀가 경험한 것을 처리하는 능력을 너무나 확실히 방해하고 있어서, 이는 어떤 중요한 심리적인 목적을 제공하고 있음이 틀림없다. 사라에게 이것에 대해 질문함으로써, 자신의 이야기 흐름(리듬)에 변화가 있음과 그것이 가질 수 있는 심리적 기능을 타당화할 뿐만 아니라, 심리적 기능에서 상담관계로 초점을 옮겨 가는 과정을 시작할 수 있다. 상담자는 사라가 사용하고 있는 방어의 기능이 무엇이건 간에 그것을 일시적으로 인계받음으로써, 상담관계는 오래된 패턴을 드러내고, 훈습하는 공간이 된다. 그리고 그 공간에서 새로운 패턴을 발달시킨다.

사라: 글쎄……. (침묵)

상담자: 몇 분 전에 당신은 "난 단지 이것을 끝내고 싶어요."라고 했는데, 그 말이 매우 빨랐어요. 그리고 그때 나한테 떠오른 생각은, 만약 당신이 그런 식으로 빨리 가버리려 한다면, 어쨌든 그 일에 대한 작업을 다시 한 번 반복해서 해야만 할 거란 거예요.

사라: 매우 좋은 정보네요. 무엇보다 저에게 시간을 허락한다는 것이. 그건 저에게 매우 매우 헤아리기 어려운 그런 거예요. 아세요? 그리고 지금, 지금 전 그 조각을 한데 모으고, 그것을 느껴 보려 하고 있어요(한숨, 울기 시작한다.).

상담자는 리듬감 있고 온정적이며 인지적인 조율을 통해 그 순간 사라에게 정확하게 필요한 것을 제공했다. 속도를 늦추고 그녀가 자신의 감정을 느낄 수 있도록 허용하고, 또한 분명하고 논리적인 이유를 제공한다. 사라는 자신의 얘기를 좀 더 천천히 보다 반추적인 속도로 다시 시작한다.

사라: (계속해서) 그리고…… "싫어!"라는 말을 몰랐어요……. 전 그를 아파트에서 그냥 내쫓을 수 있다는 것을 몰랐어요. 아무것도 몰랐어요. 전 단지 늘 익숙하게 하던 방법밖에는 몰랐어요……회피하거나, 사람들을 산만하게 만들어서 못하게 막아보려고……애쓰거나…….

상담자: (침묵) 자그마한 소녀일 때 오빠의 행동에 대처했던 그 방식 말인가요?

사라: 오빠한테 할 때는 그런 식이라는 걸 몰랐어요. 그렇지만 나중에 회피하는 방법을 알게 됐어요.

상담자: 그래서 제리와의 일에서도 오래전부터 알아 왔던 방식에 의지하고 있었나요?

사라: 네, 네.

상담자: 말없이 그가 그것을 하도록 내버려 두거나 아니면 회피하는…….

사라는 '수동적으로 있기' 와 '산만하게 만들기' 라는 두 가지 대처 전략을 보여 주고 있다. 아이였을 때, 그녀는 "쥐죽은 듯 말없이 오빠가 원하는 대로 하게 내버려 뒀다." 그 이후 '회피하기' 를 배웠다. 그녀는 제리하고도 '무시하고, TV로 신경을 돌리려 애씀' 으로써, 그의 정신을 흩뜨리려 시도했다. 그것이 별 효과가 없자, 훨씬 더 원시적인 방어로 돌아가 꼼짝 않고 있으면서 그가 원하는 대로 하게 내버려 뒀는가? 상담자의 탐색과 승인은 두 경험을 연결시키고 있는 맥락을 인식하게 돕고, 모든 것이 한데 엉켜 혼란된 상태에 대해 정서적으로 반응할 수 있도록 한다. 그다음 개입에서 상담자의 방향은 일종의 탐색이거나, 혹은 탐색을 위한 준비다. 상담자는 이 회기에서 처음으로 연령퇴행을 요청하고, 그렇게 할 수 있음을 알려준다.

사라: 피하려고만 했어요. 별 효과는 없었죠. 그리고 그……그가 소파로 날 밀어 넘어뜨린 게 기억나요. 그리고 그건 제가……. 그저 그가 원하는 대로

하도록 내버려……. (그녀의 목소리는 점점 약해진다. 슬프고 좌절한 듯 보인다)

상담자: 그냥 그대로 있어요, 사라. 그 경험으로 그저 다시 돌아가요. 그가 원하는 대로 하도록 내버려 두기로 했을 때로 돌아가요.

사라: 전 피할 수가 없었어요. 전 그를 멈출 수가 없었어요. 전 '싫어' 란 말을 그때는 몰랐어요. '싫다' 라고 어떻게 거절하는지 몰랐어요. (운다.)

상담자: (침묵) 그에 대해 어떻게 느끼고 있었나요?

혹여 더 나올 이야기가 있나 보면서 계속 이야기하여 흘러가는 생각의 맥락을 끝낼 수 있도록 잠시 침묵한 후, 상담자는 현상학적인 탐색을 시도한다. 사라가 느끼고 있는 감정에 이름을 붙여 보고 그것에 대해 설명해 보도록 요청하는 것은 밖으로 내놓은 이야기와 내적인 경험을 그녀가 통합할 수 있도록 도우려는 것이다. 또한 아직 말하지 않은 다른 느낌도 있을 수 있다는 가능성을 탐색한다. 이것은 연령퇴행이 더욱 강렬해지도록 한다. 퇴행 경험의 핵심은 과거 사건과 관련된, 어떤 관계에서 겪었던 혹은 특정 시기에 있었던 현상을 경험하는 것이다.

사라: (울면서) 오, 오……. 전 할 수 없어요……. 피가 거꾸로 솟을 거 같은……. (탄식) 미칠 것 같은 것은, 그 사람의 기분을 상하게 하고 싶지 않다는 거예요! (다시 거칠게 울며) 너무나 미친 소리처럼 들리지만, 그가 저한테 그런 짓을 하고 있는데, 전 그 사람 기분에 마음을 써요.

상담자: 당신은 친절해야만 하나요?

사라: 전 늘 그렇게 해 왔어요.

이제 우리는 여기서 세 가지 전략을 확보한다. 앞에서 확인한 두 가지 전략은 마지막 전략보다는 좀 더 원시적이다. 그녀가 매우 어렸을 때, 그녀의 전략은 아무것도 안 하고, 조용히 가만히 얼어붙는 것이었다. 그녀가 어느 정도 나이가 들었을 때는 정신을 흩뜨리고 회피하는 것이었다. 그리고 가장 세련된 수준인 그녀의 세 번째 전략은 '친절하기' 다. 사라가 마지막 대처기제를 언제 혹은 어떻게 획득했는지는 아직 모르지만, '친절하기' 대처기제가 있다는 것을 알게 된다. 상담자 역시 사라와 함께 작업을 하는 내내 그녀의 '친절하기' 대처기제가 작동하고 있음을 알고 있었다고 말할 것이다. 상담자는 그런 다음 퇴행이 일어나도록 유도하는 방향으로 사라를 초대한다. 과거에 있었던 일을 말하기에서 실제 경험으로 전환하기 위해 상담자가 동사의 시제('밀어 붙였다' 에서 '밀어 붙인다' 로)를 바꾼 것에 주목하라.

상담자: 그래요, 알아요. (사라는 계속 운다.) 그가 소파로 당신을 밀어 붙여요…….

사라: 전, 전, 전 기억……할 수 없어요. 기억하려 노력하고 있어요. 제가 무엇을 입고 있었는지……전 기억할 수 없어요…….

상담자: 그렇게 빨리 가려고 하면 기억할 수가 없을 거예요. 감정도 기억의 한 부분이에요. 이 일은 당신에게 너무나 충격적이고 슬픈 거예요. 그래서 이런 감정을 느끼지 않으려고 당신의 자연스러운 리듬보다 앞질러 가려 한다고 생각해요. 당신도 다른 많은 사람들이 믿는 것처럼 서둘러서 그것을 통과해 버리면, 그 경험이 사라져버릴 거라 믿는 거 같아요.

상담자는 사라의 심리내적 과정에 조율하고 있는 것을 보여 주고 있으며, 해석과 정보 제공을 통해 그럴 수 있다고 '허용' 하고 있다. 사라는 분명히 천천히 해야 한다. 상담자는 기억 속에 있는 고통으로부터 사라 자신을 보호하기 위한 하나의 방법으로 쏜살같이 내달리고 있다고 말한다. 또한 상담자는 사라의 반응이 보편적인 것임을 전문가 입장으로 관찰한 내용을 전달한다. 두 가지 메시지, 즉 "고통으로부터 자신을 보호하려는 많은 사람들과 당신은 다를 바 없다."와 천천히 속도를 늦추고, 고통스러웠던 경험이 다시 떠올려지도록 허용하는 초대는, 사라에게 중요한 타당화와 정상화를 제공한다. 사라의 다음 말을 통해 사라가 자신의 리듬이 갖는 방어적 속성은 인식하지만, 아직 스스로 속도를 늦추지는 못함을 알 수 있다.

사라: 아직 최악의 부분은 가보지도 않았어요. 아마도 거기에 가려고 이렇게 서두르는지도 모르겠어요. 제가 그 얘길 안 하고 넘어갈까 봐 겁이 나요.

상담자: 그 얘기를 할 수 있도록 도울게요. 그러나 사라, 당신의 자연스러운 리듬보다 더 빨리 한다면 설사 거기에 도착한다 해도, 계속해서 유지하지는 못할 거예요.

사라: 전 제 자연스러운 리듬이 뭔지 모르고 있는 것 같아요.

상담자: 글쎄, 저 역시 그게 뭔지 몰라요. 하지만 함께 찾아봐요.

마지막 두 반응들에서, 상담자는 상담 작업의 협력적인 특성을 강조하고 있다. 상담자는 "제가 당신을 도울게요." "함께 찾아봐요."라고 말한다. 상담이 진전됨에 따라, 사라가 다루어야 하는 외상경험 전반에 외로움의 주제와 도움을 요청할 사람의 부재와 관련한 주제가 퍼져 있음을 주목하라. 홀로 있음의 외상뿐만 아니라 가장 심각한 심리적 손상을 유발하는 관계부재의 외상 또한 사라에게 있다. 상담자는 이번에는 사라가 혼자가 아니라는 사실을 강조하고 있다. 이번은 다를 것이다. 회복은 접촉이 풍성한 관계 안에서 일어난다. 그리고 이번이 그러한 관계가 될 것이다.

사라: 좋아요.

상담자: 내 생각에는 당신은 지금껏 자신을 방어하느라 너무 빨리 지나가 버려서, 감정에 대해 온전히 충분히 느낄 새가 없었어요. 그럼에도 불구하고 비참함을 느끼는 걸 피할 수는 없었어요.

사라: 지금 말씀은 제 인생 전체를 의미하나요?

상담자: 인생 전체에 대해선 몰라요. 전 지금, 오늘 아침을 말하고 있는 거예요.

사라: 전 시간에 관련된 문제를 항상 가지고 있어요.

상담자: 그 경험에 대해 하나하나 세세하게 듣고 싶어요. 그리고 전 당신이 세세한 감정을 포함해서 낱낱의 내용 그 어느 것도 간과하지 않는 게 중요하다고 생각해요.

사라: 전 제 모든 감정들을 차단시켜요. 왜냐하면 전, 마치 그저, 아무 데도 없는 곳에 있었거든요.

상담자: '아무 데도 없는 곳' 에 대해 알아볼 시간을 가져봅시다.

작은 아이 하나가 꼼짝하지 않은 상태로 얼어붙어 있다. 그 아이는 안으로, 내면의 요새화된 곳으로 들어간다. 그 아이는 어떤 감정도 생각도 없이 그리고 어떤 행동도 하지 못하고 주눅 들어 있다. 이것이 사라가 얘기하고 있는 '아무 데도 없는 곳' 을 의미하는 것인가? 만약 그렇다면, 그녀가 감정이 차단된 것처럼 느끼는 것은 당연하다. '아무 데도 없는 곳' 을 경험하고 알아보기 위한 시간을 가짐으로써 차단된 감정은 되살아나기 시작할 수 있다. 또한 상담자의 이러한 반응은 사라가 자신의 일을 끝낼 수 있는 충분한 시간이 없을지도 모른다는 이전에 느꼈던 두려움을 경감시키는 데 도움이 된다. "시간을 가지세요." "내가 당신과 함께 할께요." "천천히 속도를 늦춰 봐요." "당신 있는 그대로 내버려 둬요."

사라: (조용히 운다. 울음소리는 점점 강렬해진다.) 오……절 도와줄 사람이 아무도 없어요! 주변에 사람들은 있는데, 절 도와줄 사람은 거기에 없어요! (흐느끼며) 전—어떻게—도움을—요청해야—하는지—몰라요!

이 반응에서 상담자가 함께 처리해 나갈 거라고 강조한 이전 반응이 얼마나 중요했는지 알 수 있다. 사라가 경험했던 외상은 심각하게 나쁜 것이었으나, 훨씬 더 나빴던 것은 혼자라는 외로움이었다. 자신을 도와줄 사람이 없었고, 어떻게 도움을 요청하는지도 몰랐다. 그러나 이번 작업은 다르다. 이번에는 문제를 전적으로 혼자서 다루어야 하는 일은 없을 것이다.

상담자: 큰 소리로 소란을 피울 수가 없었나요?

사라: 네. 전 소리도 낼 수가 없었어요.

상담자: 그냥 오빠와 함께 있었을 때처럼 말인가요?

사라: 오……보고 있는 사람들이 있었어요. 언니가 절 씻겨 주고 있었을 때, 부엌 싱크대에서 오빠가 절 꺼내는 걸 그들은 봤어요. 오빠가 싱크대에서 절 번쩍 들어 올려서……그리고, 목욕탕까지 데리고 갔어요. ……그리고 그 다음 무슨 일이 일어났는지 아무도 보러 오지 않았어요! 오…… (잠시 침묵, 그 후 보다 더 조용해지며) 아무도 의심하지 않았어요. 전 소리 지를 수가 없었어요. "도와주세요, 누가 없나요, 저 좀 도와주세요!" 이렇게 외칠 수 있다는 걸 몰랐어요. (다시 운다.) 어떻게 말해야 할지 몰라요. "도와주세요, 날 좀 데려가 보호해 주세요, 두려워요." 전 그런 말을 어떻게 하는지 몰라요.

상담자는 탐색을 통해 사라의 방어 방식이나 소중한 관계의 실패로 인한 고통에서 자신을 보호하기 위해 접촉을 중단하도록 배워 온 사라의 방식을 다루어야 한다. 하지만 사라는 두 경험의 유사성을 살펴보는 것이 아니라, 아동기 사건으로 즉시 퇴행한다. 그 차원에서도 해야 할 일이 있긴 하지만, 이번 회기에서 사라가 분명히 요청했던 것은 강간에 대해 다루는 것이었다. 상담자는 그녀를 다시 강간 사건으로 안내할 필요가 있다.

상담자: 그리고 소파에서, 제리와 함께?

사라: 오오……오…… 소리칠 수가 없었어요.

상담자: 당신이 소리를 질렀다 해도, 누군가 그 소리를 들었을까요?

사라: 몰라요……. (잠시 침묵) 제가 필요로 했던 것이 뭔지……해야 하는 게 뭔지…… 할 수 있는 게 뭔지 조차 몰랐어요. ……저는 몰랐어요.

상담자: 그건 마치 거기에 아무도 없고, 그 남자와 당신만이 홀로 있는 것 같았다는 거군요.

사라: 전 그가 다음에 뭘 할지 몰랐어요.

상담자: 그러나 그의 손이 당신 몸에 닿았을 때 무언가를 알았어요. 당신은 그게 좋았나요, 아님 싫었나요?

'아무 데도 없는 곳' 이라는 표현과 함께 반복되는 사라의 "전 몰라요."라는 표현에서 그녀가 자기감을 상실하고 있었음을 알 수 있다. 그녀는 더 이상 행동할 수도, 느낄 수도 혹은 생각할 수도 없다. 자기감을 회복하는 데 가장 시급한 것 중에 하나는 아주 기본적인 좋은가 혹은 싫은가, 원하나 혹은 원하지 않나에 대한 지각으로 돌아가는 것이다. 여기서 욕구와 바람(그리고 필요하지 않는 것과 원하지 않는 것)의 자각과 함께 자기 혹은 자기가 시작된다. 사라는 이전에 제리가 자신에게 뭔가 더 해보려 할 때 극도의 불쾌감을 느꼈고, 그것은 명백하게 '자신은 원하지 않는 것' 에 관한 강렬한 경험이었다고 말했었다. 표면적으로는 제리의 행동을 그녀가 좋아했는지 싫어했는지를 다시 묻는 것이 민감하지 못하거나 바보처럼 보일지 모른다. 그러나 그렇게 한 의도는 극도로 불쾌한 경험을 회상하게 하여 무기력하고 절망적인 마비상태의 과거로 이동시키게 하려는 것이다. 곧 보게 되겠지만 그러한 개입을 통해 더 많은 것을 하게 된다. 그녀가 외상의 또 다른 고통스러운 측면을 직면하도록 인도한다.

사라: 오, 그건 제가 통과해야만 하는 다음 부분이에요. (거칠게 운다.) 수치스러운 부분…….

상담자: 좀 전에 당신 몸 위에 닿은 그 사람의 손을 싫어했다고 얘기했어요.

사라: 아니요. 그건 절 두렵게 했어요. 그리고 전 피하고 그를 밀어내고, 다시 TV를 볼 수 있을 거라 생각했어요. (그녀는 손으로 탁 내쳐버리는 동작을 한다.)

상담자: 그 동작을 다시 해 보세요. 싫다는 걸 나타내는 동작으로 보이네요.

사라: 네.

상담자: 당신 몸을 더듬는 그 사람의 손이 싫었나요?

사라: 네, 싫었어요. 네, 네, 싫었어요! 왜냐면 그는—전 아니었어요—제 생각이 아니었어요—전 그 사람이 무얼 할지도 몰랐어요.— 전 아니에요— 싫어요! (운다.)

상담자: 다시 그렇게 말해 봐요.— "싫어!"

사라: 싫어! 싫어! 내 몸에 닿아 있던 오빠 손도 싫었어요. 꺼져 버려! (거칠게 운다.) 그렇게 하지 마, 싫어— 싫어— 싫어— 싫어!

"그 동작을 다시 해 보세요."와 "다시 그렇게 말해 보세요."라는 상담자의 지시는 사라가 더욱 완전하게 연령퇴행을 하고, 오래전 외상을 새로운 방식으로 경험할 수 있도록 도와준다. 아동기도 성인기 상황도 아닌 지금-여기에서 실제로 일어난 일로, 사라는 스스로 주장하고, 이의를 제기하고 '싫다'고 말할 수 있었다. 그녀는 처음에는 회피했고 수동적이었다. 지금 그녀의 환상 속에서, 스스로 힘을 소유하고 혼자 일어서서 자신이 필요한 것을 요구하는 능력을 경험하기 시작한다.

상담자: 좋아요, 사라! "싫어!"라고 말해 줘서 고마워요.

사라: **시-이-러**!

상담자: 좋아요, 그를 다시 밀어내 버려요! (그녀가 밀쳐 버리도록 쿠션을 단단히 잡는다.)

사라: **그렇게 하지 마**!

상담자: 그를 밀쳐버려요-바로 그거예요!

사라: **꺼져 버려**! 오, 그렇게 날 만지지 마!

상담사: 다시.

사라: (밀치며) 당신이 그렇게 하는 게 싫어!

상담자: "날 만지지 마……."

사라: **날 만지지 마**! **만지지 마**! **난 싫어**!

상담자: 그래요……. "난 싫어……."

사라는 이전처럼 지금도 분명히 자신에게 필요한 어떤 행동, 즉 자신의 욕구를 표현하고 그것을 인정받기 위한 요구를 하지 못하고 있다. 오빠한테 말하고 있는 건지 혹은 제리에게 하고 있는 건지 분명하지 않지만 "싫어."라고 할 때마다 "안 해."라고 할 때마다 그리고 "꺼져 버려."라고 할 때마다 힘을 얻고 있다. 상담자는 계속 지지하고 격려하여, 마침내 그녀가 강간 상황 속에서 새롭게 발견한 그녀의 강점에 초점을 두도록 도울 것이다.

사라: **난 이런 걸 원하지 않아! 이런 거 싫어! 누가 와서 날 좀 구해 줘.**

상담자: 그래요, "나에게 필요한 건 ……."

사라: **난 날 도와줄 누군가가 필요해요, 난 이렇게 되는 걸 원하지 않아요! 난 너무 어려요. 너무 너무 너무 너무 어려!** (계속 크게 운다.)

지금 이 장면이 어릴 적 학대라는 것이 드러났지만, "원하지 않아."의 힘은 온전히 현재에 존재한다. 상담자는 그 힘을 강간 장면으로 다시 가져오도록 방향을 제시했다.

상담자: 자, 제리를 봐요. 그리고 그에게 말해요.

사라: 네? 아이구 머리야……. 뭐라고 말했죠, 누굴 보라고요?

상담자: 제리를 봐요, 그리고 그에게 말해요.

사라: **오 오 오. 넌 추악한 배신자 새끼야.**

상담자: 계속하세요.

사라: **거짓말쟁이 새끼! 난 널 증오해. 내 아파트에서 꺼져 버려. 여기서 당장 나가!**

그녀는 달라졌다. 안전한 상담관계 내에서, 새롭고 아직 탐색해 보지 않은 심리적 영역으로 떠나는 모험을 지지하는 상담자를 신뢰하면서, 그녀는 강간자를 향한 자신의 격렬한 분노 강도를 스스로 느끼도록 허용한다. 다시 상담자의 탐색과 방향 제시는 그녀가 자신의 반응을 강화하도록, 그리고 원하고 필요로 하는 것을 주장하고 표현하고, 힘과 확신을 가지고 자신을 돌보는 것을 충분히 경험하도록 격려할 것이다.

상담자: "내가 너에게 말해둘 필요가 있는 것은……."

사라: **(절규하며) 오오오오오오! 감히 어떻게 니가? 내가 이걸 원한다는 그 어떤 암시도 준 적이 없어. 개자식아!**

상담자: '싫어' 란 말을 사용해 봐요.

사라: **싫어! 싫어! 시-이-러!**

상담자: 난 원하지 않아…….

사라: 난 이런 식으로 네가 날 만지는 걸 **원-하-지-않-아. 넌 날 알지도 못하잖아!** (지금은 울음소리가 부드러워지며) 넌 추악한 돼지야!

상담자: 으음…….

사라: 단지 저녁 한 번 사줬다고 너한테 그런 권리가 있는 줄 알아?

상담자: 그 말을 다시 해 보세요.

과장되게 들릴지 몰라도, 여기서 질문을 하게 된다면, 사라가 그녀의 힘을 포기하고 뒤로 물러서게 만들게 된다. 제리가 무엇을 생각하건 그건 상관없다. 사라가 생각하고 원하고 요구하는 것들이 전경으로 드러나야 한다. 질문을 하기보다는 "그 말을 다시 해 보세요."라는 상담자의 제안에 사라는 스스로 자신에 대해 표현해 보도록 초대받는다.

사라: **넌 권리가 없어.**

상담자: "그리고 더 이상……"

사라: 그리고 더 이상, 난 널 결코 좋아하지 않아! 넌 싸구려야!

상담자: 계속해요.

사라: 오……. 오……. 우웩……. 우웩……. (그녀는 역겨워한다. 거의 토할 것 같은 소리를 내고, 크게 소리친다.)

상담자: "그리고 내가 원하는 건……."

사라가 자기감을 온전히 회복하도록 돕는 것이 중요한데, 사라는 자신의 격렬한 분노에는 여전히 접촉하지 못하고 있다. 외상을 재경험하는 데는, 궁극적으로 화("난 싫어요."와 "난 원해요."에 대해 충분히 분명하게 접촉해 있는 상태)가 증오에 찬 거부보다는 건강과 성장에 보다 촉진적이다.

사라: 오, 난 약간이라도 존중받고 싶었어, 이……나쁜! 그리고 나한테 거짓말 하는 사람은 싫어. 넌 거짓말 했어, 거짓말, 거짓말! (흐느낀다.)

상담자: 그게 무슨 의미인지 그에게 말해요.

사라: 넌 들어와서 같이 TV쇼를 보고 싶다고 말했어. 넌 인간쓰레기야! 넌 비열한 놈이야! 처음부터 넌 뭘 할지 의도가 있었어! 넌 날 이용하려고 했어. 그렇지, 그런거지! 오오. (운다.) 난 그 추악한 얼굴을, 난 그 얼굴을 증오해.

상담자: 그래요……자, 그가 당신을 밀쳐 넘어뜨리고 있을 때의 그 추악한 얼굴을 바라봐요.

이번 개입은 두 가지 목적이 있다. 우선, 사라가 강간 장면에 대한 퇴행적인 경험을 더 깊이 하도록 돕는 것이다. 그러나 이번은 다르게 해 볼 수 있는 기회다. 수동적이기보다는 "싫어."라고 말하는 것, 그리고 혼자가 아니라 지지를 받으면서 그렇게 해 보는 기회를 가져보는 것이다. 두 번째 목적은 제리를 분명히 쳐다봄으로써 그녀가 현재 자신의 성적 반응성을 방해해 왔을지도 모를 이성에 대한 일반화를 벗어나기 시작할 수 있다. 섹스 그 자체는 고통스럽지 않고 불쾌하지도 않다. 제리와의 원하지 않았던 섹스에서는 그랬지만.

사라: 오—. 그의 얼굴을 볼 수 없었어요.

상담자: 지금 해 봐요.

사라: 오오오—후후!

상담자: 그가 누구인지 알아보기 위해 지금 얼굴을 바라봐요. 그렇게 해야 해요. 그래야 모든 사람에게 일반화하지 않을 수 있어요.

사라: 네에에에! 후흡!

상담자: 그의 얼굴을 봐요.

사라: 오, 그 무시무시한 얼굴, 불쾌하고 끈적끈적한 거짓말쟁이 얼굴! 배신자의 얼굴! (한숨) 돼지새끼 같은 놈. 넌 내 오빠가 어린 여자아이를 이용해 먹은 거랑 하나도 다를 바 없어. 넌 그걸 알고 있었어! 난 순진했고, 넌 그걸 알았어! 내가 처녀였다는걸 넌 알았어. 오, 넌 야비해. 넌 내가 너무나 순진하다는 사실을 분명히 알았어. 지금 되돌아간다면, 모든 사람들이 알아차릴 수 있는 신호를 나도 알 수 있어……. (몇 초간 운다.)

상담자: 음……당신은 거기서 중요한 말을 했어요.

사실 그녀가 방금 말한 모든 문장들은 중요했다. 그 어떤 것이라도 그 경험에 대해 더 자세히 알려 줄 수 있고, 그것을 훈습하는 데 사용될 수 있다. 상담자가 하나를 선택하기보다는 사라의 우선 순위에 따라 스스로 자신의 초점을 선택하도록 초대한다. 이 또한 사라가 자신의 생각을 회복하는 데 도움이 되는 결과를 가져온다. 그녀는 눈물을 흘리며 자기상실의 위험에 빠져 있고, 다시 무력해지려고 한다.

사라: 넌 날 유린했어. 날 강간했고 유린했어. 그리고 지금까지 나의 성생활을 방해하고 있어! 널 증오해. 증오해!

상담자: 그래요. 그가 무엇을 유린했는지 그에게 말해요. "넌 ……을 유린했어."

사라: 그는 너무나 소중한 어떤 것을 앗아갔어요……. 지금 그것을 다시 가질 수 없어요. 이것에서 벗어날 수 없을 것 같아요! 돌아갈 수가 없어요!

상담자: "난 처녀였는데 넌 날 유린했어……."

사라의 말을 반복하고 암묵적으로 표현된 유린된 순결성에 대한 것을 더 분명히 드러냄으로써, 상담자는 마치 '펌프에 마중물을 붓듯' 사라가 더 표현할 수 있도록 격려한다. 다시 말해 상담자의 의도는 정서의 강도를 증가시켜 오래된 곪아터진 상처를 완전히 씻어 내고 깨끗하게 회복시키려는 것이다. 즉, 사라는 오래된 상처로부터 회복할 수 있다.

사라: **난 순결했는데, 넌 날 유린했어!**

상담자: 당신의 순결성이 어떻게 다루어지길 원했는지 그에게 말해요.

사라: 오, 난 내가 사랑하는 사람에게 주고 싶었어. 누군가가 그것을 **뺏어가고, 강간하고 유린하는 건** 원하지 않았어!

여기에 새로운 주제가 나타났다. "나는 내가 사랑하는 사람에게 주고 싶었어." 이것은 사라가 지금까지 해 오던 방식인 "원하지 않았다."와는 반대인 긍정적인 바람을 최초로 분명하게 표현한 것이다. 상담자는 사라가 이 주제에 대해 확장시키고 심화하도록 도울 것이다. 그것은 사라의 자기감과 그런 자기를 가치롭게 여기는 것을 향상시킬 것이다.

상담자: 당신이 어떤 식으로 누군가에게 순결성을 주고 싶어 했는지 그 사람에게 말해요. 그에게 주고 싶진 않았다고.

사라: 오, 내게 중요한 의미를 가진 특별한 사람에게 그걸 주고 싶었어. 저녁 먹으러 데려가서 내 몸을 마음대로 해도 된다고 생각하는 그런 쓰레기 같은 사람이 아니라.

상담자: 그때까지 어떤 마음으로 순결성을 지켜왔는지 그에게 말해요. 거기에는 꿈이 있었다고 여겨지네요.

사라: 그래요, 난 늘 섹스는 아름다운 어떤 것이고, '나' 라는 사람에 대한 완전한 표현이라고 생각했어요. 어떤 이가 거기에 그냥 마구 들어와서 모든 걸 망쳐버리는 걸 원하지 않았어요. ……(운다.)

상담자: 그 꿈이 어떠해야만 했는지 그에게 말해요. 당신은 원했던 방식을 말하세요.

사라: 그건 사랑이 샘솟는 것이어야 했어. 이게 아니라. 오, 이건 아니야! 오빠

가 찌르고, 꼬집고, 괴롭혔던 것에서도 충분히 헤어 나오지 못했는데……
그것에서 헤어나오는 것도 너무나 힘들었는데……. 그것도 심각하게 나쁜
것이었는데, 그러고 나서 당신이 나타나서 그때. 오—!

아무리 분명하고 논리적인 지도가 있다 해도, 상담의 실제 과정은 좀처럼 그러한 길을 따르지 않는다. 그 대신 엎치락뒤치락하기 마련이다. 우회하기도 하고 주위를 빙빙 돌기도 한다. 사라는 부정적인 "원하지 않는다."로 돌아갈 필요가 있다. 그녀의 꿈을 재건설할 준비를 하기 전에 무언가 다른 조각을 찾아 전체 이야기에 그 조각을 짜맞추어야 한다.

상담자: 음, 그에게 말해요.
사라: 내 정신 아니면 어딘가에, 내 몸 전체에 지울 수 없는 도장을 찍은 것과 같아! 내 맘, 내 영혼은—오, 세상에—오, 네가 나한테 한 짓은 **옳지 않아!**
상담자: 그래요. 다시 말해요. "그건 옳지 않아!"
사라: 그건 옳지 않아! 그리고 내가 생각했었던 것보다 훨씬 더 커! (울부짖는다.) 오, 난 이것에서 헤어나고 싶어.

오래된 외상과 동시에 상담자와 접촉하여 지지를 경험하게 되자, 사라는 자신에 대한 자각을 확장시킬 수 있게 된다. 그녀는 지금 성추행의 경험, 그리고 그 추행에 대한 자신의 반응으로 인해 자신의 전체 자기가 어느 정도로 병들었는지 깨닫자, 거의 절망에 가깝게 울부짖는다. 상담자는 재빨리 그녀가 취할 수 있는 행동을 제시하고 절망을 불굴의 의지로 전환시키기 위해 개입한다.

상담자: 그래요. 이제 남편에게 당신의 꿈을 말하세요. (빈 의자를 가리키며) 남편을 거기에 앉히세요. 그리고 그날 소파에서 잃어버렸던 그 꿈에 대해 남편에게 말해 봐요.

사라: 오, 스테판, 스테판……. 오, 스테판…… 단 하나뿐인 내 사랑…… 당신은 진정 날 사랑했고, 날 보살펴 주고, 기다려 주고, 나를 애타게 그리워하고, 늘 여유 공간을 제공하고……. 오늘날까지…….

상담자: 그리고 그날밤 제리에게 강간당하지 않았었다면…….

사라: 당신은 그토록 오랫동안 기다리지 않아도 됐을 거야. 오늘까지 말이야, 그게, 당신이 매우 섬세하다는 걸 당신은 알아야 해. 내가 이 모든 것들과 얼마나 고군분투하고 있는지를 당신은 알아야 해.

바랐지만 일어나지 않는 일과 자신이 영원히 상실한 것이라 여기는 것에 대해 분명히 말하는 것은 사라에겐 매우 어려운 일이다. 그녀는 남편 스테판과 접촉하는 경험을 함으로써 좋은 시작을 했다. 이제 사라는 결단을 내려, 남편과의 관계 사이에서, 그녀가(그리고 남편 역시) 상실한 것을 말로 표현할 필요가 있다. 오직 그렇게 할 때에만 상실을 충분히 애도할 수 있고, 그런 다음 그녀의 표현대로 "과거에서 벗어나게 된다."

상담자: 꿈에 대해 스테판에게 말해요.

사라: 스테판, 내 꿈은……. 그저 사랑에 빠져 내 자신을 주는 것이었기 때문에, 당신 같은 누군가에게, 그리고 그 누군가는 바로 당신이었어. 날 진정으로, 진정으로 사랑하는 사람, 내가 진정으로 사랑하고 존경하고 감사하는 사람. 그런데 내 꿈은 역겨운 시작으로 떠나가 버렸어……. 난 사랑할 수 없었어.

상담자: 음, 흠…….

사라: 그리고 무언가가 빠져 버린 공연이었지. 난 헤어 나올 수 없었어……. (흐느낀다) 오, 세상에, 내가 얼마나—오, 스테판, 당신의 인내에 내가 얼마나 감사하는지! 그리고 당신의 진정한 사랑에.

상담자: 제리가 당신에게 훔쳐가 버린 것에 대해 스테판에게 말해요.

사라: 그가 나에게서 너무 소중한 것을 훔쳐 갔어.

상담자: 계속해요. 그가 훔친 것을 스테판에게 말해요.

빼앗겨 버린 것을 사실적으로 이름 붙이도록 언어를 사용하라고 사라에게 제안함으로써 사라는 상실에 대한 틀과 정체성을 얻게 된다. 분명하고 명백한 언어는 자기(사라는 자신의 경험을 확증하고 정의하는 스스로의 목소리를 들을 필요가 있다.)와 다른 이들(무엇보다 그녀의 마음을 결코 이해할 수 없는)과 접촉하는 것을 향상시킨다.

사라: 그 사람은 나의 순진무구함을 훔쳤어. 그 사람은 삶이 자연스럽게 흐르도록 하는 내 능력도 훔쳐 갔어. 한가운데가 꽉 막힌 것처럼, 한가운데 놓인 장애물처럼…….

상담자: 당신의 꿈에 무슨 일이 일어났는지 스테판에게 말해요.

사라: 내 꿈은 산산 조각이 났어. 내 꿈은 완전히 완전히 산산 조각이 났어. 난, 난 어딘가에서 꿈을 잃어버렸어. 오오…….

퇴행한 상태에서 스테판과의 환상 대화에 임하는 사라의 태도는 진솔하고 분명히 새로운 자각과 상당한 안도감을 경험하고 있다. 그러나 여전히 다루어지지 않은 채 놓치고 있는 것이 있다. 상처 속에 여전히 남아 있는 작고 유해한 파편조각을 찾고 있는 외과 의사처럼, 상담자도 사라가 이전에 언급했던 어떤 한 표현을 집어 든다.

상담자: 다시 돌아갈 준비가 됐나요? 이제 '가장 나쁜 부분'에 대해 제게 말해 주세요.

사라: 음, 이제 더 이상은 가장 나쁜 부분처럼 보이진 않지만…….

상담자: 음…….

사라: 그렇지만 아마도 수치심에서 벗어날 수 있을 것 같아요.

상담자: 너무 빨리 가지는 마세요.

사라: 그래요, 좋아요. 알았어요.

상담자: 당신이 꼭 붙들고 있던 게 바로 수치심이기 때문에 수치심에서 빠져 나

올 수 없어요.

사라: 다시 말해 주실래요?

상담자: 당신은 수치심에서 헤어날 수 없는데, 왜냐면 당신이 그 수치심을 내면에서 꼭 붙들고 안 놓고 있어요. 수치심은 그런 거예요. 그 수치심 속으로 들어가 볼까요.

사라는 상담자가 '가장 나쁜 부분' 을 언급하자마자 다시 속도가 빨라지는 징후들을 보였다. 그러나 이번에는 '가장 나쁜 부분' 에 대해 이름붙일 준비가 되어 있다. 그리고 그녀가 그렇게 할 때 역동은 더 분명해진다. 그녀의 이야기 혹은 기억을 빠르게 통과해서 수치심을 지나쳐 버리려는 시도는 마치 악몽에서 자신의 그림자를 앞질러 내달리려 했던 그녀의 노력과 비슷하다. 사라는 악몽으로 고개를 돌려 직면해야 하고, 종국에 그 그림자를 떨쳐 버리기 위해서는 악몽 속으로 들어가야 한다.

상담자: 그는 소파 위로 당신을 밀쳐 쓰러뜨렸어요.

사라: 그리고 그는 내 몸 안으로 성기를 밀어 넣었어요. 그건 진짜 진짜 고통스러운 것이었기 때문에, 크지 않았다는 게 감사할 따름이죠. 그치만 그가 들어왔을 때, 그때 전 흥분했어요. 그에게 몹시 화가 나 있었는데, 어떻게 흥분할 수 있는지, 저로선 이해할 수 없는 일이었죠.

상담자: 생물학적으로 그럴 수 있죠.

정상화: 사라의 반응은 이상하지도 비정상적이지도 않았다. 사람이라면 그럴 수 있는 것이다. 수치심의 핵심은 '나는 뭔가 잘못된 게 있다' 는 믿음이다. 사라는 자신의 성적 반응 때문에 자신은 무언가 잘못되었다고 믿어 왔다. 그 믿음을 버리기 전까지 수치심은 지속될 것이고, 그 때문에 관계 도 방해받을 것이다. '그녀의 남편 스테판이나 다른 어떤 누구라 해도 이와 같은 결점이 있는 사람과 진정으로 접촉하길 원하는 것이 가능한가?' 라는 생각을 하

면서 말이다.

사라: 그리고 제 몸이 반응하고 있었어요. 그리고 전 그를 밀쳐버리지 않았어요.
상담자: 자연스러운 거죠.
사라: 그리고 제가 그 소파를 끌어당겨서, 소파를 침대로 만들었고 결국 그의 방식대로 날 대하라고 말한 셈이죠. 그리고 그는 내게 그에 대한 보답을 해야 했어요.
상담자: 그게 무슨 말인지 설명해 줄래요?

상담자가 사라가 하는 말의 의미를 매우 확실히 알고 있음에도 불구하고, 여전히 그녀의 반응에 대해 탐색하는 것은 여러 가지 중요한 이유가 있다. 첫 번째 이유는, 상담자가 틀렸을 수도 있다는 것이다. 앞서 한 진술이 다소 애매하기도 했고 사라에게 개인적으로 몇 가지 부가적인 의미들이 존재했을 수도 있다. 두 번째는 질문을 함으로써 상담자가 경청하면서 함께 있고, 사라가 하는 이야기에 관심을 가지고 있다는 분명한 신호를 보내는 것이다. 게다가 상담자 어조에는 사실상 사라가 수치심을 강화하는 데 사용할 만한 비난이 암시되어 있지 않다. 마지막으로 이전에 단지 애매하게 상징화했던 것을 말로 표현함으로써 사라 자신의 자각이 향상된다.

사라: 전 흥분이 되었고, 그건 이제 그 사람이 날 만족시켜야 한다는 걸 의미했어요. 대놓고 나를 비웃은 것 외에도, 냉소적인 표정을 하고선 "넌 이해 못해."라고 말했어요. "난 지금 그걸 할 수 없어."라고 했어요. 전 그를 증오했어요!
상담자: 그는 자기 식으로 당신에게 한 후에, 당신을 만족시키진 않았나요?
사라: 그러지 않았어요. 왜냐면 그는…….
상담자: 진짜 형편없는 멍청한 놈이군요!

상담자가 내담자에게 관여되어 있을 때, 내담자가 말한 것에 대해 자연스럽게 개인적인 반응을 하는 자신을 발견할 수도 있다. 이 사례에서 그러한 자연스러운 반응을 표현하는 것은 상담에 도움이 되었고, 또한 정상화의 반응이었다. 여자는 당연히 성적으로 만족하는 방식의 반응을 원하고 필요로 한다. 그리고 자기만 만족하고는 상대방을 돌보고 상대에게 반응하기 거부하는 남자는 멍청한 놈이다!

사라: 네, 하지만 그가 저에게 멍청하다고 말했어요. 전 그가 다시 발기할 수 없다는 걸 몰랐었거든요. 그 사람은 절 비웃었어요. 그가 원했던 것을 얻었기 때문이죠. 그리고 세상에 이건 정말 너무나 끔찍한 건데요! 전 그날 밤 그가 침대에서 저와 함께 자도록 내버려뒀어요. 흥분하는 미친 짓이 계속되었기 때문에, 그를 내몰아치고 싶지 않았어요.

이 반응에서 우리는 제리가 사라의 수치심을 어떻게 강화했는지를 알 수 있다. 육체적으로 흥분한 것에 대해 사라는 자신을 비난하고 있을 뿐 아니라, 제리 또한 그녀의 순진함을 비난했다. 자, 이제 사라는 몸과 뇌 모두가 뭔가 잘못되었다. 사라는 그날 밤 그가 지내고 갈 수 있게 한 것에 대해서 비난하고 수치심을 느낄 준비도 되어 있다. 그녀는 자신의 행동이 어찌 되었든, 외상이 어느 정도 원상태로 되돌아갈 수 있고 강간이 진정한 사랑으로 그리고 강간자가 진정 사랑하는 사람으로 전환될 수 있을지도 모른다는 정상적이고 자연스런 욕구/희망/소망에서 나온 것임을 모른다. 그녀가 그러한 희망을 인식하게 될 수 있을까? 그리고 자신의 행동에 대해 이해할 수 있을까? 수치심을 느끼기보다 자신에 대해 연민의 마음을 가질 수 있을까?

상담자: 당신은 그를 내몰아 버리고 싶지 않았어요. 그렇다면 당신이 바란 건 뭐였죠?

사라: 전 그를 집에서 몰아내고 싶지 않았어요. 그게 그러니까 그 사람 기분을

상하게 하고 싶지 않아요. 음, 그 한밤중에 그를 내쫓아버리고 싶지 않아요. 네 그리고 아마도 속으로 바라던 건……. 아마도 바라던 건……. 그……. 제가 뭔가를 느끼길 기대했어요.

상담자: 근사한 희망인데요.

사라: 오우, 그건…….

상담자: 아마도 꿈의 작은 한 조각을 다시 잡을 수도 있을 거라는 희망?

사라: 아뇨, 꿈이 아니고, 단지 섹스를, 그래서 제가 그토록 수치스러운 거예요. 전 뭔가를 느끼기 시작했어요. 그러나 모든 게 엉망진창이었고 망쳐버렸고 너러웠어요. 그리고 전 단지 매춘부처럼 느껴졌어요.

사라는 자신을 위해 거짓말을 하거나 변명을 하지 않기로 결심을 하고 있다. 그리고 그녀는 다시 "난 뭔가 잘못됐어."의 위치로 되돌아간다. 지금 그녀는 생물학적으로 결함이 있고 멍청할 뿐 아니라 매춘부마저 되어 버렸다. 조금 전 사라의 반응은 생물학적이라는 상담자의 주장을 수용하는 것처럼 보였지만, 지금은 다시 수치심으로 되돌아가 버렸다. 상담자의 다음 반응은 직면이다. 사라가 자신의 반응을 정상적이고 생물학적인 것으로 받아들이는 것과 자신의 반응에 대해 지금 느끼고 있는 수치심 간의 불일치를 지적한다.

상담자: 그 순간으로 다시 돌아가 볼래요? 당신이 말한 것들은 자연스러운 일들인데 뭐가 수치스럽다는 거죠?

사라: 오, 오, 오…… 다시 말해 주세요. 방금 하신 말씀을 다시 들을 필요가 있어요. 다시, 계속해서…….

상담자: 당신이 말한 것들은 자연스러운 일들인데 뭐가 수치스럽다는 거죠? (잠시 침묵) 당신 몸의 리듬처럼—그가 오르가슴으로 흥분되듯, 당신의 몸도 오르가슴으로 흥분하길 원해요. 미안해요. 하지만 난 그 수치심이 잘 이해가 안 돼요.

사라: 그건 잘못된 사람과 함께, 잘못된 침대에서, 잘못된 시간이었기 때문에

그래요!

상담자: 잠깐만요, 잠깐, 잠깐. 당신의 질(vagina)은 그 사람이 누군지도 몰랐어요.

사라: 몰랐다고요?

상담자: 네.

사라: 전 알았어요. 전 알았어요.

상담자: 그래요. 머리는 알아요, 그러나 당신의 질도 그런가요?

사라: 모르겠어요! 그건, 그건 제가 다시 돌아갈 수 없는 단절이에요.

상담자: 음, 그가 당신을 만족스럽게 해 주길 원했을 때, 바로 그 순간 당신의 질은 이미 오랫동안 무르익어 있었다고 여겨져요.

사라: (킥킥 웃는다.) 말하려고 했는데. 오…… 선생님이 그렇게 말씀하시니, 웃을 수 있네요. 그런데 한편으로 "우웩, 선생님이 역겨워하고 있다."는 생각이 지나가요.

자기의 한 부분이 다른 부분을 비난하는 '자기(self)' 안에서의 분열이 매우 분명하게 이 순간 사라에게 일어나고 있다. 그녀는 더 이상 자기 자신 전체를 수치스럽게 느끼지 않는다. 비난은 내적 대화의 부분임을 인식한다. 그러나 그녀는 아직 수치심과 자기비난을 완전히 포기할 수는 없다. 상담자는 계속 부드럽게 직면시킨다.

상담자: 당신도 알다시피 너무나 생물학적으로 자연스러운 반응을 한 자신에 대해 왜 역겨워하는 거죠?

사라: 그건 잘못된 시간에 잘못된 사람이었기 때문이에요.

상담자: 그러나 당신은 잘못된 사람을 올바른 사람으로 만들려고 노력했어요.

통합적 상담에서 우리는 행동을 변화시키려 시도하기 전에 그 행동이 갖는 심리적 기능에 초점을 맞춘다. 사라가 자신을 강간한 사람과 함께 밤을 보낸 행동의 기능은 어쨌든 그를 올바른 사람으로 만들어, 관계결여 내에 존재하는 외상의 고통을 치유함으로써 꿈을 다시 구축하려는 노력이었나? 상담자가 이런 가능성으로 다시 돌아왔을 때, 사라는 받아들이지 않으려 고군분투한다. 수치심 반응은 완강하다. 쉽게 사라지지 않을 것이다.

사라: 잘못된 사람이었는데 올바른 사람으로 만들려 노력했어요. 그게 수치스러운 거예요.

상담자: 왜 그렇죠?

사라: 왜냐하면! 제가 증오하고 제가 너무나 분노하는 부도덕한 사람을 좇아갔기 때문이에요. 그리고 그런 다음에 시도한 건…….

상담자: 당신은 그를 미워하지 않으려고 애쓰고 있었나요?

사라: 아뇨, 전 그를 벌하려 애쓰고 있었어요.

이것은 예상치 못한 뜻밖의 전개다. 사라는 이전에 이것에 대한 어떠한 암시도 주지 않았다. 그리고 제리가 그날 밤을 함께 지낼 수 있도록 허락한 것이 어떻게 그를 벌하는 것인지 이 지점에서 이해하기 어렵다. 여기서 탐색은 쉽고 당연한 것으로, '올바른 사람으로 만들기' 아이디어를 계속 밀어붙이는 것보다는 확실히 훨씬 더 적절하다.

상담자: 어떻게 그렇게 하려고 했어요?

사라: 그를 굴욕적으로 만들어서…… 근데 그가 일을 뒤틀어버려서 결국은 절 굴욕적으로 만들었어요.

상담자: 그가 당신을 만족스럽게 해 주길 원했나요?

사라: 내 몸은 그랬어요. 내 머리는 그를 벌하길 원했어요. 모든 게 뒤죽박죽이었어요. 그렇지 않나요?

상담자: 네, 그런 것 같네요. 그러니까 당신은 동시에 서로 다른 것들을 느끼고 있기 때문에, 한 번에 한 부분씩 살펴보도록 해요.

사라: 네—네—네!

상담자: 당신의 몸은 만족되길 원했어요.

사라: 그 점이 바로 제가 선생님한테 그것에 대해 말할 필요가 있었던 이유예요, 전 선생님이 지금 말한 것과 같은 뭔가를 말해 줄 거라 생각했거든요. 전 그걸 들을 필요가 있어요. 어떤 때는 그것을 피하려고 갈팡질팡하기도 하지만, 전 그걸 들을 필요가 있어요. 제가 하는 말이 이해가 되세요?

이보다 더 분명하게 타당화에 대한 요구를 하기는 어렵다. "전 선생님이 지금 말한 것과 같은 뭔가를 말해 줄 거라 생각했거든요. 전 그걸 들을 필요가 있어요." 물론 타당화는 최소한 처음에는 어떤 외부적인 자원으로부터 와야 한다. "당신이 그것에 갈팡질팡한다면, 어떻게 확신을 가지고 자기 자신을 타당화할 수 있겠어요?" 사실상 '갈팡질팡' 하는 태도는 다소 퍼져 있다. 왜냐하면 마지막 문장에서 사라는 상담자와 그녀의 관계에 대한 어떤 불확실성을 표현하면서 타당화를 요청하고 있는 듯 보인다.

상담자: 당신은 대단히 잘하고 있어요…… 좋아요, 그래서 이 남자는, 당신을 실망시켰고 당신의 마음을 어지럽게 했는데도 불구하고.

사라: 네.

상담자: 그는 당신의 몸을 정말로 자극시켰군요.

사라: 네.

상담자: 그리고 당신은 그때 더 많은 것을 원했어요. 꿈을 잃었다면, 적어도 최소한 멋진 오르가슴은 얻게 되겠지.

이 한 문장으로 상담자는 마지막 몇 분 동안의 작업을 요약한다. 그녀는 모순적인 감정들의 혼란스러웠던 것을 모두 모아 단순하고 논리적이며 납득이 되는 문장으로 정리한다. 그리고 그 표현은 사라가 무엇에 대해 수치심을 느껴 왔는지 정확하게 정상화하고 타당화한다.

사라: 맞아요……. 오, 하느님……. 제가 이걸 큰 소리로 밖으로 말하고 있다는

것을 믿을 수가 없군요.

상담자: 동일한 선택을 한 당신과 많은 다른 여자들.

사라: 어떻게? 무엇을요?

상담자: "좋아, 자, 이제 난 내 꿈을 잃어버렸으니 최소한 보상으로 무언가 얻게 될 거야."

사라: 네.

상담자: 혹은 당신은 여전히 적어도 부분적으로라도 꿈을 가질 수 있기를, 여전히 무언가 좋은 것이길 희망하거나, 어쩌면 아침이 되면 그가 멋진 사람이 되길 바라는…….

사라: 으으으흐!

상담자: 그리고 추잡한 난봉꾼은 아니길.

사라: 오, 아니에요, 그건 아니에요.

사라는 제리와의 관계가 어쨌든 뭔가 좋은 것이 될 수 있다고 희망하는 아이디어를 강력하게 일관적으로 거부했다. 더 이상 그것을 밀고나갈 이유가 없어 보인다. 혹시 만약에 그 아이디어가 그녀에게 맞다면, 그녀는 다시 그것으로 돌아올 것이다. 지금은 현재 자각되고 있는 것을 지지하고 탐색을 지속하는 것이 더 낫다.

상담자: 그런 일은 일어나지 않았어요.

사라: 네. 제가 배신감을 느꼈기 때문에, 그는 추잡한 난봉꾼이었어요. 전 배신감을 느꼈어요. 전 그의 의도를 알았어요. 그는 결코—으으으흐!

상담자: 이후에 무슨 일이 일어났나요?

사라: 그래서……. 제가 기억하고 있는 건, 그는 그저 잠들어 버렸어요. 그러고 나서 아침에 그를 내쫓아 버렸어요. 그러나 그렇게 힘든 일이 있은 후에, 전 그것에 대해 누구에게 말해야 하는지 몰랐어요. (말하는 동안 흐느끼기 시작한다.) 전 어떻게 해야 하는지 몰랐어요. 전 그게 제 잘못이라고 생각했어요.

다시, 사라는 통합적 상담의 주된 전제에 대해 명료하게 말하고 있다. 외상 이후에 지지적인 관계가 없을 때 지속적인 손상을 일으킨다. 데이트 강간은 나쁜 일이었다. 그러나 그것에 대해 말할 사람이 아무도 없고 그것이 그녀의 잘못이 아니라고 확인시켜 주는 사람이 없었기 때문에 그녀의 수치심은 커졌다. 그리고 '내게 뭔가 잘못된 것이 있다.' 라는 신념, 수치심은 진정한 관계를 파괴시키는 역할을 한다. 이것이 현재 사라가 가지고 있는 접촉 어려움의 핵심 원인이다.

사라: (계속하며) 그리고 그때, 그리고 그때 뉴먼센터 옆에 있었던 제가 일하던 사무실로 그는 종종 전화하곤 했어요. 그리고 그는 날 위협하곤 했고, 뭐라고 말하곤 했어요. "그걸 강간이라고 부르지 마." 그리고 그때 이후 제가 어떻게 느꼈는지 기억했어요, 전 정말 혼란스러워졌죠. 어쩌면 강간이 아니었을지도, 하지만 전 그게 강간이었다는 걸 알아요. 그리고 사무실로 찾아 오던 한 남자가 있었어요. 그는 마마보이같았고, 사무실에 앉아서 저한테 말을 걸곤 했어요. 그리고 그는 마치, 그는 나에게 남자다운 남자는 아니었고, 그저 말을 걸 어떤 사람을 필요로 할 때 있었음 하는 그런 사람이었어요. 그는 제리가 전화를 했을 때, 사무실에 있었어요. 그리고 내 얼굴이 백지장처럼 변하는 걸 봤어요. 그리고 전 그 사람에게로 돌아서서 말했죠. "어떤 사람이 전화를 하고 있어요. 그는 이 전화로 나를 계속 희롱하고 있어요. 그리고 전화를 끊으려 하지도 않아요. 그리고 전 두려워요. 절 도와주실 수 있나요?"

상담자: 와우!

사라: 그리고 이 작은 마마보이는 평소에 앉아 제게 말을 걸곤 했던 제 사무실 귀퉁이 의자에서 일어나 오더니 그 전화를 받았어요. 그리고 정말 믿겨지지 않는 모습의 남자로 변했어요. 그는 제리에게 당신이 믿기 어려운 그런 말들을 했어요. "당신이 만약 이 여자에게 다시 전화를 한다면, 내가 어쩌구, 저쩌구……". 전 그 이후로 제리의 목소리를 다시 들은 적이 없네요. 그는 제 영웅이 되었죠!

와우, 정말로! 사라는 마침내 도움이 진정으로 필요할 때 도움을 요청했다. 그리고 그건 성공적이었다. 최초로, 그녀는 외롭지 않아도 됐고, 자신이 어떻게 해야 할지 모를 때 혼자 스스로를 보호하려 애쓰지 않아도 됐다. 틀림없이 정말 믿을 수 없을 정도로 좋은 느낌이었을 것이다. 그리고 상담자는 재빨리 그 경험을 구축하려 한다. 그 경험을 사용하여 사라가 강간 경험 그 자체에 대해서도 동일한 방식으로 도움을 받는 것에 대한 환상을 형성해 보도록 돕는다. 시간이 지나면서 환상들도 실제적인 기억들과 마찬가지로 심리적인 효과를 나타낸다. 일단 그녀가 수치심에 대해 훈습하게 되면, 도움을 요청하고 받는 환상은 그녀가 기억하고 있는 비극을 훨씬 더 완화시킬 수 있다.

상담자: 만약 그가(그녀의 영웅 친구) 당신 옆집에 사는 이웃이었다면 어땠을까요?

사라: 네! 오, 그는 제게 필요한 사람이었어요. 전 그 사람 같은 사람이 필요했어요.

상담자: 만약 그가 거기에 살고 있었다면 당신이 무엇을 달리 했을지 상상해 볼 수 있나요?

사라: 넵.

상담자: 당신이 무엇을 했을까요?

사라: 전 소리 지르고, 큰 소리로 그의 이름을 부르며 도와달라고 외쳤을 거예요. 그는 집으로 들어와 터프가이로 돌변해 제리 엉덩이를 걷어차 쫓아버렸을 거예요. 아, 정말 좋은데요! (웃는다.) 그는 사실상 전화로 그렇게 했어요.

상담자: 자, 그래서 이 모든 것 중에서 수치스러운 부분은 처음의 삽입 이후 느꼈던 성적인 느낌인가요?

사라: 네.

상담자: 좋아요, 자, 그럼 저는 당신에게 가장 중요한 것, 아마도 가장 당혹스러워하는 부분을 물어보고 싶은데요. 저는 오늘 인생에 대해 이야기하고 싶어요.

사라: 오, 하느님……네?

상담자: 당신의 지금 인생에 대해 말해 주시겠어요?

이 요청으로 상담자는 사라가 이번 회기에 가지고 왔던, 그녀의 현재 성기능 장애 고민을 직접적으로 다루기 위해 사라를 초대한다. 만약 과거를 치유하고 지난 기억에 대한 수치심을 처리하는 이러한 변화가 현재의 삶에 적용되지 않는다면, 상담 효과의 지속성이 미비하거나 아예 없는 것이다. 사라가 과거에 그녀 자신에 대해 왜 수치스러워했고, 어떻게 그 수치심이 현재 남편과의 관계를 방해하고 있는지 그 사이의 개연성을 다루지 않는다면, 그녀는 반복적으로 스스로 수치스러워하는 상황들과 환상들을 계속 만들어 낼 것이다. 결국 타인뿐 아니라 자기 자신과도 접촉할 수 있는 능력에 방해받을 것이며, 그녀의 성적 반응성은 분명하게 손상될 것이다. 사라는 다음 단계가 무엇인지 알고 있고, 그것이 매우 어려운 일일 것이라고 예상하고 있다. 그러나 편안해지고 싶고, 중요한 변화를 만들어 내고 싶기 때문에 필요한 것이라면 무엇이든 기꺼이 할 것이다.

사라: 네.

상담자: 강간 상황에서 당신이 신체적인 즐거움을 열망했다는 이유 때문에, 당신은 그 강간에 대한 벌충을 하려는 건가요? 그리고 스테판과의 관계에서 온전히 신체적인 즐거움을 추구하지 않음으로써, 만족하고자 하는 열망에 대해서도 벌충하려는 건가요?

사라: 제가 지금 그러고 있는지 아닌지 잘 모르겠지만 그럴듯하게 들려요. 제가 노력해 왔던 건……. (잠시 침묵)

상담자: 스테판과의 관계에서 진정으로 편안하게 이완되어 함께 즐기도록 자신을 내버려두나요?

사라: 그렇게 노력하려고는 하지만, 그렇게 되질 않아요.

상담자: (잠시 침묵) 당신이 너무나 자연스러운 어떤 것을 수치스러운 것으로

오해하고 있다면, 그것을 벌충하기 위해 지금 억제하고 있을 수 있다고 생각해요.

사라: 제가 그러고 있어요! 오. ……휴…….

상담자: 그건 오랫동안 문제가 되어 왔죠, 그렇죠?

사라: 그렇죠. 천 가지 방법으로 도움을 구하려 애써 왔어요.

강간 그리고 그 이후 지지와 접촉을 얻지 못했던 사라는 20년 넘는 기간 동안 곪아 짓무른 상처가 생겼다. 신체적 상처가 났을 때, 그 상처를 깨끗하게 하고 모든 감염된 조직이 회복되기 전에는 상처를 덮지 않는 것이 중요하다. 상담자는 깨끗하게 씻어 내야 할 남겨진 것이 있는지 보기 위해, 한 번 더 돌아가기로 결정한다.

상담자: 제리에게 뭔가 더 하고 싶은 말이 있나요? "너는 별 볼일 없는……"

사라: (이전 작업에서 밀쳐냈었던 쿠션 쪽으로 몸을 돌려서) 넌 정말 역겹기 짝이 없는 염병할 놈이야. 넌 정말 별 볼일 없는 놈이야.

상담자: 그게 무슨 뜻인지 그에게 말하세요.

사라: 넌 멍청한 놈이야. 내가 왜 너랑 심지어 저녁 먹으러 나갔을까?

답을 요구하고는 있지만, 이것은 또 하나의 분명한 수사학적 질문이다. 대답이 명백하지 않다면, 질문은 내면으로 내려가 수치심을 형성하는 또 다른 한 판을 위한 연료가 될 수 있다. 답이 되고, 진술문의 형태로 변환되면, 사라가 자기를 발견해 내는 분별력이 생길 것이다.

상담자: 진술문으로 만들어 보세요.

사라: 아마도 내가 널 불쌍히 여겼기 때문이야. 이 바보 같은 찌질한 놈아.

상담자: 그 사람과 함께 나갈 때 어떤 맘이 있었는지 그 사람에게 말해 보세요.

사라: 단순히 나가서 데이트하는 거.

상담자: 그래요.

사라: 뉴먼 센터 녀석들이랑 어울리기보다는 다른 누군가와 함께 저녁 먹으러 나가는 거.

상담자: 그렇다면 외로웠었나요?

사라: 네.

상담자: 그게 당신이 품고 있던 맘이었군요.

더 정상화하기. 외로운 것, 동료와 어울리고 싶어 하는 것, 남자한테 사랑받고 싶어 하는 것은 모두 자연스러운 것이다. 상담과정의 핵심은 사라가 자신의 동기에 대해 완전하게 인식하도록 촉진하여, 그것을 정상적인 것으로 수용할 수 있게 하는 것이다.

사라: 네.

상담자: 또 다른 마음은?

사라: 그 이상의 것은 없는 것 같아요.

상담자: 음, 그게 중요했군요.

사라: 네. 그건 충분히 중요했어요. 내 또래 사람들과 어울리려 해도 그게 잘 안 됐어요. 그 당시 함께 어울렸던 한 사람, 한 사람 모두 항상 각자 자신들의 문제에 빠져 있거나 아니면 이 남자처럼 오직 생각하는 게 하나밖에 없었어요. 오, 그들은 하나도 재미없었어요. 그들은 그저 귀찮은 존재들이었어요, 아시죠?

상담자: 그날 지나치게 술을 많이 마셨었나요, 사라?

지난 상담회기에서 사라는 자신의 알코올 문제에 대해 얘기했다. 성인 초기 그녀는 잠시 동안 알코올을 남용하다 절주했고, 현재 시점까지 최근 몇 년 동안 단 한 방울의 알코올도 마시지 않았다. 알코올 남용은 강간의 또 다른 일면일 수도 있고, 사라가 스스로 수치스럽게 여기는 또 다른 요인일 수도 있다. 만약 그렇다면 그녀가 해 온 상담작업의 효과를 망치지 않기 위해서 그것을 다룰 필요가 있다.

사라: 아뇨, 아뇨, 그러지 않았어요. 전 몇 년 전에 사고를 당했어요. 운전을 가르쳐줬던 그 남자는 시험 치기 전날 밤에 격려 차원에서, 그리고 얼마나 제가 잘하는지 보려고, 와인을 마시며, 절 차 뒷자리에 앉혔어요. 그리고 전 소리치고 있었어요. "날 이용해 먹지 마." 전 그가 뒷자리에서 그의 거시기를 꺼내고 있을 때 그게 뭘 의미하는지 너무나 잘 알고 있었어요. 제가 그 사람한테 뭐라고 했었는지는 모르겠는데 그다음 그가 한 짓은 알아요. (그녀는 웃는다.) 그는 자신의 행동에 대해 회개한다고 말하고, 자기 거시기를 치우고 그리고—그리고, 그는 절 홍분, 홍분시켰어요. 내 가슴을 문지르고 있었어요, 절 홍분시켰어요, 그리고 그런 다음 제가 넌지시 암시했거나, 그는 제가 홍분했다는 것을 틀림없이 알았을 거예요. 그리고 그는 말했어요. "난 널 다른 방식으로 만족시킬 수 있어." 전 소리쳤어요. "이 차에서 나가!" (다시 웃는다.) 그건 그의 차였고, 그래서 그는 차 밖으로 나갈 수 없었어요. 그래서 저를 내 친구 집으로 데려다 줬어요. 친구 집에 도착했어요. 전 친구와 함께 있는 상황이 되자 안정감을 느꼈어요. 그리고 물론 걸어 집으로 갔어요. 그리고 술 냄새를 풍겼음에 틀림없어요. 그리고 음, 엉망진창으로 보였을 거예요. 왜냐하면 그가 내 치마를 잡아당겼었기 때문에. 그리고 차 뒷자리에서 이 모든 것이 일어난 이후 제가 어떻게 보였을지 상상할 수 있어요. 오, 세상에—. (웃는다)

상담자: 사라, 당신은 이것에 대해 웃고 있는데, 이 이야기는 또 하나의 강간처럼 보이네요.

사라의 웃음은 새롭게 떠오른 성적 학대 사건에 대한 고통과 수치심을 방어하는 것이다. 그렇게 웃음으로써, 그녀는 그것의 심각성을 부인하고 '내게 뭔가 잘못된 것이 있다.' 라는 각본 신념에 대한 또 다른 증거로 사용하지 못하게 할 수 있다. 상담자는 설명을 통해 그녀가 말하고 있는 이야기와 감정 사이의 불일치에 주의를 기울이게 한다. 이 개입은 직면이다. 모든 효과적인 직면이 그러하듯 여기서의 직면은 승인과 타당화를 포함하지만 사라가 하는 이야기의 중요성을 강조하고, 그녀의 행동과 그것을 다루는 사라의 현재 방식이 어떤 기능을 가지고 있는지 이해하기 위해 상담자가 마음을 쏟고 있음을 전달한다.

사라: (웃음기 없이, 그녀는 놀란 목소리를 낸다.) 그래요. 그건 또 한 번의 강간이었어요.
상담자: 여기 손으로 당신의 온 몸을 훑는 또 다른 남자가 있다. 당신 옷을 잡아채 끌어내는…….
사라: ……날 이용해 먹고 있는…….
상담자: 당신이 술에 취해 있다 하더라도, 그건 여전히…….
사라: 전에는 그걸 강간이었다고 한 번도 생각해 보지 않았어요.
상담자: 그가 성기를 삽입하지는 않았지만 당신 허락 없이 당신의 몸을 이용하고. 당신이 그런 방식으로 대해지는 것을 바라지도 않았는데.

이 말은 세 개의 충격적인 성 사건들 간의 연관성이 있음을 의미한다. (사라의 허락 없이) 오빠의 '찌르고, 꼬집고, 괴롭히기', (사라가 허락하지 않는 상태에서) 제리가 그녀를 성적으로 이용한 것, 자 이제는 (그녀가 허락하지 않는 상태에서) 운전 강사의 성적 시도. 사라는 더 이상 이 세 가지 각각의 외상들과 그녀가 수치심을 느껴야 했던 세 가지 구별된 사건의 증거 조각들을 다룰 필요는 없다. 그녀는 이제 '매춘부처럼 느꼈던 것' 을 '내 허락 없이 이용되었던 것' 으로 대체하기 시작했다.

사라: 맞아요.
상담자: 당신의 동의없이.
사라: 내 동의 없이. 그리고 전 그걸 기억해요. 그는 제게 와인 한잔을 샀었고, 마셨을 때 기분이 이상했어요. 그리고 전 여자화장실에 가야 했어요. 그리

고 "제발, 더 이상 술은 그만. 날 그냥 지금 집에 데려다 줘요."라고 말했어요. 화장실에서 돌아왔는데 또 두 번째 와인이 있었어요. 그리고 전 그걸 마셨던 게 분명해요. 그걸 마시지 않았다는 기억이 없어요. 정말 술에 취해 정신을 잃었던 게 기억나요. 휴! 정말 힘들었던 건 거길 빠져 나오는 거였는데.

상담자: 당신은 소리 질렀어요.

사라: 제 말은, 뒷좌석에서 이걸 하는 게—.

상담자: 당신은 "이 차에서 나가."라고 말했어요.

사라: 네, 그때는 뭔가 좀 다른 어떤 것을 했어요.

이번 상호작용은 사라가 그녀의 무기력함과 수치심에 계속 초점을 맞추기보다는 사라의 적절하고 효과적인 행동을 전경으로 가져오게 한다.

상담자: 맞아요.

사라: 그런 다음 전 친구 집으로 갔어요. 친구는 제게 아무것도 묻지 않았어요. 그러고 다음 날 친구에게 최소한 부분적으로나마 무슨 일이 일어났는지 말해야 했다고 생각했어요. 전 그저 그 일을 어딘가에 정리해두어야만 했어요. 그건 너무 힘들어 대처할 수가 없었어요.

상담자: 그건 정말 심각했었어요.

사라: 매우 심각한 것이었어요. 매우, 매우 심각한. 그건 제가 수녀원을 떠나기 2년 전의 일이었어요. 그 일이 있고 난 이후에 전 산산조각이 나고 있었기 때문에, 수녀원을 떠나 제 행동을 수습할 수 있는 곳으로 갔어요. 많은 이유들 때문에 산산조각이 나고 있다고 생각했어요. 제가 당한 그 일의 심각성을 결코 생각해 본 적이 없었어요. 그 일 역시 수녀원을 떠나야만 한다고 생각했던 이유의 한 부분인지 궁금해요.

상담자: 어째서 그런가요?

이 지점에서의 탐색은 중요한데, 그 이유는 사라가 구체적이지 않은 언어로 다시 되돌아가기 시작하고 있기 때문이다. 그녀의 가장 최근의 반응들에서 '그일, 그건(that)'이라는 말을 얼마나 많이 사용하고 있는지 주시하라. '그것(that)'이 무엇을 대표하고 있는가? 그녀는 자신의 경험에 관련된 감정과 생각들과의 접촉을 회피하기 위해 모호해지고 있는 것인가? 상담자의 질문은 부분적으로는 상담자 자신을 위한 정보를 구하기 위함이고, 더 큰 목적은 사라를 격려해 그녀 자신의 기억과 현상학적으로 일어나는 것들과의 온전한 접촉하기를 재구축하도록 하기 위함이다.

사라: (잠시 침묵, 울기 시작한다.) 전 수녀였기 때문에, 하지 말아야 하는 것을 하는 것.

상담자: 이를테면 어떤?

사라: 술 취해서 누군가의 차 뒷좌석으로 가고, 성적으로 흥분하는 것.

우리는 다시 그녀가 자신의 성적 반응에 대해 혼란스러워하는 것을 본다. 상담자가 제리에 대한 사라의 반응은 생물학적인 것이고 정상적인 것이었다고 설명한 것을 그녀가 (분명하게) 받아들였음에도 불구하고, 그녀는 자신의 성적 각성에 대해 수치심을 다시 느끼고 있다. 만약 그녀가 성적으로 흥분하는 것을 수치스러운 것으로 믿고 있다면, 그녀가 결혼생활에서 성적 기능장애를 경험하고 있는 것은 당연하다.

상담자: 그가 당신의 가슴을 어루만졌고, 당신은 흥분했기 때문에 당신에게 뭔가 잘못이 있다는 의미인가요?

사라: 잘못된 것은 제가 거기에 있었고, 그걸 했고, 제 몸이 반응했었다, 그런 정도가 아니에요.

상담자: 그건 마치—나는 연결성을 찾으려 애쓰고 있는데요. 그건 '당신은 수녀가 될 만한 자격이 없다' 혹은 '당신은 진정한 수녀가 아니었다.' 뭐 그런 건가요? 아니면…….

사라: 아마도요. 어쩌면 전 두려웠어요, 제가 흥분이 되었기 때문에. 그리고 어쩌면 전 수녀가 되지 말았어야 했어요.

상담자: 자, 봅시다. 바로 조금 전에 당신은 또 다른 강간에서 가장 나빴던 것은, 전 이 말에 놀랐는데, 당신이 흥분했었다는 사실이라고 했어요.

사라: 네.

상담자: 강간에서 가장 수치스러운 것은 당신이 흥분했다는 거라는 말이죠. 그리고 그 말에 난 놀랐어요. 난 당신이 흥분된 것이 당연한 일이라 생각하거든요. 흥분이 가라앉는 것과 마찬가지로.

사라: 네, 동시에.

상담자: 동시에. (잠시 침묵) 만약 그런 일이 다시 일어난다고 가정했을 때 일어난 일 중 가장 최악의 것이 흥분한 것에 대한 자기비난이 될지 궁금하네요.

많은 기초 작업이 지금까지 있어 왔지만, 상담자가 명백하게 사라 자신이 학대당한 것에 대한 '가장 최악의 일' 을 스스로 창조해 왔다고 제시하는 것은 이번이 처음이다. 그녀는 그것을 들을 준비가 되어 있는가?

사라: 오. (잠시 침묵) 저한테 뭔가 잘못이 있다고 생각했어요…….

상담자: 교회는 그것에 대해 당신에게 무어라 말했었나요?

사라: 오, 교회는 섹스를 나쁜 것이라고 가르치지 않았어요. 그런 종류의 얘기를 들은 적이 없어요. 그건 아름다운 것이었어요. 그리고 그건 그건 제게 주어진 대가 없는 선물이었어요.

상담자: 수녀에게 그것이 아름다운 것인가요?

사라가 경험하는 수치심 중에 어느 정도가 그녀가 가진 종교의 가르침에 대한 직접적인 반응인가? 영적인 자각과 치유적인 자각 간의 접점은 미묘한 것이어서 상담자는 상담작업이 그 접점에 접근하고 있는지 아닌지를 알 필요가 있다. 그렇지만 더 중요한 것은 사라의 신념이 획득된 방식이다. 그녀의 신념은 의식하면서 이해되고 내면화되었나, 혹은 신념들이 의심의 여지없이 하나의 큰 덩어리로, 하나의 전체로 단순히 내사되었나? 내사된 자료들은 의식 밖에 존재하여 종종 검증하거나 정교화하거나 혹은 재수정할 수 없다. 그러한 신념들은 유치하고 종종 원래 획득될 때의 형태가 왜곡되기도 한다. 그리고 결코 성인의 존재 방식에 온전히 통합되지 않는다.

사라: 음, 네. 만약, 만약 대가 없이 그냥 주어진 것. 만약 거저 주어진……. 선생님도 아시다시피, 어쩌면 그 일이 세세 일어났기 때문에, 오, 이해가 되기 시작해요……. (잠시 침묵) 그건 마치 제가 맹세 혹은 어떤 것을 지키지 않았기 때문에.

상담자: 당신이 그것을 아름답게 지키지 않았기 때문에?

사라: 공짜 선물, 거저 주어진, 그리고 전 그것을 망쳐버렸어요.

상담자: 만약 대가 없이 주어진다면, 그것은 아름답다.

사라: 그렇지 않았어요!

상담자: 전 단지, 제가 바르게 이해했는지 확인하려는 거예요.

사라: 좋아요.

상담자: 그게 대가 없이 거저 주어졌을 때만이 아름답다는 거군요.

사라: (울면서) 그건 거저 주어지지 않았어요.

상담자: (잠시 침묵) 그럼 우리가 함께한 한 시간 반의 시간이 거저 무료로 받은 것이 아니라면, 당신과 스테판 사이에 무슨 일이 일어나나요?

사라는 지금 오래된 신념을 드러내면서, 그녀의 현재 반응들에 미치는 그것들의 함의에 대해 탐색을 시작할 수 있다.

사라: 오오오, 방해가 돼요. 방해가 돼요.

상담자: 그럼 스테판과 함께하는 아름다움은 어디에 있나요?

사라: 무슨 말인지 정확하게 모르겠어요. 그렇지만 대답한다면……. 스테판과 함께하는 아름다움은 ……. 제가 할 수 있는 만큼 제 자신을 주는 것, 제가 할 수 있는 만큼 자유롭게, 그러나 전 이것에서 헤어 나올 수가 없어요. 전

희망하고 있어요……. 이해하기 시작해요.

상담자: 시간을 가져요. (잠시 침묵) 우리는 당신의 리듬에 맞춰 갈 거예요.(잠시 침묵) 자, 당신은 완전한 성관계를 할 수 있어요.

사라: (빠르게 말하면서) 수치심을 느끼지 않도록 도와주세요. 느닷없이 이것들이 급습해 왔어요. "오, 세상에 당신이 모든 것을 말했어요. 이 모든 비밀들을." 그리고 조각들을 가지고, 조각에 해당되는 이야기들에 대해 말했어요. 그렇지만 제가 가진 비밀에 대해 몰랐어요. 할 수 없었기 때문에…… 그러나, 그러나 당신이 그 비밀에 접촉할 수 있도록 도와주고 있어요. 전 그렇게 생각해요.

버섯류처럼, 수치심은 어둠 속에서 번성한다. 수치심을 비밀(그리고 가장 수치스러운 것은 항상 가장 큰 비밀이다.)에 붙이면 수치심은 계속 지속된다. 다른 사람의 반응에 대한 상상은 훨씬 너 나쁘고, 그렇게 상상된 다른 사람의 반응은 사라의 수치심의 부분적인 원동력이 되었다. 그녀는 지금 그러한 상상의 많은 부분들을 밖으로 내보내고 있고, 과거에 그녀의 수치심을 깊은 비밀로 간직하기 위해 사용해 온 수많은 접촉의 방해물을 없애고 있다. 그녀가 묘사한 '급습(rush)'은 그녀의 오래되고 친숙한 심리적 균형을 회복하기 위한 일종의 막다른 골목에서의 마지막 노력 혹은 방어적 행동이다.

상담자: 그러한 경험들이 있은 후에 아름답다고 느끼는 것을 중단했었나요?

사라: 오오오……. (고통스럽게 운다.) 오, 그랬던 것 같아요. 저는 제가 되고 싶었던 그런 사람이 아니었어요……. 그리고 전 이렇게 하는데요. 다른 사람들에게 제 잘못이라고 말해요. 제가 이걸 했기 때문에 그 일이 일어났고, 제가 했다고 해요. 그리고 전 알았어야만 했고, 할 수도 있었는데, 그렇게 하지 않았어요.

상담자: 그리고 섹스에 대한 당신의 경험들은 아름답지가 않았었군요.

사라: 아름답지 않았어요. 그 어떤 경험도, 심지어 제가 아이였던 적 이후 결코 결코 단 한 번도. 전 그 경험들이 아름답길 원했어요! 전 알았기 때문에 잘

배웠어요. 전 건강한 이해력을 가졌었어요. 그러나 제 몸은 그렇지 않았어요. 전 좋은 경험이 정말 없었어요. 제가 알고 있었던 것과 일이 되어 가는 건 일치하지가 않았어요.

상담자: 그래서 당신의 꿈에 어떤 일이 일어났나요?

사라: 산산이 부서져버렸죠……. 그리고 온갖 종류의 변태적인 느낌에 집중하게 됐어요. 그런 다음 전 그 느낌을 침대로 가져가요. 마치 그것이 저의 변태 성향인 것처럼…….

상담자: 당신은 뭔가 잘못되었다 혹은 당신은 아름답지 않다는 것과 같은 건가요?

사라: 그리고 만약 그것이 아름답지 않다면, 어떻게 제가 아름다운 것을 거져 줄 수 있겠어요?

상담자: 만약 그것을 도둑맞는다면, 당신은 그것을 스테판에게 아낌없이 줄 수가 없군요.

사라: 줄 수 없죠. 제리 전에 이미 도둑맞았어요. 차 뒷좌석에서 말이죠. 전 그게 얼마나 큰지 알지 못했어요. 전 정말 그것을 묻어 버렸어요. 제가 그 이야기를 말할 때조차도 정말로 그것의 중요성을 덮어 버렸어요. (그녀는 흐느끼고 있다.)

상담자: (긴 침묵) 자, 이제 스테판에게 말해 봐요.

사라가 느끼는 수치심은 스테판과 그녀 사이의 접촉을 지속적으로 방해해 왔고, 그녀가 이상적으로 꿈꾸던 스테판과의 일종의 '아낌없이 주는' 성관계에서 편안함을 느끼는 것도 불가능하게 만들었다. 그녀는 이제 새로운 자각을 통해—현상학적인 변화뿐만 아니라 지적인 변화도—자신이 원하는 접촉의 회복을 시작할 수 있다. 환상 내에서 그렇게 해 보는 것은 그녀가 나중에 현실에서도 그렇게 하도록 도와줄 것이다.

사라: 스테판……. (잠시 침묵) 오, 스테판……. 제가 '스테판' 이라고 말할 때, 전 단지 절 안고 있는 그의 팔을 봐요. 그리고 그는 나를 안고 있어요. 전

그렇게 되는 걸 원하지 않아요.

상담자: 당신은 어떻게 되길 원하는지 스테판에게 말해 봐요.

사라: 오……. 전 그것보다 훨씬 더 풍부하길 원해요, 훨씬 더 충만하길. 침대로 들어갈 때마다 겁에 질리지 않았으면 해요.

상담자: 당신의 침실 생활에 관계되어 온 그 비밀을 스테판에게 말해요.

사라: 오오, 스테판……. (상담자에게로 다시 방향을 돌린다.) 그건 마치 거의 제가 뭐 그를 모독하는 것 같아요.

상담자: 스테판에게 말해요.

사라: 스테판, 내가 이것을 어딘가 다른 곳에 줘 버려서, 내가 마치 당신을 모독하는 것 같이 보이지만 난 진정으로 그걸 줘 버리지는 않았어. 나한테서 걷어가 버렸어……. 당신하고 비슷한 면이라곤 전혀 없는 남자들이. 당신하고는 질적으로 다른.

상담자: 그래요. 그의 가치에 대해 스테판에게 말해요.

사라: 오오, 스테판……. 그토록 깊은 사랑과 존중…… 나를 너무나 소중하게 대해 주고…….

상담자: (잠시 침묵) 그를 집에 데리고 왔더라면 어땠을지 스테판에게 말해 보세요.

사라: 전……전 모르겠어요…….

상담자: 산산이 부서진 꿈에 대한 것은 어때요? 우리가 스테판과 함께 그 흩어진 조각들을 다시 모을 수 있다고 생각해 볼래요?

사라: 제가 보고 있는 것은 제 결혼식 날 밤이에요, 훨씬 더 좋아야 했었는데.

상담자: 스테판에게 당신의 꿈에 대해 말해 봐요.

사라: 네, 이것이 내가 그동안 해 보고 싶었던 나의 사랑하는 방식이야, 스테판.

상담자: 당신의 순결을 어떻게 주려고 했는지 그에게 말해요.

사라: 모든 친구들에게 잘 가라고 인사하고 난 후, 신혼여행을 떠나기 전에 우린 모텔 방으로 갔어……. (한숨) 그래, 그게 바로 원래 방식인데…….

상담자: 그냥 당신 맘에서 그리고 있는 것을 그에게 말해 봐요.

사적인 환상은 점점 옅어져, 희미해지거나 혹은 자기를 비난하는 오래된 그녀의 신념들로 되돌아가 압도당할 수도 있다. 환상에 대해 크게 밖으로 말하고 구체적이고 자세하게 말함으로써 사라는 새로운 대처 반응 세트를 강화하게 된다. 어떤 점에서 보면 그녀는 수치심에 다시 빠지지 않도록 예방 접종을 하는 것이다.

사라: 그를 향한 충만한 저의 사랑과 설 향한 그의 사랑을 그리고 있었어요. 서로에 대한 우리의 깊은 관심, 서로의 욕구, 공간 그리고 모든 것에 대한 존중. 그리고 우린 그저 서로의 품 속으로 빠져 들어갔겠죠. 그리고 이 모든 사랑의 충만함과 강렬함 속에서 너무나 자연스럽고, 너무나 아름답게 일어났을거예요. (그녀는 울고 있다.) 네…….

상담자: 당신의 몸이 흥분되었을 때 당신이 당신 자신에게 말했던 것을 그에게 말해 봐요.

사라: 네, 이게 원래의 당연한 방식이야. 그래, 이게 바로 내가 꿈꾸던, 이건……이건 내가 생각했던 것보다 훨씬 더 좋은데. '왜냐면 난 그걸 느낄 수 있어. 단지 머리로가 아니라!'

상담자: 그리고 "나는 뭔가 잘못된 것이 있어."라고 말하기보다는, 당신이 생각하던 것을 그에게 말해요.

남은 상담 회기 몇 분 동안, 사라는 스테판이 돌아올 것에 대비하여(그는 최근 사업차 여행 중이었다.) 구체적인 계획을 세운다. 그녀는 자신이 올바르고 잘못된 것이 없다는 것을 반복해서 말했고, 상상 속에서 제리와 운전강사 모두와의 대화에서도 반복해서 그렇게 말했다. 그녀의 상담회기는 스테판에게로 다시 돌아오면서 끝이 난다.

사라: 아아아아……모든 것이 옳은 것이야. 이건 너무나 옳아……난 단지 당신이 필요해. 스테판. 단지 당신이 필요해. 단지 당신을 원해. 그리고 내 머

릿속에서, 내 인생에서 그런 사람들을 다 걷어차 버리고 당신과 함께 할 거야.

이 상담작업 부분에서 우리는 내담자가 퇴행해서 어떤 한 나이 시점에서 다른 나이 시점으로 얼마나 빠르게 움직일 수 있는지를 보았다. 그리고 그러한 내담자의 퇴행 수준에 맞추어 조율한 상담자가 어떻게 내담자의 퇴행한 발달 수준에도 적절하고, 퇴행하지 않은 내담자에게서 애초에 요청된 문제 핵심에도 적절한 반응을 형성하는지도 보았다. 초기 외상이 일어났을 때 형성된 가본 신념과 다른 고정된 게슈탈드를 담색함으로써, 사라와 상담자 모두는 사라의 현재 문제 행동이 갖고 있는 기능뿐만 아니라 오빠에게 당한 성적 학대, 제리의 데이트 강간, 그리고 운전강사의 성희롱에 대한 그녀의 반응에 대해 보다 명료하게 이해할 수 있었다. 그런 사건들이 그녀의 인생에서 매우 다른 시점에서 일어났음에도 그리고 그때마다 그녀의 행동이 표면적으로 매우 달랐음에도 불구하고, 기저에 있는 욕구와 생존 전략은 동일한 것이었다.

사라의 상담작업의 중요한 또 다른 측면은 그녀의 수치심을 다루는 것이었다. 앞서 지적하였듯이, 수치심을 느끼는 핵심 요소는 '나는 뭔가 잘못된 것이 있다.' 라는 신념이다. 그 신념이 지속하는 한, 그것이 깊이 묻혀 있고 의식적 자각이 일어나지 못한다 해도 수치스러워하는 것과 관련된 정서 반응은 어떤 상황에서건, 최초로 느낀 수치심 경험과 정서적, 인지적, 행동적, 생리적으로 연결된 모든 상황에 의해서 다시 유도될 수 있다. 사라가 퇴행하고, 과도한 수치심을 느꼈던 때의 반응을 재경험했을 때, 사라에게 관여하고 있고, 진정성이 있으며, 정상화해 주는 상담자의 존재를 통해 사라는 자신이 가진 신념과 기억들을 재조직할 수 있었고, 결국 더 이상 수치심을 느낄 필요가 없게 되었다.

사라는 분명히 인생에서 많은 심리적 외상 사건을 경험했지만 지속적인 손상과 끊임없이 괴롭히는 수치심을 일으키는 것은 일어난 사건 그 자체가 아니라는 것을 깨달았다. 보다 심각한 외상을 일으키는 것은 고통스러운 사건 동안 그리고 그 사건 후에 지지적인 관계가 없는 것이었다. 그런 지지적인 관계도 없이 사라는 각 사건의 의미, 자신의 정서적 반응의 의미, 그리고 그 사건과 사건의 여파에 대처하기 위한 전략을 혼자서 파악해 냈어야만 했다. 우리가 봤듯이, 그녀가 부여했던 의미들은 자기비난적이고 자기비판적인 것들이었다. "나는 뭔가 잘못된 것이 있어." "난 바보야." "난 매춘부야." 그녀가 터득한 모든 전략들은 최초 외상에서 비롯되었다. 자신의 오빠에게 희롱을 당한 아이가, 도움을 청할 수 있는 존재 혹은 사건 이후에 편안함을 제공해 주고 이해시켜 줄 수 있는 존재가 전혀 없었던 아이가 혼자 터득한 전략들이었다. 전략 하나–친절하기; 전략 둘–딴청피우고 주의를 분산시키기; 전략 셋–얼어붙기. 이런 것들은 아이였던 사라가 그렇게 해야 하는 것으로 파악했던 것들이다. 그리고 전략들 중 그 어떤 것도 사라가 자기 혼자서 강간자와 함께해야 했을 때 별반 도움이 되지 않았다.

잘 연마되어 지금은 자동화되어 버린 반응들을 변화시킬 수 있는 방법을 찾도록 사라를 도와준 것은 그 어떤 것보다 바로 질적인 상담관계였다. 분명히 이전에는 그녀가 경험해 본 적이 없는 관계, 즉 진심에서 우러나오는 보살핌이 있는 관계에서의 안전함과 편안함을 경험했을 뿐 아니라, 그 관계 내에서 상담자는 이전에 사라의 방어가 갖고 있던 기능들을 대신 넘겨받아, 사라가 자기비난을 차단하고 그녀의 행동에 대해 이해가능하도록 의미를 전달했다. 사라는 상담자가 그와같은 자신의 생존 기능을 잘 보살펴주고 있음을 경험하고 또한 상담자가 자신의 관계 욕구를 돌볼 수 있고, 그럴 거라 믿기 시작한다. 그렇게 하자 그녀는 오래된 방어 전략들을 떠나보낼 수 있게 되었다. 주의를 분산시키거나 얼어붙거나 혹은 '친절하기' 에 속박되지 않고, 새로운 반응 패턴을 실험할 수 있었다. 얼어붙는 대신에 그녀는 "싫어요."라고 말할 수 있었다. 주의를 분산시키는 대신에 자신의 욕구와 바람을 명확하게 할 수 있었다. '친절' 대신 학대자에게 분노를 표현할 수 있었다. 그리고 그렇게 함으로써 자신이 가진 힘과 잠재력을 느낄 수 있었다. 더 이상 힘없는 아이처럼 느끼고 행동하는 여성이 아니라, 성인처럼 느끼고 행동할 수 있는 여성이 되었다.

이 상담작업 이후 몇 개월이 지났고, 상담자는 사라로부터 한 통의 편지를 받았다. 우리는 그녀의 편지가 이 장의 결론으로 딱 맞아떨어진다고 생각한다.

> 강간을 당한 사건 각각에 대해 자세히 다루어 나갈 때, 전 선생님의 손을 잡았고 선생님의 눈을 찬찬히 들여다 보았어요……. 제가 느끼고 있던 것들이 정상적인 반응이라는 선생님의 안심되는 이야기를 듣고, 각각의 강간을 당했던 그 당시에는 알지 못했던 정보도 알게 되고, 그 당시로서는 제가 할 수 있었던 유일한 혹은 최선의 결정을 하려했던 저의 노력에 대한 선생님의 지지를 경험하면서, 저는 수치심과 죄책감을 내려놓는 작업을 시작했습니다.
>
> 운전시험이 있기 전 마지막 연습이 있던 날 밤에 운전강사와의 관계에서 일어났던 사건에 대한 이야기를 했을 때……. 결국은 차 뒷좌석에서 성적인 관계를 시도하려는 그 사람과의 싸움이 되어 버린……. 그 얘기를 하는 것은 너무나 어려운 일이었어요. 선생님이 절 쳐다보시면서, "사라, 그건 강간이었어요."라고 말했을 때, 그건 일종의 큰 깨달음이었어요!
>
> 남편과 충만하고 건강한 성 생활을 즐길 수 없는 저의 무능력이 저에겐 항상 고민거리였죠. 전 그것에 대해 어릴 적 근친상간 경험 탓으로 책임을 돌렸죠. 저의 강간 문제를 구체적으로 다루었던 것은 매우 강력했고 새로운 눈을 뜨게 하고, 저를 자유롭게 만들었어요. 감사합니다!
>
> 이 편지를 쓰면서 전 다소 감정적이 되긴 했지만, 압도되진 않았다는 것을 발견했어요. 저에게 이건 좋은 신호죠. 절 퇴행시킬 수 있을 만큼의 강력했던 일을 지금은 슬픔과 수용이 혼합된 마음으로 돌아 볼 수 있어요. 이건 저에게 생경스러운 혼란함이 아니라 깊은 슬픔의 해결이에요. 또한 기운 넘치는 새로운 삶도 있어요. 전 지금 결혼생활의 충만함이라는 새로운 꿈도 추구할 수 있어요.

제9장
에드워드: 방어 기능 탐색

상담은 습관적으로 방해를 받는 내적 · 외적 접촉의 문제를 해결하기 위한 것이다. 상담에서는 성장하고 변화하려는 경향과 그 경향과 똑같이 자연스러운 힘인, 있는 그대로 머물러 익숙한 것을 유지하려는 경향 사이의 역동적인 긴장이 생겨난다. 이러한 두 가지 경향, 즉 변화하려 하는 경향과 똑같은 것을 그대로 유지하려는 경향이 없다면 상담이라는 것도 없을 것이다. 성장하려는 강렬한 바람이 없다면 상담은 무용지물일 것이다. 똑같은 상태에 계속 머물러 있으려 한다면 상담도 필요하지 않을 것이다.

이번 축어록에서는 상담과정에서 일어나는 긴장, 즉 성장과 정체 사이에서 일어나는 긴장과, 심리적 확장과 축소 사이에서 일어나는 긴장에 초점을 맞출 것이다. 상담자가 오래되고 학습된 행동을 유지하려는 내담자가 사용하는 몇 가지 방법들에 주목하고, 내담자가 사용하는 패턴의 기능을 타당화하는 동시에 내담자가 온전하고 건강하게 자신 및 타인과 접촉할 수 있도록 다음 단계를 어떻게 준비시키는지를 살펴볼 것이다.

사고, 정서, 행동의 익숙한 패턴을 유지하기 위해서는 변화를 허용하지 않아야 한다. 너무나 분명한 자연의 이치이지만 의미심장하다. 변화하지 않는다는 것은 자신의 행동, 가치, 환상 그리고 자기 자신과 다른 사람에 대한 믿음을 지속적으로 유지한다는 것을 의미한다. 또한 이것은 유사하다고 인식된 상황에 언제나 똑같은 방식으로 반응한다는 것을 뜻한다. 경험을 조직하는 낡고 오래된 방식을 앞으로 하게 될 모든 새로운 경험에도 적용한다는 것이다. 요약하면, 변화를 불러일으키는 사각을 하시 못하도록 사신을 방어한다는 의미다. 내적 · 외적 접촉으로부터 우리 자신을 방어해 낡은 패턴을 유지하도록 한다는 것이다.

방어함으로써 치러야 하는 대가는 크다. 방어는 접촉과 성장의 즐거움을 막을 뿐만 아니라 방어 그 자체를 유지하기 위해서도 에너지를 필요로 한다. 심리적으로 방어하기 위해 애를 쓸수록, 다른 것을 하기 위한 에너지는 그만큼 줄어들게 된다. 그런데 왜 그렇게 하나? 낡은 패턴에 왜 그토록 매달리나? 편히 쉬면서 접촉하는 자연스러운 자신이 되도록 내버려 두지 못하는 이유는 무엇인가? 대가를 지불하면서도 그렇게 고집스럽게 매달리게 되는 반응이라면 반드시 중요한 기능이 하나쯤, 아니 여러 개쯤은 있어야 한다. 이 장에서 우리는 방어의 기능 중 가장 중요한 네 가지 기능을 포함하고 있는 하나의 상담 회기를 살펴볼 것이다.

첫째, **예측 가능성**(predictability)이다. 만일 세상이 예측 가능하지 않다면 앞으로 일어날지 모르는 나쁜 일에 미리 대비하지 못할 것이다. 예측 가능한 세상에서는 무엇이 일어날지 알기에 그것을 준비할 수도 피할 수도 있다. 자기 자신과 타인에 대한 그리고 삶의 질에 대한 신념의 패턴은 그와 같은 예측 가능성을 제공한다. 사실로 믿고 있는 것을 좋아하지 않더라도, 적어도 그것이 예측 가능하다면, 그에 대비할 수 있기에 최소한 약점을 잡히지는 않게 된다. 예측 가능하다면, 싸움을 대비하거나, 도망칠 준비를 하거나, 혹은 곤란을 극복할 수 있게 된다.

둘째, **정체성**(identity)이다. 어떤 의미에서 정체성은 일종의 특별한 예측 가능성이다. 자신에 대한, 자기 존재에 대한 예측 가능성. 이러한 예측 가능성이 없다면 한 순간에서 다음 순간으로 이어지는 시간의 연속성을 이해할 수 없고, 한 상황에서 다른 상황으로 상황이 바뀌더라도 사람은 같은 사람이라는 것도 이해할 수가 없다. 그리고 예측 가능성은 정체성이 발달되는 연속적인 경험이며, 이를 통해 자기(self)를 실재하는 존재로 알 수 있게 된다. "나는 나다(I yam what I yam.)"라고 뽀빠이(Popeye)는 말한다. 내 주위에서 일어나는 변화에 관계없이 '나는' 여전히 똑같은 '나로' 존재한다. 생각하고, 정서를 경험하고, 나를 둘러싼 세상과 상호작용하는 데 익숙한 방식을 고수함으로써 '나'에 대한 자각을 유지할 수 있다.

셋째, 일관성(consistency)이다. 인간은 조직하는 동물이다. 조직하지 않는다면 우리의 삶은 마치 관련되지 않은 일들이 혼란스럽게 일어나는 만화경 속과 같을 것이나. 어떤 것도 이해할 수 없고, 어떤 것도 서로 관계없게 될 것이다. 사고하고 느끼는 익숙한 방식을 유지해야 자기 자신의 반응을 이해하고, 조직화된 맥락 속에서 반응할 수 있고, 세상을 구조적으로 만들 수도 있다. 이러한 구조를 통해 결과적으로 예측 가능성과 정체성을 갖게 된다.

넷째, 마지막으로 안정성(stability)이다. 이 네 가지 기능에서 안정성이 제일 먼저 나왔어야 했다. 예측 가능성, 정체성, 일관성은 통제감과 자기 자신에 대해 책임질 수 있을 때에만 가능하다. 방어를 하지 않는다면 통제할 수 없는 과정 속에 밀려 들어가 절망적일 만큼 혼란스럽고, 바람에 날리고, 익사할 것만 같이 쏟아지는 감정, 욕구, 기억의 홍수 속에 빠질 각오를 해야 한다. 쉬운 말로 이것이 바로 '미친다'는 것이다. 방어는 우리가 느낌을 느낄 수 있고, 통제 내에서 존재할 수 있도록 하고, 그러한 통제를 통해 예측가능한 세상에서 일관성과 정체성을 유지할 수 있도록 한다.

상담자가 해야 할 일은 내담자가 경직된 인식, 반응 패턴, 방어, 왜곡 패턴에서 벗어나, 세상에 존재하는 새로운 방식을 발견하도록 돕는 것이다. 하지만 오래된 방어와 왜곡이 제공하는 기능들은 필요하다. 예측 가능성, 정체성, 일관성 그리고 안정성에 대한 필요에 주목해야만 한다. 통합적 상담에서는 내담자가 자신의 오래된 행동 신념과 반응을 버리기 시작할 때 만들어지는 간격을 채우기 위해, 상담관계로 그러한 기능들을 일시적으로 넘겨받는다. 여기 상담에서의 또 하나의 '사이'가 있다. 바로 상담관계로 옛 방식의 자기와 새롭게 나타나는 자기 자신, 그리고 타인과의 새로운 접촉 '사이에' 상담관계가 놓이게 된다.

이 장에서 제공하는 내용은 내담자 에드워드와 함께했던 세 번째 상담회기에서 발췌한 것이다. 내담자는 여전히 다소 주저하는 모습을 보이는데, 이는 아직 상담자를 잘 모르기도 하고, 아직 상담자를 완전히 신뢰하지 않기 때문이다. 변화의 첫 단계는 상담자가 자신을 돌봐 주고, 접촉하기에 믿을 만한 타인으로 경험되는 것이다. 이러한 관계를 경험하기 시작하면서, 내담자는 이 경험이 자신의 과거 경험과 너무나 달라, 다른 방식으로 자기 자신과 자신의 방어를 인식하고 평가할 수 있게 된다. 내담자 스스로가 자신을 창조적이고 용감한 생존자로 인정하고 가치를 높이 평가하기 시작한다. 이런 일이 한 번 일어나서 자신의 방어적인 패턴을 자각하면, 자기 자신을 위한 새로운 선택을 할 수 있는 보다 나은 위치에 서게 된다.

에드워드: 여기서 선생님을 쳐다보고 있으려니……조금 겁이 나는데요……. 좀 심각한 느낌이 들기도 하고, 재미있기도 한 느낌들이 오락가락하면서…….

상담자: 겁이 난다고요?

에드워드: 어, 선생님이 갑자기……여기 실재하고 있다는 사실이 확 부각되네요. 선생님이 저를 쳐다보고, 그리고 저는……머릿속이 텅 비어 있어요. 지금 이 순간에 여기서 뭘 해야 할지 모르겠어요. 그리고 갑자기 저는 '어제 내가 생각하고 있던 게 뭐였지.'를 지금 생각하고 있어요. 그리고 아마도 제 삶이랑, 뭐 그런 거에 초점을 맞추고 있어요…….

상담자: 하지만 만일 내가 온전하게 여기 존재한다면, 당신은 겁이 난다는 말이죠?

에드워드는 상담관계의 핵심인 상담자의 존재를 위협으로 경험하고 있다. 상담자가 에드워드를 위협한다는 아무런 외부 근거가 없다. 그렇기 때문에 그 두려움의 원천은 틀림없이 내부적인 것이다. 에드워드는 자신과 상담자 사이의 관계를 그가 이전에 경험했던 다른 중요한 관계로 전이하고 있을 수도 있다. 상담자를 대할 때 에드워드가 어떤 경험을 하는지 탐색함으로써 에드워드가 위협이나 겁으로 느끼도록 배워 온 관계의 중요성과 의미뿐만 아니라 지금까지도 그런 식으로 느끼면서 계속 얻게 되는 심리적 기능을 에드워드와 상담자 모두가 발견하게 될 것이다.

에드워드: 뭐 일종의 강요 같은, 예, 그러니까 뭐……. 들어와서 심각해지고, 그리고……. (웃음) 뭔가 하려고 하거나 뭐 그런 거, 하지만 저는 사실 약간 재미있기도 한데, 괜찮아요.

상담자: 당신을 겁나게 하지 않으면서도 내가 여기 있을 수 있을까요?

에드워드: 어, 지금 조금씩 그렇게 되어 가고 있어요. 어, 이제는 좀 덜 겁이 나고……. 조금씩 편안해지는 방법을 찾아가면서, 음……. 선생님이 조금 더 느껴지고, 조금 더 알 거 같고. 어, 그러니까 선생님과 오래 있었던 게 아니라서, 아직 선생님과 오랜 시간을 보낸 게 아니라서…….

상담자: 하지만 나에 대해서 뭔가 알고 싶어요?

에드워드: 예. 저는 많은 걸 생각하고 있었어요……오늘 아침 걷는 동안, 저는 저의 어머니에 대해 꽤나 많이 생각했어요. 사실……. (웃음) 걸을 때, 대개는 저에 대한 막연한 생각을 해요. 그리고……음, 제가 무엇을 하고 있는지, 뭘 하고 싶은지, 어디에 있는지를 생각하고…… 오늘은 선생님을 만나는 것에 대해 생각했어요. 매우 화가 나고, 그리고 음……. 뭐라고 해야 하지—저의 어머니랑 주로 있었던 굴욕적인 상호작용. 그게, 그러니까 어머니는 저에게 모욕을 주려했고, 저도 같은 방식으로 갚아주려 했어요. 그게……우리는 많이 싸웠어요. 어머니는 그러니까 아주, 음, 심하게 모욕을 주는 사람이에요. 매우 경멸적인, 매우…….

상담자: 어떻게 모욕을 준다는 거죠? 어머니가 어떻게 했는지 얘기해 줄래요?

이 탐색은 에드워드의 개인사와 더불어 함축적으로는 상담자에 대한 그의 기대로 진행된다. 전이의 탐색이다. 에드워드가 어머니와의 관계에서 배운 모든 행동과 반응이 중요하고, 중요한 기능을 갖고 있다고 가정한다. 그가 배운 것들은 현재 성인이 되어 맺는 관계와도 밀접한 관련이 있다. 과거 그때로 돌아가, 어머니와 에드워드의 관계가 어땠는지를 탐색하는 것이 지금 현재 상담자와 에드워드 그 둘의 관계가 어떤지를 보다 잘 이해할 수 있는 시작이 될 것이다.

에드워드: 아, 네. 어머니는 음……어, 어머니는 말투가. "어, 나는 네가 아는 줄 알았어." 뭐 그렇게. 뭐 그런 식의 음……우리 사이엔 보통은 뭔가 많은 게 있었어요. 지금 머릿속에 떠오르는 건, 제가 걸으면서 생각했던 것 중에 하난데, 선생님께 저에 관해 이야기하는 것을 상상하고 있었어요. "어머니에 대해서는 더 이상 말하고 싶지 않아요."라고 말하는 상상. 그리고 또 생각했어요, "아뇨, 사실 제 인생은 확실히 이렇게 복잡하고, 긴장되고, 또 가학적인 관계에 둘러싸여져 왔어요. 그리고……사실 우리 둘 사이는 아직도 여전히 그래요." 그리고, 음, 이건 중요한데, 분명히 말하고 싶은 건, 그건 사실이 아니에요. 어머니에 관해 더 이상 얘기하고 싶지 않다고 한 건 사실이 아니에요. 그건 언제나 거기 있어요. 언제나 내 안에, 그곳에 있어요. 심지어 내가 지금 쉰 살이고, 스스로도 많은 작업을 했지만, 그건 여전히—그건 제 인생에서 중요한 부분이에요. 그런 거 같아요…….

상담자: 에드워드, 당신이 나를 바라보면서, 나에게 물어보지 않은 질문처럼 느껴지는 게 있는데, 추측해 봐도 될까요? 이를테면 이런 건데, "선생님도 제 어머니처럼 절 모욕할 건가요?"

여기서부터 상담자는 더 이상 단순하게 에드워드가 어떤 기대를 가지고 있는지 호기심으로 따라가는 것이 아니라 그 기대들을 직접 언급한다. "세상을 조직하는 당신의 방법에 따르자면 나 또한 마치 당신의 어머니가 당신에게 하듯 하길 바라나요?" 사실 그렇다면 훨씬 더 예측하기 쉬워지고, 시간에 앞서 어떤 일이 일어날지 알게 되어 에드워드는 상담자에게 실망하는 것을 피할 수 있고, 어려움에 대비할 수도 있다.

에드워드: 저, 저는 전혀 그렇게 느끼지 않아요. 선생님은 전혀 그런 종류의 에너지를 갖고 있지 않아요. 저는 그저 예방 차원에서 선생님을 약간 밀쳐놓고 싶어요. 그냥 그런 거예요. 음, "선생님이 저에게 뭔가 하시기 전에 제가 먼저 뭔가 할 수 있게 해 주세요." 지금은 좀 그런 느낌, 선생님은 정말로 여러 면에서 좋은 분처럼 보이지만, (웃음) 하지만 그렇게 느끼기가 어려워요.

상담자: 그런 말을 언제나 반쯤은 의식적으로 숨기고, 반쯤은 배경으로 무의식 속에 숨겨 놓고 있는 건 아닌지 궁금한데요?

에드워드: 예. 그게 언제나 좀 그렇게 되는 거 같아요. 좀……"이런 세상에" 여기, 그리고…….

상담자: 유머가 그런 걸 다루는 방법인가요?

에드워드: 네, 물론이요, 그게…….

상담자: 그렇다면 당신의 애교는요?

에드워드: 애교요?

상담자: 자연스러운 건가요, 아님 그것도 굴욕을 당할지 몰라 대비하는 건가요?

유머와 애교는 너무 가까워지고 나면 굴욕을 당하게 되는 아픔으로부터 방어하는 방법이나 대처 기술이 될 수 있다. 상담자가 마지막에 한 세 가지 탐색에서 에드워드는 자신의 상호작용 양식에 방어의 가능성이 있는지 검토하도록 초대되었다. 하지만 유머와 애교는 자연스럽고 진솔하면서, 접촉을 향상시킬 수도 있다. 상담자는 지금 두 가지 면을 모두 인식하고 있고, 에드워드도 두 가지 설명 모두를 수용하고 있다.

에드워드: 둘 다요. 오늘 아침 어떤 사람이 몇 년 전에 저에게 한 말이 기억났어

요. "넌 어렸을 때 굉장히 자주 노래를 불렀단다." 사실 저는 지금도 노래와 휘파람을 자주 부는 편이에요. "너는 아주 행복한 젊은이처럼 보이는구나."라고. 좀 나이가 든 여자였는데 그녀를 못 본 지 25년, 30년쯤 된 거 같아요. 그리고 음. 저는 여러 면에서 쾌활한 어린 소년이었어요. 아, 질문이 뭐였는지 잊어버렸어요. 아, 애교, 맞다……그래서 저는 둘 다 자연스러운 거라 생각해요. 하지만 또, 에, 에, 저는……. 사람들을 어느 정도 통제하고 싶기도 해요. 그러고 싶어요…….

상담자: 유머로 굴욕당하는 걸 통제하고 싶다라는 말을 할 때는, 말이 굉장히 빨라졌어요. 지금 방금 말이에요. 그것도 자연스러운, 의식하지 않은 유머인가요? 아님 보호만 하려고 하는 건지? 당신이 사용하는 애교가 자연스러운 것이기도 하고, 보호하려는 것이기도 하다고 했는데, 그렇다면 당신에게 보호가 보장된 이후에도, 유머가 자연스러울지 궁금하군요.

사춘기 이전 시기는 에드워드가 세상과 만나는 지금의 방법을 발달시키는 데 매우 중요한 시간이었다. 에드워드의 사춘기 이전 시기를 많이 다루었는데, 이번 발췌는 그중 첫 번째다. 지금도 그 행동이 자연스러운 것인지 보호를 위한 것인지에 관한 의문은 여전히 검토 중에 있다. 보호를 위한 것이기도 하면서 자연스러운 것이기도 한 유머와 애교에 대한 개념에 '만일 그렇다면' 이란 질문을 한다면 어떨까? 만일 에드워드가 자신을 보호하지 않아도 된다면 어떨까? 다른 방식으로 방어적이지 않아도 된다면 그의 유머와 애교는 어떤 영향을 받을까? 상담자의 이러한 제안은 에드워드가 방어를 덜 할 때 경험하게 되는 취약성을 시도해 보도록 할 것이다. 또한 에드워드가 사용하는 방어 기능의 정체성도 찾을 것이다. "더 이상 이런 방식으로 자신을 보호할 필요가 없다면, 당신은 어떨까요?"

에드워드: "저도 그러고 싶어요." 즉시 이런 느낌이 되는데요. (웃음) 유머를 원하지 않는다는 건……상상하기도 싫어요……. 하지만…….

상담자: 그럼, 당신이 방어를 하나쯤 갖는다면, 유머가 가장 근사한 거라는 거군요.

에드워드: 네. 네, 유머를 잃고, 잃어버리고 싶지가 않아요. 저도 제가 그걸 너무 많이 사용한다는 걸 알아요. 하지만 "선생님을 좀 더 계속해서 만난다면, 그렇다면 제가 찾고 있는 건 무엇이고, 저한테 중요한, 제가 되려고 하는 건 뭐지……."라는 걸 생각하고 있어요. 그게 중요한 무언가, 원하는 게 있어요…….

상담자: 무언가 원하는 거?

에드워드는 상담자에 대한 자신의 감정을 직접적이면서도 구체적으로 이야기하고 있다. 그가 이렇게 하면 할수록, 지금-여기에 있는 상담자와의 관계 속에서 경험할 때 갖게 되는 특성을 더 많이 탐색할 것이고, 더 많은 접촉을 할 것이다. 물론, (최소한 부분적으로라도) 에드워드가 상담자와 관계를 맺고 있는 것이 아니라, 그의 다른 많은 관계 속에도 스며 있는 어머니에 대한 이미지와 관계를 맺고 있는 건 아닌지 생각해 보아야 한다. 상담자가 에드워드의 마지막 말을 단순하게 반복한 것은 탐색의 방향을 결정하거나 선입견을 갖지 않으면서 보다 더 탐색할 수 있도록 격려한 것이다.

에드워드: 예……. 그렇게 말하자마자 약간 조심스러워지고, 사실 좀 화가 나요, 어……. 퉁명스러워지기도 하고.

상담자: 누군가 다른 사람에게 의존하고 싶은 충동이 생기면 퉁명스러워진다는 말인가요?

에드워드는 자신이 '무언가 원하는 것'을 느끼도록(그리고 그것에 관해 말하는 것을) 허용했다. 이것은 그의 평소 패턴과는 반대다. 그처럼 무언가 원하는 것이 있다는 것은 취약하다는 것을 나타내는 형태이고, 에드워드에게 취약성은 허용되지 않는다. 유머와 애교를 뒤따르는 다음 단계의 방어는 퉁명스러움이다. 퉁명스러움은 안과 밖, 모두를 보호한다. 내면으로는 자신의 부족함을 느끼지 않도록 하고, 외면으로는 에드워드와 다른 사람 간에 안전한 거리를 유지하도록 한다.

에드워드: 글쎄요. 저 깊숙이는 그래요. 저는 아마도 아닌 척하고 있을 거예요. 하지만 약간은 퉁명스러워져요, 그게. 약간은 그게, 말하자면, "당신이 누군데…… 내가 왜 당신을 믿어야 하는데? 이런 식의, 말하자면, "젠장 당신이 도대체 뭐야?" 이런 식의 화…….

상담자: 나도 좀 들을 수 있게 그 퉁명스러움의 볼륨을 좀 더 높여 줄래요?

방어와 싸우기보다는 그것을 지지하라. 방어와 싸우고 뚫고 나가려고 하면, 방어의 감춰진 기능과 특성이 묻혀 버릴 수 있다. 그것은 마치 잡초의 윗부분만을 잡아당기는 것과 같아서 그렇게 해버리고 나면 뿌리까지는 뽑을 수도 없고, 오히려 이후에는 더 크고 왕성하게 다시 자라나 버린다. 전이 과정 전체를 지지함으로써 방어를 보다 온전하게 자각할 수 있게 되고, 다른 사람의 낡은 신념과 기대를 확인시키는 행동을 더 이상은 하지 않아도 되는 새로운 맥락의 관계를 경험하며 삶을 살 수 있게 된다.

에드워드: 예, 아마도……. 어, 얘기할 게 하나 있는데요. 어머니는 제가 고통스워하는 걸 보면서 회심의 미소를 지으며 저를 학교에 보내는데, 정말 젠장 너무나 치욕스러웠어요. 어머니는 우리를 없애 버리고는 정말 너무나 기뻐했어요. 그게. 전 그걸 아주 또렷하게 기억해요. 전 열두 살 때 기숙학교에 보내졌고, 같은 시기에 기껏해야 여덟 살 정도였던 제 남동생마저도 보내졌어요. 그리고 그 동생은 두 달 동안이나 가족을 보지 못했어요. 어, 그러니까, 저는 열두 살이었구요. 저는 도대체 그 상황에서 어떻게 해야 할지 몰랐어요. 세상에 여덟 살짜리를! 어쨌든, 아니 그래요. 그건 여전히 가슴에 사무쳐요. 어, 그게, 그런데 어머니는 자식들을 처리해 버릴 해결책

을 찾고 기뻐하는 거 같았어요.

상담자: 에드워드, 당신이 세상에서 가장 의지했던 사람이 회심의 미소를 지으며 당신을 멀리 쫓아내 버렸을 때, 마음속에서 무언가가 일어났군요.

질문이 아님에도 불구하고, 이것은 분명한 탐색이다. 정서경험에 대한 기억 속으로 옮겨가도록 돕는 일종의 초대다. 이것은 역사와 기대에 관련된 정보를 끌어낼 수도 있고, 혹은 앞으로 더 이상 상처받지 않기 위해서 마음을 냉혹하게 해야 한다는 결정을 '마음속으로' 했던 건 아닌지를 살펴볼 수도 있다. 또 그렇게 한 에드워드의 '대처방법/선택/결정'을 탐색해 보도록 할 수도 있다. 어머니에 대한 에드워드의 반응을 정상화하는 것은 개입의 또 다른 효과다. "무언가가 일어났군요."는 "누구라도 그 상황에서는 그렇게 강하게 반응했을 거예요."로 해석할 수 있다.

에드워드: 흠. 어, 제가 기숙학교에 가기 전에는 정말 그렇게 느꼈어요. 그게, 뺨으로 눈물을 주루룩 흘리고 있는 남자애들이 교실에 빙 둘러앉아 있다고 누군가에게 말했어요. 거기엔 저하고 제일 친한 친구 중 하나인 여드름이 잔뜩 난 케빈 마틴이란 애가 있는데, 제 기억에는 걔가 거기 앉아서 여드름을 짜고 있고, 그리고 (웃음) 얼굴에는 눈물이 흐르고……. 그런데, 저는 전혀 울지 않았어요. "오래된 쓰레기 더미에서 빠져 나와서 기뻐."라고 말한 게 기억나요. 하지만 다른 한편으론 전 새로운 쓰레기 더미에 밀쳐졌을 뿐이에요. 음…….

상담자: 그리고 속으로는, 정말로 어떤 느낌이었어요?

이 개입은 상담에서 퇴행하도록 하는 섬세한 초대다. 이것은 에드워드가 어린 시절 자기 자신의 현상학적 경험과 접촉하도록 하는데, 이 접촉이 바로 퇴행 경험의 정수다.

에드워드: (잠시 침묵) 저는 거기서 빠져나와 기뻤어요. 근데…… 더 이상 행복하지가 않았어요. 그 후로 적어도 2년 동안은 행복하다는 걸 느낄 수가 없었어요. 열 살, 열한 살 이후로는, 열 살쯤 나는 매우 불행하다고 느끼기 시작했어요. 모든 게 완전히 산산조각 난 것 같았어요. 매우 강렬하고, 괴로운 환상들이 많았어요. 그게 저를 괴롭혔는데, 그게 무슨 말이냐면. 매우 강렬한 성적 환상, 매우 강렬한 성적 행위…… 저는…… 부모님이 나가시면 옷을 벗고 벌거벗은 채 집 주변을 걸어 다녔어요. 제가 열한 살 때 우리는 이사를 갔어요. 나무 사이를 배회하고 돌아다니고, 나뭇잎에서 구르고, 나무에 매달리고, 뭐 그랬어요. 정말로 옷을 벗고 싶은 굉장한 욕망을 갖고 있었어요.

에드워드가 이러한 이야기를 찾아내기 위해 잠깐 퇴행으로 들어가긴 했지만, 아직 진정한 퇴행은 아니다. 그가 사춘기 이전의 현상에 대해 이야기하고 있는 것은 분명하지만, 그러한 경험이 수반하고 있어야 하는 정서를 느끼지 않고 있다. 나체로 있고 싶어 했던 욕망에 대한 설명은 자기비난의 특성을 띠고 있어, 상담자는 그 비난을 중립화시키는 반응을 한다. 상담자의 말과 어조는 에드워드의 경험을 인정하고, 정상화시키고, 그 경험의 기능을 타당화시킨다.

상담자: 스킨십에 굶주렸었나요?

에드워드: 오, 세상에나, 전 그렇게 하는데 정신이 이상해져 있었어요. 하지만…… 저는 심지어 지붕에도 옷을 입지 않은 채 올라갔다가 떨어졌어요. (웃음) 정말 끝내줬어요. 한밤중에. 마침내 기어 내려 올 창문을 간신히 찾았어요. 집 밖에서, 벌거벗은 채로 아침에 발견되는 일은 상상만 해도 완전히 끔찍해요…… 그래서 결국은 창문을 찾아서 (웃음) 부수고 들어갔어요…….

상담자: 그렇게도 스킨십에 굶주렸다는 거군요.

에드워드는 그의 성적 환상을 이야기할 때 빠르고 활기차게 말을 하고 있다. 그의 비언어적 반응들에도 상당한 에너지가 나타난다. 그러나 즉시 강렬한 정서를 방어하는 방식의 가짜 유머, 자기모욕적인 일화로 바뀐다. 상담자의 반복적인 반응은 내담자가 내적 경험으로 되돌아오도록 초대한다.

에드워드: 오, 예, 예, 저는 음 심각하게.

상담자: 당신을 무릎에 앉혀 준 사람이 있나요? 곁에 누워서 잠을 자고, 꼭 끌어안아 준 사람이 있나요?

이것은 개인사에 대한 담색이기도 하고 그 이상이기도 하다. 이 이미지는 이러한 경험을 하는 것이 어떤 느낌인지, 혹은 그런 경험이 없는 것이 얼마나 불편한지에 관한 정서적인 기억을 자극하도록 의도되어 있다.

에드워드: 아뇨. (잠시 침묵) 생각해 보려 하고 있어요. 우리 집에는 오페어(역주: 가사를 도와주고 숙식을 제공받는 젊은 외국 유학생이나 여성) 소녀가 있었어요. 제가 대략 두 살일 때부터 우리 집엔 언제나 오페어가 있었어요. 한번은 굉장히 멋진 사람이었어요. 르네라고 하는 여잔데. 제가 다섯 살쯤이었어요. 그녀와 저는, 저는 정말로 그녀를 좋아했어요. 그녀는 절 안아줬어요. 하지만 그녀는 떠나 버렸어요. 그리고는 다시 돌아왔죠. 그래서 저는 그녀에서 정말로 화가 났었어요. 사람들한테 그녀가 얼마나 뚱뚱한지, 그리고 뭐 그런 거 말하고, (웃음) 왜냐면 그녀가 1년 반 동안이나 떠나 있었거든요. 그리고는 다시 돌아왔어요. 그녀가 가 버렸던 걸 용서하기가 너무 힘들었어요. 너무 어려웠어요. 그 사람들은 매년 가 버렸어요. 네…… 다시, 그것에 대해서도 어머니는 일종의 승리 같은 걸 느꼈어요. 마치 제가 이들하고 매우 가깝게 접촉하기만 하면, 그들은 갑자기 가 버리는 거예요. "잘 가요, 도리스." 어, 어머니는 작별인사를 했어요.

여기 에드워드의 각본 신념인 "사람은 믿을 수 없어."를 지지하는 더 많은 역사가 있다. "르네와 도리스는 그를 버렸고, 그의 어머니는 그 일을 꾸미고 즐겼다. 만일 그가 누군가와 가까워지고 필요로 하게 되면, 또다시 상처만 받게 될 것이다. 그리고 그의 상처는 두 배가 된다. 버려짐 때문에, 그리고 그의 고통이 어머니에겐 즐거움이기에.

상담자: 아버지는 그럴 때 균형을 좀 잡아 주셨나요…….

에드워드: 아뇨 저에게는. 왜냐면 저는…… 우리 집엔 아들이 넷인데, 그중에…… 저는 어머니를 닮아서 보이지 않는 결정이 이미 내려졌고, 그래서 저는 엄마 쪽 진영에 속했어요. 어떻게 이런 결정이 내려졌는지는 모르겠어요, 하지만 언제나 저는 '쿠퍼' 였어요, 어, 어머니처럼, 어머니의 결혼 전 이름의 성인 쿠퍼로 전 불렸어요. 저는 그래서……. 저의 가장 큰, 음, 가장 큰 두려움은 부모님이 갈라서는 거였어요. 왜냐면 부모님은 아주 많이 화가 나 있었고, 관계가 매우 불안정했어요. 그리고 실제로 잠시 별거하기도 했었어요, 제가 열 살 때, 한 3개월쯤요. 부모님은 이혼에 대해서 얘기했어요. 두려움 중 하나는 어머니와 저만 남겨지는 거였어요. 그것에 대해 매우 강한 두려움이 있었어요. 남아서 정말로 어머니를 돌보고 싶지가 않았어요. 다른 형제들, 다른 두 명의…… 왜냐하면 넷째는 한참 후에 태어나서…….

상담자: 마치 이것이 당신에게 매우 중요하다는 듯 사춘기 이전 시절로 계속해서 돌아가는군요. 노래를 부르곤 했다고 말한 그 친구. 당신이 말하는 열 살 혹은 열 살 반 이후, 당신의 인생이 부서지기 시작했을 때, 벌거벗고, 그리고 열 살 때 잠깐 동안 부모님이 별거했던 것과 어머니와 남겨지는 것에 대한 두려움을 얘기했어요.

사춘기 이전에 대한 초점이 너무나 광범위하게 퍼져 있어서 무시할 수가 없다. 상담자는 단순히 그렇다는 것을 강조한다. 만일 에드워드가 사춘기 이전을 탐구하기 원한다면 그 또한 환영을 받을 것이다. 그러나 에드워드는 분명히 그와 어머니 사이에 일어난 일에 상담 대부분의 시간을 투자하고, 그것에 관해 계속해서 이야기하고 있다.

에드워드: 어…… 한번은 차를 타고 가는데, 어머니는 저에게 아버지가 당신을 떠날 거라고 했어요. 그리고 우리는 운전을 해서, 가까운 어딘가로…… 강 근처 어딘가로 가고 있었어요. 그리고 어머니가 가짜로 쾌활한 척 말했던 게 기억나요. "자, 이제 우리는 앞으로 더 이상 배는 못 탈 거야. 하지만 할 수 있는 건…… 대신 우리 모두 스케이트는 탈 수 있을 거야." 그때 저는 생각했어요. "이런 제길, 스케이트." 그게 세상에 나 원 참, 전 스케이트 타는 걸 싫어해요. 뒤로 넘어지고, 팔꿈치를 다치는 등. 그래서 저는 차 바닥이 열려서 저를 길바닥에 내동댕이 쳐주길, 그리고 어머니 혼자서 가길, 아주 강렬하게 바랐던 기억이 나요. 거기서 너무나도 빠져 나오고 싶었어요…….

상담자: 도망치기 위해서요? 어머니를 벌 주기 위해서?

에드워드의 '통명스러움'은 분명히 많은 화를 포함하고 있다. 에드워드는 어머니를 향한 자신의 분노를 자유롭게 이야기했다. 그 분노를 사춘기 이전에도 의식하고 있었는가? 그리고 그 분노는 되갚아 주려는 마음에서 나온 것인가? 혹은 그 장소를 떠나 도망쳐 고통으로부터 벗어나고 싶은 마음으로 대체되어, 분노는 묻혀 버린 건가?

에드워드: 오, 그런 거 같지는 않아요, 저는 그저 빠져 나오고 싶었어요. 그게 벌을 주려는 생각에서였는지는 기억이 안 나요. 저는 그저 바닥으로 떨어뜨려지길 원했어요.

상담자: 도망치기 위해서.

에드워드: 저는 분명히……. 속임수의 쾌활함, 어머니의 가짜 쾌활함에 동조하고 싶진…… 않았던 거 같아요……. "우리 모두는 다 같이 괜찮을 거야……. 아버지 따윈 필요 없어." 그러고 나서 생각했는데…… 느낌이, 음, 뭔가 안 좋은 일이 생길 거 같은 느낌이 있었어요. 뭔가를 느꼈는데.

오랫동안 느꼈는데, 그리고 아마도 그 느낌은 여전히 있어요. "나 혼자 어머니랑 남겨지기 싫어." 이런 느낌, 그게. 저는 무척 싫었어요. 어머니가 어떤. 그러니까, 어머니는 매우 잔인했어요. 제기랄 한번은 어머니가 제 머리를 말리길 시작했어요. 그게 하나님 맙소사, 피가 흐르고……. 저는 정말 완전히 미치광이였어요. 그러니까 미친. 어머니를 후려갈기고 싶었어요, 아시겠어요? 제가 욕실 밖으로 어머니를 더 빨리 밀어내면 낼수록, 그리고, 그러니까, 저를 더 이상 씻기거나, 뭐 그런 걸 못하게 할 수 있었고, 그게 훨씬 나았어요. 어머니는 우리의 귀를 닦아 줬어요. 크아아아이! 완전 미쳤죠?

상담자: 저런 세상에나.

에드워드: 예…… 그래요, 저는…… 어머니가 위험하게 느껴져요. 어머니한테 소름끼쳐요. 아시겠어요?

상담자: 으흠. 알겠어요.

에드워드: 어머니는, 그게, 약간—저는 어머니를 신뢰하지 않아요. 어머니가 하지 않을 거라는 걸, 혹은 뭘 할 거라는 걸, 사실임에도 불구하고 믿지 않아요. 하지만…….

이것이 에드워드가 처음으로 자신의 각본 신념을 밖으로 표현한 것이다. "나는 신뢰하지 않아." 이 신념은 어머니로부터 시작해서 일반적인 사람에게까지 확장된다. 또한 이러한 각본 신념은 에드워드의 지각/결정(심하게 학대당한 자연스러운 결과로)과 그리고 똑같은 신념을 갖고 있을 가능성이 꽤나 높은 어머니로부터의 내사가 어떻게 가능한지를 보여 주는 예다.

상담자: 어, 어머니가 당신의 귀를 닦을 때 신뢰할 수 있었나요?

에드워드: 후우우……. 저는 사람들을 좋아하지 않아요, 우…….

상담자: 어머니가 욕조에서 당신을 씻겨 주길 원했나요?

에드워드: 휴—. 그건 언제나 불쾌했어요. 그게, 말하자면, 내가 기억할 수 있는 최대한의 옛날로 돌아가면. 그 모든 것들이 불쾌했어요. 욕조에서 씻겨

주는 거, 거긴 뭔가 있었어요……. 거긴 언제나 끊임없는 비난이 계속 됐어요. 지저분하다고 욕하고—더러워지지 않을 수도 있었잖아 같은—"어머 왜 이렇게 더럽니!" "아우 이거 좀 봐." "얘야, 귀가 때로 찌들었다!" 이런 것들. 아후!

상담자: 굴욕적이었어요?

에드워드: (잠시 침묵) 그게……. 그게, 그건 격분 수준이에요. 그건 단순히 굴욕적인 게 아니라, 그건 아주, 그건 아주…… 그럴 때 저는 퉁명스러워지는 걸 느껴요, 정말 아주 퉁명스럽게. "젠장 나는 이런 게임은 이제 안 해. 나중에 욕조 청소도 안 할 거고. 웃기시네. 그 수건도 제자리에 되돌려 놓거나 뭐 그런 짓거리 절대 안 할 거고. 아무것도 안 할 거야." 그런 느낌이었어요. 사실 그들은 저를 이요르(Eeyore)로 불렀어요. 왜냐하면 '아기 곰돌이 푸우' 책에서 저는 언제나 불평하는 사람이었어요. 저는 언제나…….

분노와 굴욕이 나타났다. 굴욕을 느끼는 것은 안전하지 않고(너무나 큰 상처가 된다.), 분노를 표현하는 것도 안전하지 않다(에드워드는 벌을 받았을지도 모른다.), 그래서 자신을 보호하기 위해 퉁명스러워졌다. "나는 착하지 않을 거야." "좋은 대접을 받으려고 거래하진 않을 거야. 나는 당신이 나를 좋아하도록 내버려 두지 않을 거야. 왜냐하면 결국엔 당신이 나를 실망시킬 테니까." 이 아이는 관심이나 힘을 추구하는 것을 포기했고, 복수심과 자신이 느낀 결핍된 자기 가치감을 표현하기 위해 행동화를 했다. 관계적 욕구가 너무나 무자비하게 무시되어 온 어린 소년의 절망을 (실수로라도) 강화시키지 않기 위해서는 상담자가 에드워드의 자기비난을 알아차리고, 이를 반박하는 것이 중요하다.

상담자: 네, 가혹한…….

에드워드: "나는 그걸 좋아하지 않아." "뭔가가 잘못 됐어." "이건 원래 이런 방식이 아니잖아." "이건 공정하지가 않아."는 제가 많이 쓰던 말이에요.

"공정하지가 않아." 그렇게 자주 얘기했어요. 그렇게 자주 느꼈어요. 뭔가 모든 게 공정치가 않았어요. 그건 사실이에요.

상담자: 그래서 항의하려 했군요.

에드워드: 오, 저는 항의도 많이 했어요. 그래서 제지도 많이 당했어요. 아버지는 절 많이 괴롭혔어요.

상담자: 많이 괴롭혔다고요?

에드워드: 어……그 말은 공정하지 않은 거 같아요. 왜냐하면 아버지도 자신의 아버지에게 괴롭힘을 많이 당했다고 생각해요. 그리고 저는 아버지가 정말로 그렇게 못살게 구는 사람은 아니라고 생각해요. 사실 아버지는 어쩌면 꽤나 친절한 사람이에요. 하지만 저한테는 그렇게 친절하지 않았어요. 제가 생각하기에 아버지는 더 친절을 필요로 하는 다른 형제들한테 더 친절했어요. 그렇지만…….

상담자: 많이 괴롭혔다고요?

상담자는 에드워드에게 문구를 반복하는 이런 식의 개입을 자주 사용한다. 에드워드는 종종 더듬거리면서, 말을 빨리 한다. 특히 첫 회기 중반 정도까지 에드워드가 가짜로 사용했던 리듬은 아마도 자신을 보호하기 위한 방법으로 개발한 것일 것이다. 단순하게 짧은 구절을 반복함으로써 에드워드가 천천히 할 수 있도록, 진행되어 가는 과정에 머무를 수 있도록, 그리고 자신의 자연스러운 리듬을 다시 되찾도록 초대받는다.

에드워드: 아버지는 저를 괴롭히고, 제지했어요. "에드워드!" "그만 해." "그만 좀 그렇게……." 혹은 "그만." "우린 어쨌거나, 네가 그런 식으로 하는 거 더 이상 듣기 싫어." 라고 했어요. 네. 그렇게 저를 심하게 괴롭혔어요. 아버지는 제 사진을 찍고 계셨고, 그날은 휴일이었는데 사진을 몇 장 찍으시면서, 저한테 호텔로 돌아가서 뭘 좀 가져오라고 하셨어요. 그때는 우리가 이미 반 마일쯤 걸어온 시점이었기 때문에 저는 정말 갔다 오고 싶지가 않았어요. 그래서 저는 점점…… 화가…… 더 나기 시작했고, 문 앞에 주저

앉아버렸어요. 아버지는 호텔로 돌아가서 아버지 쌍안경인지 뭔지를 갖고 오라고 강제로 시키고, 자기는 몇 통의 사진을 더 찍었어요. 결국 저는 울고 말았죠. 일어나서 그 빌어먹을 호텔로 결국 갔어요……. 어, 근데, 모든 애들이 이런 경험을 하잖아요.

상담자: 아뇨, 모든 아이들이 그런 경험을 하지는 않아요.

상담자의 이러한 반응이 정상화 개입이다. "모든 애들이 이런 경험을 하잖아요."라는 에드워드의 말은 "그렇다고 그 애들이 모두 나처럼 반응하는 건 아니잖아요. 그러니까 분명히 내가 뭔가 잘못된 거예요."로 쉽게 확장될 수 있다. 이에 대한 상담자의 반박은 에드워드의 경험은 보편적이지 않기 때문에, 그런 일을 당한 에드워드의 반응이 다른 역사를 가지고 있는 아이들의 반응과는 필연적으로 다를 수밖에 없다는 의미를 전달한다.

에드워드: 예, 아마도 아니죠. 네……. 그런 일이 자주 일어났어요.

상담자: 하지만 아마도 당신이 그렇게 여기는 건 긴장하지 않기 위한 방어이고, 다른 사람들과 자신을 다르지 않게 만들어, 보통 사람처럼 자신을 느끼게 만드는 데는 아주 훌륭한 방법일 수도 있죠.

이것은 에드워드가 자신의 방어 체계를 존중하고, 가치를 인정할 수 있도록 하는 상담자의 직접적인 요청이다. 자신이 사용하는 방어를 올바르게 인식하고, 방어의 기능을 이해하는 것이 중요하다. 또한 외부의 공격뿐만 아니라 내면의 고통에서 생존하기 위해 익혀 온 방법에 대한 자신의 용기와 창의성의 진가를 아는 것은 매우 중요하다. 주먹을 꽉 쥐고 있는 손의 긴장을 의식적으로 풀려면, 긴장을 풀기 전에 자신이 손을 꼭 쥐고 있다는 것을 우선 알아차려야 하는 것처럼, 자신이 무엇을 하고 있는지 인식하는 방법을 배운 후에야 내려놓을 수 있다. 상담자는 언제나 방어 과정을 맥락 안에서 타당화하고 정상화하면서 방어 과정의 탐색을 시작한다.

에드워드: 어, 이 말은 꼭 해야겠는데, 저는 형이나 동생보다 좀 설명하기는 어려운 방법으로 그걸 더 잘 빠져 나갔어요. 물론 전 동생을 많이 놀렸어요. 우리는 지금은 아주 잘 지내요, 하지만 제가 생각하기에, 제가 게임을 만들었어요. 그리고 당연히 동생이 언제나 졌죠. 그러니까 제가 다섯 살이나 많았으니까. 전 어딘가에서는 이겨야만 했어요……. 하지만 음, 그렇게 했던 게 기분이 좋지는 않아요. 그리고 형한테는 훨씬 더 많이 뭔가 느끼는데. 그게 뭐냐면, 저는 정말로, 정말로, 정말로, 열심히……있으려고……. 아, 어떻게 말해야 하지. 형 위에 있으려고, 이기려고……형을 이기려고, 대략 7, 8세 이후부터 쭉 그랬어요. 저는 형보다 조금씩 조금씩 더 강해졌어요. 저는 형보다 좀 더 앞서 가곤 했어요. 저는 열심히 싸웠어요. 제가 형을 그렇게 만들었는데, 형은 실패자였어요. 우리는 서로가 서로를 번갈아 가며 어떤 식으로든 못살게 굴었어요. 음…….

상담자: 그 얼마나 통쾌하게 한숨 돌리는 순간이에요. 누군가를 못살게 굴 수 있는 사람이 된다는 거. 나는 잠깐의 그런 순간을 상상하면서 안도감을 느껴요.

"형제들은 나보다 못해요. 나는 그들을 괴롭혔어요." 이것은 자기비난이다. 상담자는 그것을 재빨리 정상화하고("그 얼마나 통쾌하게 한숨 돌리는 순간이에요."), 그러고 나서 그 정상화를 통해 어린 소년의 현상학적 경험을 보다 면밀히 탐색하도록 초대한다.

에드워드: 저도 그때는 낄낄거렸던 거 같아요. 제가 기억하고 있는 느낌은 완전히 불공평하다는 것, 그것에 대해 낄낄거리기를 좋아했다는 거, 휴기(Hughie)가 그것을 어떻게 대처하는지 궁금해하고 있었다는 거예요.—내 동생이 궁금해했던 것처럼 말이죠. 그리고 저는, 저는 동생에게 어떤 식으로든 보상해 주고 싶었어요. 저는 동생을 많이 데리고 다녔어요. 걔는 저보다 훨씬 어렸거든요. 저는 다양한 방식으로 동생에게 보상해 주려고 했어요. 왜냐하면 그 아이에겐 정말로, 전 동생이 훨씬 불공평하다고 느꼈거

든요. 그게 그러니까 그 애는 자신을 안전하게 보호할 수도, 자신을 방어할 수도 없었어요. 그렇다고 그 애가 바보라고 말하는 건 아니에요. 그건 정말—오, 이건 정말 사실이에요—선생님이 말한 것처럼 안도감이었어요. 확실히 안심이 됐어요. 집 가까이에 누군가 다른 사람의 순서가 있다는 게. 후…….

상담자: 그 순간 얼마나 짜릿한 해방감을 느꼈겠어요.

상담자는 그 이야기의 인지적인 내용을 인식하는 동시에 현상학적인 것과 그 행동의 기능에 초섬을 맞추어 방향을 잡는다. 에드워드는 우리에게 자신의 또 다른 층의 방어 구조를 보여 주었다. 애교와 유머, 퉁명스러움 그리고 공격성. 각 방어마다 고유한 보호적 특성과 위안이 되는 요소를 갖고 있다.

에드워드: 그런 식으로 느끼는 게 저한테는 힘들어요. 지금. 저는 느껴요…… (잠시 침묵) 그게……어. 그러니까……. 네.

상담자: 에드워드, 제가 좀 과감한 해석을 해 보고 싶은데 괜찮을까요? (에드워드는 허락한다는 의미로 고개를 끄덕인다.) 조금 전에 당신은 휴기가 그것에 어떤 식으로 대처하는지 보고 싶다고 했어요. 그리고 내가 궁금한 건 만약에 다른 사람을 괴롭혀서 안도감을 얻는 것과 더불어, 혹시 거기에 희망을 품고 있었던 건 아닌지, 휴기가 당신에게 뭔가 가르쳐 줄 거라는, 그래서 당신의 엄마와 아빠에게 사용할 수 있는. 만일 동생을 괴롭혀서 동생이 당신에게 굴욕을 어떻게 다루는지 가르쳐 준다면, 당신은 새로운 기술을 배우게 되는 거니까요.

해석은 언제나 위험하다. 여기서 해석에 앞선 상담자의 질문은 작은 계약을 세우기 위한 것이다. 이 계약은 상담자가 에드워드 몰래 어떤 것도 하지 않을 거라는 것을 에드워드에게 다시 한 번 확인시킨다. 모든 해석은 이와 같이 명확하게 이름을 붙일 것이다. 물론 해석 그 자체는 방어적인 행동의 또 다른 기능을 탐색하도록 초대하는 것이다.

에드워드: 어, 제가 느꼈던 건 그게 아니에요. 제가 정말로 느꼈던 건, 이건 제기랄 삶과 죽음 같은 거예요. 그건 마치 제가 할 수도 있었을 거 같은 느낌, 그리고 저는 꿈에서도 종종 이런 식으로 느끼곤 하는데. 전 여전히 이런 방식으로 느껴요. 그게, 저는, 저는 이건 1년 전쯤에 꿨던 꿈인데, 거기에…… 경찰이 저를 찾아 와서 옆집 농장으로 간 뒤, 경찰들은 제가 죽인 게 확실한 사람 몸을, 시체를 파냈어요. 그리고 이렇게 말했던 게 기억나는데, "오, 어, 이렇게 말고는 다른 방법이 없어 보였어요. 제가 분명히 얼마 전에 누군가를 죽였어요. 그리고 어, 그게, 아마 저는 10년 후에나 교도소에서 나올 수 있을 거예요. 아마 저는 그걸 처리할 수 있을 거예요. 확신하는데 그럴 수 있을 거예요. 저는 읽을 수 있어요." 그리고 뭐 이런 것들. 이 모든 것들이 꿈에서 일어나고 있었어요. 아주 선명하게, "나는 그것을 헤쳐 나갈 수 있다."는 매우 강한 느낌, 나는 헤쳐 나갈 수 있어요. 나는 어떻게든 할 수 있다……. (부드럽게) 하지만 제가 언제 할 수 있는지는 확신이 없어요. 음, 그리고 꽤 최근에 다시 꾼 꿈에서, 제가, 제가 말했죠, 저는 늙어 가는 꿈을 몇 번 꿨어요. 그리고 저는, 저는 갑자기 머리가 대부분 하얗다는 걸 발견하는 꿈도 꿨어요. 그리고 오, 빌어먹을, 그게 너무 빠르다고 생각했어요…….

에드워드가 해석은 거부하지만, 몇 가지 풍성한 새로운 정보를 계속해서 보여 주고 있다. 꿈 재료는 전형적으로 풍성한 가능성, 제안 그리고 다양한 의미를 갖고 있다. 이러한 것들의 의미가 무엇인지, 그 꿈들이 향해 가고 있는 방향은 어디인지에 대해서 상담자는 완벽하게는 이해할 수 없다. 상담이 점차 진행되면서 어떤 일이 일어나는지 확인할 수 있도록 우리는 그것들을 한쪽에 정리해 둔다. 예로, 여기서 상담자는 에드워드의 "내가 누군가를 죽인 게 분명했어요."라는 말을 궁금해한다. 그는 다른 사람에게 의지하고자 하는 자신의 욕구를 죽인 것인가? 다른 사람과 친밀하게 지낼 수 있는 자신의 능력을 죽인 것인가? 신체적 감각에 대한 알아차림, 너무나 선명한 사춘기 이전에 벌거벗었을 때의 쾌감인가? 과거 사춘기 이전과 연결되어 있는 숫

자인 10이 다시 등장하고, 그것은 어린 시절과 어떤 식으로 연결되어 있을 수도 있다. 교도소 꿈 또한 거의 확실하게, 에드워드가 자신을 보호하고, 견디고, 고통을 이겨나가는 것에 관한 것이다. 그리고 백발이 되는 꿈은? 이것은 상담에서 너무 빨리 가지 말라는 경고인가?

에드워드: 그리고 저는 생각했어요. 음, 그게, 빌어먹을, 그게 그런 식이에요. 선생님은 그것에 꽤나 빨리 익숙해질 거예요……. 그래서 저는 매우, 저는 살아남을 수 있을 거 같아요…….

상담자: 살아남을 수도 있고, 또 살아남는 것에 대해 엄청난 자부심이 있죠.

이것은 에드워드가 진정한 자기확신이 있다는 것을 처음으로 말한 것이다. 그는 살아남은 자신을 자랑스러워하고 있다. 생존에 대한 자부심은 생존하기 위해 개발한 방어로까지 확장될 수 있다. 방어를 가치 있게 여기고, 존중하는 것은 그것들을 더 깊이 탐색하고, 궁극적으로는 방어의 심리적 기능을 높이 평가하고 중요하게 여기도록 하는 문을 열어준다.

에드워드: 네. 살아남는 것에 대한 굉장한 자부심. 제가 할 수 있는 거라곤 오직 살아남는 거밖에 없다고 생각하곤 했어요. 전 매우 강력하게 그렇다고, 만약 그것이 이미 나쁘지 않다면, 전 견딜 수 있다고 느꼈어요. 아시잖아요. 전 제가 지금 더 많은 걸 할 수 있음을 깨닫고 있어요. 참 멋진 일이에요. 훌륭한 인식이죠. 그러나 그건 확실히 제 주된 임무였어요. 한번 시도해 봐. 그리고 해 내야지.

상담자: 지금 방금 이 대화에서, 에드워드, 몇 퍼센드 정도가 생존을 위한 방법이고, 몇 퍼센트 정도가 자발적이고 자연스러운지 알겠어요?

상담자는 한편으론 에드워드와 그의 어머니 사이, 그리고 다른 한편으로 에드워드와 상담자 사이의 내면적인 병렬관계를 끌어낸다. 겁이 난다는 에드워드의 초기 이야기와 그다음 굴욕당하는 것에 대한 두려움에 관해서 나누었던 토론, 그리고 마지막으로 에드워드가 현재 경험하는 모든 것으로 개입이 구성되어 있다.

에드워드: 그게 뭐 차이가 있나요? (그는 낄낄 웃는다. 그러고 나서 다시 진지해진다.) 저는 선생님과 같이 있는 지금 이 시간에는 살아남아야만 한다고 느끼지 않아요. 저는 꽤나, 저는 즐기고 있어요. 선생님과 이야기하는 걸 즐기고 있어요.

이 얼마나 분명한 반응인가! 에드워드는 너무나 지속적으로 생존 양식으로 살아왔기 때문에 자기보호와 자발성을 구별하기가 어려운 것인가? 혹은 상담자와의 교류에서는 그러한 '생존 양식' 전략을 사용하지 않아도 되는 것인가? 에드워드의 질문은 농담처럼 들리도록 의도되었지만, 그 농담은 여전히 안정성과 예측 가능성을 위해 사용하고 있고, 자신이 얼마나 자기 보호적인 행동을 하고 있는지에 대해 자각하지 못하고 있음을 반영하고 있다.

상담자: 내 질문은 당신 스스로 찾아보도록 하기 위한 거였어요. 그 질문에 대한 답을 원하는 건 아니에요.

에드워드: 어, 이해하려고 하고 있어요. 선생님이, 선생님 질문의 의미가 뭔지 이해하려고 애쓰고 있어요. 음. 자발적이라기보다 '생존' 이라는 게 무엇을 의미하는지, 혹은 만일 생존과 자발성 간에 선택이 있다면…….

상담자: 네, 내가 가정하기로는, 혹시 당신에게 생존은 일종의 이차적 수준은 아닌지, 그게 자동적인 패턴일 수도 있지만 말이죠.

에드워드는 지적이고, 교육을 잘 받은 사람이다. 그런데도 자연스럽고 자발적인 행동과 자기보호적 행동의 차이를 상담자가 설명해야만 하는 것은 에드워드가 지금 지나친 부담감을 느끼고 있음을 말해 준다.

에드워드: 음. (잠시 침묵) 질문에 제가 약간 흔들리고 있어요. 그런 면에서, 저는 선생님이 무슨 말을 하고 있는지 아직 잘 모르겠어요. 진정한 양식과 생존 양식의 비교 말이에요.

상담자: (잠시 침묵) 내 질문이 굴욕적으로 느껴지나요?

에드워드가 그 질문을 이해하지 못한 이유 중 하나는 그 질문이 매우 강하고 원시적인 방어 패턴을 자극했을 수 있기 때문이다. 자동차의 전조등이 자신 앞에 비춰지면 꼼짝 않고 그 앞에서 얼어버리게 되는 동물처럼, 퇴행한 에드워드는 너무나도 겁에 질려 상담자가 무슨 말을 하는지 생각할 수도, 이해할 수도 없어져 버렸다. 굴욕적으로 느껴지냐는 질문은 직접적으로는 내용에서, 암시적으로는 상담자와 하는 지금의 대화에서 느껴지는지를 묻는 것이다. 에드워드와 그의 어머니와의 어린 시절 이야기 간에 연결 가능성도 포함한 질문이다. 하지만 에드워드는 계속 혼란스러울 것이다.

에드워드: 특별히 그런 건 아니지만, 사실은, 음…… 저는 선생님이 말하고 있는 것에 상당히 열려 있어요. 특별히 방어하려고 하진 않아요. 저는 그러려고…… 선생님이 뭔가 말하려고 하고 있다는 걸 알고 있어요. 선생님이 말하려는 게 사실 무엇인지 제게는 확실하지 않거나, 아님 무슨 말인지 알아들을 수가 없어요. 음, 선생님이 저에게 뭔가 묻고 있다는 건 알겠어요. 하지만 저는 모르겠어요. 질문을 이해하지 못하겠어요. 질문이라는 건 알겠는데, 무슨 말인지 이해가 안 가요.

상담자: 그렇다면, 내 생각에 그것이 당신의 초기 질문과 관계가 있는 거 같아요. "당신은 나를 굴욕스럽게 할 건가요?" (잠시 침묵) 내가 만일 당신을 굴욕스럽게 하지 않을 거라고 분명하면서도, 거의 확실히 보증한다면 뭐가 달라지나요? 생존 양식에 있지 않아도 되나요?

에드워드: 어, 저는 굴욕당할 거 같은 위치에 있다고 느끼지는 않아요. 저는 무언가를 내려놓거나 내려놓지 않거나 할 수 있는 선택이 있다고 느끼지만, 그게 무엇인지 정확하게 이해하는 게 좀 어려워요. 그건 포기—포기하는

것과 관련이 있어요. 놓아 보내는 거, 항복하는 거. 음, 점점 더 어려워지는. 그게 그러니까 일종에, 그러니까 선생님이 무언가 물어보는 방향성 같은 거, 하지만 어쨌거나 그게 어떨지? 그러니까 적어도 저는 할 수가, 제 인생에서 사람들에게 저를 굴욕스럽게 하는 것을 그만두라고 어떻게 요청해야 하는지는 분명하게 알고 있고, 저는 그게 뭔지 나열도 할 수 있고, 제 공간을 구별할 수 있고, 선생님이 저를 굴욕스럽게 하지 않을 거라는 것에 우리가 동의하고 있다고 생각하고 있기 때문에 저는 확실히 아주 편안해요. 맞아요. 하지만 그게—그러니까, 좀—그게 사실은 약간은 '생존적'이에요. 마치, 핵심을 찾은 거 같아요. 어, 괜찮아요. 저는 여기 앉아 있고, 선생님은 거기 앉아 있고, 저는 선생님을 알고 있고, 여기서 굴욕을 당하지 않을 거라는 것도 알아요.

상담자: 꽤나 복잡한 생각인데……,

에드워드: 하지만 저는 원할 수, 원할 수…… 아마도…… 뭔가를 더 원할 수도 있어요. (웃음) 이 부분이 약간 복잡해지는 지점이에요…….

상담자: 하지만 다음 단계인 당신의 취약함으로도 나를 신뢰할 수 있나요?

혼란, 마쳐지지 않은 문장, 말이 엉키는 것은 에드워드가 완전히 반대로 주장함에도 불구하고, 그가 매우 불안하게 느끼고 있다는 것을 암시한다. 상담자의 질문은 정보를 탐색하기도 하고, 제공하기도 한다. 에드워드의 신뢰 수준을 물어보면서, 완전히 취약해지기를 기대하거나 초대하지도 않았다는 것을 그에게 확신시킨다. 그는 단지 '다음 단계'를 다룰 필요가 있고, '다음 단계'가 무엇이 될지를 결정하는 책임만 자신에게 있다. 상담자는 신뢰를 얻을 수 있는가? 에드워드의 전이 감정 상태에서 상담자는 그럴 수 없다. 합리적인 성인 자기와, 위협당해 불안하고 퇴행한 자기 사이에서 갈등하고 있는 에드워드는 말을 잃었다.

에드워드: 머……. 그게……. (한숨)

상담자: 내가 당신 대신 대답해도 될까요, 에드워드? (에드워드가 고개를 끄덕

인다.) "아니, 아니요, 저는 선생님을 신뢰할 수 없어요. 선생님은 스스로를 증명해 보이지 않았어요."

방어가 공격 받으면 훨씬 더 다루기 어려워지는 곳으로 묻혀 버리는 경향이 있다. 상담자는 방어가 느슨해지도록 지지하고 정상화시킨다. 물론 에드워드는 상담자가 믿을 만한지 어떤지 모르기 때문에 신뢰할 수가 없다.

에드워드: 그게, 꼭 그렇지는 않아요, 그건 좀 더……정말로는 저 때문이에요. 저 때문이라는 걸 알아요. 그러니까, 그게 선생님은 매우 따뜻한 분이세요, 저는 내내 그렇게 느꼈어요. 선생님은 통찰력 있고, 애정도 있으시고, 지원도 가능한……. 많은 능력을 갖고 있어요. 그러니까 그게 저에게는 그게 아주 분명한 사실이에요. 합리적으로 이해하는 수준에서는. 하지만 물론, 다른 수준에서는 그게 마치……. 음…….

상담자: (긴 침묵) "저는 당신을 신뢰하고 싶어요, 하지만……."

다시 상담자는 에드워드의 방어를 지지한다. '따뜻한 사람' 그리고 '통찰력 있는' 등등 이 모든 것은 사회적으로 수용할 만하고, 성인 수준에서 지각한 분명한 진실이다. 그러나 사춘기 이전(에드워드가 우리에게 반복적으로 이야기하고 있는 중요한 시기인)의 현상학적 현실은 '하지만' 이라는 말에 담겨 있고, 그곳이 상담자가 가야 할 곳이다.

에드워드: 예, 그게 뭐냐면…….

상담자: 나는 당신이 생각하고 있지 않은……. 어린 수준의 당신에 초점을 맞추고 싶어요.

지금 사춘기 이전 소년의 현상학적 경험에 외현적으로 집중하고 있다.

에드워드: (잠시 침묵) 정확히 제가 신뢰할 수 없는 건 선생님이 아니에요. 그건 어디, 그건 어딜 가느냐 하는 거예요. 어디를……그게 담고 있을 의미 말이에요. 해야 할 무언가……. 그러고 나서는 어떤 일이, 그러니까 그게……. (한숨) 뭐가 저를 이렇게 만든 건지, 그리고 제가 그렇게 하면, 그렇게 말해버리면, 선생님께 무언가 요구하면, 그러고 나면 어떤 질문을 되돌려 받게 되는 건지, 이런 것들이. 그게, 으…….

발췌문에서는 에드워드의 리듬과 목소리 패턴이 이 지점에서 갑작스럽게 변했다는 것을 나타내지 못했다. 에드워드가 고심하지 않으면서, 말이 빨라지지도 않고, 쉴 틈 없이 이야기하지 않은 것은 이번이 처음이다. 그의 초기 패턴과는 반대로 지금의 이 반응은 느리고, 긴 멈춤이 있었다. 그는 지금 반응하고 있는 것이 아니라 탐색하고 있다. 취약성으로 가는 다음 단계의 압력이 느슨해질 때 그는 그 단계를 부드럽고, 자연스럽게 밟게 될 것이다.

상담자: (속삭이며) "어떤 질문을 되돌려 받게 되는 건지?"

에드워드의 말을 반복하면서 상담자는 에드워드의 자기 방어적 신념 체제의 다른 측면을 반영한다. 언젠가는 갚아야 하고, 언제나 요구적이고, 조건부다. 그것은 어머니와의 방식이었다. 그것은 다른 사람들과의 방식이며, 상담자와 함께하는 방식이다. 신념은 예측 가능성을 제공한다. "언젠가는 갚아야 할 것이 있다는 사실을 좋아하는 건 아니지만, 적어도 그런 일이 일어나게 될 거라는 걸 예측할 수는 있어요."

에드워드: 그게, 무엇보다, 저는 거기에 맞춰서 살아야 해요. 그렇게 하면서 살고 싶은지에 대한 확신은 없지만. (잠시 침묵) 오, 5분, 10분은 괜찮아요. 하지만 그러고 나면 저는 영원히 그렇게 살아야만 하잖아요? (잠시 침묵) 그게, 사람들이 말하는 것처럼. (웃음), 세상에 공짜는 없어요……. (한숨)

그리고 일종의, 방법, 여기 있는, 이런 거 같은……. 하지만 선생님이 말했죠……. 선생님은 저에게 무언가 원했고, 그리고 지금 선생님이 뭘 하고 있는지 보세요! 저는 선생님께 매우 친절했어요. 그리고 지금 보세요……. 그게……. 그래서 저는 선생님께 퉁명스러워지고 있어요. (잠시 침묵; 한숨)

상담자: 갚아야 할 게 있다는 거죠…….

갚아야 하는 대가는 복잡하다. "나는 당신에게 지금 빚이 있고, 당신에게 갚아야 한다." 받은 대로 갚아야 한다는 기준이 있다. 또한 평생 동안 '그 기준에 맞춰 살아야 하는' 대가가 있다. 그리고 그 모든 것의 밑바탕에는 정말로 무시무시한 대가를 대표하는 기뻐 날뛰며 무섭고, 복수심으로 가득 찬 "딱 걸렸어!"가 있다. 에드워드의 어머니와 같은 믿지 못할 사람의 세상 속에 살면서, 단순히 방어를 하지 않는 아동이기 때문에 갚아야 하는 대가.

에드워드: 선생님이 저를 내심 바보 멍청이라고 생각하고 있지는 않은지 알고 싶어요. 그리고 저는 걱정 되어서 확인하는 거예요.

상담자: 세상에나. 그렇게나 불편한 환상을 갖고 있었단 말이군요.

자기보호적 신념 체계의 또 다른 한 면은 다른 사람이 자신을 어떻게 보는지를 상상해 그것에 의해 자기 정체감을 형성한다. 이렇게 되면 모든 것이 말끔하게 맞아 떨어진다. 다른 사람은 신뢰할 수가 없다. 그들은 언제나 대가를 가차 없이 거두어들인다. 에드워드는 애교로 자신을 보호하고, (그리고 빚 지지 않는다.) 그게 통하지 않을 때는 퉁명스러워진다. 그러고 나면 사람들이 그를 바보 멍청이라고 생각하게 된다. 이로써 그들은 믿을 만하지 못하다는 에드워드의 신념이 증명된다. 상담자의 꼬리표('불편한 환상')는 아마도 에드워드가 선택하지 않은 명사(환상)와 함께 쉽게 수용하게 되는 형용사(불편한)와 연결된다. 그는 그 형용사에 동의하면서 자신의 환상을 설명한다.

에드워드: 예, 좀 불편해요. 처음에는 선생님께 아주 불쾌한 끝맛을 남기며, 대형 사고를 치고 망쳐버릴 수도 있다고 느꼈어요. 그러고 나서는 일상적인 대화로 돌아가는 게 매우 힘들었어요……지금은 좀 슬퍼요. 느낌이……저한테는 인생이란 이런 거였다는 게……의문의 여지가 없었어요. (한숨) 그게, 지난 10년 동안 놀랍게도 점점 쉬워졌어요. 경이롭게도. 하지만 그 모든 것이 여전히 거기 있어요. 그 모든 게, 지금은 어떤 면에서 그런 일들이 일어나는 속도가 그저 훨씬 빨라졌어요. 빨리 지나가고, 전 좀 덜 괴롭혀요. 저는 훨씬 더 잘 보상해요.

'슬픔을 느끼는 것' 에서 순식간에 일종의 가짜 강건함으로 튀어 버렸다. 그건 그렇게 나쁜 건 아니다. 정말로 그것을 꺼리는 것은 아니다. 보상할 수 있다.

상담자: 사랑하는 사람이 있어요?

뭔가가 정말로 나아지고 있다면 이것은 그의 초기 관계에 반영되어야 한다. 상담자의 질문은 이러한 관계 중 하나를 검토해 보려는 것이다. 사랑하는 사람과의 관계도 에드워드 자신을 보호하고자 하는 욕구 때문에 나쁜 영향을 받았을까?

에드워도: 허! 그게…… 저는 미셸하고 약간 개하고 고양이처럼 지냈어요, 하지만. (웃음) 우리는 서로를 좋아해요. 우리는 서로를 많이 좋아하면서도 많이 싸워요. 하지만 지금은 싸워도 아주 빨리 극복해요. 나중에는 싸운 내용 가지고 서로 웃어요. 하지만 우리는 확실히 싸우지 않을 수가 없었어요. 이건 진짜라니까요. 우리는 많이 싸워요. 아니 저는 우리 관계가 사랑하는 사이라기보다는 정인 거 같아요. 제 경험으로는…… 음, 역동적인 관계. 우리는 서로를 꽤나 많이 흔들어 놓고 있다고 말할 수 있어요……. 무슨 말을 해야 할지 떠오르지 않는데…….

상담자: 에드워드, 이걸 시도해 보기에 내가 아직 당신을 충분히 잘 아는 건 아니지만, 어쨌든 한번 시도해 볼게요……. 당신은 대가를 지불해야 하는 그리고 요구받는 것에 대한 두려움이 있어요. 당신은 이 두려움에 익숙하고, 또 이 부분에 막혀서 꼼짝도 못하죠. '만일 ~라면' 으로 가정하여 약간 더 위협적으로 추측해 본다면 이런 건데, "내가 정말로 당신을 사랑한다면?"

'내가 정말로 당신을 사랑한다면?' 은 애매모호하다. 이것은 에드워드가 자신의 애인에세 하는 밀일 수도 있고, 상담자에게 하는 말일 수도 있다. 누구에게 하는 말이건 그 말은 "내가 정말로 당신을 허락한다면, 당신에 대해 갖고 있는 나의 욕구를 경험하도록 그냥 놓아둔다면, 그리고 믿을 수 없는 사람인 나의 어머니로 전이된 이미지로 당신을 보는 것이 아닌 당신 자신으로 있을 수 있도록 한다면?" 으로 해석될 수 있다. 물론 이 질문은 대답할 수 없는 것이다. 에드워드는 방어 없이 사는 삶이 어떤 것인지 알지 못한다. 그러나 이 질문은 그런 삶이 가능하다는 것을 알려 준다. 그리고 알고 있는 것과, 상상할 수도 없는 것 사이의 비옥하지만, 좀 겁이 나는 지점을 탐색하도록 초대받는다.

에드워드: 오, 저는…….

상담자: "내가 정말로 당신을 원한다면?"

에드워드: (잠시 침묵) 예…….

상담자: 아마 이 질문에는 좀 더 겁이 날 거예요.

에드워드: 그래요, 확실히 그래요. (잠시 침묵) 마치 절벽에서 뛰어내리는 느낌……. (잠시 침묵) 그렇게 느끼기가, 상상하기 쉽지가 않아요.

상담자: 그게 바로 당신이 모르는 미지의 세상이에요. 그것이 바로 당신이 전혀 모르는 당신 자신에 대한 느낌이에요.

에드워드는 질문을 듣자 심각해졌다. 질문의 목적은 달성되었다. 상담자는 에드워드의 자기 비난을 앞지르기 위해 재빨리 옮겨간다. "당신은 그런 세상을 모르고, 그런 자기에 대한 감도 없고, 그래서 내 질문에 대답하기 어려웠을 거예요." 이로써 상담자는 이 탐색이 얼마나 중요한지를 강조한다. "이것이 당신이 정말로 알지 못하는 것이고, (암시적으로) 알아야 할 필요가 있는 것이에요."

에드워드: 오, 네, 아니, 저는, 저는 예, 저는 선생님의 말에 연결하려고 하고 있어요. 모르겠어요, 하지만 그건…… 저는 확실히 조건적인 사랑은 수용할 수 있어요. 하지만 무조건적인 사랑은 확실히 수용할 수가 없어요. 전혀 그럴 수가 없어요. 심지어 그런 말은 내 귀에 어렴풋한 조롱처럼 들려요.

상담자: 으흠.

에드워드: 그런 일은 일어날 수 없다라는 사실에는 의문의 여지가 없어요…… 그리고 제가 의지하고 싶은 부분은 이거—그게, 저는 다시, 똑같이 아홉 살, 열 살의 나이로 돌아가고. 저는 어머니에게 분노를 품은 성적 상상을 정말 많이 했어요. 그리고 여전히 거기에 매달리려고 하는 거 같아요. 마치 저는 아닌데, 우리가 하고, 할지도, 느낌이, 우리가 할지도, 그게 우리는 그 모든 것을 없앨 거예요. 다 없애 버려서 모든 게 좋아지게, 그러고 나서 나는 생각해 볼 거예요. "예, 하지만 이것은 여기 여전해요. (양손으로 가슴을 두드리며) 이것이 여전히 나예요." 그리고 저는 한 적이, 저는 그걸 없애라고 동의한 적이 없어요.

상담자: 지금 우리는 당신이 이전에 말했던 것으로 돌아가고 있어요. 당신이 "하지만……."이라고 말하면서, 이러한 방어를 얘기했을 때로 돌아가고 있어요. 그리고 나는 당신에게 물었어요, "그 방어를 신뢰할 수 있나요?" 왜냐하면 방어는 중요한 목적이 있어서 거기 있는 거예요. 당신이 조직할 수 있게 하고, 세상을 이해하도록 돕는지도 몰라요…….

에드워드는 자신의 방어를 경험할 뿐 아니라 방어가 갑자기 사라지게 되면 남겨지게 되는 공허한 공간, 연속성이 사라지면 어떤지, 방어의 중요성을 보다 깊이 경험하기 시작한다. 상담자의 타당화는 에드워드에게 방어가 얼마나 중요한지, 그리고 방어를 얼마나 많이 필요로 하는지, 이를 이해하고 있다는 것을 소통함으로써 그에게 확신을 주기 위한 의도가 있다. 에드워드의 방어에는 목적이 있다. 방어가 없었다면 무질서했을 세상에서 방어가 있음으로 항상성과 안정성을 제공받는다. 상담자는 에드워드가 방어를 갖고 있다는 사실을 비난도 하지 않을 것이며, 그것들을 포기하도록 밀어붙이지도 않을 것이다.

에드워드: 어, 분명히 네……저는 확실히 놓아버리는 거……에 대해 생각하면 겁이나요. 그게……. 선생님이 말할 때, 음, 제가 그게, 그러니까. (그는 떨기 시작한다) 저는 그 단어를 입 밖으로 말할 수도 없어요. "너만을 원해, 너를 원해." 선생님이 무슨 말을 하건……. (한숨) 마치 제가 굉장히……. 굉장히 좋은, 그러니까, 굉장히…… 하아아아아아…….

비난도, 굴욕도 당하지 않고, 준비되지 않은 무언가를 하도록 강요받지도 않을 거라는 마지막 재확인으로, 에드워드는 위험을 감수하며 욕구의 취약성을 나타내는 다음 단계로 나아가도록 자기 자신을 허용한다. 너무나 겁이 나서 그 말을 밖으로 꺼낼 수도 없으면서도.

상담자: 그래서 엄청나게 훌륭해지기 위한 대가를 지불해야만 했나요?

에드워드: 네, 그건 물으실 필요도 없어요. 상상할 수도 없는…….

상담자: 그게 어떨지 상상조차도 할 수가 없군요. 당신이 대가를 치르지 않아도 된다는 걸.

에드워드: 저는 아마도 상담의 나머지 대부분 동안 무릎을 꿇어야만 할 것 같아요. 어떤 제기랄. (웃음) 가능성도 피하려면. (웃음)

상담자: 그렇지 않으면 다시 통명스러웠던 때로 돌아갈 수도 있다는 거군요.

에드워드의 퉁명스러움은 분명히 보호적인 기능이 있다. 퉁명스러움이 자신의 방어 체계 방식이라는 것을 의식적으로 자각하면서 방어로 '되돌아가는 것'은 방어의 심리적 기능을 알지 못한 채 행동화하는 것과 매우 다른 경험이 될 것이다. 상담자의 제안을 받아들이던 그렇지 않던, 혹은 거절하던 거절하지 않던 그것은 에드워드에게 중요하지 않다. 그는 어떤 것을 선택해도 승리한다.

에드워드: (웃음) 퉁명스럽게……선생님 말이 맞아요. 이건 그렇게 할 만한 좋은 게임이 아니네요.

상담자: 고통스럽게 들리는데요. 언제나, 영원히 좋은 사람이 되어야 하는 대가를 지불하지 않고는 당신을 돌봐줄 사람을 상상조차 할 수 없다는 게. 그리고 원하는 게 있다는 상상만으로도 너무 겁이 난다는 게, 그리고 너무나 중요한. (잠시 침묵) 퉁명스러움, 유머, 사람을 밀어내는 거, 우리가 이야기한 그 모든 것이, 언젠가 일어날지도 모르는 버려짐에 대해 스스로를 보호하기 위한 것일 뿐이었다는 게.

에드워드는 이 작업을 하는 초기에 자신의 이야기를 그저 남의 이야기하듯 하면서, 오히려 초연하게 '버려짐'에 대해 말했다. 그 이후에는 그것에 관해 언급하지 않았다. 굴욕감, 불편함을 즐기기, 그리고 애정억제에 관해서는 이야기했지만, 핵심 두려움, 생존 문제는 피해 왔었다. 상담자와의 사이에서 자라난 신뢰를 바탕으로 지금 적어도 부분적으로는 상담자가 에드워드의 방어에 대해 일관성 있게 타당화하고, 정상화한 덕분으로 에드워드는 이러한 기본적인 문제들을 인식할 수 있게 되었다.

에드워드: 오, 네. 오, 네, 질문의 여지가 없죠.

상담자: 그리고 그걸 그렇게나 빨리 서둘러 시도하고 변화하려 하면 마치 무릎에서 다리를 잘라 내는 것 같이 고통스러울 거 같은데.

상담자는 이렇게 외현화시킨다. "나는 당신의 방어를 붕괴시키지는 않을 거예요. 그리고 당신도 그렇게 하지 않았으면 좋겠어요."

에드워드: 저는 때때로 미셸이 길이나 무언가에서 벗어나 질질 끌려다니는 길 잃은 개를 보듯 그녀를 쳐다봐요. 그게 바로 그녀에 대한 느낌이에요. 저는 그녀가 그런 식으로 느끼고 있다고 말할 수 있어요. 그녀는 저에게 무언가 말하고 저는 마치 저의 어머니가 그랬던 것과 똑같은 방식으로 그녀를 쳐다봐요. 제가 그렇게 하고 있다는 걸 알아요. 저도 그러고 싶지 않아요. 하지만 저는 그렇게 해요. 그러고 나서……. (한숨) 그녀는 안전히 거절당한 것처럼 느껴요. 어쨌든 일이 그런 식으로 돌아가요. (한숨) 예, 제가 하고 싶은…….

상담자: (잠시 침묵) 우리는 지금 무언가를 원한다는 것이 얼마나 상처가 되는지, 이 이야기로 돌아가고 있어요…….

에드워드의 한숨, 슬픈 얼굴, 무너지듯 앉아 있는 자세, 그리고 그의 말은 이러한 개입을 하기 위한 단서가 된다. 에드워드는 어머니가 자기에게 했던 방식으로 미셸을 대했다는 것을 깨달았고, 상담자는 또다시 에드워드가 자기비난으로 빠져들기 전에 그의 충족되지 않은 욕구에 다시 초점을 맞추고 있다.

에드워드: (한숨) 네. 네. 저는 대부분의 사람들, 저와 상호작용하는 대부분의 사람들에게 친절하고, 편안한 관계가 되기 위해 저 스스로를 조직해 왔어요…… 저는 사리에 맞게 주는 사람이에요. 그래서 무언가를 되돌려 받고, 그러고 나면 만사가 좋아요…… 너무 넘치지도, 너무 모자라지도 않게, 알겠어요……. 많은 걸 상상하는 건…… 무언가를 더 얻을 생각을 하는 건 사실 겁이 나요. 그건 제 몫이 아니에요. (잠시 침묵) 제게 주어진 것이 아닌, 그런 걸 얻고 싶진 않아요, 누구로부터도 많은 걸, 그렇게 많은 걸 원하지는 않아요. 정말 아니에요. (잠시 침묵) 그리고 대부분 그런 걸 바라지

않으면 안심이 되요. 그리고 역설적이지만, 바라지 않으면, 아주 조금 더 얻기가 쉬워져요.

상담자: 으흠.

에드워드: (잠시 침묵) 왜냐면 그게 익숙해서 그냥 그렇게 해요. 제가 놀라운 사랑이나 뭐 그런 것에 대한 환상을 가질라치면 즉시 '나란 인간은 얼마나 어리석은가.' 하고 느끼게 돼요.…… 이런 제기랄!…… 뭐 온통 이런 것들. 하지만, 그래서 수년 동안 그런 것들을 꿈도 꾸지 않았어요…….

상담자: 그러한 환상을 포기하면 조금은 덜 불쾌해지나요?

만약 그가 환상을 가지지 않는다면, 그렇게 강한 욕구를 느끼지 않아도 된다. 그러한 욕구를 느끼지 않을 때는 고통으로부터 자신을 보호할 필요도 없다. 자신을 보호할 필요가 없으면, 불쾌하게 되는 것을 피하기 위해 사람들을 멀리하지 않아도 된다.

에드워드: 네 정말 그래요.

상담자: 어쨌든, 당신은 여기 있고요. 빵, 그것을 정면으로 하고, (에드워드가 웃는다.) 당신은 지금 힘든 지점에 와 있어요, 에드워드. (에드워드는 웃다가 한숨을 내쉰다.)

마지막 몇 분 동안 에드워드는 자신의 각본 신념인 '사람은 믿을 수 없어.'에 따라 행동하지 않았다. 그는 상담자에게 쌀쌀맞게 굴지도 않았다. 퉁명스럽지도 않았다. 애교를 부리지도, 즐겁게 하려고 하지도 않았다. 대신, 스스로 자신의 곤궁함을 이야기하고 느끼도록 했다. 그는 '힘든 지점' 에 와 있다. 만일 에드워드가 자신의 욕구에 진심으로 반응하는 상담자를 실제로 경험한다면, 지금은 어떻고, 과거엔 어땠는지 둘 간의 차이를 반드시 느끼게 된다. 이것이 병렬배치의 본질이다. 방어 체계가 갖는 또 다른 기능은 병렬배치에서 오는 차이를 경험할 때 느끼게 되는 고통에서 지켜 주는 것이다.

상담자: 이 지점이 힘든 곳인 이유는 부분적으로는 우리가 여기서 곧 마무리해야 한다는 거예요. 이 상담 작업 후에 당신이 갖게 될 조용한 시간에 어떤 일이 일어날까요? 아마 거의 똑같은 느낌으로 작은 버려짐을 경험하게 될 거예요.

상담의 사전 계획에 해당한다. 회기는 점점 마무리가 되어 가고, 회기 마지막은 에드워드가 거절당하고 버려지는 경험을 하게 되어 다시 이전의 패턴으로 되돌아가도록 하는 완벽하게 짜인 맞춤식의 기회가 되어 버린다. 이것을 예측하기 때문에, 상담자는 상생 상황을 만들려 하고 있다. 에드워드가 버려졌다는 것을 느끼지 않으면서, 상담회기에서 얻은 긍정적인 느낌을 잃어버리지 않도록 하거나, 또 다른 방식은 지금은 전이를 의식하면서 버려졌다는 것을 느끼긴 하지만, 현재를 의식하는 측면의 전이로서, 그 느낌이 무엇인지를 탐색할 수도 있다.

에드워드: 전 그렇게 생각하지 않아요. 선생님이 말해 줘서 상담 이후엔 어떤 일이 일어나는지, 제가 느끼기엔……. 그것에 관해 이야기해서 기쁜 거 같아요. 그리고 실제로 그것에 관한 제 인생이 아주 조금, 그게 조금은, 천천히 이상스러운 염색 같은 거에서 씻겨져 나온……. 나와야만 하는, 천에 배어, 천천히 꺼내야 하는…….

상담자: 아마 당신의 머리 색깔처럼?

에드워드: (크게 웃으며) 그건 그레이시언 포뮬라 5번(염색약 이름)이 아니에요…….

상담자: 그 꿈에 관해 이야기하면서…….

에드워드: 네, 네, 네…… 맞아요. 아마도, 네.

상담자: 꿈에서 당신의 머리색이 아주 빨리 변하지 않았던가요?

에드워드: 예, 그건 아주 큰 일이에요.

상담자: 그리고 내게는, 당신을 위해서, 당신의 방어를 올바르게 인식하기 위한 시간이 필요해요.

이 문장에서 '내게는' 을 강조하는 것은 상담자가 진정으로 참여하고 있다는 신호다. 이것은 에드워드만 천천히 가야 할 필요가 있다는 것이 아니다. 상담자도 천천히 가야 한다. 상담자는 '당신을 위해서' 라고 함으로써 자신이 표현한 욕구를 한정지었다. 그럼에도 불구하고, 상담자가 상담 전반에 걸쳐 영향을 미칠 수 있었던 것은 에드워드의 안녕감을 소중히 여기며, 진정한 마음으로 돌보고, 참여했기 때문이다.

에드워드: 네. 듣고 있어요.

상담자: 그리고 이러한 방어가 당신에게 어떤 방식으로 안정성을 제공하고 있는지 우리는 함께 봤어요. 내가 정말 하고 싶은 말은 당신이 완전히 미쳐버릴 것 같은 걸 좀 막아보려고 했고…….

에드워드: 네. 완전히.

상담자: 그리고 의존할 수 없는 당신의 어머니와 그 방어들이 어떤 연속성을 갖고 있는지, 어떻게 당신에게 그러한 방어들이 가장 의지할 만한 것들이 되었는지를 함께 찾아봤어요. 당신의 방어인 유머, 적응 능력, 생존…… 그리고 당신이 방어에 관해 말할 때는 애정을 갖고 있는 거 같아요. 만일 당신이 당신에게 일어났던 어떤 일도 겪지 않은 사람이라면, 당신은 어떤 사람일까요? 만일 당신이 그 모든 굴욕을 다 처리해 버릴 수 있는 그런 사람이 아니었다면 당신은 어떻게 느낄까요?

에드워드: 네……. (한숨) 선생님이 정곡을 찔렀어요. 네, 그건 사실이에요. 저는 꽤나, 꽤나 그것을 자랑스럽게 여겨요. 저는 선생님을 이길 수 있어요. 유연하게 대처할 수도 있어요.

상담자: (잠시 침묵) 자. 당신이 뭔가 달라지도록 밀어붙이는 강압적인 상담이 되지 않았으면 하기에, 나도 그 자부심을 당신과 나누고 싶어요. 어떻게 방어를 유지해 왔는지에 대해 언급하지 않기 위해, 당신이 얼마나 안정이 되고 있고, 무엇이 지속되고 있는지, 어떤 정체감을 갖게 되었는지, 그동안 사용해 왔던 모든 방어의 가치를 평가할 기회를 갖기 전에 말이에요. 당신은 이제 미래에 대한 예측 가능성을 가졌어요.

에드워드가 자신이 선호하는 인지적으로 편안한 영역으로 옮겨 가도록 하는 것은 회기 막바지를 준비시키는 또 하나의 방법이다. 그리고 이 상담에서 사용한 방향에 대해 이론적으로 설명함으로써 에드워드가 자신이 발견한 것을 기억해 다시 방문하고, 지속적으로 탐색할 수 있도록 하는 틀을 제공한다.

에드워드: 흠, 흠. 선생님의 말씀이 맘에 드는데요. 제가 점점 저 자신을 알아가게 되는 거…… 시간에 대해 하신 말이 좋아요. 하지만 그건 제가 말하는 방식이 아니에요. 제 생각에 그건…… 존중하면서 제가 느릿한 사람이 되도록 허용하는 건……. 저에게…… 아주 분명하게 중요해요.

이 장에서 마지막 결론은 거의 필요가 없다. 상담 그 자체가, 그리고 상담 사이의 설명이 그 모든 것을 말해 준다. 이번 상담에서 상담자는 에드워드에게 상당히 직접적인 인지 구조를 제공했다. 나는 내담자와의 상담에서는 행동 제안/과제, 오래되고 익숙한 기대에 반대되는 방식으로 자기와 타인을 경험하게 하는 과제를 주어 변화를 격려하면서 마무리되곤 한다. 에드워드와의 작업은 역설적인데, 그가 변화하도록 돕기 위해서는 변화하지 않도록 도와야 한다는 것이다. 그의 방어를 깨뜨리도록 돕기 위해서는 그러한 방어와 함께 머무르고, 방어의 가치를 제대로 평가해야 한다.

이번 상담작업에서는 에드워드가 자신의 방어 기능을 분명하게 이해하도록 하는, 인지적인 부분에 초점을 맞추며 마무리했다. 어떤 일이 일어났는지 설명하고, 에드워드가 각각의 단계를 이해하고 있는지 확인하는 것은 신뢰를 쌓아 가는 방식이다. 그가 이 상담자를 신뢰하는 방법을 배울 때, 상담자가 하는 말의 의미를 정말로 믿을 때, 상담관계에서 경험한 진정성을 바탕으로 에드워드는 (천천히!) 안정성, 일관성, 예측 가능성 그리고 정체성을 기존과는 다른 방식으로 찾을 수 있을 것이다. 결과적으로 그 관계는 상담 밖의 세상에서 진정한 그리고 믿을 수 있고, 접촉 가능한 관계를 맺는 다리가 될 것이다.

제10장
로레인: 내사된 타인과의 상담 (I)

통합적 접근을 하는 상담자로서 우리는, 내담자가 상담에 가져오는 여러 가지 갈등이 서로 연관되어 있으며, 그 갈등들이 서로 정도나 심각성을 강화시킨다고 믿는다. 이러한 갈등들은 어떤 특정한 패턴이나 삶의 각본을 형성하고, 심리적 외상이나 지속적인 관계의 실패에서 비롯된 결과, 결심 그리고 생존 반응으로 자라나기도 한다. 그렇지만 이 맥락에서 '결심' 이라는 용어가 정확한 것은 아닐지도 모른다. '결심' 은 대개 선택한 것이며, 여러 대안들 가운데 의식적으로 행한 것이다. 결과나 생존 반응, 그리고 초기에 하는 결심은 대개 의식하지 못한 채 이루어지며, 특별히 한 순간에 발생하기보다는 대개 시간이 지남에 따라 섬섬 누적되어 커지게 된다. 그것들은 당면한 상황에서 불가피하고, 피할 수 없는, 꼭 필요한 반응처럼 보이고, 삶의 각본의 요소들로서 신념, 감정, 세상에 대한 반응방식의 패턴으로 고착된다. 또한 이러한 결심, 결과, 생존 반응은 우리가 믿고, 행동하고, 느끼는 바에 대한 대개는 의식하지 못한 수많은 작은 선택들의 축적된 결과다. 시간이 지남에 따라 이러한 선택들은 습관이 되었고, 습관은 이제 없어서는 안 되는 필수품이 되었다. 더 이상 의식으로 평가하는 것은 불가능하며, 그러한 패턴은 우리의 지각, 기대, 자기와 타인에 대한 신념 그리고 삶의 질에 영향을 미친다. 그것은 또한 그러한 패턴이 접촉의 단절을 일으키는 원인이자 결과이기도 하다. 이에 도전하고, 원상태로 복귀시키는 것이 상담의 본질이다.

그러나 그러한 패턴 모두가 개인이 삶에서 일어나는 사건들에 반응한 결과로만 생겨난 것은 아니다. 어떤 것들은 의미 있는 타자와의 무의식적이고 방어적인 동일시에 의해 형성되기도 한다. 필요한 사람과의 충분한 접촉이 없을 때, 우리는 차선을 선택한다. 우리는 그들을 내사하고, 그들을(혹은 우리 자신이 인식하는 그들의 이미지를) 우리 자신의 한 부분으로 만든다(Perls et al., 1951). 우리는 우리의 양육자, 교사, 심지어는 학대자로부터 그들의 심리적 특성들을 가져온다. 무슨 일이 벌어지는지 깨닫지도 못하는 채, 그들의 자기 한계적인 신념과 결심을 포함해서, 그 사람을 특징짓는 태도와 반응 패턴을 내면화한다. 이렇게 내사된 패턴은 이번에도 의식 밖에 있기 때문에, 성인의 지식과 경험에 맞게 편집하거나 다시 만들 수가 없다(Guntrip, 1968, 1971; Fairbairn, 1952). 마치 식민지에 주둔해 있는 정복국의 군대처럼, 내사된 패턴은 개인의 내면에서 통합되지 않은 채로 지배하며 존재한다. 통합적 상담은 내담자 내면에 심리적으로 내사된 대상과 직접적으로 작업하는 방법을 개발해 왔다. 상담자는 내담자가 내사에 집중하여, 내사된 특징과 신념, 감정, 기억, 희망 그리고 두려움과 욕구를 내담자 자신의 것으로 취급하도록 돕는다. 내담자가 일시적으로 자기를 옆으로 내려놓고, 내사된 사람의 특징을 취하여, 상담에서 이를 다룰 수 있도록 한다(McNeil, 1976). 러시아의 '매트루쉬카' (역자 주: 속이 비어 있어 여러 개의 같은 인형을 포개어 안에 넣은 인형)와 비슷하게, 내사된 타인과의 상담은 내담자 자신을 회복하는 상담 안에 포함한다. 내사된 타인의 분열과 왜곡을 회복시키는 것은 내담자가 내사에서 벗어나도록 길을 만들어 주고, 나아가 내담자 자신의 분열과 방어, 왜곡이 회복되도록 한다(Dashiell, 1978; Mellor & Andrewartah, 1980).

내사된 타인과 작업하는 내담자는 단지 '그런 체' 하거나 '역할극' 을 하는 것이 아니다. 작업이 이루어지는 동안에, 내담자는 바로 그 유의미한 타자로 있는다. 유의미한 타자는 내담자가 인식하지 못하는 사이에 내면화되고 보존되었는데, 내담자가 느끼고 행동하는 것에 많은 영향을 주는 존재다. 상담자는 내담자가 내사된 페르소나(persona)의 태도를 취하면서 그것을 계속 유지하도록 돕는다. 이때 상담자는 내담자를 내사된 그 사람의 이름으로 자주 불러, 내담자가 내사된 타인이 했던 몸짓과 태도, 말을 하도록 방향을 이끈다. 내담자가 종종 역할극을 한다거나 인위적이라는 느낌을 가지고 작업을 시작하더라도, 내사에 몰입하여 심리적인 실재감이 존재하는 데는 그리 오래 걸리지 않는다. 그러나 동시에 내담자는 이 존재가 정말로는 '내' 가 아니라는 명확하고, 실재적인 자각을 한다. 이는 내담자의 삶을 형성하는 데 주요한 영향을 주었던 타인이다.

이 책의 앞부분에서, 여러분은 그렇게 유의미한 타자 한 명을 만났다. 엘리스와의 상담은 제2, 4, 5장에서 탐색, 관여 그리고 관계 욕구와 관련한 설명을 위해 인용되었는데, 실제로는 내사된 경우다. 앞으로 두 장에 걸쳐 여러분은 로레인을 만날 것이다. 인용된 축어록에 등장하는 실제(물리적인) 내담자는 로레인이다. 로레인 스스로가 작업을 시작하고 끝을 내지만, 주요하고 중심이 되는 부분에서 상담자는 로레인의 내사된 어머니인 엘리스와 작업을 할 것이다. 제시된 두 회기 중 첫 회기에서, 로레인은 내사를 확인하고 다루기 위해 작업의 조건을 받아들이고, 엘리스의 페르소나로 이동한다. 엘리스로서, 그녀는 (엘리스에게) 수용할 수 없는 감정과 자신의 의식적인 자각 사이의 분리된 공간을 유지하려고 분투한다. 이 회기는 로레인/엘리스가 결국에는 자신의 대부분의 삶에서 부인해왔던 것들을 인정하고, 수용하며, 존중하는 것으로 끝난다.[1)]

---

1) 내사된 타인과의 상담회기를 묘사하는 데 몇가지 독특한 어려움이 있다. 내사된 타인을 언급할 때, 그 사람의 실제 이름으로 불러야 하는지, 아니면 내사된 타인이 되어 지금 말을 하고 있는 신체적으로 함께하는 내담자의 이름으로 불러야 하는지? (여러분도 보다시피, 지금 이 각주를 조리 있게 쓰는

로레인은 여러 회기 동안 상담자와 작업을 해 왔고, 그동안의 작업을 통해 자기 자신에 대한 많은 확신을 얻었다. 그녀는 이제 "싫어." "난 원하지 않아."를 말할 수 있고, 그것은 정서적으로도 신체적으로도 거절할 수 있다는 것을 의미한다. 그녀는 이전에 자신과 어머니 사이의 긴장에 대해서 말했었는데, 그것은 대부분 로레인 자신의 비만에서 비롯된 것이었다. 그렇지만 로레인은 이 회기를 어머니가 아닌 상담자에 대한 불만으로 시작하였다.

로레인: 전 마음속에 무언가, 매우 침해당한 기분이 드는 것에 대해 다루고 싶어요. 이 얘기부터 시작하고 싶은데, 제가 지난번에 지갑을 여기에 두고 갔는데, 선생님이 그 안을 들여다보셨죠?

상담자: 네, 누구 것인지 알아보기 위해.

로레인: 알아요, 그렇지만 싫었어요.

상담자: 왜죠?

로레인: 음, 그것에 대해 생각했을 때 저한테 떠오르는 생각은……. 어른스럽지 않다는 거예요.

로레인은 (어른의 관점에서 보면) 자신의 반응이 합리적이지 않다는 것을 깨닫는다. 또한 그 반응이 자신에게 중요하다는 것을 안다. 왜냐하면 그 반응은 강렬했는데, 그녀는 그것이 익숙한 패턴 중 하나라는 것을 인지한다. '어른답지 않은' 것으로 이름 붙임으로써 오래 묵은 소재로 들어가려는 의향을 내비쳤다. 그녀는 상담자를 알고 있고, 준비 작업을 생략하여 곧바로 본 작업에 들어갈 수 있을 만큼 상담관계를 신뢰하고 있다.

일도 무척 힘이 든다.) 원래 내담자와 내사자 사이의 대화는 어떻게 표기해야 하나? 우리는 이 책에서 다음과 같은 약속을 따르기로 선택했다. 상담 인용문에서 로레인이 내사되어 말을 할 때에는 로레인의 이름을 표기를 하고 바로 옆에 괄호 안에 "엘리스로서"(내사된 타인의 이름)라는 표기를 붙일 것이다. 상담 작업에 관한 설명을 할 때는 만일 과거의 엘리스의 행동, 생각, 느낌을 우리가 언급할 때에는 엘리스의 이름을 사용할 것이다. 그리고 상담회기에서 내사자의 행동에 대해 이야기할 때는 로레인/엘리스로 표기할 것이다.

상담자: 당신에게 그게 어떤 의미인지 이해할 수 있었으면 좋겠네요.

로레인: 그게 그러니까, 선생님이……선생님이 안으로 들어온 거 같은, 그리고 선생님이……그건 마치, 그건 내 물건인데. (침묵) 전 단지 여기서 이해했던 걸 작업하고 있는 중이에요. 그리고 지갑과 관련해서 일어난 일을 이해했어요.

상담자: 어떤 걸 이해했나요?

로레인: 지난주에 선생님이 나오셔서 대기실로 들어와서 제 옆에 있는 탁자 위에 그 커다란 물건 더미를 두었을 때, 그때 알았어요. 그 책과 종이들, 모두가 더러웠는데, 선생님은 그것을 제 바로 옆에 둘 필요는 없었잖아요.

상담자: 오호, 알았어요. 그것이 얼마나 언짢았었는지 알겠네요.

로레인: 그래요, 그것은 제가 무언가를 먹을 때 엄마가 화를 냈던 것과 마찬가지였어요. 그게 바로 제가 느꼈던 것이네요. 제 안에 누군가가 있는 것. 또는……. (긴 침묵) 난 원하지 않아요, 전 원하지 않아요, 제 가까이 누군가 있는 것을.

상담자: 이해가 되네요.

이 초기의 대화에서, 우리는 로레인의 상담을 예측해 볼 수 있다. 로레인의 어머니는 화를 많이 내는 여자이며, 로레인은 엄마의 화를 내사했을지도 모른다. (그리고 또한 어머니의 훨씬 더 많은 부분까지도 내사했을지도 모른다.) 그 화는 불편하고 부적절한 방법으로 분출되고 있다. 로레인은 그것이 자기 자신의 것이 아니라는 것을 깨닫지만('내 안에 누군가가 있는 것'), 그것에 대해 어찌해야 할지를 모른다.

내사의 특성은 그것이 접촉 단절을 수반한다는 것이다. 내사된 타인은 자기의 나머지 부분으로부터 분열되어 있다. 그것은 정신적인 외부 대상이며, 고립되어 깊숙이 박혀 있고, 통합되지 않은 채로 있다. 내사가 진행되면서, 사람은 자기 자아의 한 측면을 부인하고 왜곡하고 부정한다. 그들은 분열을 수용하고 유지하도록, 온갖 방어기제의 목록 전체를 사용한다. 그렇기에 이를 회복하려면, 안전하지 못해서 느낄 수 없었던 것을 이제는 느끼고, 생각할 수 없었던 것을 생각하며, 방어와 자기기만을 포기해야 하는 반대의 과정을 거쳐야 한다. 그러면 내적 접촉의 장벽은 해소될 수 있고, 내사는 해제되거나 포기된다(더 이상 필요가 없어진다.).

이 긴 작업이 전개됨에 따라, 우리는 그러한 회복의 과정이 일어나는 것을 볼 수 있을 것이다. 그것은 고르게, 단계적으로 일어나기보다는 분출하듯이 일어났나가 멈추는 식으로, 또 궤도에서 벗어났다가 제자리로 돌아와 반복되는 식으로 일어나며, 휴식의 순간에 일어난다. 그렇지만 그 모든 것을 겪는 가운데도 회복을 위한 계획은 여전히 존재한다. 왜곡을 드러내기, 접촉을 경험하기, 분열되었던 부분을 통합하기, 내적 · 외적 자각을 복구하기 등의 상담과정이 실제의 내담자와 내사된 타인, 둘 모두와 존중적인 관계 안에서 진행될 것이다.

로레인: 전 단지 "싫다고, 정말 싫다고, 전 그걸 바라지 않는다." 고 말하고 싶어요. (침묵) 전 제가 무엇을 원하지 않는지를 말하고 싶어요. (침묵) 전 그 지갑이나 파일 더미 따위를 정말 신경 안 써요. 하지만 그런 일이 저한테 일어났어요.

상담자: 당신이 '원하지 않는' 일들이.

로레인: 맞아요, 그리고 제 공간. 전 그 파일 더미를 치워야 했기 때문에, 그렇게 했을 뿐이에요. 그걸 옮겼어요. 그것들이 제 옆에 있는 것이 싫다고 선생님께 말하지는 않았어요. 저는 늘 그래요. 제 문제는 제가 해결할 수 있고, 제가 싫어하는 것은 치워 버릴 수 있어요. 그렇지만 제가 왜 그것들을 싫어하는지는 언제나 말하지 않아요.

상담자: 이해할 수 있어요. 당신 바로 옆에 그런 지저분한 것이 있다는 게 불쾌할 것 같아요.

로레인: 그래요, 어머니가 화를 내면, 어머니와 식사를 같이하고 싶지 않다고 말했던 것처럼 말이죠. 그렇지만 어머니에게 그 이유에 대해서는 말하지

않았어요. 그냥 그러면 소화시키기가 힘들다고 했어요.

상담자: 그리고 또 다른 '이유'는…….

로레인: 전 꼭 그걸 먹어야만 할 거 같아요. 어머니의 것들.

상담자: 어머니의 화를 먹어요.

로레인의 '그것을 먹다'는 비유가 내사의 개념과 너무도 밀접하게 관련되어 있어서, 이 지점에서 해석적인 설명으로 뛰어 넘어가기 쉽다. 내사는 다른 사람의 생각, 감정, 신념을 '소화작용'이나 '동화하는 작업'을 거치지 않은 채로 자기 자신 속으로 받아들이는 것이나. 로레인의 내사를 해석하는 것은 로레인으로 하여금 자신의 반응을 탐색하기보다는 분석하도록 만들 수 있다. 분석은 감정을 느끼지 않는 방식이 될 것이고, 이는 로레인의 탐색을 격려하기보다 방해할 가능성이 더 많다. 해석 대신에 상담자는 질문을 선택한다. 첫 번째 질문은 (앞서 언급한 것을) 단순히 반영하는 것이고, 그다음의 질문은 로레인이 이야기한 경험 속으로 더 깊이 들어갈 수 있도록 격려하는 것으로써, 현상과 관련되어 유도된 질문이다.

로레인: 어머니의 화를 먹어라. 전 그러고 싶지 않아요. 그것은 저를 온통 뒤덮어요. 전 더 이상 그걸 원하지 않아요.

상담자: 어머니의 화가 당신 전체를 뒤덮는다는 것을 어떻게 느끼나요?

로레인: 제가 그것을 소화한 것처럼, 그건 그냥 제 몸 안에 있어요.

상담자: 당신 자신도 화를 경험하나요? 어머니처럼?

로레인: 아뇨, 그렇게 경험하지는 않아요. 전 저에게 그것을 먹인 어머니에게 화를 내고 있는 제 자신을 경험해요. 그러나 저에게는 그것은 화가 아니라, 단지, 그건 단지 체중이에요. 이전에 제가 몰랐던 무언가는 어머니 것이었어요. 전에 제가 했던 상담에서 선생님도 기억하시겠지만 전 엄마의 두려움과 접촉했었는데, 그것이, 그것이 제게 늘 존재했던 것이지만, 그것은 저의 밖인 외부에 있었어요. 그것은 마치 풍선과 같았어요. 그것은 제 것이 아니었어요. 그것은 어머니의 것이었어요. 그리고 한참 동안 전 그것

이 제 발목에 묶여 있는 것 같았어요, 헬륨을 불어넣은 풍선처럼. 그러고 나서 그것은 멀리 날아갔어요. 제 것이 아니었죠. 화도 그거랑 똑같은 거 같아요. 그것은 제 것이 아니에요. 그것은, 그것은 뚱뚱한 살로 변했어요. 그것은 어머니의 에너지이고, 그것은 저의 비만으로 변했어요.

상담자: 내가 어머니에게 당신의 화에 대해 말해도 좋을까요?

로레인: 선생님은 그럴 수 있을 거예요, 어머니를 잘 모르니까. 선생님은 그럴 수 있을 거예요…….

상담자: 그게 나를 막은 적은 없는데요?

로레인: 오, 그래요……. 전 어머니의 화에 대해 어머니에게 말하는 연습을 할 필요가 있어요. 그런데 제가 그것을 진심으로 말하고 싶어 하는지에 대해서는 잘 모르겠어요. 그렇지만 그런 척하면서 어머니에게 말할 수는 있을 거 같아요.

상담자: 로레인, 나는 실제로 당신의 어머니에게 말할 거예요. 그러면, 어쩌면 생애 처음으로, 당신이 억지로 책임을 떠맡을 필요는 없을 거예요.

이 마지막 대화에서, 몇 가지 중요한 일들이 일어났다. 우선, 상담자는 로레인에게 작은 계약을 제시했다. 그것은 우리가 같이 어머니에게 이야기를 하자는 것이다. 엄마와 로레인 자신이 대화를 하는 것에 대해, 로레인이 내놓은 수정 제안에 큰 열의를 보이지 않는다. 그 제안에 내포된 망설임이 ('그런 척' 하면서는 '할 수 있어요.') 그녀가 이미 이런 종류의 작업이 진짜도 아니고, 의미도 없다고 여기고 있음을 암시했다. 상담자는 앞서 제안했던 계약을 다시 언급하며, 이런 작업의 중요한 요소 중 하나인, 로레인이 주도를 할 필요가 없다는 점을 확고히 했다. 이 상담의 두 번째 부분에서, 책임을 지고, 주도하고, 돌보는 사람이 되고자 하는 욕구가 로레인의 주요한 문제 중 하나임을 볼 수 있을 것이다.

로레인: 알았어요. 그 모든 것에 대해 책임지려고 하지 않겠어요. 제가 할 수 있는 선에서는 최선을 다하니까…….

상담자: 만약 내가 책임을 지게 되면, 당신은 조금 쉴 수 있겠지요? 그것에 대해 어떻게 생각해요?

로레인: 전 단지, 제가 민달팽이인 것처럼 느껴져요. 지금 제 주변에 아무것도 없는 거 같아요.

여기에서 상담자는 또 다른 선택의 기로에 놓인다. 로레인의 현상학적 비유가 의미심장하다. 방어막이 없는, 부드러운 피부만을 가진 민달팽이의 이미지는 상처받기 쉬운 면과 스스로를 형편없이 여기고 있다는 느낌을 전달해 준다. 게다가 자신을 보호하기 위해 어떻게 비만을 사용해 왔는지에 대한 자각이 커 가고 있음을 암시해 준다. 그러나 상담자는 그 방향으로 나아가지 않고, 이제 막 형성된 접촉에 머무르는 것을 선택한다. 로레인은 내사를 다루는 것을 동의했고 지금 이 시점에서 다른 것을 한다면, 상담자가 생각하기에 가장 도움이 될 것 같은 것에서 그녀를 단지 멀어지게 하게 될 것이다.

상담자: 난 당신의 엄마를 위해 여기에 특별한 의자를 둘 거예요. (상담자는 맞은편에 또 다른 의자 하나를 당긴다.) 와서 앉으세요, 어머니. (로레인은 그 의자로 자리를 옮긴다.) 이제 의자에 앉아서 눈을 감으세요. 그리고 어머니가 하는 바로 그 자세로 앉을 수 있는지 보세요. 어머니 방식으로 앉아 보세요. 마치 엄마의 등처럼 당신의 등을 만들 수 있는지 보세요. 좋아요. 이제 마치 엄마가 그러는 것처럼, 똑같은 표정을 지어보세요.

로레인: 애처로운 표정이어야 해요.

상담자: 좋아요. 애처롭게 해 보세요.

로레인: 제가 애처롭게 할 수 있을지 잘 모르겠어요.

상담자: 자, 그렇게 해 보세요.

로레인: 그냥 그런 척 해 보죠.

가장하는 것이 다시 나왔다. 로레인에게는 이 방어에 매달리는 것이 매우 중요하다. 만약 일이 잘못 된다면, '단지 그런 척 한 것'은 도망갈 창구가 될 수 있으며, 너무 고통스럽지도 위협적이지 않도록 해 주는 하나의 방법이 될 수 있다. 로레인은 책임자로서 대부분의 삶에서 자신을 돌보아 왔고, 그래서 이것은 그녀에게 꼭 필요해 보이는, 주도권을 유지하는 방식이다. 상담자는 그것에 도전하지 않을 것이다. 이 지점에서 줄다리기를 하는 것은 도움이 되지 않는다는 것을 알기 때문이다. 대신, 상담자는 현재 탄력이 붙은 상담작업이 로레인이 나아가야 할 곳으로 그녀를 데리고 갈 것이라고 믿는다.

상담자: 그렇게 하세요.
로레인: 전 이것을 좋아하지 않아요.

그런데 또다시 선택의 기로에 섰다. 로레인은 상담자의 방법에 항의하고 있는 것인가? 이때는 그녀의 걱정을 존중하면서 인정하는 것이 필요할 것이다. 또 다른 한편으로는, 로레인은 엄마의 느낌을 경험하면서 느끼는 불편함에 대해 말하는 것일 수도 있다. 그렇다면 이것은 로레인이 자신에게 내사된 엄마에게 집중하고 있고, 작업이 제 궤도에 올랐다는 신호다. 상담자는 내사를 계속해서 탐색하기로 결심했다. 만약 로레인이 다시 불평한다면, 그것은 상담의 실수에 대한 로레인의 경험을 탐색하는 기회를 제공해 줄 것이다. 상담과정에서의 실수는 불가피하고 필수적이다. 실수는 피할 수 없는데, 왜냐하면 상담자가 내담자가 느끼는 그대로의 현상학적 경험을 나누는 것이 불가능하기 때문이다. 그리고 그것들은 꼭 필요한데, 그 이유는 상담과정에서의 실수를 통해 내담자는 파열된 관계(상담자와 내담자 간의 파열된 관계)를 회복하는 경험을 하게 되기 때문이다. 이런 경험이 없이는, 내담자가 새롭게 획득한 대인관계에서의 접촉을 외부 세계로 확장시키는 능력은 허약하고 믿을 수 없게 될 것이다.

상담자: 이름이 어떻게 되시죠, 어머니?

로레인: 엘리스예요.

상담자: 엘리스라, 예쁜 이름이시네요. 엘리스, 당신은 어디 출신이세요?

로레인(엘리스로서): 뉴욕이요, 그렇지만 전 그곳을 좋아하지 않았어요. 그래서 애들이 어릴 때 캔자스로 이사했죠.

상담자: 이전에 살던 뉴욕이 어떤 면에서 싫었죠?

로레인(엘리스로서): 뉴욕은 제가 태어난 곳인데, 전 그곳을 좋아하지 않았어요. 전 그곳을 떠나고 싶어했죠. 제가 살기에 그곳은, 너무도 고통스러운 도시예요.

전형적으로는, 내사된 타인과의 상담은 몇 분 동안 비교적 하찮은 잡담으로 시작한다. (물론 많은 경우에, 이런 잡담이 하찮다고만은 할 수 없음을 시간이 지나면서 알게 된다.) 이는 어떤 훌륭한 상담자도 새로운 내담자와 서로 알아갈 때 하는 것과 마찬가지의 것이다. 그렇지만 로레인에게 내사된 엘리스는 이 준비 과정이 필요해 보이지 않았다. 그녀는 즉각적으로 중요한 일련의 기억 속으로 들어가고 있기 때문이다.

상담자: 왜죠, 엘리스?

로레인(엘리스로서): 그게, 부모님을 떠올리게 돼요. 저의 아버지를…… 더러운.

상담자: 당신의 아버지가 더럽다고요?

로레인(엘리스로서): 아버지는 술에 취해 있었어요. 아버지가 더러운지 아닌지는 잘 모르겠어요. 아버지는 그저 술에 취해 사셨고, 그리고 학대했어요.

상담자: 그래서 당신의 과거를 생각나게 하는 것으로부터 벗어나려고 노력하셨군요.

로레인(엘리스로서): 그리고 전 제 아이들을 햇빛이 비치는 밖에서 살 수 있도록 해 주고 싶었어요. 그래서 마당에서도 놀고, 재미있게 놀기도 하고, 그네도 타고…….

상담자: 엘리스, 당신은 과거로부터 벗어나는 데 성공했나요?

로레인(엘리스로서): 아니에요. 전 제 뒤의 큰 식탁보 안에 그것 모두를 묶어 두었어요. 그리고 그것은 마치…… 프라이팬과 주전자 더미 같았어요. 그리고 제가 이 방에서 저 방으로 걸어 다닐 때, 그것들은 덜거덕거리는 소리를 내죠.

상담자: 당신이 어딜 가나, 그것을 계속 가지고 다닌다는 말인가요?

이것은 또 다른 놀라운 비유다. 이번에는 로레인에 대한 것보다는 엘리스에 관한 비유다. 그래서 현재 다루어지는 주제에서 벗어나지 않고 그대로 탐색할 수 있게 되었다.

로레인(엘리스로서): 선생님 말이 맞아요.

상담자: 식탁보 안에.

로레인(엘리스로서): 예, 단색의 식탁보 안에.

상담자: 그럼, 왜 식탁보 안이죠?

로레인(엘리스로서): 저도 모르겠어요.

상담자: 음, 그저 궁금했어요.

로레인(엘리스로서): 소란스러움.

상담자: 만약 그 식탁보가……

로레인(엘리스로서): 집에서 만든 거예요.

상담자: 어릴 때 당신의 특별한 어떤 것이라면……

로레인(엘리스로서): 글쎄요, 제가 어렸을 때 식탁보를 가져 본 적도 없고 아마 절대로 못 가졌을 거예요.

로레인/엘리스는 아주 많은 정보를 주어서, 상담자의 고민은 무엇을 질문해야 하는가에 있지 않고, 무엇을 그냥 흘려보내야 하는가에 있다. '소란스러움' 그리고 '집에서 만든' 둘 다에 대해 질문할 수도 있고, 아마도 둘 다 중요한 정보를 가지고 있을 것이다. 그러나 상담자는 그것들에 대해 질문하는 것 대신에, 어린 시절의 경험에 대해 이야기할 준비가 되어 있는 부분을 따라

가기로 한다. 이 선택은 엘리스의 전반적인 반응 패턴을 로레인/엘리스 둘 다가 이해할 수 있도록 도울 것이다. 뿐만 아니라 엘리스와 그 딸인 로레인 둘 다 가지고 있는, 주도권 욕구를 존중하는 것이다.

상담자: 엘리스, 그게 무슨 뜻이죠?
로레인(엘리스로서): 전 한 번도 침대시트조차도 가져 본 적이 없어요.
상담자: 왜 그렇죠?
로레인(엘리스로서): 우리 부모님은 언제나 취해 있었기 때문이죠.
상담자: 세상에, 누 분 다?
로레인(엘리스로서): 네, 두 분 다요. 전 추운 데서, 코트나 뭐 그런 것들을 덮고 잠을 잤어요. 전 아직도 추위를 느끼면 참지 못해요.
상담자: 엘리스, 당신의 얘기를 들으니, 당신은 어린 시절에 남겨진 많은 일들을 아직도 지니고 다니는군요.

이 말은 다소 뻔하고 심지어 불필요해 보일 수도 있으나, 과거 때문에 현재가 얼마나 힘겨울지에 대한 공감과 존중을 표현해 주고, 나아가 로레인/엘리스의 과거와 현재 사이에 중요한 부분이 연결되어 있다는 것을 강조하는 역할을 한다. 또한 '엘리스'가 진정으로 내담자가 되어가고 있다는 것을 주목하라. 로레인의 관찰적인 자기가 지켜보고 있을지 모르지만, 말하고 있는 사람은 엘리스다.

로레인(엘리스로서): 네, 그래요.
상담자: 그 부분에 대해 조금 더 얘기해 보세요.
로레인(엘리스로서): 오빠들과 언니들은 학대보호기관에서 데려갔어요. 어머니는 거짓말을 했어요. 아직도 저한테 젖을 먹인다고, 그래서 전 집에 남겨졌어요. 그때 전 두 살 반이었어요.
상담자: 그럼 어머니는 당신에게 수유하는 동안에도 취해 있었나요?
로레인(엘리스로서): 모르겠어요. 어머니가 저에게 그때도 수유를 하고 있었는

지 모르겠어요. 어머니는 저를 사랑했기 때문에 저를 데리고 있으려고 거짓말을 했어요.

상담자: 엘리스, 사랑받는다고 느꼈나요?

로레인(엘리스로서): 네, 어머니는 절 사랑했어요. 어머니와 함께 사는 것이 쉽지는 않았어요. 그렇지만 어머니는 저를 사랑했죠.

상담자: 어머니가 당신을 사랑했다는 것을, 당신은 지금 어떻게 알 수 있죠? 어머니가 당신을 사랑해서 했던 일이 어떤 거였죠?

학대하거나 방임하는 부모로부터 양육된 아동은 대부분 '사랑'에 대해 엄청 혼란스러워한다. '사랑하는' 부모가 또한 내게 상처를 주는 부모다. 믿어야만 하는 사람이 또한 믿을 수 없는 배신자다. 부모가 선하고 적절하게 행동할 것이라는 필수불가결한 환상을 보호하기 위해, 아동은 자기 자신에게 거짓말하고, 현실을 왜곡하고, 심지어는 나쁜 일이 일어난 것에 대해 자신이 책임지려 한다. 의식하지는 못하지만, 마치 그 아동은 다음과 같이 정당화하는 것과 같다. "만약 엄마가 날 진정으로 사랑한다는 것을 충분히 믿는다면, 그것은 현실이 될 거야." 또는 "만약 이 모든 것이 내 잘못이라면, 엄마 잘못은 없는 거야. 그래서 엄마는 여전히 좋은 엄마일 수 있을 거야." 이 환상은, 이 자기기만은, 아동이 아픔을 겪지 않도록 보호해 준다. 그렇지만 이것은 아동이 자기 자신의 경험으로부터 멀어지게 하는 분열의 대가를 치른다. 고통을 회피하기 위해, 아동은 자신과의 접촉을 피해야만 하는 것이다.

"엄마가 너를 사랑하는 것을 너는 어떻게 아느냐?"를 물은 로레인/엘리스를 향한 상담자의 질문은, 왜곡과 부인, 그리고 깨어진 접촉의 패턴 속으로 파고드는 쐐기다. 상담자는 작업 초기인 이 부분으로 거듭해서 돌아올 것이다.

로레인(엘리스로서): 엄마가 절 사랑한다고 말했어요…….

상담자: 그래서, 엄마가 그것을 말로 표현하셨나요?

로레인(엘리스로서): 그런 거 같은데요.

상담자: 엘리스, 그 밖에 또 무엇이 있죠?

로레인(엘리스로서): 엄마는 머리가 붉은 색이었어요. 길고 붉은 머리였죠. 전 엄마의 머리를 빗겨 줬어요. 엄마가 그것을 좋아했어요.

상담자: 당신이 엄마의 길고 붉은 머리를 빗겨 주곤 해서, 그래서 당신은 엄마가 자신을 사랑했다고 생각하는 군요.

로레인(엘리스로서): 네, 엄마 머리카락이 햇살에 반짝였어요.

상담자: 그래서, 침대에 시트도 없이 당신을 달랑 담요 한 장만으로 덮어 주었는데, 당신을 사랑한 것처럼 보이나요?

상담자는 보편적인 문제제기를 하였다. "엄마가 당신을 사랑하였다는 것을 어떻게 아는가?" 사랑하는 엄마가, 그것도 아름다운 머릿결을 가진 엄마가, 왜 아이를 침대에 눕히면서 시트 한 장도 깔아 주지 않았을까? 엄마의 머리를 빗겨 주며 행복했던 순간을 상기하는 것은 로레인/엘리스에게 짧은 휴식을 주었다. 이제 어려운 부분을 탐색해야 할 시점이다.

로레인(엘리스로서): 코트요.

상담자: 오호, 코트…….

로레인(엘리스로서): 신문을 덮어 줄 때도 있었어요. 전 그것이 무엇인지 몰랐었죠. 빨랫감도.

상담자: 코트, 신문 그리고 빨랫감…….

로레인(엘리스로서): 쓰레기, 마치 내가 쓰레기 같아요.

상담자: 그럼에도 불구하고 엄마가 당신을 사랑했었다고 하는군요……. 그런데 당신은 추웠다고요?

상담자는 로레인/엘리스가 자신의 엄마가 정말로 자기를 사랑했었다는 주장과 코트나 신문을 덮고 추워했던 기억 사이를 계속해서 대조한다. 상담자는 엘리스의 엄마가 절대적인 빈곤 상태로 지내야 했는지, 아니면 알코올 중독으로 자녀를 방임했는지가 궁금했다. 그래서 현상학적이면서 역사적인 질문을 하였다.

로레인(엘리스로서): 네, 전 많이 추웠어요. 그리고 배도 고팠어요.
상담자: 그 당시에 어머니는 술이 깬 상태였나요?
로레인(엘리스로서): 그렇지 않았던 거 같아요.
상담자: 그렇지만 어머니가 당신을 사랑했다고 생각하는군요.
로레인(엘리스로서): 전 어머니를 사랑했어요.

이전에 로레인/엘리스는, 자기가 엄마의 길고 빨간 머리를 빗겨 주었기 때문에 엄마가 자기를 사랑한다는 걸 안다고 말하였다. 이는 아이의 행동이 엄마 감정의 증거로서 사용되었던 것이다. 자신이 엄마를 사랑하였다는 것을 거듭 말하는 것으로, 자신의 엄마가 엘리스 자신을 사랑하였는지에 관한 상담자의 탐색에 반응하게 되었고, 이로서 같은 종류의 전환을 하게 되었다. 엘리스는 자기 자신뿐 아니라, 엄마를 위해 그 사랑을 하였는가? 엘리스는 엄마를 사랑하게 되면, 엄마가 자기를 다시 사랑하도록 만드는 마술적인 힘이 생겨날 거라고 믿었는가? 매우 많은 가설들을 생각해 볼 수 있다. 우리가 알 수 있는 확실한 것은 엄마를 사랑한다는 것이 매우 중요한 기능을 하였다는 것이다. 이 기능이 바로 상담자가 해야 할 질문이다.

상담자: 엄마를 사랑하는 것이 어떤 의미인가요?
로레인(엘리스로서): 그때 제가 의지할 수 있는 분은 엄마뿐이었어요. 아버지는 항상 술에 취해서 집에 왔어요.
상담자: 아버지보다 어머니는 덜 취했었다는 건가요?
로레인(엘리스로서): 네, 제 생각에, 어머니는 그 당시에는 술을 마시지 않았던 것 같아요. 그런데 잘 모르겠어요. 그렇지만 어머니는 일하러 나갔어요. 어머니는 청소하는 일을 하셨어요. 저는 줄곧 혼자 있었어요.
상담자: 오빠와 언니들은 학대방지기관에서 데려갔다고 했나요?

로레인(엘리스로서): 네, 전 정말로 그들이 보고 싶었어요. 그건 정말 힘든 일이었어요.

상담자: 그것에 대해 말해 보세요, 엘리스.

상담자는 로레인/엘리스의 정서가 담긴 말에 특별한 관심을 두었다. 이는 엘리스가 완전히 중심이 되고 전면에 나타나도록 돕는 것일 뿐 아니라, (그리고 로레인을 배경에 두고) 로레인/엘리스가 자신의 현상학적 경험에 대해 더 깊이 들어가도록 한다. 그리고 그 경험으로 들어가는 모든 단계는 그녀의 접촉 단절, 즉 방어적인 '모른다' 는 것을 더 이상 유지하기 어렵게 만들었다.

로레인(엘리스로서): 특히, 오빠, 저의 오빠, 잭은.

상담자: 네, 잭에 대해 말해 보세요, 엘리스.

로레인(엘리스로서): 전 오빠를 보러 한 번 간 적이 있었는데, 오빠는 제게 롤러스케이트를 주었어요. 오빠는 이모와 함께 살고 있었어요. 어떤 이모인지는 잘 기억나지 않아요.

상담자: 그래서 오빠는 친척분과 같이 살고 있었군요. 그리고 당신에게 스케이트를 주었고요?

로레인(엘리스로서): 네, 오빠는 제게 스케이트를 주었어요.

상담자: 그리고 그 스케이트를 탔어요?

로레인(엘리스로서): 전 스케이트를 탔어요. 오우, 제가 스케이트를 탔어요! 길거리를 오르락내리락하면서 탔는데, 식품점 가게 아저씨가 저보고 스케이트를 타지 말라고 소리쳤어요. 그 아저씨는 제게 1페니인가를 주면서 저 멀리 가라고 했어요. 그런데 전 조금 후에 다시 돌아와서 스케이트를 다시 탔죠. (그녀는 낄낄거리면서 웃는다.)

상담자: 스케이트가 주는 자유를 즐기는 기분이 아주 멋졌겠어요.

로레인(엘리스로서): 스케이트는 오빠가 준 거였어요.

상담자: 오호, 그래서 더 특별했군요.

로레인(엘리스로서): 맞아요. 전 다른 사람으로부터 어떤 것도 받은 적이 없었어요.

상담자: 당신을 그렇게도 사랑했던 어머니한테서도?

로레인/엘리스는 또 다른 행복한 기억을 발견하고, 상담자는 그녀와 함께 잠시 동안 그것을 즐겼다. 또다시 이것은 작업에 깊이 들어가기 전 잠깐의 휴식이었다. 이번엔, 로레인/엘리스가 격려를 받지 않고도 "난 다른 사람으로부터 어떤 것도 받은 적이 없었어요."라며 작업으로 돌아왔다. 상담자는 즉각적으로 주요 이슈인, 사랑하는 어머니를 갈망하는 엘리스의 욕구로 돌아왔다.

로레인(엘리스로서): 없어요.

상담자: 당신에게 선물을 준 적이 없다고요? (그녀는 '받은 적 없다고' 고개를 젓는다.) 그래서 오빠한테서 받은 스케이트가 중요했군요. 그것 말고 당신에게 또 무엇이 중요했나요, 엘리스?

로레인(엘리스로서): 부모님처럼 살지 않겠다고 결심한 것이요.

상담자: 그게 무슨 뜻인지 말해 줄래요?

로레인(엘리스로서): 전 어릴 때부터 결심했어요. 절대로, 무슨 일이 있어도 부모님처럼 되지 않겠다고. 내 아이들을 그렇게 키우지 않겠다고 결심했어요. 그렇게 되지 않을 거라고. 아빠 같은 남자와 결혼하지 않겠다고 결심했고. 엄마처럼 살지 않겠다고 결심했어요. 술에 취하지 않겠다고 결심했고, 싸우지 않겠다고 결심했어요. 전 폭력을 허용하지 않겠다고 결심했어요.

한 아동의 결심, 특별히 스트레스 상황 아래서 한 결심은 종종 그 아동이 자신의 삶을 살아가는 방법에 관한 아주 중요한 지침이 된다. 그러한 결심은 삶의 각본에 기초가 된다. 그 아동이 세상을 경험하는 방식, 다른 사람으로부터 야기되는 반응들, 인정하거나 인정하지 않을 수도 있는 자기의 부분들, 이 모두가 이러한 결심에 의해 결정되지 않았다 하더라도 적어도 영향은 받는다. 이 순간에 강렬하게 다시 떠올려진 '난 결코 부모처럼 되지 않을 거야.' 라는 엘리스의 결심은, 그녀의 삶뿐 아니라 그녀의 딸의 삶에서도 중요한 것이 되었다. 이것을 인지함으로써, 상담자는 이 결심의 자세한 부분들을 탐색하기 시작한다.

상담자: 아버지 같은 남자와 결혼하지 않을 것이고, 폭력적이지 않을 것이고, 결코 싸우지 않을 것이고…….

로레인(엘리스로서): 맞아요.

상담자: 화를 내거나 그 비슷한 것도 있으면 안 되겠네요.

로레인(엘리스로서): 그래요, 우린 결코 목소리를 높이지 않을 거예요.

상담자: 흠, 아주 중요한 결심이군요!

이 부분은 제2장에서 제시됐던 축어록의 한 부분이다. 그때는 결심에 대한 탐색의 중요성에 관한 예로서 제시했다. 발췌한 전문의 맥락을 통해, 우리는 이 결심이 얼마나 중요한지, 그리고 엘리스의 삶에 얼마나 깊게 자리하고 있는지를 볼 것이다. 비록 (많은 내담자의 초기 결심과는 다르게) 이 결심이 인식되어 있고, 쉽게 숙고해 보거나 토론해 볼 수 있는 상태였지만, 그것과 관련된 문제는 그렇지 못했다. 이것에 관심을 가지고 질문하는 것은, 로레인/엘리스가 온전히 내적 · 외적 접촉을 하도록, 한 발짝 더 나아갈 수 있도록 하였다.

로레인(엘리스로서): 네, 그랬어요. 그것이 내가 자살하지 않도록 막아 주었어요. 난 2, 3번 정도는 거의 자살할 뻔했어요.

상담자: 당신의 부모님과 다르게 사는 것이 당신에게는 생사가 달린 결정이었군요.

일반적으로 우리에게 '생사가 달린 결정(survival decision)' 이란, 위협적인 환경으로부터 자신을 보호하는 차원에서 선택한 결정이다. 예를 들어, '난 어머니가 나를 사랑한다고 믿을 거야.' 라는 결심은 아이의 어머니가 학대적일 때조차도 좋은 어머니를 갖도록 허용해 준다. 그렇지만, 여기에 추가적이면서도 아주 글자 그대로의 의미가 하나 있다. 즉, 결심은 죽기보다는 살기 위해서, 의식적으로 선택한 것이라는 것이다.

로레인(엘리스로서): 맞아요.
상담자: 축하해요. 당신이 캔자스로 이사한 이후에는, 어떻게 되었나요?
로레인(엘리스로서): 글쎄요, 저에겐 어린 두 딸, 로레인과 엘렌이 있었고, 그리고 남편이 있었어요.
상담자: 남편과는 한 번도 싸워 본 적이 없었나요?
로레인(엘리스로서): 우린 결코 싸우지 않았어요.
상담자: 그래서 당신 결심대로 살았군요.

이 결심이 어떻게 로레인/엘리스의 분열과 접촉 단절 패턴의 한 부분이 되었는지 보이는가? '난 그들처럼 되진 않을 거야.' 라는 결심은 '난 결코 화를 내지 않을 거야.' 가 되었다. 그리고 이를 지키기 위해, 다시 다음의 결심들이 필요하다. '난 화나는 감정을 느껴서는 안 돼.' '화나는 어떤 경험도 왜곡시키거나 부인해야 해. 내 안에서 화가 난다는 것은 수용할 수 없어.' 내사된 엘리스에게 한 인지적 조율을 통해 엘리스가 아직은 그 패턴을 변화시키고자 하는 마음의 준비가 되어 있지 않다는 것을 감지하면서, 상담자는 그 결심이 어떻게 실행되었는지 계속 탐색하고 표면화하였다.

로레인(엘리스로서): 정말 그랬어요. 우리 집안은 평화롭고 조용했어요.
상담자: 화도 안 내고.
로레인(엘리스로서): 글쎄요, 이것에 대해서는 로레인은 다른 의견을 가지고 있는데…….
상담자: 엘리스, 당신의 의견은 어떤가요? 지금 여기서 상담받는 사람은 당신이

잖아요.

로레인(엘리스로서): 우리는 목소리를 절대 높이지 않았어요. 우리는 목소리를 절대 높이지 않았어요. 난 짜증이 나긴 했는데…….

부인과 분열에 대한 커다란 문제 중의 하나는, 분열된 부분이 저항을 하다가, 새어 나온다는 것이다. 그리고 새어나온 부분은 수순대로 틀림없이 왜곡되고 부인된다. 로레인/엘리스의 화난 감정은 간단히 쫓아 버릴 수 있는 것이 아니다. 아주 굳건히 억압하였다 하더라도, 그 잔여는 남는다. 그러나 '짜증'은 아마 그것이 '화'로 불리지 않는 한, 참을 수 있었다. 어떤 해석도 피하기 위해 조심하면서, 상담자는 이 새로운 실마리를 참을성 있게 따라갔다.

상담자: 그 짜증에 대해 말해 보세요.

로레인(엘리스로서): 남편은 무슨 일을 시작하면 끝을 내려고 하지 않았어요.

상담자: 그래서 짜증이 났나요?

로레인(엘리스로서): 전 짜증났죠. 때로는 관심을 끌기 위해 목소리를 올릴 수밖에 없었어요. 그러면 남편은 그 일을 끝내곤 했죠.

상담자: 그래서 당신은 가끔, 당신의 결심을 어긴 격이 됐군요.

로레인(엘리스로서): 오직 그때만, 오직 그게 마지막 수단일 때만이요.

상담자: 지금 말하는, 마지막 수단이라는 것은 어떤 의미이죠?

로레인(엘리스로서): 때로는 단호해질 필요가 있어요.

상담자: 으흠……. 당신이 결코 하지 않겠다고 하였던 당신의 결심을 깰 때, 어떤 느낌이었나요?

그 결심은 번복할 수 없는 최종의 것도 아니었고, 모든 것을 아우를 수 있는 것도 아니었다. 그것이 깨질 수 있는 상황들(아마도 로레인/엘리스가 인정하려는 것 보다 더 많은)이 존재했다. 방어를 지키려던 결심이 깨지고 로레인/엘리스가 금지된 자기의 부분을 표현하는, 그러한 순간에, 그녀에게 가장 전면적으로 다가갈 수 있고, 그녀와의 접촉이 드디어 충분할 정도로 가능해진다. 조율하고 있는 상담자라면 그러한 순간을 재구성할 수 있는 가능성에 민감해지는데, 지금 이 상담자는 로레인/엘리스의 반응에서 그러한 가능성을 감지했다.

로레인(엘리스로서): 끔찍해요.

상담사: 화를 내지 않고, 절대로 폭력적이지 않겠다는 결심을 어길 때 말이죠?

로레인(엘리스로서): 끔찍해요. 전 진짜 싫었어요. 그렇게 될 수밖에 없는 게 진짜 싫었다고요.

상담자: 그런데 어쩌다 보니 폭력적인 말을 할 수밖에 없었나요?

로레인(엘리스로서): 아니에요, 전 단지……. 아니에요. 전 폭력적인 말을 하지는 않았어요. 전 단지……

상담자: 성가신 잔소리 정도?

로레인(엘리스로서): 예, 잔소리요, 맞아요…….

상담자: 잔소리, 그리고 소리 지르고?

로레인(엘리스로서): 잔소리, 일종의 잔소리였어요. 그 말이 맞는 거 같아요.

마지막 몇 개의 대화에서, 로레인/엘리스의 목소리는 조금 날카롭고, 약간 방어적으로 되었다. 그녀가 비판받는 기분을 느낄 수도 있다는 것과 그녀에게 존중과 지지가 필요하다는 것을 감지한 상담자는 정상화의 반응을 내담자에게 제공했다.

상담자: 글쎄요, 일하는 도중에 게으름을 피우는 남편을 그렇게 말고 어떻게 다른 방법으로 대할 수 있었겠어요? 제 말은 남편에게 잔소리하는 것이, 당신에겐 정상적인 것으로 여겨지지 않나 보네요.

로레인(엘리스로서): 그래요. …… 냉소적으로 돼요. "그래, 아주 좋아 보이네!" 라고 말하는 거요.

상담자: 냉소적.

로레인(엘리스로서): (빈정대면서) "문이 떨어진 옷장이 정말로 마음에 들어."

상담자: 아야, 남편이 알아차렸나요? 아니면 남편이 머리가 둔했나요?

로레인(엘리스로서): 남편은, 남편은 머리가 둔한 사람은 아니었어요. 남편은 제가 그 문을 고치길 원한다는 것을 알았어요. 단지 절 무시한 거죠.

상담자: 아이들에게 짜증이 났을 때는 어떻게 대했나요? 애들에게 절대 짜증내지 않겠다는 것을 지켰나요?

만약 엘리스가 일차적인 내담자라면, 상담자는 이 지점에서 그녀의 아이에게로 주제를 옮기지 않았을 것이다. 그녀가 이끄는 대로 따라가서 그녀가 자신의 방식으로 상담의 초점을 찾아가도록 허용하는 것이 더 중요했을 것이다. 그러나 여기서 엘리스는 그녀의 딸 안에 존재하는, 내사된 대상이기에, 이 작업의 일차적 내담자인 그녀의 딸 로레인과의 관계가 가장 중요하다. 그 관계를 탐색해 보면, 내사가 처음에 어떻게 형성되었는지를 알 수 있을 것이다. 또한 그 관계의 탐색은 내담자와 상담자가 경험하고 이해하고 작업할 수 있도록 도와서 더 이상 로레인의 대인관계가 엘리스의 규율과 반응에 의해 왜곡되지 않도록 할 것이다.

로레인(엘리스로서): 전 애들에게 훈계를 하죠.

상담자: '훈계' 라. '훈계' 를 어떻게 하세요?

로레인(엘리스로서): 전 애들에게 말하곤 했어요. 애들에게 말했죠. 제가 어렸을 때 어땠는지에 대해.

상담자: 예를 들어 주세요, 엘리스…… 당신이 어렸을 때 당신은 어떠했다고 애들에게 말했죠?

로레인(엘리스로서): 전 애들에게 말하곤 했어요. "너희는 배고픈 채로 잠든 적이 한 번도 없지. 너희는 좋은 침대에게 잘 수 있다는 것과 따뜻하고 좋은 음식을 먹을 수 있게 된 것에 감사할 줄 알아야 해. 그리고 엄마는 너희들이 그것들을 좋아하지 않을 때가 싫어."

상담자: 아이들이 감사해할 줄 몰랐군요. 그렇죠?

로레인(엘리스로서): 애들이 언제나 감사하게 여기지는 않았어요. 로레인은 감사해했죠. 그런데 엘렌은 그렇게 감사하게 여기지는 않았어요.

상담자: 로레인이 춥고 배고픈 경험을 하지 않은 점에 대해 감사했다고요?

로레인(엘리스로서): 그 애는 착한 아이였거든요. 정말 착했어요. 말이 없고…….

상담자: 흠, 그래서 당신은 로레인에게는 짜증낼 필요가 전혀 없었겠네요.

상담기술은 작업상의 모든 요소를 염두에 두고 세밀히 관리하는 것이다. 먼저 대화의 주제로 하나를 끌어내고, 이어서 또 다른 것을 끌어낸다. 그 와중에도 각각의 요소가 제자리에서 균형을 이루도록 유지한다. 적절한 때에 모든 요소를 엮어 맞춰서 그들이 서로 얼마나 밀접한 관계에 있는지를 보여준다. 여기서 상담자는 이 상담에서 주요한 두 개의 요소를 연결시킨다. 하나는 엘리스와 로레인과의 관계이며, 또 하나는 엘리스의 분노('짜증' 으로 다시 이름 붙여진)다. 이 회기가 내사된 엘리스의 '짜증' 으로 시작되었다는 것을 기억하라. 우리는 똑같은 화제로 돌아오기는 했지만, 이제 그것은 완전히 다르고 훨씬 더 핵심에 가까워져 있지 않은가?

로레인(엘리스로서): 거의 그럴 필요가 없었어요. 하지만 짜증낸 적이 있었던 것 같기도 해요. 옛날에 로레인이 아주 어렸을 때 저보고 왜 항상 화가 나 있냐고 물어서, 전 화 나지 않았다고 말한 적이 있었거든요.

상담자: 흥미롭네요. 당신 스스로 인정하려 하고 있는데…….

로레인(엘리스로서): 제가 로레인에게 인내심을 잃었던 거 같아요.

상담자: 인내심을 잃었다. 그게 무슨 뜻이죠?

상담자는 이제 엘리스가 화내지 않겠다고 했던 맹세와 어린 로레인이 엄마에게 왜 "언제나 화가 나 있냐." 고 물었던 것을 인정하는 것 사이의 불일치를 직면하려 하고 있다. 그렇지만 로레인/엘리스는 새로운 생각(인내심을 잃음)을 소개함으로써 상담자의 시도를 중단시키고 있고, 상담자는 내담자가 이끄는 대로 따라가기로 결심한다. 엘리스가 어떻게 자신의 결심을 깨게 되었는지는 나중에 볼 수 있을 것이다. 직면은 기다릴 수 있다.

로레인(엘리스로서): 제 생각에, 그것은 빨래할 옷이나 뭐 그런 거였던 거 같아요. 그것들을 떨어뜨려서…… 전 피곤했거든요. 전 언제나 이집 남자들 모두를 돌보아야 했어요. 다림질하는 거, 다림질을 해야 해서.

상담자: 이집 남자들이라뇨? 누구를 말하는 거죠?

로레인(엘리스로서): 남편하고, 시동생이 우리와 함께 살았어요. 그리고 제 조카도 잠시 동안 우리와 함께 살았죠. 그 남자들 모두가 언제나 풀 먹인 셔츠를 원했거든요…….

상담자: 그런데, 이 남자들 모두를 돌보는 일을 어떻게 맡게 되었죠?

로레인(엘리스로서): 글쎄요, 그건 단지……우리는 대공황 때 큰 집 하나에서 13명이 함께 살았어요. 그건 단지, 단지 사람들을 집에 들여놓은……. 전 어느 누구도 집 없이 지내길 원치 않아요.

상담자: 당신이 겪어야 했던 것을 아무도 겪지 말아야 한다고 생각했군요.

여기서 상담자의 말은 그 용어는 꽤 다르지만, 엘리스의 오랜 결심을 공명해 주었다. 엘리스는 처음에는 "난 절대로 부모처럼 되지 않을 거야."라고 결심했다. 그 결심에서 한 발짝 나아가, "난 부모가 나를 대한 방식으로 절대로 다른 사람들을 취급하지 않을 거야." 그리고 이번에는 다음과 같이 쉽게 자리를 바꾸었다. "어느 누구도 내가 취급당한 것처럼 그렇게 취급당해선 안 돼. 내가 겪었던 고통을 아무도 겪어서는 안 돼."

로레인(엘리스로서): 맞아요, 그것은 너무 끔찍했어요.

상담자: (침묵) 당신의 아이들에게 짜증낸 것과 훈계했던 것을, 그리고 비꼬는 것과 그 모든 것에 대해 다시 한 번 말해 보세요. 그것은 절대로 화를 내지 않겠다는 당신의 결심을 깨는 것처럼 보이거든요.

그렇게 해야만 했던 것과 실제로 했던 것 사이의 대조를, 그리고 엘리스가 취급받은 방식과 그녀가 다른 사람을 대하려고 맹세했던 방식 사이의 대조를 강조한 후, 상담자는 결심을 깨버린 이슈로 돌아왔다.

로레인(엘리스로서): (힘 있게) 글쎄요, 사람들이 제가 한 것, 그리고 식탁에 좋은 음식을 올리기 위해 노력했던 것에 감사하지 않았을 때, 정말 괴로웠어요.

상담자: 당신이라면 더 많이 감사히 여겼을 텐데.

로레인(엘리스로서): 그들은 제가 한 요리를 거부하기도 했어요. 정말 그랬어요!

상담자: 만약 당신의 어머니가 요리를 했다면 당신은 정말 감사하게 여겼을 텐데.

로레인(엘리스로서): (생동감 있게) 아무도 제게 아침을 만들어 준 적이 없었어요. 제가 예전에 친구인 리비 젠킨스의 집에 갔을 때, 그 친구의 아침식사가 차려져 있었어요. 전 절대로 그것을 잊을 수가 없을 거예요. 전 아침을 못 먹었어요. 그런데 그 친구는 아침을 먹지 않으려고 했어요. 그것은 오트밀과 오렌지 주스와 눈송이 롤빵이었어요. 전 오트밀을 먹을 때마다 먹어 보지 못했던 그 아침식사에 대해 이야기해요.

내사된 타인에게 충분히 몰입해 있다는 사실과 내담자가 내사된 타인으로 경험하고 있고 상호작용하고 있다는 사실은, 내담자가 기억을 말할 때 명확하고 구체적인 세부사항을 묘사하고 있는 것을 통해 확인된다. 엘리스가 어린 시절의 친구 이름을 사용하고, 아침 메뉴를 기술하는 것은 이 작업이 궤도에 올랐으며, 현재는 '엘리스'가 내담자라는 것을 확인시켜 주고 있다.

상담자: 아이들이 아침식사를 하지 않을 때마다, 무슨 얘기를 하나요?

로레인(엘리스로서): 전 애들에게 리비 젠킨스의 오트밀에 대해 말해 주죠.

상담자: 당신의 아이들은 감사해하지 않았나요?

로레인(엘리스로서): 어쩔 수 없어요! 전 어떻게 할 수 없어요. 그 말들이 그냥, 그냥 제 안에서 나와요.

엘리스의 분노는 그녀 자신의 경험에 대한 기억에 의해 유발된다기보다는 자신이 좋은 엄마인 것에 대해 자녀들이 인정해 주고 보상해 주지 않기 때문에 일어난다고 볼 수 있다. 엘리스가 자신의 어머니에게 화를 내는 것은 안전하지 않았다. 그때는 자신을 보호하고 보살펴 주는 부모가 필요했기 때문이다. 그녀는 오랫동안 사무쳤던 분노를 묻어 왔다가, 이제 그것을 내보낼 표적을 발견한 것이다. 자신의 자녀들에 대한 분노를 탐색하는 것이 그녀가 가진 분노의 근원으로 돌아가도록 이끌 것인가? 만약 그렇다면, 이것은 여전히 로레인의 양육에 대해 초점을 두어야 하는 또 다른 이유가 된다.

상담자: 예, 그럼 애들에게 따뜻한 코트를 사준 것에 대해 애들이 감사해하지 않았을 때 어땠나요? 애들이 자신의 방을 가진 것에 대해 감사해하지 않을 때는요?

로레인(엘리스로서): 애들은 단지 이해하지 못하죠.

상담자: 지금 애들이 이해하지 못하고 있는 것이 무엇이죠?

로레인(엘리스로서): 애들은 제가 어땠는지를 이해하지 못해요. 전 애들이 그것을 알게 하고 싶지 않아요. 전 애들이 그것을 몰랐으면 좋겠어요.

상담자: 그렇지만 당신은 애들이 감사하길 원하잖아요.

로레인(엘리스로서): 그렇죠.

상담자: 그러나 애들이 비교 대상이 없는 이상 감사하게 여기는 것은 불가능할 거예요.

엘리스는 자신이 겪었던 고통에 대해, 아이들이 간접적으로라도 알기를 원하지 않는다. 그런데 아이들이 그것을 모른다면, 어떻게 자신들이 더 좋은 상태에 있다는 것에 대해 감사하게 생각할 수 있겠는가? 이것은 더 많은 갈등과 더 많은 욕구불만을 만들어 내고, 분노가 분노를 키우는 더 많은 기회를 만들어 낸다. 그리고 그녀가 자신의 이야기를 할 때, 자신의 욕구와 분노 양쪽에 대해 죄책감과 수치심을 느낄 여지가 더 많다. 상담자는 판단과 평가에 대한 조그마한 암시도 피하기 위해 매우 조심스러워야 할 것이다. 상담자에게서 비판받는다는 느낌을 받게 된다면, 로레인/엘리스의 수치심은 더 강해지고, 방어는 강화될 것이고, 자신이 부인하고 수용할 수 없어 갈라놓았던 간격을 더 넓게 만들 것이다.

로레인(엘리스로서): 아마도 그것이 제가 애들에게 그렇게 많이 말했던 이유인 기 같아요.

상담자: 무엇을 말했나요?

로레인(엘리스로서): 아마도 애들이 그것이 어떤 것인지, 제가 어땠는지를 알게 된다면, 애들은 자신들이 얼마나 다른지 알게 될 것이고, 제가 자신들을 다르게 키우기 위해 얼마나 노력했는지를 알게 될 거예요.

상담자: 당신이 지금도 매우 열심히 일하고 있다는 말로 들리네요.

로레인(엘리스로서): 저에게서 끌어낸, 그렇죠, 저에게서 끌어낸 것들.

상담자: 무엇을 끌어냈다는 말이죠?

로레인(엘리스로서): 용기, 그리고 결심, 그리고 기도, 그리고…… 투쟁…….

상담자: 그리고 당신의 성장배경을 무시하는 것도.

또 다른 주제가 등장했다. 로레인과의 이전의 작업으로부터, 상담자는 로레인/엘리스가 외모를 극도로 중요하게 생각하는 매우 '단정한' 여자임을 알고 있다. 부모가 알코올 중독자였고, 가난하고 무식하다는 사실은 수치심의 근원이 될 것이다. 그리고 그것은 그녀 자신과 타인 양쪽 모두에게 인식되고 싶은 자신의 이미지와는 분리되어 유지되어야 하는 또 하나의 부분이다. 그녀가 그녀 자신과도 그리고 자신의 딸과 진실하고 온전해지기 위해서는 그녀의 모든 성장 환경은 다시 회상되고 자신의 것으로 받아들여져야만 한다.

로레인(엘리스로서): 맞아요.

상담자: 그것, 당신의 배경을 무시해 온 것에 대해 말해 보세요.

로레인(엘리스로서): 저의 배경을 무시하는 것. 제 배경에 대해 잘 모르겠어요.
상담자: 글쎄, 그 얘기는 웬지 당신의 가족이 꽤 낮은 계층이었다는 말 같은데요.
로레인(엘리스로서): 예, 낮은 것보다 더 낮았죠.
상담자: 낮은 것보다 더 낮은 것에 대해 말해 보세요.
로레인(엘리스로서): 단지 그때……모르겠어요, 제가 아이들을 볼 때…….
상담자: 만취해서 사는 사람들이라고 불리죠, 맞나요?
로레인(엘리스로서): 만취해서 사는 사람들, 맞아요, 취했죠.
상담자: 낮은 것보다 더 낮은 사람들.
로레인(엘리스로서): 크리스마스 아침에 난로에 석단이 없었어요, 크리스마스 트리가 없었던 건 말할 것도 없고요. 전 크리스마스 때마다 제 아이들에게 상상할 수 있는 장난감은 모두 주었어요.
상담자: 자, 어떤 느낌이었는지.

'낮은 것보다 더 낮은' 이라는 지칭, 이와 관련된 기억과 감정들은 감당하기 어렵다. 로레인/엘리스는 현재의 상황이 얼마나 다른가 하는 문제로 돌아왔다. 이는 급격하고 강한 회귀인데, 거의 필사적인 거 같다. "난 당신에게 이것을 말해야만 해요, 그것에 대해 더 이상 질문하지 못하도록 막아야 하거든요."라고 말하는 것처럼. 상담자는 저지당하는 것을 허용하면서, 로레인/엘리스의 말로는 표현하지 못하는 요청의 절박함을 존중하면서, 그녀가 이끄는 대로 따라간다.

로레인(엘리스로서): 그리고 부활절이요, 부활절에 대해 말하고 싶어요.
상담자: 오, 그래요, 말해 보세요, 전 부활절을 좋아해요.
로레인(엘리스로서): 엠포리아(역자 주: 미국 캔자스 주의 도시, 엘리스가 살던 곳) 중심지에, 특별한 사탕을 만들어 파는 사탕가게가 있었어요. 전 부활절 몇 주 전에 미리 가서 사탕을 주문하곤 했죠. 큰 코코넛 계란과 여러 가지 맛의 코팅…… 또 하얀 초콜릿과 젤리 콩과 토끼 모양으로 만든 것. 전, 우리 애들은 부활절 아침에 깨어나자마자 부활절 바구니를 받지 못한 일

은 한 번도 없었어요.

상담자: 당신의 애들은 절대로 빼빼 마를 수가 없었겠네요, 그런가요?

로레인(엘리스로서): 그렇죠, 절대 마르면 안 되죠. 그런데 로레인은 아기 때 아주 말랐어요. 전 정말 창피했어요. 걔를 데리고 병원에 갔을 때, 담당 의사가 제가 애를 잘 먹이지 않았다고 생각할 거 같았어요.

상담자: 그랬군요, 애가 너무 말라서, 다른 사람이 볼 때는, 애 엄마가 술에 취해 산다고 생각할 수도 있다고 여겼나요, 그런가요?

상담자는 로레인/엘리스가 자신의 부모와는 다른 부모가 되고자 하는 욕구와 로레인의 체중 문제에 대해, 강요하지는 않으면서, 상호 연결하기를 제안하면서 이야기를 풀어나가고 있다. 이는 엘리스가 자신의 감정을 다루는 방식에서 초래되었을지도 모르는 손상의 또 다른 희미한 암시다. 이 모든 것의 배경에는 출생에 대한 수치심이란 주제가 마치 교향곡의 우울하고 아득한 테마와 같이 엘리스에게 숨겨져 있다. 그렇지만 그녀는 다시 자신을 보호한다. 이 부분은 그녀가 절대로 논의할 준비가 되어 있지 않은 대목인 것이다.

로레인(엘리스로서): 제 생각에, 글쎄요, 아무도 제가 술에 취했다고 생각하지는 않았을 거 같아요. 전 옷도 잘 차려 입었고, 제 자신을 잘 가꾸고 있었거든요. 전 제 옷을 만들어 입었고, 그리고…… 언제나 깨끗했거든요.

상담자: 으흠, 당신 애들이 대단한 크리스마스 선물, 즉 상상할 수 있는 모든 장난감을 선물로 받을 때, 또 멋진 부활절 바구니를 받을 때, 마음이 어땠나요? 그 모든 것들을 가진 애들을 볼 때…… 당신의 마음속에선 무엇이 느껴졌죠?

로레인(엘리스로서): 전 제 자신에 대해 정말로 슬픔을 느꼈어요.

상담자: 슬픈 감정에 대해 말해 줄래요?

로레인(엘리스로서): 그저 커다란 공허감. 크고, 어둡고, 차갑고, 배고픈 공허함.

'슬픈' '낮은 계층' 그리고 '분노' 모두가 연결되었다. 하나의 정서반응을 충분히 탐색하면, 대부분은 다음의 경험을 접하게 된다. 상담자는 로레인/엘리스의 에너지가 '크고, 어둡고, 차갑고, 배고픈 공허함'으로 가는 것을 따라간다. 그 공허함이 채워지지 않을 때 어떤 일이 일어날까?

상담자: 어둡고, 차갑고, 배고프고…….

로레인(엘리스로서): 단지 그때를 기억하면…….

상담자: 그래서 당신의 아이들에게는 좋은 환경을 만들어 주는 동안에도, 어둡고, 차갑고, 배고픈 공허감이 있었군요.

로레인(엘리스로서): 그래요.

상담자: 크리스마스 때, 그 많은 선물을 사는 것, 그것이 공허감을 채워주지는 않았나요?

로레인(엘리스로서): 아니요.

상담자: 화이트 초콜릿과 코코넛 계란 등을 사는 것이 배고픔을 채워 주었나요?

로레인(엘리스로서): 아니요.

상담자: 당신이 애들을 봤을 때, 아이들이 사탕을 받고도 감사하지 않았을 때, 어땠나요?

로레인(엘리스로서): 전 아이들이 감사해하는지 여부에 대해 잘 몰라요. 제가 보기에, 아이들은 사탕을 먹었고, 자신이 받은 선물 포장을 열었고…….

상담자: 아이들이 좋아했나요……?

로레인(엘리스로서): (날카롭게) 우리는 훌륭한 크리스마스를 보냈어요. 그리고 훌륭한 부활절을 보냈어요.

이 외침의 비언어적인 부분은 너무도 명백해 마치 그녀가 "난 그것을 믿을 거예요!"라고 큰 소리로 말했다고 할 정도다. 무언가가 신경을 건드렸고, 이 때문에 온힘을 다해 오래된 방어기제가 나타났다. 이는 중요한 반응이며, 주의해서 볼 필요가 있는 부분이다.

상담자: 당신의 목소리 톤이 달라졌는데, 어떤 의미이죠?

로레인(엘리스로서): 우린, 아무도 술에 취하지 않았어요.

상담자: 당신은 그 지점에서 방금 목소리 톤을 바꿨어요.

로레인(엘리스로서): (결단하듯이) 우리는 훌륭한 휴일을 보냈어요. 그건 제가 원했던 거예요. 전 훌륭한 휴일을 보내고 싶었거든요. 전 어머니 날을 훌륭하게 보내고 싶었어요.

상담자: 그래서 그렇게 되었나요?

로레인(엘리스로서): 때로는 그랬죠.

상담자: 다른 때는요?

로레인(엘리스로서): 제가 원했던 대로 되지 않았어요. 모르겠어요……. 제가 기대했던 대로 되지 않았어요. 전 결코, 그렇지만 그건 훌륭했어요. 제 생각에, 매번 끝에 가서, 전 언제나 생각하곤 했죠, 훌륭한 휴일을 보내서 안심이라고. 끝까지 마쳤고, 아무 일도 일어나지 않았으니까요. 제가 결혼식에 갈 때, 전 결혼식의 끝에 가서, 언제나 안도하죠. 전 언제나 말해요, "훌륭했어, 아무도 취하지 않았잖아. 아무도 못된 짓을 한 사람은 없었어."

'훌륭한 휴일' 이란 고통스러운 기억을 상기시키지 않는 날이었고, 그녀의 체면이 유지되어 '낮은-보다-더 낮은' 알코올 중독의 가정환경에서 자랐다는 기억이 회상되지 않는 날이었다. 내담자에게는 앞서 얘기한 두 가지의 고통스러운 감정인, 표현해서는 안 되는 분노, 춥고, 공허한 슬픔과 더불어, 두려움이 존재하고 있음을 알 수 있다. 어린 시절의 가족이 그녀 자신의 마음속에서 나타나는 것에 대한 두려움, 힘들게 얻은 사회적 지위가 무너질 것에 대한 두려움, 만약 그녀 자신을 느슨하게 둔다면, 그녀와 그녀 가족이 정말로 그렇게 될지 모른다는 두려움이 존재한다. 이것은 상담자가 계속 주의하여야 하고, 결국에는 다른 모든 것들과 연결해야 하는 또 다른 요소다.

상담자: 그럼 당신에게는 폭력적인 것이 아무것도 일어나지 않았다는 안도감을 느낄 수 있는 게 가장 좋은 일인가요?

로레인(엘리스로서): 맞아요.

상담자: 그렇지만 여전히 어둡고, 춥고, 배고픈 공허감이 있는데요?

로레인(엘리스로서): 네…….

상담자: 그것은 크리스마스 장식으로 아무리 덮어도 채워지지 않잖아요.

로레인(엘리스로서): 채워지지 않죠.

상담자: 로레인이 한꺼번에 그 모든 장난감을 가지고 놀 수 없을 때는 어땠나요?

상담자는 로레인/엘리스에게 공허함과 분노를 함께 보도록 했다. 멋진 크리스마스 장식으로도 채우기엔 너무나 커다란 공허함과 그러한 장식을 만드느라 노력한 것에 대해 자녀가 감사함을 모를 때의 분노를. 이번에는 상담자가 가리키는 것을 로레인/엘리스가 좀 더 보려는 의지를 보이는 듯했다.

로레인(엘리스로서): 만약 로레인이 장난감을 가지고 놀지 않는다고 해도 상관하지 않아요. 단지 전 로레인이 장난감을 잘 챙기기를 바랐어요.

상담자: 오호, 장난감들을 잘 챙기는 것이 중요한 이유에 대해 말해 줄래요?

로레인(엘리스로서): 전 인형을 가져 본 적이 없어요. (침묵) 만약 제가 인형을 갖게 되었다면, 전 그것을 잘 챙겼을 거예요.

상담자: 그런데 로레인은 그냥 인형을 적당히 가지고 놀다가, 옷도 벗기고, 아무데나 던져놓고, 머리도 빗기지 않고 그랬나요?

로레인(엘리스로서): 예……그렇지만 전 그 장남감들을 그렇게 걱정한 것은 아니에요. 전 장난감들을 가지고 놀고, 어지르는 것을 그냥 놔뒀어요. 전 애들은 그냥 놔뒀죠, 뒷마당에서 흙을 파고 노는 것도. 흙더미라고 불렀던 것이 있었는데, 애들은 언제나 진흙을 묻히며 그곳에서 놀았죠. 그리고…….

상담자: 당신은 아주 좋은 엄마였던 거 같네요.

로레인(엘리스로서): 그렇게 말해 주니, 고마워요.

상담자: 아이라면 누구든지 누려야 하는 기회를 모두 주었네요.

로레인(엘리스로서): 그것이 제가 하고자 했던 거예요.

다시 한 번, 로레인/엘리스의 타당화와 인정의 욕구를 감지하면서, 상담자는 그녀가 종종 자녀들의 욕구에 접촉하지 못했다 할지라도, 부모역할을 하려했던 시도에 지지와 성원을 보냈다. 이 지지의 말은 또 다른 기능을 했다. 이 말은 로레인/엘리스를 다음의 질문으로 이끌 것이다. 이 질문에서 그녀는 한 번 더 자신의 자녀들이 그녀로서는 고통스러울 정도로 가질 수 없었던 것을 가졌기 때문에 그들을 얼마나 부러워했는지, 그리고 자녀들이 가졌으면서도 감사할 줄 모르는 것 때문에 얼마나 화가 났는지를 인정하도록 안내될 것이다. 이것을 인정함으로써, 그녀는 자신의 화를 길들일 수 있을 것이고, 그리하여 화가 그녀의 가족에게 새어 나가게 하기보다는, 적절하게 관리할 수 있을 것이다.

상담자: 다시 돌리고 싶은 것들은 없었나요? 다시 기회가 주어진다면 다르게 하고 싶은 것은 없나요?

로레인(엘리스로서): 없어요.

상담자: 당신은 모든 것을 완벽하게 했군요.

로레인(엘리스로서): 전 모든 것을 했어요. 글쎄, 완벽한 것과는 거리가 멀지만, 그렇지만 제가 어떻게 해야 하는지 아는 것은 모두 했어요.

상담자: 내가 장담하건데, 당신은 당신이 어떻게 해야 할지 모르는 부분까지도 다 했을 거 같네요.

로레인(엘리스로서): 다 했어요, 전 다 했어요, 몰랐단 것도 있죠. 그래서 전 집에서 쓰는 가구 덮개를 만드는 것도 배웠어요…….

상담자: 덮개를요!

로레인(엘리스로서): 네.

상담자: 그 덮개에 대해 더 말해 주세요.

로레인/엘리스는 열심히 작업해 왔고, 꽤 고통스러운 기억들을 다루었고, 큰 용기를 내어 상담을 해 왔다. 그녀는 또 다른 잠깐의 휴식, 즉 숨을 고르고 원기를 회복할 시간이 필요했다. 엘리스의 기억들을 나누는 데 진실한 마음으로 관심을 가지고 접촉함으로써 상담자는 엘리스가 지지와 존중을 받아들일 수 있고, 그리고 그녀가 잘했던 부분에 대해서는 축하할 수 있는 시간을 만들어 낼 것이다.

로레인(엘리스로서): 글쎄요, 대공황 시절에 가구 덮개를 만드는 방법을 배웠어요. 덮개를 만드는 방법을 배웠어요.

상담자: 왜 덮개를 만들었죠?

로레인(엘리스로서): 가구들이 낡아 보이기 시작하는데, 전 그게 보기 싫었어요. 항상 새 가구를 살 형편은 되지 않아서, 덮개를 만들었던 거예요. 거실을 초록색으로 보이고 싶으면, 초록색 덮개를 만들었죠.

상담자: 아하,

로레인(엘리스로서): 예뻤어요, 재미도 있었고요.

상담자: 덮개로 당신이 원하는 내로 제대로 꾸밀 수 있었군요.

로레인(엘리스로서): 맞아요, 그리고 커튼도 만들었어요.

상담자: 그럼, 아이들이 집에 들어와서, 가구에서도 뛰어놀 수 있도록 좀 더 편하게 허용할 수 있었겠네요?

로레인(엘리스로서): 그건, 아이들은 가구 위에서 뛰어놀지는 않았어요. 전 애들이 그러도록 내버려두진 않았어요. 아이들은 밖에서 뛰어놀 수 있었어요.

상담자: 가구 위에서 뛰어 노는 것은 허용하지 않았다는 거죠?

로레인(엘리스로서): 아이들이 다치지 않길 바랐어요.

상담자: 아이들이 거실에서 놀기는 했나요?

로레인(엘리스로서): 네, 애들이 거실에서도 놀았죠.

상담자: 단지 가구 위에서 뛰지만 않았군요.

로레인(엘리스로서): 네, 가구 위에서 뛰지는 않았어요. 전 아이들이 다치는 걸 원하지 않았어요.

상담자: 당신 애들이 당신 같은 엄마를 만났다는 건, 참 행운이었던 거 같네요.

로레인(엘리스로서): 애들이 나보다는 더 운이 좋은 것은 확실해요.

잠깐의 일정에서 벗어난 짧은 여행은 제 역할을 수행했고, 이제 로레인/엘리스는 다시 작업할 준비가 되었다. 그러나 그것은 사실 짧은 여행 이상의 것이었다. 그녀에게 잠깐 동안의 휴식과 회복의 기회를 준 것에 덧붙여, 엘리스 자신의 어린 시절과 자녀에게 제공해 준 것 사이의 대조를 더욱 생생하게 조명했다. 내담자가 이 대조를 보며 돌아왔고, 이에 상담자는 빠르게 반응했다.

상담자: 그 대조에 대해 말해 보세요. (로레인/엘리스는 한숨을 깊게 내쉰다.) 어려운가 보네요, 엘리스?

로레인(엘리스로서): 네…….

상담자: 그렇지만 그 대조에 대해 말해 주세요. (내담자는 다시 한숨을 쉰다.) 당신만이 인식할 수 있는 그 대조에 대해.

로레인(엘리스로서): 전 거기에 있었어요. 애들이 아침에 눈 뜰 때, 거기에 있었어요. 전 애들이 밤에 깰 때도 거기에 있었어요.

상담자: 이제 그것과 대조를 해 보세요.

로레인(엘리스로서): 우리 어머니는 언제나 거기에 없었어요. 전 동네를 이리저리 헤매고 다녔어요. 서너 살 때. 제가 어떻게 죽지도 않고 끔찍한 일도 겪지 않았는지 신기해요……. 전 그냥 지하실 문 앞에서 놀고, 그리고 그냥…….

상담자: 당신은 매일 아침 거기에 있었는데, 애들을 위해—

로레인(엘리스로서): 전 그랬죠. 제 아이를 위해 거기에 있었죠. 전 매일 아침도 차려 주었어요.

상담자: 당신 아이들은 그것에 감사할 수 있는 역량이 없지요, 그것이 어떤 것인지 모르니까.

첫 번째 가닥과 또 다른 가닥의 균형을 맞추고 탐색하면서, 상담자는 엘리스가 만들어 온 패턴의 안과 밖을 연결해 간다. 여기서 상담자는 엘리스의 경험과 그녀의 자녀들의 경험을 대조하여 한 번 더 다루고는, 부드럽게 자녀들이 그것을 어떻게 알아차리지 못하는지로 넘어간다. 이번에는, 엘리스가 자녀들이 알아차리지 못하는 것에 관해 더 자세하게, 그리고 그 차이에 대해 이야기하도록 인도한다. 그리고 그것이 엘리스에게 어떠했는지에 대해 새롭고 더 깊은 자각을 하도록 인도한다.

로레인(엘리스로서): 몰라요, 아이들은 그 차이에 대해 알지 못해요.

상담자: ─술이 덜 깬 어머니와 함께 산다는 것이 어떤 것인지.

로레인(엘리스로서): 맞아요.

상담자: 그래서 술이 덜 깬 어머니와 함께 산다는 것이 어땠나요?

로레인(엘리스로서): 그건 매우 공허했어요. 아주 무섭고, 무서웠어요.

상담자: 어머니는 언제나 화를 잘 냈기 때문에……

로레인/엘리스는 이제 초기 심리적 외상에 관한 자신의 경험과 감정반응에 대해 훨씬 더 많이 접촉하고 있다. 이러한 자각의 확장으로, 방임과 학대에 대응하기 위해, 자신의 내적 세계를 어떻게 구성해야만 했는지에 관해 탐색할 준비가 되어 있을까? 딱딱하던 방어 구조가 유연해지기 시작했을까?

로레인(엘리스로서): 모르겠어요…….

상담자: 그냥 생각해 보세요, 엘리스. 술이 덜 깬 사람들은 화를 잘 내죠. 그런 사람들 주변에 있을 땐 매우 조심해야 해요. 그렇지 않으면 그들이 당신 면전에서 이성을 잃고 화를 낼 수도 있죠.

로레인(엘리스로서): 그런 건지는 잘 모르겠는데…… 어머니는 나이가 들어서는 정말 끔찍했어요. 그렇지만…….

상담자: 음, 어릴 때 있었던 일 중 기억하고 싶지 않은 것들도 있을 수 있어요. 우리가 그것을 다루지 않고 그냥 지나칠 수도 있어요. 내가 단지 짚고 넘

어가고 싶은 것은, 만약 숙취가 남은 채 어머니가 잠에서 깬다면, 화를 잘 낼 수도 있었을 거라는 거죠.

로레인/엘리스가 아직 기억할 준비가 되어 있지 않다고 하더라도 거기에 중요한 어떤 것이 있다는 말을 명확하게 하면서 상담자는 후퇴한다. 로레인/엘리스가 아직 준비가 덜 된 것 같다. 적절한 시간이 되면 기억날 것이다. 자신의 어린 시절과 자신의 자녀들에게 제공해 준 경험 사이의 대조를 탐색하면서, 로레인/엘리스는 그 자신의 자각을 확장할 수 있었고, 이제까지 부인해 왔던 감정들을 되찾을 수 있는 것 같이 보였다. 이러한 기억들로 돌아가는 것을 반복할 때마다 그녀는 조금씩 진전을 보이고 있다.

로레인(엘리스로서): 글쎄요, 엄마는 보통 일어나지 않았어요.

상담자: 으흠, 그렇지만 당신은 당신의 아이들을 위해 일어나 있었네요.

로레인(엘리스로서): 전 제 아이들을 위해 미리 깨어 있었죠. 아이들이 일어나기 전에 일어나서, 애들 도시락을 쌌어요.

상담자: 도시락을 싸면서, 당신에게도 도시락을 싸 주는 일이 일어났었으면 좋았겠다고 소망한 적은 없었나요?

로레인(엘리스로서): 누군가가 저를 위해 도시락을 싸 주었으면 좋았을 텐데라고 생각해요.

상담자: 누군가가 당신에게 다정한 말로 "잘 잤니?" 하고 인사해 주길 바랐나요?

로레인(엘리스로서): 네……. (날카롭게) 그런 일은 일어나지 않을 거예요!

상담자: 당신 목소리 톤이 뭔가 달라진 거 같은데요, 엘리스?

로레인(엘리스로서): 그런 일은 없을 거예요. 엎질러진 우유를 보고 울어도 아무 소용없잖아요.

그것은 너무 지나치고, 너무도 고통스럽다. 로레인/엘리스는 문을 쾅 닫았다. 그녀는 익숙한 방어기제를 사용한다. 만약 고칠 수 없는 것이라면 생각도

하지 말자. 감정도 느끼지 말자. 얼마나 상처가 되는지 알도록 하지도 말자라고. 내담자와 형성해 온 상담의 동맹관계에 의지하여, 이번에는 상담자가 내담자의 방어를 정면으로 직면한다.

상담자: 당신의 목소리는 우는 목소리는 아닌데요, 엘리스.

로레인(엘리스로서): 그건 과거의 일이에요……. 전 이것에 대해 더 말하고 싶지 않아요. 정말로, 정말로 그러고 싶지 않아요. 그건 모두 과거 일이에요.

상담자: 당신이 정말로 말하고 싶지 않다는 걸 알아요. 그렇지만 난 당신의 몸이 느끼는 그 모든 긴장을 도울 수는 있을 거 같아요. 당신은 긴장을 너무 하면서 고생하고 있어요, 그렇죠?

내담자의 선택권을 인정하면서, 상담자는 만약 로레인이 다른 선택을 하게 된다면 얻게 될 구체적이고도 즉각적인 혜택에 대해 제안을 하고 있다. 그녀의 대답은 거래에 대한 묵시적인 수락이었다.

로레인(엘리스로서): 전 정말 무서워요. 정말 긴장했어요.

상담자: 음, 내가 만약 당신이 무엇 때문에 무서워하고 있다고 생각하는지 말한다면, 당신은 내게 동의하지 않을 거에요.

로레인(엘리스로서): 말씀해 보세요.

상담자: 그것에 대해 진지하게 생각해 보시겠어요. 아니면 당장, 말도 안 된다고 하실 건가요?

로레인/엘리스의 저항을 예상하면서, 상담자는 두 가지의 방법으로 그녀를 몰두시킨다. 첫 번째는, 엘리스에게 이성적으로 호소하는 것이다. '당신이 나의 생각을 좋아하지 않겠지만, 당장 거부하기 전에, 그것들에 대해 생각해 볼래요?' 그것은 거절하기 어려운 제안인데, 특히 자기 자신을 분별 있고 공정한 존재로 자부했던 사람이라면 더욱 그럴 것이다. 두 번째는, 더 깊은 수준에서, 엘리스의 방어기제에 도전을 하는 것이다. 만약 엘리스가 상담자의 생각을 거절한다면, 상담자는 그녀의 행동을 성공적으로 예상한 것이고, 상담관계에서 엘리스가 정말로 이해받았다는 것을 증명한 셈이 되는 것이다. 그것은 새로운 것이며, 삶의 각본과 반대되는 경험인 것이다. 물론, 만약 엘리스가 그것을 거절하지 않는다면, 그녀는 자각의 새로운 영역으로 옮겨 가게 될 것이다. 어느 쪽이든 로레인/엘리스는 이기는 것이다.

로레인(엘리스로서): 생각해 볼게요. 말씀해 보세요. 그러면 노력해 볼게요.
상담자: 엘리스, 난 당신이, "그건 모두 과거의 일이에요."라고 말할 때, 주의 깊게 봤어요. 그리고 그 말을 하기 바로 전에, 당신의 입과 턱을 봤어요. 당신의 주먹진 손을 보았는데…….
로레인(엘리스로서): 전 피곤해요. 오우……. 맞아요, 계속 말씀하세요…….
상담자: 그리고 생각했죠……. 당신의 몸은 절대로 화를 내지 않겠다는 당신의 결심과는 아주 다른 반응을 보였다는 것을. 그리고 아주 짧은 순간 동안, 당신이 당신의 어머니에게 화를 내고 있다고 생각했어요……. 그리고 그 때 당신이 "그건 모두 과거의 일이에요."라고 말했죠.
로레인(엘리스로서): 전 어머니에게 화가 났어요. 전 그것에 대해 기도를 많이 해요.

인정을 하게 되자, 마치 부인한 적이 전혀 없었던 것처럼 쉬웠다. 로레인/엘리스는 "난 화내지 않아요." 에서 "화가 안 나면 좋을 텐데요." 로 나아갔고, 이는 거대한 한 발자국을 내딛는 것이다.

상담자: 화내지 않도록 기도한다고요?
로레인(엘리스로서): 부모를 용서할 수가 없어요.
상담자: 화를 내지 않게 해달라고 기도한다고요?

로레인(엘리스로서): 전 용서해달라고 기도해요. "너희 부모를 공경하라."는 계명을 절대로 따를 수가 없거든요.

상담자: 음, 당신의 부모는 다른 계명 하나를 따르지 않았죠. (침묵) 모세 이전, 아주 오래전, 천 년 전에 있었던 계명 하나를 아시나요? 모세에게 주어진 십계명 말고, 아브라함이 자신의 아들 이삭을 죽이려 할 때, 주어진 계명 말이에요. 모세 이전 천 년 전에.

로레인/엘리스에게 종교는 위로와 안정감을 주는 원천으로서 중요했고, 체면을 유지하기 위한 또 하나의 방법으로도 중요했다. 이 개입을 유대-그리스도교 전통의 틀 안에서 맞춘 것은, 신뢰성을 주는 것과 더불어 로레인/엘리스가 그것을 심각하게 고려하도록 하기 위함이다.

로레인(엘리스로서): 그게 뭐죠?

상담자: 부모들은, 그 자녀를 존경하라. 왜냐하면 아이들의 생명은 거룩하고, 절대로 희생되어서는 안 되기 때문이다.

로레인(엘리스로서): (조용히) 전 희생당했어요.

이 말은 로레인 작업의 중심점을 찍었다. 이제까지 초점은 로레인/엘리스가 자신으로부터 분열되고 부인됐던 부분을 되찾고, 자신의 감정과 기억을 충분히 회상하도록 돕는 것이었다. 그렇게 함으로써 로레인이 내사했던 부분에 접근할 수 있도록 하기 위함이다. 로레인/엘리스는 점차적으로 자신이 얼마나 화가 났었는지, 그리고 숨겨진 화가 자신의 자녀들에게 얼마나 흘러가게 되었는지를 경험하고 인정하게 되었다. 화를 인정함으로써 자기비난과 수치심이 찾아왔다. "전 그런 식으로 느껴서는 안 돼요. 전 매일 용서해 달라고 기도를 해요." 이제는 반대로 그녀의 목소리는 부드러워졌고, 화나고 학대받은 아이를 자기 안으로 진정으로 수용하고 받아들이게 되었다. 이제 회기를 마칠 좋은 지점이다. 로레인이 새로운 자기 자각과 자기 위안의 느낌을 가져가도록 허용해 주는 종결 지점이다.

그러나 로레인/엘리스가 내사에서 벗어날 수 있으려면, 아직 해야 할 일이 많다. 다음 회기에 로레인과의 작업을 계속 이어감으로써 로레인/엘리스가 부인하고 방어하는 오랜 습관으로 되돌아가는 것을 볼 것이고, 그러고 나서 과거의 기억이나 감정들과 전면적이고 진실한 접촉이 이루어지는 것을 볼 것이다. 그리고 로레인이 엘리스를 다르게 대하기 시작하는 것을 볼 수 있을 것이다. 즉, 내사된 로레인/엘리스를 다르게 경험하기 시작할 것이고, 살아 있는 현실 속의 어머니와 전과는 다르게 관계를 맺을 계획을 세울 것이나.

내사된 타인을 상담하는 것은 몇 가지 면에서 강한 영향력이 있다. 가장 확실하게는 내사 안에서 변화를 꾀할 수 있다는 것이다. 그럼으로써 내사된 타인의 정신 내적인 한계와 내적인 요구들은 수정된다. 그리고 그런 변화가 일어나는 것을 내담자가 관찰할 기회를 갖는다는 점도 중요하다. 아동과 성인 둘 다의 관점에서, 말은 없었으나 허락하지 않고 했던 구속으로부터, 그리고 엄격하고 모질고 요구가 지나친 비판의 구속으로부터 빠져 나오는 것을 볼 수 있다는 것이, 로레인에게 얼마나 놀라운 일인가! 진실되고 접촉적인 엄마와 관계한다는 것은 얼마나 달랐을까!

대부분의 경우 내사된 타인과의 작업은 우리가 이 장에서 로레인을 두고 온 시점에서 끝이 난다. 물론 마무리 짓는 무엇인가가 필요하다. 내담자는 내사된 페르소나를 떠나서, 자기 자신과 다시 만나도록 도움을 꼭 받아야 한다. 그리고 상담자와의 경험이나 상상했던 타인과의 경험에 대해 말하고 싶어 할 수도 있다. 상담회기에 당면한 초점은 내담자에게 돌아가고, 이제 더 이상의 상담자와 내사된 타인과의 대화는 존재하지 않는다. 그러나 이 예에서, 로레인/엘리스와의 작업이 끝이 나지 않았고, 다음 회기에서도 계속 이어진다. 그러므로 다음 회기에 무엇이 일어날 것인지에 대해 추측하기보다는 제11장에서 확인해 볼 수 있을 것이다.

제11장

로레인: 내사된 타인과의 상담 (II)

제10장에서 우리는 내사된 타인과의 2회기의 상담 중 첫 번째 회기를 보았다. 내담자인 로레인은 분노와 짜증을 표현하면서 상담을 시작했는데, 그녀는 그러한 감정들이 자신의 것이라기보다는 어머니의 감정들이라는 것을 확인했다. 그녀는 어머니의 분노를 '먹어 왔고' 어머니의 감정, 반응, 기대를 삼켜 왔다. 그렇게 그러한 내사된 패턴들은 이제 로레인이 자신의 방식대로 생활하고 자신이 원하는 방식으로 다른 사람과 관계 맺는 것에 방해물이 되어 버렸다.

로레인과 상담자는 로레인의 어머니 엘리스와의 내사를 작업하기로 합의를 했다. 로레인도 자기 자신의 의식은 한쪽에 내려놓고 엘리스의 페르소나가 되는 데 동의한다. 상담자의 임무는 로레인이 더 이상 엘리스의 고통을 내면적으로 경험하거나, 엘리스의 분노와 고통을 무의식적으로 표출하지 않게 하기 위해서 '엘리스' 와 함께 작업하는 것이다.

매우 많은 인내를 요하는 질문들이 행해졌던 '엘리스' 와의 첫 번째 회기를 통해, 상담자는 그녀 자신의 기억, 신념, 감정들을 탐색하도록 도왔고, 또한 수 년 동안 충족되지 않은 욕구들을 다루기 위해 사용해 왔던 방어패턴들을 극복하도록 도왔다. 제10장의 끝에서 '엘리스'는 그녀의 어린 시절을 똑바로 볼 수 있는 용기와 그 어린 시절이 세상을 사는 방식에 미친 영향을 인정할 수 있는 용기를 갖게 된다. 그녀는 부모의 알코올 중독 때문에 자신의 즐거움이 희생당해 왔다는 것과 자신에게 일어난 일에 대해서 화난 상태를 아직도 멈추지 않고 지속하고 있다는 것을 깨닫게 되었다. 로레인은 내사된 어머니와의 작업을 계속할 준비가 된 상태로 돌아왔다. 다음의 축어록은 두 번째 회기가 시작하고 몇 분 후부터의 부분이다. 로레인과 상담자는 이전 작업을 되돌아보았고 로레인은 다시 '엘리스'가 되었다. '엘리스'와 상담자 사이의 접촉이 다시 이루어진 잠깐 후에, '엘리스'는 지난 회기에 떠났던 그 지점으로 돌아왔다.

상담자: 지난주에 엘리스, 자신이 희생당했다고 말씀하셨어요. 저에게 그 희생에 대해서 얘기해 주시겠어요? 술의 제단에 희생됐다는 얘기요.

로레인(엘리스로서): 저는 부모님과 집에 있었어요. 언니랑 오빠들은 데려갔어요…… 최소한 그들은 돌봄을 받은 거죠…… 최소한 그들은 누군가가 깨끗하게도 해 주고. 최소한 그들은 누군가가 밥도 먹여 줬죠. 그런데 저는 부모님과 함께 거기 남겨져 있었어요. 마치 희생양이나 번제물처럼.[1)]

상담자: 그래요…… 당신의 기도에 대해 말해 보겠어요? 엘리스, 그들에게 화냈던 것을 용서받기 위해 기도했던 때 말이에요.

로레인(엘리스로서): 저는 그들에게 화가 나요!

1) 이번 11장에서 앞의 10장에서와 같은 약속을 따를 것이다. 상담 인용문에서 로레인이 내사되어 말을 할 때에는 로레인의 이름을 표기하고 바로 옆에 괄호 안에 "엘리스로서"(내사된 타인의 이름)라는 표기를 붙일 것이다. 상담 작업에 관한 설명을 할 때도 만일 과거의 엘리스의 행동, 생각, 느낌을 우리가 언급할 때에는 엘리스의 이름을 사용할 것이다. 그리고 상담회기에서 내사자의 행동에 대해 이야기할 때는 로레인/엘리스로 표기할 것이다.

우리가 제10장에서 만났던 어머니의 머리를 빗겨 주는 걸 좋아하고 어느 누구에게도 절대 화내지 않기로 맹세한 엘리스와는 얼마나 다른가. 항상 수면 아래서 부글부글 끓고 있던 그녀의 분노는 이제 강하고 분명하다. 엘리스는 심지어 그 분노를 존중할 준비가 되어 있고, 그렇게 함으로써 이전보다 훨씬 더 진실하게 자신을 존중할 수 있다.

상담자: 네, 지금 당신의 입속에 그 쓴맛을 느껴 보세요. (잠시 침묵) 보세요. 엘리스, 제 생각에 당신 부모님이 계명 이전에 생긴 초기 계명을 어긴 것 같아요. 지난주에 우리가 이야기했던 걸 기억해 보세요. 그 계명은 기본 중 기본이라 모세가 시내 산에 갔을 때에도 쓸 필요조차 없었죠. 당신의 부모님들은 자식들을 존중하지 않았어요.

로레인(엘리스로서): 음……. 부모님이 존중했기 때문에 제가 살아남은 게 아니에요. 그건 확실해요. 저는 제가 스스로 저를 존중했기 때문에 살아남았어요. 저는 그들처럼 되지 않겠다고 생각했어요.

상담자: 만약 제가 당신이 얼마나 화났는지에 대해서 존중을 한다면 괜찮을까요? 설령 당신이 기도를 통해 분노를 없애버리려고 노력한다 해도 혹은 분노를 과거로 밀어내려고 애쓴다 해도 내가 당신을 존중한다면 괜찮을까요? 당신에게는 부활절 달걀이 1초도 안 되는 짧은 시간에 분노를 일으키는 자극이 될 수 있다는 걸 제가 존중한다면요? 성탄절의 장난감 하나하나, 오트밀 한 그릇, 침대에 깔린 깨끗한 냄새의 시트 하나하나가 차단해야만 하는 분노의 순간이라는 것을? 제가 그런 모든 것을 이해하고 존중한다면 괜찮을까요?

로레인(엘리스로서): 저는 그런 게 수치스러워요.

상담자: 저는 당신이 화가 나 있다고 해서 당신을 비난하지는 않을 거예요. 엘리스. 그러니 제 앞에서 창피해 하실 필요 없어요. 이제는 당신이 결심과는 반대로 행동한다는 것을 이해합니다. 그런데 당신이 그들을 죽이고 싶을만큼 화가 났기 때문에, 그러지 않기 위해 그 맹세가 필요했던 것이 아닌가 궁금하네요.

앞선 작업에서 엘리스로서의 로레인/엘리스는 그녀의 삶을 형성하는 데 중요했던 결정에 대해서 이야기했다. 그녀는 결코 절대로 자신의 부모처럼은 되지 않을 것이다. 싸우지 않을 것이며, 폭력을 허용하지도 않겠다고 결심했었다.

지금 엘리스는 두 가지 이유로 자신의 분노를 부끄러워하고 있다. 하나는 어렸을 때 화내면 망신당하고 벌을 받았던 경험 때문이고, 또 하나는 화내는 것이 자기 자신에게 했던 약속을 깨는 것으로 받아들여지기 때문이다. 그 부끄러움을 해소하기 위해서는 전에 받았던 벌과 자신에게 한 약속 둘 다 취소해야 한다. 그러나 단순히 수치심을 전환시키는 것은 그녀에게 도움이 되지 않는다. 그녀는 지금 처음에 한 그 결정을 부끄러워하고 있다. 상담자는 로레인/엘리스의 분노의 욕구와 그녀가 한 다짐의 중요성을 인정한다. 상담자는 그녀가 스스로에게 했던 약속이 그녀가 생각했던 것과는 달리 사실은 아주 깊은 수준에서 보호적인 것이었음을 이해할 수 있도록 돕고 있고, 엘리스는 점차 그것을 이해하기 시작했다.

로레인(엘리스로서): 그게 바로 제가 자살하고 싶었던 이유예요.

상담자: 그것에 대해서 이야기해 보겠어요? 엘리스.

로레인(엘리스로서): 어머니에게 약을 섞어 드리려고 욕실에 갔었어요. 저는 어머니를 돌봐야만 했어요. 엄마는 정말로 아프셨어요. 그리고 저는 거기서 있었죠. 그리고 약병을 집어 들어서 입으로 가져갔고 그걸 마시려고 했어요. 더 이상은 견딜 수 없었어요.

상담자: 몇 살이셨죠?

로레인(엘리스로서): 견딜 수 없었어요. 저는 성인이었어요. 아직 아이는 없었어요. 그 후에도 한동안은 아이를 가지지 않았어요. 서른다섯 살까지 결혼을 하지 않았죠.

상담자: 음……당신 엄마가 겪었던 엉망진창의 상황으로 스스로를 몰고 가고 싶지 않았던 건가요?

로레인(엘리스로서): 남편도 결혼하기를 원치 않았어요. 그는 결국 제가 단호한 태도를 취할 때까지 결혼하려고 하지 않았어요.

상담자: 음…… 지난번에 함께 이야기할 때에도 단호한 태도를 취한 것에 대해서 언급하셨는데요.

상담자가 로레인/엘리스의 심리적 흐름에 조율하며 머물기 위해 자신의 일련의 탐색을 일관되게 단념하고 있음을 주목하라. 상담자는 엘리스가 자살시도를 한 환경에 대해서 질문하기 시작한다. 그리고는 엘리스의 말에 따라 그녀의 결혼이 얼마나 늦었는지를 알게 된다. 상담자가 '단호한 태도를 취한다(발을 쾅 내려 놓다)' 라는 은유에 대해서 질문했을 때 로레인/엘리스는 대답할 준비가 되어 있었다. 단호한 태도를 취한다는 말은 그녀를 다시 화난 상태로 데려갈 것이다. 그리고 그곳은 그녀의 에너지가 있는 곳이다.

로레인(엘리스로서): 네, 그래요.

상담자: 단호한 태도를 잘 취하시나요?

로레인(엘리스로서): 네, 단호하게 해요.

상담자: 그것에 대해서 말씀해 주시겠어요?

로레인(엘리스로서): 음. 보통은 제가 인내심을 가지고 참지만, 제가 충분하다고 생각하면, 어느 선을 넘으면 그걸로 끝이에요.

상담자: 그러면 그런 태도가 어떻게 나타나나요?

로레인(엘리스로서): 발을 쾅하고 구르는 거죠.

상담자: 당신은 아버지를 발로 쾅하고 세게 밟고 싶었던 적은 없으셨나요?

보통 다른 사람과의 교류 시 밖으로 표면화되는 것이 금지된 충동은 몸짓이나 행동과 같은 신체적 은유로 표현되는 경우가 많다. 꽉 쥔 주먹은 한 대 치고 싶은 바람을 숨긴 것이거나 발을 흔드는 것은 차버리고 싶은 욕망의 표현일 수 있는데, 이런 것들이 은유적인 몸짓들이다. 로레인/엘리스의 말에서 은유는 신체적인 행동을 묘사한 단어 속에 있다. 상담자는 엘리스의 말을 행동으로 풀어 내고, 엘리스가 사용하는 점잖은 표현을 보다 원초적인 표현으로 풀어 내는 두 형태의 해석을 한다. 로레인/엘리스는 그런 해석을 이해하고 수용하는 데 별 문제가 없어 보인다.

로레인(엘리스로서): 발로 제대로 한 번 차 주고 싶었어요.

상담자: 절대로 폭력적이거나 화를 내지 않겠다고 맹세하면서 누군가를 제대로 세게 찰 수 있는 방법이 있나요?

이것은 물론 엘리스가 수년 동안 갈등을 겪어 온 문제다. 상담자는 명확하고 간단하게 이것을 드러내고 그녀가 지금까지 그것을 해결하기 위해서 어떤 방식으로 노력해 왔는가를 발견하도록 그녀를 안내한다. 외부인으로서 우리는 엘리스의 분노가 어떻게 비난과 경직으로 변화됐는가를 쉽게 볼 수는 있다. 하지만 엘리스에게는 그것은 자신의 문제이고, 자신만의 해결책이 있다. 로레인/엘리스는 그것의 핵심으로 돌아가기 위해서 그녀 자신만의 방법으로 작업을 해야만 한다.

로레인(엘리스로서): 음……제대로 되진 않아요.

상담자: 어떻게 그렇게 하세요? 제 말은 어떻게 자신이 한 맹세도 지키면서 단호한 태도를 유지할 수 있죠?

로레인(엘리스로서): (자신의 가슴 중심을 가리키며) 모든 게 바로 여기서 일어나요. 그건 불타 버리죠, 바로 마음에서요.

상담자: 불탄다…….

로레인(엘리스로서): 분노, 태워 버리죠. 저를 태워 버려요. 저는 항상 이렇게 이야기하는데. "그게 나를 태워." "이건 정말로 나를 태워 버린다구."

분노의 은유는 사실, 은유 중에 은유다. 첫 번째 대체물은 로레인/엘리스가 누구를 차서 벌하고 싶은 욕망을 그녀 가슴속이 불탄다는 것으로 바꾸는 데서 일어난다. 밖으로 표현될 필요가 있는 분노는 대신 내면으로 방향을 바꾸었고 신체적인 감각이 돼버렸다. 그 감각은 다시 언어적 은유를 만들어낸다. "그것이 나를 태워."라는 것은 몸의 감각과 분노 모두를 우아하게 표현한 말이다.

상담자: 음, 그러니까 그 말은 당신이 열 받는다는 말이군요.
로레인(엘리스로서): 저는 그런 식의 표현은 쓰지 않아요. 하지만 네, 그게 저를 불태워요.
상담자: 당신이 하는 모든 행동은 당신이 자라난 가족의 방식과는 다르겠군요.
로레인(엘리스로서): 그래요. (침묵) 우리가 무슨 이야기를 하고 있었는지 잊어버렸어요.

이순간 로레인/엘리스가 주제를 '잊어버리는 것'은 우연이 아니다. 상담자가 엘리스의 가족에 대해서 묻기 시작했을 때 로레인/엘리스가 거의 미친 듯이 말의 방향을 바꾸어 상담자를 방해했던 지난 회기처럼 이번에도 로레인/엘리스는 말하고 있던 것을 '잊어버린다.' 부모가 그녀를 사랑하고 돌보았다는 환상을 유지하려는 욕구와, 자기 가족이 얼마나 끔찍했는가 하는 생각을 피하기 위한 욕구가 너무나 강해서 가족에 대해서 분노한다는 생각을 따라갈 수가 없는 것이다. 상담자는 그녀가 지금 보이는 방어를 직면하기보다는(상담자가 로레인 엘리스와 쌓아 온 관계에 손상을 입힐 위험이 있기 때문에) 부드럽게 그녀를 다시 집중시킨다.

상담자: 우리는 여기서 제일 중요한 주제에 대해서 이야기하고 있었어요. 엘리스, 그리고 엘리스의 감정에 대해서, 그리고 당신의 삶의 질에 관해서요, 앨리스.
로레인(엘리스로서): 지금 저의 삶은 좋아요.

상담자: 지금 얼마나 오해를 받고 있는지…… 가족들이 오해를 하고 있다는 것이 당신을 짜증나게 하는 것 중에 하나군요. 그렇지 않나요? 가족 중 누구도 당신을 이해하지 못하는 게 너무나 확실하네요.

로레인(엘리스로서) 어떤 사람도 제가 무엇을 기억하는지 몰라요.

상담자: 당신의 실제 생활에서 일어나는 것들과 기억 속에 있는 것들의 차이도 아주 클 거예요.

로레인(엘리스로서): 매일 밤 잠자리에 들기 전에 하나님께 감사해요.

상담자: 하지만 동시에 얼마나 불우한 어린 시절을 보냈는시에 대해 화가 니 있을게 분명해요. 당신은 절대 그것을 잊을 수 없을 거예요.

질문이 엘리스의 가족에 관한 것일 때 로레인/엘리스는 방어한다. 하지만 질문이 그녀의 개인적인 경험에 관한 것이면 그녀는 반응할 수가 있다. 하지만 이 두 가지는 긴밀하게 연결되어 있고 이 두 가지는 동전의 양면과 같다. 그녀에게는 평정을 유지하기 위해서 이 두 부분을 따로 분리해야 할 것 같다. 하지만 실제로는 그것들을 분리하는 것이 진정한 '평상심' 을 방해하고 진실로 온전하게 되는 것을 방해한다. 상담자는 새로운 실마리가 나타날 때마다 그것을 따라서 질문을 계속 한다.

로레인(엘리스로서): 저는 잊을 수가 없어요.

상담자: 그 경험에 대해서 이야기해 보세요, 엘리스.

로레인(엘리스로서): 저는 그것을 놓을 수가 없어요.

모든 행동은 어떤 기능을 가지고 있다. 만약 로레인/엘리스가 자신의 분노에 집착한다면, 거기에는 그럴 만한 이유가 있다는 것이다. 행동의 기능에 대한 탐색을 통해 자신의 욕구를 충족할 수 있는 대안적이고 새로운 방법을 발견할 수 있을 것이다.

상담자: 만약 당신이 술에 취한 부모에게 그렇게 비밀스럽게 내던 화를 놓아버리면 무슨 일이 일어날 것만 같은가요? 무슨 일이 일어날까요? 저는 당신을 믿어요. 저는 당신이 지금까지 화를 낼 필요가 있었다고 믿어요.

로레인(엘리스로서): 단지……. (무기력해지는 몸짓) 저는 그저 아무것도 아닌 게 되는 거예요.

상담자: 그러니까…… 아무것도 아닌 것이 되지 않기 위해서…….

로레인(엘리스로서): 오…… 제가 붕 뜬 듯한 기분이에요.

'붕 뜬 듯한' 기분은 로레인과 엘리스가 분리를 시작했다는 신호일 수도 있는데, 이것은 참을 수 없는 고통과 불안에 대항한 최고의 방어다. 그녀에게서 분노는 참으로 생존의 도구로서 기능해 왔다. 분노를 포기하는 환상조차 자신이 아무것도 아닌 세계로 그녀를 데려간다. 그녀는 다시 돌아올 필요가 있고, 붕 뜬것 같은 기분에서 잡아 내려져야 하고, 상담관계에서 받을 수 있는 보호를 다시 경험해야 한다. 상담자의 다음 단계로의 초대는 처음엔 그녀를 혼란하게 했을지 모르지만 이번에는 그녀를 다시 제자리로 돌아오게 한다.

상담자: 이제 당신이 무엇에 화가 났는가 하는 점으로 돌아가 봅시다.

로레인(엘리스로서) : 화가 난?

상담자: 그래서 붕 떠서 멀리 가버리지 않게요. 말해 보세요. 지금 어떤 생각이 떠오르시죠? 엘리스?

로레인(엘리스로서): 그가 나한테 무엇을 했나…….

상담자: 아버지 얼굴을 짓밟고 싶었나요? 그래서 더 이상 입에 술을 대지 못하게? 아버지를 짓밟고 싶다고 했는데, 왠지 내 생각엔 당신이 바로 그의 입을 짓밟고 싶지 않을까 히고 느꼈어요. 그래서 술을 못 마시게요. 당신이 처음으로 자살을 하고 싶었던 때나 십대였던 때로 돌아가서 젊은 여자라고 상상해 보세요. 만약 당신이 아버지 손에 있는 병을 차버렸다면 어떤 일들이 벌어졌을까요?

"그가 나한테 무엇을 했나……."라는 말은 여러 가지 가능한 행동을 의미할 수 있다. 상담자는 그녀와 아버지 사이에 어떤 일이 일어났는지를 정확하게 밝히고 싶은 유혹이 있을 수도 있다. 하지만 상담자는 이미 알려진 것, 즉 아버지의 음주와 그것이 그 딸에 미친 영향에 대해 초점을 맞추기로 선택한다. 상담자는 안으로 방향을 돌린 분노로 자신을 마비시키고 불태우는 대신에 분노를 표현하고, 자연스럽고 즉흥적이고 욕구를 충족시킬 수 있는 반응을 하는 경험을 상상하도록 로레인/엘리스를 초대한다. 로레인/엘리스의 대답은 절대로 분노를 보이지 않고, 절대로 '그들처럼 되지 않겠다.' 는 그녀의 결심이 자기 보호적인 특성이 있다는 것을 더 명백히 한다.

로레인(엘리스로서): 기분 좋았을 것 같네요. 아버지가 저를 죽였을지 모르지만, 하지만 기분은 좋았을 것 같네요.

상담자: 아버지가 뭘 했을 거라고요?

로레인(엘리스로서) : 저를 죽였거나…… 뭐…… 다른…… 아버지는 아마…….

상담자: 아, 그것이 당신이 화를 밖으로 표현하지 않는 좋은 이유네요?

로레인(엘리스로서): 네.

상담자: 그리고 만약 당신이 아침에 엄마의 침대를 차면서 "내 친구들 엄마들이 하는 것처럼 일어나서 오트밀 좀 만들어 줘."라고 말했다면 어떤 일이 일어났을까요?

로레인(엘리스로서): 그렇게 하고 싶지 않아요.

상담자: 아니 왜요?

로레인(엘리스로서): 아마도 엄마는 그 전날 밤 아버지가 돌아왔을 때 아버지한테 맞았을 거예요. 저는 들을 수 있었어요. 저는 부모님 방에서 몇 년간 잤거든요. (그녀의 목소리가 떨린다.) 그것은 얘기조차도 하고 싶지 않아요. 그건 끔찍한 일이었어요.

어머니를 보호하고 싶은(또 부모의 방에서 그녀가 보고 들었던 기억으로부터 그녀 자신을 보호하는 것이기도 한) 욕구는 그녀가 자신의 분노를 경험하고 표현하고자 하는 욕구보다 더 강하다. 로레인/엘리스가 고통스럽다는 증거가 그녀의 떨리는 목소리 속에 있고, 상담자는 그 고통에 반응한다.

상담자: 좋아요. 이번 회기에서 모든 걸 다 할 필요는 없어요. 그건 좀 미뤄 둘까요? 아니면 그저 간단한 윤곽만을 얘기하고 싶은가요?

로레인(엘리스로서): 그는 술 취해서 들어와서는 "치마를 올려, 메리."라고 말했어요. 어떤 사랑도 부드러움도 없이. 하지만 제 남편은 저한테 부드러웠어요. 우리가 결혼했을 때 저는 성에 대해서 아는 게 없었어요. 하지만 그는 참을성 있고 부드러웠어요.

상담자의 반응은 또다시 로레인/엘리스가 결정권을 가지고 있다는 것을 보여 주었고, 로레인/엘리스의 불안은 사라진다. 그녀가 선택을 할 수 있는 한, 그녀는 그것에 대해 이야기할 수 있다. 어린 나이에 부모의 성행위를 목격하도록 강요되었기 때문에 더 많은 자기보호를 위한 결정이 필요했고, 이 부분에서 탐색할 것이 아주 많음은 분명하다. 그러나 이 새로운 내용의 영역을 추적하는 대신, 상담자는 새로운 내용을 그동안 전개되어 온 주제, 즉 엘리스의 부모가 등장하는 어릴 때의 가족, 그리고 엘리스의 남편과 아이들이 있는 가족, 이 두 가족 간의 차이를 보기로 했다.

상담자: 또 다른 대조적인 상황이군요.

로레인(엘리스로서): 네…….

상담자: 이런 모든 상반되는 상황에서 살면서 당신 속마음은 어떤가요? 눈길을 주는 곳마다. 거실에 들어서면 예쁜 가구 덮개들이 보이죠. 얼마나 큰 차이예요! 학교 가는 길에 그렇게 잘 차려 입은 당신 아이들을 보는 거예요.

로레인(엘리스로서): 그 애들은 모든 교육을 받았어요.

상담자: 식탁에 차려진 아침식사를 받지요.

로레인(엘리스로서): 오오오오…….

상담자: 깨끗한 시트의 냄새를 맡고…… 지금 그 "오오오오……."의 의미가 뭐죠?

로레인(엘리스로서): 제가 그렇게 했다는 게 자랑스러워요. (그녀의 손이 다리를 꽉 잡는다.)

상담자: 당신의 오른손이 무언가를 말하고 있군요. 다시 한 번 말 해 보세요. "나는 자랑스러워……."라고 할 때 당신의 오른손이 뭔가를 말하고 있어요.

상담자는 몸짓이 무엇을 의미하는지 알지 못하고 알 필요도 없다. 여기서 필요한 것은 단지 그것을 알아차리고 로레인/엘리스가 그것에 주목하도록 질문을 하는 것뿐이다. 로레인/엘리스가 손을 움직이는 것을 반복하고 과장할 때, 감정은 깊어지고 행동의 의미는 자연스럽게 나타난다.

로레인(엘리스로서): 저는 그런 걸 가져 본 적이 없었다는 게 화가 나네요. 왜 그렇게 될 수 없었을까요? 제 생활은 한 번도 그래 본 적이 없어요.

상담자: "그런 걸 가져 본 적이 없어서 화가 난다……."

로레인(엘리스로서) : 한 번도 가져 보지 못했어요.

상담자: 아이들에게는 그것을 준다는 것이 '자랑' 스럽군요. 하지만 동시에 당신은 한 번도 가져 보지 못했기 때문에 마음으로는 화도 나고요.

로레인(엘리스로서): 오 하나님, 저를 용서해 주세요. 네. (침묵) 저는 매일매일 화가 나요.

상담자: 자…… 제 생각엔 당신이 진심으로 "나는 매일 화가 난다."고 인정을 하기 전까지는 하나님도 당신을 용서할 수 없을 것 같은데요. 그리고 당신은 아이들에게도 화가 났어요. 왜냐하면 그 애들이 그것에 감사하지 않았기 때문에요.

로레인(엘리스로서): 애들은 그런 게 어떤 건지 몰라요. (침묵) 그리고 저도 애들이 그게 어떤 건지 아는 걸 원치도 않아요.

다시 로레인/엘리스는 "나는 애들이 그걸 알기를 원해요. 하지만 동시에 애들이 그걸 알기를 원하지 않기도 해요."라는 지금까지 겪었던 갈등의 언저리로 돌아가 맴돈다. 그리고 다시 새로운 자각과 자기 수용에 저항하는 원래의 갈등을 경험한다. 상담자의 다음 질문은 그 자각을 기초로, 그녀가 아이들과의 접촉에 목말라 있으면서도 여전히 거리를 두고 있는 모습을 탐색할 수 있도록 인도한다.

상담자: 그렇다면 예전에 어땠는지는 알려 줄 길이 없군요. 그렇지 않나요?

로레인(엘리스로서): 그 얘기는 안 하려고 해요.

상담자: 그래요, 하지만 당신은 아이들에게 늘 예전 이야기를 하고 있어요.

로레인(엘리스로서): 그런지 모르죠. 하지만 저는 스스로 멈춰요. 저는 결코 진짜 나쁜 것까지는 가지 않았어요. 애들은 그것의 반도 모르죠.

상담자: 오늘 여기서 저와 함께 당신 자신을 멈춘 것 같은 방식이죠? 하지만 당신은 마음에 많은 것들을 담고 있어요. 그렇지 않나요, 엘리스? 많은 것들을요.

로레인(엘리스로서): 저 혼자 간직한 거예요.

상담자: 그게 아마도 당신을 죽일 거예요.

로레인(엘리스로서): 글쎄요. 나는 여든여섯 살이예요. 죽을 때 무덤에 뭔가를 가지고 가야 하지 않겠어요?

상담자: 좀 편한 마음으로 죽고 싶지는 않으신가요?

이 질문은 로레인/엘리스와의 마지막 단계의 작업으로의 전환을 의미한다. 제10장에서 다루어진 이전 회기와, 그리고 이번 회기의 이 시점까지 내내 초점은 탐색에 있었다. 로레인/엘리스 내부의 변화는 대부분 그녀의 강화된 자각과 상담 관계 안에서 자라난 신뢰에 대한 반응 안에서 나타났다. 이제 상담자는 그녀가 좀 더 심도 있는 정서작업을 할 수 있을지 평가를 시작할 것이다.

로레인(엘리스로서): 그게 가능할지 잘 모르겠네요.

상담자: 음……그러면 오늘 저한테 하신 말씀이 얼마나 화가 났는지 하는 것과 아이들에게 가졌던 시기심에 관한 것이었죠.

로레인(엘리스로서): 저는 제가 아이들을 시기했었다고 말하지 않았는데요.

상담자: 그러셨나요? 난 당신이 그것에 대해 설명하고 있었다고 생각했어요.

로레인(엘리스로서): 저는 그 애들이 절대 모를 거라고 했고, 그 애들이 아는 걸 원치 않는다고 했는데요.

상담자: 당신이 그 예쁜 가구 덮개를 볼 때마다, 또 식탁 위에 있는 오트밀을 볼 때마다 화가 났었다고 말하지 않았던가요?

로레인(엘리스로서): 화요? 저는 제 아이들한테 화내지 않았어요……. 제가 그렇게 자란 것이 결코 애들의 잘못이 아니니까요…….

너무 빨리 진행한 것일까? 상담자의 질문이 로레인/엘리스의 뿌리 깊은 자기 비난, 자신이 화를 낸다는 위험으로부터 자신을 보호해야 하는 욕구, 그리고 자신의 자녀들의 행운에 질투하는 것에 대한 부끄러움 등을 촉발한 것일까? 그녀는 확실히 뒷걸음치며 원래의 방어막을 세우고 있는 것처럼 보인다. 다음 상담자의 반응은 그녀의 고통을 말로 표현하게 하고, 상담자의 음성에 배어 있는 이해심은 로레인/엘리스의 반응을 정상화한다.

상담자: 하지만 그들은 당신을 제대로 이해하지 못하죠. 그렇지 않아요? (침묵) 그리고 그들은 당신처럼 그렇게 감사하지도 않고요. 당신은 가질 수 없었던 그 모든 인형들을 가지고 있으면서도.

로레인(엘리스로서): 저는 애들이 갖길 원했어요.

상담자: 네, 저는 그 부분을 이해합니다. 저는 당신의 관대함을 이해해요. 하지만 그 애들이 그걸 가진 후에 어떤 일이 일어나나요?

로레인(엘리스로서): 저에게는 더 이상 아무것도 없어요. 아무것도. 어떤 것도 저에겐 소용이 없어요. 제가 할 수 있는 것은 애들을 위해서 더 좋은 환경을 만드는 것뿐이에요. 저에겐 아무 소용이 없어요.

상담자: 하지만 당신은 차갑고 텅 빈 갈망을 느끼죠.

로레인/엘리스는 관계에 굶주려 있다. 하지만 접촉을 향한 욕구가 필사적인 만큼, 받아들여질 수 없는 그녀의 내면이 알려지지 않도록 해야 한다는 욕구도 필사적이다. 선택은 오직 둘 중 하나, 즉 거부와 수치심이 아니면 차갑고 공허한 갈증뿐이다. 이러한 잘못된 이분법은 접촉을 회복하고 로레인을 엘리스의 갈등의 짐으로부터 자유롭게 하기 위해서 반드시 해결되어야만 한다.

로레인(엘리스로서): 네…….

상담자: 그러면 아이들에게 그들이 얼마나 감사해야 하는지 이야기하나요? 아니면 적어도 당신은 그렇게 생각이라도 하나요?

로레인(엘리스로서): 아니요. 저는 애들한테 쓸데없는 소리를 해요. 그러지 말아야 하는데. 그냥 쓸데없는 소리나 하고…….

상담자: 그래요. 시기심이라는 말은 너무 심한지 모르겠네요. 부러움이라는 게 더 나을까요? 당신은 그게 당신 것이었으면 하고 바라지 않았나요? 매번 애들이 가진 것을 볼 때마다 당신이 가지지 못했다는 그 묵은 상처가 마치 다시 찢기는 듯하지요. 그리고 당신 대신에 술을 선택한 부모님에 대해서 화가 나지요……. 오 엘리스, 이 모든 것을 혼자 참아야 하는 삶이 얼마나 슬픈지…….

상담자는 단순히 기계를 다루는 기술자가 아니다. 상담자도 곤혹스러움을 느낀다. 로레인의 머릿속에만 있는 내사된 실체와 작업을 하고 있지만 거기에는 고통이 있다. 상담자는 진정한 연민을 느끼고 있다.

로레인(엘리스로서): 그런데 제 남편은 이해했어요. 왜냐하면 그 사람도 비슷한 환경에서 자랐거든요. 우리는 서로를 이해했어요. 저는 정말 그 사람이 그리워요.

상담자: 어떤 점이 그리운지 말씀해 보시겠어요, 엘리스?

로레인(엘리스로서): 밤에 침대에서 제 옆에 있던 그가 그리워요. 아주 추운 것처럼…… 제가 얼마나 고통스러웠는지를 이해하는 누군가가 있다는 걸 느끼는 게 그리워요. 그 사람을 열여섯 살 때 만났어요. 그 사람은 제가 어떤 삶을 살았는지 알았죠. 얼마나 힘들었는지를 알고 있었어요.

상담자: (침묵) 계속하세요 엘리스.

로레인/엘리스는 남편에 대한 이야기를 한다. 그녀는 자신이 평생 동안 바라 왔던, 어떤 사람이 진실로 그녀를 알고, 진실로 이해하고, 그리고 여전히 그녀를 사랑하는 그런 종류의 접촉에 대해서 묘사하고 있다. 이러한 친밀한 대인관계의 접촉과 지지를 잃고 나서, 그녀는 차가운 공허함 속으로 다시 떠밀려졌을 것이다. 남편과의 관계를 통해 마침내 접촉 안에서의 따뜻함과 충만함을 경험한 엘리스에게 닥쳐 온 상실감은 남편을 만나기 이전보다 훨씬 심각했다. 여기에서 다른 사람들이 알기를 원하는 또 다른 부분인 그녀가 아파하는 것, 그녀의 외로움의 깊이가 나타난다.

로레인(엘리스로서): 우린 결혼생활을 그리 오래 하진 않았어요. 제가 서른다섯 살이 됐을 때 마침내 아이를 갖고 싶다고 했고, 그리고 만약 결혼하지 않을 거면 당신을 포기하고 다른 사람하고 결혼하겠다고 했어요. 그러자 그는 리노인지 어딘지 빌어먹을 곳에 가서 서둘러 이혼을 했죠. 그러고 나서 저와 결혼했어요. 그러고 나서 많은 시간을 그는 그리 건강하지 못했어요.

상담자: 하지만 그분은 당신을 이해했군요.

로레인(엘리스로서): 그는 저를 이해했어요, 그리고 저한테 노래를 불러주곤 했어요……. (운다.) 오, 제가 결혼식에 참석할 때마다…… (통곡한다.) 사람들이 '아빠의 작은 딸(Daddy' s little Girl)' 이라는 노래를 부를 때면…… 그이가 불러 주던 노래가 바로 그 노래예요. 오, 전 참을 수가 없어요…… 오오오오오오…….

상담자: 그 노래를 들으면 어린 시절의 어떤 부분이 생각나기 때문인가요?

로레인(엘리스로서): (울면서) 오오오. 저에게는 노래를 불러 주는 아버지가 없었어요. 오오오! 그 사람이 간지 22년이 됐는데……. 저는 지금도 여전히 그 사람이 너무나 그리워요. (조금 조용하게) 그 사람은 점잖았어요. 그리고 저한테도 아이들한테도 좋은 사람이었어요. 일도 열심히 하고……. (침묵) 그런데 무슨 일이 일어나는지 보세요. 아무 소용없잖아요?

남편이 없는 외로움이 아버지가 없는 외로움과 뒤섞이고 한순간 로레인/엘리스는 그 상태로 빠져든다. 그러나 곧 스스로를 추스르고 방어의 파편들을 "아무 소용없잖아요?"라는 말로 제자리에 돌려놓고 잘 싸맨다. "아무 소용없잖아?" 상처에 대해서 말하는 것은 더 상처받게 만들 뿐이다. 운다고 나아지는 것은 아무것도 없다. 아마도 엘리스의 울음은 많은 홀로 우는 사람들의 경우와 같이 특정한 관계 내에서 접촉 안에서 이루어지는 것이 아니기 때문에 아무런 위안도 되지 않는다. 상담자가 진심으로 안타까워하는 연민의 반응을 경험하면서 울 때, 내담자는 자신의 슬픔이 나누어지고 그 비통함이 분산되는 경험을 한다. 상담자는 로레인/엘리스의 질문을 진지하게 받아들이고 그녀에게 두 개의 진실한 답을 한다. 로레인/엘리스는 양쪽 답 모두에 반응한다.

상담자: 지금의 눈물은 완벽하게 좋은 것이에요. 이런 경험이 당신을 좀 더 편히 눈 감을 수 있도록 도울 거예요. 그리고 이것은 당신의 딸에게도 좋은 거예요.

로레인(엘리스로서): 저는 그 애한테 제 장례식이 어땠으면 좋을지 말했어요. 그 애는 저한테 잘해요. 그 애는 제 말을 잘 들었어요.

상담자: 네, 따님은 평생 동안 당신을 이해하려고 애썼어요.

로레인(엘리스로서): 그 애는 지금 저를 잘 돌봐줘요.

이것은 위험한 화제다. 로레인/엘리스가 자신의 딸의 돌봄에 대해서 이야기하는 것은, 그 딸에게 화내는 것에 대한 수치심이나 부인, 아니면 그 양쪽 모두로 후퇴할 위험을 수반한다. 자신의 화가 나쁘다고 믿기 때문에 그녀는 관계를 강화하기보다는 깨지게 한다. 상담자는 그녀가 그러한 패턴을 뒤엎도록, 또한 그녀의 분노가 자연스럽고, 잠재적으로는 접촉의 시점이 됨을 스스로 경험하도록 그녀를 도와야 한다. 그래서 상담자는 자기가 가지고 있는 유사한 경험을 사용해서 로레인/엘리스가 자신의 딸에 대해 갖는 복합적인 감정을 지지해 주고 그것을 정상화하기로 결정한다. 이 결정은 상호성을 향한 관계 욕구에 대한 반응이다.

상담자: 하지만 당신의 딸이 결코 이해하지 못 하는 것도 있을 거예요. 엘리스, 제가 겪은 비슷한 경험하나 이야기해도 될까요?

로레인(엘리스로서): 그럼요.

상담자: 제 딸이 유치원 다닐 때에요. 그날 해야 할 일들이 정말 많았죠. 하지만 일주일 전에 아이가 자기를 공원에 데리고 가지 않는다고 불평을 했어요. 그래서 그 애를 공원에 데리고 가려고 일을 정말 서둘러 마쳤어요. 그랬더니 그 애 하는 말이 "공원에 가기 싫어요. 저는 TV 볼래요." 그러지 않겠어요.

로레인(엘리스로서): 네.

상담자: 그래서 우리 집에 놀러온 제 친구한테 "저것 좀 봐! 쟤는 자기를 공원에 데려 갈 누군가가 있다는 게 어떤 의미인지를 모르는 거야?" 라고 했어요. 그랬더니 내 친구가 하는 말이 "절대 알 수 없지. 저 애는 공원에 데리고 가 주는 사람이 아무도 없다는 것이 어떤 건지 알 수가 없어." 그 이유는 제가 몇 년 동안 일주일에 몇 번씩 딸애를 공원에 데리고 다녔기 때문이에요. 그런데 제가 자랄 때는 그 누구도 저를 공원에 데리고 가지 않았어요. 제 딸은 절대로 결코 그걸 이해하지를 못할 거예요. 엘리스.

로레인(엘리스로서): 바로 그래요.

상담자: 제가 그 애를 공원에 데려가려고 한 것에 대해서 그 애가 전혀 고마워하지 않았을 때 제가 얼마나 슬펐을지, 그 애는 절대 이해하지 못할 거예요. 그래서 아마 당신 딸도 당신에 대해서 절대 이해할 수 없거나 감사할 수 없는 일들이 있을 거예요. 당신도 분명히 당신 딸이 이해를 못할 때에

속이 탔을 거예요.

로레인(엘리스로서): 저는 그냥 그만둬요.

상담자: 무엇을 그만둔다는 말씀이죠?

로레인(엘리스로서): 저는 그냥 제 방으로 들어가 버려요.

상담자: 하지만 안에서는요?

로레인(엘리스로서): 활활 타올라요.

로레인/엘리스의 남편을 그리워함과 자기 방으로 철수해 버린다는 이야기를 근거로, 상담자는 로레인/엘리스의 상호성의 관계 욕구가 전면에 나타났다고 추측했다. 즉, 비슷한 경험을 했기 때문에 자신의 슬픔을 이해할 수 있는 누군가와 함께하고자 하는 욕구가 나타났다. 상담자의 경험을 나누는 것은 이러한 욕구에 대한 응답이 됐을 뿐만 아니라 엘리스의 감정반응을 정상화했다. 이 전략은 희망했던 효과를 낸 것처럼 보인다. "타올라요."라는 말 한마디로 로레인/엘리스는 자신의 감정 세계를 표현한다. 이것은 상담자가 기다려 왔던 순간일 수도 있다. 내사된 엘리스가 충분히 부드러워져서 통합의 과정을 시작할 준비가 된 순간일지도 모른다. 엘리스는 로레인에게 진실로 무엇이 문제인지를 진지하게 이야기할 준비가 되었을까?

상담자: 타오른다고요? 오, 엘리스 당신의 분노를 모두 기도로 날려 보내는 것이……어쩌면 당신을 타오르게 하는 바로 그것일 수도 있어요. "나는 그런 방임 때문에 화가 나, 그리고 나는 고통스러워서 화가 나. 내가 애들을 위해 좋은 환경을 만들려고 아무리 노력을 해도 내 자신의 과거나 운명은 결코 바뀌지 않아."라고 말하는 대신에요.

로레인(엘리스로서): 네……그래요.

상담자: (잠시 침묵) 하지만 제 생각에 지금 로레인에게 말씀하시고 싶은 게 좀 있을 것 같은데요. 지금 그녀가 당신 바로 앞에 있다고 상상하고요. 어렸을 때 모습 그대로 말이죠. 어린 로레인을 바라보시고…… 지금 당장 기도로 멀리 날려 보내는 대신, 과거의 일을 강요하는 대신, 진심으로 로레인

에게 하고 싶은 말을 하세요.

로레인(엘리스로서): (상상 속의 어린 로레인을 바라보면서) (잠시 침묵) 너는 너무 진지해…… 너는 너무 많은 질문을 해…… 내가 대답할 수 없는 질문을 너무 많이 해. 나도 내가 모든 답을 알았으면 좋겠구나.

상담자: 하지만 당신은 당신의 경험을 알고 있잖아요.

로레인(엘리스로서): 나는 이 세상에 있는 모든 상처로부터 너를 지켜 주고 싶어. 나는 너를 너무나 사랑한단다…….

여기에서 엘리스의 접촉 단절을 결심하는 또 다른 단면이 보인다. 상처로부터 로레인을 지킨다는 것은 엘리스 자신이 정의한 어떤 '나쁜' 면을 알게 되는 것으로부터 지킨다는 것을 의미하고, 그것은 관계에서의 거리와 왜곡을 의미하는 것이다.

상담자: 자, 엘리스, 그녀를 세상에 있는 모든 상처로부터 지키려다가 당신은 오히려 상처들을 더해 왔어요. 아이들을 무균의 환경에서 기르게 되면 그 애들은 학교에 갔을 때 아플 수밖에 없는 것처럼요.

로레인(엘리스로서): 그런 의도는 아니었어요. 그 애에게 상처가 되는 일은 절대로 하지 않고자 했어요.

상담자: 저는 당신을 믿어요. 그것을 로레인에게 이야기해 보세요.

로레인(엘리스로서): 나는 네가 상처받는 일은 전혀 할 생각이 없었어. 나는 내가 할 수 있는 최선을 다해 왔어. 너도 내가 너를 사랑한다는 걸 알 거야. 네가 어렸을 때 요람 속의 너를 살살 흔들어 주던 생각이 나…… 그리고 목욕통에서는 얼마나 좋은 느낌이었는지, 너의 보드라운 피부, 그리고 우리가 같이 기도했었을 때…….

상담자: 당신 어머니는 절대 당신과 함께 그렇게 하지 않았죠.

로레인/엘리스는 이런 대조를 직면해야 하고, 마침내 마음을 열고 정직하게 자신의 딸에게 이것에 대해서 이야기해야 한다. 내사된 엘리스는 마치 분노와 수치를 그 안에 담고 그것의 모든 쓴 맛(증오)과 함께 삼켜진 지효성의(시간이 흐르면서 내용물을 서서히 방출시키는) 캡슐(time-release capsule)과 같다. 솔직함은 이제 그 캡슐을 녹일 수 있고, 그 캡슐의 독을 깨끗이 씻어 내고, 영양이 되고 보강적인 부분을 흡수함으로써 로레인의 내면에 있는 것을 통합하게 해 준다.

로레인(엘리스로서): 어머니가 나한테 절대 해 주지 않은 것처럼. 나는 네가 그런 공허감을 갖는 걸 결코 바라지 않았단다. 나는 결코 네가 크리스마스 아침에 추운 집에서 깨는 걸 바라지 않았고, 결코 배고파하기니 더러운 것 때문에 창피해하는 것을 원치 않았단다.

상담자: 하지만 문제는 말이죠. 엘리스, 따님이 당신을 결코 충분히 이해하지 못했다는 거예요.

로레인(엘리스로서): 그래도 전 괜찮아요.

상담자: 하지만 당신도 그것에 대해 짜증을 내시잖아요.

로레인(엘리스로서): 네, 그렇죠.

상담자: 그리고 그런 짜증이 따님에게는 상처가 된답니다.

엘리스는 자신을 위해서는 하지 않을 일도 로레인을 위해서는 할 것이다. 그녀는 딸을 보호하기 위해 분노를 참았고, 자신의 분노를 내적인 타오름으로 바꿔 놓았다. 이제, 상담자의 지혜(와 새로운 자아의식)를 신뢰하며 엘리스는 오랫동안 감추려고 노력했던 것들을 함께 나누는 도전을 시도한다. 여전히 자신 없고, 불완전하고, 조심스럽지만……. 하지만 이것이 하나의 시작이다.

로레인(엘리스로서): (침묵) 나는 정말 힘든 삶을 살았어. 너는 반도 알지 못해. 알 필요도 없지만. 너의 삶이 아니고 나의 삶이니까.

상담자: 자, 이제 당신의 분노에 대해 따님에게 이야기하세요.

로레인(엘리스로서): 그것이 매일매일 속에서 나를 태우고 있어. 마치 절대 결코 사라지지 않을 불처럼.

상담자: 이제 따님께 어떻게 그것을 표출하셨는지 말씀해 주시겠어요.

로레인(엘리스로서): 그러면 입을 꽉 다물고 다니지…… 상관없는 사소한 일들에 딱딱거리면서.

상담자 : "감추기 위해……."

로레인(엘리스로서): 큰 것들을 감추기 위해서. 그리고 나는 결코 다시는 그런 식으로 느끼고 싶지는 않아.

상담자: "그리고, 내가 너에게 하는 것들, 얘야……." (침묵) 좀 도와 드릴까요?

로레인/엘리스는 새로운 종류의 솔직함으로 대화를 해 왔다. 하지만 여기서 그녀는 막힌다. 그녀가 분노를 다루어 온 방식과 그녀의 딸이 그것으로 인해 어떤 영향을 받아 왔는지 간의 연결을 만들지 못하고 있다. 그녀의 이런 정직한 혼란을 감지하자 상담자는 그녀가 이해하도록 도울 준비를 한다. 하지만 오직 로레인/엘리스가 원할 때만 개입을 할 것이다. 로레인/엘리스는 여전히 상담과정의 주도권을 쥐고 있다. 그녀의 반응은 상담자에게 그녀의 패턴을 명료하게 할 수 있는 해석을 하도록 승인한다.

로레인(엘리스로서): 저는 제가 무엇을 하는지 모르겠어요. 알 수 있도록 도와주시겠어요?

상담자: 당신의 분노가 딸의 영혼을 침범해요. 그것이 로레인의 내면의 세계를 침해하죠. 로레인은 당신과의 사이에서 분위기를 주도하지 못해요. 당신이 존재하지 않는 것처럼 가장하고 기도로 날려 보낸 분노가 당신의 딸의 영혼을 침범한 거예요. 당신이 그것을 숨기려고 노력하면 할수록 당신의 분노는 더 침범하게 돼요……. 그리고 당신에게 너무나 착한 딸이었던 로레인은 그것을 받아들이고 당신을 위해서 그것을 대신 지고 가려고 노력하죠. 많은 착한 아이들처럼, 부모가 부정한 모든 것들을 아이들이 견뎌내고 있는 거예요. 이제 저는 결코 따님에게 상처 주지 않겠다는 당신의 약속을 들었어요.

로레인/엘리스와의 작업을 통해서 상담자는 조심스럽게 중립적인 위치에서서 엄마와 딸 간의 갈등에서 한쪽에 치우치지 않으려고 노력해 왔다. 이제, 내사된 엘리스와 아이로서의 로레인 간에 접촉이 다시 시작되려고 하기에 상담자는 자신의 핵심적인 임무를 할 수 있게 되었다. 사실 엘리스와의 작업은 로레인을 위한 것이다. 상담자가 계속해서 엘리스를 존중하고 지지하는 동안에도 더 중요한 관계는 로레인과 이루어지고 있고, 최종적인 목표는 로레인의 성장과 치유를 돕는 것이다.

로레인(엘리스로서): 네…….

상담자: 그러면 이제 당신이 얼마나 화가 났는지에 대해서 정직하셔야 합니다. 왜냐하면 그것을 부정하는 것이 바로 따님에게 상처를 입히니까요…….

로레인(엘리스로서): (침묵) 저는 어떻게 해야 할지 모르겠어요.

상담자: 엘리스, 거의 한 시간 동안 당신은 잘 해 왔어요. 당신이 한 것은 엄청난 거예요. 당신은 심리상담을 어떻게 하는 건지 모른다고 생각하실지 모르지만, 정말 훌륭하게 잘하셨어요. 그러니 이제 그저 따님에게 말씀하시면 돼요.

로레인(엘리스로서): 그 말씀을 들으니 마음이 참 가볍네요. 제가 그것을 바로 잘할 수 있다는 것을 알게 돼서요.

상담자: 그저 진심을 따님에게 말씀하세요. 진심을.

로레인(엘리스로서): 나는 네게 흡족하게 해 주고 싶단다. 아가! (울면서)

안심시킴과 지지와 격려의 조합이 가장 적절한 처방이다. 작업이 진행됨에 따라 로레인/엘리스의 목소리는 이전에는 찾아볼 수 없던 진실함을 담게 된다. 그녀는 마침내 그녀의 깊은 고통과 분노와 두려움을 나눌 수 있게 되고, 그것을 로레인과 나누면서 자신을 받아들이게 된다.

상담자: 따님을 흡족하게 하려면 그녀에게 솔직하세요. 이 순간엔 아무것도 숨

기지 마세요.

로레인(엘리스로서): (울면서) 오. 나는 내 부모님을 미워했었단다. 나는 결코 네가 나를 그렇게 미워하기를 원치 않았단다.

상담자: 그녀에게 당신이 부정할 때 어떤 일이 일어나는지 얘기해 주세요.

로레인(엘리스로서): 그게 나에게 독이 돼. 너한테도 독이 되고! 그 독은 어디에나 있어. (크게 흐느끼며) 그 독은 접시에도 있고 소파에도 있어! 어디에나 있어, 내가 만든 모든 것에 있어! (통곡하며) 내가 만지는 모든 것에도 있어……오, 아, 그건 모두야! 아. (비명 지르며) 아, 어디에나! 아!

상담자: 어릴 때 그 집이 얼마나 엉망진창의 괴로운 곳이었겠어요! 얼마나 말도 안 되는 미친 집이었겠어요, 엄마!

로레인(엘리스로서): 오, 하나님, 정말 끔찍했어요! (통곡을 계속하며) 오…… 아…… 정말 끔찍해! 아…… 오, 하나님. 도와주세요, 정말 끔찍했어요. 오…….

절개된 종기처럼 그 독은 마침내 쏟아져 나온다. 엘리스의 통곡과 비명은 수년 동안 쌓였던 비참함의 표현이다. 그녀는 지금 어린 날의 그녀이며, 그 울음은 외롭고 도움이 필요했던 아이로서의 울음이다. 상담자는 자각의 저편에 묻혀 내면의 접촉이 이루어지는 이 순간까지 결코 경험되지 못했던 것들을 말로 표현하도록 그녀를 안내한다.

상담자: "오, 로레인, 나를 도와주겠니?" 라고 해 보세요.

로레인(엘리스로서): 오, 로레인! (흐느낀다.)

상담자: 그게 당신이 40년간 계속 해 온 말이잖아요. 그렇죠?

로레인(엘리스로서): 오, 로레인, 오. 로레인 나 좀 도와다오. (깊은 흐느낌) 내가 행복할 수 있게 나 좀 도와다오. 행복하게…… 오……. (통곡)

상담자: 네, 계속 하세요. 로레인한테 그녀가 어떻게 해야 했는지 말씀하세요…….

아무렇게나 방치되었지만 그 방치에 대항해 화낼 수 없었던 어린 소녀는 사랑받고 돌봄을 받고 싶은 깊은 욕구에서 결코 벗어나지 못했다. 결코 인정할 수도 없고 표현할 수도 없었던 이러한 욕구는 다른 사람과의 관계를 맺는 데 그녀 나름대로의 방식의 핵심에 항상 있었고, 그것은 자신의 딸과의 관계에도 스며들었다. 그 관계는 다음 몇 개의 문장으로 요약이 가능하다. "나를 돌봐 주기를 원해. 하지만 우리는 서로 그렇지 않은 것처럼 가장해야만 해. 마치 내가 화가 나거나 두렵다는 것을 감추는 것처럼." 이전 회기 초반에 로레인이 언급한 가장된 분노는 이제 접촉으로 바뀌었다. 내사된 엘리스와 접촉이 결핍된 아이인 로레인 두 사람 간의 대화를 이끌어 냄으로써 밖으로 표현될 수 있었다. 이것은 통합의 과정에서 아주 중요한 단계이며, 내사는 사라지기 시작하고 있다.

로레인(엘리스로서): 괜찮다고 해 줘! 나를 위해!

상담자: 따님한테 괜찮다고 하기 위해서는 어떻게 해야 했는지 말해 주세요.

로레인(엘리스로서): (흐느끼며) 나를 사랑해다오! 그리고 거기 있어 줘! 나를 위해서! 그리고……오, 하나님…… 나를 안아 줘! (통곡하며)

상담자: 좋은 엄마처럼요?

로레인(엘리스로서): 오, 오, 하나님……. (점점 진정되며) 오, 하나님, 제가 뭘 했던 거지요?

상담자: 그녀에게 무엇을 했는지 말씀해 주세요. 따님에게 무엇을 했는지 말해 주세요.

로레인/엘리스는 감정의 폭풍을 겪었다. 감정적으로 그녀는 자신의 패턴을 경험했고 인정했다. 자기의 숨겨진 부분에 직면했으며 내적 접촉을 다시 구축했다. 그러나 인지적 이해 없이 이것은 일시적인 현상이기 쉽다. 원래의 체제를 근본적으로 변화시키지 않은 상태로 남기는 것이기 때문에 이것은 단지 며칠 혹은 몇 주 후면 사라질 감정적 카타르시스에 지나지 않을 수도 있다. 상담자는 이제 자신의 경험을 구체화하도록 강하게 권유한다. 이 경험을 로레인이 꽉 붙잡을 수 있고 앞으로 자라나고 변화하는 데 길잡이로 쓸 수 있는 말로 표현하도록 하는 작업이다.

로레인(엘리스로서): 나는 네가 괜찮다고 해 주길 원했어. 나는 네가 내 삶에 구심점과 목적을 주길 원했어. 나를 따뜻하게 만들어 주길 원했어. 네가 빈 공간을 채워 주길 원했어. 오, 하나님. 나는 네가 건강하기를 원했고 밝게 빛나기를 원했단다…….

상담자: "그래서 나는……."

로레인(엘리스로서): ……그래서 내가 이 세상에 와서 한 옳은 일이 뭔가 있도록 말이야. 그러기 위해서 나는 그것을 고쳤어. 그러기 위해서 나는 그걸 입증했어. 그러기 위해서 그건 정말, 나는 정말 이겼어. 그것들을 이겼다고! (움켜쥔 주먹으로 의자의 팔걸이를 내리친다.)

상담자: 네, 그래요……행동으로 보여 주세요.

로레인(엘리스로서): (의자를 두들기며) 나는 정말로 그들을 이겼어! 나는 정말로 그들을 이겼어! 나는 정말로 그들로부터 벗어났어. 나는 정말 성공했어!

상담자: 오, 엘리스, 얼마나 아름다운 소망이고, 얼마나 아름다운 승리예요!

로레인(엘리스로서): (조용하게) 저는 정말 그렇게 했어요.

상담자: 다만 한 가지 문제가 있었다면 좋은 상담자와 함께 그것을 직접적이고 정직하게 이야기하지 않았기 때문에, 당신 딸의 정신영역을 침해해서 상하게 했다는 것이에요.

로레인(엘리스로서): 정말 미안하다.

상담자: 자, 그것은 쉽게 바로 잡을 수 있어요, 엘리스. 만약 당신이 그걸 바로 잡기를 원하기만 한다면. 어떻게 하는지 제가 말씀 드려도 될까요?

감정, 생각, 행동은 모두 연관이 되어 있고, 어떤 일(작업)을 진정으로 효과적이게 되도록 하기 위해서는 그 세 가지 영역이 각각 새로운 패턴으로 방향 전환을 하여야 한다. 로레인/엘리스는 정서에 매우 중요한 변화를 경험했고,

자신에 대해서 새로운 방식으로 생각하기 시작했다. 이제 상담자는 그동안 상담실에서 행해졌던 상담과정을 통해 경험하게 된 새로운 생각과 감정을 상담실을 넘어 바깥 세상에서 실제 행동에 적용하는 방법을 제안한다.

로레인(엘리스로서): 네.
상담자: 당신은 여기 이 방에서 그것을 바로 잡는 작업을 해 왔어요.
로레인(엘리스로서): 네.
상담자: 당신은 솔직하게 말씀하셨죠. 그리고 이제 돌아가시기 전에 솔직하게 많은 말씀을 하셔야 돼요. 따님한테 너는 그 절반도 모른다고 말씀하시는 대신 그 전부에 대해서 말씀해 주셔야 한답니다.

엘리스가 로레인에게 '말하는 것'은 사실상 내면의 사건이기 때문에 이 '말하는 것'을 행동으로 분류한다는 것에 의아해할 수도 있다. 로레인이 심리적이나마 어머니와의 적극적인 접촉의 경험이었던 이 작업을 의식적으로 반복해서 자신의 사고 패턴을 재정립한다면 이 내적 작업은 실제 외적으로 관찰 가능한 대화와 같은 효과를 가질 것이다. 앞으로 수 주 동안, 이 작업은 49세의 로레인이 실존하는 85세의 엘리스와 진실한 대화를 나눌 수 있게 도울 것이다. 그 둘 모두에게 치유적인, 서로 배려하는 친밀한 관계를 형성할 수 있는 시간이 아직 남아 있다.

로레인(엘리스로서): 네. 그 애한테 말할게요.
상담자: 그리고 매번 크리스마스 때마다, 매일 아침 식사 때마다 얼마나 시기했던가 하는 것도 말하시는 게 좋겠지요. 시기란 표현이 부담스러우시면 부러웠나든지, 무엇이든 본인이 편안한 표현을 쓰세요.
로레인(엘리스로서): 네…….
상담자: '대조'라는 말이 더 나을 수도 있겠네요. 당신이 따님한테 줄 것을 볼 때 당신은 언제나 그것을 갖지 못했었다는 고통스럽고 화나는 사실이 떠

올랐다는 거죠.

로레인(엘리스로서): 네…….

상담자: 엘리스, 당신은 정말 좋은 분이에요.

로레인(엘리스로서): 최선을 다할 뿐이에요.

상담자: 저도 그걸 느끼겠어요. 그리고 지금 당신의 최선은 새롭게 바뀌었어요.

로레인(엘리스로서): 네…….

상담자: 새로운 방식의 최선이요. (침묵) 엘리스, 로레인이 어떻게 느끼는지 듣고 싶으세요?

내사된 타인과 하는 상담의 마지막 단계는 자신의 페르소나로 돌아간 내담자가 내사된 타인에게 말을 거는 것과 함께 시작된다. 내담자(회기 내내 내사된 타인과의 작업을 관찰했던)는 이제 그 작업에 관한 자신의 인상을 표현할 기회를 갖게 된다. 이 인상이란 자기 자신의 의견, 욕구, 이해, 관점을 포함한다. 또한 이 마지막 전환은 상담자와 관계를 맺고 있는 사람으로서의 내담자의 위치를 다시 정립하고, 이 상담협력 관계에서 어떤 수정이 필요할 수도 있다는 것을 참작하게 한다.

로레인(엘리스로서): 네.

상담자: 왜냐하면 그녀도 당신에게 화가 났을 수도 있기 때문이에요. 당신이 이해하기 어려울 수도 있지만. 당신은 그토록 나쁜 것을 가졌는데 그 애는 얼마나 좋은 것을 가졌는가 하는 생각을 하면 어쩌면 이해하는 것이 불가능할지도 몰라요. 하지만, 적어도 로레인의 경험을 들어보실래요?

로레인(엘리스로서): 네……그 애 말을 듣지 않았다는 건 저도 알아요.

상담자: 네. 아마도 그런 부분도 있고……. 그리고 충분히 말도 안 하셨죠.

로레인(엘리스로서): 네…… 말하지 않았죠.

상담자: "난 오늘 화가 난다." 거나 "나는 오늘 시샘이 난다." 거나 "네가 매번 크리스마스 선물로 인형을 세 개씩 받을 때마다 나는 3년 동안 한 개의 인형도 갖지 못했던 것이 떠오른다." 라는 말씀은 아직 안 하셨죠.

로레인(엘리스로서): 평생 동안요. 네…….

상담자: 좋아요. 당신은 여기 앉아 계시고요, 엘리스. 그리고 이제 로레인을 데리고 옵시다. (로레인이 원래 그녀의 자리로 돌아가서 '엘리스' 의 의자를 마주 보고 앉는다.)

의자를 바꾸는 것이 절대적으로 필요한 것은 아니지만 내담자가 가정했던 각각의 인격이나 페르소나의 감각적 기반을 갖게 하는 데는 유용하다. '엘리스' 의 의자에서 로레인은 엘리스의 시각으로 이 방을 보고, 엘리스의 자세로 앉고, 엘리스의 몸이 느끼는 감각으로 의자를 느낀다. 그녀가 원래 자기 의자로 돌아올 때 그 모든 것이 다시 제자리로 바뀌고, 그런 변화가 '엘리스의 껍질로부터 나오는 일' 을 더 쉽게 만들어 준다.

로레인: (깊은 한숨)

상담자: 이제 엘리스의 껍질로부터 나오세요.

로레인: 으으으으으, 오 하나님.

상담자: 정말 무거웠군요.

로레인: 오, 하나님. 오……. (한숨)

상담자: 그 "오, 하나님" 뒤에는 어떤 뜻이 있는 거예요?

이것은 완벽하게 중립적인 개방형 질문이다. 상담자는 로레인이 지금 무엇을 느끼는지, 그리고 그녀가 말하는 "오 하나님" 이 의미하는 바가 무엇인지를 부분적으로는 추측할 수도 있을 것이다. 하지만 상담자가 그 모든 것을 알 수 없고, 로레인이 가장 말하고 싶은 것이 어느 부분인지도 알 수 없다. 그 질문은 상담자가 그것을 알기를 원한다는 표현이고, 동시에 로레인이 원하는 어떤 지점에서든 시작할 수 있는 자유를 준다.

로레인: 정말 얼마나 갑갑했는지. 오오. 얼마나 숨 막혔는지…… 우……. (침묵;

할 말을 찾고 있는 것 같다.) 오, 엄마……. (한숨) 어디서부터 시작해야 할 지를 모르겠어요……. 저는 이것들을 다 알고 있었어요. 하지만 바로 지금 전까지는 그걸 진심으로 알지 못했어요……. 도움이 필요한 것 같아요…….

이 요청으로 상담자는 로레인이 엘리스를 상대로 어떻게 말을 시작하는 것이 좋을지 제안할 수 있게 된다. 이 시점에서의 상담자의 제안은 강요라기보다 로레인의 요청한 도움에 대한 반응이다.

상담자: "엄마, 엄마는 상당히 화가 많이 나 있는 사람이군요……."라고 말해 보세요.

로레인: 오, 엄마, 엄마는 화난 사람이야.

상담자: 이제 좀 더 구체적으로 말씀해 보세요.

로레인: 엄마는 굉장히 화났어……. 엄마 피부가 불탈 만큼 엄마는 굉장히 화가 났어. 정말 그래. 화가 엄마를 태워. 엄마는 불타올랐어. 엄마의 모든 피부들이 엄마 목 주변과 귓불 안……. 엄마 다리의 피부, 다 불타는 것 같아, 불탔어. 완전히 타 버렸다구.

상담자: 그리고 그런 타오르는 분노와 함께 산다는 것이 어떤지를 말씀드리세요.

엘리스는 자신의 경험을 이야기할 기회를 가졌다. 이제는 로레인의 차례다. 로레인도 엘리스에게 그녀의 경험이 어떤 것이었는지를 조금도 숨김없이 말할 필요가 있다. 자신이 엘리스를 보살펴야 하고, 그녀를 절대로 상처입히지 말아야 하고, 다시 모든 것을 좋은 원상태로 돌려놓아야 한다는 강박관념에서 벗어나 드디어 모든 것을 말해야 한다.

로레인: 그건 정말 무섭고 정말 혼란스러워. 정말…… 정말 진저리가 나. 그건 정말 역겨워. 정말이지 구역질나게 한다고요.

상담자: 네.

로레인: 마치 머리가 탈 때처럼. 우, 냄새가 나. 나는 엄마가 누구에게 그렇게 화가 났는지 정말 몰랐어. 엄마가 항상 화나 있었다는 건 알았지만, 엄마는 한 번도……. (그녀의 목소리가 잦아들고 침묵이 흐른다.)

상담자: 이제 무엇을 알게 됐는지 말해 보세요.

로레인: 이제 엄마가 항상 분노하고 있었다는 걸 알겠어. 엄마가 분노 때문에 거의 불타고 있다는 걸 알겠어. 그리고 그게 나에 대한 것도 아니고 심지어 아빠에 대한 것도 아니라는 걸 알겠어. 그리고 엄마가 빈정대면서 했던 그 짧은 말들이 그저 엄마의 분노가 폭발하지 않도록 김을 조금씩 빼주는 안전밸브 같은 거였다는 것도 알겠어……. 그래 그건 일종의 배출 같은 거였어.

상담자: 으……음. 배출이었군요.

로레인: 나는 그걸 원하지 않아. 그건 엄마 거야. 나는, 나는 엄마에 대해서 깊은 연민을 느껴. 내 안에도 내가 사랑하고 존중하는 엄마와 같은 면이 있어. 전사같은 점 말이야. 엄마는 엄마가 얼마나 대단한 전사인지 모르는 것 같아. (울면서) 엄마는 엄마가 얼마나 대단한 전사인지 몰라! 엄마가 산 세월을 살기 위해서 필요했던 그 용기를 엄마는 그냥 무시하고 있다고. 그리고 내가 어떻게 그것을 물려받았고, 그게 나한테 어떤 의미인지. (운다.) 하지만 나는 엄마처럼 할 수는 없어. 나는 화낼 수 없어. 나는 그럴 수 없어. 이제 더 이상 엄마를 위해서 그렇게 할 수는 없어.

내사로부터의 해방과 함께, 요지부동이었던 타인은 삼차원의 숨 쉬는 사람, 즉 좋은 면과 나쁜 면을 다 가진 존재가 되었고, 로레인은 자유롭게 취사선택을 할 수 있게 되었다. 로레인은 엄마의 정이 많고 감탄할 만한 면은 존중하고 자신의 것으로 만들 수 있다. 하지만 물려받고 싶은 면들과 함께 억제된 분노마저 취할 필요는 없다. 그녀에게 엄마에 대한 감정에 대해서 더 이야기하라고 격려함으로써 상담자는 그녀가 무엇을 좋아하고 무엇을 싫어하는지, 그리고 무엇을 보존하고 무엇을 거부할 것인지 자세히 살펴보도록 도울 것이다.

상담자: 엄마에게 당신이 엄마 분노의 어떤 부분을 원망하는지에 대해서 이야기해 보시겠어요.

로레인: 음…… 그러니까, 내 잘못이었다고 생각하는 것이 싫어. 나는 엄마가 그 부분을 나한테 분명히 하지 않은 게 원망스러워. 엄마가 그걸 책임지지 않은 게 화가 나. 어, 나는 엄마가 그게 내 일이라고 생각하게 놔둔 게 화가 나. 그 집안을 가득 채운 분노가 싫어. 더 이상 그걸 먹고 싶지 않아. 개어진 수건 속에조차 숨어 있는 분노를 원하지 않는다고. 정말 더 이상은 싫어. 계속 일, 하루 종일, 일, 일, 일, 일, 일, 일, 일, 모든 걸 괜찮게 하려고 하는 일. 괜찮아, 이미 다 괜찮아. 나두 마찬가지고……. 엄마도 더 이상 그렇게 노력할 필요 없어. 엄마가 원하면 더 이상 버티지 않아도 돼. (침묵) 나는 이제 엄마를 지탱하지 않을 거야. 하지만 엄마는 버티지 않아도 돼. 엄마가 버티지 않아도 우리는 괜찮을 거야. 아무도 실제로 무너지지는 않아. (한숨) 엄마가 언니를 괴롭힌 것도 원망스러워. 언니는 정말 불합리하게 당했어. 정말 원망스러워. 폐경이 원인이라지만 잘 모르겠어. 나는 폐경기에 있는 여자를 늘 보지만, 그 사람들은 그렇게 고약하거나 빈정거리지 않아. 내 생각에 언니한테 너무 심하게 했어. 그래서 언니가 캘리포니아로 떠난 거야. 때로는 너무 멀리 떨어져 있어서 언니를 만나기 힘들어. 나는 그게 원망스러워. 엄마가 언니를 멀리 가게 했어. 언니는 자신을 구해야 했거든. 난 그게 싫어. (침묵) 그다음엔 뭘 말해야 할지 모르겠어요. 다시 도움이 필요해요.

상담자: 로레인 지금 기분이 어때요? (긴 침묵) 당신이 무엇인가를 누르고 있는 느낌이 들어요. 내게는 마치 당신이 무엇인가를 억누르고 있다고 느껴지네요.

로레인: 글쎄……그냥 슬픈 것 같아요. 위축되고 슬퍼요.

상담자: 어떤 슬픔일까요…… 그것에 대해서 좀 더 말해 볼 수 있을까요?

로레인: 그것을 바꿀 수가 없어서 슬퍼요. 왜냐하면 전 엄마를 사랑하니까요.

오랫동안 유지되어 온 구조와 오랫동안 믿어 왔던 것을 포기하는 것은 대가를 필요로 한다. 엄마를 '회복시키는 일' 을 해야 했던 엄마의 보모로서의 책임은 로레인에게 견디기 힘든 매우 무거운 짐이었다. 그러나 그 책임을 포기하는 것은 그 책임을 완수할 수 있는 가능성 또한 포기하는 것을 의미한다. 로레인이 엘리스의 인생이 잘 돌아가도록 하기 위해 시간을 들이고, 깊게 관여하는 한 최소한 그녀는 그것이 결코 회복되지 않을 거라는 것을 아는 고통을 느낄 필요가 없다. 이제 그 책임을 포기하기 때문에 그녀는 엘리스와 자기 자신에 대해서 슬픔을 느낀다.

상담자: 네, 어머니에게 당신이 그것을 바꿀 수가 없다는 것이 슬프다는 것을 말씀하세요.

로레인: 엄마가 슬프다는 게 나는 슬퍼. 나는 슬퍼…….

상담자: 어머니가 당신에게 준 책임에 대해서 말씀 드리세요. 당신이 감당하기에 불가능한 과제였던 그 책임을.

로레인: 오, 네. 엄마 삶을 다 괜찮게 만드는 것.

상담자: 그 일을 하고 싶었어요?

로레인: 내 생각에 원래는 내가 원했던 것 같아요. 그래요. 그건…… 엄마와 함께 있을 수 있는 방법이었어요.

상담자: 어머니에게 말씀 드리세요.

로레인: 엄마랑 같이 있을 수 있는 유일한 길은 엄마를 돌보고 엄마의 그 망할 분노를 감당하는 거라고 생각했었다고.

엘리스는 로레인과 관계를 맺을 수 있는 유일한 방법이 그녀의 감정, 그녀의 '망할' 욕구를 숨기는 것이라고 믿었다. 그리고 엘리스의 관점을 내사한 로레인은 그녀의 엄마가 마치 문 앞에서는 반기시만 그 안에 숨겨진 흉악한 적을 들여오는 트로이의 목마인 것처럼 그 '망할' 것을 꿀꺽 삼켜 버렸다. 로레인은 그 계약이 가짜였으며 그 계약을 지킨 대가로 얻는 관계는 깨질 수밖에 없다는 사실을 깨달았다. 엘리스의 방식으로 맺은 관계는 엄마와 딸 모두에게 절대로 만족을 주지 않았다. 이제 로레인은 그 계약에 대한 거절과 엘리스가 맡긴 불가능한 일을 거부하는 것에 매우 근접한 곳까지 왔다. 상담자는 다가오는 결정의 순간을 인식하고 로레인이 움직이는 방향에 주목한다.

상담자: 네. 그 문장을 다시 한 번 말씀해 보세요.
로레인: 엄마의 그 망할 책임을 지는 것 말이야. 나는 그러고 싶지 않아. 나는 이제 더 이상 그렇게 할 수 없어.
상담자: 그러면 그것을 어머니께 돌려 드리세요.
로레인: 음, 난 엄마한테 정말 고마워. 엄마는 나한테 많은 걸 줬어. 하지만 난 그것에는 감사하지 않아. 엄마가 그걸 다시 가져가도 돼. 나는 항상 엄마의 양동이들을 채우는 느낌이었고 그러면 엄마는 그냥 그걸 쏟아 버리는 것 같았어. 엄마는 늘 "자, 또 비었구나."라고 말했지. 나는 못해, 어, 나는 이제 더 이상 그렇게 안 해.
상담자: "그래서 나는 앞으로……."

로레인이 자신이 해오던 일을 그만두겠다고 하는 선언으로는 충분치 않다. 어떤 일을 단순히 그만둘 수는 없다. 그 대신 다른 일을 해야만 한다. 이 새로운 결심이 견고해지고, 이 결심으로 변화가 생기려면, 로레인은 그녀의 행동이 어떻게 변화해야 할지를 구체화할 필요가 있다.

로레인: 나는 앞으로…… 나 자신을 돌볼 거야. 그리고 엄마가 지나치게 간섭하면 엄마한테 말할 거야. 엄마의 기대가 비현실적일 때는 엄마한테 말할 거야. 내가 엄마의 기대에 부응할 수 없을 때는. 엄마가 그걸 이해할지는 모르겠어. 엄마가 초등교육만 받았다해도 난 상관없어. 엄마가 굉장히 똑똑한 걸 안단 말이야.
상담자: (침묵) 뭐 다른 것에 대해서 엄마한테 말하고 싶은 건 없어요?
로레인: 지금 당장은 더 이상의 말을 할 필요는 없다고 생각해요. 이걸 제 생활 속에서 실제로 하는 게 필요한 것 같아요. 실제로 엄마와 식탁에 앉아서

분명하게 해야 돼요. 굴복하지도, 후퇴하지도 않고요.

로레인은 집으로 돌아가서 자기 어머니에게 다른 방법으로 대화를 나눴다. 그 접촉은 완벽하지는 않았고, 관계는 기적적으로 변화하지도 않았다. 엘리스의 내사를 다룬 후에도 무엇보다도 로레인은 실제로 살아 있는 엘리스와 소통하고 교류해야 한다는 사실은 여전히 남아 있다. 하지만 로레인에게 이제 다른 이들과의 대화는 질적으로 달랐다. 그녀는 더 이상 자기 안에 내사된 어머니 엘리스의 왜곡된 관점에 의해서 억제되지 않았고, 더 이상 어머니의 깊은 감정들이 존재하지 않는 척하면서 그녀를 돌봐야 한다는 묵언의(말로 표현되지도 않고 표현할 수도 없었던) 맹세에 묶이지도 않았다. 성인이 된 후 처음으로, 그녀의 어머니와 함께 있을 때도 진실할 수 있었다.

우리가 주목한 대로, 내사된 타인과의 상담은 적어도 두 가지 점에서 효과가 있다. 가장 분명하게는, 내사 그 자체를 변화시킬 수 있다는 점이다. 그래서 심리내적 구속과 강요가 수정되고 이와 동등하게 내담자에게 그러한 변화를 관찰할 수 있는 기회를 제공한다는 것이 매우 중요하다. 로레인의 경우에, 거의 그녀의 어머니가 실제로 상담을 받는 것 같았고, 내담자의 안녕을 진심으로 바라는 상담자에게 마치 어머니가 진실로 마음을 여는 것 같았다. 상담과정에서 상담자가 어머니의 관계 욕구를 올바르게 인식하고 그에 반응함에 따라 어머니는 더 이상 로레인을 구원자나 희생양으로 사용하지 않고, 태도를 누그러뜨리고 마음을 연다. 과연 어린 딸로서의 로레인에게 이 경험이 어떠했을지 상상해 보라. 이런 종류의 상담과정이 가지는 강렬한 효과를 인정할 수 있을 것이다.

내사된 타인과의 상담이 성공하려면 반드시 고려되어야 할 몇 가지 요소가 있다. 첫째, 내담자는 반드시 상담자와 강력한 상담동맹을 먼저 경험해야 한다. 내담자는 상담자와 내사된 대상 간에 공감적 상호작용이 일어나는 것을 관찰할 때, 마치 상담자가 내담자와는 다른 편, 즉 내사된 대상의 '편을 드는 것' 같은 생각이 들어 소외감을 느낄 수도 있다. 처음의 계약(로레인과의 작업의 경우에서는, 로레인을 돕기 위해 상담자가 엘리스와 이야기할 것이라는 분명히 이해)은 이러한 위험을 완화하는 데 도움은 되지만, 그러한 계약이 전체 상담작업 동안 신뢰를 얻기 위해서는 상담자와 내담자 간의 초기 상담관계가 견고하다는 전제가 필수적이다.

둘째, 상담자는 '현실'에 대한 자신의 지식을 유보하고 내담자가 진실로 내사된 타인이 될 수 있도록 해야만 한다. 내사된 타인에게 충분히 접촉할 수 있고 진실하게 반응하는 상담자의 능력을 통해 내담자는 자신에게 내사된 타인의 페르소나를 완전히 취할 수 있게 된다. 믿을 수 없는 것을 믿기로 한 계획적인 선택인 '현실'에 대한 유보 없이는, 내사된 타인과의 상담은 단지 연극에 지나지 않을 것이다. 설령 그것이 약간의 지적인 통찰로 인도할 수 있을지는 몰라도 우리가 로레인과의 작업에서 보았던 것과 같은 지대한 심리내적이고 행동적인 영향력을 가질 수 없다.

셋째, 내사된 타인이 그 작업을 마친 다음에 내담자는 반드시 내사된 대상에게 반응할 수 있는 기회를 가져야만 한다. 결론은 내담자의 몫이다. 이 지침이 이행되지 않을 때에는 내담자와 상담자의 관계에 심각한 단절를 가져올 수 있다. 그것은 또한 내사된 대상으로부터 분리된 존재로서 내담자의 자기를 강화시키기보다 약화시키는 결과를 가져올 수 있다.

마지막으로, 상담자는 자신을 돌본 사람을 향한 아동의 충성심을 유념해야만 한다. 내사가 일어난 생활 연령이 몇 살이었는지 상관없이, 이 유아적인 충성심이 내담자가 내사된 대상을 경험하는 데 아주 중요한 부분으로 작용한다. 자신을 돌봐주는 사람이 얼마나 요구적이고 거부적이고 혹은 학대적이든 아동은 여전히 그들을 필요로 한다. 내담자가 내사된 대상에 대해서 양가적인 감정을 가지고 있다 하더라도 내사된 타인에게 지나치게 강하게 맞서거나 어떤 방식이든 무례하게 대하면 저항이나 방어 그리고 원래의 자기파괴적 패턴으로 복귀하도록 만들 수 있다.

내사된 대상과의 성공적인 작업의 종반부에서 내담자는 내사된 대상의 경험에 대해서 깊은 슬픔과 동정뿐 아니라 안도와 자유의 조합된 감정을 느낄 수 있다. 로레인이 반응했던 것과 유사하다. 다른 내담자의 경우에는, 내담자가 그동안 일어난 변화를 심사숙고하고 완전히 통합하는 동안 작업의 효과가 약화되거나 잠시 정지될 수 있었다. 그러나 처음의 반응이 무엇이었든지 간에 상담작업에서 일어난 경험은 없던 것이 될 수 없다. 한번 얻어진 이해는 잊혀지지 않는다. 내사된 타인의 심리적 구조 안에서 만들어 낸 변화도 상담의 실제다. 대개 이러한 작업은 내사의 대상이 되었던 실제 사람이 과거로 돌아가 상담작업을 경험하도록 하는 것의 차선책이 된다.

로레인은 제10장과 제11장에서 다룬 작업을 끝내고 2년이 지난 즈음에 우리에게 자신의 경험에 관한 편지를 보내 왔다. 다음은 편지의 일부분이다.

> 제 상담자가 그녀[엘리스]를 친절과 존중으로 대했던 것이 저한테는 매우 중요했습니다. 이러한 것을 느끼고 저는 그 경험에 지 자신을 맡겼습니다. 저는 자신으로부터 복받쳐 오르던 슬픔과 강렬한 분노 때문에, 그리고 그 감정들이 그 순간 제 안에서 솟아남에도 불구하고 '저의 것'이 아니라는 자각 때문에 놀랐습니다.
>
> 그 상담작업은 제 몸에 즉각적인 효과를 가져왔습니다. 그 작업 후에, 제 내면의 재구성처럼 보이는 반 시간 동안의 깊은 몸의 떨림을 경험했습니다. 다음 날 아침 평화롭고 재충전된 상태로 깨어났으며 침대에 오랜 시간 누워 있었습니다. 어떤 것이 저로부터 빠져 나간 것 같았습니다. 저는 제 몸을 위아래로 쓰다듬었습니다. 저는 제가 기억하는 한 저의 물리적 몸과 같은 자리를 차지하고 있던 에너지적인 신체를 느꼈어요. 그것이 빠져나간 지금에야 알아차렸습니다. 저는 더 가벼워지는 걸 느꼈습니다. 그날 이후로 어떤 특별한 노력 없이 몸무게가 서서히 빠져서 유지되고 있습니다.
>
> 하지만 무엇보다 이 작업의 진정한 가치는 그때 1년 가량 저와 함께 사시다 돌아가신 어머니와의 관계에 있습니다. 어머니의 정서(그녀의 유년 시절에 대한 분노와 슬픔, 나이 드는 것에 대한 좌절, 일상생활에 대한 반응들)가 더 이상 저를 침범하는 것처럼 느껴지지 않게 되었습니다. 다른 사람한테는 그렇게 쉽

게 느꼈지만 어머니에게만은 표현할 수 없었던 어머니에 대한 저 자신의 애정을 더 이상 부정할 필요가 없었습니다. 저 자신만의 고유한 감정을 느낄 수 있게 되었고 궁지에 빠졌다거나 압도당한다는 마음 없이 어머니의 감정도 받아드릴 수 있게 되었습니다. 전에는 어머니에 대한 사랑을 충분히 온유하게 표현하는 데 너무나 방어적이었지만, 이제는 제가 늘 원했던 대로 어머니를 사랑하는 데 편해졌습니다. 제 안에서 이러한 변화가 빠르게 일어났고, 지속되는 것을 볼 때 선생님이 하셨던 내사된 어머니와의 면담이 진정한 변화를 유도한 것이라는 생각이 들었습니다. 어머니도 부드러워지셨습니다. 어머니 생애의 마지막 한 해는 어머니에게서 최고의 해였고, 가시는 길도 평화로웠습니다. 저는 어머니가 살아계실 동안 이 작업을 할 수 있는 기회를 가진 것에 대해 늘 감사할 것입니다.

제12장

커플을 대상으로 한 통합적 상담

통합적 상담은 폭넓은 이론적 기초를 이용한다. 하지만 통합적 상담은 상담이론들의 각각의 개념, 기법, 처치 계획을 신중하게 개발된 통합적 상담의 틀 속으로 녹여들인다는 점에 있어서, 일반적인 절충주의("만약 그것이 효과가 있다면 사용해라.")와는 구별된다. '관계 속에서 경험되는 대인상호 간 접촉이 심리적 안녕의 가장 중요한 요소' 라는 개념이 통합적 상담의 참조 틀의 핵심이다. 만약 어떤 사람의 심리적 건강에 결함이 있다면, 통합적 상담에서는 손상된 관계가 그 결함의 일부분이라고 가정한다. 또한 같은 맥락에서, 손상된 관계를 회복시키고 안정되고 건강한 새로운 관계를 제공하는 것이 내담자가 심리적 안녕을 되찾을 수 있도록 돕는 것이라고 가정한다. 관계 내에서 접촉을 경험하는 정도에 따라, 심리적 건강은 나아질 것이다. 그리고 이런 원리는 모든 관계, 즉 상담자와 내담자, 부모와 자녀, 친구, 커플 관계에 적용된다.

관계를 통해 회복하기 개념은 특히 커플상담에 적절하다. 이는 처음부터 커플관계 자체가 상담개입의 중심이 되기 때문이다. 비록 커플의 어느 한쪽 혹은 양쪽 모두가 많은 경우 개인상담으로 효과적인 도움을 받을 수 있다 하더라도, 그리고 커플을 위한 이상적인 상담개입 계획에 개별 작업의 기회 역시 포함되어 있다 하더라도, 커플상담에서 세 번째 '내담자'는 항상 '관계' 그 자체다. 커플이 어떻게 점차적으로 접촉해 나가고, 어떻게 경청하고, 어떻게 관계에 반응하는지, 그리고 어떻게 서로를 돌보는지에 대해 배워 감에 따라 그들의 관계는 변한다. 시간이 지나면서, 이런 변화로 인해 지속하고 있는 개인상담에 대한 필요가 상당히 줄어들 수도 있다.

우리는 제5장에서 관계 욕구들에 대한 개념을 소개했고, 이러한 욕구를 어떻게 돌볼 것인가는 상담자가 해야 하는 일 중 주요한 부분이라는 사실에 대해 자세히 논의했다. 그러나 관계 욕구는 심리상담 장면에서만 존재하거나 여기서 최초로 등장하는 현상이 아니다. 관계 욕구는 모든 관계의 일부분이며, 어떤 관계의 건강함은 주로 관계 욕구가 어떻게 충족되는가, 그리고 얼마나 잘 충족되는가의 함수다. 관계 욕구는 '비정상적'이거나 '병리적'이거나 혹은 '미성숙한' 것이 아니다. 그것은 인간으로 존재하는 것의 일부분이다. 우리의 관계 욕구는 우리가 경험하는 동안 배경에 존재하는 불변의 상수다. 관계 욕구 중 하나가 자각의 장 안으로 출현했다가 충족되면, 자연스럽게 다시 배경으로 돌아간다. 그러나 만약 그 욕구가 충족되지 않는다면, 그것에 대해 어떤 조치가 취해질 때까지 전경에 머물러 있다. 시간이 지날수록, 충족되지 않은 욕구는 우리가 세상에 존재하는 방식, 즉 거의 모든 면에 영향을 미칠 수 있다.

커플관계에서 상대방의 관계 욕구를 알아차리고 그에 대해 지속적으로 반응하지 못하게 되면, 관계 전체에까지 그 부정적인 영향이 미칠 수밖에 없다. 줄어들지 않는 갈망처럼 채워지지 않은 욕구는 점점 더 많은 것을 요구하게 된다. 그것은 성가신 것에서 고통스러운 것으로, 고통스러운 것에서 병적인 집착으로 바뀐다. 이런 고통을 경험하는 파트너는 문제를 해결하기 위해 노력하는데, 이때 다른 상황에서 효과적이었던 여러 종류의 전략들을 사용하게 된다. 그런데 이러한 전략들이 효과적이지 않다고 판명되면, 파트너는 자기도 모르게 더 낡고 더 유치한 대처기제에 의지하게 되는데, 그것은 우리 행동을 지배하고, 우리의 자발성, 유연성, 창의성을 제한하는 각본신념에 근거한 것이다. 파트너는 더욱더 원시적인 행동을 하면서 심리적 퇴행을 자주 경험하기도 한다. 상대 파트너에 대한 인식과 반응은 점차 자기 자신의 욕구, 좌절 그리고 투사의 함수에 따라 변하게 될 것이다.

그러면 이 모든 것이 진행되는 동안 상대 파트너는 무얼 하고 있을까? 무엇 때문에 자신의 관계 욕구가 충족되지 않는 경험을 하고 좌절감을 느끼고, 극복하려 애쓰고, 동일한 과정을 반복하는 걸까? 두 사람 모두 서로 상대방의 비효과적인 행동에 반응하면서, 하락하는 나선형의 상호작용 패턴을 창조한다. 이 현상은 커플과 작업하는 모든 상담자에게 낯익은 패턴이며 그 패턴을 뒤집으려 도전하게 된다. 상담자는 각 당사자의 자기보호 전략을 서로에 대한 신뢰로 대체하고, 고정된 게슈탈트를 자발성과 접촉으로 맞바꾸어, 상대의 관계 욕구를 인식하고 그에 반응하도록 돕는다.

고통스러운 관계를 이해하는 우리 모델은 역기능적 관계가 갖는 두 가지 기본적 특성이 있다고 제안한다. 한쪽 혹은 커플은 불화가 있을 때, **투사**(즉, 과거 관계의 관점에서 상대 배우자를 정의하는 것)와 **퇴행**(점진적으로 원시적인 문제해결 전략을 사용하는 것)하려는 경향이 있다. 이런 투사와 퇴행 같은 반응들을 더 만족스럽고 효과적인 반응으로 대체할 수 있다면 관계가 악화되는 것을 역전시킬 가능성이 높아진다. 이렇게 하기 위해, 커플상담에서 우리는 4가지 주요한 상담과정을 활용한다. 첫째는 접촉 붕괴, 투사의 특성, 원시적 패턴을 확인하기 위한 체계 관찰, 둘째는 상대방이 지켜보는 가운데서 이루어지는 커플 개인의 '개별' 작업, 이 작업은 오래되고 더 이상 유용하지 않은 인식, 신념, 행동 패턴을 드러나도록 해서 자각시키기 위한 것, 셋째는, 커플이 관계 욕구를 알아채고 그에 반응하도록 가르치는 것, 넷째는 커플이 서로에게 상담적 탐색 기술을 사용할 수 있도록 가르치는 것이다. 이 4가지 과정이 다 함께 이루어질 때 하락하는 나선형의 상호작용 패턴은 반전할 수 있으며, 커플 각자는 서로를 끌어내리기보다는 서로 지지하고 떠받칠 수 있게 된다. 실제로, 우리는 관계를 사용하여 관계를 회복한다.

개인의 개별 작업뿐 아니라 커플과 작업하는 동안, 우리는 특히 관계 욕구가 표현되고 그에 대해 반응하는 방식에 주의를 기울인다. 여러분은 우리가 제5장에서 8가지 주요 관계 욕구를 정의했던 것을 기억할 것이다. 안전의 욕구, 자신의 정서, 행동, 정신 과정의 기능의 가치를 인정받으려는 욕구,보호받고 의지할 수 있는 상대에게 수용 받고 싶은 욕구, 상호의존의 욕구, 자기-정의의 욕구, 상대에게 영향을 미치고자 하는 욕구, 상대가 주도해 주기를 바라는 욕구, 사랑을 표현하려는 욕구. 이런 욕구들과 그에 대한 반응들은 상담회기 내에서 다루는 표면상의 내용이 무엇이든 간에 풍부한 배경을 형성한다. 커플과의 작업에서 관계 욕구의 표현과 이에 대한 반응은 상담에 참여하는 세 사람 사이에 서로 얽혀져 있다. 한쪽 파트너에서 상대 파트너에게로, 파트너에서 상담자에게로, 그리고 상담자에서 파트너로. (그렇다. 상담자 역시 관계 욕구를 경험한다. 자신의 관계 욕구를 자각하는 것이 핵심이다. 때때로 관계 욕구의 표현이 회복을 가져오기도 한다. 상담자의 관계 욕구에 대해 내담자/파트너가 반응하는 방식을 알아챔으로써 모든 참여자들이 관계 패턴과 그 과정을 이해하도록 도울 수 있다.)

이번 장에서 우리는 커플을 위한 집중 집단상담에서 이루어졌던 작업 내용에 대한 두 개의 축어록을 제시할 것이다. 집단 전체 과정에서는 커플들 간에 이루어진 많은 나눔과 토의가 있었지만, 여기에 제시된 작업 부분은 한 커플에 초점을 맞추고 있으며, 나머지 집단은 청중으로서 적극적으로 참여하기보다는 지켜보고 있다. 물론 이 부부에 대한 작업이 마무리가 된 이후에 모든 집단 참여자들이 작업에 대한 토의 과정에는 참여하였으며, 자기 자신의 상황에 이것을 어떻게 적용하였는지 나누었다.

첫 번째 축어록은 앞서 언급한 '개별' 작업으로, 커플 중 한쪽이 자신의 파트너가 있는 상황에서 상담자와 개별적으로 작업하는 것이다. 축어록은 커플이 그들의 문제, 바람, 희망을 다소 포괄적인 방식으로 이야기하는 것으로 시작된다. 그러나 재빠르게 관계 내에 존재하는 중대한 문제, 즉 커플 간 접촉의 양과 질로 초점을 맞춘다. 초점을 맞추자마자 커플 중 한쪽의 왜곡된 지각이 드러난다. 그는 어린 시절 자신의 어머니와의 관계에서 일어난 축적된 외상경험에 근거한 투사를 일으킨다. 우리가 커플과의 작업에서 전형적으로 취하는 방식은, 지각 왜곡이 일어나는 이 파트너의 원시적인 초기 문제를 다루기 위한 '개별' 작업을 한 다음, 커플의 현재 관계로 돌아와 '개별' 작업 내용과 엮는 작업을 한다. 그리고 과거와 현재를 어떻게 엮는가가 다음에 펼쳐질 전체 상담 과정의 문을 여는 데 주요하게 작용한다.

로이스와 레스터는 가족의 위기가 발생한 가운데, 이 상담회기에 참석했다. 로이스의 아버지는 병들어 생존을 기대하기 어려운 상황이었다. 그러나 그들은 로이스의 아버지에 대한 이야기로 시작하지 않고, 그들의 전형적인 일상사에 대한 스트레스와 긴장에 대해 얘기한다. 레스터는 로이스가 끊임없이 집안일을 하는 게 성가시다고 말한다. 그는 그녀가 편안하게 그리고 그저 함께하는 것을 즐기도록 할 수가 없다고 한다. 상담자의 초대를 받고, 로이스는 레스터에게 무엇이 그녀를 그토록 바쁘게 몰아붙이고 있는지에 대해 말한다.

로이스: 나는 당신에게 맘을 열려고 많이 노력했다고 기억해요. 내가 맘을 열면, 당신은 겁내고, 벽으로 되돌아가죠. 그건 정말 너무 고통스러운 일이에요! 그래서 난 내 일에 빠지죠. 그게 안전하니까. 그러면 당신은 나랑 같이 있고 싶다고, 그리고 나랑 같이 걷고 싶고, 함께하고 싶은데 왜 내가 그렇게 가버리냐고 말하죠. 그럴 때 당신은 나랑 함께 있으면서 동시에 일도 하고 싶어 하는 것 같단 말이에요. (잠시 침묵) 그게 말이 되나요? (잠시 침묵) 많은 시간 우린 같이 있을 거고, 난 당신과 어떤 것들에 대해 나눌 거예요. 그리고 난 더 가까워지려고 노력하고 있어요. 근데 그게 별 효과가 없어서, 고통스러워요. 그럼 난 멀리 가버리고, 내 일을 하죠. 그걸 즐겨요.

상담자: 그러니까 그가 당신을 볼 때, 그가 말하는 '과도하게 일하기', 사실 나는 그게 진짜 무얼 의미하는지는 모르겠지만, 당신은 그 의미를 아시죠.

그가 그러한 일들을 하고 있는 당신을 볼 때, 그가 당신을 어떻게 생각해 주길 바라나요?

로이스: 전 그 사람이 그냥 날 붙잡고 얘기해 줬으면 해요. "같이 가서 뭔가 같이 하자. 난 당신과 같이 있고 싶어." (잠시 침묵) 그럼 전 하던 일들을 쉽게 내려놓을 수 있을 것 같아요.

상담자: 그러니까 접촉하는 게 매우 중요한 거군요.

관계 욕구 중 하나는 다른 한쪽이 주도해 주었으면 하는 욕구다. 로이스는 이러한 욕구를 충족시키기 위해 레스터가 그녀에게 다가와 뭔가를 함께하자고 제안해 주길 요구하고 있는 것으로 보인다. 그러나 로이스는 레스터가 다가와서 그녀와 함께 있고 싶어 한다고 말했다. 어째서 그의 이런 행동에도 그녀의 욕구는 충족되지 않는 것일까? 단지 그가 말로만 표현해서, 로이스는 레스터와의 의사소통에 충분히 참여할 수 없었거나 그와의 접촉을 온전히 경험하지 못했을 수 있다. 개인의 전반적인 의사소통 방식에 따라, 그리고 그 순간에 올라오는 특정한 욕구에 따라, 개인은 청각적(소리 내어 말하는) 메시지에 더 수용적일 수도 있고, 시각적 정보(누군가가 무언가 하는 것을 보는 것) 혹은 운동감각적 자극에 보다 수용적일 수 있다. 상담자는 로이스가 말한 '날 붙잡고' 가 중요하다고 추정한다. 그녀가 묘사하는 상황에서 신체적으로 접촉하는 것이 그녀가 접촉을 경험할 수 있는 최상의 방법일 수도 있다.

로이스: 네.

상담자: 당신은 레스터에게서 듣고 싶은 말보다는 붙잡아 주는 것을 더 강조했으니까.

로이스: 네, 그리고 그 사람이 나한테 물어도 봐주고, 그리고 내가 지금 어떤 상태에 있는지에 관심을 가져 줬으면 좋겠어요.

레스터가 먼저 주도해 줬으면 하는 마음에 더해서, 로이스는 레스터가 그녀가 어떻게 느끼는지에 대해 관심을 가져주기를 원한다. 그녀는 타당화(그녀 정서의 중요성에 대한)와 자기정의(그녀가 자신의 개별성과 독특함을 알고 표현하도록 레스터가 도와주길)에 대한 욕구를 표현하고 있다. 상담자는 접촉에 대한 그녀의 욕구 맥락 안에서 로이스가 선호하는 의사소통 채널에 따라 이 모든 것을 함께 엮는다.

상담자: 그러니까 접촉과 감정은 당신이 연결을 위해 열어 놓는 곳이군요.

로이스: 당신이 신문을 가지고, 화장실로 가버리면서 스스로를 차단시켜버리면, 레스터, 그렇게 당신이 자신의 공간을 가질 때, 머리로는 당신이 스스로를 돌보고 있다는 걸 알아. 그러나 여전히…….

상담자: 당신은 혼자 남겨지는 기분이 드는군요?

로이스: (레스터에게) 그리고 담배, 그런 것들 다. 난 당신 담배에게 너무나 질투를 느껴. 정말 질투가 나. 이건 또 다른 수준이야. 그런 것들이 우리 사이에 끼어 있어.

상담자: 그게 어떻게 영향을 미치는지 알고 싶네요. 근데 지금 레스터 씨께 뭔가 일어나고 있는 것 같은데, 레스터 씨, 지금 창피한가요?

상담자는 로이스에게 집중하면서, 레스터에게 로이스가 원하는 것을 말하도록 도왔다. 로이스는 좀 더 분명하고, 명확하고, 더 공감적으로 반응했다. 여기서 레스터가 로이스의 욕구에 대해 보이는 상담자의 관심을 그녀 편을 들고 있고, 그녀를 공감하면서 자신을 비난한다고 해석할 위험이 있을 수 있다. 이런 일이 일어나지 않도록 하고, 레스터의 갑작스러운 표정 변화에 대해 반응하려고, 상담자는 현상학적인 질문을 하면서 레스터에게로 관심을 돌린다.

레스터: 네, 그래요. 전, 음, 지금 말한 그 모든 것들을 인정해요…….

상담자: 그런데 혹시 로이스가 그것을 말할 때마다 유용한 정보로 듣기보다는 '내게 뭔가 잘못이 있다.' 는 또 하나의 증거로 간주하는 건 아닌지 궁금하

네요. 그렇게 되면 대부분의 사람은 수치심을 느끼게 되거든요. 이 얘기가 당신에 대한 비난 혹은 혹평으로 들리나요?

레스터: 그렇게도 들리고요. 또 로이스가 나를 더 많이 원한다는 소망, 갈망처럼 들리기도 해요. 음…….

상담자: 그런 느낌이 창피한 건가요? 아니면 흥미롭게 느껴지나요?

레스터: 두려워요. 전 두렵기 때문에, 그러니까 전 로이스한테 무례하게 되는 게 아주 아주 두려워요. 그리고 제 자신을 어떻게든 방어할 수 없다는 것이 두려워요. 혹은……어, 제 온전성을 분명히 할 수 없나는 것이 두려워요.

이것은 상담자가 한 레스터의 수치심에 대한 세 번째 탐색이다. 레스터는 매번 수치심을 인정했지만, 곧 다른 주제로 넘어갔다. 이 메시지는, "그게 거기 있다는 걸 알지만, 아직 다룰 준비가 안 되었어요."라는 의미다. 현 시점에서 이 이슈를 압박하게 되면, 레스터의 행동이 지닌 자기 보호적 기능의 가치를 인정하지 않게 되어, 결국 안전이라는 그의 관계 욕구에 반응하지 못하게 된다. 대신에 상담자는 레스터가 초점을 변화시키는 것을 수용한다. 이는 레스터가 탐색해야 할 것이 무엇인지 가장 잘 알고 있음을 암묵적으로 인정하는 것이다.

상담자: 그 점에 대해 더 얘기해 보죠. 그것이 갑자기 무서워진 건 어떤 이유에서일까요?

레스터: 제가 알게 된 것 중 하나는 로이스가 말할 때 제가 어떤 식으로 방어적으로 되는지예요. 그러니까 제가 생각한 것은 로이스가 말하는 많은 것들을 나에 대한 요구와 기대로 듣고 있다는 거예요. 그리고 제가 그 기대를 만족시켜 주면, 그다음 더 많은 기대를 할 거라 생각하는 거예요. 그게 알게 된 것 중 하나예요.

상담자: 그러니까 이유 중 하나는 얽히고설키는 것에 대한 두려움이군요. 마치…… 다음에 더 많은, 또 더 많은 것들이 있을 거 같고…….

레스터: 그래요. 많이, 더 많이. 그리고 또 마치…… 제가 어떤 것을 가졌는데,

그게 그녀가 원하는 것을 줄 수 있는 그런 것이라면, 전 그녀에게 그걸 줘야만 한다는 그런 거죠. 근데 전 때때로 그냥 그러고 싶지 않다는 거예요.

레스터는 끊임없는 로이스의 요구를 두려워한다. 하나의 요구는 그다음 요구로 이어진다. 그래서 레스터는 두 사람 사이에 공간을 만들어서 자신을 보호한다. 그러나 문제는 그렇게 단순하지가 않다. 단순한 문제였다면 선한 의지를 가진 두 명의 지적인 사람들이 애초에 해결했을 것이다. 레스터와 로이스의 어려움이 계속되고 있다는 것은, 현재 여기에 많은 의미의 층들이 존재한다는 풍부한 증거다. 그러나 상담자는 이를 해석하지 않고 서두르지 않고 인내심을 가지고 탐색을 계속해 나간다.

상담자: 그러니까 때때로 신문은 정말로 당신을 위한 공간을 만들어 주는군요.

레스터: 네, 담배도 그렇죠. 전 담배와 신문을 잘 알고, 신뢰해요. 전 그것들을 조절할 수 없다는 걸 알지만, 어떤 면에서는 여전히 소유할 수는 있어요. 전 그것들이 거기 있다는 걸 알아요. 그리고 어떤 다른 방식으로 그것들이 절 통제해요. 하지만…….

상담자: 그래요, 바로 지금 어떻게 담배가 당신이 혼자 있을 수 있도록 연기구름을 제공하는지 얘기해 봅시다. 의학적인 측면은 나중에 다룰 수 있는 거고, 저에게 더 중요한 것은 당신이 그것들 속에서 발견하는 심리적 편안함이라고 생각해요. 그건 사람들이 담배와 같은 것을 찾는 이유 중의 하나죠.

사람의 행동 혹은 심리적 과정의 기능을 가치 있게 하는 것이 가장 주요한 관계 욕구다. 관계 욕구가 충족되지 않아 초래되는 결과 중 하나가 수치심이다. "나는 어느 누구도 인정해 주지 않은 행동이나, 그 행동의 어떠한 이유도 발견할 수 없는 그런 행동을 하고 있다. 따라서 나는 무언가가 잘못됐음이 틀림없다." 이런 생각은 레스터에게 일어나기 쉬울 수 있다. 왜냐하면 우리 문화에서 흡연은 건강에 좋지 않고, 지각 없고, 공격적인 것으로 점차 더 인식되고 있기 때문이다. 레스터의 흡연에 기저하는 기능에 주의를 기울임으로써, 상담자는 레스터의 관계 욕구에 대해 반응할 뿐 아니라 그의 수치심을 상쇄시키기 위해 움직인다.

레스터: 위안……. 아마도, 제 갈망을 도와주죠. 제 말은, 저도 더 많은 밀접함, 더 많은 친밀함, 더 많은 정서적 관여를 원해요. 그러니 뚫어 버리길 갈망해요.

상담자: 그럼 담배를 피우고 싶을 때마다 로이스한테 가서 "안아 줘."라고 말하면, 뭐가 달라질까요?

레스터: 네, 선생님이 맞아요. 전…….

상담자: 잠시만요, 제 질문이 적합하지 않군요.

레스터가 재빨리 동의하고, 바로 자기비난으로 나아가려는 듯 보인다. 레스터는 상담자가 끌어들인 대조를 이해하는가, 그리고 만약 그렇다면 그것이 자기 상황에 적합한 것이라고 동의하는가? 이것은 그냥 지나쳐 버리기에는 너무 중요하기 때문에, 상담자는 명확하게 하기 위해 묻는다.

레스터: 다른 게 뭐냐면요, 그건 정말 동일한 욕구예요. 그냥 조금 다른 것은…….

상담자: 하지만 담배는 이런 걸 하지 않죠. 바로 "싫어."라고 말하는 거예요.

그는 확실히 이해했고 그 해석을 수용한다. 그는 담배를 로이스와의 접촉을 대신하는 대체물로 사용한다. 이 패턴은 고정된 게슈탈트의 모든 특성들을 가지고 있다. 고정된 게슈탈트는 개인이 오랜 시간에 걸쳐 학습한 것으로, 자신의 대인관계에서 충족되지 않은 욕구가 있을 때, 스스로 주의를 분산시키거나 혹은 자신을 달래는 방식을 의미한다. 그런데 왜 그 욕구는 충족될 수가 없는 걸까? 레스터가 자신이 진정 원하는 것을 로이스에게 제공해 달라고 요구하지 않기 위해 사용하는 것은 무엇일까? 레스터의 행동의 기능을 계속 생각하면서, 상담자는 레스터가 발전시켜 나갈 가능성 한 가지를 제시한다.

레스터: "싫어."라고요?

상담자: 로이스는 "싫어."라고 말할 수 있어요.

레스터: 그래요, 맞아요. 그리고 또, 담배는 물론, 더 많은 갈망을 일깨울 수도 있어요. 그러면 전 더 많은 담배를 피워요. 그리고 로이스가 저에게 주의를 기울이는 것도 더 많은 갈망을 불러일으키고, 그건 절 두렵게 해요. 제 말은, 제가 지금 알게 된 건, 제가 그것에 대해 얘기할 때 무서워져요. 아마 어쨌든 경험했던 걸 수도 있고, 잘 모르겠지만 음, 기대에 부응하는 것은 더 많은 기대를 만들어요. 그리고 전 그것이 제가 무서워하는 것이라도 생각해요.

상담자: 당신은 그녀의 갈망이 두렵고, 당신 자신의 갈망도 두려운 거군요?

레스터: 제 안의 갈망이요. 제가 담배를 피우는 대신에 로이스한테 가서 안아달라고 하면, 그래서 안게 되면, 전 더 많은 걸 원해요…….

레스터가 말했던 처음의 두려움, 즉 로이스가 더욱더 요구할 것이라는 두려움은 이제 변형되었다. 만족하지 않을 것 같은 사람은 로이스가 아니라 바로 레스터인 것이다. 레스터는 그의 자기인식을 로이스에게 투사하고 있었고, 지금은 그 투사를 교정하고 있다. 그는 자기인식이 어디에서 기인했고, 어떻게 자신을 보호하고 있는지에 대해 막 발견하는 순간에 있는지도 모른다. 이는 매우 세심해야 하는 부분이고, 상담자는 레스터가 인식하는 자각 지점에 정확히 머물면서, 자신의 리듬과 정서적 조율을 유지하는 데 주의를 기울인다.

상담자: 그다음엔 어떤 일이 일어나죠?

레스터: 그렇게 되면 그녀는 "싫어."라고 하죠. 그녀는 너무 지쳤거든요. 제가

너무 많이 요구하고 있어요. "당신은 너무 심해." (그는 손으로 막는 몸짓을 한다.) 혹은…….

상담자: 그거 다시 해 보세요.

레스터: (다시 몸짓을 취하며) "당신은 너무 심해." "날 좀 방해하지 마."

상담자: 오래된 거네요. 로이스 만나기 훨씬 전에.

다시 조율, 발달적 측면에 조율한 상담자는 레스터의 몸짓이 성숙한 성인의 의사표시라기엔 어쩐지 적절하지 않다고 생각한다. 그것은 성인의 반응을 흉내내는 아동의 몸짓에 더 가까운 것으로, 자신의 소망이 존중되기보다는 무시될 것이라는 그의 기대를 나타내고 있다. 레스터가 경험하는 감정들은 현재의 관계보다는 오래된 관계와 더 관련이 있을 가능성이 높고, 이 점을 상담자는 지적한다.

축어록상에 적혀 있는 글을 보면 이 순간, 그리고 다음 몇 분 동안, 로이스는 간과되어 있고, 이 장을 떠나 있는 듯한 느낌을 받을 수도 있다. 그러나 사실은 그녀는 이 작업 과정에 상당한 부분을 차지하고 있다. 레스터와 상담자 모두 그녀의 존재를 예민하게 자각하고 있으며, 그녀 역시 진행되고 있는 것에 집중해 관여하고 있다. 누군가가 그녀에게 전달하는 존중감을 받으면서 레스터와의 작업을 지켜보는 것은, 그녀의 관계 내에서 안전감을 느끼고 싶어하는 욕구와 강하고 능력 있는 이에게 수용되고 싶어 하는 두 가지 욕구를 충족시켜 준다.

레스터: 네.

상담자: 누가 그렇게 하나요? "넌 너무 심해, 레스터." "넌 너무 많이 원해."

레스터: 음, 제 생각엔, 어, 제 갈망은 어머니에 대한 것이 더 많을 거예요. 제 생각엔, 제 생각엔 어머니가 그랬던 것 같아요. 엄마, 아빠 둘 다 그랬어요. 다른 방식으로. 그렇지만, 어, 제 생각엔 엄마예요.

상담자: 지금 그걸 느끼고 있나요? 엄마로부터 전달되는 메시지?

레스터: 아니요, 아닌 것 같은데요.

레스터가 보인 몸짓의 강도를 고려해 볼 때, 지금 보이는 그의 반응은 뜻밖이다. 그가 자동적으로 고통스러운 정서를 억압해서 자신을 보호하려 한다고 추측하여, 상담자는 환상을 통해 그 메시지를 다시 생각해 보도록 초대한다.

상담자: 그냥 눈을 감아 보세요. 그리고 잠시 엄마가 되는 거예요. 어린 레스터가 거기 있다고 상상해 봐요. 그리고 그 말을 다시 해 보세요. "넌 너무 심해."

레스터: 넌 너무 심해.

상담사: 그냥 그 앞에 어린 소년이 하나 있다고 상상해 보세요. 어머님, 아이에게 뭐라고 또 말하고 싶으세요?

레스터: 제가 진짜 어머니라면요?

상담자: 혹은 최소한 당신 머릿속에 있는 어머니라면요.

레스터: 네. (그의 목소리 높이와 억양이 바뀐다.) 그러니까 난…… 나는 내 일로 너무 바빠. 너하고 그럴 시간 없어. 넌 날 방해해. 자……. (잠시 침묵) 그리고 또 넌 나한테 너무 많은 걸 쏟아 내.

"넌 나한테 너무 많은 걸 쏟아 내."라는 말은 레스터의 머릿속에 있는 어머니 역시 결코 만족스럽지 않다고 말하고 있는 것인가? 레스터가 자신을 항상 더 많은 걸 원한다고 규정하는 방식은 어머니가 자신의 특성을 그에게 투사한 방식인가? 확실치는 않지만 충분히 가능해 보인다. 상담자는 자신의 해석을 먼저 제안하지 않도록 조심하면서, 레스터가 자신의 방식으로 스스로 그 답을 찾아가도록 둘 것이다.

상담자: 계속해 보세요, 어머니. 어린 레스터에게 말하세요.

레스터: 너무 많아. 그리고 난, 난 죄책감을 느껴. 정말 너무 죄를 지은 것 같아. 그래, 난, 음. 널 마중 나가야 한다는 것, 너의 말을 더 경청해 줘야 한다는

것도 알아. 하지만 챙겨야 할 다른 아이들도 있단 말이지, 나 자신도 그렇고. (다시 몸짓을 취한다.) 나한텐 너무 많아.

상담자: 이제 이 작은 소년을 봐요. 그저 그 소년이 되어 봅니다……. 오, 엄마의 손짓에 맞닥뜨려 있는 저 작은 소년.

환상 속에 그 장면을 되새겨 보고, 어머니의 거부를 말로(그리고 몸짓으로) 옮겨 봄으로써 그 장면을 강렬하게 만든다. 이제 레스터는 어머니와 더 많은 접촉을 원했으나 얻지 못했던 자기 자신의 부분을 자각하기 시작한다. 충족되지 못한 욕구를 온전히 경험하게 되면, 관계 결핍이 주는 고통을 이겨내기 위해 오랜 세월 발전시켜 온 대처 방법(패턴)을 재생시키게 된다. 레스터의 이야기는 누적된 외상의 전형적인 예다. 단 한 번의 극적인 사건에 의한 것이 아니라, 몇 개월이나 몇 년 동안의 반복된 접촉 결핍에 의해 사람이란 어떠하고, 삶이란 어떠하다라는 기대가 만들어진다. 항상 대답이 "싫어."라면, 왜 요청하겠는가? 결과가 항상 실패로 끝났다면, 왜 노력하겠는가? 레스터를 지금처럼 퇴행시켜 그에게 "그래, 좋아."라는 성공적 결과를 경험할 수 있는 방법을 제공하여, 이를 통해 오랫동안 가지고 있었던 기대에 도전하게 한다.

레스터: 그래요, 전 아주 오랫동안 같이 있자는 게 아니에요. 그냥 잠시만 엄마가 거기 있길 원하는 거예요. 아주 많이가 아니라. 전 많이는 필요 없어요. 그저 잠시면 돼요.

상담자: 계속해요, 레스터.

레스터: 거기 있는 것…… 제 욕구를…… 그리고 제 열망을, 제 사랑을 바라봐 주는 것.

레스터의 어머니는 그를 돌봐줄 것을 거절하는 과정에서, 레스터의 관계 욕구 중 하나를 충족시키지 못한 게 아니라 아마도 그의 모든 관계 욕구를 충족시키지 못한 것으로 보였다. 그는 어머니에게 안전감을 느끼지 못했다. 어머니는 그가 하는 반응의 기능을 중시하지 않았다. 그녀는 수용하지 않고 있었고, 모자가 취하는 동일한 방식에 대해 정직하게 탐색하기보다는 자기 상(self-image)을 그에게 투사하였다. 그녀는 아들의 개별성을 지지하지 않았고, 그녀에게 영향력을 미치지 못하도록 했다. 그녀는 분명 먼저 접촉을 주도하지 않았다. 레스터가 여기서 말한 것처럼, 그녀는 그가 사랑을 표현하지 못하게 했다.

상담자: 그래, 다시 한 번 말해 봐. "엄마가 나를 봐 줬으면 좋겠어요, 엄마……."

레스터: 내가 원하는 건, 그저 받아들여지길 원해요. 그리고 아니야—난 너무 심하지 않아요.

상담자: 더 크게.

레스터: 난 너무 심하지 않아요.

상담자: 계속 엄마에게 말해 보렴.

레스터: 난, 정말 난, 작은 조각들에 매우 익숙해져 있어요. 난 그것에 매우 만족한단 말이예요. 그러니까 난 엄마를 삼키지 않을 거라고. 난 누군가를 삼켜버릴까 봐 무서워 죽겠어요. 난 엄마 전체를 가지지는 않을 거예요.

"난 너무 심하지 않아요."라고 선언하면서, 레스터는 오래된 패턴을 헤치고 나와 새로운 방식으로 자신을 경험하고 있는 것으로 보인다. 그렇지만 레스터의 다음 반응은 자신의 선언에 대한 거의 간청 수준의 사과로 보인다. 마치 약속하겠다는 듯이, "제발, 많이 요구하지는 않을게요. 그저 조금만 주시면 만족하도록 노력할게요."라고 말한다. 이는 오래된 패턴으로, 자신이 진정으로 느끼는 것을 부인하는 것이다. 상담자는 재빨리 정반대를 나타내는 방향으로 이를 되받아친다.

상담자: "그렇지만, 나는 원해요."

레스터: 나는 엄마를 안고 있을 약간의 시간이 필요해요. 나는 약간의 시간을 원

해요.

상담자: 방해받지 않고서.

레스터: 음, 다른 어떤 더 중요한 것의 방해를 받지 않고서.

상담자: "담배 한 대 피는 정도로 걸리는 시간만큼만 날 안아 줘요."

이건 정확히 말해 해석이라기보다는 어떤 초대라 할 수 있다. 어떤 면에서 흡연이 레스터가 어머니에게 원했던 것들과 유사함을 환기시키면서, 상담자는 어떤 한 사람이 또 다른 한 사람에 대한 대체물일 수 있음과 그 가능성에 대해 숙고해 보도록 은근히 제안한다.

레스터: (낄낄대며) 네, 그 정도요. 아니면 두 개비 정도.

상담자: 하루에 담배를 얼마나 태우세요?

레스터: 20개비 정도.

상담자: 그럼, 어머니가 당신을 하루에 10번 안아 줬다고 하면, 담배 2대를 피우는 데 걸리는 시간이…….

레스터: 그렇지만 전 하루에 10번을 바라진 않아요, (침묵) 나도 그걸 즐겨요. 저도 정말 혼자 있는 걸 즐기거든요.

레스터는 연결성을 찾았다. 정서적으로 아주 깊이 들어가, 접촉에 대한 그의 갈망과 어떻게 거절을 예상하게 되는지, 어떻게 다가서기보다는 자기 위안을 추구하게 되는지를 이해했다. 아주 조용히 반추적인 목소리로 한 그의 마지막 말에서, 혼자 시간을 보내고자 하는 욕구에 대해 심각하게 재점검하고, 본래 자신의 욕구와 접촉 결핍에서 비롯된 누적된 외상을 대처하기 위해 채택한 욕구를 구분해 나가고 있음을 알 수 있다. 이런 새로운 자각을 통해, 레스터는 이제 현재 삶의 파트너에게로 돌아와 그들이 어떻게 함께 할 수 있을지에 대해 재협상할 준비를 갖춘다.

상담자: 자, 이제 로이스를 보세요. 그리고 당신이 엄마에게 했던 말을 로이스

에게 할 필요가 있는지 살펴봐요.

레스터: 네, 난 당신의 작은 조각들만을 원해, 그리고……. (잠시 침묵) 그치만, 난 당신이 나한테서 큰 조각들을 원할까 봐 두려워. 그건 내가 어머니한테 말하려던 거야. 그렇지만 나는 그렇게 생각지 않아, 그렇지 않다고.

로이스: (침묵) 당신이 말한 '나한테서 큰 조각들' 이라는 게 무슨 뜻이야?

탁월한 탐색이다. 로이스는 레스터와 상담자 간의 작업을 관찰하면서 탐색의 중요성을 깨닫기 시작한 건지도 모르겠다. 상담자가 있다는 안전하고 보호받을 수 있는 조건은 그녀로 하여금 레스터가 하는 말의 의미를 알아듣고, 자신을 황급히 방어하기보다는 탐색을 할 정도의 충분한 안정감을 갖도록 한다. 탐색을 통해 그녀는 둘 간의 의사소통의 명확성을 향상시킬 뿐 아니라, 상대가 하는 말의 의미를 물어볼 정도로 그것을 충분히 소중히 여김으로써, 그녀는 레스터의 자기정의에 대한 욕구도 충족시켜 준다.

레스터: 내 삶이 다 소모될 거라고, 벗어나려면 정말로 싸워 내야만 할 거라고.

상담자: "그러니까 담배를 피우는 대신 안아 달라고 당신에게 다가가면."

레스터: 당신이 나를 움켜잡을지도 모르지.

상담자: 로이스에게 요청해 보세요. "안아 준 다음에는 내가 가도록 내버려둬죠."라고.

커플의 오래된 패턴은 거의 최면에 빠지게 할 정도의 힘을 발휘한다. 충족되지 않을 것이라고 예상하는 순간에서조차도, 관계 욕구를 충족시키기 위해 자기도 모르게 오래된 오해, 오래된 기대, 오래된 방식에 다시 빠져 버리기 쉽다. 커플 상담자는 종종 커플이 배운 것들을 실제에 적용하기 시작할 때, 커플에게 방금 배운 것을 코치해 주고, 상기시켜 줄 필요가 있음을 발견한다. 상담자의 이 제안이 함축하는 것은 로이스는 레스터의 어머니가 아니고, 그는 자신이 원하는 걸 직접적으로 표현하는 위험을 감수할 수 있다는 점을 상기시켜야 한다. "한번 해 보세요."라고 상담자는 말하고 있다. "이번은 다르다는 걸 직접 경험해 보세요. 그리고 로이스도 당신 안에 일어난 달라진 변화를 느끼게 해 주세요."

레스터: 음. 그럼, 로이스, 내가 당신에게 요청하면, 나는 내가 원하는 것을 얻어. 그렇지만, 음, 내가 두려워하는 것은 당신이 나에게 요청할 때야. 난, 난 나중에 당신이 내가 가도록 놓아 주지 않을까 봐 두려워.

로이스: 그건 나도 두려워요…… 나로서는, 당신은 우리가 시작했던 지점에 절대 머물지 않아요. 당신이 나한테 "당신이 변하지 않으면 내가 스튜어트(그들의 장성한 자녀 중 한 명)에게 가서 같이 살 거고, 당신이 그렇게 지낼 수 있는지 우리 같이 보자."고 했던 걸 난 기억해요. 그런데 그건 내겐 익숙한 종류의 것이죠. 나는 의존적으로 되는 게 두려워요. 여하튼 늘 그랬었어요.

레스터: 나도 알아.

상담자: 그러니까 로이스, 당신은 레스터에게 의지할 만반의 준비가 됐다는 말처럼 들리는군요. (침묵) 레스터에게 그것에 대해 말해 봐요. 당신 자신의 말로, 당신 자신의 경험으로.

로이스가 레스터한테 받은 상처와 거부 경험을 떠올리는 것은 그녀 안에서 관계 욕구가 올라오고 있음을 알려 준다. 작업 초점이 레스터에게 충분히 맞춰졌기 때문에, 이제는 로이스에게 관심을 기울일 필요가 있다. 상담자는 로이스의 욕구에 반응하는데, 그건 로이스가 기억해 내고 있는 고통을 위한 것이기보다는 그녀가 보이고 있는 긍정적인 변화를 지지하기 위함이다. 상담자의 개입에 대한 반응으로 보이는 그녀의 눈물은 슬픔의 눈물이 아니라 안도의 눈물로 보인다. 누군가는 이해한다. 누군가는 경청할 것이다. 누군가는 그녀가 경험한 것을 가치롭게 여기고, 그녀를 있는 그대로 수용한다. 이것이 그녀가 원하던 안전감으로, 그녀만의 새로운 행동방식으로 레스터에게 반응하기 위해 필요한 것이다.

로이스: (침묵; 로이스가 하는 말을 알아들을 수 없다. 그녀는 울고 있다.)

상담자: “그리고 아버지가 돌아가실 때, 레스터, 당신에게 내가 원한 건……”

로이스: (흐느껴 운다. 긴 침묵) 그리고 아버지가 죽어 가고 있을 때, 내가 당신에게 원한 건 이해를 받고…… 그리고 나랑 같이 있어 주는 거……. “당신 너무 일을 크게 만들지 말라.”는 얘길 듣는 게 아니라.

레스터: 당신…… 당신은 그때 자기 자신을 돌보지 않았어.

상담자: (잠시 침묵) 레스터가 당신 말을 이해하지 못했나요? 아니면 당신과 연결되어 있었나요? (잠시 침묵) 그가 단지 당신을 이해하지 못했나요?

레스터의 대답에 대한 로이스의 비언어적 반응은 모순적이었다. 그녀 자신을 돌보는 것에 대한 레스터의 걱정을 받아들이기보다는 뒤로 물러나 상당히 눈에 띄게 조용히 자기 자신을 닫아 버렸다. 상담자와 레스터 모두 어떤 일이 방금 일어났고, 어떤 새로운 혹은 오래된 상처가 로이스에게 생긴 건지 알 필요가 있다.

로이스: 전 상처 받았어요…….

레스터: 뭐 때문에? 뭐가 상처를 줬어? 내 말을 어떤 식으로 들었는데?

로이스: 난 당신이 말하는 걸 들었어요. 음. 당신은 내가 아빠와 함께 있기 위해 가는 것에 대해 아주 양가적이라고……. 당신은 내가 갈 수 있다고, 괜찮다고 말하고 있어요…… 내가 원하는 것을 위해 싸우려고 노력할 때처럼, 난 당신에게 너무 강하다고. 갑자기 어젯밤에 꾼 꿈이 생각났어요. 식딕 밑에 고양이 먹이가 든 접시가 2개 있는데, 고양이 두 마리 중에 한 마리가 음식을 원했고, 다른 고양이는 그냥 가버리는 거예요. 그래서 첫 번째 고양이가 두 접시를 다 먹을 수 있었죠……. 나는 당신과 함께 있길 원해요. 그리고 내가 식탁 밑에 왔을 때, 당신은 자신의 욕구를 포기하죠. 그러고는 나에게 와서 날 보살펴 주죠. 요즘 난 계속 투쟁하고 있어요. 이

기려고 정말 노력해요. 그렇지만 당신의 접시가 비길 바라진 않아요. 난 계속 싸워 나갈 필요가 있지만, 당신에게 너무 강한 사람이 되고 싶진 않아요.

레스터: 나 역시 내 접시를 위해 싸우고 있어. 그리고 음, 내가, 내가 화가 나는 건 그 양가적인 것 때문이 아니야…… 그래, 양가적이지. 그렇지만 그게 아니야. 장인어른이 돌아가시는 것은 큰일이지, 분명 그래. 근데 너무나 감정적이고…… 그리고 당신은 분명 작별인사 했잖아. 당신이 말하길 당신 아버지가 원하시던 건 아니라고, 아버지는 낭신이 자신에게 오는 걸 원치 않을 거라고. 그리고 내가 화난 부분은, 내가 믿기로는, 내 생각에는, 딸로서 집에 가야 하는데, 근데 당신은 당신 여동생한테 화가 나서 집에 간 거야. 그게 난 정말 화가…….

또 다른 문이 열리고, 또 다른 장면이 시작한다. 레스터와 로이스는 이제 로이스의 원가족 갈등에 대한 서로 다른 견해에 대해 풀어 가기 시작할 것이다. 그리고 서로 다른 종류의 상호작용을 풀어 가기 위해 그들은 이미 터득한 것들을 이전보다 더 활용할 것이다. 레스터는 다른 사람들, 특히 로이스가 자신을 너무 요구적이고, 너무 빈궁하며, 너무 심하다고 생각한다고 스스로 믿게 하는 자기 안의 패턴을 인식했다. 자기인식을 인정하고, 어떻게 로이스에게 그것을 투사했는지 시인함으로써, 레스터는 로이스의 양가성에 대해 좀 더 자유롭게 이야기한다. 의존하고 싶은 욕구 대 자립하려는 욕구, 싸우고 싶은 욕구 대 그와 동급으로 지배하지 않으려는 욕구에 대해 이야기한다.

자각하지 못했던 패턴을 인식하게 되었을 때 대안적인 가능성 역시 인식할 수 있게 된다. 내담자는 더 이상 자신들의 반응을 어쩔 수 없는 것이거나 필요한 것으로 경험하지 않고, 오히려 이제는 수정되어야 할 구닥다리 해결 방식이고 의사결정으로 이해한다. 어떤 부부는 이와 같은 관점 변화를 통해, 새로운 관계 방식을 찾게 되고, 다른 방식으로 자기 배우자를 바라보고, 그에 반응하는 새로운 자유를 맛보게 된다.

새로운 자각이 있은 이후 몇 시간, 며칠이 좀 더 건강한 커플관계를 발전시키는 데 중요하다. 종종 주요한 상담 단계 이후 흥분, 희망의 회복 그리고 낙관주의가 뒤따른다. 그리고 이 긍정적인 에너지는 파트너 간의 상호작용 패턴에 중대한 변화를 일으키는 원동력이 될 수 있다. 또한 새로운 반응을 배우고 실행할 최적의 시기는 오래된 패턴이 막 자각되었을 때, 봉쇄되었던 것이 풀리고, 새로운 혼란이 생기지 않았을 때다. 이 장의 앞부분에서 설명했던 커플을 상대로 한 통합적 상담의 네 번째 국면에 해당하는, 탐색 기술 교육은 아마도 커플의 어느 한쪽 혹은 둘 모두에게 중요한 상담적 성과가 있은 이후의 '기회의 시각(window)' 동안에 가장 쉽게 성취된다.

가장 낙관적인 순간에서조차, 오래되고, 자기보호적 행동을 조율이 된 탐색과 관여적 과정으로 대체하는 법을 배우는 일은 쉽지 않다. 커플은 많은 신념을 자신들의 상담장면에 가져온다. 충족되지 못한 욕구에 관련된 어린 시절 이야기, 파트너에 대한 누적된 분노, 상당히 깊고 너무 터무니없어 생각할 수도 없는 그러한 방식으로 버려지거나 통제당하거나 받아들여지지 않을지도 모르는 두려움을 갖고 온다. 레스터와 로이스의 사례에서 보았듯이, 다른 커플들이 같이 있는 상황에서 개별적으로 각각의 파트너와 작업하는 것은 상담자가 이러한 주제들을 탐색하면서 탐색 과정을 어떻게 진행하는지 그 본보기를 보여 줄 수 있다. 개별작업은 두 가지 목적을 만족시킨다. 커플의 각 당사자에게 자신과 파트너 모두 이해하도록 돕고, 상담자를 더 이상 가용할 수 없는 상황일 때 두 사람에게 모두 필요한 탐색 기술을 시범으로 보여준다. 종종 상담자는 커플 중 한 사람을 상대로 상담자가 탐색하는 동안 나머지 한 사람은 가만히 경청하도록 하기보다는 서로에 대해 탐색해 보도록 초내할 것이다. 이때 상담자는 코치가 될 수 있는데, 제안하고 교정하고 그리고 그들 자신에 대한 탐색 과정을 지속하는 데 필요한 것을 가르쳐주기 위한 개입을 한다.

커플에게 서로에 대해 어떻게 탐색해 나가는지 교육할 때, 탐색의 기본적 초점, 즉 상대방의 내적 경험에 초점을 맞추도록 반복적으로 환기시킬 필요가 있다. 파트너의 현상학적 경험에 대해서 이건, 각각의 관계사에 대해서 이건, 혹은 그/그녀가 문제대처를 위해 배운/결정한 방법에 대한 직접적인 탐색이든 간에, 탐색 과정의 핵심은 파트너 개인의 독특한 경험에 대한 것이어야 한다. 처음에는 대부분의 커플들은 이러한 초점을 유지하는 것이 매우 어려운 일이라고 생각한다. 탐색하는 파트너는 '실상' 을 확립하는 방향으로 빗나가거나("그렇지만 그런 식이 아니었어!"), 자기방어적으로 빠지거나("난 그런 말한 적 없어!"), 혹은 탐색의 초점을 상대 파트너에게서 그 주제에 대한 자신의 관점을 표현하는 쪽으로 변경시킬지도 모른다. 질문을 받는 사람은 불안해질 수 있고, 질문을 잘못 이해할 수도 있고, 종종 내적 경험에서 외적 사건으로 이동할 수도 있다. 그리고 이러한 각각의 탈선은 그 자체로 탐색의 잠재적인 주제다. "그 뒤에 당신한테 무슨 일이 일어났어?" "내가 그런 말을 한 게 당신한테는 어땠어?" "지금 당장 나한테 원하는 게 뭐야?"

탐색 과정에 있는 커플을 지원하는 것은 힘겨운 일이다. 놓치지 않고 계속 따라가야 할 너무나 많은 가닥들, 예를 들어 각각의 파트너가 드러내는 경험에 조율하는 것, 자기 자신의 느낌과 상상, 감각에 접촉해서 머무는 것, 커플들 사이에서 만들어진 패턴을 따라가는 것, 효과적인 탐색에 대한 기술적 면면에 주의집중하는 것, 커플들 각각 그들 자신의 현상학적 경험에 대해 묘사하도록 격려할지 아니면 다른 한 사람에 대한 탐색으로 옮겨갈지, 그렇게 한다면 언제 할지에 대한 의사결정을 해야 하는 것 등이다. 다음 축어록에서 여러분은 전경에 떠오르는 이러한 가닥들 중 첫 번째 부분을 본 다음, 또 다른 부분을 볼 것이다.

베티와 샐리는 동성애 커플로, 상담자에게 둘 간의 '의사소통' 하는 방법을 도와달라며 이 집단상담에 참석했다. 각자가 상담을 통해 얻고자 하는 것에 대해 논의한 이후, 상담자는 '존재하기(presence)' 에 대한 개념과 탐색 과정에서의 '존재하기' 의 중요성에 대해 얘기하기 시작한다. 이 논의는 한편 모든 집단원들에게 이익이 되고, 또 한편으론 베티와 샐리가 하려는 작업을 위한 무대를 마련하기 위함이다.

상담자: 존재하기의 의미는 거의 상반되는 두 가지 측면을 내포하고 있죠. '존재하기'는 당신 자신에게 초점을 두지 않는 것이라 할 수 있어요. 이건 상당한 시간 동안 당신에게 중요하게 여겨지지 않았던, 당신 자신의 욕구, 당신 자신의 열망, 당신 자신의 성과, 당신 자신의 지식을 만들어가는 한 방법이에요. 그러나 또한 존재하기 위해서는 우리의 풍부한 개인사, 지금까지 우리가 배운 모든 것, 읽은 모든 것, 경험한 모든 것, 우리의 기쁨과 즐거움뿐 아니라, 고통과 고뇌까지도 필요로 해요. 그리고 풍부한 자원인 도서관처럼 우리가 경험한 모든 것들을 포괄하고 있는 둘 사이를 왔다 갔다 하는 조합이기도 해요. 그러고 어느 한쪽을 거의 잊어버리고선 다른 한 쪽에 완전한 관심을 기울이기도 하죠. 그러다가 다시금 우리 자신의 경험으로 돌아와, 그 경험을 다른 한쪽과 연결하는 자원으로 활용하죠. 그러니까 그건 우리 자신 안에, 우리가 지금까지 경험한 모든 것에 대해 자유 연상하는 조합이고, 그러고 나서 그것을 내려두고 다른 한편에 초점을 맞추죠.

나는 그것을 특별히 강조하고 싶었어요, 베티. 왜냐면 당신은 자신을 잊어버리는 것에 관한 역사를 갖고 있다고 생각하거든요. 존재하기의 일부는 자기 자신을 온전히 알고 있는 것이고, 그러나 그런 다음, 잠시 동안 그걸 내려놓고 상대에게 집중하는 거죠. 그러니까 저 역시 이 관계에 당신이 가져오는 자기 자신의 개인사의 풍부함을 당신과 함께 강조할 거예요. 이제 기억할 것은, 당신이 진정으로 그녀의 현상학적 경험에 대해 묻고 있는가라는 거예요. 그건 내용에 대해서가 아니에요. 그녀가 그것을 어떻게 경험하느냐에 대한 거예요. 그녀가 어떤 의미를 부여하는지, 무엇을 느끼는지, 무얼 기억하는지……우리가 관찰할 수 없는 그녀의 머릿속으로 들어가는 모든 자료들. 오직 탐색을 통해서만 알 수 있어요. (샐리에게) 준비됐어요? 그녀가 당신을 알아 갈 준비?

샐리: 네.

상담자: 그리고, 그녀가 당신을 알아감을 통해 당신은 당신에 대해 알 준비가 되었나요?

샐리: 네, 좋아요.

베티: (잠시 침묵; 그리고 부드럽게) 어디서부터 내가 너를 알아가기 시작하면 좋겠어? 너의 어떤 부분—.

상담자: (끼어들면서) 한 번에 한 가지 질문만! 당신의 첫 번째 질문은 좋았어요.

초보 탐색자들은 종종 올바른 질문을 하려는 차원에서, 혹은 그들이 말하고 싶은 것에 대해 스스로에게 말하는 방식으로, 몇 가지 질문을 한꺼번에 잇따라 하곤 한다. 한꺼번에 너무 많은 질문을 하면 안전함에 관한 관계 욕구를 충족시키지 못하며, 상대를 혼란스럽게 만들고, 탈선시킬 수 있다. 질문을 받은 쪽은 모든 질문에 대해 대답하려다가 어느 것부터 먼저 대답해야 할지 모르게 될 수 있다.

샐리: 어, 네가 날 알기 시작했으면 하는 부분은……. (잠시 침묵) 난 '어디서부터'에 답을 해야 할지와 '어떤' 부분에 답을 해야 할지 헷갈리는데?

베티: 음 . (상담자에게) 그건 제가 질문을 고쳐 말해야 했던 이유라 생각해요.

상담자: 좋아요.

베티가 자신의 이중 질문을 '고쳐 말하기'로 규정한 이상, 상담자는 반대하지 않는다. 샐리의 말에서 다음을 알 수 있다. 베티는 샐리가 그녀의 내적 경험을 탐색하도록 도울 수 있는 더 나은 방법을 진정으로 찾길 원하고 있다.

베티: (잠시 침묵; 여전히 매우 부드럽게) 다른 질문을 해 볼게. 너의 어떤 면을 내가 가장 먼저 알았으면 좋겠어?

상담자: (침묵; 샐리가 그녀의 손을 응시한다.) 샐리, 여기서 정말 중요한 건 당신이 자신의 답을 찾는 거예요. '올바른' 답이 중요한 게 아니에요. 베티의 자극을 통해 당신 자신에 대한 당신의 발견이 중요해요. (베티에게) 그 질문을 다시 해 보세요.

샐리의 인지 과정이 자신의 경험을 보고하기 시작했음을 감지하고, 상담자는 질문받는 사람으로서 어떻게 하면 되는지에 대해 알려 준다. 상담자의 말은 샐리에게 기대되는 것이 무엇인지 그 정보를 제공해 줄 뿐 아니라, '올바른' 답에 대한 욕구와 좋은 모습을 보이고 싶은 욕구에서 자유롭게 해 준다. '틀린' 대답조차도 가치 있는 것이다.

베티: 너의 어떤 면을 내가 가장 먼저 알았으면 좋겠어? 지금 이 순간 말이야?

샐리: (침묵) 머리가 하얘지는데.

베티: 좀 전에 손을 들여다보고 있을 때 네 손 안에 뭐가 있었는지 말해 줄 수 있어?

샐리: 그건 내 젊은 부분이라고 생각해. (다소 날카롭게) 왜냐면 넌 나의 다 자란 모습만 보니까.

샐리의 목소리 톤에서 그녀의 진술에 비난이 섞여 있음을 알 수 있다. 그리고 베티는 마치 자신이 비난당하고 있는 듯한 비언어적 반응을 취한다. 그녀의 몸은 경직되고, 얼굴표정은 놀라고 상처받은 듯 보인다. 방어적인 반응을 기선 제압하기 위해, 상담자는 새로운 방식으로 질문해 보도록 제안한다.

상담자: (베티에게) 당신이 어떤 행동을 하고 있길래 샐리가 당신에게 성인으로서의 모습만 보여 주고 있는지에 초점을 맞춰 봐요. 그저 "네가 성인으로서의 모습만 나에게 보여 준다고 했는데, 나의 어떤 행동이 그렇게 보이니?"라고 질문해 봐요.

베티: (조심스럽게) "네가 성인으로서의 모습만 나에게 보여 준다고 했는데, 나의 어떤 행동이 그렇게 보이니?"

샐리: 그게 어떤 행동이건…… 중요한 건 목소리 톤이야, 확실치는 않는데, 다소 보호하려고 한다는 느낌이 들어. 좀 그렇게 느껴, 근데 그다음에 어떤 일이 일어나는지는 확실치가 않아. 네가 공격하려 하는지 아니면 돌아서려 하는지 확실치가 않아.

베티: 뭐랄까, 내 목소리에서 전해지는 게 명확하지가 않다고?

베티는 샐리가 뜻하는 정확한 의미를 전혀 파악하지 못했지만, 자기 자신을 방어하기보다는 정확한 의미를 파악해 내려고 노력하고 있다. 그녀는 탐색하는 방법을 배우고 있는 것이다.

샐리: 억양.

베티: 내 억양이 어떤데—.

그렇지만 베티가 이 방식으로 계속 나간다면, 샐리의 경험에 대한 초점을 자기 자신에게로 옮겨올지도 모른다. 이런 일이 일어나지 않도록 하기 위해(그리고 베티가 비난당한다고 느끼지 않도록 하기 위해), 상담자는 자신이 인식한 부분을 공유하고자 한 가지 제안을 한다.

상담자: (끼어들며) 제가 좀 도와드려도 될까요?

베티: 네.

상담자: 제 생각엔 샐리가 말하는 것은 베티, 당신이 그녀를 조심스럽게 대하는 방식에 관한 것 같아요. 그냥 좀 더 있는 사실 그대로 그리고 직접적으로 말해 보는 게 어떨까 싶어요……. 당신이 공감해 보려 애쓰고 있다는 걸 알아요, 그렇죠?

베티: 그래요.

상담자: 그리고 보호해 주려고 노력하고 있고요.

베티: 네.

상담자: 제 생각엔 당신이 보호하려 할 때, 샐리는 뭔가가 잘못됐음이 틀림없다고 생각하는 것 같아요. 그래서 당신이 보호하려 한다고. 그래서 그녀는 더 겁먹게 되고요. 그냥 그녀에게 사실 그대로 얘기하도록 노력해 봐요.

베티: (웃으면서) 그래요…….

상담자: 제가 그냥 사실 있는대로 말해 보라고 할 때 샐리가 좀 더 편안해하는 걸 당신은 봤나요? 제가 알기로는 어떤 무시무시한 위험으로부터 사람들을 보호하려 노력하는 보호자로 익숙한 사람들은 때때로 다른 사람의 보호적인 목소리를 듣게 되면 마치 틀림없이 위험이 존재하는 듯이 행동하거든요. 당신이 그냥 있는 그대로의 것을 샐리에게 말한다면 어떤 일이 생기나 한번 보세요.

샐리: (상담자에게) 아, 이런, 이거 훨씬 낫군요! 전 도끼가 떨어지길 기다리고 있었어요.

베티: (잠시 침묵; 상담자에게) 그래요, 전 그리 자주는 아닌데⋯⋯ 그런데 질문을 잊어버린 것 같아요. (낄낄 웃는다.)

상담자: 그러니까 내 행동 중에 네가 싫어하는 게 어떤 부분인지?

베티: (좀 더 대화적인 어조) 내가 행동하는, 어떤 것에 대해 이야기하는 방식이—.

샐리: (끼어들면서) 음, 그러니까 넌 항상 지적으로 말해. 그리고 넌 마치 조심조심 기어 다니는 것 같아. 그러면 난 '대체 왜 조심조심 기어다니는 거야?'라고 생각하지. '내가 폭발하거나 뭐 다른 일이라도 생길 거라고 생각하는 건가? 나도 조심조심 기어다녀야 하나?'라고 생각해. 근데 난 그러고 싶지 않아. 음⋯⋯ 꼭 어떠냐면, 난 네가 날 쏴버릴지, 아니면 네가 조그만 아기가 될지 잘 모르겠어. 아니면 그 두 살짜리가 다리를 꼿꼿이 세우고, "나는 원해, 나는 원해, 나는 원해, 너의 모든 것을, 나는 너의 모든 걸 원해."라고 말하려나! 그렇지만 넌 내 모든 걸 소유할 순 없어. 나는 내 모든 걸 너에게 주길 원치 않아.

있는 그대로 말하는 목소리 톤이 통했다. 샐리는 전보다 훨씬 활기 있고 더 많이 다가와서, 이제는 베티가 상대적으로 거의 슬퍼 보이기까지 한다. 상담자는 그녀가 정서적으로 반응하기보다는 탐색을 계속하도록 초대한다.

상담자: (잠시 침묵하더니 베티에게 할 말을 일러준다.) "나한테 뭘 주고 싶

은데?"

베티: 그건…….

상담자: 사실 있는 그대로!

베티: 네, 알겠어요, 그러니까 나한테 뭘 주고 싶은데?

샐리: 나는 내가 너한테 주고 싶을 때, 내가 주고 싶은 걸, 너한테 주고 싶어.

베티: 그러니까, 그것— 그게 뭔데?

샐리: 나는 너한테 나의 흥분, 또 나의 창의성, 또 나의 광기, 또 나의 슬픔, 그리고 나의 분노를 주고 싶어. 그리고 난, 난 주고 싶어…… 내가 원하는 무엇이든. 그렇지만 내가 나의 모든 것을 주고 싶지 않은 그런 때는 그러지 않고 싶어. 나는 다른 사람들에게도 주고 싶어.

베티는 방어하지 않고 탐색을 통해, 자기정의에 대한 샐리의 관계 욕구를 충족시킨다. 샐리는 독특한 개인으로서 자신이 누구인지 표현하는 기회를 갖는다. 그녀는 자기 자신을 온전히 그리고 강하게 표현하는 방식으로 반응한다. 그러나 그녀가 그렇게 하도록 도와주는 데 베티는 일시적으로 그녀 자신의 욕구를 무시해야 한다. 안전감(샐리의 요구적인 모습은 베티가 안전감을 느끼지 못하게 하는 것이다.)과 수용에 대한 이러한 욕구는 이제 매우 강해져서 베티가 샐리에게 계속해서 집중할 수 없는 수준에까지 이르렀다. 또한 샐리는 보다 편안해지고 자연스러워지고 있는 반면, 베티 자신은 비난받고 공격당하고 있다고 생각할지도 모른다. 이제 전환을 위한 시간이 필요하고, 그리고 베티가 자기 자신의 현상학적 경험을 탐색하고 표현할 수 있는 기회를 주기 위한 시간이 필요하다.

상담자: (샐리에게) 이제, 샐리가 질문해 보시죠…….

샐리: 어…… 너의 경우는 어때?

베티: 난 정말 어른으로 머무르려고 그리고 거기에 있으려고 노력하고 있어.

샐리: 그래 맞아.

상담자: (샐리에게 할 말을 일러 준다.) "그것에 대해서 좀 더 얘기해 줄래……."
지금 이건 당신 자신에 대한 초점에서 벗어나는 거예요.

샐리: 네, 네.

상담자: 이제, 그녀를 중심에 두세요.

샐리: 음. 그러니까…… 나한테 그것에 대해서 좀 더 말해 줘.

샐리가 기꺼이 베티에게로 초점을 옮기고, 누구의 경험이 더 정당하고 혹은 중요한지를 가리려는 통상적인 다툼을 하지 않음으로써, 베티가 자신의 감정으로 보다 온전히 이동할 수 있었다.

베티: (거의 울먹이며) 네가 커져서는, 그 모든 것들을 하기 시작할 때는…….
(잠시 침묵) 난 중요하지 않은 사람이 된 것 같다는 생각이 들어. 난 너에게 중요한 존재이고 싶어.

샐리: (속삭이며) 아니야, 넌…….

상대방의 고통을 완화시키고자 뛰어들지 않고 상대방의 과정에 함께 머문다는 것이 얼마나 어려운 일인가! 베티의 눈물어린 갈망에 대한 샐리의 반응은 거의 반사적이다. 그러나 이 시점에서 고통을 완화시키는 것은 질병의 증상을 가려 버리는 아스피린과 같다. 그것은 정말 일어나고 있는 것이 무엇인지를 발견하는 데 방해가 된다. 여기에서 베티의 일차적인 관계 욕구는 수용과 자기정의다. 상담자는 샐리가 그 두 가지 욕구를 주의깊게 돌보도록 초대한다.

상담자: (샐리에게) 너무 많은 걸 빨리 해내려 하고 있어요. 중요한 존재가 되는 것과 관련된 세 개 또는 네 개의 질문을 더해 보세요.

샐리: 그래요. (베티에게) 그러니까, 중요한 존재가 되는 게 어떤 의미인지 말해 줘.

베티: (한숨) 그건 나와 함께하는 시간을 갖는 거야. 그리고 내가 하고 있는 것에 대한 관심을 나누는 거고, 내가 어떤 것들을 할 수 있다는 걸 보여 주면, 넌 내가 뭔가 할 수 있다는 걸 알 수 있게 되는 거고. 그런데 그 모든 게 다 뒤섞여 버리고 있어. 왜냐면 내가 지금 너랑 어머니 사이에 그 모든 걸 다 뒤섞고 있거든. 난 그렇다는 걸 알아. 내가 너한테 그렇게 해 주길 바라는 이유는 내 어머니가 그렇게 안 했기 때문이야.

샐리: 그러니까 네가 다 뒤섞어 버리게끔 내가 하고 있는 것이 뭔지 말해 줘.

베티: (잠시 침묵) 그 질문이 정말로 좋다. 나도 그 답을 얻길 하나님께 소망해.

샐리: 그냥 날 계속 봐봐. 내 몸? 내 목소리? 내 눈? 내 손? 날 보면서 확인해 보라고.

베티: 네 목소리일 수도 있고…… 네 목소리일 수도 있어. 네 손은 아니야. 그런 건 아니야.

샐리: 좋아.

베티: 어머니가 나한테 하는 걸 네가 지금 하고 있어. 넌 지금 "그래, 베티 기운 차려, 그리고 나한테 정답을 말해 봐. 애처럼 굴지 말고, 나한테 정답을 말해 봐, 넌 그게 뭔지 알잖니."라고 말해. 넌 그렇게 하고 있어. 나한테는 그렇게 들려. 그게 "네가 나를 비난하고 있어."라고 내가 말하는 상황이야.

샐리는 매우 잘해 왔다. 하지만 지금 그녀는 곤혹스럽다. 샐리는 "지금 뭘 하고 있는 거지." 하는 표정을 지으며 상담자를 바라본다. 상담자는 샐리를 도와, "넌 그렇게 해."의 입장에서 "나는 어떤 것이 필요해."라는 입장으로 베티가 옮겨갈 수 있도록 돕는다.

상담자: (샐리에게 할 말을 일러 준다.) "그러니까 네 말은 네가 나한테 원하는 것이 뭐다라고 말하고 있는……."

샐리: 아. 그러니까 네 말은 내가 너에게 "기운 내."라고 말하지 않았으면 한다는 거니?

베티: 네가 나한테 올바르게 하길 기대하지 않았으면 해. 내가 항상 네 방식대로 하지는 않으니까.
샐리: 그래, 넌 그러지 않지.
베티: 그게 내가 틀렸다고 말하는 건 아니야.
샐리: 그래 아니야, 아니야. '네 방식' 이 있고, '내 방식' 이 있는 거지.
베티: 그래.

다시 막혔다. 샐리는 문제의 해결책을 찾는 방향으로 빠져 버린 것일 수도 있고, 혹은 자기 자신의 경험을 말하고 싶은 열망이나 자기 행동을 방어하고 싶은 열망과 싸우고 있는 것일 수도 있다. 그녀에게 무슨 일이 일어나고 있건 간에, 그녀의 주의와 초점은 베티로부터 멀어지고 있다. 상담자가 운을 띄워 주는 것도 샐리를 되돌아오게 하지 못했다.

상담자: (샐리에게 운을 띄워 준다.) "그러니까 네가 말하고 있는 건……."
샐리: 그래— 오, 하나님. 이거 어렵군! 그러니까 네가 말하고 있는 건……. 어……. 난 지금 뭐라고 말해야 하는지 모르겠어.
상담자: 그녀가 당신한테 뭐라고 말하고 있나요? 그녀에게 계속 초점을 맞추어야 해요. 그녀가 당신한테 뭐라고 말하고 있나요?
샐리: 어…… 제가 이걸 그르치고 있어요. 잠시만요…… 그러니까 네가 나한테 말하고 있는 건—.

샐리는 질문을 받는 입장이었을 때처럼, 질문하는 사람으로서 자신이 제대로 하고 있는지 걱정한다. 혹시 틀릴 수도 있는 생각에 시도해 보길 주저한다. 그리고 정답을 찾으려는 그녀의 노력이 베티에게 집중하는 걸 방해하고 있다. 상담자는 필요한 허락을 해 준다.

상담자: (끼어들며) 틀려도 괜찮아요. 그녀가 정정해 줄 거예요.
샐리: 네, 알겠어요.

상담자: 그러니까 그 말 속에 있는 메시지는 "내가 틀렸어?" 예요. 그러니까 "네 말은……" 으로 묻고, 그녀가 정정해 주도록 해요. 일단 당신이 틀렸다 치고, 그냥 말해 보세요.

샐리: 근데 질문이 뭔지 모르겠어요. 전 질문을 하지 않았거든요.

상담자: "네가—말하고—있는 건—." 그녀가 당신한테 뭐라고 말했나요?

샐리: 가끔 자기가 일을 그르친다고요. 그리고 '자기 방식' 이 있고, 그런데 그렇지 않아요. 그녀는 일을 그르치지 않고 있고, 그녀의 방식이 틀린 게 아니에요.

상담자: "그러니까 네 말은 네 방식을 내가 인정해 줬으면 좋겠다는 거니? 그게 내 방식과 다를지라도?"

샐리: (상담자에게) 이거 정말 흥미진진하네요. 왜냐면 지금 제 안에 약간의 갈등이 일어나고 있거든요. "그렇지만 나는 이미 그렇게 하고 있어." 라고 말하고 있어요.

이런 반응은 사실상 피할 수 없는 것이다. 만약 밖으로 표현되지 않는다면, 탐색 과정 어디에선가는 대부분의 동반자들이 내적으로 경험하게 된다. 우리의 동반 내담자들이 우리 자신의 경험과 상반되는 경험을 얘기할 때, 우리는 거의 자동적으로 그들과 논쟁하게 되거나, 혹은 그들을 교정시키려 한다. 논쟁하거나 교정하는 것이 탐색 과정에 매우 파괴적인 영향을 미친다는 사실을 알고 있음에도 불구하고 그렇다. 상담자는 샐리에게 자기중심에서 벗어나 베티에게 다시 집중하도록 재촉한다.

상담자: 멈추세요! 자기 자신의 경험에서 빠져 나오세요. 그녀의 경험으로 들어가세요. (잠시 침묵; 그리고 부드럽게) 자기 자신의 경험에서 벗어나세요. 이건 실제에 대한 게 아니에요. 그녀의 경험에 관한 거예요. 이런 것이 관계가 제대로 되지 않게 하는 거예요. 자신의 경험에서 벗어나세요, 샐리. 지금 이 순간은 샐리는 한쪽에 둬 볼래요.

샐리: 하지만 전 제가 중요하다고 아주 오랫동안 말해 왔어요!

상담자: 이해해요. 그건 상담의 전반부이고, 지금 이건 후반부예요. 계속 하세요. 계속 질문해 보세요.

샐리: 그러니까, 네 말은 나에게 요청하는 건 너의 방식을 존중해 달라는 거야.

상담자: "그게 맞아?"

샐리: 그게 맞니, 아니면 틀렸니?

베티: 맞아, 그래 줬으면 좋겠어.

샐리: 그렇구나. 그러면 내가 어떤 행동 혹은 어떤 말을 해야, 내가 그렇게 하고 있다는 걸 네가 알게 될까?

상담자: 참으로 훌륭한 질문이에요!

그건 정말 훌륭한 질문이었다. 게다가 샐리는 진정으로 상담자의 직면을 매우 잘 처리해냈다. 그리고 이에 대한 상담자의 고마움 표시는 샐리가 기꺼이 자신을 한편에 미뤄 두고 베티에게 집중하고자 하는 그 모습에 대한 인정이다.

샐리: (상담자에게) 알아요, 전 할 수 있어요!

상담자: 해낼 줄 알았어요! 지금 잠시 동안 당신은 스스로를 중요하지 않도록 해냈어요.

참 쉬워 보인다. 그리고 사기처럼 보이기도 한다. 초보 상담자는 내담자를 위한 효과적인 탐색자가 되는 방법을 익히는 데 매우 힘든 시간을 보낸다. 그러나 정서적으로 관여하고 있는 어떤 사람에게 말하고 있을 때, 탐색자 초점을 유지하는 것은 엄청나게 더 어려운 일이다. 게다가 커플상담에서, 우리가 커플에게 질문 기술을 교육할 때, 개인상담에서 내담자가 배우는 질문 기술과는 확연한 대조를 이룬다. 개인상담에서는 내담자가 더 자기 자각적으로 되는 방법과 자신의 심리내적 접촉을 강화하는 방법을 교육한다. 물론 내담자와 상담자 간의 강화된 대인관계적 접촉 맥락 내에서 그렇게 한다. 그러나 상담자가 대인관계상의 연결을 유지하는 작업에 있어 가장 큰 역할을 하고 있다.

이제 커플과의 작업에서 모든 것은 반전된다. 개인 내부에서 진행되고 있는 것, 생각과 느낌, 그리고 오랫동안 묻혀 왔던 기대에 집중하는 대신, 내담자는 잠시 동안 자신의 모든 것을 옆으로 내려 놓고, 온전히 자신의 파트너에게 집중하도록 초대된다. 자신을 옆으로 제쳐 둠으로써 어쩔 수 없이 자기 자신의 관계 욕구 또한 내려 놓게 된다. 우리가 봐 왔듯이, 관계 욕구에 대한 어떤 응답이 없을 때, 사람은 오래되고 종종 유치한 대처행동을 하면서 뒷걸음질 치는 경향이 있다. 그러한 행동들이 늘 그러하듯, 자각과 접촉의 폭을 좁혀 탐색 과정과 정반대의 대립을 이룬다.

그러니까 간단히 말해 한 파트너가 다른 파트너에게 하는 탐색에는 딜레마가 존재한다. 일찍 나타날 수도, 혹은 늦게 나타날 수도 있지만, 탐색 과정 중 어디에선가 탐색하는 파트너는 욕구가 충족되지 않는 경험을 할 것이고, 자신의 그 욕구를 돌보는 쪽으로 관심을 이동시키든가(따라서 탐색을 단념하고), 아니면 관계 파괴적인 오래된 행동으로 빠져 들어가는 위험을 감수해야 한다. 상황을 훨씬 더 해롭게 만드는 것은, 이러한 일이 발생했을 무렵에는 질문을 받는 쪽 파트너는 이미 자신을 더 개방해 두고 약점을 드러내 놓고 있다는 점이다. 따라서 이때 버림받거나 공격받는 경험을 한다면 그렇지 않았던 때에 비해 그 영향은 훨씬 크게 된다.

재앙을 부르는 처방처럼 들리겠지만, 통합적 모델이 제공하는 상담구조와 안전장치 같은 것이 없이는 충분히 그런 일은 일어날 수 있다. 우리는 이 장의 초반부에 그러한 구조에 대해 살펴본 바 있다. ① 접촉 붕괴, 투사의 특성, 아주 오래된 패턴을 확인하기 위한 체계 관찰, ② 상대방이 지켜보는 가운데서 이루어지는 커플 각자의 '개별' 작업, 이 작업은 오래되고 더 이상 유용하지 않은 인식, 신념, 행동 패턴을 드러내서 자각하기 위한 것, ③ 파트너들이 관계 욕구를 알아채고 그에 반응하도록 가르치는 것, ④ 파트너들이 서로에게 상담 탐색 방법을 사용할 수 있도록 가르치는 것이다. 상담자는 진단적 관찰을 통해 각 배우자의 정서적 촉발인자가 어디에 있는지 예지하고, 상대방의 충족되지 못한 관계 욕구가 감당할 수 없는 수준이 되기 전에, 고통의 신호에 효과적으로 반응할 수 있도록 돕는다. 개별작업을 통해 상담자는 파트너들이 그들의 오래된 대처 패턴의 지배력을 약화시키고, 자신과 파트너의 그러한 패턴을 인식하고 대안적인 반응을 개발하도록 돕는다. 물론 도와주는 내용 중에는 내담자가 자신의 관계 욕구뿐만 아니라, 상대방의 관계 욕구를 확인하고, 그 욕구에 대해 탐색하는 것도 포함되어 있다.

사실, 탐색은 충족되지 못한 욕구에서 비롯된 고통에 대처하기 위해, 사람들이 발전시킨 대부분의 관계-방해 반응에 대한 대단히 효과적인 대안이다. 그러나 탐색은 오래된 방어적 패턴이 자동적이고, 반사적인 수준일 때만 사용할 수 있다. 축어록 마지막 앞부분에서, 샐리가 보여 준 항의는 이를 잘 말해 준다. 오랫동안 그녀가 배워 온 방어 중의 하나는 반격하고, 공격자가 되어 내지르고 으르렁거리며, 주의집중을 요구하는 것이다. 그래서 그녀는 "제가 중요하다."고 말했던 것이다. 그리고 특히 자신이 위협받고 있다고 느낄 때, 이 방어 전략을 포기하기는 매우 두렵다.

커플상담에 관한 이 장에서, 로이스와의 작업을 먼저 소개했다. 그 이유는 그들에게 행해진 작업은 일반적으로 베티와 샐리에게 행해진 탐색 코칭작업에 선행하기 때문이다. 최소한 내담자들이 그들의 투사를 다루고, 자신들의 패턴을 인식한 후에서야, 상담관계를 풍성하게 경험하고, 안전함과 상담자의 지지를 느낀 이후에서야, 자신을 '중요하게 여기지 않기' 라는 위험을 감수할 수 있고, 자기 자신보다는 파트너의 경험을 더 중요하게 여길 수 있게 된다.

제13장
열쇠구멍을 되돌아보며

이전 다섯 장들에 실려 있던 축어록을 통해, 폭넓은 다양한 개입들을 살펴봤다. 조율과 관여로 정보가 풍성해진 상담자의 탐색은 내담자 자신을 스스로 되돌아보게 하고, 그들의 생각, 감정, 기억에 주의를 집중시키게 한다. 그러나 종종 이야기 흐름을 유지하면서, 현재 진행 중인 모든 것들의 패턴을 발견하기 어렵게 하는 수많은 사건들이 있다.

상담 실제에는 상담자가 내담자와 작업할 때 사용할 다양한 개입 지점들이 매우 복잡하게 얽혀 있다. 통합적 상담은 사람이 자기 및 타인과 관계하는 영역 내의 모든 것들을 고려한 통합된 접근을 중요하게 여긴다. 따라서 한 종류의 접촉으로부터 또 다른 종류의 접촉으로 내담자가 이동해 가는 것을 이용하면서, 서로 다른 초점들 사이를 이동할 수 있다. 내담자는 자신의 행동에 대해 점검하다가도 정서에 대해 더 큰 관심을 가지기도 하고, 관계에 대한 탐색으로, 혹은 신체적인 자각 혹은 인지적인 이해로 이동한다. 축어록에서 보았듯이, 폭넓은 가능성들이 있고 조율하고 있는 상담자는 시시때때로 그 모든 것을 사용한다. 정말 '그 모든 것을 사용한다.' 는 것은 중요한 지침이다. 이는 내담자 발달의 엉킨 실타래를 점진적으로 풀어 가는 데 어떤 한 면이 단단한 매듭처럼 남아 고립되고 접근 불가능한 것으로 되는 것을 방지하기 위함이다.

이 책 첫 번째 부분의 끝무렵에서, '열쇠구멍' 모델을 얘기했다. 어떤 점에서 '열쇠구멍' 은 시간이 경과하면서, 즉 접촉을 만들어가는 하나의 수준에서 또 다른 수준으로 이동하면서 상담과정이 어떻게 진행되는지 보여 주고 있다. 반대로 상담개입([그림 13-1])의 면면은 열쇠구멍의 모든 수준에서 탐색할 수 있는 내담자 경험의 다양한 측면을 의미한다. 열쇠구멍 모델은 상담개입의 7가지 주요 측면을 이해하는 데 편리함을 제공한다. 정서, 생리학(생리현상), 인지, 환상, 행동, 가족과 사회적 관계 그리고 상담관계 그 자체다. 앞의 6가지는 원 주변으로 위치하고, 각각은 서로 연결되어 있다. '정서' 와 '생리현상' 은 굵은 선으로 짝지어져 있고, 이 둘은 대부분 비언어적인 내적 과정과 관련되어 있다. 이와 유사하게 '인지' 와 '환상' 은 대부분 우리의 경험을 이해하는 것과 관련되어 있다. 세 번째 쌍은 '행동' 과 '사회적 관계' 로 대부분 외적인 접촉에 관한 것이다. 마지막으로 특별한 사회적 관계인 '상담관계' 는 다른 모든 것들을 둘러싸고 지지하고 있다. 상담관계의 질과 속성은 모든 작업에 그리고 다른 측면들에, 처음부터 끝까지 고루 영향을 미친다.

관계 내 접촉 상담이 이루어지기 위해서, 상담자와 내담자 간 접촉 유지는 상담자의 가장 중요하고 최우선 관심사임에 틀림없다. 우리는 인지 혹은 환상을 잠시 제쳐 둘 수도 있고, 정서 혹은 생리현상도 미루어 둘 수 있고, 내담자의 행동 혹은 관계 회피에 대해서도 잠시 묵인할 수 있다. 그러나 상담관계 내에서 무엇이 일어나고 있는가에 대한 시야를 결코 잃어버려서는 안 된다. 그것은 내담자의 삶에 무슨 일이 일어나는지 알아보기 위해 들어가는 관문이자 과거에서 현재까지 어떤 일이 있었는지를 들여다보는 거울이다.

상담관계를 뛰어넘어, 일반적으로 관계는 통합적 상담에서 가장 중요하다. 사실상 상담 맥락 내에서 오래된 관계들로 거슬러 올라가 재경험하고, 재

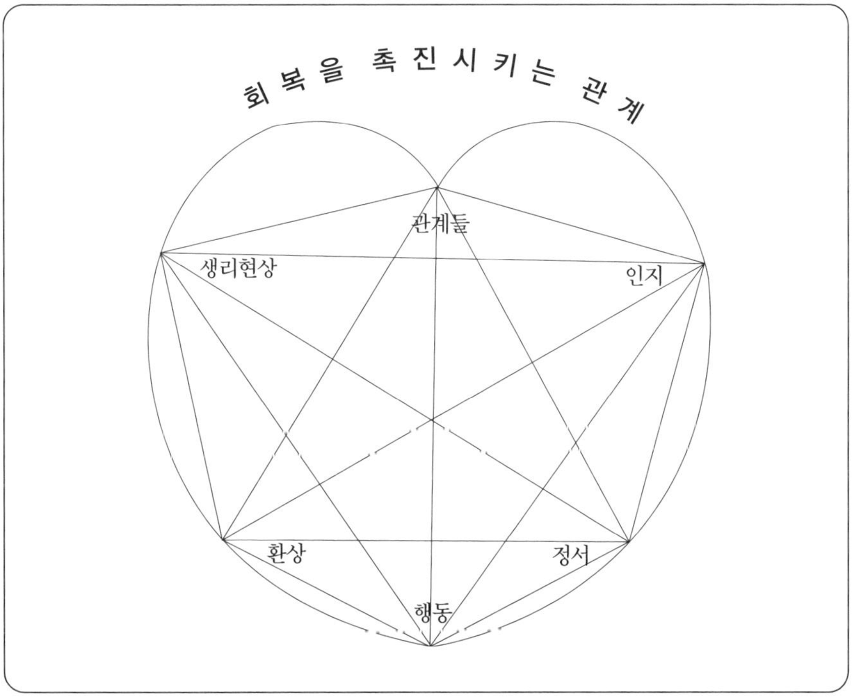

[그림 13-1] 상담 개입의 면면들

구성하는 것의 중요성을 거듭 강조해도 지나치지 않는다. 유아가 세상 안에 존재하는 자기를 최초로 막 경험하기 시작하여, 삶의 패턴을 형성하는 데 영향을 미치는 관계경험을 거쳐, 상담관계에까지 이르게 된다. 그 과정에서 타인과의 관계는 자기감과 한 사람으로서 기능하는 능력에 대단히 중요한 영향을 미친다. 가장 미숙한 형태의 관계 내 자기감은 대체로 비언어적인 것이고 언어화할 수도 없는 것이다. 언어를 획득하게 되는 즈음에는, 관계적 정체성은 어떻게 다르게 보일 여지가 없을 만큼 너무나 자기개념의 일부분이 된다. 마치 물고기가 '건조한' 이란 개념이 없기 때문에 자신이 젖어 있다는 것을 모른다는 속담처럼, 우리는 자기감의 관계적 토대와 반대되는 개념을 알지 못하기 때문에, 자기감의 관계적 토대는 무의식적 개념인 것이다. 내담자가 관계 경험 보따리를 얼마나 많이 늘어놓는가에 상관없이, 이웃집 여자 혹은 스카우트 리더 혹은 첫 사랑 혹은 믿는 동료가 얼마나 중요한가에 상관없이, 언어획득 이전 시기의 관계 속에서 형성된 자기감은 다른 모든 것의 기저가 되는 패턴이다. 그것은 근본적이고 지속적인 변화의 가능성을 가늠할 때 반드시 고려되는 것이다.

초기 관계들이 자기감 형성에 바탕이 되는 것처럼, 관계에 대한 상담자의 보살핌은 상담 작업 구축의 바탕이 된다. 상담관계는 내담자와 상담자가 서로 서로 어떻게 대하고 있는지 얘기 나누는 방식으로 직접적으로 다루어진다. 제9장에서 본 에드워드와의 작업은 이런 종류의 탐색부터 시작됐다.

에드워드: 여기서 선생님을 쳐다보고 있으려니…… 조금 겁이 나는데요……. 좀 심각한 느낌이 들기도 하고, 재미있기도 한 느낌들이 오락가락하면서…….

상담자: 겁이 난다고요?

에드워드: 어, 선생님이 갑자기…… 여기 실재하고 있다는 사실이 확 부각되네요. 선생님이 저를 쳐다보고, 그리고 저는…… 머릿속이 텅 비어 있어요. 지금 이 순간에 여기서 뭘 해야 할지 모르겠어요. 그리고 갑자기 저는 '어제 내가 생각하고 있던 게 뭐였지.' 를 지금 생각하고 있어요. 그리고 아마도 제 삶이랑, 뭐 그런 거에 초점을 맞추고 있어요…….

상담자: 하지만 만일 내가 온전하게 여기 존재한다면, 당신은 겁이 난다는 말이죠?

상담자의 격려에 힘입어 에드워드는 상담자에 대한 자신의 감정(상담자를 향한 투사)과 자기와 부모의 관계가 연결되어 있음을 알았다. 상담관계는 그의 과거에 대한 거울이며, 오래된 과거 경험들을 탐색할 수 있도록 하는 새로운 맥락으로 기능한다.

상담관계에 대한 내담자의 최초 관심은 종종 더 오래되고 역사적으로 더 중요한 관계들을 탐색하도록 하는 다리가 된다. 이런 예를 상담자에게 짜증난다고 말한 로레인과의 작업에서 보았다. 로레인은 현재의 관계와 역사적 관계가 서로 연결되어 있다는 것을 매우 분명하게 이해하고 있고, 상담자가 자신이 작업하고 있는 발달 수준에 조율해 줄 필요가 있음을 상기시킨다.

로레인: 이 얘기부터 시작하고 싶은데, 제가 지난번에 지갑을 여기에 두고 갔는데, 선생님이 그 안을 들여다보셨죠?

상담자: 네, 누구 것인지 알아보기 위해.

로레인: 알아요, 그렇지만 싫었어요.

상담자: 왜죠?

로레인: 음, 그것에 대해 생각했을 때 저한테 떠오르는 생각은…… 어른스럽지 않다는 거예요.

주의 초점이 분명히 다른 곳 어딘가에 있을 때조차도, 상담관계는 항상 존재하며, 과거 관계를 그대로 반영하는 거울이기도 하고, 과거 관계와 정반대로 대비되는 것이기도 하다. 그것은 멜로디를 전달하는 모든 소리에 일정한 배경을 제공하는 오케스트라의 깊고 풍부한 조력 악기들과 같다. 이제 상담관계를 제외한 상담개입의 다른 6가지 측면들에 해당하는 조력 악기의 아름다운 소리들을 간략하게 살펴보자.

인지

핵심인지, 근본적인 신념체계는 언어 사용 이전의 만연된 초기 관계경험에서 비롯된다. 이들은 공고히 확립되어 있는, 대체로 자각되지 않는 자기와 타인, 그리고 삶의 질에 대한 신념들이다. 경험상의 변화와 경험을 구성하는 다양한 요소들을 이해할 때 사용하는 도식들이다. 즐거움과 고통이 고루 조화를 이룬 상호작용 세계에 존재하는, 최초의 근본적인 나에 기반을 둔, 생후 초기 몇 해 동안의 신념체계는 상대적으로 융통성이 있다. 아동은 본질적으로 의구심이 많다. "왜 당신 같은 사람들과 함께 이와 같은 세상에서, 나 같은 사람이 뭘 하고 있는 건가?" 언어습득을 하면서 핵심 신념체계가 형성되기 시작하고, 이후 점차 굳어지게 된다. 반복된 관계 붕괴경험을 하는 과정에서, 이전 붕괴경험에서 학습한 것들은 강화된다. 아동은 결론들을 내리게 되고, 이것이 확고해지면 상대적으로 영구적인 구조를 형성한다. 그것이 바로 삶의 각본이다. 세부적인 것과 장식들이 추가될 수도 있으나, 성인기까지 기본적인 패턴은 변화에 강력하게 저항한다.

인지과정은 의식적인 것에서 자각하지 못하는 것까지 전체 연속선 위에 존재한다. 한쪽 극단에서 내담자는 자신의 정서에 초점을 맞추고 있다 하더라도, 그것과 연관되어 있는 자신이 자각한 것들과 의사결정을 한 과정에 대해 설득력 있게 설명할 수 있다. 예를 들어, 그레타는 공포감에 대해 말하는 동안에도 비행기에서 내리려는 자신의 결정은 여전히 매우 분명하다. "음, 전 이런 경우, 비행기를 갈아타는 것이 제가 하자있는 기계를 제어하는 방법이라고 생각해요…… 전 다음에 무슨 일이 일어날지 모르는 채로 8시간 동안 비행하고 싶지 않았어요."

또 다른 극단에서는, 자기(나는 이상해.), 타인(사람은 신뢰할 수 없어.) 혹은 삶의 질(결국 일은 잘못 돼.)에 대한 많은 핵심신념들은 의식적으로 자각되지 않으며, 강력하게 부인되기조차 한다. 상담작업이 완성된 이후에야 내담자는 작업이 이루어지기 전에 자각되지 않았던 것에 대해 알게 된다. 사라의 경우 상담 작업의 말미에 이르면서 이전에는 닿을 수 없었던 인지 영역에 접근하고 있음을 인식하기 시작한다.

> 느닷없이 이것들이 급습해 왔어요. "오, 세상에 당신이 모든 것을 말했어요. 이 모든 비밀들을." 그리고 조각들을 가지고, 조각에 해당되는 이야기들에 대해 말했어요. 그렇지만 제가 가진 비밀에 대해 몰랐어요. 할 수 없었기 때문에…… 그러나 그러나 당신이 그 비밀에 접촉할 수 있도록 도와주고 있어요. 전 그렇게 생각해요.

내담자의 인지를 다루기 위해서는 우선 인지적으로 조율해야 한다. 내담자가 상담자에게 말하는 것의 근간이 될 수 있는 핵심 신념을 감지하면서, 그러한 신념들이 어떤 것인지 스스로 경험해 볼 수 있어야 한다. 상담자는 내담자의 인지적 맥락 내에 자신을 위치시키고, 그 맥락이 어떻게 형성되는지, 내담자가 세상에 대한 자신의 견해를 어떻게 고안해 내는지를 대리적으로 경험한다. 내담자가 자신의 틀 밖으로 나오는 모험을 할 수 있도록, 그리고 경험한 것에 대해 새로운 개념과 설명을 가지고 실험할 수 있도록 초대하기 위한 개입전략을 구축한다. 내담자와 함께 그들이 의미를 만들어 내는 방식과 객관적인 자료를 주관적인 '사실들' 로 해석하는 방법들에 대해 탐색한다. 우리는 내담자가 우리에게 기술하는 사건들에 대해 새로운 각도에서 생각해 보는 방법을 가르치거나 새로운 경험으로 제공될 행동 실험을 제안하기도 한다. 그리고 우리는 다양한 상담 국면에서 경험한 것들이 끊임없이 서로 얽히고 엮여 있음을 명심하면서, 조심스럽게 그들 작업의 다양한 측면, 즉 정서, 행동, 생리현상, 환상 그리고 관계 측면을 이해하는 데 도움이 되는 인지적 틀을 제공한다.

정서

어떤 점에서 정서는 인지와 평행선 위에 있다. 생각하기와 느끼기는 내적 삶의 쌍둥이 과정이다. 인지처럼 정서패턴도 관계 내 정체성에 관한 초기 경험에 기반을 둔다. 그러나 인지와는 달리 정서는 우리가 직접 행하는 어떤 것이기보다는 우리에게 뭔가가 행해져서 일어나는 것으로 경험되는 경향이 있다. 그리고 부정적인 정서의 고통으로부터 자신을 보호하기 위한 방안으로 모든 방어기제들을 발달시킨다.

정서와 인지는 결코 풀리지 않도록 엮어져 있다. 각각은 각자의 영향력을 가지고 있고, 서로 영향을 주고받는다. 우리 대부분은 정서에서 시작하거나 혹은 다른 하나인 인지에서 시작하려는 경향이 있다. 다시 말해, 우리 모두는 느끼고 생각하기 모두를 하지만, 어떤 사람은 대체로 생각하기를 더 잘하거나 더 편안해하는 반면, 다른 이들은 느끼기를 선호한다. 자신의 느낌에 대해 생각하고, 생각에 대해 느낀다. 우리가 두 가지 모두를 쉽게 행하는 정도만큼, 자각할 수 있고 내적 경험에 접촉할 수 있게 된다. 즉, 우리가 느끼고 생각할 수 없는 정도만큼, 접촉은 붕괴되고 건강하지 않은 상태에 놓이기 쉬워진다.

통합적 접근을 하는 상담자는 내담자가 그들의 풍요로운 내적 경험을 온전히 경험케 하기 위해 정서적 조율을 유지하고, 정서 탐색을 지지하고, 정서와 인지 모두를 인식하고 사용하도록 격려한다. 통합적 상담에서 보는, 개인의 정서는 교류-관계적 특성을 띠는데, 현재 관계에서 공명하는 정서와 자연스럽게 조화를 이루려 한다는 것이다. 정서는 단지 한 사람이 느끼는 것이 아니다. 두 사람 혹은 더 많은 사람들 간의 의사소통의 한 형태다. 정서는 양 방향의 상호 교류적인 것이기 때문에, 내담자의 정서는 상담자가 관여하고 있을 때, 그리고 조율하고 있을 때만이 진솔하게 경험될 수 있고 표현될 수 있다. 상담자 관여는 조율의 필수적인 상응물이다. 두 가지 모두 내담자의 내적 과정을 보완하고 완전한 정서 표현을 가능하게 한다. 조율과 관여는 깊이 있게 정서를 탐색할 수 있도록 해 준다. 기법의 기계적인 적용이 아닌 진한 인간적인 참 만남을 가능하게 하는 것이다.

행동

관찰 가능한 행동은 개인의 내적인 인지와 정서가 표출된 결과다. 인지와 정서는 개인의 외적 활동으로 초래된 내적인 결과물이다. 인지, 정서, 행동은 따로 따로 개별적으로 얘기될 수 있다. 그러나 실제 삶에서 인지와 정서는 개별적일 수는 없다. 그들은 깨어 있는 모든 시간 동안 서로 엮여 있다. 사고, 감정 그리고 행동, 이 세 가지는 인간 경험을 구성하는 단위요소들이다. 사람은 자신의 신념체계에 의해 제공되는 인지, 예측, 정체성, 지속성, 안정성 구조가 유지될 수 있고, 정서적 고통으로부터 자신을 보호할 수 있는 방식으로 행동한다. 사람은 자신이 행동하고 느끼는 것이 타당하다는 방식으로 생각한다. 그리고 개인의 정서는 사고와 행동에 대한 반응이기도 하고, 사고하고 행동하도록 지시하기도 한다.

행동은 다른 것들과의 접촉을 확립하고 유지하는 역할을 할 수 있고, 혹은 그런 접촉이 일어나지 않도록 방어하는 역할도 할 수 있다. 인간의 행동은 최선을 다해 개인이 세상과 개방적으로 만날 수 있게 하고, 자발성과 창의성을 유지하도록 해 준다. 자기 자신과 타인의 욕구와 바람에 대해 민감하고, 그들의 욕구를 충족시키기 위해 행동하도록 한다. 그러나 방어가 일어나면 개인의 행동 범위가 더욱 제한되는 경향이 있다. 더 오래되고 미숙한 행동과 전략들로 퇴행하기 시작한다. 이런 것들은 오늘날의 상황에서는 더 이상 적절하지 않는 것들이다. 선택 가능한 모든 방법들을 활용하지 못하게 됨으로써, 그리고 자신이 가진 새롭고 다른 방식으로 행동할 수 있는 능력을 인지하지 못함으로써, 접촉하지 못하게 된다. 더욱 심각한 접촉방해는 자신의 욕구, 바람, 느낌 그리고 신념을 인식조차 못하도록 하는 방어를 습득해 버렸을 때 일어난다. 이쯤 되면 자신을 위한 욕구조차 의식하지 못하기 때문에 적절한 행동을 할 수가 없게 된다.

내담자의 이야기는 대부분 행동에 대한 것이다. 그레타는 비행기에서 내리는 것에 대해 말한다. 에드워드는 '퉁명스럽게' 행동하는 것에 대해 얘기한다. 사라는 그녀가 했던 것과 그녀가 강간으로부터 자신을 보호하기 위해 하지 않았던 것에 대해 말한다. 그러나 만약 그들의 행동을 지지하는 사고와 느낌에 대한 풍부한 내적 세계와 접촉할 수 없다면, 행동에 대한 이야기는 오직 이야기일 뿐인 것이다. 이러한 상호연결성에 대한 탐색을 통해서만이 자각은 확장되고, 경직된 패턴들은 깨지고, 접촉은 복구될 수 있다.

거듭 말하지만, 행동을 다루는 데 상담관계 맥락은 가장 중요하다. 상담관계는 행동에 대한 탐색 작업이 일어날 수 있도록 해 주는 매개물이 된다. 통합적 접근을 하는 상담자는 내담자가 과거 행동을 점검하도록 혹은 그들이 피해 왔던 행동에 대해 숙고해 보도록 격려한다. 그리고 안전한 상담관계 내에서 가능한 대안들을 실험해 보도록 격려한다. 과거 어떤 장면 혹은 미래에 일어날 수 있는 어떤 장면에서, 타인과의 상호작용을 해 보는 역할연기는 내담자가 새로운 양식과 선택을 시도해 보도록 한다. 아동기로 퇴행하여 학대당하는 것을 재경험하고 있는 사라는 자신에게 학대하는 자를 밀쳐내고, 중요한 말, 즉 '싫어' 라고 말한다.

상담자: 좋아요, 그를 다시 밀어내 버려요! (그녀가 밀쳐 버리도록 쿠션을 단단히 잡는다.)

사라: **그렇게 하지 마**!

상담자: 그를 밀쳐버려요. 바로 그거예요!

사라: **꺼져 버려**! 오, 그렇게 날 만지지 마!

상담자: 다시.

사라: (밀치며) 당신이 그렇게 하는게 싫어!

끝으로 상담자는 내담자에게 상담회기가 끝난 후, 일상생활에서도 상담회기에서 한 것처럼 실험을 계속하여, 자신의 내적 · 외적 경험 간의 상호작용에 대해 자각하도록 격려한다. 여기 로레인은 내사된 엘리스에 대한 작업을 마치고, 새로운 종류의 행동을 계획하고 있다.

로레인: 나는 앞으로…… 나 자신을 돌볼 거야. 그리고 엄마가 지나치게 간섭하면 엄마한테 말할 거야. 엄마의 기대가 비현실적일 때는 엄마한테 말할 거야. 내가 엄마의 기대에 부응할 수 없을 때는. 엄마가 그걸 이해할지는 모르겠어. 엄마가 초등교육만 받았다 해도 난 상관없어. 엄마가 굉장히 똑똑한 걸 안단 말이야.

상담자: (침묵) 뭐 다른 것에 대해서 엄마한테 말하고 싶은 건 없어요?

로레인: 지금 당장은 더 이상의 말을 할 필요는 없다고 생각해요. 이걸 제 생활 속에서 실제로 하는 게 필요한 것 같아요. 실제로 엄마와 식탁에 앉아서 분명하게 해야 돼요. 굴복하지도, 후퇴하지도 않고요.

환상

환상은 과거 기억이 미래로 투사된 생각, 느낌, 행동 간에 일어나는 상상 속 상호작용이다. 그것은 '마치 ……처럼'과 '그렇게 될지도 몰라.'의 세계다. 그리고 그것은 생애 초기의 자기-타인 간의 관계 경험을 담고 있는 지하 공간에서 생겨나온다. 자질구레한 걱정부터 명백한 악몽과 불안발작까지, 반복되는 많은 부정적인 환상 경험은 큰 재앙 혹은 간신히 피한 재앙의 경험을 포함하고 있다. 현실 삶에서 실제로 재앙을 얼마나 막아냈냐에 따라, 환상은 스스로 자기 강화물을 창조한다.

임상적으로 내담자가 자신의 환상을 따라가 그 최고 끝점을 탐색하고, 환상을 더욱 발전시켜보게 할 때, 상담자는 환상의 한 단면을 사용하게 된다. 물론 환상 작업의 전형적인 예는 꿈의 재료를 다루는 것이다. 에드워드는 꿈에 대해 말한다. 그리고 꿈에 대해 아주 짧게 말했음에도 불구하고, 그것을 통해 자각의 다음 단계로 이동하게 된다.

> 이건 1년 전쯤에 꾼 꿈인데, 거기에…… 경찰이 저를 찾아와서 옆집 농장으로 간 뒤, 경찰들은 제가 죽인 게 확실한 사람 몸을, 시체를 파냈어요. 그리고 이렇게 말했던 게 기억나는데, "오, 어, 이렇게 말고는 다른 방법이 없어 보였어요. 제가 분명히 얼마 전에 누군가를 죽였어요. 그리고 어, 그게, 아마 저는 10년 후에나 교도소에서 나올 수 있을 거예요. 아마 저는 그걸 처리할 수 있을 거예요. 확신하는데 그럴 수 있을 거예요. 저는 읽을 수 있어요." 그리고 뭐 이런 것들. 이 모든 것들이 꿈에서 일어나고 있었어요. 아주 선명하게, "나는 그것을 헤쳐 나갈 수 있다."는 매우 강한 느낌, 나는 헤쳐 나갈 수 있어요. 나는 어떻게든 할 수 있다……. (부드럽게) 하지만 제가 언제 할 수 있는지는 확신이 없어요.

특히 자신이 평소 회피해 왔던 부분을 포함하여, 모든 것을 경험해 보는 환상 체험을 통해, 개인의 환상과 현실간의 관련성을 발견할 수 있다. 예를 들어, 그레타는 아빠가 집에 오는 어린 시절 환상을 탐색해 보도록 격려받는다.

상담자: 아빠랑 함께 멀리 도망가는 환상에 대해 엄마에게 말해 보세요. "전 엄마가 때리는 걸 피해 멀리 도망가고 싶어요."

그레타: 전 엄마가 때리는 걸 피해 멀리 도망가고 싶어요. 그리고 아빠가 돌아오면, 아빠랑 멀리 가고 싶어요. 우린 엄마를 떠날 거예요…….

상담자: 엄마 모르게 아빠랑 멀리 도망갈 거예요. 흥!

그레타: 엄마가 다른 남자랑 결혼했을 때, 전 생각했어요. 진짜 우리 아빠는 어디 있지? 어디로 갔을까? 난 아빠랑 함께 가고 싶어.

상담자: 으음.

그레타: 그리고 전 아빠가 어쩌면 어딘가에서 다른 가족이랑 살고 있을 거라 상상했어요. 그리고 엄마는 다른 남자랑 결혼을 했고. 전 정말 너무…… 5층 창문 밖으로 뛰어내리고 싶었어요. 그리고 죽었으면 하는 상상을 했어요……. (그녀의 목소리가 떨리기 시작한다.)

우리는 환상, 즉 내적인 생각, 느낌, 행동에 대한 상상을 통해, 외부 현실 세계의 관계들에 관한 생각, 느낌, 행동에 접근한다. 그리고 늘 그러하듯 이 모든 것은 상담자의 조율과 관여하는 태도가 있어야 가능하다.

생리현상

상담자로서 우리는 내담자가 내적인 경험을 풀어 가고 탐색해 가는 작업을 함께하는 것에서 기쁨을 맛본다. 그리고 그런 내적 경험들이 내담자의 외적 행동 및 관계와 어떻게 연결되어 있는지를 함께 발견해 나가는 것에서도 기쁨을 맛본다. 그러나 그 기쁨에는 위험한 것도 있다. 내담자는 정신활동을 담고 있는 그릇이면서 동시에 신체적인 존재라는 것을 종종 잊어버린다. 사람들은 신체를 '가지고 있는 게' 아니다. 그들은 '신체다.' 신체 생리현상 역시 상담 변화의 한 측면을 제공한다. 사람은 신체를 긴장시키고 근육으로 버티는 것을 통해 방어를 유지한다. 결국 이런 신체적인 반응은 결국 습관이 되고, 비교적 영속적인 신체 구조 혹은 기능 불량을 초래하기조차 한다. 신체 구조를 변화시키거나 기능 불량이 되는 것은 방어 패턴에 상당한 영향을 미칠 수 있다.

상담의 다른 측면 모두와 마찬가지로 개인의 생리현상은 원인도 되지만 결과도 될 수 있다. 생각과 느낌, 타인과의 상호작용은 신체가 어떻게 기능하고, 신체가 어떤 자극들을 경험하는지에 중대한 영향을 준다. 역으로 생리현상도 내적 · 외적인 행동에 중대한 영향을 미친다. 수면부족 혹은 만성두통이 생각하고, 느끼고, 타인과 관계하는 여러분의 능력에 어떤 영향을 미치는지 알고 있는가?

신체는 의사소통의 예민하고 강력한 도구다. 그것은 내적 자각과 외적 자각의 접촉 면에 해당된다. 개인적인 경험을 공유된 경험으로, 공유된 것을 개인적으로 것으로 변형하는 도구다. 신체는 다른 모든 것이 이루어지는 시작과 끝점이고 바탕이다. 또한 역으로 다른 모든 것이 이루어지지 않도록 하는 시작과 끝점이고 바탕이다. 우리의 정신적 패턴이 일어나는 도관이고, 그러한 패턴들을 가지고 살아가면서 축적한 결과들을 저장하는 곳이기도 하다.

통합적 접근을 하는 상담자는 내담자가 상담의 다른 측면들을 이해하고 접근하는 것을 돕기 위해, 내담자의 신체에 대한 자각과 그의 생리적 리듬에 조율한다. 또한 직접적으로 생리현상을 사용하도록 지시하기도 한다. 우리는 내담자가 다른 방식으로 자신의 신체를 움직이거나 버텨 보게 하는 실험에 초대할 수도 있다. 그들이 자신의 몸짓, 긴장, 호흡에 집중해 보도록 요청한다. 상담자는 깊은 한숨을 곧바로 쉬는 그레타에게 "당신의 몸이 반응하는 대로 그냥 내버려 둬 보세요."라고 말한다. 상담자는 "그냥 그렇게 다시 해 보세요. 네, 숨 쉬어 보세요. 당신이 이야기하는 동안 그냥 몸이 원하는 대로 하게 둬 보실래요?"라고 계속 말한다.

상담자의 몸 역시 방정식의 한 부분이다. 근육의 긴장을 느끼고, 호흡의 변화를 주시하고, 내담자의 경험에 조율하고 관여할 때, 자신의 신체 감각들에도 주의를 기울인다. 우리는 때때로 내담자의 몸에 손을 대기도 하고 잡기도 하고 혹은 우리를 신체적으로 밀치거나 당기거나 싸움해 보라고 초대하기도 한다. 상담자의 관여는 실재하는 신체적인 존재로서 진정한 인간관계를 맺고자 하는 상담자의 기꺼운 마음을 의미한다. 우리 직업의 윤리적 지침선 내에서 그리고 항상 내담자의 욕구를 최우선 순위로 유지하면서, 우리는 정확하게 관여한다.

관계

우리는 원 주변을 아주 많이 돌아 다시 가족과 사회관계로 돌아왔다. 우리는 이미 이 장에서, 그리고 이 책 전체를 통해서 관계의 중요성에 대해 많이 말했다. 그리고 우리는 이렇게 거듭 강조하는 것을 염려하지 않는다. 우리의 모든 생각, 느낌, 행동과 환상(그리고 우리의 생리 경험)은 관계 맥락 내에서 일어난다. 산이나 자동차 혹은 티본 스테이크와의 상호작용이 중요한 만큼, 다른 사람들과의 상호작용들은 무한히 훨씬 심오한 심리적 중요성을 갖는다(만약 산이나 스테이크가 어떤 관계의 특성을 상징하는 게 아니라면, 우리는 다시 관계를 추구하는 방향으로 되돌아간다.).

제시된 도형에서, 상담관계는 '가족과 사회적 관계' 의 특별한 경우에 해당한다. 상담관계가 각각의 서로 다른 영역에서 이루어진 작업을 지지하는 것처럼, 상담관계 순환은 대체로 나머지 모든 것을 에워싸고 있는 관계들로부터 비어져 나온다. 일반적으로 가족과 사회, 그리고 특별한 상담 장면에서의 관계가 갖는 이러한 두 가지 측면은 관계 욕구와 관계 내 접촉을 위한 기본적 충동의 중요성을 강조한다. 내담자가 자신의 삶의 각본을 유지하게 하는 다른 모든 관계(실제든 상상이든)들과는 질적으로 다르게, 상담자와의 접촉을 경험하고 상담관계를 경험하는 것은, 우리가 추구하는 상담에서 가장 중요한 유일한 결정적 요소다. 우리가 무엇을 하건 간에, 다른 이론적 틀로부터 발전시켜 오거나 적용해 온 어떤 전략과 기술을 사용하건 간에, 관계를 돌보고 기르는 것은 상담자의 가장 중요한 책무다.

1. 모든 것을 종합하기

제6장에서 조율에 의해 지지되고 활력을 띠는 '탐색과 관여'가 어떻게 내담자의 접촉 방해 패턴을 발견해 낼 수 있는지 설명했다. 열쇠구멍 도형을 통해 내적 · 외적 사건의 존재에 대한 자각 결여로 시작하여, 사건의 중요성 혹은 심각성과 변화 가능성에 대한 자각 결여, 그리고 느낌을 다루고 상황을 해결하는 자기 자신의 인간적, 개인적 그리고 독특한 능력 결여로 진행되는 접촉 방해의 4가지 수준을 보았다. 우리는 그러한 4가지 수준들을 이번에 다시 살펴볼 것인데, 각 수준에서 사용될 수 있는 상담의 7가지 측면들에 대해 논의하고, 내용을 기술하기 위해 제7장부터 제12장에 제시된 축어록의 일부분들을 사용할 것이다.

첫 번째 수준: 현상학적 경험

열쇠구멍에서 가장 윗부분에 해당하는 탐색은 현상학적이다. "내적으로 무슨 일이 일어나고 있는가?" "당신은 무엇을 지각하고 느끼고 원하고 그리고 기억하고 있는가?" 이 수준에서 내담자는 뒤범벅인 내적 경험들을 분류하고, 안에서 그리고 주변 세상에서 무엇이 일어나고 있는지 이해하려 노력한다. 이와 동시에 느끼지 못하게 혹은 알지 못하게 하는 데 효과성이 검증된 모든 보호적 패턴들을 사용한다. 현상학적 탐색을 통해 상담자는 내담자의 발달수준, 그들의 경험이 갖는 의미, 정서 그리고 리듬에 조율한다. 상담자가 관여함에 따라 이야기는 더 풍성해지고 더 풍부해지고 더 입체적으로 된다. 조율을 통해 관계 욕구에 대해 민감해지고, 진솔한 관여가 이루어지면 상담자는 내담자 내면에서 일어나고 있는 접촉 대 비접촉을 위한 갈등의 두 측면 모두를 이해하고 타당화하고 지지할 수 있다. 또한 내담자의 전경에 떠오르는 경험의 모든 측면들을 내담자가 탐색하도록 조력할 수 있다. 그리고

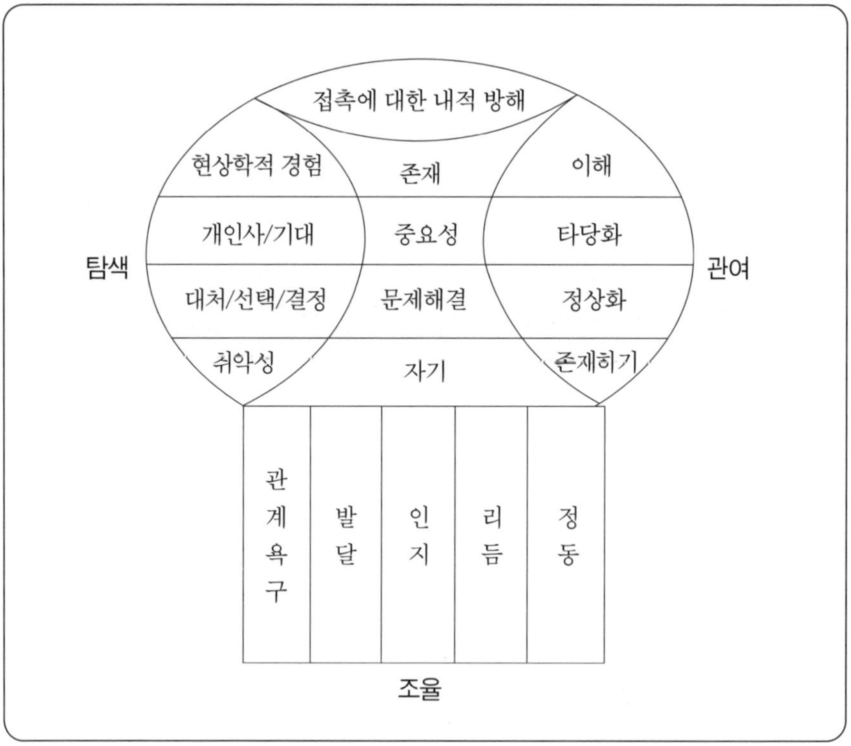

[그림 13-2] 관계 내 접촉 양상을 보여 주는 열쇠구멍

전경에 떠오른 경험은, 상담 개입의 7가지 측면들 사이를 이동해 다닌다. 때때로 그 속도는 매우 빠르다. 단지 우리가 어떤 한 가지에 우선적으로 초점을 두고, 그런 다음 다른 것으로 초점을 이동하면서 방 전체를 둘러보는 것처럼, 상담 초점은 이동하면서 경험의 다른 영역들 사이를 단절 없이 살펴보게 된다.

관계들

예를 들어, 로이스와 레스터는 서로의 관계에 대해 이야기하면서 시작했다. 로이스는 레스터에게 더 친밀해지고 싶다고 말한다.

로이스:……당신은 나랑 함께 있으면서 동시에 일도 하고 싶어 하는 것 같단 말이죠. (잠시 침묵) 그게 말이 되나요? (잠시 침묵) 많은 시간 우린 같이 있을 거고, 난 당신과 어떤 것들에 대해 나눌 거예요. 그리고 난 더 가까워지려고 노력하고 있어요. 근데 그게 별 효과가 없어서, 고통스러워요. 그럼 난 멀리 가버리고, 내 일을 하죠. 그걸 즐겨요.

상담자: 그러니까 그가 당신을 볼 때, 그가 말하는 '과도하게 일하기', 사실 나는 그게 진짜 무얼 의미하는지는 모르겠지만, 당신은 그 의미를 아시죠. 그가 그러한 일들을 하고 있는 당신을 볼 때, 그가 당신을 어떻게 생각해 주길 바라나요?

로이스: 전 그 사람이 그냥 날 붙잡고 얘기해 줬으면 해요. "같이 가서 뭔가 같이 하자. 난 당신과 같이 있고 싶어." (잠시 침묵) 그럼 전 하던 일들을 쉽게 내려놓을 수 있을 것 같아요.

상담자: 그러니까 접촉하는 게 매우 중요한 거군요.

단 하나의 반응에서 상담자는 관계에 대한 그녀의 걱정, 그리고 관계 욕구에 대한 그녀의 경험을 이해하고, 행동에 관해 언급한 것과 연결시킨다. 그리고 레스터에게 그녀가 진정으로 원하는 것에 대한 환상을 탐색해 보도록 초대 한다. 그런 다음 환상에 담겨진 생리현상과 관련된 내용을 다룬다. "접촉하는 게 중요한 거군요." 이런 빠른 이동, 우선적으로 신체 경험에 대한 내담자의 주의를 따라가면서 길을 잃지 않고 유지하고, 작업 과정에서 등장하는 각각의 다른 측면들을 경청한다. 그리고 모든 측면들이 최후에 다 포함되었는지 명확히 하는 것은 통합적 접근의 특징이다. 로이스와 레스터와 함께한 작업의 전체 모든 조각들을 통해, 우리는 서로 다른 측면들 각각에 대한 탐색 내용이 최초 관계 초점으로 다시 연결되는 방식을 볼 수 있다.

인지

인지 내용을 경청한다는 의미는 내담자의 생각뿐 아니라, 그 생각이 어떻게 발생하는지에 대한 내용도 경청한다는 것이다. 내담자가 어떻게 의미를 부여하는지, 이해하는지, 무엇이 무엇을 초래했고, 왜 그런 방식으로 일어났다고 결론을 내리는지를 경청한다. 예를 들어, 그레타는 그녀의 불안과 신체 증상에 대해 이야기하고 있다. 상담자는 사람들이 고통스런 생각을 피하기 위해 자신의 생리적 증상들에 얽매이게 되는 방식을 염두에 두면서, 그레타가 자신의 생각 때문에 힘들어지지 않도록 자신을 보호하고자 하는 욕구를 인식하도록 한다.

상담자: 사람들이 당신에게 뭐라고 하죠?

그레타: …… 제가 정상적이라고 하기엔 지나칠 정도로 불안하다고…… 게다가 전 몸이 영 안 좋아요. 종종 위통이 있고, 여기 가슴이 아니라, 배 위 말이에요. 이건 새로운 증상이에요.

상담자: 당신은 기억하고 싶지 않은 게 많군요…….

그레타: 제가 원하는 건. (울기 시작한다.)

상담자: 당신이 원하는 건?

그레타: 만약 선생님이 저에게 물어본다면, 전.

상담자: 전 방금 '당신은 기억하고 싶지 않은 게 많군요.' 라고 말했어요.

그레타: 전 기억하고 싶지 않은 게 많아요.

기억하지 못하도록 차단하려는 그레타의 욕구에 대해 상담자가 재인식시킴으로써, 정서를 쏟아져 나오게 하고 더 나은 것을 시도해 보려는 약속을 했다. 그레타의 인지 과정에 조율하면서, 상담자는 그것이 그레타의 '착한 소녀' 양식 부분임을 인식한다. '착한 소녀' 양식은 그레타가 자신이 취했던 것들이 어떤 면에서는 잘못됐거나 나빴었다고 말할 때 드러난다. 상담자는 그녀가 초기에 언급했던 것을 다시 반복한다. 그리고 이번에는 그것을 비난으로 번역하기보다는 용인하면서 듣는다.

인지 내용에 대한 탐색 역시 경험의 다른 측면들에 대한 자각을 촉발시킨다. 다음에 나오는 축어록의 로레인은 자기 공간에 대한 상담자의 침범에 대해 왜 그토록 강력하게 반응했는지를 설명하려 애쓰고 있다. 상담자가 로레인의 생각과 느낌 모두에 대해 알게 되었을 때, 그녀는 자신의 엄마와의 사건에 대한 기억으로 갑자기 뛰어넘어 간다. 그다음 탐색을 통해 그녀는 자신의 인지과정으로 다시 돌아오게 되고, 자신의 경험에 대해 어떻게 의미를 부여해 왔는지를 다룬다. 그리고 물론 거기에는 엄마와 상담자와의 관계에 대한 탐색도 포함되어 있다.

로레인: 맞아요, 그리고 제 공간. 전 그 파일 더미를 치워야 했기 때문에 했을 뿐이에요. 그걸 옮겼어요. 그것들이 제 옆에 있는 것이 싫다고 선생님께 말하지는 않았어요. 저는 늘 그래요. 제 문제는 제가 해결할 수 있고, 제가 싫어하는 것은 치워 버릴 수 있어요. 그렇지만 제가 왜 그것들을 싫어하는지는 언제나 말하지 않아요.

상담자: 이해할 수 있어요. 당신 바로 옆에 그런 지저분한 것이 있다는 게 불쾌할 것 같아요.

로레인: 그래요, 어머니가 화를 내면, 어머니와 식사를 같이하고 싶지 않다고 말했던 것처럼 말이죠. 그렇지만 어머니에게 그 이유에 대해서는 말하지 않았어요. 그냥 그러면 소화시키기가 힘들다고 했어요.

상담자: 그리고 또 다른 '이유'는…….

정서

물론 정서는 상담장면에서 대부분의 내담자가 이야기하고자 하는 것이다. 초기 상담과정은 거의 항상 정서를 다룬다. 내담자가 가장 자주 원하는 것은 고통스러운 느낌들로부터의 해방이다. 이러한 고통스러운 느낌들을 탐색할 때는, 현상학적으로 내담자가 이야기하는 내용에 대한 것뿐만 아니라, 지금 여기 상담자와 함께하는 상황에 대한 반응으로 내담자에게 일어나고 있는 것이 무엇인지에 대한 세심한 주의도 필요하다.

사라: …… 그리고 전 단지 멀리 밀어내면서 애써 무시하려 했어요. (점점 말이 빨라진다.) "안 돼요."를, "TV를 봐요."라는 식으로 말했죠. (그녀는 목이 메고, 매우 겁먹은 것처럼 들린다.) 그렇지만……. 음……. 도와주세요……. 이걸 다 말하기 전에 시간이 끝나 버릴까 봐 걱정돼요.

상담자: 얘기할 시간을 충분히 가질 거예요.

사라: 감사해요.

상담자: 그렇게 빨라지면, 당신이 원하는 만큼 강력하게 감정을 회피하게 되나요?

사라가 강간당한 경험에 대해 세세히 얘기할 때, 그녀는 자동적으로 자신이 정서적으로 압도되지 않도록 사용하기 위해 학습해 왔던 방어기제를 작동시킨다. 방어기제가 그녀가 자신을 통제할 수 있도록 돕는 동안, 그녀의 정서는 매장되고, 분열되고, 훈습할 수 없는 상태로 남아 독성을 덜 띤 채로 유지된다. 사라가 리듬적인 측면에서 뭔가 빠르게 이동하고 있다는 조율 사실에 근거하여, 상담자는 무엇이 일어나고 있는지 탐색하게 되고, 이를 통해 사라가 방어적으로 속도를 올리는 것의 기능뿐만 아니라 너무나 힘들어 확인하지 못하고 있는 감정들의 강도에 대해서도 알게 된다. 그리고 다음에 나오는 짧은 보고에서 보듯, 그런 탐색을 통해 사라가 필요로 하는 지지를 제공한다.

사라: 매우 좋은 정보네요. 무엇보다 저에게 시간을 허락한다는 것이. 그건 저에게 매우 매우 헤아리기 어려운 그런 거예요. 아세요? 그리고 지금, 지금 전 그 조각을 한데 모으고, 그것을 느껴 보려 하고 있어요(한숨, 울기 시작한다.).

행동

행동은 관계에 관한 정서, 인지, 환상 그리고 생리현상이 외부로 드러난 것이다. 통합적 접근을 하는 상담에서는 내담자의 행동 탐색 혹은 이해를 위해 항상 그리고 암묵적으로 혹은 명시적으로, 행동이 일어나는 관계 맥락과 그에 수반하는 내적 경험들에 대해 관심을 기울인다. 우리는 '엘리스'(로레인의 내사된 엄마)의 예를 통해, 행동에 대한 탐색이 바로 그런 내적 경험으로 들어가게 하는 데 어떻게 사용될 수 있는지 볼 수 있다.

로레인(엘리스로서): 제 생각에, 그것은 빨래할 옷이나 뭐 그런 거였던 거 같아요. 그것들을 떨어뜨려서…… 전 피곤했거든요. 전 언제나 이집 남자들 모두를 돌보아야 했어요. 다림질하는 거, 다림질을 해야 해서.

상담자: 이집 남자들이라뇨? 누구를 말하는 거죠?

로레인(엘리스로서): 남편하고, 시동생이 우리와 함께 살았어요. 그리고 제 조카도 잠시 동안 우리와 함께 살았죠. 그 남자들 모두가 언제나 풀 먹인 셔츠를 원했거든요…….

상담자: 그런데, 이 남자들 모두를 돌보는 일을 어떻게 맡게 되었죠?

로레인(엘리스로서): 글쎄요, 그건 단지…… 우리는 대공황 때 큰 집 하나에서 13명의 사람이 함께 살았어요. 그건 단지, 단지 사람들을 집에 들여놓은……. 전 어느 누구도 집 없이 지내길 원치 않아요.

상담자: 당신이 겪어야 했던 것을 아무도 겪지 말아야 한다고 생각했군요.

엘리스는 행동에 대해 얘기하고 있으나(남자들을 보살피고 그들의 셔츠에 풀을 먹이는), 또한 그들과의 관계, 그녀 자신과의 관계, 그리고 그녀의 부모님과의 관계에 대해서도 얘기하고 있다. 그녀의 이야기는 행동에 대한 것이지만, 관계 맥락 내에서의 행동이다. 궁극적으로 모든 행동은 그럴 수밖에 없는 선택인 것이다.

환상

환상은 우리가 '만약에 그랬다면…….' '그렇게 되었을지도 몰라.' 라고 하는 것들 그리고, 우리의 희망, 공포를 포함한다. 환상은 우리가 상상할 수 있는 모든 것들을 다루는 매개물이다. 상상할 수 있는 모든 것들이란 지금은 아니지만, 그렇게 되었을지도 모를 일 혹은 어쩌면 그렇게 될 수 있을지도 모르는 일들이다. 그리고 환상은 우리가 달리 어떻게 표현해야 할지 모르겠는, 그런 중요한 것들에 대해 들려주는 상상, 은유 그리고 이야기다. 이러한 이야기와 은유는 늘 경청할 필요가 있다. 왜냐면 그것들은 내담자의 너무나 많은 의미, 너무 많은 정서를 포함하고 있기 때문이다. 그것들은 너무나 방대하여 일상의 언어로는 제대로 표현할 수 없는 경험들로부터 발생한다.

상담자: 엘리스, 당신은 과거로부터 벗어나는 데 성공했나요?

로레인(엘리스로서): 아니에요. 전 제 뒤의 큰 식탁보 안에 그것 모두를 묶어 두었어요. 그리고 그것은 마치……프라이팬과 주전자 더미 같았어요. 그리고 제가 이 방에서 저 방으로 걸어 다닐 때, 그것들은 덜거덕거리는 소리를 내죠.

상담자: 당신이 어딜 가나, 그것을 계속 가지고 다닌다는 말인가요?

로레인(엘리스로서): 선생님 말이 맞아요.

상담자: 식탁보 안에.

로레인(엘리스로서): 예, 단색의 식탁보 안에.

상담자: 그럼, 왜 식탁보 안이죠?

분명한 것은 상담자는 상상의 식탁보 그 자체에 대해서 관심을 갖지는 않는다. 식탁보는 상징이다. 그것이 표현하는 의미, 정서 바로 그것이 중요하다. 그러나 직접적인 방식으로 식탁보의 의미를 묻는 것은 별로 효과적이지 못하다. 만약 직접적으로 설명할 수 있었다면, 애시 당초부터 은유를 사용할 이유가 없었을 것이다. 환상의 틀 안에서 머물며, 내담자의 인지, 리듬, 정서에 대한 조율을 유지하면서, 불가능한 해석을 요구하지 않고 은유(혹은 백일몽 혹은 희망 혹은 두려움)의 상징적인 중요성을 이해해 간다.

생리현상

지그문트 프로이트(1900/1938)는 "꿈은 무의식으로 가는 왕도"라고 주장했다. 이와 유사하게 생리현상은 자각되지 않은 그곳으로 가는 왕도라고 여길 수 있다. 경험의 다른 모든 측면들 간의 상호작용은 개인이 몸으로 느끼는 것과 몸으로 행하는 것에 영향을 미친다. 그리고 그러한 몸에서 일어나는 반응과 감각은 역으로 그 외 경험의 다른 측면들에 영향을 미친다. 내담자로 하여금 생리적으로 무엇이 일어나고 있는지를 알아보도록 하여, 내담자가 경험하는 다른 측면들에 접근하도록 하여 이해를 도울 수 있다.

통합적 상담에서는 내담자가 신체적으로 느끼는 것들, 긴장되는 느낌, 떨림 혹은 초조, 고통 혹은 불편감 등에 대해 집중하도록 요청한다. 내담자가 자신의 몸이 어떤 식으로 움직이고 있는지 주시하도록 초대한다. 몸짓, 흔들고 있는 발 혹은 치켜든 머리 혹은 쭉 늘어진 팔 등을 주시하도록 한다. 그리고 실험해 보라고 제안한다. "흔들어 보세요." "가슴을 꽉 조인 채로 숨을 쉬어 보세요." 이러한 개입은 내담자 몸에서 일어나는 현상을 관찰하면서 제안할 수 있다. 물론 상담자 자신의 신체 반응에 대해서도 집중한다. 내담자의 경험에 대한 생리적인 반응에 대해 상담자 자신은 어떻게 반응하는지 민감해야 한다.

때때로 내담자 스스로가 자신의 생리현상과 세상에 존재하기의 다른 측면들 간의 연결성을 찾아 상담자에게 말해 주기도 할 것이다. 이러한 연결은 관여 작업의 한 부분이 마무리 될 때 혹은 작업의 한 부분이 마무리 된 이후 이루어질 수도 있다. 아니면 로레인이 그랬던 것처럼, 내담자가 작업 시작 시점에서 자신이 발견한 연결성을 말할 수도 있다.

전 저에게 그것을 먹인 어머니에게 내 자신이 화가 난 것을 경험해요. 그러나 저에게는 그것은 화가 단지, 아니라, 그건 체중이에요. 이전에 제가 몰랐던 무언가는 어머니 것이었어요. 전에 제가 했던 상담에서 선생님도 기억하시겠지만 전 엄마의 두려움과 접촉했었는데, 그것이, 그것이 제게 늘 존재했던 것이지만, 그것은 저의 외부, 즉 밖에 있었어요. 그것은 마치 풍선과 같았어요. 그것은 제 것이 아니었어요. 그것은 어머니의 것이었어요. 그리고 한참 동안 전 그것이 제 발목에 묶여 있는 것 같았어요, 헬륨을 불어넣은 풍선처럼. 그러고 나서 그것은 멀리 날아갔어요. 제 것이 아니었죠. 화도 그거랑 똑같은 거 같아요. 그것은 제 것이 아니에요. 그것은, 그것은 뚱뚱한 살로 변했어요. 그것은 어머니의 에너지이고, 그것은 저의 비만으로 변했어요.

다시 한 번 주시하라. 로레인은 난지 자신의 몸에 내해 말하고 있는 게 아니다. 그녀는 자기 몸무게와 화 사이의, 즉 생리현상과 정서 사이의 관련성을 만들고 있다. 또한 자신이 경험한 것이 어떤 것인지를 전달하기 위해 헬륨 풍선이라는 비유적인 표현을 사용한다. 모든 것은 연결되어 있다. 자신의 각각의 측면들은 다른 모든 것들의 맥락 내에 존재한다. 내담자가 행동, 정서, 생리현상, 그 무엇이건 간에 어떤 한 가지에 초점을 두고 있을 때조차도, 우리는 나머지 다른 모든 것들이 배경에 있다는 사실을 명심해야 한다. 이들은 전경에 떠올라 있는 것을 채색하고 강조하고 특징을 부여하고 있다.

상담관계

상담관계는 아주 특별한 관계라 할 수 있다. 최소한 두 가지 이유에서 특별하다. 첫째, 어떤 것을 다르게 경험하기 시작할 수 있는 내담자, 오래된 신념과 기대들을 굳게 유지하는 것을 거부하는 내담자, 자기와 타인과 새롭고 보다 더 접촉 가능한 방식을 발전시키기 시작할 수 있는 내담자, 이 모든 것은 바로 상담관계를 통해서 가능해진다. 둘째, 상담관계는 일종의 상담 실험실을 제공한다. 어제 주장한 것이 무엇이었는지, 혹은 화요일 밤 저녁식사에서 무슨 일이 일어났는지 정확하게 회상하려 노력할 필요가 없다. 그저 내담자와 상담자는 내담자의 관계 욕구들이 어떻게 이해되고 있는지, 혹은 충족되고 있는지, 그리고 내담자가 그들의 경험에서 서로 서로 어떻게 반응하고 있는지에 대해 직접적으로 바라볼 수 있다.

그런 다음 상담작업의 모든 단계에서 통합적 접근을 하는 상담자는 내담자가 그 자신에게 어떻게 반응하고 있는지, 혹은 내담자가 반응하는 것에 대해 자신이 어떻게 재반응하는지에 특별한 관심을 기울일 것이다. 관계에 이렇게 관심을 기울이는 것은 상담 관여의 중요한 측면이다. 이것이 가능하려면 우리는 내담자의 동료로서 기꺼이 존재해 주고자 하는 마음이 필요하다. 이때 우리는 자신의 생각, 느낌 그리고 연약함을 가진 채로, 우리의 상담의도에 의해 항상 안내되고 뒷받침되면서 존재한다. 상담관계에 대한 논평과 질문들은 최우선시 될 것이고, 즉각적으로 다루어질 것이다. 종종 상담작업 초기 상담관계에 대한 탐색을 통해 우리는 이후 작업에서 다루어질 주제를 예측한다. 에드워드의 경우, 상담자한테 위협받는 것 같은 느낌에 대한 그의 견해에서 작업은 시작되었다. 위협받는 느낌과 잠재적인 굴욕감은 그의 어머니와의 관계에 근간을 이루는 정서들로 드러났다. 로레인은 상담자에 대한 짜증스러움에 대해 말했다. 그리고 그 짜증스러움은 그녀가 최초로 어머니에 대한 자신의 화를 인식하도록 유도했다. 그런 다음 자기 안에 내사된 어머니와의 새로운 수준에서의 접촉을 경험했다. 이러한 두 내담자와의 작업에서, 그리고 좀 덜 분명한 방식이지만, 이 책에 제시된 다른 내담자들과의 작업에 있어서, 작업 초기에서의 상담관계의 질과 중요성을 인식하는 것은 이후에 만나게 될 내담자를 위해 상담관계를 사용하는 법을 익히는 것이다.

두 번째 수준: 개인사와 기대

상담을 처음 시작할 때, 상담관계는 내담자의 노력을 지지한다. 내담자는 자신에게 무슨 일이 일어나고 있는지를 분류하고, 상담 초점을 발견하고, 상담자가 자신을 경청하고 보살피고 이해할 만한 믿을 수 있는 사람인지 확인하려 애쓴다. 우리가 열쇠구멍의 다음 수준으로 옮겨 가면서(그리고 물론 이것은 점진적이고, 앞으로 갔다 뒤로 갔다 하는 과정이지 결코 한 번의 교류로 명확히 명시되는 것은 아니다.) 관계들, 특히 상담관계는 새로운 중요성을 띠게 된다.

여기서의 초점은 개인의 과거 관계와 현재 관계들 사이의 관련성을 발견하는 것이다. 이 수준은 내담자가 그때-거기에서의 안경을 통해 지금-여기에서의 세상을 어떻게 보는가에 대한 것이다. 그것은 전이에 관한 것이다. 마치 현재의 관계가 오래된 관계와 동일한 것인양, 그렇게 현재 관계들을 경험하고 이해하고 풀어 낸다. 내담자가 특별히 얘기하는 어떤 것이 있다 해도, 모든 점에서 두 번째 수준의 모든 작업은 관계와 그것의 중요성에 대해 타당화하는 것이다.

가족과 사회적 관계들

특별히 '관계' 초점에 관해 작업하는 예를 뽑아 내기란 거의 불가능하다. 특별히 '젖은(wet)' 한 컵 가득 담긴 대양(ocean)을 발견하려 노력하는 게 더 쉬울 것이다. 긴 축어록으로 제시되어 온 (그리고 초기에 제시된 사례들 역시) 모든 내담자들은 관계에 대해 다루고 있다. 로이스와 레스터 그리고 베티와 샐리 커플 작업에서 관계는 상담작업 내내 명백히 드러난 상담 초점이다.

베티는 샐리에게 그녀의 과거 반응들이 그들의 관계에 어떻게 적용되고 있는지를 말한다.

샐리: 중요한 존재가 되는 게 어떤 의미인지 말해 봐.

베티: (한숨) 그건 나와 함께하는 시간을 갖는 거야. 그리고 내가 하고 있는 것에 대한 관심을 나누는 거고. 내가 어떤 것들을 할 수 있다는 걸 보여 주면, 넌 내가 뭔가 할 수 있다는 걸 알 수 있게 되는 거고. 그런데 그 모든 게 다 뒤섞여 버리고 있어. 왜냐면 내가 지금 너랑 어머니 사이에 그 모든 걸 다 뒤섞고 있거든. 난 그렇다는 걸 알아. 내가 너한테 그렇게 해 주길 바라는 이유는 내 어머니가 그렇게 안했기 때문이야.

레스터 역시 그가 그의 어머니와의 관계를 경험했던 방식으로 로이스에게 반응함을 발견한다. "음, 제 생각엔, 어, 제 갈망은 어머니에 대한 것이 더 많을 거예요. 제 생각엔, 제 생각엔 어머니가 그랬던 것 같아요. 엄마, 아빠 둘 다 그랬어요. 다른 방식으로. 그렇지만 어, 제 생각엔 어머니예요.

사라는 아동기 친오빠와의 관계, 그녀를 강간했던 남자와 그 이후에 관계한 방식을 탐색한다. 그리고 상담자는 그녀가 그 관계 경험들 사이에서 관련성을 발견하도록 돕는다.

> 사라: 전 단지 늘 익숙하게 하던 방법밖에는 몰랐어요…… 회피하거나, 사람들을 산만하게 만들어서 못하게 막아보려고…… 애쓰거나…….
>
> 상담자: (침묵) 자그마한 소녀일 때 오빠의 행동에 대처했던 그 방식 말인가요?

에드워드, 그레타와 로레인은 모두 엄마에 대해 작업한다. 퇴행 경험을 통한 그레타, 내사된 '엘리스' 와의 작업을 통한 로레인, 그리고 기억들을 통한 에드워드. 그들 각각의 상담 작업에서, 상담자는 탐색, 조율 그리고 관여를 통해 내담자들이 간극들을 메워 가고, 자각되지 못하도록 밀어낸 것들을 회상하고, 이러한 관계 경험들이 매우 중요하다는 것을 받아들이도록 돕는다. 여기 에드워드의 예가 있다.

> 에드워드: 매우 화가 나고, 그리고 음……. 뭐라고 해야 하지—저의 어머니랑 주로 있었던 굴욕적인 상호작용. 그게, 그러니까 어머니는 저에게 모욕을 주려 했고, 저도 같은 방식으로 갚아주려 했어요, 그게…… 우리는 많이 싸웠어요. 어머니는 그러니까 아주, 음, 심하게 모욕을 주는 사람이에요. 매우 경멸적인, 매우…….
>
> 상담자: 어떻게 모욕을 준다는 거죠? 어머니가 어떻게 했는지 얘기해 줄래요?

상담자의 반응은 임상적으로 정확한 개입은 전혀 아니다. 정직한 관심과 이해하고자 하는 진솔한 태도에 대한 표현이다. 상담자의 비언어적 메시지는 타당화와 수용에 대한 에드워드의 관계 욕구에 상응하는 것이다. "당신의 어머니와의 관계는 그와 관련된 모든 의미와 당신에게 미친 영향들 모든 면에서 매우 중요해요. 난 가능한 한 명확하게 이해하고 싶어요. 왜냐하면 난 당신을 보살피고 있기 때문이에요." 이 메시지는 상담자의 관계에 대한 모든 탐색에 암묵적으로 내포되어 있다. 그리고 궁극적으로 상담자가 하는 모든 탐색은 관계에 관한 것이다. 왜냐하면 관계는 사방에 존재한다. '관계 내에서의 접촉' 에 관한 상담은 모두 관계에 대한 것이다.

인지

내담자의 드러나고 있는 기억에 조율하고, 그 과정에서 상담자 자신의 관여를 인식하면서, 개인의 역사와 기대 그리고 전이 수준에서의 인지 작업은 여러 형태로 진행시킬 수 있다. 내담자가 과거-그때 초기 경험을 어떻게 생각해왔고, 어떻게 이해했는지를 탐색하도록 도울 수 있다. 내담자에게 그들의 초기 경험에 대한 현재 생각에 대해 물어볼 수 있다. 내담자가 오래된 의미 생성 패턴을 수정하거나 재형성하는 데 그들의 성인 인지 능력을 사용하도록 요청할 수도 있다. 또한 그들의 경험에 대해 다른 방식으로 생각하도록 돕기 위해 정보를 제공할 수도 있다.

사라: 그렇지만 아마도 수치심에서 벗어날 수 있을 것 같아요.

상담자: 너무 빨리 가지는 마세요.

사라: 네, 네, 네.

상담자: 당신은 수치심에서 빠져나갈 수 없어요. 왜냐하면 당신이 꼭 붙들고 있는 게 바로 그 수치심이에요.

사라: 다시 말해 주실래요?

상담자: 당신은 수치심에서 헤어날 수 없는데, 왜냐하면 당신이 그 수치심을 내면에서 꼭 붙들고 있어요. 빠져나오려 하는 대신 그 수치심 속으로 들어가 볼까요.

수치심은 인지와 정서가(그것에 대해 내가 믿는 것과 느끼는 것), 그리고 과거와 현재(관계에 대한 나의 이전 경험들과 그 기억들에 대해 지금 내가 반응하는 방식)가 서로 엮인 복잡한 반응이다. 내담자의 인지 과정에 조율하는 것이 중요하다는 것에는 이견의 여지가 없을 것이다. 내담자가 그들의 관계에 대해 창조해 온 모든 의미들을 이해하고 그 경험의 기능을 타당화해 주는 것은 더욱 중요하다.

정서

내담자는 종종 자신의 기억에 대해 작업하는 것이 상대적으로 더 쉽다고 생각한다. 내담자는 우리에게 무슨 일이 일어났고 다른 사람이 어떤 행동을 했고, 내담자가 그것에 대한 반응으로 무엇을 했는지 말한다. 내담자는 그것에 대해 어떻게 느꼈는지에 대한 이야기를 해 줄지도 모른다. 그러나 어떻게 느꼈는지에 대해 이야기하는 것(내적으로 반복하고 오랜 기간의 이야기를 재구성하는 것)은 그 느낌들과 직접적으로 접촉하여 머무는 것과는 매우 다른 것이다. 개인사에 대한 탐색 수준에서, 정서에 대한 상담자의 반응과 탐색은 내담자가 모든 영역에 존재하는 자신의 정서와 직접적으로 접촉하도록 강화하는 방향으로 초점이 맞추어진다.

에드워드: 전 열두 살 때 기숙학교에 보내졌고, 같은 시기에 기껏해야 여덟 살 정도였던 제 남동생마저도 보내졌어요. 그리고 그 동생은 두 달 동안이나 가족을 보지 못했어요. 어, 그러니까, 저는 열두 살이었고요. 저는 도대체 그 상황에서 어떻게 해야 할지 몰랐어요. 세상에 여덟 살짜리를! 어쨌든, 아니 그래요. 그건 여전히 가슴에 사무쳐요. 어, 그게, 그런데 어머니는 자식들을 처리해 버릴 해결책을 찾고 기뻐하는 거 같았어요.

상담자: 에드워드, 당신이 세상에서 가장 의지했던 사람이 회심의 미소를 지으며 당신을 멀리 쫓아내 버렸을 때, 마음속에서 무언가가 일어났군요.

에드워드의 이야기는 표면상으로는 그와 남동생에게 어떻게 그렇게 잔인할 수 있었는지, 자기 어머니를 향한 화에 관한 것이었다. 정서는 실제적이었다. 그는 화가 났었고, 그것에 대해 자세히 얘기하면서 다시 화를 느꼈다. 그러나 또 다른 차원에서 버려진 것에 대한 고통과 상실감, 그리고 어머니가 자신을 버리면서 쾌감을 느꼈던 내용은 그의 이야기에 존재하지 않았다. 고통으로부터 자신을 보호하기 위해 발달시켰던 행동 패턴은 그의 삶의 각본이 되었다. 상담자는 내담자가 자신의 각본의 중요성을 약화시켜나가도록 하기 위해, 내담자의 정서적 반응을 복구시키고 재인식하도록 돕는다.

행동

행동은 의식적인 기억의 가공되지 않은 재료다. 우리가 과거로부터 어떤 것을 회상할 때 대부분 행동의 형태로 떠오른다. 자기 자신이거나 어떤 다른 사람들의 행동에 관한 것이다. 그러한 행동을 탐색하고 탐구하면서, 내담자가 자신의 기억을 명확하고 자세히 만들어 가는 것을 도와서 기억의 중요성을 드러낼 수 있도록 할 수 있다. 우리가 행하는 행동에 대한 대부분의 탐색은 내담자가 경험하는 것의 어떤 다른 측면에 대한 자각을 확장시켜가도록 돕고자(혹은 준비시키고자) 의도된 것들이다. 예를 들어, 로레인의 내사된 엄마에 대해 작업하는 '상담 맥락 내에서의 또 하나의 상담' 에서, 상담자는 엘리스에게 결혼 초의 그녀 행동에 대해 질문한다.

상담자: 축하해요. 당신이 캔자스로 이사한 이후에는, 어떻게 되었나요?
로레인(엘리스로서): 글쎄요, 저에겐 어린 두 딸, 로레인과 엘렌이 있었고, 그리고 남편이 있었어요.
상담자: 남편과는 한 번도 싸워 본 적이 없었나요?
로레인(엘리스로서): 우린 결코 싸우지 않았어요.

'엘리스' 가 그 기간 동안 자신이 했던 것들에 대한 그림을 그리기 시작함에 따라, 그녀는 그러한 행동들을 에두르고 있었던 느낌, 믿음, 바람, 욕구를 점점 거부할 수 없게 된다. 자각은 점점 커가고 내적인 접촉은 강화된다. 그녀는 자기 내부에 있는 거부되고 왜곡된 부분들을 다시 있는 그대로 소유하는 쪽으로 점점 가까이 다가간다.

환상

과거에 대한 환상은 내담자가 현재로 가지고 온 욕구, 두려움 그리고 투사를 들여다볼 수 있는 창문이다. 백일몽 혹은 은유, 그렇게 되었으면 하는 상상, 혹은 공포에 떨게 하는 대재앙들, 이 모든 환상은 우리의 방어기제가 그렇게 강력하게 작동하지 않는 곳으로, 그리고 금지된 생각과 느낌이 가장 많이 접근할 수 있는 곳으로 우리를 안내한다. 사라가 강간당한 사건을 자세히 이야기함에 따라, 그 경험에서 받은 진정한 외상은 신체적인 강간이 아니라, 자신의 매우 깊은 부분을 정의하고 있었던 꿈의 상실이라는 점을 명료화하게 된다. 그 꿈이 없이는 그녀가 되고자 했던 그 사람이 될 수 없다는 것(그녀는 그렇게 믿고 있었던)이 진정한 외상이었다.

사라: 그는 너무나 소중한 어떤 것을 앗아갔어요……. 지금 그것을 다시 가질 수 없어요. 이것에서 벗어날 수 없을 것 같아요! 돌아갈 수가 없어요!

상담자: "난 처녀였는데 넌 날 유린했어……."

사라: **난 순결했는데, 넌 날 유린했어!**

상담자: 당신의 순결성이 어떻게 다루어지길 원했는지 그에게 말해요.

사라: 오, 난 사랑하는 사람에게 주고 싶었어. 누군가가 그것을 **가져가고, 강간하고 유린하는 건** 원하지 않았어!

상담자: 당신이 어떤 식으로 누군가에게 순결성을 주고 싶어 했는지 그 사람에게 말해요. 그에게 주고 싶진 않았다고.

꿈에 대해 말하고, 여전히 가능한 꿈에 대한 생각, 느낌, 감각을 재경험하는 것을 통해 무엇보다 그녀가 자신의 꿈이 상실되지 않았다는 것, 그리고 다시 그것이 자신의 정체감의 중심 부분이 될 수 있다는 것을 재인식하도록 돕는다. 상담자는 사라 꿈의 뉘앙스에 조율함으로써, 사라가 작업에 초점을 맞추고 더 깊이 내려갈 수 있게 된다. 상담자의 관여와 사라의 상실에 대한 진솔하고 인간적인 반응을 통해 사라는 자기 존재감을 느낄 수 있게 된다. 사라가 자신의 고통을 직면하고 헤쳐 나옴으로써 이해받고 타당화되고 안전한 느낌을 경험하고 새로운 가능성 또한 느낄 수 있게 된다.

생리현상

개인사로 되돌아갈 때, 우리는 그 역사에 관한 생리현상도 다시 만들어 낸다. 우리의 몸은 과거에 그러한 것들이 일어나고 있을 때 그랬던 것처럼 동일한 방식으로 반응하기 시작한다. 통합적 접근을 하는 상담자는 내담자가 보다 완전한 기억을 복구시키도록 하기 위해 그렇게 다시 만들어진 반응을 사용한다. 상담자는 내담자가 과거를 기억해 내고 있는 동안, 그들이 신체적으로 반응하고 있는 것을 스스로 주시하도록 격려한다.

그레타: 네. 여덟 살 때쯤…… 여동생은 일곱 살, 남동생은 네 살이었어요. 여동생도 우리와 함께 있었어요. 엄마는 제가 책임감이 있고 강하다는 걸 알았기 때문에, 선생님도 아시다시피, 어머니는 절 신뢰했어요. 그리고 어머니는 집에 오지 않았어요.

상담자: 지금 당신은 숨을 참고 있어요. 바로 지금이요. 당신이 숨을 참고 있다는 걸 느낄 수 있나요?

종종 상담자가 내담자에게 생리적 현상에 주목해 보라고 격려할 때, 내담자는 단지 '주목하기'를 넘어 실제적인 변화를 시도하기도 한다. 상황에 대한 내담자의 신체적 반응을 변화시킴으로써 그 상황을 다르게 경험하게 되는 것이다. 우리가 오래된 사건을 재경험할 때 우리 몸이 행하는 것을 변화시킴으로써 말 그대로 기억과 그 사건에 대한 의미를 변화시킬 수 있다.

상담자: 몸이 반응하는 대로 둬 보세요. (그레타는 한숨을 깊이 쉰다.) 그냥 다시 그렇게 해 보세요. 그래요. 숨 쉬세요. 얘기하는 동안 그냥 몸이 원하는 대로 내버려 둬 볼래요? (잠시 침묵) 아까 했던 얘기를 다시 말해 보세요.

그레타: 제가 여덟 살 때, 어머니는 다른 마을에서 일하셨고, 우리는 3일 낮과 3일 밤을 우리끼리만 지냈어요.

상담자: 왜냐하면 돌아오는 건 어머니께 힘든 일이었기 때문이죠.

그레타: 돌아오는 건 어머니한테 힘든 일이었기 때문이죠.

상담자: 당신에게는 어땠나요?

그레타: 그게…….

상담자: 지금 가슴을 꽉 조여 보세요.

그레타: 고통스러웠어요.

상담자: 엄마한테 말해 보세요.

그레타: 오…….

상담자: 당신이 여덟 살 때, 그 어린 소녀가 바라봤던 방식으로 엄마를 보세요.

그레타: 엄마, 많이 아파요…….

상담자: 자, 지금 숨 쉬세요. 그저 숨 쉬고 나서 엄마한테 말하세요.

상담관계

종종 내담자가 행하고 느끼는 것 그리고 생각하는 것, 역으로 상담자가 그렇게 하는 것은 과거 관계에 기반을 둔 것이다. 내담자와 상담자 사이의 접촉의 질은 내담자가 경험하는 방식을 특징짓는 전체 관계 패턴으로 가는 최상의 가장 직접적인 경로다. 이런 이유로 상담자에 대한 내담자의 반응에 관한 비평 혹은 지시는 결코 간과되어서는 안 된다. 내담자와 상담자 사이에 일어나는 것의 대부분은(최소한 부분적으로는) 내담자가 오랜 시간에 걸쳐 발전시켜왔던 접촉 유형(혹은 접촉 결여)을 재연하는 것이다.

에드워드의 작업은 너무나 분명한 이런 종류의 재연 예를 제공하고, 이것이 상담에서 유용하게 사용될 수 있음을 보여 준다. 에드워드는 작업 시작부터 상담자에 대한 그의 느낌에 초점을 맞춘다. "선생님이 여기 실재하고 있다는 사실이 확 부각되네요. 선생님이 쳐다보고 그리고 저는…… 머릿속이 텅 비어 있어요. 지금 이 순간에 여기서 뭘 해야 할지 모르겠어요."

지금까지 보았듯이, 에드워드는 자신의 어머니에 대한 느낌, 그리고 그것에 대해 논하고 싶지 않는 반항감을 얘기하고 있다. 그리고 그의 이야기에는 어머니에 대한 자신의 반응과 상담자에 대한 자신의 반응 사이에 유사성이 있음을 간접적으로 보여 주는 내용들이 산재되어 있다. 마침내 상담자는 직접적으로 그 관련성에 대해 묻는다. "에드워드, 하나 물어보고 싶은 게 있는데 말이죠, 당신이 나를 볼 때, '선생님도 어머니처럼, 절 모욕할 건가요?'라고 생각했나요?"

이 지점부터 내담자와 상담자 모두가 이런 가능성이 만연하고 있다는 것과 이것이 모든 종류의 관계에 접촉하고 관여하는 그의 능력에 영향을 미치고 있다는 것을 인식하게 되면서, 작업은 새로운 방향으로 나가게 된다.

세 번째 수준: 대처, 선택 그리고 결정

개인사, 사건과 관계에 관련된 기억을 탐색하는 것은 필연적으로 내담자가 그러한 사건과 관계에 어떻게 대처했는지에 대한 탐색을 수반한다. 그래서 이게 일어났다—당신은 그것에 대해 무엇을 했나요? 어떻게 견뎌냈나요? 어떻게 결론 내렸고, 이해했고, 결정했나요? 과거의 선택과 결정, 그리고 그러한 선택과 결정을 내린 생존 패턴은 우리의 현재 행동과 반응이 만들어지는 데 영향을 미치는 자각되지 않은 하부 구조다.

상담작업이 오래된 대처 양식과 선택 그리고 결정으로 방향을 잡게 됨에 따라, 내담자는 어떻게 자신이 자기 삶의 진정한 건축가가 되었는지, 그들의 현재 고통과 질병이 과거 패턴으로부터 어떻게 발생했는지를 인식하기 시작한다. 그 어떤 작업 지점보다도 여기에서 가장 중요한 것은 그러한 대처를 위한 결정에 대한 정상화 작업이다. 내담자는 "나의 문제를 다른 사람 탓으로 돌릴 순 없어요."를 인식하기 시작한다. "난 내 자신에게 그렇게 했었고, 그것을 계속 유지하고 있어요." 여기까지는 너무나 좋다. 그러나 그런 자각은 너무나 쉽게 수치심을 초래할 수 있다. "그렇게 내 자신을 고정시켜 왔다는 것을 보면 내가 진짜 나쁘고, 어리석고, 쓸모없는 사람임이 틀림없어요." 상담자가 해야 하는 일은 오래전 선택이 최초로 내려졌을 당시에는, 그것이 얼마나 중요하고 자기 보호적인 것이었는가를 강조하는 것이다. 그리고 그 선택을 결정했던 어린아이는 지극히 정상적이라는 것과 용기 있는 행동이었음을 확실하게 지지하는 것이다.

가족과 사회적 관계들

관계는 모든 행동과 모든 믿음과 결정의 배경이다. 즉, 관계는 인간 경험의 본질 그 자체다. 사람이 삶을 살아가면서 내리게 되는 가장 중요한 선택들은 항상 자기 자신과 타인과의 관계와 관련된 것이다. 접촉을 방해하는 것을 해결하고 현재의 관계를 치유하는 데는 종종 관계와 관련된 오래된 결정과 자기와 타인에 대한 오래된 신념에 관한 탐색이 필요하다. 예를 들어, 사라는 강간 생존자로 존재하는 것에 대한 외상을 다루면서, 자신이 가진 신념과 결정의 여러 가지 세트들을 샅샅이 찾아보았다. 이러한 것들 중 가장 고통스럽게 하는 하나는 수치심이었다. 그녀의 수치심은 강간에 대한 자신의 신체 반응이 수용될 수 없는 것이라는 믿음/결정에서 기인한 것이었다. 상담자는 상담관계 맥락 안에서 이렇게 고정시켜 온 오래된 신념에 도전한다.

상담자: 당신도 알다시피 너무나 생물학적으로 자연스러운 반응을 한 자신에 대해 왜 역겨워하는 거죠?

사라: 그건 잘못된 시간에 잘못된 사람이었기 때문이에요.

상담자: 그러나 당신은 잘못된 사람을 올바른 사람으로 만들려고 노력했어요.

'올바른 사람으로 만들려는' 노력은 적절한 것이고 이해될 수 있는 것이다. 지혜롭지 못했다고 생각하지 마라—실수 또한 정상적인 것이다. 사라의 수치심을 계속 키워 왔던 것은 그녀가 했던 것이 '나빴다' 고 여기는 신념이다. 그녀가 자신의 반응을—그녀 자신의 소중한 부분을 지켜내기 위한 외상을 입은 여인의 절망적인 노력—있는 그대로 이해하고 수용해가면서, 수치심은 그 강도가 줄어들 것이다. 그리고 너무나 오랫동안 멀리 감추어 두었던 자기 부분들을 다시 데려와 통합시키면서 스스로 자유로워질 것이다.

인지

인지, 즉 의미부여는 상담과정의 세 번째 단계에서 특히 중요하다. 사건에 부여하는, 일어나고 있는 것을 이해하는 방식에 부여하는, 그리고 다음에 일어날 것을 예측하는 방식(선택과 결정을 내리게 하는)에 부여하는 의미다. 사실상 다음에 무엇이 일어날 것인지를 파악하는 것은 결정에 해당하고, 그 결정은 우리가 행하고 생각하고 느끼는 데 강력하게 영향을 미친다.

에드워드: 그리고 저는 생각했어요. 음, 그게, 빌어먹을, 그게 그런 식이에요. 선생님은 그것에 꽤나 빨리 익숙해질 거예요……. 그래서 저는 매우, 저는 살아남을 수 있을 거 같아요…….

상담자: 살아남을 수도 있고, 또 살아남는 것에 대해 엄청난 자부심이 있죠.

에드워드: 네. 살아남는 것에 대한 굉장한 자부심. 제가 할 수 있는 거라곤 오직 살아남는 거밖에 없다고 생각하곤 했어요. 전 매우 강력하게 그렇다고, 만약 그것이 이미 나쁘지 않다면, 전 견딜 수 있다고 느꼈어요. 아시잖아요. 전 제가 지금 더 많은 걸 할 수 있음을 깨닫고 있어요. 참 멋진 일이에요. 훌륭한 인식이죠. 그러나 그건 확실히 제 주된 임무였어요. 한번 시도해 봐. 그리고 해 내야지.

일어날 수 있는 최상의 것을 믿는 것은 간단한 생존전략일 수 있다. '그냥 통과해 버리기' 는 어떤 것을 더 나아지게 하려는 노력과 접촉적인 관계의 위험을 감내해 보려는 시도, 그리고 이해 혹은 편안함 혹은 즐거움에 대한 희망을 가져보려는 시도를 바보처럼 만들 수 있다. 왜 불가능한 것에 에너지를 낭비하려 하는가? 에드워드의 경우, 친밀한 관계는 불가능하다는 스스로의 기대가 결국 자기 충족적 예언이 된다. 즉, 그에게서 친밀한 관계는 불가능한 것이기 때문에, 그가 영원히 다다를 수 없는 것이 되어 버린다.

'엘리스' 즉, 로레인의 내사된 엄마의 경우, 일찍이 내렸던 결정은 성인으로의 삶을 제약하는 경직된 뼈대가 되었다.

상담자: 그것 말고 당신에게 또 무엇이 중요했나요, 엘리스?

로레인(엘리스로서): 부모님처럼 살지 않겠다고 결심한 것이요.

상담자: 그게 무슨 뜻인지 말해 줄래요?

로레인(엘리스로서): 전 어릴 때부터 결심했어요. 절대로, 무슨 일이 있어도 부모님처럼 되지 않겠다고. 내 아이들을 그렇게 키우지 않겠다고 결심했어요. 그렇게 되지 않을 거라고. 아빠 같은 남자와 결혼하지 않겠다고 결심했고, 엄마처럼 살지 않겠다고 결심했어요. 술에 취하지 않겠다고 결심했고, 싸우지 않겠다고 결심했어요. 전 폭력을 허용하지 않겠다고 결심했어요.

상담자: 아버지 같은 남자와 결혼하지 않을 것이고, 폭력적이지 않을 것이고, 결코 싸우지 않을 것이고…….

상담자가 조용하게 인내심을 갖고 엘리스의 결정을 반영함에 따라, 엘리스는 자기 결정의 경직성이 자신의 딸과 진정으로 함께하는 것을 방해한다는 것과 동시에 훨씬 더 독성을 띤 것은 그 '진실함(realness)' 이 모녀관계에서 새어 나가고 있었음을 보기 시작한다. 지금은 상담자의 지지를 받으면서, 그러한 지지 없이는 안전하게 떠올려질 수 없었던 생각에 대해 생각할 수 있게 된다. 그녀는 자신이 오래전에 만든 결정에 대해 질문을 던질 수 있고, 그것들이 어떻게 수정될 수 있을지에 대해 고심하기 시작한다.

정서

대처 스타일을 유지하게 하는 모든 중요한 결정과 각본 신념은 강렬한 정서 경험에서 기인한다. 우리는 그것에 매달려 있었다. 우리는 결정과 신념을 나쁜 경험을 견뎌 내기 위해, 혹은 아름다운 경험을 지켜내기 위해 발전시켰다. 그리고 그것은 (어느 정도까지는) 효과가 있었다. 잘 기능하는, 특히 중요한 상황과 정서가 경험되는 상황에서 효과적인 것을 어느 누가 놓치겠는가? 상담자로서 우리는 내담자가 자신의 정서 경험을 재방문하고 그들이 그 당시는 가용할 수 없었던 다른 자원을 사용하여, 다른 방법을 통해 살아남을 수 있다는(혹은 유지되거나 고쳐 다시 만들어질 수 있다는) 것을 학습하도록 돕는다. 상담에서 강력한 정서적 경험 사건을 재방문하는 목적은 단순히 감정정화가 아니다. 새로운 견해, 새로운 결정, 다른 방식으로 존재하는 방법을 발견하기 위함이다.

그레타: 너무 깜깜해요. 그리고……. (운다.)

상담자: 계속하세요. "너무 깜깜해요……."

그레타: 너무 깜깜하고, 무서워요. 그리고 다른 방들을 뛰어 돌아다녀야 해요. 그런데 울면 안 돼요……. (그녀는 팔로 가슴을 꽉 껴안았다.)

상담자: 그래요. 계속하세요.

좋은 의도를 가진 상담자라면서, 내담자에게 이런 종류의 고통을 재경험하도록 격려하는 걸까? 그것은 절대로 고통 그 자체가 이롭기 때문이 아니다. 그보다는 종결로 가는 수단이자 자기 자신의 모든 부분들에 대해 자각하고 접촉하는 것을 강화하는 방법이기 때문이다. 자각되지 못하고 접촉되지 못한 채로 있었던 자기 부분들은 새로운 이해와 확고하고 삶을 강화시켜 주는 결정에 근거하여 수용되고 통합될 수 있다. 때때로 오래된 결정에 대한 재인식을 통해 인지적 변화와 이동은 일어난다. 때때로 오랫동안 자각되지 않은 채로 있었던 정서 반응에 대한 재인식을 통해 정서적 변화, 이동이 일어나기도 한다.

그레타: 오오오. 엄마가 안아 주지 않을 때, 너무 외롭고, 절망스러워요. 맘이 너무 많이 아파……. 너무 많이!

상담자: 정말 그렇지. 너무 많은 고통, 너무 많은 책임감…….

그레타: (긴 침묵) 엄마가 밤새 가족과 멀리 떨어져 지내는 게 더 쉽다고 말하는 걸 들을 때 정말 화가 나 미치겠어. 정말 그 소린 날 미치게 해.

'외롭고 절망스럽다'는 것은 이를 견뎌 내기 위한 일련의 결정들을 도출해 낸다. '화가 나 미치겠다'는 것은 매우 다른 일련의 결정들을 도출해 낼 수 있다. 그레타는 지금 두 가지 정서 모두를 인식할 수 있고, 가용할 수 있는 전 범위의 정서 반응에 대해 학습할 수 있다. 뿐만 아니라 정서적으로 온전한 사람이 가질 수 있는 그런 종류의 신념과 결정을 발전시킬 수 있다.

행동

생각과 느낌처럼, 과거 행동은 대처하기 위한 결정의 생생한 자료다. 상담자가 내담자 자신의 행동을 탐색하도록 돕는다는 것은, 그들의 행동을 지지하는 신념과 그 행동들로부터 발생하는 신념을 탐색하도록 돕는다는 것을 의미한다. 예를 들어, 에드워드는 자신이 어린아이로서 어떻게 대처했는지에 대해 말할 때, 그의 행동과 신념이 어떻게 혼란스럽게 섞여져 있는지 점점 더 명료하게 알게 된다.

에드워드: (잠시 침묵) 그게……. 그게, 그건 격분 수준이에요. 그건 단순히 굴욕적인 게 아니라, 그건 아주, 그건 아주…… 그럴 때 저는 퉁명스러워지는 걸 느껴요, 정말 아주 퉁명스럽게. "젠장 나는 이런 게임은 이제 안 해. 나중에 욕조 청소도 안 할 거고, 웃기시네. 그 수건도 제자리에 되돌려 놓거나 뭐 그런 짓거리 절대 안 할 거고. 아무것도 안 할 거야." 그런 느낌이

었어요. 사실 그들은 저를 이요르(Eeyore)로 불렀어요. 왜냐하면 '아기 곰돌이 푸우' 책에서 저는 언제나 불평하는 사람이었어요. 저는 언제나…….

상담자: 네, 가혹한…….

에드워드: "나는 그걸 좋아하지 않아." "뭔가가 잘못 됐어." "이건 원래 이런 방식이 아니잖아." "이건 공정하지가 않아."는 제가 많이 쓰던 말이에요. "공정하지가 않아." 그렇게 자주 얘기했어요. 그렇게 자주 느꼈어요. 뭔가 모든 게 공정치가 않았어요. 그건 사실이에요.

상담자: 그래서 항의하려 했군요.

그레타 역시 자각되지 않은 채로 존재하는, 한 번도 의심할 수 없었던 신념에 근거하여 자신이 행동 패턴을 어떤 식으로 구축하고 있는지 깨닫기 시작한다.

상담자: 많이 강해지는 것—그저 엄마가 당신에게 바랐던 것이죠. 당신이 강해지기 바랐고, 당신에게 의존할 수 있길 바랐죠. 당신이 계속 그렇게 해 주길 바랐고, 엄마를 계속 도와주길, 가족이 그렇게 유지되길 바랐죠.

그레타: 엄마는 그렇게 하는 제가 필요했어요.

이 작업을 하고 난 몇 분 이후, 그레타는 다시 이 주제로 돌아온다. 어머니를 돌보기 위해(그리고 어머니를 돌봄으로써 자기 자신을 돌보기 위해), 그녀가 '했어야 했던 것' 에 대해 말한다.

그레타: (긴 침묵) 전 착해야만 했어요.

상담자: 착해야 한다? 엄마한테 화났을 때조차도?

그레타: 네. 전 화나면 사과해야 해요.

상담자: 그럼 무서우면?

그레타: 제가 무서워하거나 울면, 엄마는 미쳐 버려요.

환상

환상 역시 사람들의 선택과 결정 그리고 신념을 알 수 있게 해 준다. 과거에 관한 환상이건 현재에 대한 환상이건 그것들은 개인이 무서워하는 것과 갈망하는 것에 대해 말해 준다. 그리고 환상은 개인 삶의 모습을 결정짓는 오래되고 잘 짜인 각본 신념이 만들어 낸 제약들에 의해 제한을 받는다. 내담자가 자신의 환상을 탐색하도록 도울 때는, 그것을 끊어 버리고 안으로 삼켜 버리지 말고, 환상, 백일몽, 은유, 소망 혹은 두려움의 최극단까지 따라가도록 격려한다.

그레타: (어머니에게) 전 엄마가 필요해요. 적어도 밤에만은. 그리고 전 엄마 침대에서 같이 자고 싶어요.

상담자: 그래요, 엄마에게 말해 보세요.

그레타: 전 엄마 침대에서 같이 자고 싶어요. 엄마가 저랑 가까이에 있었으면 좋겠어요. 전 엄마를 의지하고 싶어요! (흐느껴 울며)

상담자: 엄마한테 계속 말하세요.

이 작업을 한 이후, 그레타는 또 다른 환상을 탐색하는데, 부재했던 아버지와 관련된 것이다.

그레타: 전……전 멀리 도망가고 싶었어요. 그리고 아빠가 집에 오면, 아빠랑 같이 멀리 갈 수 있다고 생각했어요.

상담자: 멋진 희망이네요. 아빠가 집에 오면 아빠랑 같이 멀리 도망갈 수 있죠…….

그레타 아버지에 대한 논의가 계속 이어진다.

상담자: 아빠랑 함께 멀리 도망가는 환상에 대해 엄마에게 말해 보세요. "전 엄

마가 때리는 걸 피해 멀리 도망가고 싶어요."

그레타: 전 엄마가 때리는 걸 피해 멀리 도망가고 싶어요. 그리고 아빠가 돌아오면, 아빠랑 멀리 가고 싶어요. 우린 엄마를 떠날 거예요…….

상담자: 엄마 모르게 아빠랑 멀리 도망갈 거예요. 흥!

그레타: 엄마가 다른 남자랑 결혼했을 때, 전 생각했어요. 진짜 우리 아빠는 어디 있지? 어디로 갔을까? 난 아빠랑 함께 가고 싶어.

상담자: 으음.

그레타: 그리고 전 아빠가 어쩌면 어딘가에서 다른 가족이랑 살고 있을 거라 상상했어요. 그리고 엄마는 다른 남자랑 결혼을 했고. 전 정말 너무…… 5층 창문 밖으로 뛰어내리고 싶었어요. 그리고 죽었으면 하는 상상을 했어요…….

그레타는 상담자의 이해, 타당화, 정상화 반응을 경험하면서, 자신의 환상과 연관지어 감에 따라, 너무나 오랫동안 함께해 왔던 갈망과 외로움에 대한 느낌에 더욱더 충분히 접촉하게 된다. 그 접촉을 통해, 자신이 아이로서 대처하기 위해 학습한 것들을 인식하게 된다. 그녀는 엄마를 돌봐 주고, 엄마를 위해 변명해 주고, 자기 자신은 비난하면서 그 상황에 대처해 왔다. 이런 대처 패턴은 성인이 된 이후에도 자기 자신뿐 아니라 타인과 자발적이고 진솔한 접촉을 할 수 있는 능력을 방해하고 있다.

생리현상

선택, 결정 그리고 대처 전략을 탐색하는 데 신체 반응을 이용하는 두 가지 주요 방법이 있다. 그 첫 번째는 우리가 이미 접했던 것이다. 내담자에게 신체 행동을 계속하도록 하거나 과장해서 하게 하거나, 혹은 그들의 내적 경험 안으로 더욱더 깊이 들어가도록 초대하는 것이다. 상담자는 사라가 자신을 학대한 사람을 거절하고 내몰아 버리는 자신의 능력을 느껴보기 위해, 물리적으로 쿠션을 밀쳐 버리도록 제안한다. 상담자는 그레타가 거울이미지 종류의 작업을 통해, 오래된 패턴으로부터 벗어나도록 하기 위해 그 패턴을 재연해 보도록 제안한다. 가능한 한 강렬하게 그녀의 오래된 패턴을 느끼고, 인식하고, 경험하도록 요청한다.

상담자: 좋아요, 그를 다시 밀어내 버려요! (그녀가 밀쳐 버리도록 쿠션을 단단히 잡는다.)

사라: **그렇게 하지 마**!

상담자: 그를 밀쳐버려요. 바로 그거예요!

그레타: (그레타는 가만히 몸을 움츠린다.)

상담자: 그래요, 계속해 보세요…….

그레타: (여전히 움츠린 채, 주먹으로 가슴을 치면서) 아아아아아…….

상담자: 당신이 지금 거기서 무엇을 하고 있는지 엄마에게 말하세요.

그레타: 상처를 주고 있죠. 태우고 상처내고 있죠.

상담자: 지금 그걸 더 해 보세요. 어깨를 더 움츠려보세요. 그래요. 화내는 대신에 당신이 무얼 하는지 엄마에게 보여 주세요.

생리현상을 이용하는 두 번째 방법은 사라와의 작업의 마지막 부분에 해당하는 것이다. 사라가 방금 마친 작업에서의 정서적, 인지적 학습은 현재 그녀가 느끼고 있는 신체적인 불편감과 관련되어 있다. 그녀는 자신의 신체 반응이 논리적인 것이고, 어쩌면 자신이 가진 오래된 신념체제에 수반된 결과라는 사실을 알게 됨에 따라, 신체반응은 힘을 잃고 더 이상 불가항력적인 것이 아니라고 인식하게 된다.

상담자: 그러한 경험들이 있은 후에 아름답다고 느끼는 것을 중단했었나요?

사라: 오오오……. (고통스럽게 운다.) 오, 그랬던 것 같아요. 저는 제가 되고 싶었던 그런 사람이 아니었어요……. 그리고 전 이렇게 하는데요. 다른 사람

들에게 제 잘못이라고 말해요. 제가 이걸 했기 때문에 그 일이 일어났고, 제가 했다고 해요. 그리고 전 알았어야만 했고, 할 수도 있었는데, 그렇게 하지 않았어요.

상담자: 그리고 섹스에 대한 당신의 경험들은 아름답지가 않았었군요.

사라: 아름답지 않았어요. 그 어떤 경험도, 심지어 제가 아이였던 적 이후 결코 결코 단 한 번도. 전 그 경험들이 아름답길 원했어요. 전 알았기 때문에 잘 배웠어요. 전 건강한 이해력을 가졌었어요. 그러나 제 몸은 그렇지 않았어요. 전 좋은 경험이 정말 없었어요. 제가 알고 있었던 것과 일이 되어 가는 건 일치하지가 않았어요.

상담자: 그래서 당신의 꿈에 어떤 일이 일어났나요?

사라: 산산이 부서져버렸죠……. 그리고 온갖 종류의 변태적인 느낌에 집중하게 됐어요. 그런 다음 전 그 느낌을 침대로 가져가요. 마치 그것이 저의 변태 성향인 것처럼…….

상담자: 당신은 뭔가 잘못되었다 혹은 당신은 아름답지 않다는 것과 같은 건가요?

상담관계

사람들이 현재 대인관계 맥락에서 그들의 오래된 결정을 발동시키는 것처럼, 상담관계에서는 그것들이 훨씬 더 강렬하게 상연된다. 상담의 예술적인 부분은, 이런 상연이 언급되지 않은 채 계속되도록 허용할 때가 언제이고, 그것을 격려할 때가 언제이고, 상담자가 관여하고 있음을 언어화할 때는 언제이고, 상연되고 있는 것을 직면하거나 혹은 다른 방향으로 그것을 전환시킬 때가 언제인지를 아는 것과 관련되어 있다.

상담관계의 진정성, 상담자 관여의 진솔성은 상담개입에 영향력을 미친다. 상담개입을 통해 내담자의 성장을 강화시키는 결정을 승인하고, 그들의 신념체계를 새롭게 보완하는 방법을 타당화하고, 혹은 변화를 시도할 적절한 시기가 올 때까지 어떤 방어기제를 유지하려는 선택을 지지한다. 우리는 다시 다음에 제시된 에드워드와의 상담 작업으로 돌아간다.

상담자: 그리고 의존할 수 없는 당신의 어머니와 그 방어들이 어떤 연속성을 갖고 있는지, 어떻게 당신에게 그러한 방어들이 가장 의지할 만한 것들이 되었는지를 함께 찾아봤어요. 당신의 방어인 유머, 적응 능력, 생존…… 그리고 당신이 방어에 관해 말할 때는 애정을 갖고 있는 거 같아요. 만일 당신이 당신에게 일어났던 그 어떤 일도 겪지 않은 사람이라면, 당신은 어떤 사람일까요? 만일 당신이 그 모든 굴욕을 다 처리해 버릴 수 있는 그런 사람이 아니었다면 낭신은 어떻게 느낄까요?

에드워드: 네……. (한숨) 선생님이 정곡을 찔렀어요. 네, 그건 사실이에요. 저는 꽤나, 꽤나 그것을 자랑스럽게 여겨요. 저는 선생님을 이길 수 있어요. 유연하게 대처할 수도 있어요.

상남사: (잠시 침묵) 지. 당신이 뭔가 달라지도록 밀어붙이는 강압적인 상담이 되지 않았으면 하기에, 나도 그 자부심을 당신과 나누고 싶어요. 방어들을 어떻게 유지해 왔는지에 대해 언급하지 않기 위해, 당신이 얼마나 안정이 되고 있고, 무엇이 지속되고 있는지, 어떤 정체감을 갖게 되었는지, 그동안 사용해 왔던 모든 방어의 가치를 평가할 기회를 갖기 전에 말이에요. 당신은 이제 미래에 대한 예측 가능성을 가졌어요.

에드워드: 흠, 흠. 선생님의 말씀이 맘에 드는데요. 제가 점점 저 자신을 알아가게 되는 거…… 시간에 대해 하신 말이 좋아요. 하지만 그건 제가 말하는 방식이 아니에요. 제 생각에 그건…… 존중하면서 제가 느릿한 사람이 되도록 허용하는 건……. 저에게…… 아주 분명하게 중요해요.

네 번째 수준: 취약성

상담의 해당 국면은 돌파 국면으로, 내담자의 인식과 신념이 변화하는 '아하!' 경험과 새롭고 다른 어떤 것의 가능성을 발견하는 순간이다. 더 이상 필요하지 않는 방어기제들의 취약성을 수용하고, 자신과 타인에게 온전히 접촉하려는 기꺼운 마음과 자기와 타인을 가치 있게 여기고자 함을 자축한다. 이 국면은 관계 욕구에 대한, 또 다른 사람에게 향하는 관계 욕구의 표현에 대한 그리고 욕구 충족을 위해 타인에게 의지하고자 하는 욕구에 대한 자각을 포함하고 있다. 이 네 번째 수준에서 다른 작업을 꾀하게 되고, 그 결과 작업의 나머지 부분들에 수반되는 고통과 노력은 가치있게 된다.

관계들

취약성은 관계 접촉 시 어쩔 수 없이 떠안게 되는 본질적인 부분이다. 다른 사람으로부터 우리 자신을 보호하려 하면 할수록, 우리는 그들과의 접촉을 왜곡하거나 망쳐 버리게 된다. 내담자가 자기 자신을 교정하고, 그들 자신의 모든 부분 부분들을 재소유하고, 방어적 구조를 벗어 버리고 세상으로 나오기 시작할 때, 그들의 관계는 변화한다. 경우에 따라 상담자는 그러한 순간의 상당한 기쁨을 나눌 수 있을 만큼 운이 좋을 수도 있다.

상담자: 스테판에게 말해요. (사라는 빈 의자로 대변된 상상 속의 남편에게 말하고 있다.)

사라: 스테판, 내가 이것을 어딘가 다른 곳에 줘 버려서, 내가 마치 당신을 모독하는 것 같이 보이지만 난 진정으로 그걸 줘 버리지는 않았어. 나한테서 걷어가 버렸어……. 당신하고 비슷한 면이라곤 전혀 없는 남자들이. 당신하고는 질적으로 다른.

상담자: 그래요. 그의 가치에 대해 스테판에게 말해요.

사라: 오오, 스테판……. 그토록 깊은 사랑과 존중…… 나를 너무나 소중하게 대해 주고…….

인지, 정서, 행동

우리는 인지, 정서, 행동이라는 세 가지 범주들을 한데 묶는다. 왜냐하면 내담자 로레인은 상담 작업의 마지막 국면에서, 이 세 가지 범주 모두가 어떻게 하나로 묶여질 수 있는지에 대한 아름답고 선명한 그림을 우리에게 제공해 주기 때문이다. 로레인은 '엘리스' 작업을 마치고, 지금은 자기 자신으로 돌아와 무슨 일이 일어났었는지에 대해 '엘리스' 에게 말하고 있다.

상담자: 이제 무엇을 알게 됐는지 말해 보세요.

로레인(엘리스에게): 이제 엄마가 항상 분노하고 있었다는 걸 알겠어. 엄마가 분노 때문에 거의 불타고 있다는 걸 알겠어. 그리고 그게 나에 대한 것도 아니고 심지어 아빠에 대한 것도 아니라는 걸 알겠어. 그리고 엄마가 빈정대면서 했던 그 짧은 말들이 그저 엄마의 분노가 폭발하지 않도록 김을 조금씩 빼주는 안전밸브 같은 거였다는 것도 알겠어……. 그래 그건 일종의 배출 같은 거였어.

상담자: 으……음. 배출이었군요.

로레인: 나는 그걸 원하지 않아. 그건 엄마 거야. 나는, 나는 엄마에 대해서 깊은 연민을 느껴.

로레인이 알고, 이해하는 것, 그리고 엘리스와 자신의 관계에 대해 다른 방식으로 생각할 수 있는 방법이 있다는 것은 다른 정서 경험으로 가는 길을 밝혀준다. 아마도 태어나 최초로 로레인은 엄마에 대한 솟아오르는 연민을 경험한다. 몇 분 후, 관계에 대한 새로운 정서 및 인지 경험을 통해 행동 변화가 일어난다. 그리고 실제 삶에서 엘리스와 접촉적이고 진솔한 관계(그리고 상처 입을 수도 있는 위험을 감수하는)를 맺게 된다.

로레인: 음, 난 엄마한테 정말 고마워. 엄마는 나한테 많은 걸 줬어. 하지만 난 그것에는 감사하지 않아. 엄마가 그걸 다시 가져가도 돼. 나는 항상 엄마의 양동이들을 채우는 느낌이었고 그러면 엄마는 그냥 그걸 쏟아 버리는 것 같았어. 엄마는 늘 "자, 또 비었구나."라고 말했지. 나는 못해, 어, 나는 이제 더 이상 그렇게 안 해.

상담자: "그래서 나는 앞으로……."

로레인: 나는 앞으로…… 나 자신을 돌볼 거야. 그리고 엄마가 지나치게 간섭하면 엄마한테 말할 거야. 엄마의 기대가 비현실적일 때는 엄마한테 말할 거야. 내가 엄마의 기대에 부응할 수 없을 때는. 엄마가 그걸 이해할지는 모르겠어. 엄마가 초등교육만 받았다 해도 난 상관없어. 엄마가 굉장히 똑똑한 걸 안단 말이야.

환상

점점 증가하는 접촉성과 취약성을 수반하는 환상은 항상 유쾌하지만은 않다. 대가 없이 얻어지는 건 없고, 새로운 방식으로 존재하기 위해 치러야 하는 대가는 오래된 방어기제가 갖는 예측성, 익숙함, 안정성의 상실이다. 보통 그러하듯 에드워드는 이러한 불편감에 대해 매우 직접적으로 표현한다.

에드워드: (잠시 침묵) 정확히 제가 신뢰할 수 없는 건 선생님이 아니에요. 그건 어디, 그건 어딜 가느냐 하는 거예요. 어디를…… 그게 담고 있을 의미 말이에요. 해야 할 무언가……. 그러고 나서는 어떤 일이, 그러니까 그게……. (한숨) 뭐가 저를 이렇게 만든 건지, 그리고 제가 그렇게 하면, 그렇게 말해버리면, 선생님께 무언가 요구하면, 그러고 나면 어떤 질문을 되돌려 받게 되는 건지, 이런 것들이. 그게, 으…….

상담자: (속삭이며) "어떤 질문을 되돌려 받게 되는 건지?"

에드워드: 그게, 무엇보다, 저는 거기에 맞춰서 살아야 해요. 그렇게 하면서 살고 싶은지에 대한 확신은 없지만. (잠시 침묵) 오, 5분, 10분은 괜찮아요. 하지만 그러고 나면 저는 영원히 그렇게 살아야만 하잖아요? (잠시 침묵) 그게, 사람들이 말하는 것처럼. (웃음), 세상에 공짜는 없어요……. (한숨) 그리고 일종의, 방법, 여기 있는, 이런 거 같은……. 하지만 선생님이 말했죠……. 선생님은 저에게 무언가 원했고, 그리고 지금 선생님이 뭘 하고 있는지 보세요! 저는 선생님께 매우 친절했어요. 그리고 지금 보세요……. 그게……. 그래서 저는 선생님께 퉁명스러워지고 있어요. (잠시 침묵; 한숨)

상담자: 갚아야 할 게 있다는 거죠…….

에드워드: 선생님이 저를 내심 바보 멍청이라고 생각하고 있지는 않은지 알고 싶어요. 그리고 저는 걱정되어서 확인하는 거예요.

상담자: 세상에나. 그렇게나 불편한 환상을 갖고 있었단 말이군요.

상담관계

사실상 앞서 살펴본 축어록 발췌 부분은 새롭고 접촉적인 방식으로 관계하는 상담관계를 보여 주고 있다. 그러나 대부분 내담자들은 상담작업이 어떤 결론에 도달할 때까지, 상담자와의 접촉에 초점을 두지 않는다. 그들은 상담 장면 바깥의 삶에, 그리고 현재 진행 중의 관계에서의 변화 가능성에 더 많은 초점을 두려한다. 아마도 이후에 내담자는 자신이 스스로 개방적이고 새로운 방식을 취하는 데 따르는 취약성을 발견하게 될 때, 상담자를 향한 그들의 느낌에 대해 말하게 될지도 모른다. 사라는 상담작업을 종결하고 6개월이 경과한 시점에서 상담자에게 편지를 보내면서, 상담사에 대한 자신의 느낌을 표현했다. 강간을 당한 사건 각각에 대해 자세히 다루어 나갈 때, 전 선생님의 손을 잡았고 선생님의 눈을 찬찬히 들여다 보았어요……. 제가 느끼고 있던 것들이 정상적인 반응이라는 선생님의 안심되는 이야기를 듣고, 각각의 강간을 당했던 그 당시에는 알지 못했던 정보도 알게 되고, 그 당시로서는 제가 할 수 있었던 유일하거나 혹은 최선의 결정을 하려 했던 제 노력에 대한 선생님의 지지를 경험하면서, 저는 수치심과 죄책감을 내려놓는 작업을 시작했습니다.

이제 '열쇠구멍'에 표시된 수준들과 각 수준 내에 있는 다양한 측면들을 살펴보았다. 그런데 왠지 '딱 떨어지지 않는' 어떤 미진함이 느껴진다. 이는 다시 딱정벌레 현상이 벌어진 것이다. 우리는 딱정벌레를 뜯어 내어 부분 부분으로 제시하면서 생명을 지닌 딱정벌레의 온전성을 앗아 버렸다.

모든 관계들처럼, 상담은 자기와 타인과의 상호 연관된 일련의 맥락적 경험들로 구성되고, 이는 분리시킬 수 없는 통합체다. 만약 상담이 잘 운영된다면, 내담자는 내적 · 외적 사건에 대한 자각을 더 넓혀 나갈 수 있는 상호 상승적인 관계를 구축하게 된다. 매번 하나의 아이디어, 하나의 기억, 하나의 정서, 혹은 하나의 신념을 다시 되돌아보게 되고, 어떤 새로운 풍요로움 혹은 상호 연결성은 드러나게 된다. 이런 과정에서 상담자는 앞으로 갔다 뒤로 갔다 하고, 이 측면에 대한 언급에서 저 측면에 대한 언급으로 이동하고, 어떤 것과 관계하다가 다른 것과의 관계로 옮겨 다니며, 내담자와 자기 자신에게 조율하고, 진솔한 존재로서의 관여와 전문적으로 연마된 탐색 기술을 유지한다. 이 모든 것들을 조화롭게 유지하는 것은 상담자의 책임이다.

상담이 똑같은 관심사를 반복해서 다루게 되는 일종의 나선형의 형상이라 할 수 있다(물론 매번 완전히 동일하진 않지만). 따라서 이 책을 마치기 위해, 처음으로 돌아가서, 혹은 최소한 처음의 마지막 부분으로 돌아가서, 우리가 의미하는 '공감 그 이상을 추구하며' 에 관한 모든 것을 종합 정리하는 것이 적절하다고 생각된다. 여기 우리가 제1장을 마무리하면서 했던 말이 있다.

탐색, 조율 그리고 관여는 성공적인 상담관계를 형성하기 위해 필요한 본질적인 구성요소다. 상담자가 신중한 탐색, 민감한 조율 그리고 진정한 관여의 자세로 임할 때, 내담자는 상담자를 신뢰할 수 있고, 일관적이고 믿을 만한 존재로 경험할 수 있다. 그런 관계경험을 통해, 내담자의 과거 외상 경험과 관계에서 거부당한 경험으로 비롯된 분열된 자기 부분들을 재통합시킬 수 있게 된다. 그리고 자기와 타인과 충분히 접촉할 수 있고, 진정한 관계를 맺을 수 있고, 다시 온전한 사람으로서 세상에 존재할 수 있는 가능성을 가지게 된다.

참고문헌

Adler, G., & Myerson, B. G. (1973). *Confrontation in psychotherapy.* New York: Science Press.

Ainsworth, M. D. (1969). Object relations, dependency and attachment: A theoretical review of infant-mother relationship. *Child Development, 40,* 969-1025.

Ainsworth, M. D., Blehar, M. C., Waters, E., & Wall, S. (1978). *Patterns of attachment: A psychological study if the strange situation.* Hillsdale, NJ: Laurence Erlbaum Associates.

Andrews, J. (1988). Self-confirmation theory: A paradigm for psychotherapy integration. Part I. Content analysis of therapeutic styles. *Journal of Integrative and Eclectic Psychotherapy, 7*(4), 359-384.

Andrews, J. (1989). Self-confirmation theory: A paradigm for psychotherapy integration. Part II. Integrative scripting of therapy transcripts. *Journal of Integrative and Eclectic Psychotherapy, 8*(1), 23-40.

Arlow, J. (1969a). Unconscious fantasy and disturbances of experiences. *Psychoanalytic Quarterly, 38,* 1-27.

Arlow, J. (1969b). Fantasy, memory, and reality testing. *Psychoanalytic Quarterly, 38,* 28-51.

Bach, S. (1985). *Understanding psychotherapy: The science behind the art.* New York: Jason Aronson.

Baker, E. (1982). The management of transference phenomena in the treatment of primitive states. *Psychotherapy: Theory, Research and*

Practice, 19, 194-197.

Balint, M. (1959). *Thrills and regressions.* London: Maresfield Library.

Basch, M. F. (1988). *Understanding psychotherapy: The science behind the art.* New York: Basic Books.

Bergman, S. J. (1991). *Men's psychological development: A relationship perspective. Works in progress*(No. 48). Wellesley, MA: The Stone Center, Wellesley College.

Berne, E. (1961). *Transactional analysis in psychotherapy: A systematic individual and social psychiatry.* New York: Grove Press.

Berne, E. (1966). *Principles of group treatment.* New York: Grove Press.

Berne, E. (1972). *What do you say after you say hello? The psychology of human destiny.* New York: Grove Press.

Bettelheim, B. (1967). *The empty fortress: Infantile autism and the birth of the self.* New York: The Free Press.

Bollas, C. (1979). The transformational object. *International Journal of Psychoanalysis, 60,* 97-107.

Bollas, C. (1987). *The shadow of the object: Psychoanalysis of the unthought known.* New York: Columbia University Press.

Bowlby, J. (1969). *Attachment. Volume I of Attachment and loss.* New York: Basic Books.

Bowlby, J. (1973). Separation: Anxiety and anger. *Volume II of Attachment and loss.* New York: Basic Books.

Bowlby, J. (1980). *Loss: Sadness and depression. Volume II of Attachment and loss.* New York: Basic Books.

Bowlby, J. (1988). Developmental psychology comes of age. *American Journal of Psychiatry, 145*(1), 1-10.

Brandchaft, B. (1989, October). *Countertransference in an intersubjective perspective: A case presentation.* Panel discussion, 12th annual conference ons the psychology of the self, San Francisco.

Brisser, A. R. (1971). The paradoxical theory of the change. In J. Fagan & I. L. Shepherd (Eds.), *Gestalt therapy now: theory, techniques, applications* (pp. 77-80). New York: Harper & Row.

Buber, M. (1958). *I and thou.* (R. G. Smith, Trans.). New York: Scribner. (Original work published 1923)

Cashdan, S. (1988). *Object relations therapy: Using the relationship.* New York: W. W. Norton.

Clark, B. D. (1991). Empathic transactions in the deconfusion of child ego states. *Transactional Analysis Journal, 5,* 163-165.

Dashiell, S. (1978). The parent resolution process. *Transactional Analysis Journal, 8,* 289-295.

Dinkmeyer, D. C. (1965). *Child development: The emerging self.* Englewood Cliffs, NJ: Prentice-Hall.

Efran, J. S., Lokens, M. D., & Lokens, R. J. (1990). *Language, structure & change: Frameworks of meanings in psychotherapy.* New York: W. W. Norton.

Epstein, S. (1972). The nature of anxiety with emphasis upon its relationship to expectancy. In C. C. Spielberger (Ed.), *Anxiety: Current trends in theory and research* (Vol. 2). New York: Academic Press.

Erikson, E. H. (1950). *Childhood and society.* New York: Norton.

Erskine, R. G. (1995). A Gestalt therapy approach to shame and self-righteousness: Theory and methods. *British Gestalt Journal, 4,* 108-117.

Erskine, R. G. (1980/1997). Script cure. Behavioral, intrapscyhic and physiological. *Transactional Analysis Journal, 10,* 102-106. Republished in *Theories and methods of integrative transactional analysis: A volume of selected articles* (pp. 151-155). San Francisco: TA Press.

Erskine, R. G. (1993/1997). Inquiry, attunement and involvement in the psychotherapy of dissociation. *Transactional Analysis Journal, 23,* 184-190. Republished in *Theories and methods of an integrative transactional analysis: A volume of selected articles* (pp. 37-45). San Francisco: TA Press.

Erskine, R. G. (1994/1997). Therpeutic interventions: Disconnecting rubberbands. *Transactional Analysis Journal, 24,* 7-8. Republished in *Theories and methods of an integrative transactional analysis: A volume of selected articles* (pp. 172–173). San Francisco: TA Press.

Erskine, R. G. (1994/1997). Shame and self-righteousness: Transactional Analysis perspectives and clinical interventions. *Transactional Analysis Journal, 24,* 86–102. Republished in *Theories and methods of an integrative transactional analysis: A volume of selected articles* (pp. 46–47). San Francisco: TA Press.

Erskine, R. G. (1997). Trauma, dissociation and a reparentive relationship. *Australian Gestalt Journal, 1,* 38–47.

Erskine, R. G., & Moursund, J. P. (1988/1997). *Integrative psychotherapy in action.* Highland, NJ: Gestalt Journal Press. (Original work published in 1988 by Sage, Newbury Park, CA).

Erskine, R. G., & Trautmann, R. L. (1996). Methods of an integrative psychotherapy. *Transactional Analysis Journal, 26,* 316–328. Republished in *Theories and methods of an integrative transactional analysis: A volume of selected articles* (pp. 20–36). San Francisco: TA Press.

Erskine, R. G., & Zalcman, M. J. (1979). The racket system: A model for racket analysis. *Transactional Analysis Journal, 9,* 51–59. Republished in *Theories and methods of an integrative transactional analysis: A volume of selected articles* (pp. 156–165). San Francisco: TA Press.

Evans, N. (1995). *The horse whisperer.* New York: Delacorte Press.

Fairbairn, W. R. D. (1952). *An object-relations theory of the personality.* New York: Basic Books.

Federn, P. (1953/1977). *Ego personality and the psychoses.* London: Maresfield Reprints. (Original work published 1953)

Ferenczi, S. (1988). *The clinical diary of Sandor Ferenczi.* Cambridge, MA: Harvard University Press. Fraiberg, S. H. (1959). *The magic years: Understanding and handling the problems of early childhood.* New York: Charles Scribner's Sons.

Fraiberg, S. H. (1982). Pathological defenses in infancy. *Psychoanalytic Quarterly, 51,* 612–635.

Fraiberg, S. H. (1987). *Selected writings of Selma Fraiberg.* Columbus, OH:

Ohio State University Press.

Freud, A. (1937). *The ego and mechanisms of defense*. London: The Hogarth Press and the Institute of Psycho-Analysis.

Freud, A. (1938). The interpretation of dreams. In A. A. Brill (Trans. & Ed.). *The basic writings of Sigmund Freud*. New York: Modern Library. (Original work published in 1900)

Fromm, M. G., Smith, B. L. (1989). *Thee facilitating environment: Clinical applications of Winnicott's theory*. Madison, CT: International Universities Press.

Goldberg, C. (1991). *Understanding shame*. Northvale, NJ: Jason Aronson.

Goulding, M. M., & Goulding, R. L. (1979). *Changing lives through redecision therapy*. New York: Brunner/Mazel.

Greenberg, J., & Mitchell, S. (1983). *Object relations in psychoanalytic theory*. Cambridge, MA: Harvard University Press.

Greenson, R. (1967). *The techniques and practice of psychoanalysis*. New York: International University Press.

Greenspan, S. I., & Pollock, G. H. (Eds.). (1989). *Thee course of lives: Infancy*. Madison, CT: International University Press.

Greenwald, H. (1971). Direct decision therapy. *Voices* (Spring), 38-42.

Greenwald, H. (1978). *Direct decision therapy*. San Diego, CA: EdITS, Publisher.

Guntrip, H. J. S. (1961). The schizoid problem, regression and struggle to preserve an ego. *British Journal of Medical Psychology, 34*, 223-244.

Guntrip, H. J. S. (1962). In truth the need to regress cannot be taken lightly. In J. Hazell (Ed.), *Personal relations therapy: The collected papers of H.J.S. Guntrip*. Northvale, NJ: Jason Aronson.

Guntrip, H. J. S. (1968). *Schizoid phenomena, object relations and the self*. London: Hogarth.

Guntrip, H. J. S. (1971). *Psychoanalytic theory, therapy and the self*. New York: Basic Books.

Hycner, R., & Jacobs, L. (1995). *The healing relationship in Gestalt therapy*. Highland, NY: Gestalt Journal Press.

Janov, A. (1971). *The anatomy of mental illness: The scientific basis of primal therapy.* New York: G.P. Putnam's Sons.

Jones, J. M. (1995). *Affects as process: An inquiry into the centrality of affect in psychological life.* Hillsdale, NJ: Analytic Press.

Jordan, J. V. (1989). *Relational development: Therapeutic implications of empathy and shame.* Works in Progress (No, 39). Wellesley, MA: The Stone Center, Wellesley College.

Kagan, J. (1984). *The nature of the child.* New York: Basic Books.

Kaufman, G. (1989). *The psychology of shame.* New York: Springer.

Kepner, J. I. (1987). *Body process: Working with the body in psychotherapy.* San Francisco: Jossey-Bass.

Khan, M. M. (1963). The concept of cumulative trauma. In R. S. Eissler, A. Freud, H. Hartman, & M. Kris (Eds.), *Psychoanalytic study of the child,* X VIII (pp. 286-306). New York: International University Press.

Khan, M. M. (1974). *The privacy of the self.* London: The Hogarth Press.

Kohan, G. (Ed.). (1986). *The British School of psychoanalysis: The independent tradition.* New Haven, CT: Yale University Press.

Kohler, W. (1938). Physical gestalten. In W. (Ed.), *A source book of Gestalt psychology* (pp. 17-54). London: Routledge & Kegan Paul.

Kohut, H. (1971). *The analysis of the self.* New York: International University Press.

Kohut, H. (1977). *The restoration of the self: A systematic approach to psychoanalytic treatment of narcissistic personality disorder.* New York: International University Press.

Langs, R. (1981). *Classics in psychoanalytic techniques.* New York: Plenum.

Lewin, K. (1938). Will and needs. In W. Ellis (Ed.), *A source book of Gestalt psychology* (pp. 283-299). London: Routledge & Kagan Paul.

Lewis, H. B. (1971). *Shame and guilt in neurosis.* New York: International University Press.

Lewis, H. B. (1987). Shame and the narcissistic personality. In D. L. Nathanson (Ed.), *The many faces of shame* (pp. 93-132). New York: Guilford.

Lourie, J. (1966). Cumulative trauma: The nonproblem problem. *Transactional*

Analysis Journal, 26, 276-283.

Mahler, M. (1968). *On human symbiosis and the vicissitudes of individuation*. New York: Jason Aronson.

Maslow, A. (1970). *Motivation and personality* (rev. ed.). New York: Harper & Row.

McNeil, J. (1976). The parent interview. *Transactional Analysis Journal, 6*, 61-68.

Meador, B., & Rogers, C. (1984). Person-centered therapy. In R. Corsini (Ed.), *Current psychotherapies* (3rd ed., pp. 142-195). Itasca. IL: F. E. Peacock.

Mellor, K., & Andrewartha, G. (1980). Reparenting the parent in support of redecisions. *Transactional Analysis Journal, 10*, 197-208.

Mendelson, R. M. (1972). *How can talking help?: An introduction to the technique of analytic therapy*. Northvale, NJ: Jason Aronson.

Miller, J. B. (1986). *What do we mean by relationships?* Works in progress (No. 22). Wellesley, MA: The Stone Center, Wellesley College.

Mitchell, S. A. (1993). *Hope and dread in psychoanalysis*. New York: Basic Books.

Morrison, A. P. (1986). Shame, ideal self, and narcissism. In A. P. Morrisons (Ed.), *Essential papers on narcissism* (pp. 341-371). New York: University Press.

Naranjo, C. (1993). *Gestalt therapy: The attitude and practice of an atheoretical experientialism*. Nevada City, CA: Gateways/IDHHB Publishing

Nathanson, D. (1992). *Shame and pride: Affect, sex, and the birth of the self*. New York: Norton.

Norcross, J. C., & Goldfried, M. R. (Eds.). (1992). *Handbook of psychotherapy integration*. New York: Basic Books.

Orange, D. M., Atwood, G. E., & Stolorow, R. D. (1997). *Working intersubjectively: Contextualism in psychoanalytic practice*. Hillsdale, NJ: The Analytic Press.

Perls, F. S. (1944/1947). *Ego, hunger and aggression: The beginnings of Gestalt therapy*. New York: Vintage Books. (Original work published as Ego, hunger and aggression: A revision of Freud's theory and method.

Durban, RSA: Knox Publishing, 1944)

Perls, F. S. (1967). *Gestalt therapy verbatim*. Lafayette, CA: Real People Press.

Perls, F. S. (1973). *The Gestalt approach and eyewitness to therapy*. Palo Alto, CA: Science and Behavior Books.

Perls, F. S., & Baumgardner, P. (1975). *Legacy from Fritz: Gifts from Lake Cowichan*. Palo Alto, CA: Science & Behavior Books.

Perls, F. S., Hefferline, R. F., & Goodman, P. (1951). *Gestalt therapy: Excitement and growth in the human personality*. New York: Julian Press.

Piaget, J. (1952). *The origins of intelligence in children* (M. Cook, Trans.). New York: Basic Books.

Pine, F. (1985). *Developmental theory and clinical process*. New Haven, CT: Yale University Press.

Racker, M. (1968). *Transference and countertransference*. New York: International University Press.

Rogers, C. R. (1951). *Client centered therapy*. Boston: Houghton Mifflin.

Rogers, C. R. (1961). *On becoming a person*. New York: Houghton Mifflin.

Safran, J. D., McMain, S., Crocker, P., & Murray, P. (1990). Therapeutic alliance rupture as a therapy event for empirical investigation. *Psychotherapy, 27*, pp. 154-165.

Sandler, J., & Nagera, H. (1963). Aspects of the metapsychology of fantasy. *Psychoanalytic study of the child, 18*, 159-194.

Schiff, J. L. (1975). *Cathexis reader*. New York: Harper and Row.

Smith, E. W. L. (1985). *The body in psychotherapy*. Jefferson, NC: McFarland.

Spitz, R. (1945). Hospitalism, *The Psychoanalytic Study of the Child, 1*, 53-74.

Spitz, R. (1946). Hospitalism, *The Psychoanalytic Study of the Child, 2, 113-*117.

Spotnitz, H. (1969). *Modern psychoanalysis of the schizophrenic patient*. New York: Grune & Stratton.

Steiner, C. (1974). *Scripts people live: Transactional analysis of life scripts*. New York: Grove Press.

Stern, D. N. (1985). *The interpersonal world of the infant: A view from psychoanalysis and developmental psychology*. New York: Basic Books.

Stern, D. N. (1995). *The motherhood constellation: A unified view of parent-infant psychotherapy*. New York: Basic Books.

Stern, S. (1994). Needed relationships and repeated relationships: An integrated relational perspective. *Psychoanalytic Dialogues, 4*(3), 317-345.

Stolorow, R. D., & Atwood, G. (1989). The unconscious and unconscious fantasy: An intersubjective developmental perspective. *Psychoanalytic Inquiry, 9*, 364-374.

Stolorow, R. D., Brandschaft, B., & Atwood, G. (1987). *Psychoanalytic treatment: An intersubjective approach*. Hillsdale, NJ: The Analytic Press.

Sullivan, H. S. (1953). The interpersonal theory of psychiatry (H. S. Perry & M. L. Gawel, Eds.). New York: Norton.

Surrey, J. L. (1985). *The "self-in-relation": A theory of women's development*. Works in progress (No. 13). Wellesley, MA: The Stone Center, Wellesley, College.

Tustin, F. (1986). *Autistic barriers in neurotic patients*. London: Karnac Books.

Weiss, E. (1950). *Principles of psychodynamics*. New York: Grune & Stratton.

Wheeler, G. (1991). *Gestalt reconsidered*. New York: Gardner Press.

Winnicott, D. W. (1965). *The maturational processes and the facilitating environment: Studies in the theory on emotional development*. New York: International University Press.

Wolf, E. S. (1988). *Treating the self: Elements of clinical self psychology*. New York: Guilford.

Wurmser, L. (1981). *The mask of shame*. Baltimore: John Hopkins University Press.

Yalom, I. (1980). *Existential psychotherapy*. New York: Basic Books.

Yontef, G. M. (1993). *Awareness, dialogue and process*. Highland, NY: Gestalt Journal Press.

Zinker, J. (1977). *Creative process in Gestalt therapy*. New York: Brunner/Mazel.

찾아보기

《인 명》

《내 용》

▶▶저자 소개

Richard G. Erskine 박사는 뉴욕에 있는 통합적 상담 연구소(Institute for Integrative Psychotherapy)의 수련감독으로 대학원생들을 위한 상담훈련 프로그램과 정신건강 실무자들을 위한 평생교육 과정을 진행하고 있다. 영국의 더비(Derby) 대학교 심리상담학과 방문교수로 있고, 여러 나라에 있는 다양한 상담심리 훈련 기관에서 교수로 재직 중이다. 1982년에는 Marilyn Zalcman과, 1998년에는 공동 저자인 Rebecca Trautmann과 함께 교류분석 이론과 방법의 발전에 대한 공로로 에릭 번 기념상(Eric Berne Memorial Award)을 수상했다. 상담심리 이론과 임상 실제에 관한 많은 논문을 썼다.

Janet P. Moursund 박사는 오리건(Oregon) 대학교 상담심리 프로그램의 명예 부교수로, 오리건(Oregon) 주 유진(Eugene)에서 상담을 하고 있으며, 상담심리와 심리학 분야의 통계 연구방법에 대한 많은 책을 공동 저술하였다.

Rebecca L. Trautmann은 간호사이자 사회복지사이며, 뉴욕에 있는 통합적 상담 연구소(Institute for Integrative Psychotherapy)의 임상 감독자다. 교류분석 저널의 편집지였고, Richard Erskine과 여러 편의 논문을 공동 저술하였고, 1998년에는 에릭 번 기념상(Eric Berne Memorial Award)을 수상했다.

▶ 역자 소개

김병석

Florida State University 교육심리학과 박사(상담심리 전공)
현) 단국대학교 교육학과 교수

〈주요 논문〉
한국판 개인관점척도(K-MMS)의 타당화 연구(2010)
인터넷 채팅 중독 청소년의 공격성, 사회적 지지 지각, 인지적 대인문제 해결능력 간의 관계(2004)
청소년 성격장애와 패륜: 대상관계 이론의 관점(2002)

서은경

이화여자대학교 심리학과 박사(상담심리 전공)
현) 명지대학교 사회교육대학원 상담심리학과 겸임교수

〈주요 역서 및 논문〉
상담 및 임상 실무자를 위한 정신역동이론(공역, 학지사, 2009)
한국에서의 상담에 대한 질적 연구(2007)

이연미

단국대학교 교육학과 박사 수료(상담심리 전공)
현) 한국NVC센터, 경희대학교 교양학부 및 한겨레교육문화센터 강사

고은영

연세대학교 교육학과 박사 과정(상담심리 전공)
현) 연세공감심리상담센터, 경인교육대학교 및 연세대학교 평생교육원 강사

〈주요 논문〉
한국판 학업태도척도 타당화 연구(2010)
청소년 동반자의 경험에 관한 질적 연구(2009)

고경희

이화여자대학교 심리학과 석사(상담심리 전공)
현) 이화여자대학교 양성평등센터 연구원

〈주요 논문〉
특성 분노, 분노 표현양식과 비합리적 신념

김수영

이화여자대학교 심리학과 석사(상담심리 전공)
현) 삼성에스원 〈마음나눔터〉 상담실장

유순덕

숭실대학교 사회사업학과 박사 수료(상담심리 전공)
현) 경기도청소년상담지원센터 소장

조중신

단국대학교 교육학과 박사 수료(상담심리 전공)
현) (사)한국성폭력위기센터 소장

〈주요 역서 및 논문〉
우리 안의 남성(공역, 학지사, 2009)
성폭력피해자 치유 프로그램 개발 연구
수사재판과정에서의 성폭력피해자 보호방안 연구

공감 그 이상을 추구하며

진정한 만남을 통한 상담

Beyond Empathy

2011년 6월 7일 1판 1쇄 발행
2025년 3월 25일 1판 7쇄 발행

지은이 • Richard G. Erskine · Janet P. Moursund · Rebecca L. Trautmann
옮긴이 • 김병석 · 서은경 · 이연미 · 고은영 · 고경희 · 김수영 · 유순덕 · 조중신

펴낸이 • 김 진 환
펴낸곳 • (주) 학지사
04031 서울특별시 마포구 양화로 15길 20 마인드월드빌딩 5층
대표전화 • 02) 330-5114 팩스 • 02) 324-2345
등록번호 • 제313-2006-000265호
홈페이지 • http://www.hakjisa.co.kr
인스타그램 • https://www.instagram.com/hakjisabook

ISBN 978-89-6330-668-1 93180

정가 20,000원